"十四五"职业教育国家规划教材

"十四五"职业教育河南省规划教材　河南省职业教育优质教材
"十四五"卫生高等职业教育专科校院合作"双元"规划教材

供临床医学类及相关专业用

药 理 学

第 6 版

主 编
李 玲　邓雪松　沈华杰

副主编
李森浩　陈淑瑜　朱小平　杨 杰

编 委（按姓名汉语拼音排序）

陈淑瑜（漳州卫生职业学院）　　　　　　卢立军（南阳医学高等专科学校第一附属医院）
陈绚丽（广东江门中医药职业学院）　　　沈华杰（天津医学高等专科学校）
邓雪松（重庆三峡医药高等专科学校）　　王中晓（南阳医学高等专科学校）
黄　鑫（四川护理职业学院）　　　　　　杨　杰（毕节医学高等专科学校）
李　玲（南阳医学高等专科学校）　　　　袁　莉（菏泽医学专科学校）
李森浩（南阳医学高等专科学校）　　　　甄昌霖（重庆三峡医药高等专科学校）
梁　婕（临汾职业技术学院）　　　　　　朱小平（娄底职业技术学院）

北京大学医学出版社

YAOLIXUE

图书在版编目（CIP）数据
药理学 / 李玲，邓雪松，沈华杰主编. -- 6版. -- 北京：北京大学医学出版社，2025.8. -- ISBN 978-7-5659-3434-6

Ⅰ．R96

中国国家版本馆CIP数据核字第2025VE8496号

药理学（第6版）

主　　编：李　玲　邓雪松　沈华杰
出版发行：北京大学医学出版社
地　　址：(100191) 北京市海淀区学院路38号 北京大学医学部院内
电　　话：发行部 010-82802230；图书邮购 010-82802495
网　　址：http://www.pumpress.com.cn
E-mail：booksale@bjmu.edu.cn
印　　刷：北京瑞达方舟印务有限公司
经　　销：新华书店
责任编辑：毛淑静　　责任校对：靳新强　　责任印制：李　啸
开　　本：850 mm×1168 mm　1/16　　印张：23　　字数：696千字
版　　次：1995年2月第1版　2025年8月第6版　2025年8月第1次印刷
书　　号：ISBN 978-7-5659-3434-6
定　　价：50.00元
版权所有，违者必究
（凡属质量问题请与本社发行部联系退换）

第6轮修订说明

党和国家高度重视职业教育发展，《国家职业教育改革实施方案》《职业院校教材管理办法》《高等学校课程思政建设指导纲要》《习近平新时代中国特色社会主义思想进课程教材指南》《关于推动现代职业教育高质量发展的意见》等重要文件陆续发布，对卫生健康职业教育、高职专科临床医学人才培养及教材建设提出了更高的要求。

高职专科临床医学专业教材历经5轮建设，不断更新完善、与时俱进，为全国高职临床医学类人才培养做出了贡献。第3轮教材入选教育部普通高等教育"十一五"国家级规划教材15种，第4轮教材入选"十二五"职业教育国家规划教材17种。第5轮教材全套入选教育部职业教育教材信息库，入选首批"十四五"职业教育国家规划教材8种。

高质量的教材是实施教育改革、提升人才培养质量的重要支撑。为全面贯彻党的教育方针，深入贯彻党的二十大精神，落实立德树人的根本任务，更好地支持新时代卫生健康职业教育事业发展，服务于我国高职专科临床医学专业人才培养，北京大学医学出版社启动高职专科临床医学专业教材第6轮修订编写工作。本轮教材共25种，均为北京大学医学出版社"十四五"规划教材。

第6轮教材的修订编写坚持"以学生为中心"的原则，对标教育部高职专科临床医学专业教学标准、临床执业助理医师资格考试大纲，参考助理全科医师培训标准，以技能教育为根本，满足3个需要（学科需要、教学需要、行业需要），注重基本理论、基本知识和基本技能。内容以"必需、够用"为度，遵循学生认知规律，注重教学适用性，优化编写体例，深化产教融合，优化数字融合，强化思政融合，围绕"岗课赛证"综合育人机制建设，力争成为一套既满足多数院校教学实际，又适度引领教学，培根铸魂、启智增慧，适应新时代要求的精品高职专科临床医学专业教材。

本轮教材的修订编写得到了多方面的大力支持。参编院校教学管理部门提出了宝贵建议，职教专家精心指导、把关，临床专家认真编写、审稿，他们为锤炼精品教材、服务教学改革、提高人才培养质量做出了贡献，在此一并表示感谢！

希望广大师生多提宝贵意见，反馈使用信息，以使本套教材内容日臻完善，为新时代高职专科临床医学教育发展和人才培养做出贡献！

前 言

为落实《职业院校教材管理办法》《高等学校课程思政建设指导纲要》《习近平新时代中国特色社会主义思想进课程教材指南》《关于做好党的二十大精神进教材工作的通知》《国家职业教育改革实施方案》《关于推动现代职业教育高质量发展的意见》等文件精神的要求，体现职业教育特色，本书在首批"十四五"职业教育国家规划教材《药理学》第5版的基础上进行了再版修订。在全书修订过程中，围绕《国务院办公厅关于加快医学教育创新发展的指导意见》提出的服务生命全周期的新医科理念，对接三年制专科层次临床医学专业毕业生的岗位需求，以临床执业助理医师资格考试大纲为框架和依据，跟进当前药理学的发展及临床用药现状对纸媒教材及数字资源进行了更新。

本版教材针对高职医学教育的培养目标和模式，着眼于三年制临床医学专业学生的就业岗位需求，力求体现职业教育的"三个贴近"，即贴近医学教育和人才的需求，贴近就业岗位对专业人才知识、能力和素质的要求，贴近学生的心理特点和认知规律。在保证"思想性、科学性"的同时，遵循"必需、够用"的原则，以服务基层诊疗工作为核心，重点选用常用药物和代表药物，淘汰临床不常用药物，并密切结合临床用药实践和最新用药指南进行内容更新。力争体现教材的"应用性、实践性、可读性和创新性"，做到遵循药理学教学特点及教学规律，使教师易教、学生易学，体现基础课程教学为专业课程和临床实践服务的观念，提高学生运用基础知识解决实际问题的能力。

本版教材保留了上一版的编写体例和特色模块，对章节框架未做大幅度改动，主要对教学内容进行了更新和调整。学习目标采用布鲁姆教育目标分类法与素质学习目标相结合的模式，按照"工作过程导向"的职教理念和教学方法，参照教育部2025年新颁布的专业教学标准，从知识、能力、素养三个维度进行设计，并严格依据新版临床执业助理医师资格考试大纲要求对其进行了修订。对数字资源中的"思维导图""PPT课件"及"考题举例"等教学资源进行了全面优化和提升。除了在"知识拓展"等模块中融入了与本课程教学内容密切相关的课程思政元素外，开辟了"思政之光"模块，每个章节均有一篇以八字短语为标题的小短文，由青年学生或AI朗读并录制生成音频，读者扫描二维码即可收听，将课程思政润物于"声"，助力培养学生的思想品格、道德情操、辩证思维及科学素养。

本版教材的修订工作得到了各位编委所在学校的大力支持，在各位编委和出版社编审人员的通力合作下得以付梓，在此表示衷心的感谢！

由于编者水平有限，书中难免存在不妥和疏漏之处，恳请广大读者不吝赐教，提出宝贵意见，以便再版时更臻完善。

李 玲

目 录

第一章　绪论 ··· 1
　第一节　药理学的性质与任务 ·· 1
　第二节　药理学发展简史 ·· 2
　第三节　新药与临床药物试验 ·· 2
　第四节　药理学的学习方法 ··· 4

第二章　药效学 ·· 6
　第一节　药物作用的基本规律 ·· 6
　第二节　药物的作用机制 ··· 11

第三章　药动学 ··· 15
　第一节　药物的跨膜转运 ·· 15
　第二节　药物的体内过程 ·· 16
　第三节　体内药物的时量关系 ·· 19
　第四节　药动学的主要参数和意义 ·· 20

第四章　影响药物作用的因素及相互作用 ··· 25
　第一节　影响药物作用的因素 ·· 25
　第二节　药物的相互作用 ·· 28

第五章　传出神经系统药理概论 ·· 30
　第一节　传出神经系统分类 ··· 30
　第二节　传出神经系统的递质 ·· 31
　第三节　传出神经系统的受体与效应 ··· 32
　第四节　传出神经系统药物的作用方式与分类 ··· 33

第六章　胆碱受体激动药和胆碱酯酶抑制药 ·· 36
　第一节　M受体激动药 ··· 36
　第二节　胆碱酯酶抑制药 ·· 38

第七章　胆碱受体阻断药 ······ **42**
第一节　M受体阻断药 ······ 42
第二节　N受体阻断药 ······ 45

第八章　肾上腺素受体激动药 ······ **49**
第一节　α、β受体激动药 ······ 49
第二节　α受体激动药 ······ 52
第三节　β受体激动药 ······ 53

第九章　肾上腺素受体阻断药 ······ **56**
第一节　α受体阻断药 ······ 56
第二节　β受体阻断药 ······ 58
第三节　α、β受体阻断药 ······ 60

第十章　局部麻醉药 ······ **63**
第一节　局部麻醉药的作用 ······ 63
第二节　局部麻醉药的给药方法 ······ 64
第三节　常用局部麻醉药 ······ 65

第十一章　镇静催眠药 ······ **69**
第一节　苯二氮䓬类镇静催眠药 ······ 69
第二节　新型镇静催眠药 ······ 72
第三节　巴比妥类及其他镇静催眠药 ······ 72

第十二章　抗癫痫药及抗惊厥药 ······ **76**
第一节　抗癫痫药 ······ 76
第二节　抗惊厥药 ······ 79

第十三章　抗帕金森病药和抗阿尔茨海默病药 ······ **82**
第一节　抗帕金森病药 ······ 82
第二节　抗阿尔茨海默病药 ······ 85

第十四章　抗精神失常药 ······ **88**
第一节　抗精神病药 ······ 88
第二节　抗躁狂药和抗抑郁药 ······ 92
第三节　抗焦虑药 ······ 94

第十五章　镇痛药 ······ **97**
第一节　阿片生物碱类镇痛药 ······ 97
第二节　人工合成镇痛药 ······ 100
第三节　其他类镇痛药 ······ 101
第四节　阿片受体阻断药 ······ 102

目录

第十六章　解热镇痛抗炎药及抗痛风药 ··· 105
- 第一节　解热镇痛抗炎药 ··· 105
- 第二节　抗痛风药 ··· 110

第十七章　中枢兴奋药和促大脑功能恢复药 ··· 113
- 第一节　中枢兴奋药 ··· 113
- 第二节　促大脑功能恢复药 ··· 115

第十八章　利尿药和脱水药 ··· 117
- 第一节　利尿药 ··· 117
- 第二节　脱水药 ··· 122

第十九章　抗高血压药 ··· 125
- 第一节　常用一线抗高血压药 ··· 126
- 第二节　其他抗高血压药 ··· 132
- 第三节　抗高血压药的合理应用 ··· 134

第二十章　抗心力衰竭药 ··· 137
- 第一节　肾素-血管紧张素-醛固酮系统抑制药 ··· 138
- 第二节　利尿药 ··· 140
- 第三节　β受体阻断药 ··· 140
- 第四节　正性肌力药 ··· 141
- 第五节　血管扩张药 ··· 145

第二十一章　抗心律失常药 ··· 148
- 第一节　心律失常的电生理学基础 ··· 148
- 第二节　抗心律失常药的电生理作用机制与分类 ··· 151
- 第三节　常用抗心律失常药 ··· 152

第二十二章　抗心绞痛药 ··· 160
- 第一节　硝酸酯类 ··· 161
- 第二节　β受体阻断药 ··· 162
- 第三节　钙通道阻滞药 ··· 163
- 第四节　其他抗心绞痛药 ··· 164

第二十三章　调血脂药及抗动脉粥样硬化药 ··· 168
- 第一节　调血脂药 ··· 169
- 第二节　抗氧化剂 ··· 172
- 第三节　多烯脂肪酸类 ··· 172
- 第四节　黏多糖和多糖类 ··· 172

第二十四章　抗超敏反应药 · · · · · · 175
　　第一节　H₁受体激动药及阻断药 · · · · · · 175
　　第二节　白三烯受体阻断药 · · · · · · 177
　　第三节　钙剂 · · · · · · 177

第二十五章　作用于消化系统的药物 · · · · · · 180
　　第一节　抗消化性溃疡药 · · · · · · 180
　　第二节　消化系统功能调节药 · · · · · · 184
　　第三节　肝胆疾病辅助用药 · · · · · · 187

第二十六章　作用于呼吸系统的药物 · · · · · · 190
　　第一节　平喘药 · · · · · · 190
　　第二节　镇咳药 · · · · · · 195
　　第三节　祛痰药 · · · · · · 197

第二十七章　作用于血液和造血系统的药物 · · · · · · 202
　　第一节　抗贫血药 · · · · · · 202
　　第二节　止血药 · · · · · · 204
　　第三节　抗血栓药 · · · · · · 207
　　第四节　促白细胞生成药 · · · · · · 212
　　第五节　血容量扩充药 · · · · · · 212

第二十八章　子宫平滑肌收缩药和舒张药 · · · · · · 215
　　第一节　子宫平滑肌收缩药 · · · · · · 215
　　第二节　子宫平滑肌舒张药 · · · · · · 218

第二十九章　肾上腺皮质激素类药 · · · · · · 221
　　第一节　糖皮质激素类药 · · · · · · 222
　　第二节　盐皮质激素类药 · · · · · · 226
　　第三节　促肾上腺皮质激素及皮质激素抑制药 · · · · · · 226

第三十章　甲状腺激素及抗甲状腺药 · · · · · · 229
　　第一节　甲状腺激素 · · · · · · 229
　　第二节　抗甲状腺药 · · · · · · 231

第三十一章　降血糖药 · · · · · · 237
　　第一节　胰岛素 · · · · · · 237
　　第二节　口服降血糖药 · · · · · · 239

第三十二章　性激素类药及避孕药 · · · · · · 245
　　第一节　性激素类药 · · · · · · 245
　　第二节　避孕药 · · · · · · 249

第三十三章　抗菌药概论 ··· **253**

　　第一节　抗菌药常用术语 ··· 253
　　第二节　抗菌药的作用机制 ··· 254
　　第三节　细菌耐药性及产生机制 ··· 256
　　第四节　抗菌药的合理应用 ··· 257

第三十四章　抗生素 ··· **261**

　　第一节　β-内酰胺类抗生素 ··· 261
　　第二节　大环内酯类、林可霉素类及多肽类抗生素 ··· 267
　　第三节　氨基糖苷类抗生素 ··· 271
　　第四节　四环素类抗生素和氯霉素 ··· 274

第三十五章　人工合成抗菌药 ··· **279**

　　第一节　喹诺酮类药 ··· 279
　　第二节　磺胺类药 ··· 283
　　第三节　其他合成抗菌药 ··· 285

第三十六章　抗结核药 ··· **288**

　　第一节　常用抗结核药 ··· 288
　　第二节　抗结核药的应用原则 ··· 292

第三十七章　抗真菌药和抗病毒药 ··· **295**

　　第一节　抗真菌药 ··· 295
　　第二节　抗病毒药 ··· 296

第三十八章　抗寄生虫病药 ··· **302**

　　第一节　抗疟药 ··· 302
　　第二节　抗阿米巴病、抗滴虫病药 ··· 306
　　第三节　抗肠蠕虫病药 ··· 307

第三十九章　抗恶性肿瘤药 ··· **311**

　　第一节　抗恶性肿瘤药的分类和不良反应 ··· 311
　　第二节　常用抗恶性肿瘤药 ··· 313
　　第三节　抗恶性肿瘤药的应用原则 ··· 319

第四十章　免疫功能调节药 ··· **323**

　　第一节　免疫抑制药 ··· 324
　　第二节　免疫增强药 ··· 325

第四十一章　解毒药 ··· **328**

　　第一节　有机磷酸酯类中毒及其解毒药 ··· 328
　　第二节　金属和类金属中毒及其解毒药 ··· 330

第三节 氰化物中毒及其解毒药 ·· 331

第四节 灭鼠药中毒及其解毒药 ·· 332

第四十二章 药品管理及处方基本知识 ·· 336

第一节 药品管理的基本知识 ·· 336

第二节 处方知识 ··· 341

主要参考文献 ·· 345

中英文专业词汇索引 ··· 346

第一章 绪论

第一章数字资源

> **学习目标**
>
> 知识：说出药物、药理学、药效学和药动学的概念，简述药理学的性质与任务，举例说明药理学的研究内容。
>
> 能力：能制订有效的课程学习计划并付诸实践。
>
> 素养：树立终身学习的观念，立志学好药理学相关知识，为基层百姓健康保驾护航。

药理学（pharmacology）是一门涵盖医学与药学的学科，是三年制高等职业教育临床医学专业的核心课程。本门课程既以生理学、生物化学、病原生物学与免疫学、病理学与病理生理学等课程为基础，又与内科学、外科学、妇产科学、儿科学等临床课程密切相关。通过药理学课程的学习，能够获得药理学的基本理论和常用药物的药理作用、临床应用、不良反应及防治措施等知识，具备初步的临床合理用药能力，树立"敬佑生命，救死扶伤，甘于奉献，大爱无疆"的医疗卫生行业职业精神，养成良好的职业素养，为后续的临床实习、执业（助理）医师资格考试和基层临床医学岗位工作奠定良好的基础。

第一节 药理学的性质与任务

药物（drug）是指能够调节或查明机体的生理功能、生化过程或病理状态，用以预防、治疗、诊断疾病的物质。药物与毒物之间并没有绝对的界限，毒物是指在较小剂量下即能对机体产生有害作用的物质，任何药物在剂量过大时均可产生毒性作用。药物可来源于动物、植物、微生物、矿物质或者人工合成。药品与药物的概念有所不同。药品是指用于预防、治疗、诊断人的疾病，有目的地调节人的生理功能，并规定有适应证或功能主治、用法和用量的物质，包括中药材、中药饮片、中成药、化学原料及其制剂、抗生素、生化药品、放射性药品、血清、疫苗、血液制品和诊断药品等。

药理学作为一门重要的医学基础学科，其性质和任务涵盖了药物的化学和生物学特性、药效学、毒理学、临床应用、安全性和有效性研究以及新药开发和评价等多个方面。

1. 研究药物与生物体之间的相互作用及作用规律　包括药物效应动力学（pharmacodynamics，简称药效学）和药物代谢动力学（pharmacokinetics，简称药动学），可为临床合理用药提供理论基础。药效学研究药物对生物体的作用及效果，包括作用机制、量效关系、时效关系等；药动学研究生物体对药物的处置过程，包括药物的体内过程及血药浓度随时间变化的规律。

2. 研究药物的毒性作用　包括毒性机制，毒性反应的量效关系、预防和治疗等，确保药物使用的安全性。

3. 研究药物的临床应用　关注药物在临床治疗中的应用情况，包括药物的适应证、禁忌证、药物的相互作用、药物的监测和调整等，提高药物的治疗效果。

4. 研究药物的安全性　评估药物的副作用、超敏反应、耐受性等安全性问题，为药物的合理、安全使用提供依据。

5. 新药开发和评价　包括新药的筛选、优化、临床试验等，推动新药上市，发现药物新用途，对上市后的药物进行持续监测和评价，确保其安全性和有效性。

第二节　药理学发展简史

在我国，古代先民采用天然植物、动物或矿物治疗疾病与伤痛，并记载成书，逐渐发展成本草学。公元2世纪前后成书的《神农本草经》是我国也是世界最早的药物学专著，收载药物365种，不少药物至今仍广为使用。

公元659年，唐代苏敬等编写的《新修本草》，是世界上最早由政府颁布的药典，收载药物844种。1596年，明代杰出的医药学家李时珍总结长期从事医药实践的经验写成了药物学巨著《本草纲目》，全书分为16部、60类，约190万字，收载药物1892种、方剂11 096条，绘制精美插图1160帧。书中不仅综合了大量科学资料，提出了较为科学的药物分类方法，融入了先进的生物进化论思想，考证了过去本草学中的若干错误，还记载了丰富的临床实践经验。《本草纲目》在全世界广为流传，受到国际医药界的广泛重视，至今仍是研究药物的重要参考书，在我国药物发展史上书写了光辉的一页。

19世纪初，实验药理学的创立标志着近代药理学阶段的开始，学者们开始从天然药物中提取有效成分或人工合成化学药物，并通过在体或离体的动物实验，研究药物的作用部位及作用性质，同时，他们开始从整体、系统和器官水平深入研究药物的作用机制。20世纪30~50年代是药理学及新药迅速发展的黄金时代，许多临床常用药物在这一时期问世，如维生素类药、激素类药、抗高血压药、抗精神病药、镇痛药、磺胺类药等，特别是青霉素的发明，被誉为"20世纪伟大的发明之一"，从此使化学治疗进入了抗生素时代。

我国的药理学研究始于20世纪20年代，当时各医学院校相继开设了实验药理学课程，培养了一批药理学专业人才。60年代初，学者张昌绍、邹冈首次确认了吗啡镇痛作用的主要部位在丘脑第三脑室周围和中脑导水管周围灰质。70年代初，我国研制成功了抗疟药青蒿素，受到世界关注，该药及其衍生物至今仍是抢救恶性疟的重要药物。我国在传统中医药理论的指导下，坚持走中西医结合的道路，在复方制剂的研制工作方面也取得了举世瞩目的成就。

生命科学的发展为现代药理学提供了理论基础和技术条件，药理学在纵向及横向两方面形成了许多分支学科或边缘学科，如心血管药理学、生化药理学、免疫药理学、麻醉药理学、遗传药理学、时辰药理学、临床药理学、分子药理学、量子药理学、网络药理学等。药物作用机制的研究已逐步深入细胞、亚细胞、分子和量子水平。随着我国人民生活水平的持续提高，对更多、更好的新药的需求与日俱增，市场经济竞争也促进了新药开发研究的快速发展，人工智能技术的赋能则有望显著缩短新药研发周期，提升新药研发效率。国家对于药品的管理与监测制度也日臻完善，有力地推动着我国医疗保障体系的平稳运行，为实现"人人享有健康"提供了有力支撑。

第三节　新药与临床药物试验

一、新药的概念及来源

根据《中华人民共和国药品管理法实施条例》，新药是指未曾在中国境内上市销售的药品。已生产的药品改变剂型，改变给药途径，增加新的适应证或制成新的复方制剂，也属于新药管理范畴。新药的来源包括：①分离、提取或改造的动植物有效成分；②定向合成的新化合物；③模拟合成和改造的内源性活性物质；④进行了结构修饰的已知化合物；⑤利用基因重组等生物技术得到的药物。

二、药物临床试验

新药申请生产上市及已上市的药物改变给药途径时需进行临床试验，已上市的药物改变剂型需进行生物等效性试验。研制新药，需要进行临床试验的，应当依照《中华人民共和国药品管理法》的规定，经国务院药品监督管理部门批准，并严格执行《药物临床试验质量管理规范》。受试者签署知情同意书，伦理委员会对药物临床试验全过程的资料进行审核，是保护受试者权益的重要措施。

1. 新药的临床试验　包括Ⅰ、Ⅱ、Ⅲ、Ⅳ期临床试验，新药申请注册时必须进行Ⅰ、Ⅱ、Ⅲ期临床试验。

Ⅰ期临床试验：是新药临床试验的起始阶段，开展初步的临床药理学和人体安全性评价。研究对象为健康志愿者。目的是观察人体对新药的耐受程度，获取初步的药动学及生物利用度参数，为确定临床用药的安全有效量及合理的给药方案提供依据。

Ⅱ期临床试验：是随机双盲对照临床试验，为治疗作用的初步评价阶段。试验对象为新药适应证患者。试验目的是详细观察新药的适应证、疗效及不良反应等，对新药有效性及安全性做出初步评价，并推荐临床给药剂量。Ⅱ期临床试验的设计需符合代表性（representation）、重复性（replication）、随机性（randomization）和合理性（rationality）原则，故称为4R原则。

Ⅲ期临床试验：为新药上市前、试生产期间，扩大的多中心临床试验。试验设计原则和要求与Ⅱ期临床试验相同。在较大范围内进行足够数量的样本观察，进一步评价新药的有效性、安全性及药物相互作用，并评价药物的利益与风险关系。

Ⅳ期临床试验：是上市后的临床试验，又称上市后药物监察，是新药上市后申请人自觉进行的应用研究。在临床广泛使用过程中考察新药的疗效和不良反应，尤其是罕见不良反应；评价一般人群与特殊人群的利益与风险关系；调整给药剂量等。

由于新药临床试验受到病例数较少、研究时间较短、试验对象年龄范围较窄、用药条件控制严格等因素的局限，致使一些发生率低或需要长期用药才会出现的不良反应不易被发现，药物间的相互作用及更大范围人群的有效性也会随着时间的推移逐渐凸显，这就需要进行药品上市再评价，对已上市的药品进行有关疗效、不良反应等方面资料的搜集、分析及监督控制。药品上市再评价为国家药品管理部门对药物进行分类管理，如遴选国家基本药物、处方药及非处方药等提供依据。

2. 改变剂型的生物等效性试验　是通过对受试药物制剂与参比制剂的生物利用度进行比较，以评价两者是否等效，从而间接地评价受试药物制剂的安全性和有效性。

新药研发是一个耗资巨大、艰苦而漫长的过程。《中华人民共和国药品管理法》明确提出国家鼓励研究和创制新药，保护公民、法人和其他组织研究、开发新药的合法权益。鼓励短缺药品的研制和生产，对临床急需的短缺药品、防治重大传染病和罕见病等疾病的新药予以优先审评审批。新药是人类战胜疾病的武器之一，但也要意识到，新药研制过程中，由于受样本量限制，上市后可能会出现未曾发现的不良反应，故在使用期间应格外注意，密切观察患者用药后的反应，及时处理不良反应，做好记录并按规定进行报告。

> **知识链接**
>
> **药品的召回制度**
>
> 　　为了保障人民群众的生命健康,《中华人民共和国药品管理法》明文规定：药品存在质量问题或者其他安全隐患的,药品上市许可持有人应当立即停止销售,告知相关药品经营企业和医疗机构停止销售和使用,召回已销售的药品,及时公开召回信息,必要时应当立即停止生产,并将药品召回和处理情况向省、自治区、直辖市人民政府药品监督管理部门和卫生健康主管部门报告。药品生产企业、药品经营企业和医疗机构应当配合。
>
> 　　药品上市许可持有人依法应当召回药品而未召回的,省、自治区、直辖市人民政府药品监督管理部门应当责令其召回。
>
> 　　该法律还规定,药品上市许可持有人、药品生产企业、药品经营企业、医疗机构拒不召回或拒不配合召回的,吊销药品批准证明文件、药品生产许可证、药品经营许可证,并做出相应的处罚规定。

第四节　药理学的学习方法

药理学与基础医学、临床医学及药学联系紧密,同时,药理学知识与技能也直接应用于临床实践,因此,药理学是医学生的一门重要课程,由于内容多,涉及面广,在学习时需注意以下几个方面。

1. 联系基础医学与临床学科　密切联系生理学、生物化学、微生物学和病理学等基础医学知识,理解药物的作用和作用机制。了解临床相关学科疾病的特点,分析药理作用与临床应用的关系,关注不良反应及用药注意事项。

2. 归纳药物特点　学习药物的分类和代表药物,熟悉每类药物的共性,比较同类药中不同药物的异同点。

3. 重视实践应用　通过药理学实验,验证、巩固药理学理论知识,增强动手能力,提高观察和分析能力,加强团队协作精神。将理论知识与日常生活、临床工作紧密结合,勤思考常实践,不断积累药理学知识,提高合理用药能力。

4. 树立终身学习理念　现代医学发展迅速,需要关注药理学发展动态、临床用药的最新标准、指南等,与时俱进,持续更新知识。

自　测　题

一、单项选择题

1. 关于药物的概念,下列说法最准确的是
    A. 能调节机体生理功能的物质
    B. 能治疗疾病的物质
    C. 能够调节或查明机体的生理功能、生化过程或病理状态,用以预防、治疗、诊断疾病的物质
    D. 能诊断疾病的物质
    E. 能预防疾病的物质

2. 药理学研究的内容包括
   A. 仅研究药物对机体的作用
   B. 仅研究机体对药物的处置过程
   C. 研究药物与生物体之间的相互作用及作用规律，药物的毒性作用、临床应用、安全性以及新药开发和评价等
   D. 只研究药物的临床应用
   E. 只研究药物的安全性

3. 药效学主要研究
   A. 药物在体内的代谢过程
   B. 药物对生物体的作用及效果，包括作用机制、量效关系、时效关系等
   C. 药物的体内过程及血药浓度随时间变化的规律
   D. 药物的毒性机制
   E. 药物的适应证

4. 我国乃至世界最早的药物学专著是
   A.《新修本草》　　　　B.《本草纲目》　　　　C.《神农本草经》
   D.《伤寒杂病论》　　　E.《黄帝内经》

5. 根据《中华人民共和国药品管理法实施条例》，以下属于新药的是
   A. 已在中国境内上市销售的药品
   B. 已生产的药品改变包装
   C. 已生产的药品改变剂型，改变给药途径，增加新的适应证或制成新的复方制剂
   D. 已生产的药品改变颜色
   E. 已生产的药品更换商品名

6. 新药Ⅰ期临床试验的研究对象是
   A. 新药适应证患者　　B. 健康志愿者　　C. 患有多种疾病的患者
   D. 老年人　　　　　　E. 儿童

7. 新药Ⅱ期临床试验的设计原则不包括
   A. 代表性　　　　　　B. 重复性　　　　C. 随机性
   D. 主观性　　　　　　E. 合理性

二、简答题

1. 药理学的研究内容及任务是什么？
2. 你计划如何学好药理学，为将来做好临床工作打下坚实的基础？

（李　玲）

第二章 药效学

第二章数字资源

> **学习目标**
>
> 知识：说出治疗作用、副作用、毒性反应、超敏反应、后遗效应、停药反应、特异质反应、治疗量、极量、效能、效价强度、半数有效量、半数致死量、安全范围、治疗指数、亲和力、内在活性、依赖性、受体激动药、受体阻断药的概念。
>
> 能力：能判断药物不良反应的类型并分析其临床意义。
>
> 素养：形成基于药效学知识细心监测患者用药反应的职业习惯，提升对药物疗效及不良反应的专业判断力，确保临床用药的安全性与有效性。

药物效应动力学（pharmacodynamics）简称药效学，主要研究药物对机体的作用及其规律，以及药物防治疾病的机制。药效学为临床合理用药提供重要依据。

第一节 药物作用的基本规律

一、药物的基本作用

1. **药物作用和药理效应** 药物作用（drug action）是指药物对机体的初始作用；药理效应（pharmacological effect）是药物作用的结果，是机体反应的表现。如肾上腺素与血管平滑肌上的 α 受体、β 受体结合并激动受体，是药物的作用，由此引起皮肤、黏膜及内脏血管收缩、冠状动脉及骨骼肌血管扩张则是其药理效应。严格地讲，两者有区别，前者是动因，后者是结果。在一般情况下，两者常通用。

2. **兴奋作用和抑制作用** 药物种类繁多，作用各异，但都是通过影响机体器官固有的生理、生化等功能而产生的，使机体器官原有功能水平发生改变。兴奋作用和抑制作用是药物的基本作用。使器官原有功能增强的反应称为兴奋作用，如肾上腺素使心率加快、呋塞米使尿量增多等；使器官原有功能减弱的反应称为抑制作用，如胰岛素降低血糖、阿司匹林降低体温、地西泮镇静催眠等。

二、药物作用的类型

1. **直接作用与间接作用** 直接作用是药物对其所接触的器官、细胞产生的作用，如肾上腺素激动心肌 $β_1$ 受体增强心肌收缩力。间接作用是由药物的某一作用引发的其他作用，是通过神经反射或体液调节引起的，如硝酸甘油可直接扩张血管引起血压下降，而通过减压反射使心率加快则是其间接作用。

2. 局部作用与吸收作用　局部作用是指药物尚未吸收入血，在用药部位发生的作用，如局部注射普鲁卡因的局部麻醉作用、口服碳酸氢钠的中和胃酸作用、乙醇的皮肤消毒作用等。吸收作用是指药物吸收入血后，分布到机体组织器官而产生的作用，如阿托品的解除平滑肌痉挛作用，对乙酰氨基酚的解热作用等。

三、药物作用的选择性

同一药物在适当剂量时只对某一个或某几个组织、器官发生作用，而对其他组织、器官很少或几乎无作用，称为药物作用的选择性，即在一定剂量时，药物对组织器官的作用有差异性。药物作用的选择性决定药物使机体产生效应的范围，如治疗量强心苷兴奋心肌，而对骨骼肌则无影响。选择性高的药物，针对性强，作用范围窄，副作用少；选择性低的药物，针对性不强，作用范围广，副作用多。药物作用的选择性是药物分类的基础，也是临床选药的重要依据。药物作用的选择性是相对的，例如用药剂量是影响药物作用选择性的因素之一，随着用药剂量的增大，药物作用的选择性降低，不良反应增多。

药物具有选择性的原因包括：在体内的分布不均匀、药物与组织亲和力不同、组织细胞结构差异及代谢的差异等。

四、药物作用的两重性

药物作用与其他事物一样，也具有两重性，对人体既有防治疾病的作用，也会产生不良反应。

（一）防治作用

防治作用可分为预防作用和治疗作用。预防作用是指通过提前用药防止疾病发生的药物作用，如小儿注射麻疹减毒活疫苗以预防麻疹。符合用药目的，并达到治疗效果的作用称为治疗作用（therapeutic action）。根据治疗作用的效果不同，可将其分为对因治疗（etiological treatment）和对症治疗（symptomatic treatment）。前者指消除原发致病因素的治疗，又称治本，如抗生素杀灭体内致病微生物；后者指改善症状的治疗，又称治标，如利尿药消除水肿、阿司匹林解热。对症治疗虽不能根除病因，但在治疗某些危重急症如休克、惊厥、心力衰竭、高热、剧痛时，对于维持重要的生命体征、争取时间以采取对因治疗措施至关重要。因此，临床用药时，应根据患者的具体情况，遵循"急则治其标，缓则治其本，标本兼治"的原则。

（二）不良反应

凡与用药目的无关，并给患者带来不适甚至痛苦的反应称为不良反应（adverse drug reaction）。任何药物都有不良反应，多数不良反应是药物固有的效应，可以预知，但不一定能够完全避免。少数严重的不良反应较难恢复，称为药源性疾病，如氯霉素和多数抗癌药物对造血系统有毒性，可抑制骨髓造血，出现白细胞、血小板减少等。

1. 副作用（side effect）　指药物在治疗剂量时出现的与用药目的无关的作用。产生副作用的原因是药物作用选择性低，作用范围广。副作用大多是可以恢复的功能性变化，是药物本身固有的作用，因此，副作用一般是可以预知的，并可采取措施予以减轻，如阿司匹林有胃肠刺激作用，饭后服用或服用肠溶片便可减轻。随用药目的不同，副作用和治疗作用可互相转化，当其中一种作用用于防治目的时，其他作用则成为副作用，如阿托品具有松弛内脏平滑肌、抑制腺体分泌等作用，当阿托品用于解除胃肠痉挛时，松弛内脏平滑肌是治疗作用，抑制腺体分泌导致的口干是副作用，而当阿托品用于麻醉前给药时，抑制腺体分泌则是治疗作用，松弛内脏平滑肌导致的腹胀就成了副作用。

2. 毒性反应（toxic reaction）　指药物剂量过大或用药时间过长导致药物在体内蓄积过多而引起

的危害性反应。毒性反应一般比较严重，可引起机体生理、生化功能的紊乱或组织细胞结构的病理变化，如强心苷过量可引起心律失常；过量、过久使用链霉素、卡那霉素、庆大霉素等，对第八对脑神经可产生毒性，导致眩晕、耳鸣、耳聋等。多数药物具有一定的毒性，这些毒性是可预知的。剂量过大是发生毒性反应的首要原因，因此，企图通过增加剂量或延长疗程来达到治疗目的是有限度的，也是危险的。短期用药过量所引起的毒性反应称为急性毒性反应，多损害循环、呼吸及神经系统功能；长期用药导致药物在体内蓄积而产生的毒性反应称为慢性毒性反应，慢性毒性反应多损害肝、肾、骨髓、内分泌系统功能。药物的"三致"作用，即致畸、致癌、致突变作用，也属于慢性毒性反应。药物作用于DNA，引起基因变异称为致突变，如抗肿瘤药烷化剂、咖啡因等；药物致正常细胞变成肿瘤细胞，称为致癌，如环磷酰胺、己烯雌酚等的致癌作用；药物影响胚胎正常发育，使之畸变，称为致畸，胎儿开始发育的头3个月内为器官形成期，胚胎发育迅速，最易受药物的影响，用药要特别慎重。

3. 超敏反应（hypersensitive reaction） 是药物引起的病理性免疫反应，又称变态反应或过敏反应。超敏反应与药物固有的药理作用及剂量无关，但反应的程度与用药剂量呈正相关。超敏反应是不能预知的，多见于过敏体质患者，反应的程度因人而异，各种类型的免疫反应均可发生。停药后超敏反应逐渐消失，再次用药可能再发。超敏反应的致敏物质可能是药物本身或其代谢物，也可能是制剂中的杂质。过敏体质者使用药物时，或普通患者使用易引起超敏反应的药物时，均应保持谨慎态度。

4. 后遗效应（residual effect） 指停药后血药浓度已降至阈浓度以下时残存的药理效应。例如，服用催眠药苯巴比妥后，次晨仍有困倦、头晕、乏力等宿醉现象。

5. 停药反应（withdrawal reaction）及反跳现象（rebound reaction） 停药反应是指长期用药后突然停药导致原有疾病加剧或出现与原有疾病不同的症状。其中，长期用药后突然停药导致原有疾病加剧的现象又称反跳现象。如长期使用糖皮质激素类药物突然停药可能导致肾上腺危象，此为停药反应；而长期使用普萘洛尔控制血压时，突然停药可能引起血压骤升，这属于反跳现象。

6. 特异质反应（idiosyncratic reaction） 少数特异体质患者对某些药物反应特别敏感，反应性质也可能与常人不同。特异质反应与药物固有的药理作用基本一致，反应程度与剂量成比例。目前认为，特异质反应大多是由个体生化机制异常所致，这种异常通常与遗传有关，如先天性葡萄糖-6-磷酸脱氢酶（G6PD）缺乏的患者服用伯氨喹，可发生急性溶血性贫血。

7. 依赖性（dependence） 是由于反复使用某些药物，机体产生的一种依赖及需求。依赖性可分为生理依赖性和精神依赖性。生理依赖性又称躯体依赖性、成瘾性（addiction），若中断用药可产生一系列痛苦且难以忍受的戒断症状；精神依赖性是指反复用药使人产生一种愉快满足的感觉，停药后产生主观不适，但无戒断症状，渴望再次用药，以获得满足感或避免不适感。药物滥用（drug abuse）是造成依赖性的主要原因之一。麻醉药品和精神药品的滥用对用药者和社会的危害性极大，必须合理使用，严格管理。

药物的防治作用与不良反应是药物固有的两重性，临床用药时既要考虑其有效性，也要重视其安全性，依据"最大治疗效果、最小不良反应"的原则权衡利弊、合理应用。

> **知识链接**
>
> **药品不良反应报告和监测**
>
> 我国《药品不良反应报告和监测管理办法》规定，药品生产、经营企业和医疗机构按规定的时限、程序向药品不良反应监测机构报告药品不良反应。发现或者获知新的、严重的药品不良反应应当在15日内报告，死亡病例须立即报告；其他药品不良反应应当在30日内报告；获知或者发现药品群体不良事件，应当立即通过电话或者传真等方式报告所在地的县级药品监督

管理部门、卫生行政部门和药品不良反应监测机构，必要时可以越级报告。个人发现新的或者严重的药品不良反应，可以向经治医师报告，也可以向药品生产、经营企业或者当地的药品不良反应监测机构报告。鼓励公民、法人和其他组织报告药品不良反应。

考点提示 掌握治疗作用、副反应、毒性反应、超敏反应、后遗效应的概念及临床意义。

五、药物剂量与效应关系

药物剂量与效应的关系简称量效关系。在一定范围内，药物剂量与药物效应成正比。

1. 剂量　即药物的用量。剂量不同，药物的效应也不同。剂量按其大小可分为：①无效量，指不能引起药物效应的剂量。②最小有效量，是引起药物效应的最小剂量。③半数有效量（ED_{50}），指引起50%实验动物有效的剂量。④极量，指能够引起最大效应，但尚未出现毒性反应的剂量，又称最大治疗量。除非特殊情况需要，用药剂量不得超过极量。⑤治疗量及常用量，治疗量是指最小有效量与极量之间的范围，临床上为了保障用药的安全性，常采用比最小有效量大些，比极量小些的剂量范围作为常用量。⑥最小中毒量，是引起中毒反应的最小剂量。⑦最小致死量，指可引起死亡的最小剂量。⑧半数致死量（LD_{50}），指引起50%实验动物死亡的剂量。药物剂量与效应的关系如图2-1所示。

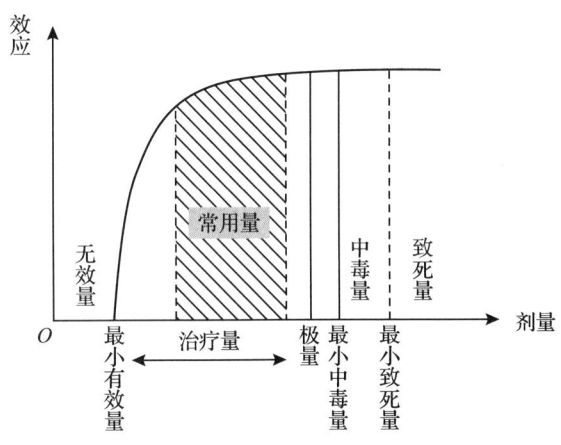

图 2-1　药物剂量与效应关系示意图

2. 剂量效应曲线　以药物效应为纵坐标，药物剂量或浓度为横坐标作图，则得剂量效应曲线，简称量效曲线。量效曲线包括量反应型和质反应型两种类型。

（1）量反应型量效曲线：药物效应呈量的连续性变化，称量反应，如血压、尿量、心率等。以剂量或浓度为横坐标，以效应强度为纵坐标，量效曲线呈直方双曲线（图2-2A）；若将剂量或浓度改为对数，则为对称的"S"形曲线图（图2-2B）。

从量反应型量效曲线可以看出，斜率大的药物，药量的微小变化即可引起效应明显改变。随着剂量或浓度增加，效应逐渐加强，当效应增强至最大效应时，再增加剂量或浓度，效应不再增强，此时的效应称为最大效应，又称效能（efficacy）。若继续增加药物剂量，反而会引起毒性反应。产生一定效应所需的药物剂量称为效价强度（potency）。效价强度用于作用性质相同的药物之间等效剂量的比较，达到相同效应时所用药物剂量与效价强度呈反比，即所用药物剂量小，则该药效价强度大。

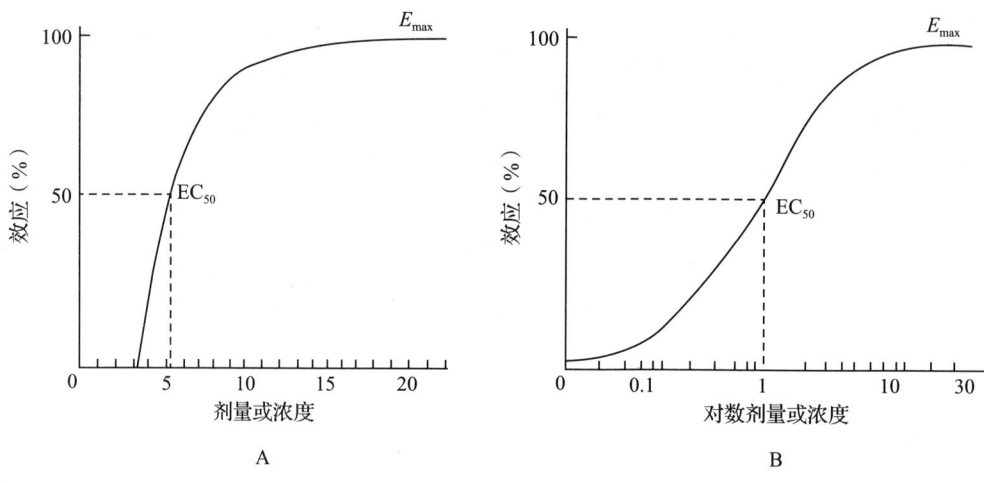

图 2-2 量反应型量效关系曲线

EC_{50}：半数有效浓度；E_{max}：最大效应

效能和效价强度具有不同的临床意义。如以利尿药的排钠量为效应指标进行比较，引起等量的排钠量，氢氯噻嗪所需的剂量较呋塞米小，说明氢氯噻嗪的效价强度比呋塞米高，但呋塞米的效能远大于氢氯噻嗪（图 2-3）。因此，重症水肿患者宜选用高效能的呋塞米。

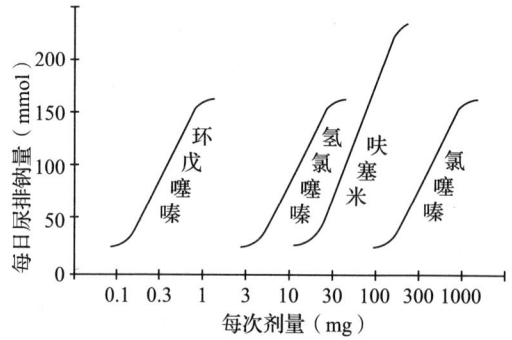

图 2-3 部分利尿药的效价强度与效能比较

（2）质反应型量效曲线：药物效应表现为反应性质的变化，称质反应，用阳性或阴性、全或无表示，如有效或无效、生存或死亡等。若按照药物剂量的区段出现阳性反应的频率作图，可得正态分布曲线；若按照随剂量增加的累计阳性反应百分率作图，可得到对称的"S"形曲线（图 2-4）。

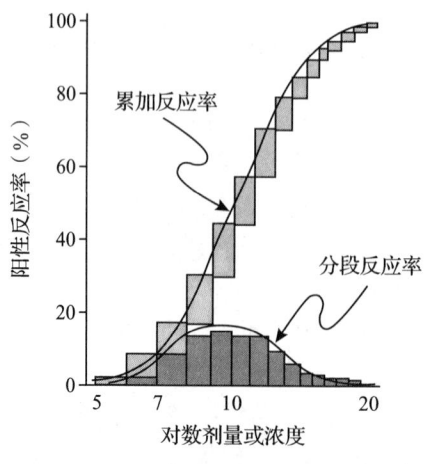

图 2-4 质反应型量效曲线

3. 安全范围　是指最小有效量与最小中毒量之间的距离。一般来说，此距离越大，药物的安全性越大。

4. 治疗指数（therapeutic index，TI）　一般将药物的 LD_{50} 与 ED_{50} 的比值称为治疗指数，用以评价药物的安全性，比值越大，安全性越大。若某药的 ED 和 LD 两条曲线首尾重叠，则可用 LD_1/ED_{99} 的比值或 LD_5 与 ED_{95} 之间的距离来衡量药物的安全性。

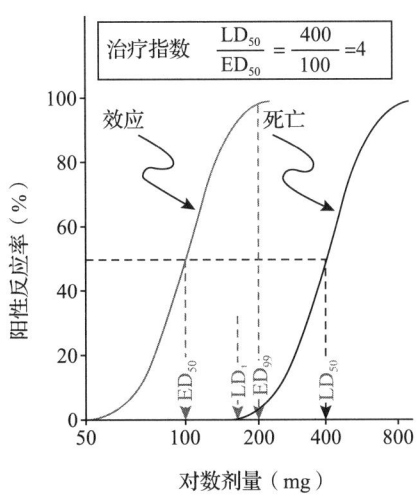

图 2-5　药物效应及毒性的量效关系曲线

第二节　药物的作用机制

一、药物作用机制分类

药物通过影响机体的生理、生化功能等而发挥作用。药物种类繁多、性质各异，因此，药物作用机制十分复杂，可归纳为以下几个方面。

1. 改变细胞内环境　通过药物的物理或化学特性产生药效，如抗酸药中和胃酸，治疗消化性溃疡；静脉注射20%的甘露醇溶液，提高血浆渗透压而产生脱水、利尿作用，消除脑水肿；口服10%的硫酸镁溶液在肠道内形成高渗盐溶液，阻止肠内水分的吸收，产生导泻作用，治疗便秘。

2. 参与或干扰细胞代谢　有些药物通过影响机体的生化过程产生作用，如铁剂参与血红蛋白的合成，治疗贫血；维生素D参与钙、磷的代谢，治疗佝偻病；氟尿嘧啶阻断DNA的合成，抑制肿瘤细胞生长，治疗恶性肿瘤；磺胺类药抑制细菌叶酸代谢，抑制敏感细菌生长繁殖。

3. 影响细胞膜离子转运　很多药物通过作用于细胞膜离子通道，影响 Na^+、Ca^{2+}、K^+、Cl^- 等跨膜转运而发挥作用。如硝苯地平阻滞血管细胞膜的钙通道，产生扩张血管、降低血压作用；胺碘酮通过影响 Na^+、Ca^{2+} 和 K^+ 通道，治疗心律失常；利尿药呋塞米抑制肾小管 Na^+-K^+-$2Cl^-$ 共同转运载体，抑制了肾小管对 Na^+、K^+、Cl^- 的重吸收，而产生利尿作用。

4. 影响酶活性　有些药物可通过激活、抑制、诱导或复活体内某种酶而发挥药物作用。如新斯的明抑制胆碱酯酶，产生拟胆碱作用；奥美拉唑抑制胃壁细胞上的 H^+-K^+-ATP 酶，抑制胃酸分泌；解磷定能使遭受有机磷酸酯类抑制的胆碱酯酶复活。

5. 作用于受体　详见下文。

二、药物作用的受体理论

（一）受体的概念

受体（receptor）是存在于细胞膜或细胞内，能识别生物活性物质并与之特异性结合，从而传递信息，引起特定效应的大分子蛋白质。能与受体特异性结合的生物活性物质称为配体（ligand）。体内存在着与受体特异性结合的生物活性物质，如神经递质、激素、自体活性物质等，称为内源性配体。

（二）药物与受体的相互作用

大多数药物通过与受体结合产生药理作用。药物与受体结合发挥作用具有特异性、敏感性、饱和性及可逆性。药物与受体结合引起效应需具备两个条件：一是药物与受体结合的能力，即亲和力；二是药物产生效应的能力，即内在活性。根据内在活性不同，可将作用于受体的药物分为激动药和拮抗药。

1. 激动药（agonist）　指既有较强亲和力，又有较强内在活性的药物，能与受体结合并激动受体产生效应。如肾上腺素与β受体结合后，产生心脏兴奋、支气管舒张等效应。

2. 拮抗药（antagonist）　指与受体有较强的亲和力，但无内在活性的药物，又称阻断药。受体阻断药本身不引起生物效应，但与受体结合后，可阻碍其他配体与受体的结合，因而也呈现生物效应。如普萘洛尔占据β受体后，使自体递质去甲肾上腺素不能激动β受体，因而可产生心脏抑制、血管收缩等作用。

（三）受体的调节

受体反应性或敏感性受生理、病理及药物因素的影响而发生变化，称受体调节。这是机体为适应内环境而进行的自我调控，以保持内环境的稳定。

1. 受体脱敏　指长期使用受体激动药，致受体数目减少或对药物的敏感性降低，是机体对药物产生耐受性的原因之一，如糖尿病患者长期应用胰岛素后会出现机体对药物的反应性降低。

2. 受体增敏　指长期使用受体阻断药，使受体数目增多或对药物的敏感性增加的现象。如普萘洛尔治疗高血压，突然停药会出现血压升高。

如果仅表现为受体数目的减少或增加，则可称为受体的向下调节或向上调节。

自　测　题

一、单项选择题

1. 长期使用普萘洛尔降血压，停药后血压剧烈升高，此种现象为
    A. 后遗效应　　　　B. 毒性反应　　　　C. 特异质反应
    D. 反跳现象　　　　E. 副作用
2. 属于后遗效应的是
    A. 地高辛引起的心律失常
    B. 服用催眠药后次晨出现的宿醉
    C. 呋塞米所致的低钠血症
    D. 青霉素引起的过敏性休克
    E. 庆大霉素所致的肾损害

3. 产生副作用的原因是
   A. 特异性体质　　B. 遗传变异　　C. 肝肾功能不良
   D. 药物作用选择性低　　E. 药物安全范围小
4. 大剂量使用链霉素损伤第八对脑神经属于
   A. 后遗效应　　B. 毒性反应　　C. 超敏反应
   D. 停药反应　　E. 副作用
5. 机体对药物的敏感性降低称为
   A. 依赖性　　B. 耐受性　　C. 成瘾性
   D. 过敏反应　　E. 停药反应
6. 副作用是
   A. 不可预知　　B. 使用大剂量出现的
   C. 停药后出现的　　D. 药物应用不当而产生的
   E. 药物在治疗剂量下出现的与用药目的无关的作用
7. 药物的内在活性是指
   A. 药物水溶性的大小　　B. 药物脂溶性的强弱
   C. 药物与受体亲和力　　D. 药物穿透生物膜的能力
   E. 药物与受体结合后，激动受体产生效应的能力
8. 受体阻断药的特点是
   A. 有亲和力，无内在活性　　B. 有亲和力，有内在活性
   C. 无亲和力，无内在活性　　D. 无亲和力，有内在活性
   E. 使受体产生不可逆的变化
9. 治疗指数
   A. 最小有效量与最小中毒量之间的范围
   B. ED_{50}/LD_{50}
   C. ED_{50}/TD_{50}
   D. 比值越大，药物毒性越大
   E. LD_{50}/ED_{50}
10. 刘某，男，26岁，因烧伤入院，医生给予哌替啶镇痛，连用4天停药后，患者出现烦躁不安、流泪、出汗、恶心、呕吐、惊厥等症状，这表明患者对哌替啶已产生了
    A. 副作用　　B. 反跳现象　　C. 躯体依赖性
    D. 精神依赖性　　E. 耐受性

二、简答题

1. 举例说明药物的不良反应有哪些。
2. 举例说明药物治疗作用与副作用的相互转化。

三、案例分析题

患者王某，男，65岁，因慢性心力衰竭就诊。患者有高血压病史15年，长期服用血管紧张素转换酶抑制药（ACEI）依那普利（enalapril）控制血压，同时患有2型糖尿病，口服二甲双胍（metformin）治疗。近期，患者出现下肢水肿、呼吸困难等症状，医生诊断为慢性心力衰竭，并给予β受体阻断药美托洛尔（metoprolol）治疗，起始剂量为每日25 mg，口服给药。

患者服用美托洛尔1周后，出现乏力、头晕、心动过缓（心率55次/分）等症状，医生考虑可能为美托洛尔的不良反应，调整剂量为每日12.5 mg。但患者症状仍未完全缓解，且出现新发咳

嗽症状，夜间明显，影响睡眠。

请回答：

1. 患者用药后出现的乏力、头晕、心动过缓等症状属于哪一类不良反应？
2. 如果患者新发的咳嗽症状是由美托洛尔引起的，应如何处理？

（李森浩）

第三章 药动学

第三章数字资源

学习目标

知识:解释首过消除、肝肠循环、生物利用度、半衰期、稳态血药浓度的概念,概述体液 pH 与药物解离度的关系,列出影响药物吸收、分布、代谢、排泄的因素。

能力:会运用药物代谢动力学原理,合理解释肝药酶诱导剂、肝药酶抑制剂、半衰期、稳态血药浓度的临床意义,并能与患者及家属进行有效沟通。

素养:建立基于药物体内过程及药动学参数精准评估药物疗效与安全性的职业意识,养成严谨的思维习惯,树立以药动学知识为依据优化给药方案、保障患者合理用药的职业责任感。

药物代谢动力学(pharmacokinetics)简称药动学,主要研究机体对药物处置的动态变化。包括药物在机体内的吸收、分布、生化转化(或称代谢)及排泄过程,特别是血药浓度随时间变化的规律。药物在作用部位能否达到安全、有效的浓度是确定给药剂量和间隔时间的依据。药物在作用部位的浓度受药物体内过程的影响而发生动态变化。掌握药动学的基本原理和方法,可以更好地了解药物在体内的变化规律,设计和优化给药方案,指导合理用药,为临床用药提供科学依据。

第一节 药物的跨膜转运

药物转运是药物在体内通过细胞膜的运动过程。药物的吸收、分布、代谢和排泄都要通过细胞膜,药物转运可分为被动转运和主动转运两种方式。

一、被动转运

被动转运是指药物依赖细胞膜两侧的浓度差,从高浓度一侧向低浓度一侧的转运方式。被动转运不消耗能量,转运速度与浓度差成正比,膜两侧浓度差越大,药物转运速度越快。被动转运主要包括以下三种类型。

1. 简单扩散(脂溶扩散) 指药物溶于脂质通过细胞膜的过程,是药物最主要的转运方式。其扩散速度除取决于膜的性质、面积及膜两侧的浓度差外,还与药物的性质有关。分子量小、脂溶性大、极性小的药物较易通过细胞膜。多数药物是弱酸性或弱碱性有机化合物,在体液中有不同程度的解离,其解离程度受其 pK_a 及其所在体液的 pH 影响。非解离型(非离子型)药物疏水而亲脂,可以自由通过细胞膜;解离型(离子型)药物极性大,不易通过细胞膜。弱酸性药物在酸性环境中解离度小,药物非解离型多,易通过细胞膜;弱碱性药物则相反。例如,弱酸性药物在胃液中非解离型多,在胃中吸收多。

2. 膜孔扩散（滤过） 指水溶性小分子药物通过细胞膜的通道由细胞膜的一侧到达另一侧的过程。膜孔扩散的速度受分子量大小、流体静压或渗透压的影响。多数细胞膜的孔道较小，只有小分子药物可以通过。毛细血管壁的膜孔较大，多数药物可以通过。肾小球的膜孔更大，大多数药物及代谢产物均可经过肾小球滤过而排泄。但脑内大部分毛细血管壁无孔隙，药物不能以滤过方式进入脑组织。

3. 易化扩散 是膜蛋白介导的被动扩散，指非脂溶性的小分子物质或带电离子通过膜上的特殊蛋白质（包括载体、通道）的介导，顺浓度梯度或电位梯度进行的跨膜转运。其特点是不消耗能量、需要载体、有竞争性抑制现象和饱和现象。易化扩散速度较快，红细胞膜上约有5万个葡萄糖载体，其最大传送速度约每秒180个葡萄糖分子。

二、主动转运

主动转运是靠载体逆浓度梯度的跨膜转运，即药物从低浓度一侧向高浓度一侧转运。主动转运需要载体、需消耗能量、有竞争性抑制现象和饱和现象，如血液中的碘离子（I⁻）进入甲状腺泡的转运、去甲肾上腺素能神经末梢对去甲肾上腺素的再摄取。少数药物，如氟尿嘧啶、甲基多巴等是通过主动转运而吸收的。如果两种药物经同一载体转运，可发生竞争性抑制，如丙磺舒与青霉素同用时，可竞争性抑制肾小管分泌青霉素，使青霉素的排泄时间延长。

第二节 药物的体内过程

药物的体内过程包括药物的吸收、分布、代谢（生物转化）、排泄。

一、药物的吸收

药物的吸收是指药物从给药部位进入血液循环的过程。药物吸收的速率及量，受到多种因素的影响，也是药物起效的快慢和作用强弱的影响因素。

（一）药物的理化性质及剂型

药物的理化性质对药物的吸收影响较大，分子量小、脂溶性大、极性小的药物易吸收。同一药物的不同剂型，吸收的速度及程度也有差异，注射剂或溶液剂的吸收较片剂、胶囊剂快，片剂和胶囊剂中药物的溶出速率是吸收的限速因素。同一药物，不同厂家因生产工艺的差别，也可导致吸收的差异。

（二）给药途径

给药途径影响药物吸收速度和程度。除血管内给药外，其他给药途径都存在吸收过程。吸收速度的快慢顺序一般是：吸入＞舌下＞直肠＞肌内注射＞皮下注射＞口服＞皮肤给药。

1. 口服给药 主要在小肠吸收。药物溶解速度、胃肠pH、胃排空速度、食物、首过消除等因素影响口服药物的吸收。某些药物口服后，在肠黏膜和肝脏中被代谢，使进入血液循环的药量减少，这种现象称为首过消除（first pass elimination），又称首过效应或第一关卡效应。口服给药是最方便、最安全、最经济、最常用的给药途径，但不适用于对胃肠刺激大、首过消除多的药物（如硝酸甘油、利多卡因等），也不适用于昏迷及婴儿等不能口服的患者。

掌握首过消除的概念及临床意义。

2. 肌内注射及皮下注射 此类给药途径吸收迅速、完全。吸收速度取决于注射部位血液循环及药物的剂型。水溶液吸收迅速，油剂、混悬液吸收慢，作用时间长。肌肉组织的血流量较皮下组织丰富，因此，肌内注射较皮下注射吸收快。

3. 吸入给药　肺泡表面积大，肺血流量丰富，挥发性药物（如吸入用全身麻醉药）极易吸收。如平喘药沙丁胺醇、倍氯米松等以气雾剂吸入给药，可直接作用于呼吸道，起效较快，全身副作用小。

4. 舌下给药　舌黏膜下血管丰富，舌下给药无首过消除、给药方便、吸收迅速、起效快，但吸收面积小，适用于脂溶性高、给药量小的药物，如硝酸甘油等。

5. 直肠给药　栓剂或溶液剂经肛门塞入或灌肠，药物从直肠黏膜吸收，起效快，可避免首过消除，但这种给药方式较不方便，主要用于不能口服的患者。

6. 皮肤给药　皮肤有角质层，吸收能力差，多数药物不易穿透，少数脂溶性大分子药物可以缓慢通透，新型贴膜制剂可经皮吸收。

（三）吸收环境

吸收环境是指药物吸收部位的面积、血液循环情况、pH，以及口服给药时的胃排空和肠蠕动速度等，这些环境因素均可影响药物的吸收。多数情况下，口服药物餐前给药较餐后给药吸收快。

二、药物的分布

药物的分布是指药物从血液循环向组织器官转运的过程。大多数药物在体内分布是不均匀的，影响药物分布的因素主要有以下几个方面。

1. 药物与血浆蛋白结合　大多数药物不同程度地与血浆蛋白（主要是白蛋白，又称清蛋白）结合而形成结合型药物，结合程度以血浆蛋白结合率表示，结合型药物与未结合（游离）型药物同时存在于血液中。只有游离型药物才能进行转运，具有药理活性。结合型药物分子大，不能进行转运，暂时失去药理活性，也不被代谢和排泄，是药物的暂时贮存形式。药物与血浆蛋白结合是可逆的，结合型药物与游离型药物处于动态平衡。血浆蛋白含量过少（如慢性肾炎、肝硬化）或变性（如尿毒症）时，药物血浆蛋白结合率下降，游离型药物浓度增加，容易发生毒性反应。血浆蛋白有一定的量，与药物结合的部位有限，因而结合的药物有一定限量。当两种蛋白结合率高的药物联合应用时，可发生竞争性置换现象，使其中一种药物的游离型药物浓度增高，药物作用增强而引起不良反应。如抗凝血药华法林的血浆蛋白结合率为99%，同服结合率为98%的保泰松，可使结合型华法林被置换，导致血浆中游离型华法林浓度增高，抗凝血作用增强，甚至引起出血。

2. 药物的理化性质和体液pH　药物的分子量、脂溶性、极性及pK_a均可影响药物的分布。大多数药物呈弱酸性或弱碱性，在体液中均有一定程度的解离。解离少的药物极性小，脂溶性高，易透过毛细血管进入组织，如硝酸甘油；解离多的药物极性大，脂溶性低，难以透过血管壁进入组织，如庆大霉素。药物的解离度受体液pH的影响，弱酸性药物在碱性体液中易于解离，弱碱性药物在酸性体液中易于解离。各种体液的pH不同，导致药物在体内分布不均匀。细胞内液pH（约为7.0）略低于细胞外液pH（约7.4），弱碱性药物在细胞内浓度略高于细胞外，弱酸性药物在细胞外浓度略高于细胞内。例如，巴比妥类镇静催眠药为弱酸性药物，当用药过量时，可采取碱化血液或尿液的方法促进其排泄。

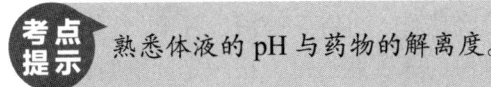
熟悉体液的pH与药物的解离度。

3. 药物与组织的亲和力　药物对某些组织具有较高的亲和力，因而在该组织中分布多。例如，碘主要分布在甲状腺组织，链霉素主要分布在细胞外液，环丙沙星在骨髓中浓度高。

4. 器官血流量 人体各组织器官的血流量差别很大。其中，肝、肾、脑、肺、心脏等为高血流灌注器官，药物分布快且含量较高；脂肪、皮肤、肌肉等为低血流灌注组织，药物分布慢且含量较低。脂肪组织血流量不丰富，但总量很大，是脂溶性药物的贮存库。如静脉注射硫喷妥钠，药物首先分布到血流量大的脑组织产生麻醉作用，随后药物自脑向血流量小的脂肪组织转移，导致麻醉作用迅速消失，此为药物的再分布。药物中毒时，肝、肾等高血流灌注的器官往往首先受累。

5. 体内屏障 体内屏障包括血脑屏障、胎盘屏障和血眼屏障等。①血脑屏障：血脑屏障可阻止许多分子量较大、水溶性或解离型药物进入脑组织，这是大脑的自我保护机制，有利于维持中枢神经系统内环境的相对稳定。虽然脑是血流量较大的器官，但药物在脑组织中的浓度一般较低，仅脂溶性较高的游离型药物可通过血脑屏障。正常状态下，青霉素难以透过血脑屏障，但患脑脊髓膜炎时，脑的毛细血管通透性增加，则可达到有效治疗浓度。新生儿的血脑屏障发育不全，易受药物影响。②胎盘屏障：指胎盘绒毛与子宫血窦间的屏障，其通透性与一般毛细血管无显著差别，几乎所有的药物都能穿透胎盘屏障进入胚胎循环，故妊娠期间用药应谨慎，防止造成胎儿或新生儿的损害。妊娠的前3个月应禁用有致畸作用的药物；临产前禁用吗啡，以免引起新生儿呼吸抑制。③血眼屏障：指血与眼内房水、视网膜等之间的屏障，吸收入血的药物在房水、晶状体等组织的浓度远低于血液，此屏障可使全身给药很难在眼内达到有效治疗浓度。作用于眼的药物多局部应用，以提高眼内药物浓度、减少全身的不良反应。

三、药物的代谢

药物的代谢是指药物在体内发生化学结构的变化，又称生物转化。代谢是药物在体内消除的重要途径。药物代谢的方式主要是氧化、还原或水解反应（Ⅰ相反应）和结合反应（Ⅱ相反应）。药物经代谢后极性增大、水溶性增加，易于排出体外。

药物经代谢后药理活性发生改变：①大多数药物经代谢后药理活性降低，由有活性药物转化为无活性代谢物，称为灭活；②部分药物本身无活性，需经代谢后生成具有药理活性的代谢物，称为活化，如可的松需在肝内转化为氢化可的松才有效；③某些药物经代谢后生成具有毒性作用的代谢物，如抗结核药异烟肼转化为乙酰异烟肼，后者具有肝毒性。

药物在体内代谢的主要器官是肝，胃肠道、肾、肺等也可不同程度地代谢某些药物。药物代谢需经酶的催化，参与药物代谢的酶系统主要是肝微粒体混合功能氧化酶系统，简称肝药酶，该酶系统主要的成分是细胞色素P450。肝药酶的特点主要有以下几点：①专一性低，能代谢数百种药物。②个体差异大，肝药酶的活性、数量具有种属差异和个体差异，遗传、年龄、机体状态、营养状况等都可影响酶的活性。肝功能不良者、新生儿及早产儿（肝功能发育不全）药物代谢能力较差，用药时应注意调整剂量。③酶活性易受药物影响，有些药物能增强肝药酶的活性，加速自身或其他药物的代谢，称为肝药酶诱导剂，如苯妥英钠、苯巴比妥、利福平等；有些药物能抑制或减弱肝药酶的活性，称为肝药酶抑制剂，如西咪替丁、奥美拉唑、异烟肼等。

四、药物的排泄

药物的排泄是指药物原型或其代谢物通过排泄器官或分泌器官排出体外的过程。药物排泄的速度影响药物作用的持续时间。药物主要经肾排泄，其次还有经胆汁、乳汁、唾液、汗液、胃肠道及肺排泄等。临床上为了维持有效血药浓度，需要根据药物排泄的速度和程度，按一定间隔时间给予一定剂量的药物。利用排泄的特点，可采取适当措施以加速或延缓药物排泄。有些药物在排泄过程中可呈现药理作用或毒性。

1. 肾排泄 药物肾排泄方式包括肾小球滤过和肾小管分泌。大多数游离型药物及其代谢物可通过肾小球滤过，进入肾小管中的游离型药物可不同程度地被肾小管重吸收，重吸收的量与药物本身的理化性质如极性、解离度、分子量等有关，也与尿液 pH 密切相关。尿液 pH 影响药物的解离度，弱酸性药物在酸性尿液中解离少，重吸收多，排泄少，而在碱性尿液中解离多，重吸收少，排泄多；碱性药物与之相反。弱酸性药物如巴比妥类、水杨酸类中毒时，碱化尿液可使药物在肾小管中解离多、重吸收少、排泄加快，是这类药物中毒时重要的抢救措施。少数药物经肾小管主动分泌，若两种药物由肾小管同一载体转运，可发生竞争性抑制现象，从而影响药物的排泄，如丙磺舒与青霉素合用时，丙磺舒通过抑制青霉素的主动分泌，而使后者的排泄减慢，作用时间延长。

2. 胆道排泄　某些药物经肝分泌入胆汁，由胆汁流入小肠，随粪便排出体外。少数药物经胆汁排入肠腔后，又被小肠上皮细胞吸收，经肝重新进入血液循环，称为肝肠循环。有肝肠循环的药物作用持续时间延长，如洋地黄毒苷。肝肠循环率较高的抗生素，如红霉素、头孢哌酮等，可治疗胆道感染。

　掌握肝肠循环的概念及临床意义。

3. 其他排泄途径　乳汁 pH 略低于血浆 pH，碱性药物如吗啡、阿托品等可自乳汁排出，影响哺乳儿，哺乳期妇女应谨慎用药。呼吸道排泄是某些挥发性药物的主要排泄途径，如检测呼出气中的乙醇量是判断酒后驾车的简便方法。药物也可从唾液、汗液排泄，但排泄量很少。

第三节　体内药物的时量关系

一、血药浓度变化的时间过程

药物的吸收、分布、代谢和排泄过程是一个动态过程，由此产生了血药浓度随时间变化的动态规律。以时间为横坐标，血药浓度为纵坐标作图，即得到时量曲线，又称药时曲线（图 3-1）。

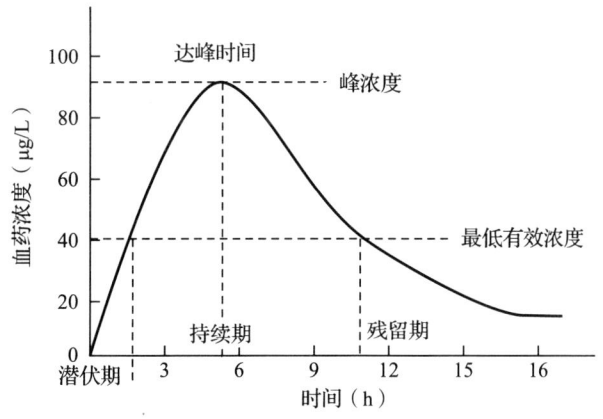

图 3-1　一次非血管给药的时量曲线

曲线的升段反映药物吸收、分布的过程，此时药物吸收速度大于消除速度，吸收快的药物升段坡度陡。曲线最高点为峰浓度（C_{max}），此时吸收速度与消除速度相等。曲线的降段反映药物消除过程，此时药物的吸收速度小于消除速度，坡度反映消除的速度。从时量曲线可得出：①潜伏期，即从给药到达到最小有效浓度的时间；②达峰时间（T_{max}），即从给药到出现峰值浓度的时间；③效应持续时间，是指从出现效应至效应消失的时间；④曲线下面积（area under curve，AUC），指时量曲线下所覆盖的面积，其大小反映药物吸收的总量。

二、药物消除动力学

药物消除主要是由代谢和排泄引起的。按药物消除速率与血药浓度之间的关系，可将药物消除动力学分为两类：一级消除动力学和零级消除动力学。

1. 一级消除动力学　单位时间消除恒定比例的药量，又称恒比消除。绝大多数药物都按一级动力学消除，其特点有：①药物消除速率与血药浓度成正比，血药浓度越高，单位时间内消除的药量越多；②药物的消除半衰期（$t_{1/2}$）恒定，与血药浓度无关；③时量曲线在半对数坐标（横坐标为时间，纵坐标为对数浓度或剂量）上为直线，因此，又称线性消除（图3-2）。

2. 零级消除动力学　单位时间内消除恒定的药量，又称恒量消除。机体消除功能低下或用药量超过机体的最大消除能力时，药按恒量消除，其特点有：①药物消除速率与血药浓度无关；②半衰期不恒定，随药物浓度变化，血药浓度越高，半衰期越长；③时量曲线在半对数坐标上为曲线，因此，又称非线性消除（图3-3）。

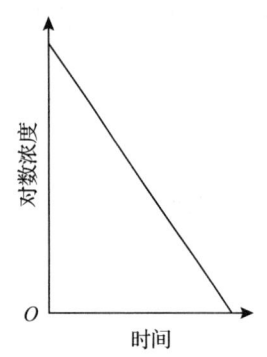
图3-2　一级消除动力学时量曲线

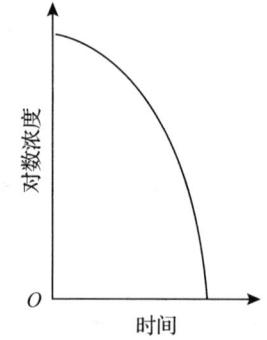
图3-3　零级消除动力学时量曲线

第四节　药动学的主要参数和意义

一、生物利用度

生物利用度（bioavailability，F）是指非血管途径给药时，药物吸收进入体循环的相对量。生物利用度反映药物制剂被机体吸收、利用的程度，用以评价药物制剂的质量和生物等效性。其计算方法为：

$$F = \frac{A}{D} \times 100\%$$

式中，A为药物吸收的总量，D为给药剂量。

生物利用度分为绝对生物利用度和相对生物利用度。测定生物利用度，通常以非血管给药后所得的AUC与血管内给药所得的AUC相比较，其比值称为绝对生物利用度，以此评价同一种药物不同给药途径的吸收程度。当两种药物给药途径相同时，可用被测制剂的AUC与相同剂量的标准制剂的AUC相比较，得到的比值称为相对生物利用度。

$$绝对生物利用度 = \frac{非血管给药的 AUC}{血管内给药的 AUC} \times 100\%$$

$$相对生物利用度 = \frac{被测制剂的 AUC}{标准制剂的 AUC} \times 100\%$$

不同厂家或同一厂家不同批号的同一种制剂之间的生物利用度可能存在差异，从而影响药物疗效，如地高辛，临床用药时应给予重视。

 掌握生物利用度的概念及临床意义。

二、半衰期

半衰期（$t_{1/2}$）是指血浆药物浓度下降一半所需要的时间，是反映药物消除速率的指标。根据半衰期可确定给药间隔及连续给药后预计达到稳态血药浓度的时间、停药后药物从体内基本消除的时间。按恒比消除的药物其半衰期是一恒定值，不受血药浓度和给药途径的影响。但当肝功能不全时，经肝代谢的药物半衰期延长；当肾功能不全时，经肾排泄的药物半衰期延长。

半衰期的意义：①药物分类的依据。根据半衰期长短可将药物分为短效类、中效类和长效类等。②确定给药间隔时间。半衰期短，给药间隔时间短；半衰期长，给药间隔时间长。③预测药物基本消除的时间。停药 4~5 个半衰期，即可以认为药物基本消除。④预测药物达到稳态血药浓度的时间。恒比消除的药物，任何途径定时恒量反复多次给药，经 4~5 个半衰期，药物在体内均可达到稳态血药浓度（表 3-1）。

表 3-1 一级动力学消除药物的消除与蓄积

半衰期数	单次给药		按半衰期连续恒量给药	
	消除药量（%）	体内残余药量（%）	消除药量（%）	体内累积药量（%）
1	50.00	50.00	50.00	50.00
2	75.00	25.00	75.00	75.00
3	87.50	12.50	87.50	87.50
4	93.75	6.25	93.75	93.75
5	96.87	3.13	96.87	96.87
6	98.44	1.56	98.44	98.44
7	99.22	0.78	99.22	99.22

 掌握半衰期的概念及临床意义。

三、稳态血药浓度

定时定量（静脉滴注或参照半衰期作为给药间隔时间）连续给药，血药浓度逐渐增高，经 4~5 个 $t_{1/2}$ 血药浓度维持在一个基本稳定的水平，称为稳态血药浓度（steady state concentration，C_{ss}），又称坪值。此时药物的吸收速度与消除速度达到动态平衡，平均血药浓度稳定在下一次给药前的谷浓度和给药后的峰浓度之间。

稳态血药浓度的意义：①当单位时间内给药量不变时，延长或缩短给药间隔，并不影响达到稳态血药浓度的时间，如每日用药总量确定后，可分多次给药。②稳态血药浓度的高低取决于恒量给药时连续给药的剂量，剂量大则稳态血药浓度高，剂量小则稳态血药浓度低。恒速静脉滴注时血药浓度可以平稳地到达稳态血药浓度，无血药浓度的上下波动。③若因病情需要，希望迅速达到稳态血药浓度时，可于开始给药时采用负荷剂量。以1个半衰期为间隔分次给药时（如口服、肌内注射），采用首剂加倍法给药，可迅速达到稳态血药浓度（图3-4）；静脉滴注时，在第一个半衰期内给予1.44倍的每个半衰期给药量，即可立即达到稳态血药浓度。

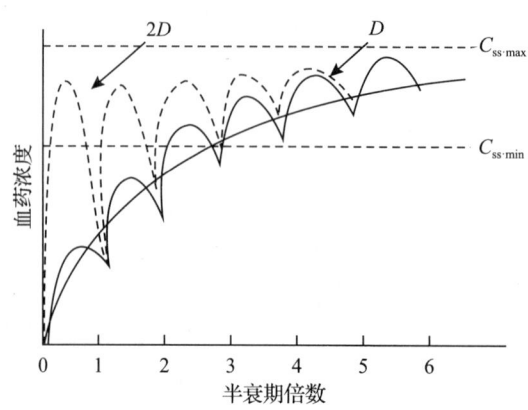

图 3-4　按半衰期给药的血药浓度变化（非血管给药）
D：每个半衰期的给药量；$2D$：首剂加倍量；$C_{ss·max}$：稳态时的峰浓度；$C_{ss·min}$：稳态时的谷浓度

考点提示　熟悉稳态血浆药物浓度的概念及临床意义。

自 测 题

一、单项选择题

1. 有首过消除的给药途径是
   A. 舌下给药　　　　　　B. 吸入给药　　　　　　C. 口服给药
   D. 静脉注射　　　　　　E. 皮内给药
2. 引起药物首过消除最主要的器官是
   A. 肝　　　　　　　　　B. 肾　　　　　　　　　C. 肺
   D. 肠黏膜　　　　　　　E. 门静脉
3. 不影响药物吸收的因素是
   A. 给药途径　　　　　　B. 药物与血浆蛋白结合率　C. 药物的理化性质
   D. 药物的首过消除　　　E. 药物的剂型
4. 不影响药物分布的因素是
   A. 血浆蛋白结合率　　　B. 体液 pH　　　　　　　C. 首过消除
   D. 器官血流量　　　　　E. 血脑屏障

5. 药物与血浆蛋白结合后
   A. 药物排泄加快　　B. 药物作用增强　　C. 药物转运加快
   D. 药物代谢加快　　E. 暂时失去药理活性
6. 肝肠循环主要影响药物的
   A. 起效快慢　　B. 作用持续时间　　C. 吸收
   D. 分布　　E. 血浆蛋白结合率
7. 一级消除动力学的特点是
   A. 药物的半衰期不是恒定值
   B. 为少数药物的消除方式
   C. 单位时间内实际消除的药量随时间递减
   D. 为一种恒速消除动力学
   E. 其消除速度与初始血药浓度高低有关
8. 用药的间隔时间主要取决于
   A. 药物与血浆蛋白的结合率　　B. 药物的吸收速度
   C. 药物的排泄速度　　D. 药物的消除速度
   E. 药物的分布速度
9. 以药物半衰期为给药间隔，恒量给药，达稳态血药浓度需要
   A. 2~3个 $t_{1/2}$　　B. 4~5个 $t_{1/2}$　　C. 7~9个 $t_{1/2}$
   D. 10~12个 $t_{1/2}$　　E. 13~15个 $t_{1/2}$
10. 药物达到稳态血药浓度时
    A. 药物吸收与消除达到平衡　　B. 药物的消除过程已经开始
    C. 药物的吸收过程已经开始　　D. 药物作用消失
    E. 药物在体内的分布达到平衡
11. 刘某，男，58岁，患慢性心功能不全，每日口服地高辛0.25 mg，连续用药期间须选择同一药厂的同一剂型，最好为同一批号的产品，这是因为
    A. 为厂家推销产品
    B. 更换其他药厂的药品无效
    C. 医生用药习惯
    D. 利益驱动
    E. 生物利用度相对稳定，可确保疗效，且不致中毒
12. 张某，女，32岁，药物中毒，抢救时应用碳酸氢钠尿中药物浓度增加，应用氯化铵时尿中药物浓度减少，该药物为
    A. 强碱性药　　B. 弱酸性药　　C. 高脂溶性药
    D. 弱碱性药　　E. 中性药

二、简答题

1. 药物与血浆蛋白结合的特点有哪些？
2. 肝药酶诱导剂和抑制剂有何临床意义？
3. 半衰期和稳态血药浓度的特点有哪些，其临床意义各是什么？

三、案例分析题

患者张某，男性，75岁，体重60 kg，因社区获得性肺炎入院治疗。患者有高血压病史10年，长期服用氨氯地平（每日5 mg）控制血压；同时患有轻度肾功能不全（肌酐清除率约为45 ml/min），

但无肝病史。入院后，医生给予头孢曲松钠（ceftriaxone）治疗肺炎，给药方案为静脉滴注每日 2 g。

请回答：

1. 头孢曲松钠为静脉滴注给药，请分析其吸收过程的特点，并说明静脉给药相较于口服给药在吸收方面的优势。

2. 患者的轻度肾功能不全是否影响头孢曲松钠的代谢和排泄？如果有影响，应如何调整给药方案？

（李森浩）

第四章 影响药物作用的因素及相互作用

第四章数字资源

学习目标

知识：解释生理、心理和病理因素及给药剂量、给药途径等对药物作用的影响，说出配伍禁忌、协同作用、拮抗作用、高敏性、耐受性的概念。

能力：能初步分析药物相互作用的临床意义。

素养：关爱患者，防微杜渐，及时发现用药过程中的细微变化并做好解释工作以防范不良事件的发生。

第一节 影响药物作用的因素

除了药效学、药动学对药物效应产生重要作用以外，药物因素、机体因素及药物联合应用时会对药物的效应产生影响，临床用药时应结合患者情况，综合考虑多方面的因素，制订出合理的用药方案。以下是药物方面和机体方面影响药物效应的主要因素。

一、药物方面的因素

（一）药物剂量

药物剂量即用药分量，给药剂量大小决定药物的体内浓度和作用强度。随着剂量的增加，药理作用会逐渐增强，甚至会改变药物的作用性质。如镇静催眠药小剂量产生镇静作用，随着剂量增加可产生催眠作用、抗惊厥作用，甚至使患者昏迷。

（二）药物剂型及给药途径

1. 药物剂型　不同剂型的同一药物其生物利用度不同，体内药物浓度亦有差异，可影响药物疗效。一般情况下，吸收快的剂型起效快、作用强、维持时间短，吸收慢的剂型起效慢、作用弱、维持时间长。

2. 给药途径　不同的给药途径主要影响药物作用的快慢和强弱，但少数药物采用不同的给药途径可出现作用性质的不同。如硫酸镁口服有导泻和利胆作用，而注射给药则会产生抗惊厥和降血压作用。临床用药时，可根据药物剂型和给药途径的特点，结合患者情况和药物性质确定给药方案。

（三）给药时间和给药次数

1. 给药时间　不同药物的给药时间不同。一般口服药物饭前给药吸收较好、作用较快；易受胃酸影响的药物宜饭前服用；对胃有刺激的药物宜饭后服用；催眠药应在临睡前服用；胰岛素应在餐前注射。临床研究证实，机体对某些药物的敏感性呈现昼夜节律性的变化。

2. 给药次数或给药间隔时间　临床用药一般根据病情需要及药物的消除速率（半衰期）确定给药次数或给药间隔时间。一个给药间隔时间相当于一个半衰期，但有些抗菌药由于有明显的抗菌后效应，其给药次数或给药间隔时间可根据有效血药浓度而定，同时也应参考患者的肝肾功能、药物疗效、不良反应等因素确定。

> **知识链接**
>
> **时辰药理学**
>
> 机体对药物的敏感性呈现昼夜节律性变化，因而衍生出一门学科——时辰药理学。同等剂量的同一种药物，给药时间不同，作用有可能也不一样。如糖皮质激素用于治疗某些疾病时，可将1天的剂量于上午6~8时服用或将2日剂量隔日早晨1次服用，可减轻对下丘脑-垂体-肾上腺皮质系统的抑制，减轻肾上腺皮质功能下降；再如，由于胆固醇主要在夜间合成，调血脂药阿托伐他汀晚上睡前给药比日间给药更有效。因此，运用时辰药理学知识制订的给药方案，可提高药物疗效，减少不良反应的发生。

二、机体方面的因素

（一）年龄

年龄是影响药物作用的重要因素之一。临床使用的药物常用剂量，是指成年人的平均用药剂量。由于不同年龄的用药人群，特别是儿童和老年人组织器官的功能状态、代谢能力、对药物的反应性与成年人存在差异，故而会对药物的效应产生影响。

1. 儿童　尤其是新生儿和婴幼儿，组织器官处于生长发育期，并不是按比例缩小的成人，用药时不只是存在着量的区别，还在药物的吸收、分布、代谢及排泄等方面均与成人有很大差别，甚至出现与成人不同的作用或产生严重的不良反应，如服用四环素类、喹诺酮类药物可影响骨骼及牙齿发育，服用蛋白同化激素会影响长骨发育等。由于目前缺乏儿童治疗方面的临床资料，所以，儿童用药应谨慎。一般情况下，儿童用药剂量多按体表面积、体重计算，或根据成人用药剂量进行推算。

2. 老年人　根据老年人药动学及药效学特点，合理应用药物，对减少不良反应、提高老年人生活质量和健康水平，具有重要的意义。老年人的用药特点包括：组织器官功能衰退、对药物的代谢能力降低；药物血浆蛋白质结合率低，水溶性药物分布容积较小，脂溶性药物分布容积较大；对用于中枢神经系统和心血管系统的药物较敏感；老年人记忆力减退，依从性较差。老年人的实际年龄与其生理年龄并不完全一致，生理功能的衰退程度因人而异，差别较大。为安全起见，建议老年人用药采用小剂量原则。一般50岁以上的老人每增加一岁药物剂量应减少1%。剂量调整时也应遵循"低起点、缓增量"的原则，随时观察用药后的反应，在获取最大疗效的同时，尽量降低不良反应的发生风险。

（二）性别

一般情况下，成年男性和女性对药物的反应无明显差异，但女性的体重相对男性较低，使用剂量就相对较小。女性在特殊生理时期用药时应特别慎重，如月经期、妊娠期不宜使用泻药、抗凝血药，以免引起盆腔充血、月经量增多或流产、早产；妊娠早期严禁使用影响胚胎发育的药物，如乙醇、华法林、苯妥英钠、性激素等；某些药物可通过胎盘及乳汁进入胎儿和婴儿体内，影响其发育甚至致胎儿畸形，故妊娠后期及哺乳期女性严禁使用该类药物；临产前应禁用抗凝血药、抗血小板药、影响子宫平滑肌收缩的药物和吗啡等。

（三）遗传因素

遗传因素是影响药物效应个体差异的决定因素。个体差异是指各方面条件相同时，少数机体对药物的反应出现量和质的差异。

1. 量的差异　①高敏性：机体对药物特别敏感，使用较小剂量的药物即可产生较强作用，其所需剂量低于常用量；②耐受性：机体对药物的反应性较低，需使用较大剂量的药物才能产生明显效应，其所需剂量高于常用量。

2. 质的差异　其发生与药物作用和剂量无关，与遗传变异有关。①超敏反应：过敏体质的机体用药后引起的病理性异常反应；②特异质反应：是一种性质异常的药物反应，通常是有害的，甚至是致命的。

（四）病理状态

机体的病理状态可改变机体对药物的敏感性，也会改变药物的体内过程，从而影响药物的作用。高热患者应用解热镇痛药可使体温降低，而体温正常者应用则无降温作用；肝肾功能不良时，药物的代谢和排泄减弱，药物作用加强或作用时间延长，甚至发生毒性反应。低蛋白血症患者可因药物与血浆蛋白结合量减少，导致游离药物浓度增加，也易发生不良反应。

（五）心理因素

患者的心理状态和药物疗效关系密切。医生在医疗活动中的言行、专业技术水平及患者对医生的信任度都会影响患者的心理状态，从而影响药物疗效。临床上安慰剂的使用可对某些疾病治疗产生一定的疗效。

知识链接

安慰剂

安慰剂（placebo）是不含有效药物成分、不具药理活性而外观似药品的制剂（如含乳糖或淀粉的片剂，含生理盐水的注射剂）。安慰剂对由心理因素调控的自主神经系统功能影响较大，如血压、心率、胃分泌、呕吐、性功能等；对头痛、心绞痛、手术后痛、感冒咳嗽、神经官能症等，安慰剂能获得30%～50%的疗效。医生的任何医疗活动，包括一言一行、服务态度等都可能发挥安慰剂效应。要充分利用这一效应，多关心患者，鼓励其战胜疾病。但医生不应利用安慰剂敷衍或欺骗患者，因为这样会延误疾病的诊治并可能破坏患者对医生的信心。安慰剂在患者信心不足时还会引起不良反应。

（六）环境因素及生活习惯

人们长期生活在不同的地理环境中具有不同的文化背景，饮食来源和某些嗜好也会影响药物疗效。烟叶在燃烧时产生的多种化合物可使肝药酶活性增强，吸烟可使药物的代谢速率加快。乙醇对多数中枢神经系统药、血管扩张药、降血糖药等有增强药效作用，长期少量饮酒可使肝药酶活性增强，导致药物代谢速率加快；短时大量饮酒则使肝药酶活性饱和或降低，导致药物代谢速率减慢。食物中的有些成分可对药物产生影响，如高蛋白饮食可使氨茶碱代谢速率加快；长期低蛋白饮食可使肝药酶含量降低，导致多数药物代谢速率减慢，还可使血浆蛋白含量降低，血中游离型药物浓度升高。另外，食品、饮料中的各种添加剂、农作物中的杀虫剂、空气中的粉尘、汽车尾气等，也都会影响肝药酶的活性，使药物的代谢受到影响。

（七）长期用药

长期或反复用药可引起机体对药物反应发生变化，主要表现为产生耐受性、依赖性等。患者突然停药还会发生反跳现象和停药综合征。

第二节 药物的相互作用

为增强疗效、减少不良反应、延缓耐受性的产生，可同时或先后使用两种或两种以上的药物，称联合用药或配伍用药。联合用药时药物间相互影响，会引起疗效或不良反应发生改变，称为药物相互作用。联合用药使药物效应增强称为协同作用，使药物效应减弱称为拮抗作用。药物相互作用可发生在以下三个方面。

1. **药动学相互作用** 通过影响药物吸收、分布、代谢及排泄过程，改变药物在作用部位的浓度而影响药物作用强度。如促进胃排空的药物能加速药物的吸收，抑制胃排空的药物能延缓药物的吸收。联合应用两种血浆蛋白质结合率高的药物可出现竞争性置换现象，导致被置换的药物作用增强或诱发毒性反应。肝药酶诱导剂能加快药物代谢，从而使药物疗效降低，肝药酶抑制剂则使药物代谢减慢而致作用增强，同时可能增加毒性。碱性药物可加速酸性药物的排泄，但减慢碱性药物的排泄；反之酸性药物可加速碱性药物的排泄，减慢酸性药物的排泄。

2. **药效学相互作用** 作用性质相同的药物联合应用，可使药效增加，如磺胺药与甲氧苄啶合用，使细菌的叶酸代谢过程受到双重阻断，磺胺药的抗菌作用明显增强。作用性质相反的药物联合应用，其药效减弱，如胰岛素是降血糖药，而肾上腺素可以升高血糖，联合应用时胰岛素的降血糖作用会被肾上腺素的升血糖作用所减弱。

3. **体外相互作用** 药物在体外配伍时，药物与药物、辅料或溶媒发生化学或物理反应，使药物效应降低或毒性增加，称为配伍禁忌。如磺胺嘧啶钠注射液与葡萄糖注射液混合，会易析出结晶引起肾小管损伤；青霉素的最佳溶媒是生理盐水，葡萄糖注射液的弱酸性可使青霉素水解失活。当配伍药物时，要注意药物的配伍禁忌，以保证临床用药的安全性和有效性。

值得注意的是，联合用药的目的是优化用药，使之产生更好的疗效、更小的不良反应，相互作用如果降低药效、增加不良反应，则对临床治疗不利，需要避免。但是，也可以利用药物的相互作用解决临床问题，如阿托品引起的腹胀和尿潴留，可以用新斯的明来缓解。所以，临床用药不能死搬教条，要树立辩证思维，具体问题具体分析，灵活运用药理学原理合理联合用药。

自 测 题

一、单项选择题

1. 药物剂量对药物作用的影响是
    A. 剂量大小只影响作用强度，不改变作用性质
    B. 随着剂量增加，药理作用逐渐减弱
    C. 剂量增加，药理作用逐渐增强，甚至改变作用性质
    D. 药物剂量不影响体内浓度
    E. 剂量大小与药物作用无关
2. 关于药物剂型对药物作用的影响，说法正确的是
    A. 不同剂型的同一药物生物利用度相同
    B. 吸收快的剂型起效慢、作用弱
    C. 吸收慢的剂型维持时间短
    D. 不同剂型的同一药物体内药物浓度有差异，影响药物疗效

E. 剂型不影响药物疗效
3. 硫酸镁口服和注射给药作用不同，在下列哪一方面体现了对药物作用的影响
   A. 药物剂型　　　　　　B. 给药时间　　　　　　C. 给药途径
   D. 药物剂量　　　　　　E. 机体因素
4. 一般情况下，口服药物饭前给药的优势是
   A. 受胃酸影响大　　　　B. 对胃刺激小　　　　　C. 吸收较好、作用较快
   D. 依从性好　　　　　　E. 不影响药物代谢
5. 儿童用药应谨慎的主要原因是
   A. 儿童对药物反应不敏感　　　　　B. 儿童组织器官功能已发育完全
   C. 缺乏儿童治疗方面的临床资料　　D. 儿童用药剂量与成人相同
   E. 儿童药物代谢能力比成人强
6. 下列哪种情况属于药物的质的差异
   A. 耐受性　　　　　　　B. 高敏性　　　　　　　C. 超敏反应
   D. 药物剂量增加作用增强　　E. 药物剂量减少作用减弱
7. 联合用药使药物效应增强称为
   A. 拮抗作用　　　　　　B. 配伍禁忌　　　　　　C. 协同作用
   D. 耐受性　　　　　　　E. 耐药性
8. 肝药酶诱导剂能
   A. 加快药物代谢，使疗效降低　　B. 减慢药物代谢，使作用增强
   C. 不影响药物代谢　　　　　　　D. 加快药物代谢，使疗效增强
   E. 减慢药物代谢，疗效降低

二、简答题

1. 给药途径、药物剂量对药物作用有何影响？
2. 举例说明给药时间对药物作用的影响。
3. 怎样正确理解联合用药时产生的相互作用？

三、案例分析题

患者，男，65岁，患有高血压和糖尿病，近期因感冒咳嗽自行服用了一种复方感冒药，同时还在服用抗高血压药和降血糖药。服药几天后，患者出现头晕、心悸、乏力等症状。

请回答：
1. 请分析该患者出现上述症状可能与哪些影响药物作用的因素有关？
2. 从药物相互作用的角度，推测该复方感冒药与抗高血压药和降血糖药之间可能存在怎样的相互作用？

（李　玲）

第五章 传出神经系统药理概论

第五章数字资源

学习目标

知识：说出传出神经系统受体的类型、分布及效应，简述乙酰胆碱、去甲肾上腺素的生物合成、转运、储存、释放和代谢。

能力：能够根据药物作用方式对药物进行分类。

素养：运用辩证统一理论解释传出神经系统的生理意义与药理作用的关系。

传出神经是传导来自中枢的冲动，以支配效应器活动的神经。包括自主神经系统和运动神经系统。前者主要支配心肌、平滑肌和腺体等效应器，参与心血管活动、胃肠活动、腺体分泌、视力调节等多种生理功能的调控；后者则支配骨骼肌，调控骨骼肌的活动，维持正常的运动、呼吸和姿势。

第一节 传出神经系统分类

一、传出神经系统按解剖学分类

1. 自主神经系统分为交感神经和副交感神经。它们在到达效应器前需经过神经节交换神经元，因此，有节前纤维和节后纤维之分（图5-1）。

2. 运动神经系统自中枢神经发出后，中途不交换神经元，直接到达所支配的骨骼肌（图5-1）。

二、传出神经系统按递质分类

根据神经末梢释放的递质不同，传出神经主要分为胆碱能神经和去甲肾上腺素能神经两大类（图5-1）。

1. 胆碱能神经　神经兴奋时，神经末梢释放乙酰胆碱（ACh），包括：①全部交感神经和副交感神经的节前纤维；②副交感神经的节后纤维；③极少数交感神经节后纤维，如支配汗腺分泌的神经和骨骼肌血管舒张的神经；④运动神经。

2. 去甲肾上腺素能神经　兴奋时神经末梢释放去甲肾上腺素（NA），包括绝大多数交感神经节后纤维。

此外，在某些效应器上存在多巴胺能神经、5-羟色胺能神经、嘌呤能神经和肽能神经等，这些神经主要在局部发挥调节作用。

第五章 传出神经系统药理概论

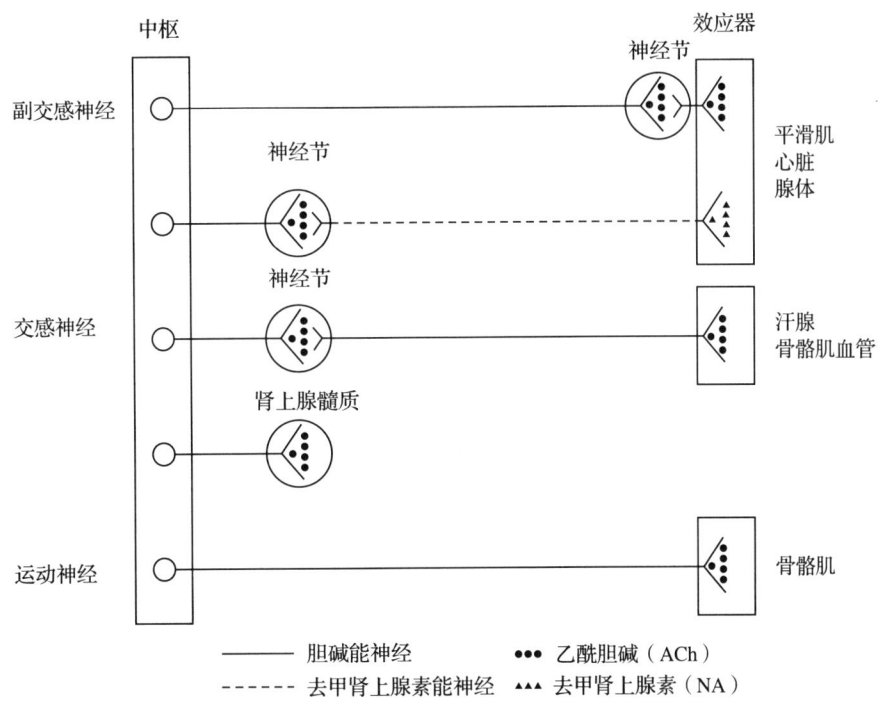

图 5-1 传出神经系统分类模式图

第二节 传出神经系统的递质

一、乙酰胆碱

乙酰胆碱主要在胆碱能神经末梢合成，在胆碱乙酰化酶的催化下，乙酰辅酶A和胆碱形成乙酰胆碱，并贮存于囊泡中。当神经冲动到达神经末梢时，囊泡中的乙酰胆碱以胞裂外排的方式，释放到突触间隙。一般在释放后数毫秒内即被突触间隙的乙酰胆碱酯酶（acetylcholinesterase，AChE）水解为乙酸和胆碱，部分胆碱被突触前膜再摄取，供合成乙酰胆碱（图 5-2）。

二、去甲肾上腺素

去甲肾上腺素主要在神经末梢部位合成，其前体为酪氨酸，在酪氨酸羟化酶催化下生成多巴，再经多巴脱羧酶催化生成多巴胺（dopamine，DA），上述步骤在细胞质中进行。多巴胺进入囊泡，再经多巴胺β-羟化酶催化生成去甲肾上腺素（noradrenaline，NA），贮存于囊泡中。当神经冲动到达神经末梢时，以胞裂外排的方式释放到突

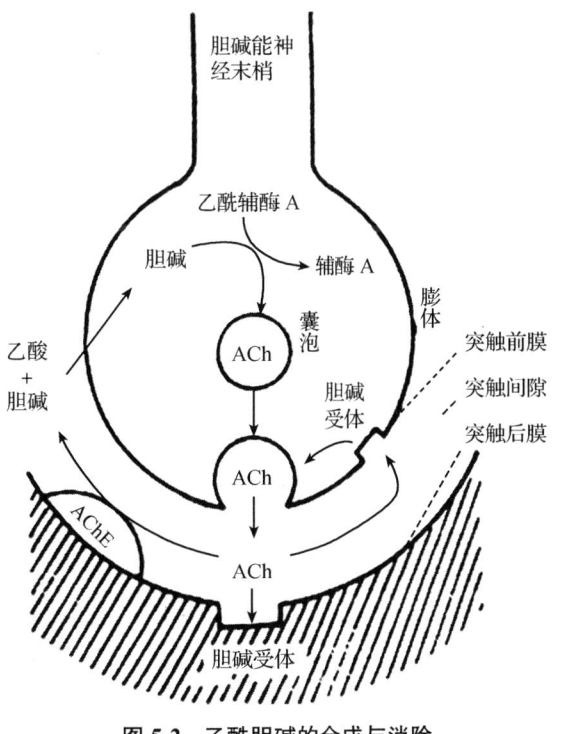

图 5-2 乙酰胆碱的合成与消除

触间隙。去甲肾上腺素主要靠突触前膜再摄取而使作用消失,这种摄取称为摄取 1。其摄取量通常为释放量的 75%~95%,进入神经末梢的去甲肾上腺素尚可进一步被摄取进入囊泡,贮存起来以供下次释放。部分未进入囊泡的去甲肾上腺素可被细胞质中线粒体膜上的单胺氧化酶(monoamine oxidase, MAO)破坏。非神经组织如心肌、平滑肌等也能摄取去甲肾上腺素,称为摄取 2。此种摄取之后,去甲肾上腺素即被细胞内的儿茶酚氧位甲基转移酶(catechol-O-methyltransferase, COMT)和 MAO 所破坏。此外,尚有小部分去甲肾上腺素从突触间隙扩散到血液中,最后被肝、肾等组织中的 COMT 和 MAO 所破坏(图 5-3)。

此外,传出神经系统的递质还有多巴胺(DA)、5-羟色胺(5-HT)等。

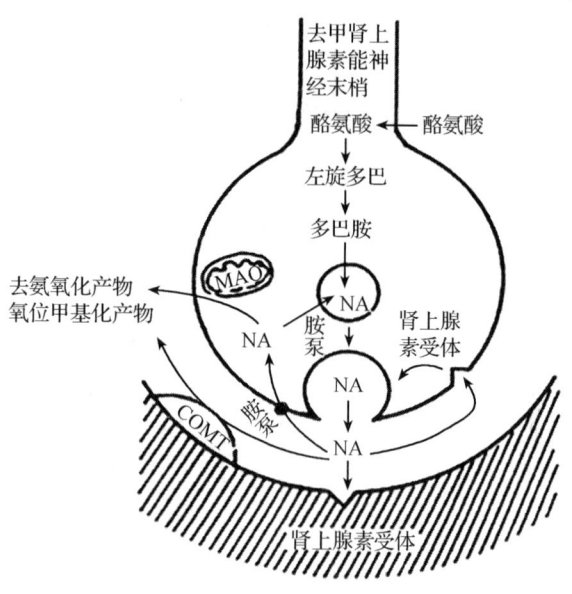

图 5-3 去甲肾上腺素的合成与消除

第三节 传出神经系统的受体与效应

一、胆碱受体与效应

能与乙酰胆碱结合的受体,称为胆碱受体。由于其对某些药物的反应性不同,又可分为两类:

1. **毒蕈碱型胆碱受体** 是能选择性与毒蕈碱(muscarine)结合的受体,又称 M 受体。M 受体主要分布于胆碱能神经节后纤维所支配的效应器上,如心脏、胃肠道平滑肌、膀胱逼尿肌、瞳孔括约肌和各种外分泌腺体。根据其功能与分布不同又分为 5 个亚型,即 M_1、M_2、M_3、M_4、M_5 受体。其中,M_1 受体主要分布于中枢和胃壁细胞等处,M_2 受体主要分布于心脏,M_3 受体主要分布于胃肠壁、膀胱壁、支气管平滑肌、胃肠及膀胱括约肌、瞳孔括约肌、血管内皮和腺体等处。M 受体激动时所产生的效应常称为 M 样作用,主要包括心脏抑制、血管扩张、支气管及胃肠道平滑肌收缩、腺体分泌增加、瞳孔缩小等。

2. **烟碱型胆碱受体** 是对烟碱(nicotine)比较敏感的受体,又称 N 胆碱受体,简称 N 受体,可分为 N_N 和 N_M 受体。N_N 受体分布于自主神经节突触后膜和肾上腺髓质;N_M 受体分布于骨骼肌。N 受体兴奋时的作用称为 N 样作用,表现为自主神经节兴奋、肾上腺髓质分泌、骨骼肌收缩等。

二、肾上腺素受体与效应

能与去甲肾上腺素或肾上腺素结合的受体称为肾上腺素受体,分为 α 受体和 β 受体。

1. **α 受体** 可分为 $α_1$ 受体和 $α_2$ 受体两个亚型。$α_1$ 受体主要分布在血管平滑肌、瞳孔开大肌、胃肠和膀胱括约肌等处,激动时可引起血管收缩,瞳孔开大,胃肠和膀胱括约肌收缩等;$α_2$ 受体主要分布于去甲肾上腺素能神经末梢的突触前膜,激动时可引起 NA 释放减少等。

2. **β 受体** 可分为 $β_1$ 受体、$β_2$ 受体及 $β_3$ 受体 3 个亚型。$β_1$ 受体主要分布于心肌,激动时可引起心率加快、传导加快、心肌收缩力增强等；$β_2$受体主要分布于支气管平滑肌、骨骼肌血管、冠状血管和肝等处，激动时可引起支气管平滑肌舒张，血管平滑肌松弛，糖原分解、血糖升高等；$β_3$受体分布于脂肪组织，激动时可引起脂肪分解（表5-1）。

三、多巴胺受体与效应

多巴胺受体能选择性地与DA结合，位于肾、肠系膜、心、脑等血管平滑肌及心肌的多巴胺受体为D_1受体；位于交感神经节及突触前膜的多巴胺受体为D_2受体（表5-1）。

表5-1 传出神经系统的受体类型、分布及效应

分类	分布	效应
胆碱受体		
M_1	胃黏膜、神经节、中枢	胃酸分泌增加
M_2	心脏、内脏平滑肌、瞳孔括约肌、血管	心脏抑制、内脏平滑肌收缩、缩瞳、血管扩张
M_3	外分泌腺、平滑肌、脑、自主神经节	汗腺分泌增加，膀胱、胃肠括约肌舒张
N_N	自主神经节、肾上腺髓质	神经节兴奋、分泌肾上腺素
N_M	骨骼肌	骨骼肌收缩
肾上腺素受体		
$α_1$	血管平滑肌及瞳孔开大肌	血管收缩、扩瞳
$α_2$	突触前膜	NA释放减少
$β_1$	心脏、肾小球旁系细胞	心脏兴奋、肾素分泌
$β_2$	支气管平滑肌、骨骼肌血管、冠状动脉血管、肝糖原、肌糖原、突触前膜	支气管扩张、骨骼肌血管扩张、糖原分解、NA释放增加
$β_3$	脂肪组织	脂肪分解增加
多巴胺受体		
D_1	肾、肠系膜血管	血管扩张

第四节 传出神经系统药物的作用方式与分类

一、传出神经系统药物的作用方式

（一）直接作用于受体

药物与受体结合后能兴奋受体，产生拟似递质的效应，称为受体激动药，如毛果芸香碱是M受体激动药；药物与受体结合后，不兴奋受体，反而占据受体，阻碍了递质与受体结合，称为受体阻断药，如阿托品为M受体阻断药，酚妥拉明为α受体阻断药。

（二）影响递质

1. 影响递质释放　某些药物如麻黄碱、间羟胺在直接作用于受体的同时，可促进NA释放而发挥拟肾上腺素作用；卡巴胆碱可促进ACh释放而发挥拟胆碱作用。有些药物如可乐定、碳酸锂可抑制周围神经和中枢神经NA释放而产生效应。

2. 影响递质转运、贮存　如利血平抑制囊泡摄取，减少 NA 在囊泡内贮存。

3. 影响递质转化　如胆碱酯酶抑制药通过抑制胆碱酯酶而阻碍 ACh 水解，使突触间隙的 ACh 含量增加，激动胆碱受体而发挥拟胆碱作用。

二、传出神经系统药物的分类

传出神经系统药物可按其作用性质及对受体的选择性进行分类（表 5-2）。

表 5-2　传出神经系统药物分类

拟似药	拮抗药
胆碱受体激动药	胆碱受体阻断药
M、N 受体激动药（乙酰胆碱）	非选择性 M 受体阻断药（阿托品）
M 受体激动药（毛果芸香碱）	M_1 受体阻断药（哌仑西平）
N 受体激动药（烟碱）	N_N 受体阻断药（美加明）
	N_M 受体阻断药（琥珀胆碱）
胆碱酯酶抑制药（新斯的明、有机磷酸酯类）	
肾上腺素受体激动药	肾上腺素受体阻断药
α、β 受体激动药（肾上腺素）	α、β 受体阻断药（拉贝洛尔）
α 受体激动药（去甲肾上腺素）	α 受体阻断药（酚妥拉明）
$α_1$ 受体激动药（去氧肾上腺素）	$α_1$ 受体阻断药（哌唑嗪）
$α_2$ 受体激动药（可乐定）	$α_2$ 受体阻断药（育亨宾）
$β_1$、$β_2$ 受体激动药（异丙肾上腺素）	β 受体阻断药（普萘洛尔）
$β_2$ 受体激动药（沙丁胺醇）	$β_1$ 受体阻断药（阿替洛尔）

自　测　题

一、单项选择题

1. 将传出神经系统按解剖学分类，其中自主神经系统可分为
   A. 交感神经和运动神经
   B. 交感神经和副交感神经
   C. 副交感神经和运动神经
   D. 交感神经、副交感神经和运动神经
   E. 以上都不对

2. 下列属于胆碱能神经的是
   A. 绝大多数交感神经节后纤维
   B. 副交感神经节前纤维
   C. 仅支配汗腺分泌的交感神经节后纤维
   D. 仅支配骨骼肌血管舒张的交感神经节后纤维
   E. 交感神经节前纤维和绝大多数交感神经节后纤维

3. 乙酰胆碱合成的原料是
   A. 胆碱和乙酸
   B. 胆碱和乙酰辅酶 A
   C. 胆碱和单胺氧化酶
   D. 酪氨酸和乙酰辅酶 A
   E. 多巴和乙酰辅酶 A
4. 去甲肾上腺素消除的主要方式是
   A. 被胆碱酯酶水解
   B. 被单胺氧化酶破坏
   C. 被儿茶酚氧位甲基转移酶破坏
   D. 被突触前膜再摄取
   E. 扩散到血液中被肝、肾破坏
5. M_3 受体主要分布于
   A. 心脏
   B. 胃壁细胞
   C. 胃肠壁、膀胱壁、支气管平滑肌等
   D. 中枢
   E. 自主神经节
6. 激动 β_1 受体可引起
   A. 心率加快、传导加快、心肌收缩力增强
   B. 支气管平滑肌松弛
   C. 血管平滑肌舒张
   D. 脂肪分解
   E. 瞳孔开大
7. 下列属于 M 受体激动药的是
   A. 阿托品
   B. 酚妥拉明
   C. 毛果芸香碱
   D. 普萘洛尔
   E. 新斯的明
8. 能促进去甲肾上腺素释放而发挥拟肾上腺素作用的药物是
   A. 可乐定
   B. 碳酸锂
   C. 麻黄碱
   D. 利血平
   E. 卡巴胆碱

二、简答题

1. 传出神经系统按释放的递质不同是如何分类的？
2. 传出神经系统药物分哪几类？试举出拟肾上腺素药的代表药物。

（邓雪松）

第六章 胆碱受体激动药和胆碱酯酶抑制药

第六章数字资源

学习目标

知识：解释毛果芸香碱、新斯的明的药理作用、临床应用及不良反应。

能力：能够指导患者合理用药，会判断胆碱受体激动药和胆碱酯酶抑制药的疗效。能及时发现药物不良反应，并给出初步防治建议。

素养：在运用毛果芸香碱、新斯的明等药物开展诊疗工作时，践行甘于奉献的卫生行业职业精神，全力保障患者用药安全与治疗效果。

案例导入

患者，男，48岁，近期每天使用手机时长为8~10小时。1个月前出现左眼胀痛、视物模糊，偶尔还会左侧眼眶疼痛，一直没太在意。2天前患者左眼胀痛突然加剧，视力下降明显，今天急来社区门诊就诊。眼科常规检查显示，眼内压升高，左眼视力0.5，扩瞳检查未发现视神经损伤，双侧瞳孔2mm，对光反应迟钝，初步诊断为青光眼。

问题与思考：

1. 社区医生常用毛果芸香碱治疗青光眼，其治疗青光眼的原因是什么呢？
2. 在给此类型青光眼患者使用毛果芸香碱滴眼时，从基层诊疗的实际情况出发，需要注意哪些事项？

第一节 M受体激动药

毛果芸香碱

毛果芸香碱（pilocarpine，匹罗卡品）是从毛果芸香属植物中提取的生物碱，也可人工合成，其水溶液遇光易变质，应避光保存。

【药理作用】毛果芸香碱能直接激动M受体，产生M样作用，特别是对眼睛和腺体的作用最为明显。

1. 对眼睛的作用 其滴眼后可使瞳孔缩小、眼内压下降和调节痉挛。

（1）缩瞳：毛果芸香碱能直接激动瞳孔括约肌上的M受体，使瞳孔括约肌收缩，瞳孔缩小，作用可维持数小时至1天。

（2）降低眼内压：由于瞳孔括约肌收缩，虹膜向中心方向收缩，根部变薄，前房角间隙扩大，房水易于通过小梁网及巩膜静脉窦进入血液循环，降低眼内压。

（3）调节痉挛：毛果芸香碱激动睫状肌上的M受体，睫状肌向瞳孔中心方向收缩，导致悬韧带松弛，晶状体因自身弹性而变凸，屈光度增加，使视近物清楚，视远物模糊，这种作用称为调节痉挛（图6-1）。

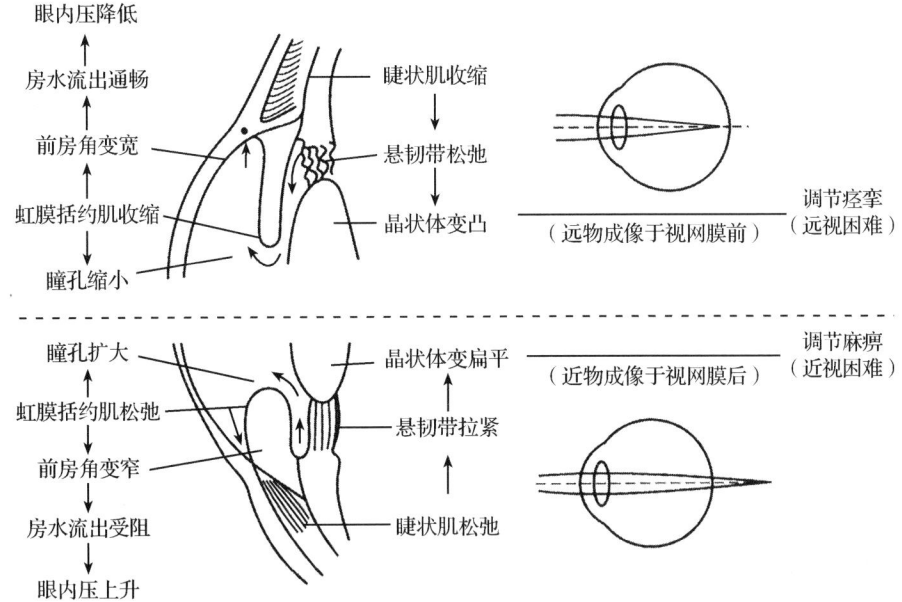

图 6-1　M 受体激动药和 M 受体阻断药对眼睛的作用
上图：M 受体激动药的作用；下图：M 受体阻断药的作用

2. 腺体　毛果芸香碱通过激动腺体的 M 受体，可明显增加汗腺、唾液腺的分泌。此外，其他腺体如泪腺、胃腺、胰腺、小肠腺体和呼吸道腺体分泌亦增加。

【临床应用】

1. 治疗青光眼　毛果芸香碱通过缩瞳作用，使前房角间隙扩大，改善房水循环，降低闭角型青光眼患者眼内压，疗效较佳；通过缩瞳牵拉巩膜静脉窦周围小血管，并通过收缩睫状肌使小梁网结构发生改变，利于房水回流，对开角型青光眼也有一定的疗效。

2. 防止虹膜粘连　与扩瞳药交替使用，防止虹膜与晶状体粘连。

【不良反应】患者应用毛果芸香碱过量时，可出现 M 受体过度兴奋症状，可用足量阿托品对抗。滴眼时应压迫眼内眦，以防止药物吸收。

掌握毛果芸香碱的药理作用及临床应用。

知识链接

青　光　眼

青光眼是导致视力下降甚至失明的常见疾病，主要特征是眼内压升高，出现头痛、视力减退等症状，严重时可致失明。青光眼可分为闭角型青光眼和开角型青光眼，前者是由于前房角狭窄，阻碍房水回流而使眼内压升高；后者主要是由于小梁网及巩膜静脉窦变性或硬化，阻碍房水回流而使眼内压升高。

第二节 胆碱酯酶抑制药

> **案例导入**
>
> 患者，女，68岁，近段时间总感觉眼睑抬不起来，但并不是想睡觉的感觉。患者到社区卫生服务中心就诊，医生发现她在握手时，力气会慢慢变小，蹲下去后自己很难站起来，肌疲劳试验结果阳性，新斯的明试验结果也是阳性。经三级综合医院进一步检查，患者被确诊为重症肌无力，使用新斯的明进行治疗。
>
> **问题与思考：**
> 1. 新斯的明为什么可以治疗重症肌无力？
> 2. 作为基层社区医生，如何提升患者的用药依从性与自我管理能力？

胆碱酯酶抑制药又称抗胆碱酯酶药，药物可与胆碱酯酶结合，并抑制其活性，使胆碱能神经末梢释放的ACh在突触间隙堆积，反复激动M受体和N受体，产生M样作用和N样作用。根据药物与胆碱酯酶结合的紧密程度，分为易逆性胆碱酯酶抑制药和难逆性胆碱酯酶抑制药两类。前者如新斯的明、毒扁豆碱等；后者主要为有机磷酸酯类杀虫药，具有毒理学意义。

> **知识链接**
>
> **胆碱酯酶与疾病**
>
> 胆碱酯酶（ChE）又称酰基胆碱水解酶，分为乙酰胆碱酯酶（AChE）和假性胆碱酯酶（PChE）。胆碱酯酶升高多见于肾疾病、肥胖、脂肪肝、甲状腺功能亢进症等，也可见于精神分裂症、溶血性贫血、巨幼细胞贫血等。胆碱酯酶降低多见于以下情况：有机磷酸酯类中毒，肝脏疾病如慢性肝炎、肝纤维化、肝硬化和肝癌，以及恶性肿瘤、营养不良、恶性贫血、口服雌激素或避孕药等。

一、易逆性胆碱酯酶抑制药

新斯的明

新斯的明（neostigmine）为季铵类化合物，口服不易吸收，不易通过血脑屏障。

【药理作用】新斯的明可抑制胆碱酯酶，使乙酰胆碱在突触间隙蓄积，从而呈现M样作用和N样作用。其作用特点为对腺体、眼、心血管及支气管平滑肌作用弱，对膀胱平滑肌及胃肠道平滑肌兴奋作用较强，对骨骼肌的兴奋作用最强，因其除抑制胆碱酯酶外，还能直接激动骨骼肌运动终板上的N_M受体和促进运动神经末梢释放乙酰胆碱。

【临床应用】

1. 治疗重症肌无力　新斯的明对骨骼肌具有选择性作用，皮下注射或肌内注射给药可使肌无力症状迅速改善。

2. 防止腹气胀及术后尿潴留　本药能兴奋胃肠道平滑肌及膀胱逼尿肌，促进手术后排气和排尿。

3. 纠正阵发性室上性心动过速　本药通过激动房室结细胞膜上的M受体，抑制房室结传导，使心率减慢。

4. 肌松药中毒解救　适用于非去极化型肌松药（如筒箭毒碱）过量中毒的解救，但禁用于去极化型肌松药过量中毒。

【不良反应】新斯的明的不良反应与胆碱能神经过度兴奋症状相似，包括持续性流涎、恶心、呕吐、腹痛、腹泻；过量时可导致胆碱能危象，表现为大量出汗、腹泻、瞳孔缩小、心率减慢、肌肉震颤、呼吸困难、肌无力加重等；严重时因呼吸衰竭或心脏停搏而死亡。禁用于机械性肠梗阻、尿道梗阻和支气管哮喘患者。

 掌握新斯的明的临床应用。

毒扁豆碱

毒扁豆碱（physostigmine，依色林）作用与新斯的明相似，但无直接激动受体作用。其结构为叔胺类化合物，脂溶性高，可进入中枢。眼内局部应用时，其作用类似于毛果芸香碱，但较强而持久，表现为瞳孔缩小，眼内压下降。毒扁豆碱吸收后，其外周作用与新斯的明相似，表现为M、N受体激动作用，进入中枢后也可抑制中枢胆碱酯酶活性而产生作用，临床主要用于治疗青光眼。与毛果芸香碱相比，毒扁豆碱奏效较快，刺激性也较强，长期给药时，患者不易耐受，可先用毒扁豆碱滴眼数次后，改用毛果芸香碱维持疗效。毒扁豆碱滴眼后可致睫状肌收缩而引起调节痉挛，并可出现头痛。滴眼时应压迫眼内眦，以免药液流入鼻腔后吸收中毒。毒扁豆碱全身毒性反应较新斯的明严重，大剂量给药时可致呼吸麻痹。

吡斯的明

吡斯的明（pyridostigmine）的作用类似于新斯的明，起效缓慢，作用时间较长，主要用于治疗重症肌无力，也可用于治疗麻痹性肠梗阻和术后尿潴留。不良反应与新斯的明相似，但M受体效应较弱。

知识链接

重症肌无力

重症肌无力是由于神经-肌肉接头部位乙酰胆碱受体减少，引起神经肌肉接头间传递障碍的一种自身免疫病。本病可发生于任何年龄，但以儿童及青少年多见，该病呈慢性迁延性，其主要特征是肌肉经过短暂重复的活动后，出现进行性肌无力症状，病程呈渐进性，从小肌群逐渐到大肌群。严重者可出现重症肌无力危象，临床表现为突然出现呼吸肌麻痹症状，如极度呼吸困难、严重缺氧、窒息、呼吸衰竭，甚至死亡。大多数患者经过治疗，病情可以缓解或得到有效控制，但易复发，目前尚无根治办法。

安贝氯铵

安贝氯铵（ambenonium）的药理作用类似于新斯的明，但维持时间较持久，主要用于重症肌无力治疗，尤其是不能耐受新斯的明或吡斯的明的患者。

加兰他敏

加兰他敏（galanthamine）的药理作用与新斯的明类似，可用于重症肌无力、脊髓前角灰白质炎后遗症等的治疗，也可用于竞争性神经肌肉阻滞药过量中毒的解救。

二、难逆性胆碱酯酶抑制药

详见第四十一章解毒药。

自 测 题

一、单项选择题

1. 毛果芸香碱对眼睛的作用不包括
   A. 缩瞳 B. 升高眼内压 C. 调节痉挛
   D. 促进房水回流 E. 使虹膜向中心方向收缩
2. 毛果芸香碱临床可用于治疗
   A. 重症肌无力 B. 阵发性室上性心动过速 C. 青光眼
   D. 机械性肠梗阻 E. 支气管哮喘
3. 毛果芸香碱滴眼时，为避免药物全身吸收，应压迫
   A. 眼外眦 B. 眼内眦 C. 鼻翼
   D. 耳前 E. 耳垂
4. 新斯的明对下列哪种组织兴奋作用最强
   A. 腺体 B. 眼 C. 心血管
   D. 骨骼肌 E. 支气管平滑肌
5. 新斯的明可用于治疗
   A. 去极化型肌松药过量中毒 B. 机械性肠梗阻
   C. 重症肌无力 D. 支气管哮喘
   E. 青光眼
6. 毒扁豆碱与新斯的明相比，其特点是
   A. 有直接激动受体作用 B. 脂溶性低
   C. 不易进入中枢 D. 作用较强而持久
   E. 全身毒性反应较轻
7. 吡斯的明主要用于治疗
   A. 阵发性室性心动过速 B. 青光眼
   C. 重症肌无力 D. 虹膜炎
   E. 阿尔茨海默病
8. 加兰他敏可用于治疗
   A. 阿尔茨海默病且不能耐受其他药物者 B. 机械性肠梗阻
   C. 支气管哮喘 D. 青光眼
   E. 脊髓前角灰白质炎后遗症

二、简答题

1. 简述毛果芸香碱对眼睛的药理作用及临床应用。
2. 比较毛果芸香碱和毒扁豆碱对眼睛的作用的异同点。
3. 简述新斯的明的药理作用及临床应用。

三、案例分析题

患者，男，55 岁，因双眼睑下垂、四肢无力，活动后症状加重入院，经检查诊断为重症肌无力。

1. 针对该患者，首选的治疗药物是
   A. 毛果芸香碱　　　　B. 新斯的明　　　　C. 毒扁豆碱
   D. 阿托品　　　　　　E. 肾上腺素
2. 使用该药物治疗时，可能出现的不良反应不包括
   A. 持续性流涎　　　　B. 恶心、呕吐　　　　C. 瞳孔扩大
   D. 肌肉震颤　　　　　E. 呼吸困难

（邓雪松）

第七章 胆碱受体阻断药

第七章数字资源

学习目标

知识：阐述阿托品的药理作用、临床应用与不良反应。说出山莨菪碱、东莨菪碱、后马托品的作用特点和临床应用。

能力：能够根据临床诊断制订 M 受体阻断药的合理用药计划，判断其疗效。对胆碱受体阻断药不良反应有初步的预防和处置能力。

素养：能够耐心细致地指导患者正确使用阿托品、山莨菪碱等药物，包括用药剂量、时间、可能出现的不良反应及应对方法，确保患者合理用药。

案例导入

患者，男，63 岁，退休工人，因急性胃肠炎引发腹痛，前来社区卫生服务中心就诊，医生检查后，给予阿托品 0.3 mg 口服，每日 3 次。患者按医嘱服用阿托品 3 天后，感觉右眼胀痛，视物模糊，又来社区门诊复查，经检查诊断为急性闭角型青光眼。社区医生嘱咐患者停用阿托品，改为局部应用毛果芸香碱滴眼液治疗。

问题与思考：

1. 阿托品为什么可以治疗胃肠绞痛？
2. 在社区卫生工作中，为缓解急性胃肠炎引起的腹痛且避免引发青光眼，可选择哪一种 M 受体阻断药？

胆碱受体阻断药是一类能与胆碱受体结合而不激动或较少激动胆碱受体的药物，其竞争性阻断乙酰胆碱或胆碱受体激动药与其受体的结合，从而产生抗胆碱作用。根据胆碱受体阻断药对 M 受体和 N 受体选择性的不同，可分为 M 受体阻断药和 N 受体阻断药。

第一节 M 受体阻断药

一、阿托品类生物碱

阿 托 品

阿托品（atropine）为颠茄、莨菪或曼陀罗等植物中提取的生物碱，现已能人工合成。

【体内过程】阿托品口服易吸收，作用 1 h 达峰值，持续 3~4 h；注射给药起效更快，半衰期为 2~4 h；眼科局部应用，作用可达数日。该药吸收后，分布广泛，可通过血脑屏障及胎盘屏障；

80%以上经肾排泄，少量可随乳汁和粪便排泄。

【药理作用】阿托品与胆碱受体结合，竞争性拮抗乙酰胆碱或胆碱受体激动药对M受体的激动作用。其作用广泛，不同效应器官对其敏感性不同，可依次影响腺体、眼睛、内脏平滑肌、心脏和中枢。

1. 抑制腺体分泌　阿托品阻断腺体上的M受体，抑制腺体分泌。其中，唾液腺和汗腺对阿托品最敏感，小剂量（0.5 mg）阿托品就可使腺体分泌减少，引起口干、皮肤干燥，同时也可抑制呼吸道腺体和泪腺分泌；较大剂量还可抑制胃液分泌，由于胃酸分泌还受组胺、促胃液素等多种因素的调节，因此其对胃酸分泌的影响较小。

2. 对眼睛的作用

（1）扩瞳：阿托品阻断瞳孔括约肌上的M受体，使瞳孔括约肌松弛，扩大瞳孔。

（2）升高眼内压：由于瞳孔扩大，使虹膜退向四周外缘，前房角间隙变窄，阻碍房水回流入血液循环，致眼内压升高。

（3）调节麻痹：阿托品阻断睫状肌上的M受体，使睫状肌松弛退向外缘，悬韧带拉紧，晶状体处于扁平，屈光度变小，不能将近物清晰地成像于视网膜上，呈远视状态，视近物模糊不清，称为调节麻痹。

3. 解除内脏平滑肌痉挛　阿托品阻断内脏平滑肌上的M受体，松弛内脏平滑肌，尤其对处于过度兴奋或痉挛状态的平滑肌有较强的松弛作用，能解除胃肠道平滑肌痉挛，也可缓解膀胱逼尿肌和输尿管的痉挛，但对胆管、支气管平滑肌和子宫平滑肌的解痉作用较弱。

4. 解除迷走神经对心脏的抑制　较大剂量阿托品（1~2 mg）阻断心脏窦房结上的M受体，解除迷走神经对心脏的抑制，使心率加快、传导加速。

5. 扩张血管　治疗量阿托品对血管无明显影响，大剂量阿托品能扩张皮肤黏膜血管，解除血管痉挛，增加重要脏器血流灌注，从而改善微循环，缓解缺氧状态。阿托品扩张血管的作用机制未明，与其阻断M受体无关，可能是机体对阿托品引起的体温升高产生的代偿性散热反应，也可能与其直接扩张血管作用有关。

6. 对中枢的作用　治疗量的阿托品对中枢作用不明显，较大剂量（1~2 mg）可兴奋延髓和大脑；2~5 mg时兴奋作用加强，表现为焦虑不安、谵妄等；中毒剂量（10 mg以上）可致惊厥、幻觉、定向障碍和运动失调等，严重时由兴奋转为抑制，表现为昏迷、呼吸麻痹等。

【临床应用】

1. 解除平滑肌痉挛　适用于各种内脏绞痛，对胃肠绞痛、膀胱刺激症状如尿频、尿急等疗效较好，但对胆绞痛或肾绞痛疗效较差，常需与阿片类镇痛药合用。

2. 抑制腺体分泌　用于全身麻醉前给药，以减少呼吸道腺体及唾液腺分泌，防止分泌物阻塞呼吸道及吸入性肺炎的发生，也可用于严重的盗汗及流涎症。

3. 眼科应用

（1）虹膜睫状体炎：阿托品滴眼后，能松弛虹膜括约肌和睫状肌，使其活动减少，有利于炎症的消退；同时还可预防虹膜与晶状体粘连及瞳孔闭锁。

（2）检查眼底：利用阿托品的扩瞳作用，可以进行眼底检查。但因其扩瞳作用可维持1~2周，调节麻痹作用也可维持2~3天，视力恢复较慢，常被作用持续时间较短的阿托品合成代用品托吡卡胺等取代。

（3）验光配镜：阿托品滴眼后，可使睫状肌麻痹，晶状体固定，可准确测定晶状体的屈光度，但由于持续时间过长，现已少用，仅在儿童验光时应用。

4. 治疗缓慢型心律失常　阿托品可用于治疗迷走神经过度兴奋所致心动过缓、房室阻滞等缓慢型心律失常。

5. 抗休克　对暴发型流行性脑脊髓膜炎、中毒性菌痢、中毒性肺炎等所致的感染性休克患者，在补足血容量的基础上，可用大剂量阿托品治疗，能解除血管痉挛，舒张外周血管，改善微循环。但对休克伴有高热或心率过快者，不可用阿托品。

6. 解救有机磷酸酯类中毒 阿托品可迅速有效地缓解有机磷酸酯类中毒的 M 样症状，是特效的对症治疗药。

【不良反应】阿托品作用广泛，临床上应用其中一种作用时，其他的作用则成为副作用。常见不良反应有口干、视物模糊、心率加快、瞳孔扩大及皮肤干燥等，停药后可自行消失；大剂量应用时可出现中枢不同程度的兴奋症状，如多语、焦躁不安、谵妄等；中毒剂量（超过 10 mg）常产生幻觉、运动失调、定向障碍和惊厥等，严重者可由兴奋转为抑制，出现昏迷和呼吸抑制，甚至呼吸衰竭。

青光眼或眼内压升高倾向及前列腺肥大患者禁用。

 掌握阿托品的药理作用、临床应用、不良反应。

山莨菪碱

山莨菪碱（anisodamine）是从茄科植物唐古特莨菪中提出的生物碱，也可人工合成，天然品称为 654-1，人工合成品称为 654-2。山莨菪碱对平滑肌解痉作用的选择性较阿托品高，作用较强；抑制腺体分泌和扩瞳作用较弱；其不易透过血脑屏障，故对中枢影响较小。大剂量能解除血管痉挛，改善微循环，提高组织细胞对缺血缺氧的耐受程度。因此，山莨菪碱可替代阿托品治疗内脏绞痛和感染性休克。山莨菪碱不良反应较阿托品轻，其禁忌证与阿托品相似。

东莨菪碱

东莨菪碱（dcopolamine）的外周抗胆碱作用与阿托品相似，其抑制腺体分泌、扩瞳及调节麻痹作用均较阿托品强，对胃肠道平滑肌及心血管系统作用较阿托品弱。东莨菪碱对中枢神经系统有抑制作用，在治疗量时即可引起困倦、遗忘、疲乏、少梦等；大剂量时引起意识消失，进入浅麻醉状态。东莨菪碱主要用于麻醉前给药，其效果优于阿托品；尚可用于晕动病，尤其是预防用药效果较好，其作用机制是抑制前庭神经内耳功能、大脑皮质功能及胃肠运动；此外，还可用于帕金森病的治疗。其禁忌证同阿托品。

> **知识链接**
>
> **东莨菪碱脱瘾治疗**
>
> 东莨菪碱脱瘾治疗是以东莨菪碱为主，辅以小剂量中枢抑制药，用于麻醉性镇痛药的脱瘾治疗。该药静脉注射后 3 min 起效，5~10 min 即可控制戒断症状。
>
> 东莨菪碱通过阻断 M 受体抑制迷走神经兴奋，减少胃酸分泌，促进吸毒者胃液中吗啡入血，同时改善微循环，增加组织供氧，有利于机体功能恢复。此外，东莨菪碱可诱导肝药酶，加速吗啡等麻醉性镇痛药的代谢。
>
> 与美沙酮替代、可乐定疗法比较，东莨菪碱脱瘾治疗具有控制戒断症状快、药物本身无成瘾性等优点。若脱瘾同时或脱瘾后辅以阿片受体阻断药（如纳曲酮），可达到快速脱瘾的目的。

二、阿托品的合成代用品

由于阿托品作用广泛、不良反应多，通过改变其化学结构，合成了一些作用与阿托品相似，但选择性更高，副作用更少的代用品。此类药主要分为两类，即合成扩瞳药和合成解痉药。

（一）合成扩瞳药

后马托品

后马托品（homatropine）属短效 M 受体阻断药，滴眼时其扩瞳作用和调节麻痹作用较阿托品起效快,作用持续时间短。用药后,瞳孔大小和睫状肌功能恢复正常需 1~2 日。临床上,后马托品主要用于眼底检查和验光配镜。因儿童睫状肌调节能力强,后马托品调节麻痹作用弱于阿托品,无法对儿童完全发挥调节麻痹作用,故儿童验光仍需使用阿托品。

托吡卡胺

托吡卡胺(tropicamide)药理作用与阿托品相似,但扩瞳和调节麻痹作用强,起效快,恢复时间短,用药后扩瞳和睫状肌麻痹恢复正常约需 6 h,为目前扩瞳检查眼底和屈光检查的首选药。

(二)合成解痉药

合成解痉药能选择性阻断胃肠道平滑肌上的 M 受体,可解除胃肠痉挛、抑制胃液分泌,又称胃肠解痉药。根据药物的化学结构及性质的不同分为季铵类解痉药和叔胺类解痉药。

溴丙胺太林

溴丙胺太林(propantheline,普鲁本辛)为季铵类解痉药,其特点是脂溶性低,口服吸收差,不易通过血脑屏障,对胃肠道平滑肌的解痉作用较强,具有不同程度的神经节阻断作用,中毒剂量也可阻断神经肌肉接头,引起呼吸肌麻痹。临床上主要用于胃肠解痉,也用于消化性溃疡的辅助治疗。

贝那替秦

贝那替秦(benactyzine,胃复康)为叔胺类解痉药,该药脂溶性高,口服易吸收,易通过血脑屏障,有镇静作用。除有较强胃肠道平滑肌解痉作用外,还可抑制胃酸分泌。适用于兼有焦虑症的溃疡病、胃酸过多、肠蠕动亢进或膀胱刺激症状的患者。

哌仑西平

哌仑西平(pirenzepine)能选择性阻断胃壁细胞上的 M_1 受体,抑制胃酸和胃蛋白酶的分泌,用于治疗消化性溃疡(详见第二十五章作用于消化系统的药物)。

第二节 N 受体阻断药

N 胆碱受体阻断药分为 N_N 受体阻断药和 N_M 受体阻断药。

N_N 受体阻断药又称为神经节阻断药,能选择性地与神经节突触后膜上的 N_N 受体结合,竞争性地阻断 ACh 对 N_N 受体的作用,从而阻断神经冲动在神经节中的传导。阻断交感神经节,可表现为血管扩张、外周阻力降低、回心血量及心输出量减少、血压降低,甚至出现严重的直立性低血压;阻断副交感神经,则表现为扩瞳、视物不清、便秘、尿潴留、口干等。由于此类药物作用广泛,副作用多,现仅作为麻醉辅助用药,以发挥控制性降压作用。较常用药物有美卡拉明(mecamylamine)和樟磺咪芬(trimetaphan,阿方那特)。

N_M 受体阻断药又称为骨骼肌松弛药(简称肌松药),是一类通过阻断神经肌肉接头后膜的 N_M 受体,阻滞神经肌肉传导,导致骨骼肌松弛的药物,主要作为外科麻醉的辅助用药。根据其作用机制的不同分为去极化型肌松药和非去极化型肌松药两类。

一、去极化型肌松药

琥珀胆碱

琥珀胆碱(suxamethonium,司可林)口服不吸收,注射后在血液和肝脏中迅速水解,有 10%~15% 的药量可到达作用部位。代谢产物和少量原型药随尿液排出。

【药理作用】琥珀胆碱可与骨骼肌运动终板膜上的 N_M 受体结合,导致该部位细胞膜较持久去极化,复极过程受阻,继而出现神经肌肉传递功能障碍。

其作用特点：①静脉注射后可出现短暂的肌束震颤；②肌肉松弛从眼睑、面部及颈部开始，逐渐依次波及肩胛、腹部、四肢，最后累及呼吸肌，恢复顺序则相反；③一次给药肌松作用维持时间短，约 5 min 后肌松作用消失，静脉滴注可延长其作用时间；④连续用药可产生快速耐受性；⑤与胆碱酯酶抑制药合用有协同作用。

胆碱酯酶抑制药如新斯的明，对假性胆碱酯酶也有抑制作用，因而可抑制琥珀胆碱的水解过程，使琥珀胆碱作用增强。因此，琥珀胆碱中毒不能用新斯的明解救，主要采取对症处理。

【临床应用】

1. 气管内插管及气管镜、食管镜检查等短时应用　静脉注射作用快而短暂，对喉肌麻痹明显，可减轻患者痛苦，有利于插管操作进行。适用于气管内插管及气管镜检查，也可用于食管镜等检查。

2. 外科麻醉辅助用药　静脉注射使肌肉完全松弛，便于在较浅的全身麻醉状况下手术，可减少麻醉药的用量，增加手术的安全性。适用于较长时间的外科手术。

【不良反应】

1. 呼吸肌麻痹　常见于剂量过大、静脉滴注过快或遗传性胆碱酯酶活性低下者。出现呼吸肌麻痹的患者不能用新斯的明解救，应进行人工呼吸，直至自主呼吸完全恢复。

2. 手术后肌痛　因肌肉松弛前出现短暂的肌束震颤所致，一般 3~5 天可自愈。

3. 眼内压升高　与琥珀胆碱使眼外肌短暂收缩有关，故青光眼、白内障患者禁用。

4. 血钾升高　肌肉持久去极化可引起钾离子从细胞内释放出来，导致血钾升高。若患者同时有大面积软组织损伤如烧伤、恶性肿瘤、肾功能损害及脑血管意外等疾患，应禁用本药。

二、非去极化型肌松药

筒箭毒碱

筒箭毒碱（D-tubocurarine）是从南美洲防己科等植物中提取的生物碱，是临床应用最早的非去极化型肌松药。

【药理作用】筒箭毒碱能与骨骼肌运动终板膜上 N_M 受体结合，竞争性阻断 ACh 的去极化作用，使骨骼肌松弛。与琥珀胆碱相比，其作用特点为：①不引起肌束颤动；②肌松作用从眼部肌肉开始，依次为四肢、颈部、躯干，继而累及肋间肌；③一次给药肌松作用持续时间较长，可维持 20 min 以上；④过量中毒时可用新斯的明解救；⑤有神经节阻断及促进组胺释放等作用，可引起血压短暂下降、支气管痉挛等。

【临床应用】主要作为麻醉辅助用药，用于胸腹部手术和气管插管等。

【不良反应】禁用于重症肌无力、支气管哮喘、严重休克患者。10 岁以下儿童对筒箭毒碱多敏感，不宜使用。

泮库溴铵

泮库溴铵（pancuronium Bromide）为人工合成的长效非去极化型肌松药，其肌松作用较筒箭毒碱强 5~10 倍，起效快（4~6 min），维持时间长（2~3 h），蓄积性小，治疗量无神经节阻断作用和促进组胺释放作用。因有轻度抗胆碱作用和促进儿茶酚胺释放作用，故可引起心率加快和血压升高。主要用于各种手术维持肌松和气管插管等。

自 测 题

一、单项选择题

1. 阿托品可抑制腺体分泌，其中抑制作用最弱的是
   A. 唾液腺 B. 汗腺 C. 呼吸道腺体
   D. 泪腺 E. 胃液

2. 阿托品滴眼不会引起的作用是
   A. 扩瞳 B. 降低眼内压 C. 调节麻痹
   D. 视近物模糊不清 E. 虹膜退向四周外缘

3. 阿托品治疗胃肠绞痛的药理作用基础是
   A. 抑制腺体分泌 B. 解除迷走神经对心脏的抑制
   C. 扩张血管 D. 解除内脏平滑肌痉挛
   E. 对中枢的兴奋作用

4. 可用于全身麻醉前给药以减少呼吸道腺体分泌的药物是
   A. 山莨菪碱 B. 东莨菪碱 C. 后马托品
   D. 托吡卡胺 E. 溴丙胺太林

5. 患儿，男，8岁，需验光检查眼底。适用于该患者验光的药物是
   A. 阿托品 B. 后马托品 C. 托吡卡胺
   D. 东莨菪碱 E. 山莨菪碱

6. 山莨菪碱与阿托品相比，其特点是
   A. 对平滑肌解痉作用选择性更高，对中枢影响较小
   B. 抑制腺体分泌作用更强
   C. 扩瞳作用更强
   D. 对心血管系统作用更强
   E. 更容易透过血脑屏障

7. 东莨菪碱主要用于
   A. 麻醉前给药、晕动病、帕金森病 B. 胃肠绞痛
   C. 感染性休克 D. 缓慢型心律失常
   E. 解救有机磷酸酯类中毒

8. 后马托品临床主要用于
   A. 眼底检查和验光配镜，儿童验光除外 B. 虹膜睫状体炎
   C. 治疗青光眼 D. 治疗消化性溃疡
   E. 全身麻醉前给药

9. 琥珀胆碱中毒不能用新斯的明解救的原因是
   A. 新斯的明对琥珀胆碱中毒无效
   B. 新斯的明可抑制琥珀胆碱水解，使中毒加重
   C. 新斯的明可促进琥珀胆碱吸收
   D. 新斯的明会引起严重不良反应
   E. 琥珀胆碱中毒无需解救

10. 筒箭毒碱过量中毒时，可选用的解救药物是
    A. 阿托品　　　　　B. 新斯的明　　　　　C. 琥珀胆碱
    D. 山莨菪碱　　　　E. 东莨菪碱

二、简答题

1. 阿托品的主要临床应用有哪些？请分别阐述其药理作用依据。
2. 东莨菪碱、山莨菪碱的作用特点及主要临床应用是什么？

三、案例分析题

患者，女，68岁，因慢性胆囊炎急性发作入院治疗。医生给予阿托品解痉止痛，用药后患者出现口干、视物模糊等症状，同时还诉说排尿困难。

请回答：
1. 患者出现口干、视物模糊、排尿困难的原因是什么？
2. 针对患者出现的这些症状，医生应采取什么措施？

（邓雪松）

第八章　肾上腺素受体激动药

第八章数字资源

学习目标

知识：说出肾上腺素、去甲肾上腺素、多巴胺、异丙肾上腺素的药理作用、临床应用、不良反应。简述麻黄碱、间羟胺、多巴酚丁胺的作用特点及临床应用。

能力：能根据患者病情和药物特点合理使用肾上腺素受体激动药，并具备正确处置药物不良反应的能力。

素养：树立以患者生命安全为首位的职业理念，践行救死扶伤的使命，通过精准掌握肾上腺素等急救药的药理作用，合理选择临床用药方案；培养甘于奉献的专业态度，始终以大爱无疆的胸怀关怀患者，将卫生职业精神融入药物使用的每一个环节。

案例导入

患者，女，10岁，因支原体肺炎入院，静脉输注头孢菌素类抗生素时，突然出现恶心、呕吐、发绀、大汗淋漓。考虑患者发生了过敏性休克，立即停药，给予吸氧，皮下注射肾上腺素。

问题与思考：
1. 肾上腺素为什么是治疗过敏性休克的首选药？
2. 肾上腺素有哪些不良反应及禁忌证？

肾上腺素受体激动药通过激动肾上腺素受体，产生与交感神经兴奋相似的效应。根据药物对肾上腺素受体的选择性，可将其分为α、β受体激动药和α受体激动药、β受体激动药三大类。

第一节　α、β受体激动药

肾 上 腺 素

肾上腺素（adrenaline，AD）是肾上腺髓质嗜铬细胞分泌的主要激素，参与心血管活动的调节。药用肾上腺素由家畜（牛、羊等）肾上腺提取或人工合成。

【体内过程】如口服给药，肾上腺素在碱性肠道及肝内易被破坏，故口服无效；一般采用皮下注射，因其收缩血管作用而吸收缓慢，作用可维持1h左右；肌内注射吸收迅速，维持时间较短，为10～30 min；静脉注射立即生效，但作用仅维持数分钟。

【药理作用】肾上腺素对α、β受体均有强大的激动作用。

1. 兴奋心脏　肾上腺素通过激动心肌、传导系统和窦房结上的$β_1$受体使心肌收缩力增强、传导加速、心率加快、心排血量增加、心肌耗氧量增加。剂量过大或者静脉给药速度过快可引起心律失常，甚至心室颤动。

2. 舒缩血管　不同部位血管的 α、β 受体分布和密度不同，肾上腺素对不同部位血管的药理作用也不同，激动 $α_1$ 受体使血管收缩，激动 $β_2$ 受体使血管扩张。皮肤、黏膜及内脏血管以 $α_1$ 受体占优势，肾上腺素对皮肤、黏膜血管收缩作用强烈，对肾血管收缩作用也明显，而对脑血管、肺血管收缩作用较弱；骨骼肌血管和冠状血管以 $β_2$ 受体占优势，肾上腺素使骨骼肌血管和冠状血管扩张。

3. 对血压的影响　肾上腺素对血压的影响与给药剂量密切相关。小剂量时，由于激动心脏 $β_1$ 受体，心脏兴奋，心排血量增加，故收缩压升高，但同时也激动 $β_2$ 受体，使骨骼肌血管扩张的作用抵消或超过了对皮肤、黏膜血管收缩的作用，因此舒张压不变或稍有下降。肾上腺素在较大剂量时，一方面其可强烈兴奋心脏，另一方面 $α_1$ 受体激动作用占优势，使外周血管强烈收缩，外周阻力加大，故导致收缩压和舒张压均升高。如预先给予 α 受体阻断药（如酚妥拉明），再用肾上腺素，血压不但不会升高反而会下降，此现象称为肾上腺素作用翻转。这是由于 α 受体阻断药阻断了肾上腺素激动 $α_1$ 受体的收缩血管作用，使肾上腺素激动 $β_2$ 受体的扩张血管作用得以充分表现，从而使血压下降，故 α 受体阻断药所致低血压不能用肾上腺素治疗，以免血压变得更低。

4. 扩张支气管　肾上腺素激动支气管平滑肌上的 $β_2$ 受体，使支气管平滑肌松弛，特别是对处于收缩痉挛状态的平滑肌尤为突出，同时可抑制肥大细胞释放组胺等过敏介质。肾上腺素尚可兴奋 $α_1$ 受体，使支气管黏膜血管收缩，降低毛细血管通透性，有利于消除黏膜水肿，故能迅速而有效地缓解支气管哮喘。

5. 促进代谢　激动 $β_2$ 受体可促进肝糖原分解，激动 $β_3$ 受体可促进脂肪分解，使血糖和血中游离脂肪酸含量升高，组织耗氧量增加可达 20%～30%。

> **知识链接**
>
> **休克的类型**
>
> 1. 低血容量休克
> （1）失血性休克：由于大失血导致循环血量急剧减少所引起的休克称失血性休克。
> （2）失液性休克：体液的严重丢失，造成大量的细胞外液和血浆的丧失，以致有效循环血量减少导致的休克。
> （3）烧伤性休克：大面积烧伤患者由于全身反应剧烈，在烧伤早期出现毛细血管通透性增加，大量血浆丢失，有效循环血量明显减少而出现血压下降、组织器官缺血缺氧的临床综合征称为烧伤性休克。
> 2. 创伤性休克　创伤性休克是机体遭受到严重创伤时出现的组织灌流量不足而导致的重要器官功能代谢障碍的危急重症。
> 3. 感染性休克　由于严重的感染引起的休克称感染性休克。感染性休克包括内毒素休克和败血症休克。
> 4. 心源性休克　由于心脏严重受损引起泵血功能障碍，不能维持最低限度的心排血量，导致血压下降、全身组织器官缺血缺氧及周围循环衰竭等一系列变化的临床综合征称为心源性休克。
> 5. 神经源性休克　由于剧烈的刺激（如剧痛、刺激颈动脉窦、剧烈的情绪刺激等）引起的神经反射性血管扩张，周围血管阻力锐减，有效血容量相对不足所导致的休克。
> 6. 过敏性休克　是指外界某些具有抗原性的物质进入已致敏的机体后，通过免疫机制在短时间内发生的一种强烈的多脏器累及症候群。

【临床应用】

1. 抢救心搏骤停　因溺水、急性传染病、房室传导阻滞、药物中毒、麻醉或手术过程中的意外等引起的心搏骤停，在进行心脏按压、人工呼吸、纠正酸中毒等其他治疗措施的同时，可用肾上腺素静脉注射或心室内注射。

2. 抢救过敏性休克　肾上腺素是抢救过敏性休克的首选药。肾上腺素通过收缩血管、改善心功能、升高血压、解除支气管平滑肌痉挛、减轻支气管黏膜水肿、抑制过敏介质释放等作用，迅速缓解过敏性休克所致的循环衰竭和呼吸衰竭。一般皮下注射或肌内注射，危急病例也可用生理盐水稀释后缓慢静脉注射。

3. 缓解支气管哮喘急性发作　肾上腺素通过抑制过敏介质的释放，松弛支气管平滑肌，收缩支气管黏膜血管，减轻支气管黏膜水肿，作用迅速而强大，但维持时间短，能有效控制支气管哮喘的急性发作。但因其对心脏的兴奋作用，可引起心悸，禁用于心源性哮喘。

4. 局部应用　①与局麻药配伍：在局麻药液中加入少量肾上腺素，可使注射部位血管收缩，延缓局麻药的吸收，延长局麻药的作用时间，并可减少局麻药的吸收中毒。但在手指、足趾、阴茎等末梢部位使用局麻药时禁止加用肾上腺素，否则可引起局部组织缺血坏死。②局部止血：鼻黏膜或齿龈出血时，可用浸有 0.1% 的肾上腺素的纱条或棉球局部填塞以起到止血作用。

【不良反应】治疗量时可致烦躁、焦虑、恐惧等中枢症状，以及心悸、出汗、面色苍白等，停药后可消失；剂量过大或注射过快时，可致血压骤升、搏动性头痛，有发生脑出血的危险，也可引起心律失常，甚至心室颤动。肾上腺素禁用于器质性心脏病、高血压、冠状动脉病变、糖尿病、甲状腺功能亢进患者，慎用于老年患者。

 掌握肾上腺素的药理作用、临床应用及不良反应。

多 巴 胺

多巴胺（dopamine，DA）是体内去甲肾上腺素合成的前体物，药用为人工合成品。

【体内过程】多巴胺口服后在肠道迅速被破坏，主要静脉注射给药。$t_{1/2}$ 约为 2 min；因其不易透过血脑屏障，故无明显的中枢作用；在体内被 COMT 及 MAO 代谢灭活。

【药理作用】多巴胺可直接激动 α 受体、β 受体及外周靶细胞上的多巴胺受体，也可促进去甲肾上腺素能神经末梢释放去甲肾上腺素。

1. 兴奋心脏　多巴胺主要激动 $β_1$ 受体，使心肌收缩力增强、心排血量增加，治疗量对心率影响不明显，大剂量可加快心率，但较少诱发心律失常。

2. 舒缩血管　小剂量多巴胺可激动多巴胺受体，扩张肾、肠系膜、脑血管。大剂量可激动 α 受体，使皮肤、黏膜血管收缩，升高血压。

3. 对血压的作用　小剂量多巴胺使收缩压升高，舒张压不变或略升。但大剂量给药时，则使收缩压、舒张压均升高。

4. 改善肾功能　小剂量多巴胺可激动肾血管的多巴胺受体，使肾血管扩张，肾血流量和肾小球滤过率增加。此外，多巴胺尚能直接抑制肾小管对钠离子的重吸收，使尿量增多。但多巴胺大剂量应用时，因兴奋肾血管 α 受体而致肾血管收缩，反使肾血流量减少。

【临床应用】

1. 抗休克　可用于各种休克，如感染性休克、心源性休克、出血性休克等，尤其适用于伴有心肌收缩力减弱及尿量减少者，治疗时应注意补充血容量及纠正酸中毒。

2. 治疗急性肾衰竭　可扩张肾血管，改善肾血流供应，增加尿量，常与利尿药合用治疗急性肾衰竭。

【不良反应】偶见恶心、呕吐。如使用剂量过大或静脉滴注过快可出现心动过速、心律失常和肾血管收缩引起的肾功能下降等。一旦发生，应减慢滴注速度或停药，反应可消失。必要时可用酚妥拉明拮抗。

掌握多巴胺的药理作用、临床应用。

麻 黄 碱

麻黄碱（ephedrine）是从中药麻黄中提取的生物碱，现已人工合成。

【药理作用】麻黄碱既可直接激动α受体、β受体，也能促进去甲肾上腺素能神经递质的释放。与肾上腺素比较，其特点为：①性质稳定，可口服；②中枢兴奋作用较显著；③收缩血管、兴奋心脏、升高血压和松弛支气管平滑肌作用都较弱且持久；④连续使用可产生快速耐受性。

【临床应用】

1. 防治低血压　可用作蛛网膜下腔麻醉和硬膜外麻醉的辅助用药，以预防低血压。
2. 缓解鼻塞　0.5%~1% 麻黄碱滴鼻液，可减轻鼻黏膜充血和肿胀所致的鼻塞。但小儿禁用。
3. 防治轻度支气管哮喘　松弛支气管平滑肌作用较肾上腺素弱，起效慢，作用较持久。
4. 抗过敏　缓解荨麻疹和血管神经性水肿等超敏反应的皮肤黏膜症状。

【不良反应】常用量时可有不安、焦虑、失眠等不适反应。剂量过大可引起心悸、血压升高等。为了避免失眠，不宜在晚饭后服用。禁忌证同肾上腺素。

第二节　α受体激动药

去甲肾上腺素

去甲肾上腺素（noradrenaline，NA）是去甲肾上腺素能神经末梢释放的主要神经递质，肾上腺髓质也有少量分泌，药用 NA 为人工合成品。

【体内过程】NA 口服无效；皮下或肌内注射因剧烈的局部血管收缩作用，易发生局部组织缺血坏死，故主要采取静脉滴注给药，以维持有效浓度；主要被去甲肾上腺素能神经摄取，并进一步被 COMT 和 MAO 代谢，从而导致其作用短暂。

【药理作用】NA 主要激动α受体，对 β_1 受体激动作用较弱，对 β_2 受体几乎无作用。

1. 收缩血管　激动血管 α_1 受体，使全身小动脉和小静脉收缩，以皮肤黏膜血管收缩最明显，其次是肾血管。此外，对脑、肝、肠系膜，甚至骨骼肌血管都有收缩作用。但可使冠状动脉血流量增加、冠状动脉被动扩张，与心脏兴奋、心肌代谢产物腺苷增多有关。

2. 兴奋心脏　NA 激动心脏 β_1 受体，加强心肌收缩力、加快心率和加速传导，提高心肌的兴奋性，但对心脏的兴奋效应比肾上腺素弱。在整体情况下，由于血压升高反射性兴奋迷走神经，反而使心率减慢。剂量过大或静脉注射过快时，可引起心律失常，但较肾上腺素少见。

3. 升高血压　NA 有较强的升压作用。小剂量去甲肾上腺素静脉滴注，由于兴奋心脏，使心排血量增加、收缩压升高，此时，血管收缩不剧烈，故舒张压升高不多，脉压略加大。较大剂量时强烈收缩血管，使外周阻力明显增高，故收缩压、舒张压均明显升高。

【临床应用】

1. 纠正休克和低血压　目前 NA 在治疗休克中的地位已不突出，仅限于早期神经源性休克、过敏性休克、应用血管扩张药无效的感染性休克和药物过量（如氯丙嗪、酚妥拉明）引起的低血压。

2. 治疗上消化道出血　将去甲肾上腺素 1~3 mg 稀释后口服，可使食道和胃黏膜血管收缩，产生局部止血作用。

【不良反应】

1. 局部组织缺血坏死　由于 NA 可强烈收缩皮肤及黏膜血管，故易引起局部组织缺血坏死，临床上仅用作稀释后静脉滴注给药。静脉滴注时间过长，浓度过高或药液漏出血管外，可引起局部组织缺血坏死。此时可局部热敷，并可用局麻药（如普鲁卡因）或 α 受体阻断药（如酚妥拉明）扩张血管。

2. **急性肾衰竭** 如剂量过大或滴注时间过长可使肾血管剧烈收缩，引起少尿、无尿和肾实质损伤，故用药期间应保持每小时尿量至少 25 ml。

NA 禁用于高血压、动脉硬化症、器质性心脏病、无尿患者等。

 掌握去甲肾上腺素的药理作用、临床应用及不良反应。

间 羟 胺

间羟胺（metaraminol，阿拉明）主要激动 α 受体，对 $β_1$ 受体激动作用较弱，也可促进 NA 释放。与 NA 相比，主要特点是：①收缩血管、升高血压作用较弱而持久；②收缩肾血管作用较弱，较少引起急性肾衰竭；③兴奋心脏作用较弱，可增加休克患者的心排血量；④对心率影响不明显，很少引起心律失常；⑤化学性质稳定，除静脉给药外，也可肌内注射。常作为 NA 的良好代用品，用于各种休克早期或其他低血压状态。

第三节　β 受体激动药

异丙肾上腺素

异丙肾上腺素（isoprenaline，喘息定）为人工合成品。

【体内过程】异丙肾上腺素口服无效，气雾吸入或舌下给药吸收较快，也可静脉滴注；在体内主要被 COMT 代谢，故作用维持时间较肾上腺素略长。

【药理作用】主要激动 β 受体，对 $β_1$ 受体、$β_2$ 受体的选择性很低，对 α 受体几乎无作用。

1. **兴奋心脏** 异丙肾上腺素能激动心脏 $β_1$ 受体，可使心肌收缩力增强，心率加快，传导加速，心排血量增加，心肌耗氧量增加。与肾上腺素相比，异丙肾上腺素加速心率和加快传导的作用较强，对心脏正位起搏点有显著兴奋作用，也可引起心律失常，但较少产生心室颤动。

2. **舒张血管和对血压的影响** 通过激动 $β_1$ 受体，使心脏兴奋，收缩压升高；激动 $β_2$ 受体而舒张血管，主要是舒张骨骼肌血管，对肾血管和肠系膜血管的舒张作用较弱，对冠状动脉也有舒张作用。由于心脏兴奋和血管舒张，故收缩压升高而舒张压略下降，脉压增大。

3. **扩张支气管** 激动支气管平滑肌上的 $β_2$ 受体，使支气管平滑肌松弛，特别是支气管痉挛时松弛作用更明显。与肾上腺素相似，也可抑制组胺等过敏性物质的释放，但对支气管黏膜血管无收缩作用，故消除支气管黏膜水肿作用不如肾上腺素。

4. **促进代谢** 异丙肾上腺素能促进糖原和脂肪分解，升高血糖和血中游离脂肪酸，增加组织耗氧量。

【临床应用】

1. **控制支气管哮喘** 气雾吸入或舌下给药可用于控制支气管哮喘急性发作，作用快而强，为避免 $β_1$ 受体兴奋的副作用现多用选择性 $β_2$ 受体激动药。

2. **纠正房室传导阻滞** 舌下给药或静脉滴注，治疗 Ⅱ、Ⅲ 度房室传导阻滞。

3. **抢救心脏骤停** 治疗各种原因如溺水、麻醉意外及药物中毒等引起的心脏骤停，常与肾上腺素、去甲肾上腺素或间羟胺配伍心室内注射。

4. **改善感染性休克** 在补足血容量的基础上可用于治疗感染性休克，可增加心排血量及扩张血管，改善微循环，但对重要器官血液量增加不明显，故临床少用。

【不良反应】常见不良反应有心悸、头痛、皮肤潮红等；对缺氧患者易引起心律失常，诱发或加重心绞痛；长期反复使用易产生耐受性，使疗效下降；过量可致心律失常甚至心室颤动。异丙肾上腺素禁用于冠心病、心肌炎和甲状腺功能亢进患者。

 掌握异丙肾上腺素的药理作用、临床应用及不良反应。

多巴酚丁胺

多巴酚丁胺（dobutamine）选择性激动 β_1 受体，使心脏兴奋、心肌收缩力增强、心排血量增加，而对心率影响不大。临床主要用于治疗心肌梗死并发心功能不全。多巴酚丁胺偶可导致心律失常，故禁用于心房颤动患者。

沙丁胺醇和克仑特罗

沙丁胺醇（salbutamol）和克仑特罗（clenbuterol）能选择性地激动 β_2 受体，使支气管平滑肌松弛，对心脏 β_1 受体作用较弱。主要用于治疗支气管哮喘（详见第二十六章作用于呼吸系统的药物）。

自 测 题

一、单项选择题

1. 过量最易致心律失常的药物是
   A. 间羟胺　　　　　　　　B. 麻黄碱　　　　　　　　C. 去甲肾上腺素
   D. 多巴胺　　　　　　　　E. 肾上腺素
2. 微量肾上腺素与局麻药配伍的目的主要是
   A. 防止过敏性休克　　　　　　　　B. 中枢镇静作用
   C. 局部血管收缩，促进止血　　　　D. 延长局麻作用时间及防止吸收中毒
   E. 防止出现低血压
3. 因喝酒过量引起胃出血，应立即使用的止血药物是
   A. 去甲肾上腺素 + 冰盐水口服　　　B. 去甲肾上腺素肌内注射
   C. 肾上腺素 + 冰盐水口服　　　　　D. 去甲肾上腺素静脉滴注
   E. 间羟胺肌内注射
4. 异丙肾上腺素治疗哮喘剂量过大或过于频繁易出现的不良反应是
   A. 中枢兴奋症状　　　　　B. 体位性低血压　　　　　C. 舒张压升高
   D. 心悸或心动过速　　　　E. 急性肾衰竭
5. 抢救过敏性休克的首选药是
   A. 多巴酚丁胺　　　　　　B. 异丙肾上腺素　　　　　C. 去甲肾上腺素
   D. 多巴胺　　　　　　　　E. 肾上腺素
6. 关于肾上腺素的作用错误的是
   A. 兴奋心脏　　　　　　　B. 舒缩血管　　　　　　　C. 扩张支气管
   D. 降低血压　　　　　　　E. 促进代谢

7. 蛛网膜下腔麻醉所致低血压宜选用的升压药物是
   A. 肾上腺素　　　　　　B. 麻黄碱　　　　　　C. 去甲肾上腺素
   D. 多巴胺　　　　　　　E. 异丙肾上腺素
8. 无尿的休克患者最宜选用的药物是
   A. 肾上腺素　　　　　　B. 阿托品　　　　　　C. 多巴胺
   D. 间羟胺　　　　　　　E. 麻黄碱
9. 有关肾上腺素的使用错误的是
   A. 除非抢救必要，高血压、糖尿病、器质性心脏病患者禁用
   B. 用于抢救心搏骤停时应严格掌握剂量和给药速度
   C. 用于抢救过敏性休克时与糖皮质激素类药合用效果更好
   D. 口服有效，吸收好，显效快
   E. 常用肌内注射、皮下注射，危急时可稀释后静脉注射
10. 手术时发生心搏骤停，应立即给予的抢救药物是
    A. 肾上腺素　　　　　　B. 去甲肾上腺素　　　　C. 间羟胺
    D. 麻黄碱　　　　　　　E. 多巴胺

（11～12题共用题干）

患者，男，50岁，因外伤导致大量出血引起血容量不足导致休克，医生在补足血容量的同时给予去甲肾上腺素辅助治疗。

11. 在静脉滴注去甲肾上腺素过程中，应特别注意观察的不良反应是
    A. 局部组织缺血坏死　　B. 支气管痉挛　　　　C. 心律失常
    D. 快速耐受性　　　　　E. 中枢兴奋
12. 有关去甲肾上腺素静脉滴注时的操作，错误的是
    A. 用葡萄糖稀释后滴注，开始时滴速较慢
    B. 滴注过程中经常监测血压，快要滴完时应减慢滴速缓慢停药
    C. 滴注过程中常检查注射部位是否变白，一旦变白，立即更换滴注部位并热敷
    D. 注射部位一旦变白，可注射酚妥拉明或普鲁卡因对抗
    E. 检查患者的尿量，每天不得少于 25 ml

二、简答题

1. 简述肾上腺素的药理作用及临床用途。
2. 为什么多巴胺适用于各种休克？

三、案例分析题

患者，男，40岁，在接种某疫苗 10 min 后，突发面色苍白，嘴唇发绀，四肢发冷，胸闷心悸，呼吸困难，医生诊断：过敏性休克。

请回答：
1. 应立即给予该患者哪种药物抢救？应采取何种给药方法？
2. 该药物对过敏性休克患者的药理作用有哪些？

（朱小平）

第九章 肾上腺素受体阻断药

第九章数字资源

学习目标

知识：说出酚妥拉明、普萘洛尔、美托洛尔的药理作用、临床应用、不良反应；简述 β 受体阻断药的药理作用，临床应用和常见共同不良反应。

能力：能针对不同病症选择适宜肾上腺素受体阻断药，并解释用药依据。

素养：建立基层医疗"简便廉验"的服务理念，综合考量肾上腺素受体阻断药的疗效与安全性，持续优化用药方案，提升患者用药依从性，减少因用药不当导致的健康风险。

肾上腺素受体阻断药是一类能与肾上腺素受体结合，本身不产生或较少产生激动作用，但却能拮抗肾上腺素受体激动作用的药物，故又称肾上腺素受体拮抗药。根据药物对肾上腺素受体的选择性不同，可分为 α 受体阻断药、β 受体阻断药和 α、β 受体阻断药三类。

第一节 α 受体阻断药

案例导入

患者，男，49 岁，3 年前左足被砖块砸伤。近 2 年来，他常感觉左足五趾麻木、疼痛，尤其到了晚上疼痛加剧，近日左大趾皮肤颜色变得紫暗，还出现了局部溃烂。患者因疼痛难以入睡，到镇卫生院就诊，经检查，初步诊断为左足血栓闭塞性脉管炎。

问题与思考：
1. 该患者应选用何药治疗？为什么？
2. 假如你是接诊的医生，应告知患者用药后可能会出现哪些不良反应？

根据其对 α_1、α_2 受体选择性不同，可将 α 受体阻断药分为三类。①非选择性 α 受体阻断药，包括短效类如酚妥拉明、妥拉唑林，长效类如酚苄明；②选择性 α_1 受体阻断药，如哌唑嗪；③选择性 α_2 受体阻断药，如育亨宾。

一、非选择性 α 受体阻断药

酚妥拉明

酚妥拉明（phentolamine）为短效 α 受体阻断药。

【体内过程】酚妥拉明口服给药时的生物利用度仅为注射给药时的 20%，故临床常采用肌内注射或静脉给药。药物体内代谢迅速,肌内注射维持时间 30～45 min。大多数药物以无活性代谢产物形式从肾排泄。

【药理作用】

1. 舒张血管 静脉注射酚妥拉明后,可通过阻断血管平滑肌上的 α_1 受体,使皮肤、黏膜和内脏血管等舒张,外周阻力降低,血压下降。此外,酚妥拉明也可通过直接松弛血管平滑肌而发挥作用。

2. 兴奋心脏 由于血压下降,机体可反射性地兴奋交感神经,使心脏兴奋,主要表现为心肌收缩力增强、心率加快、心排血量增加,同时心肌耗氧量也增加。此外,也阻断去甲肾上腺素能神经末梢突触前膜的 α_2 受体,使去甲肾上腺素释放增多而产生心脏兴奋。

3. 其他作用 酚妥拉明还具有一定的拟胆碱作用,可使胃肠道平滑肌兴奋,此作用可被阿托品拮抗。此外,酚妥拉明还具有拟组胺作用,使胃酸分泌增加,皮肤颜面潮红等。

【临床应用】

1. 改善外周血管痉挛性疾病 酚妥拉明可用于雷诺综合征(肢端动脉痉挛)、血栓闭塞性脉管炎及冻伤后遗症。

2. 缓解局部组织缺血症状 去甲肾上腺素静脉滴注外漏时,可将酚妥拉明 10 mg 溶于 10～20 ml 生理盐水作局部浸润注射,通过其舒张血管作用减轻局部组织缺血坏死症状。

3. 抗休克 酚妥拉明适用于感染中毒性休克、心源性休克和神经源性休克。该药通过舒张血管、降低外周阻力、增加心排血量、解除微循环痉挛,可有效改善重要脏器的血流灌注,但应注意给药前补足血容量,否则可因血压骤降而使休克加重。目前,主张将酚妥拉明与去甲肾上腺素合用以产生协同作用,一般用酚妥拉明 2～5 mg 和去甲肾上腺素 1～2 mg,加入 500 ml 生理盐水中静脉滴注。

4. 纠正顽固性充血性心力衰竭 心力衰竭时,因心排血量减少,使交感神经系统反射性兴奋,外周血管阻力增高,肺动脉压升高,进而产生肺水肿。酚妥拉明可舒张小静脉和小动脉,减少回心血量,降低外周血管阻力,从而明显降低心脏前、后负荷,使心力衰竭症状得以缓解。

5. 诊治嗜铬细胞瘤 酚妥拉明可用于嗜铬细胞瘤所致的高血压危象及术前准备,也可用于嗜铬细胞瘤的鉴别诊断。但在进行鉴别诊断试验时,曾有因血压骤降而导致猝死的报道,近年来,多通过测定患者尿液和血液中儿茶酚胺水平进行诊断。

【不良反应】

1. 心血管反应 酚妥拉明静脉给药可引起心率加快、心律失常和心绞痛,故冠心病患者慎用。患者用药后常出现直立性低血压,因此用药过程中应注意监测血压、脉搏变化。一旦出现直立性低血压不可用肾上腺素解救,只能用去甲肾上腺素或间羟胺升高血压。

2. 胃肠道反应 酚妥拉明可引起腹痛、腹泻、呕吐、胃酸分泌增多等症状,甚至诱发或加剧消化性溃疡,故溃疡病患者慎用。

 掌握酚妥拉明的药理作用、临床应用。

妥 拉 唑 林

妥拉唑林(tolazoline)作用与酚妥拉明相似,但阻断 α 受体作用较弱,拟胆碱和组胺样作用却较强。临床主要用于外周血管痉挛性疾病、血栓闭塞性脉管炎,也用于嗜铬细胞瘤的治疗。不良反应与酚妥拉明相似,但发生率较高。

酚 苄 明

酚苄明(phenoxybenzamine)为人工合成品。

【体内过程】酚苄明口服吸收少而不规则,因局部刺激性强,不作肌内注射或皮下注射,多采用静脉给药。该药脂溶性高，蓄积于脂肪组织后缓慢释放，与受体结合牢固，排泄也较慢，一次用药作用可持续3~4天。

【药理作用】酚苄明通过阻断血管平滑肌的α受体，使血管扩张，外周阻力降低，从而改善微循环。酚苄明是长效α受体阻断药，与酚妥拉明相比，作用较缓慢、强大而持久。

【临床应用】酚苄明在心血管方面的不良反应多且严重，临床应用受限。该药可用于酚妥拉明治疗无效外周血管痉挛性疾病；用于嗜铬细胞瘤术前准备或并发高血压危象的患者；通过降低外周阻力、增加心排血量从而改善微循环，用于感染性休克；可明显改善前列腺增生引起的排尿困难。

【不良反应】酚苄明不良反应与酚妥拉明相似。

二、选择性 α_1 受体阻断药

选择性 α_1 受体阻断药可选择性地阻断 α_1 受体，而对突触前膜 α_2 受体的阻断作用弱，故降压时较少产生心率加快，现多用于高血压病的治疗。

哌 唑 嗪

哌唑嗪（prazosin）选择性阻断 α_1 受体，可使小动脉、小静脉扩张，外周阻力降低，血压下降。因较少影响突触前膜 α_2 受体，故心率加快等副作用轻。临床主要用于治疗高血压以及心力衰竭。详见第十九章抗高血压药。

同类药物还有特拉唑嗪（terazosin）、坦洛新（tamsulosin）及多沙唑嗪（doxazosin）等。

第二节 β受体阻断药

案例导入

患者，男，32岁，阵发性心悸3年，因过劳导致病情加重入院。心电图检查提示异位心律，室上性心动过速，完全左束支传导阻滞，QRS波群增宽。查体：体温36.5 ℃，心率200次/分，血压140/105 mmHg，消瘦，面色苍白，叩诊心界无扩大。诊断：阵发性室上性心动过速。患者入院后，立即遵医嘱口服普萘洛尔15 mg。2 h后患者症状消失，查体：心率91次/分。心电图检查：窦性心律。患者继续服药，观察4日未复发而出院。

问题与思考：

1. 该病例为什么选用普萘洛尔治疗？
2. 普萘洛尔的临床应用及主要不良反应有哪些？

一、β受体阻断药的共同特性

β受体阻断药是一类能选择性地与β受体结合，竞争性阻断去甲肾上腺素能神经递质或肾上腺素受体激动药与β受体结合，从而拮抗β受体激动作用的药物。根据其对受体的选择性不同，可分为非选择性β受体阻断药、选择性 β_1 受体阻断药、选择性 β_2 受体阻断药三类。β受体阻断药作用广泛，在心血管系统疾病及代谢性疾病的治疗方面疗效确切、应用广泛。

【药理作用】

1. 抑制心脏 β受体阻断药可阻断心脏 β_1 受体，使心率减慢，心肌收缩力减弱，心排血量减少，心肌耗氧量下降，血压降低。该类药物除减慢窦性心率外，也能降低异位起搏点的自动去极化

速度，并减慢心房和房室结的传导，延长房室结的有效不应期。

2. 收缩血管　普萘洛尔等非选择性β受体阻断药可阻断血管平滑肌的$β_2$受体，且因心排血量减少而反射性地兴奋交感神经，引起血管收缩、外周阻力增加，从而使肝、肾、骨骼肌血管及冠状动脉血流量减少，但长期应用时可使总外周阻力下降。β受体阻断药对正常人血压影响小，但可降低高血压患者的血压。

3. 收缩支气管　非选择性β受体阻断药可阻断支气管平滑肌$β_2$受体，收缩支气管平滑肌，使呼吸道阻力增加。该作用对正常人影响小，但对支气管哮喘患者，则可诱发或加重哮喘的急性发作，而选择性$β_1$受体阻断药作用较弱。

4. 影响代谢　β受体阻断药可抑制脂肪和糖原分解，抑制肾上腺素引起的高血糖反应，延缓使用胰岛素后血糖的恢复，并能掩盖低血糖时的交感神经兴奋症状，故在应用时应尤为注意。

5. 抑制肾素分泌　β受体阻断药可阻断肾小球旁器细胞的$β_1$受体而减少肾素的释放，从而发挥降压作用。

【临床应用】

1. 抗心律失常　对多种原因引起的快速性心律失常均有效，尤其是交感神经兴奋性过高、甲状腺功能亢进等引起的窦性心动过速疗效较好，也可用于运动过度或情绪激动所致的室性心律失常以及心肌缺血、强心苷中毒引起的心律失常。

2. 抗心绞痛和心肌梗死　对心绞痛有良好的疗效，因其可引起心室容积增大，故常与硝酸甘油合用，长期应用可降低心肌梗死复发率和猝死率。本药可收缩冠状动脉，故变异型心绞痛患者禁用。

3. 抗高血压　β受体阻断药是治疗高血压的一线药物，可使高血压患者的血压下降，但常伴有心率减慢。该类药物可单独用于抗高血压，也可与其他抗高血压药配伍使用。

4. 抗充血性心力衰竭　在心肌状况严重恶化之前早期应用β受体阻断药，对改善衰竭心脏的血流动力学有效，并可阻止心室重构，预后良好。

5. 甲状腺功能亢进的辅助治疗　β受体阻断药通过降低基础代谢率，减慢心率，控制激动不安情绪等，可有效控制甲状腺危象症状。

【不良反应】

1. 一般不良反应　有恶心、呕吐、轻度腹泻等消化道症状。偶见过敏反应，如皮疹、血小板减少等。

2. 心脏抑制　β受体阻断药阻断心脏的$β_1$受体，可导致心功能抑制，尤以窦性心动过缓、房室传导阻滞、心功能不全等患者较为敏感，甚至造成严重心功能不全、肺水肿、房室传导完全阻滞或心搏骤停等，故应特别注意。

3. 外周血管痉挛　因β受体阻断药对血管平滑肌$β_2$受体的阻断作用，可使外周血管收缩，引起皮肤苍白或发绀、四肢发冷等，出现雷诺症状或间歇性跛行，甚至造成肢端溃疡和坏死。

4. 诱发或加重支气管哮喘　非选择性β受体阻断药因能收缩支气管平滑肌，使气道狭窄，可诱发或加重哮喘，故支气管哮喘患者禁用，在应用选择性的$β_1$受体阻断药时也需慎重。

5. 反跳现象　长期使用β受体阻断药可使β受体水平上调，突然停药时可使原发疾病症状加重，如血压迅速升高、心律失常、心绞痛发作频率增加、程度加重，甚至引发急性心肌梗死。此作用多与β受体上调有关。因此，长期应用β受体阻断药时，不宜突然停药，停药时应在10~14天内逐渐减量停药。

6. 影响代谢　β受体阻断药可升高血甘油三酯水平，降低HDL-胆固醇水平。在使用胰岛素后，β受体阻断药可延缓血糖水平的恢复，并掩盖低血糖症状，因此糖尿病患者慎用。

7. 其他　有恶心、呕吐、腹泻等胃肠道反应，还可引起嗜睡、粒细胞缺乏症、超敏反应等。口服吸收个体差异大，因此初次使用者宜剂量个体化。

二、非选择性β受体阻断药

普 萘 洛 尔

普萘洛尔（propranolol，心得安）口服吸收完全，但首过消除明显，给药后 1~2 h 起效。$t_{1/2}$ 为 3~5 h，老年人及肝功能减退者 $t_{1/2}$ 延长。血药浓度个体差异明显，相差可达 20 倍之多，故临床应用本药时要遵循个体化原则，宜从小剂量开始，逐渐增加到适当剂量。

普萘洛尔为非选择性β受体阻断药，通过阻断 $β_1$ 受体可使心率减慢、心肌收缩力减弱，心排血量减少，同时还可抑制肾素的释放，从而使血压降低。临床主要用于治疗高血压、心绞痛和心肌梗死、快速性心律失常、甲状腺功能亢进等疾病。

同类药物还有噻吗洛尔（timolol）、吲哚洛尔（pindolol）、纳多洛尔（nadolol）等。

 掌握普萘洛尔的药理作用及不良反应。

美 托 洛 尔

美托洛尔（metoprolol）为选择性 $β_1$ 受体阻断药，对 $β_2$ 受体影响小，故在治疗各型高血压、心绞痛、心功能不全等方面更常用；静脉注射对心律失常，特别是室上性心律失常也有效。不良反应：偶见胃部不适、眩晕、头痛、疲乏、失眠等。哮喘患者不宜大剂量使用，一般剂量使用时也应分 3~4 次服用。中重度房室传导阻滞、严重窦性心动过缓、孕妇及对洋地黄无效的心力衰竭患者禁用。

同类药物还包括阿替洛尔（atenolol）、艾司洛尔（esmolol）、比索洛尔（bisoprolol）等。

 美托洛尔的药理作用、临床应用及不良反应。

第三节 α、β受体阻断药

α、β受体阻断药对α、β受体均有阻断作用，但对β受体的阻断作用强于对α受体的阻断作用。代表药物为拉贝洛尔，临床主要用于高血压的治疗。

拉 贝 洛 尔

拉贝洛尔（labetalol）口服可吸收，但首关效应较明显，个体差异大，生物利用度为 20%~40%。该药兼具α、β受体阻断作用。其中，对 $β_1$、$β_2$ 受体的阻断作用强度相似，对 $α_1$ 受体的阻断作用较弱，对 $α_2$ 受体无作用。临床主要用于治疗中重度高血压、心绞痛，静脉注射或静脉滴注用于高血压危象，也可用于嗜铬细胞瘤。常见不良反应有眩晕、乏力、上腹不适等，大剂量可引起直立性低血压。支气管哮喘及心功能不全者禁用。小儿、孕妇及脑出血患者禁止静脉注射。

同类药物还包括卡维地洛（carvedilol）、阿罗洛尔（arotinolol）等。

第九章 肾上腺素受体阻断药

自 测 题

一、单项选择题

1. 高血压伴有支气管哮喘患者，宜选用的治疗药物是
   A. 普萘洛尔 B. 麻黄碱 C. 肾上腺素
   D. 美托洛尔 E. 酚妥拉明

2. 不属于β受体阻断药适应证的是
   A. 心绞痛 B. 快速型心律失常 C. 高血压
   D. 房室传导阻滞 E. 甲状腺功能亢进症

3. 属于选择性阻断 $β_1$ 受体的药物是
   A. 美托洛尔 B. 拉贝洛尔 C. 哌唑嗪
   D. 普萘洛尔 E. 酚妥拉明

4. 酚妥拉明过量应用引起的低血压，应选用的对症治疗药物是
   A. 异丙肾上腺素 B. 麻黄碱 C. 肾上腺素
   D. 去甲肾上腺素 E. 多巴胺

5. 翻转肾上腺素升压效应的药物是
   A. N_N 受体阻断药 B. N_M 受体阻断药 C. M 受体阻断药
   D. β 受体阻断药 E. α 受体阻断药

6. 普萘洛尔的禁忌证是
   A. 支气管哮喘 B. 快速型心律失常 C. 心绞痛
   D. 急性心肌梗死 E. 心力衰竭

7. β受体阻断药的作用不包括
   A. 减慢心率 B. 减少心排血量 C. 抑制心肌收缩力
   D. 促进肾素分泌 E. 松弛支气管平滑肌

（8~10题共用题干）

患者，男，35岁，右足发凉、疼痛3个月，加重伴间歇性跛行1个月。体检发现右足皮温明显低于左足，皮肤颜色苍白，趾甲增厚变形。右足动脉、胫后动脉搏动消失，左侧足背动脉、胫后动脉搏动减弱。患者有吸烟史15年，每日吸烟20支以上，无其他慢性疾病，结合辅助检查，诊断为血栓闭塞性脉管炎。

8. 该患者宜用的治疗药物是
   A. 拉贝洛尔 B. 酚妥拉明 C. 哌唑嗪
   D. 美托洛尔 E. 噻吗洛尔

9. 该治疗药物在注射后应特别注意的不良反应是
   A. 直立性低血压 B. 恶心、呕吐 C. 心悸
   D. 诱发支气管哮喘 E. 嗜睡、疲乏

10. 患者注射酚妥拉明后，突然坐起来走动，感觉头晕，眼前发黑，测其血压 70/40 mmHg，医生的处理措施错误的是
    A. 应嘱咐患者卧床休息半小时以上
    B. 嘱咐患者起床时应缓慢改变体位，最好有人搀扶

C. 一旦晕倒应立即将患者取头低脚高位
D. 可用肾上腺素升压
E. 可用去甲肾上腺素升压

二、简答题

1. 试述酚妥拉明的药理作用和临床应用。
2. 试述普萘洛尔的药理作用和临床应用。

三、案例分析题

患者，女，60岁，因常感头痛，心悸来医院就诊。查体：血压180/100 mmHg，心率120次/分。医生诊断为2级高血压合并心动过速，给予患者普萘洛尔治疗，每日10～30 mg，日服3～4次。2个月后，患者血压、心率均正常。连续用药1年后，患者擅自停药，停药2周后患者在家中突然晕厥，被紧急送入医院抢救。

请回答：

1. 普萘洛尔对该患者有何治疗作用？患者擅自停药后突然晕厥的原因是什么？
2. 患者在使用普萘洛尔过程中还可能发生哪些不良反应？应注意什么？

（朱小平）

第十章　局部麻醉药

第十章数字资源

学习目标

知识：说出局部麻醉药的药理作用、应用方法及注意事项；简述普鲁卡因、丁卡因、利多卡因的作用特点及临床应用。

能力：能根据不同的手术部位选择合适的局部麻醉方法，根据不同的局部麻醉方法选出合适的局部麻醉药，并能与患者及家属进行有效沟通。

素养：树立精益求精的精神，为不同手术部位选择匹配的麻醉方法及对应药物，确保基层诊疗中麻醉效果与操作需求的精准契合。主动落实局部麻醉药的风险防控措施，筑牢安全用药防线。

案例导入

患者，男，40岁，在局部麻醉下行颈部包块切除术。注射局部麻醉药后，患者突然烦躁不安、心率加快、气促，继之四肢抽搐、昏迷。

问题与思考：

1．患者为什么会出现上述症状？
2．如何预防此类情况发生？

局部麻醉药（local anesthetic）简称局麻药，是一类作用于神经末梢或神经干周围，能暂时性、可逆性地阻断神经冲动的发生与传导，在意识清醒的条件下使局部感觉（尤其是痛觉）暂时消失的药物。局麻药作用结束后，对神经纤维和其他各类组织均无损害。

第一节　局部麻醉药的作用

【体内过程】局麻药可以从用药部位吸收，当用药部位血管丰富、剂量大或未加血管收缩药时，扩血管作用强的局麻药容易被吸收。局麻药根据化学结构不同可分为两类：酯类局麻药和酰胺类局麻药。酯类局麻药一般由假性胆碱酯酶水解，酰胺类局麻药则由肝微粒体酶、酰胺酶降解。

【药理作用】

1．局麻作用　局麻药对各种神经都有阻断作用，低浓度时能阻断无髓鞘感觉神经和自主神经节后纤维冲动的发生和传导，较高浓度时对有髓鞘感觉、运动神经和中枢神经均有阻断作用。可使神经细胞兴奋阈提高，动作电位0相去极化的速度和振幅降低，传导速度减慢，不应期延长，直至完全丧失兴奋性和传导性。局麻药在高浓度时还能抑制平滑肌和骨骼肌的活动。局麻作用可完全恢复，对神经、肌肉无损害性影响。

局麻药对神经、肌肉的麻醉顺序是：痛、温觉纤维＞触、压觉纤维＞中枢抑制性神经元＞中枢兴奋性神经元＞自主神经＞运动神经＞心肌及其传导纤维＞血管平滑肌＞胃肠道平滑肌＞子宫平滑肌＞骨骼肌。神经肌肉冲动传导的恢复则是按相反的顺序进行。

动作电位是神经冲动产生和传导的基础。局麻药的作用机制是与 Na^+ 通道内侧受体结合，引起 Na^+ 通道蛋白质构象改变，阻滞 Na^+ 内流，阻止动作电位的产生和传导，从而产生局麻作用。

局麻药的作用受以下因素的影响。①剂量：剂量越大，局麻作用的潜伏期越短、强度越大、持续时间越长。②配伍应用血管收缩药：在局麻药液中加入 1 : 25 万的肾上腺素，可减少局麻药的吸收，增强局部麻醉的作用，减少吸收中毒。但在手指、足趾及阴茎等末梢部位麻醉时，禁止加入肾上腺素，否则可引起组织坏死。③局部 pH：局麻药多为弱碱性，用药部位 pH 增高时，非解离型局麻药增多，非解离型局麻药易穿过神经膜并与膜受体结合，从而使局麻作用增强；反之，用药部位 pH 降低时（如炎症区），局麻作用相应减弱。

2. **吸收作用** 局麻药在常规剂量时对全身影响小，但吸收达到一定浓度时，可引起毒性反应，主要表现在以下几个方面。

（1）中枢神经系统：局麻药对中枢神经系统的作用是先兴奋后抑制，初期表现为眩晕、烦躁不安、肌肉震颤、焦虑等，继而发展为神志错乱、全身性强直 - 阵挛性惊厥等，最终转入昏迷、呼吸麻痹，可因呼吸衰竭而死亡。

（2）对心脏作用：局麻药对心肌细胞膜具有稳定作用，可降低心肌兴奋性，使心肌收缩力减弱、传导减慢、不应期延长。早期表现为心率加快、血压升高，是交感中枢暂时兴奋所致，此后即转化为心率减慢、血压下降，甚至导致心搏骤停。

（3）对血管作用：局麻药通过抑制交感神经而致血管扩张。酯类局麻药，如普鲁卡因还有直接扩张血管的作用，会加速局麻药的吸收而缩短局麻作用时间，升高血药浓度，增加中毒风险。

为防止毒性反应的发生，局麻药应用时应控制剂量，并加入微量肾上腺素以收缩局部血管，延缓局麻药吸收，延长局麻作用时间，同时也要避免将局麻药注入血管及炎症组织。

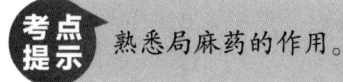
熟悉局麻药的作用。

【不良反应】
1. **毒性反应** 主要是局麻药吸收后产生的中枢神经系统和心血管系统反应。
2. **超敏反应** 酰胺类局麻药极少发生超敏反应，酯类局麻药超敏反应发生率稍高，轻者表现为荨麻疹、皮肤红斑、结膜水肿等，重者可发生过敏性休克。两类局麻药之间无交叉超敏反应。

第二节 局部麻醉药的给药方法

案例导入

一位需接受下肢手术的患者，在行蛛网膜下腔麻醉时出现血压下降。

问题与思考：

1. 该患者血压下降的原因是什么？
2. 应如何防治蛛网膜下腔麻醉时的低血压？

局麻药主要用于各种手术的局部麻醉，给药方法不同，局部麻醉的临床用途也就不同（图 10-1）。

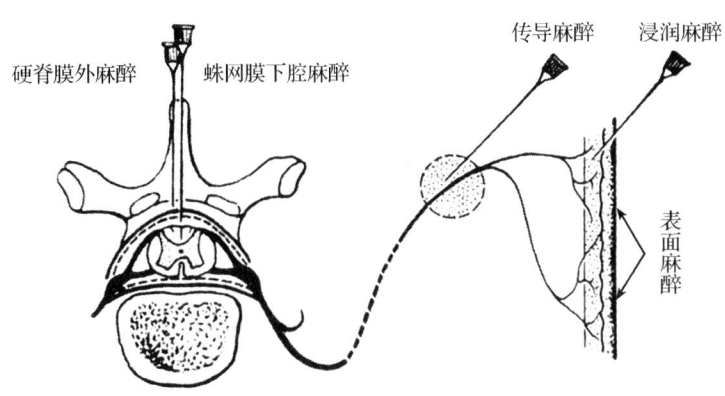

图 10-1　局麻药给药方法示意图

1. 表面麻醉　又称黏膜麻醉，是将局麻药直接点滴、涂抹或喷于黏膜表面，使黏膜下感觉神经末梢麻醉，多用于眼、鼻、口腔、咽喉、气管、食管及尿道黏膜麻醉。常选用黏膜穿透力较强的局麻药，如丁卡因、利多卡因等。

2. 浸润麻醉　是将局麻药注入手术切口周围皮下组织，使局部神经末梢被药液浸润而麻醉。浸润麻醉的优点是麻醉效果好，对机体的正常功能无影响。缺点是麻醉区域较小，用量较大，在进行较大范围手术时，易产生全身毒性反应。浸润麻醉适用于浅表的小手术，常选用毒性较低、安全性较高、穿透力小的利多卡因、普鲁卡因或布比卡因。

3. 传导麻醉　又称神经干阻滞麻醉，是将局麻药注射于神经干附近或神经丛周围，阻滞神经冲动传导，使该神经所分布的区域产生麻醉。阻断神经干所需的局麻药浓度较麻醉神经末梢所需的浓度高，但用量较小，麻醉区域较大。传导麻醉多用于口腔、四肢等手术，常选用普鲁卡因、利多卡因或布比卡因。须注意防止误将药物注入血管内。

4. 蛛网膜下腔麻醉　又称脊髓麻醉或腰麻，是将局麻药注入腰椎蛛网膜下腔，麻醉该部位的脊神经根，适用于下腹部及下肢手术。常用药物有普鲁卡因或丁卡因等。因蛛网膜下腔麻醉时交感神经同时被阻滞，可伴有血压下降，需用麻黄碱预防。药物在脊髓管内的扩散受患者体位、姿势、药量、注射速度和溶液比重的影响。要防止药液扩散至颅腔，对延髓呼吸中枢产生麻醉作用。

5. 硬脊膜外腔麻醉　又称硬膜外麻醉，是将局麻药注入硬脊膜外腔，使其沿脊神经根扩散而麻醉脊神经，适用于从颈部至下肢的多种手术，特别适用于上腹部手术。常用药物有利多卡因、普鲁卡因或丁卡因等。该麻醉方法同样能阻滞交感神经使血压下降，需用麻黄碱防治。硬脊膜外腔不与颅腔相通，注药水平可高达颈椎，不扩散至脑组织，不会麻痹呼吸中枢。硬脊膜外腔麻醉用药量比蛛网膜下腔麻醉大 5～10 倍，起效较慢。如误入蛛网膜下腔，可引起严重毒性反应。

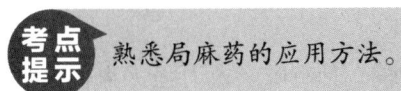
熟悉局麻药的应用方法。

第三节　常用局部麻醉药

普 鲁 卡 因

普鲁卡因（procaine，novocaine，奴佛卡因）系酯类化合物，注射给药后 1～3 min 起效，维持 30～45 min。

【药理作用及临床应用】

1. 局部麻醉　黏膜穿透力弱，不适用于表面麻醉。注射给药适用于浸润麻醉、传导麻醉、蛛网膜下腔麻醉和硬膜外麻醉。因有扩张血管作用，较易吸收中毒，加之超敏反应多见，现多已被利多卡因等药物取代。

2. 局部封闭　0.25%~0.5%普鲁卡因溶液注射于神经周围或病变部位，可减少病灶对中枢神经系统产生的不良刺激，有利于改善炎症、组织损伤局部组织的营养过程，使症状得以缓解，常用于慢性炎症或损伤所致的局部疼痛。急性肾衰竭时，可用于肾囊封闭。也用于纠正四肢血管舒缩功能障碍、静脉滴注去甲肾上腺素引起的局部组织疼痛和坏死等。

【不良反应】用量过大或误注入血管时，可引起中枢反应及心血管反应。极少数患者用药后可发生皮疹、哮喘，甚至休克等超敏反应，故用药前应询问过敏史并做皮试。酯类局麻药之间可有交叉超敏反应。应避免与磺胺类、强心苷类、胆碱酯酶抑制药合用。

熟悉普鲁卡因的药理作用及临床应用。

利 多 卡 因

利多卡因（lidocaine, xylocaine）为中效局麻药，属于酰胺类化合物。

【药理作用及临床应用】

1. 局部麻醉　利多卡因脂溶性较高，穿透力强，易扩散，对组织无刺激性，作用较普鲁卡因快而持久，可持续1~2h，麻醉效力是普鲁卡因的2倍。利多卡因是临床应用广泛的局麻药之一，可用于各种麻醉，有全能麻醉药之称。又因其麻醉范围不易控制，故用于蛛网膜下腔麻醉时应慎重。

2. 抗心律失常　利多卡因轻度阻滞心肌细胞Na^+内流，是治疗室性快速型心律失常最具临床价值的药物之一，详见第二十一章抗心律失常药。

【不良反应】利多卡因毒性与普鲁卡因相似或略强，由于其扩散力强，吸收面积大，在极短时间内即可进入血液循环，毒性反应发生率较高，故临床用0.25%~0.5%等渗液加肾上腺素，以防止意外发生。与普鲁卡因无交叉超敏反应。肝功能严重不全、严重房室传导阻滞、有癫痫大发作史者禁用。

掌握利多卡因的药理作用及临床应用。

丁 卡 因

丁卡因（tetracaine, dicaine）属于酯类化合物，与普鲁卡因比较，具有麻醉效力强（为普鲁卡因的10倍）、毒性大（为普鲁卡因的10~12倍）、穿透力强、作用快、作用维持时间长的特点。1~3 min显效，维持2~3 h。由于其毒性大，吸收迅速，故禁用于浸润麻醉。该药主要用于眼科、耳鼻喉科和口腔科手术作表面麻醉，也可用于传导麻醉、蛛网膜下腔麻醉或硬膜外麻醉。

布 比 卡 因

布比卡因（bupivacaine）是酰胺类化合物，其局麻效力比普鲁卡因强8~10倍，持续时间长约10倍；其血药浓度较低，为一种较为安全的长效局麻药，作用维持时间可达5~10 h。该药可用于浸润麻醉、传导麻醉或硬膜外麻醉；因其对组织穿透力弱，故不适用于表面麻醉。不良反应少，偶有精神兴奋、低血压等不良反应。

罗哌卡因

罗哌卡因（ropivacaine）属于酰胺类化合物，其阻断痛觉神经的作用较阻断运动神经作用强，对心肌的毒性较布比卡因小，适用于硬膜外、臂丛阻滞、局部浸润麻醉及产科手术麻醉。该药对血管不但无扩张作用，反而具有收缩作用，故无需配伍使用肾上腺素，是布比卡因的理想替代药。

常用局麻药的比较见表 10-1。

表 10-1 常用局麻药的比较

药物名称	麻醉强度	毒性	黏膜穿透力	作用持续时间（h）	主要麻醉用途
脂类					
普鲁卡因	1	1	弱	1~3	浸润麻醉、传导麻醉、蛛网膜下腔麻醉、硬脊膜外麻醉
丁卡因	10	10~12	强	2~3	表面麻醉、传导麻醉、蛛网膜下腔麻醉、硬脊膜外麻醉
酰胺类					
利多卡因	2	2	强	1~2	浸润麻醉、表面麻醉、传导麻醉、蛛网膜下腔麻醉、硬脊膜外麻醉
布比卡因	8~10	6.5	弱	5~10	浸润麻醉、传导麻醉、蛛网膜下腔麻醉、硬脊膜外麻醉
罗哌卡因	8	<6.5	弱	2~6	硬脊膜外麻醉、浸润麻醉

自 测 题

一、单项选择题

1. 局麻药的作用机制是
   A. 阻断 K^+ 外流，阻碍神经细胞膜去极化
   B. 阻碍 Ca^{2+} 内流，阻碍神经细胞膜去极化
   C. 促进 Cl^- 内流，使神经细胞膜超级化
   D. 阻碍 Na^+ 内流，阻碍神经细胞膜去极化
   E. 阻断乙酰胆碱的释放，影响冲动的传递

2. 普鲁卡因不宜用于哪种局麻
   A. 蛛网膜下腔麻醉　　　B. 浸润麻醉　　　C. 表面麻醉
   D. 传导麻醉　　　　　　E. 硬膜外麻醉

3. 浸润麻醉时在局麻药中加入肾上腺素的主要目的是
   A. 延长局麻作用时间
   B. 防止麻醉过程中产生血压下降
   C. 对抗局麻药的扩张血管作用
   D. 预防过敏性休克
   E. 减少局麻药被破坏

4. 既有局麻作用又有抗心律失常作用的药物是
   A. 普鲁卡因　　　　B. 利多卡因　　　　C. 丁卡因
   D. 布比卡因　　　　E. 硫喷妥钠

5. 在炎症或坏死组织中，局麻药的作用变化是
   A. 完全消失　　　　B. 增强　　　　　　C. 减弱
   D. 维持时间延长　　E. 不受影响

6. 患者，男，30岁，因背部脂肪瘤需要在局麻下手术切除，但既往使用丁卡因后全身出现皮疹。该患者不能选用的药物是
   A. 布比卡因　　　　B. 利多卡因　　　　C. 普鲁卡因
   D. 苯巴比妥　　　　E. 肾上腺素

7. 患者，男，35岁，因手术需要进行蛛网膜下腔麻醉。在麻醉过程中患者出现心动过缓，此时应选用的药物是
   A. 阿托品　　　　　B. 毛果芸香碱　　　C. 新斯的明
   D. 去甲肾上腺素　　E. 肾上腺素

8. 患者，男，25岁，因受撞击导致头皮外伤就诊，查体正常，需要在局麻下缝合伤口。局麻药对神经纤维的作用是
   A. 阻断 Na^+ 内流　　B. 阻断 K^+ 外流　　C. 阻断 Ca^{2+} 内流
   D. 阻断 ACh 释放　　E. 降低静息跨膜电位，抑制复极化

9. 患者，女，35岁，因车祸导致下肢挫伤需要手术，行硬脊膜外腔麻醉，在局麻药中加入肾上腺素的目的是
   A. 防止麻醉后血压下降　　　　　B. 防止麻醉后心率减慢
   C. 减慢局麻药吸收、延长麻醉作用时间　　D. 防止手术大出血
   E. 调整自主神经功能

10. 患者，男，32岁，右手示指针刺样疼痛，局部肿胀、苍白，诊断为化脓性指头炎，拟在局部麻醉下施行手术切开引流。为防止局麻药吸收后的毒性反应，应采取的措施是
    A. 在局麻药中加 0.1% 肾上腺素
    B. 宜用高浓度的局麻药，以减少药液体积
    C. 限制局麻药的用量
    D. 手术后吸氧
    E. 手术前给予东莨菪碱

二、简答题

1. 简述常用的局部麻醉方法，并列举适用的局麻药。
2. 简述普鲁卡因、利多卡因、丁卡因的主要作用特点及临床应用。

三、案例分析题

患者，男，28岁，因智齿发炎到口腔医院就诊，医生建议在控制好炎症后拔除智齿。该患者口服抗生素治疗后再次就诊拔牙，在拔牙前医生先给予局麻药处理，并在该局麻药中加入肾上腺素。

请回答：

1. 肾上腺素与局麻药合用的机制是什么？
2. 肾上腺素还有哪些临床应用？

（袁　莉）

第十一章 镇静催眠药

第十一章数字资源

学习目标

知识：详述苯二氮䓬类药物地西泮、艾司唑仑的药理作用、临床应用及不良反应；比较巴比妥类药物与苯二氮䓬类药物的异同点。

能力：能指导失眠患者正确选用镇静催眠药，会判断镇静催眠药的不良反应，并能与患者及家属进行有效沟通。

素养：引导公众关注睡眠健康，开展安全使用药物的科普宣教，依法依规用药，杜绝药物滥用。

案例导入

患者，女，36岁，因与家人争吵，一次性口服地西泮20片，约1 h后出现嗜睡、肌无力、意识淡漠等症状，家人发现后急送入医院抢救。查体：体温36.5 ℃，呼吸12次/分，血压85/60 mmHg。患者一直处于昏睡状态，对光反射、四肢腱反射均减弱。

问题与思考：
1. 该患者的药物中毒应如何抢救，有无特效解毒药？
2. 应如何正确选用镇静催眠药，其使用注意事项有哪些？

镇静催眠药是一类选择性抑制中枢神经系统，产生抗焦虑、镇静及催眠作用的药物。此类药物对中枢神经系统的抑制作用与剂量成正比，小剂量表现为镇静、抗焦虑作用，抑制患者烦躁不安、兴奋、激动等症状，并能改善焦虑、紧张的精神状态；中等剂量可引起催眠作用；大剂量则可以抗惊厥，甚至产生麻醉作用；剂量过大可致中枢性呼吸循环衰竭而死亡。这类药物产生的镇静作用与催眠作用没有明显的界线，也没有质的差别，因此，统称为镇静催眠药。该类药物大部分长期应用可产生依赖性，属于特殊管理的精神药品。

根据化学结构的不同，传统的镇静催眠药可分为：苯二氮䓬类、巴比妥类和其他类。其中苯二氮䓬类具有良好的镇静催眠、抗惊厥、抗癫痫作用，还有明显的抗焦虑作用，且安全范围较大，较大剂量也不引起麻醉，现已取代了巴比妥类等药物，成为临床常用药物。近些年，新型镇静催眠药以其明显的优势在临床已广泛使用。

第一节 苯二氮䓬类镇静催眠药

苯二氮䓬类（benzodiazepines，BZ）镇静催眠药为苯二氮䓬的衍生物，药理作用相似，但抗焦虑、镇静催眠、抗惊厥、中枢性肌肉松弛作用各有侧重。各药在药动学方面具有明显的差异，根据半衰期可分为三类（表 11-1）。

表 11-1　常用苯二氮䓬类药物的比较

分类	药物名称	半衰期（h）	主要用途
长效类	地西泮（diazepam，安定）	30~60	焦虑症、各型失眠症、惊厥等
	氟西泮（flurazepam，氟安定）	50~100	各型失眠症
	硝西泮（nitrazepam，硝基安定）	21~30	各型失眠症、惊厥、癫痫等
	氯硝西泮（clonazepam，氯硝安定）	22~38	癫痫小发作、持续状态
	氟硝西泮（flunitrazepam，氟硝安定）	16~35	各型失眠症、静脉麻醉
	氯氮䓬（chlordiazepoxide，利眠宁）	5~15	焦虑症、失眠症、癫痫
中效类	奥沙西泮（oxazepam，舒宁）	5~10	焦虑症、失眠症、癫痫
	劳拉西泮（lorazepam，氯羟安定）	10~18	焦虑症、失眠症
	艾司唑仑（estazolam，舒乐安定）	10~30	焦虑症、失眠症、癫痫
	阿普唑仑（alprazolam，佳静安定）	10~12	失眠症、癫痫
短效类	三唑仑（triazolam，三唑安定）	2~4	各型失眠症
	咪达唑仑（midazolam，速眠安）	1.5~2.5	各型失眠症、麻醉辅助用药

【体内过程】苯二氮䓬类镇静催眠药口服吸收迅速而完全；因肌内注射吸收慢且不规则，故较少采用；静脉注射显效快。其中，咪达唑仑口服吸收最快，硝西泮、奥沙西泮及氯氮䓬口服和肌内注射吸收慢。药物与血浆蛋白质结合较高，如地西泮与血浆蛋白质结合率达 99%，但药物脂溶性高，服用后迅速分布于脑组织，随后进行再分布而蓄积于脂肪和肌肉组织，脑内浓度迅速下降，故中枢抑制作用出现快，维持时间短。产妇大量服用此类药物后，药物可透过胎盘，使新生儿出现肌无力、低血压、低体温及轻度呼吸抑制。此类药物主要经肝药酶代谢后生成有活性的代谢物，其 $t_{1/2}$ 明显长于母体，故连续应用长效药物时要防止药物在体内蓄积。其代谢产物经肾排出体外。

知识链接

生理性睡眠

依据脑电图、肌电和眼球运动等的特点，睡眠可分为非快动眼睡眠（NREMS）和快动眼睡眠（REMS）两个时相。NREMS 可分为 4 期（瞌睡期、浅睡期、中度与深度睡眠期），呼吸、循环稳定，眼球无明显运动，有助于体力恢复和生长发育。其中第 2 期占 NREMS 时相 50% 的时间，第 3、4 期脑电图呈现大而慢的 δ 波，故又称慢波睡眠（SWS），梦游症及夜惊症多发生在第 3、4 期。REMS 时相脑电图呈去同步化低幅快波，又称快波睡眠（FWS），眼球快速运动，骨骼肌进一步松弛，呼吸、循环功能加强，翻身、手足徐动、多梦，有利于智力恢复和发育，梦境多发生在此阶段。

如果药物影响 REMS 时相，久用停药则可出现 REMS 时相延长，即出现反跳现象，致使噩梦不断发生。

【药理作用及临床应用】

1. **抗焦虑**　焦虑症是神经症的一种，表现为无明显原因的恐惧、紧张、忧虑、情绪障碍，常伴有自主神经系统症状。小于镇静剂量的苯二氮䓬类药，就对多种原因引起的焦虑有显著疗效，地西泮是临床治疗焦虑症的首选药。

2. **镇静催眠**　随着用药剂量的增加，中枢作用逐渐增强，小剂量产生镇静作用，较大剂量则产生催眠作用。镇静作用快而确切，且可引起暂时性记忆缺失。催眠作用可缩短入睡时间，减少觉醒次数，延长睡眠时间。

苯二氮䓬类镇静催眠药的优点在于：①治疗指数高，安全范围大，即使过量也不易引起麻醉。②相对巴比妥类对REMS影响较小，反跳现象较轻，可减少多梦、噩梦现象。③耐受性、依赖性较巴比妥类轻。④对肝药酶无诱导作用，与其他药物配伍应用不易产生相互作用。

临床上用于麻醉前给药、心脏电击复律或内镜检查前给药。常选用地西泮静脉注射。麻醉前给药可缓解患者对手术的恐惧情绪，其引起的暂时性记忆缺失，对手术患者亦有益处。

3. 抗惊厥、抗癫痫　惊厥是因中枢神经系统过度兴奋而产生的表现，常出现骨骼肌不自主性强烈收缩。苯二氮䓬类镇静催眠药均有抗惊厥作用，其中，地西泮和三唑仑的抗惊厥作用明显，能抑制惊厥放电灶向大脑皮质和皮质以下扩散，减轻或终止惊厥的发作。临床上用于治疗破伤风、子痫、药物中毒所引起的惊厥。地西泮静脉缓慢注射可有效改变癫痫持续状态，已成为临床上的首选抢救药。

4. 中枢性肌肉松弛　有较强的肌肉松弛作用，能缓解大脑麻痹患者的肌肉强直，其作用原理主要是由于药物能抑制脊髓多突触反射，阻断中间神经元的传递，大剂量时还对神经肌肉接头有直接阻断作用。临床上用于缓解中枢神经病变（脑血管意外、脊髓损伤等）引起的各种肌僵直、肌痉挛。

【作用机制】苯二氮䓬类的中枢抑制作用与增强中枢抑制性神经递质 γ-氨基丁酸（GABA）的功能有关。GABA受体是一个大分子复合体，为神经元膜上的配体门控Cl^-通道。在Cl^-通道周围含有多个结合位点，如GABA、苯二氮䓬类和巴比妥类等。GABA作用于GABA受体，使细胞膜对Cl^-通透性增加，Cl^-进入细胞内引起细胞膜的超极化，从而降低神经元的兴奋性。苯二氮䓬类与GABA受体复合物上的苯二氮䓬位点结合，诱导受体发生构象改变，促进GABA与其受体的结合，增加Cl^-通道开放的频率，使Cl^-内流增多，突触后膜超极化，从而增强GABA神经元的中枢抑制效应。

知识链接

中枢抑制性神经递质——γ-氨基丁酸

γ-氨基丁酸（GABA）是脑内最重要的抑制性神经递质，非均匀地广泛分布在哺乳动物脑内，主要分布在大脑皮质、海马和小脑。脑内约30%的神经末梢释放的神经递质为GABA，而外周组织中GABA含量极少。

GABA通过激活其不同亚型受体而产生抑制效应。苯二氮䓬类药物和巴比妥类药物通过促进中枢GABA与其受体的结合，使Cl^-通道开放，Cl^-离子内流增多，突触后膜超极化，增强GABA能神经等中枢抑制性神经元的功能，从而产生镇静、抗焦虑、抗惊厥等作用。有研究发现，GABA在癫痫、阿尔茨海默病、帕金森病等的发病机制中也具有重要作用。此外，GABA还参与疼痛、神经内分泌和摄食行为的调节。

【不良反应】催眠剂量的苯二氮䓬类药最常见的不良反应是眩晕和困倦、头晕、乏力和精细运动不协调等；大剂量可致共济失调、言语含糊不清、运动功能障碍等。偶见超敏反应，如皮疹、白细胞减少等。静脉注射过快可致昏迷和呼吸抑制，可用苯二氮䓬受体阻断药氟马西尼（flumazenil）对抗。久用也会产生依赖性，但较巴比妥类轻。老年患者，肝、肾和肺功能不全者，青光眼和重症肌无力者慎用。孕妇忌用。

掌握地西泮的药理作用、临床应用及不良反应。熟悉艾司唑仑的药理作用、临床应用及特点。

第二节 新型镇静催眠药

唑吡坦

唑吡坦（zolpidem）为咪唑吡啶类镇静催眠药，药理作用与苯二氮䓬类相似，具有较强的镇静催眠作用，还具有较强的镇痛作用，但抗焦虑、抗惊厥和中枢性肌肉松弛作用较弱。口服吸收迅速，起效快，半衰期短（约2 h）。唑吡坦能显著缩短入睡时间，减少夜间觉醒次数，延长总睡眠时间，改善睡眠质量；次晨无明显后遗效应，极少产生"宿醉"现象，也不影响次晨的精神活动和动作的机敏度；久服无成瘾性，停药后很少产生反跳性失眠，已逐步取代苯二氮䓬类药物。唑吡坦的不良反应呈现剂量相关性，剂量10 mg以下时常见的不良反应有嗜睡、头晕、头痛、恶心、腹泻和眩晕等，应在医生的指导下用药。唑吡坦中毒时可用氟马西尼解救。15岁以下的儿童、孕妇和哺乳期妇女禁用。

佐匹克隆

佐匹克隆（zopiclone）是非苯二氮䓬类超短效快速催眠药，通过增强脑内抑制性介质GABA的作用而产生抗焦虑、镇静催眠、抗惊厥和中枢性肌肉松弛作用。此药在缩短入睡时间、减少觉醒次数、提高睡眠质量等方面较苯二氮䓬类更为理想，且无成瘾性和依赖性。对各种失眠症均有较好的疗效。常见的不良反应有口干、口苦、肌无力及嗜睡等，对生殖系统和性功能也有不良影响。驾驶员、其他机械操作人员及高空作业者慎用。婴幼儿、孕妇及哺乳期妇女、肌无力患者禁用。用药期间应避免饮酒。

右佐匹克隆（eszopiclone）为佐匹克隆的右旋异构体，药效是母体的两倍，但毒性仅为母体的一半。临床已广泛用于镇静催眠。

扎来普隆

扎来普隆（zaleplon）为新型非苯二氮䓬类药，具有抗焦虑、镇静催眠、抗惊厥和肌肉松弛作用。其特点为缩短入睡时间、半衰期短和后遗效应轻。临床上主要用于入睡困难性失眠症的短期治疗。常见不良反应有嗜睡、头痛、眩晕。耐药性和依赖性等副作用小。

丁螺环酮

丁螺环酮（buspirone）为新型非苯二氮䓬类镇静催眠药，抗焦虑作用与地西泮相似，但无镇静、肌肉松弛和抗惊厥作用。丁螺环酮对GABA受体无作用，通过激动突触前5-HT受体，从而发挥抗焦虑作用。其抗焦虑作用在服药后1~2周才能显效，4周达到最大效应。口服吸收好，首关效应明显，在肝中代谢，半衰期2~4 h。临床适用于焦虑性激动、内心不安和紧张等急慢性焦虑状态。不良反应有头晕、头痛及胃肠功能紊乱等，无明显的生理依赖性和成瘾性。

第三节 巴比妥类及其他镇静催眠药

案例导入

张某，女，58岁，退休工人，5年前开始出现失眠症状，起初只是偶尔入睡困难，后来逐渐加重，近1个月几乎每天都要到凌晨才能睡着，且睡眠时间不足3小时。这几年她一直自行到药店购买地西泮片帮助睡眠，一开始吃半片就能睡好，后来慢慢加到1片、2片，效果却越来越差。家人担心她的身体，陪她到社区卫生服务中心就诊，经详细问诊和相关检查，诊断为抑郁症伴失眠，在原有基础上配合抗抑郁药治疗。1个多月后，患者睡眠状况和情绪均逐渐好转。

问题与思考：
1. 作为社区医生，应告知患者镇静催眠药有哪些使用原则？
2. 巴比妥类药物为什么被苯二氮䓬类药物所取代？

一、巴比妥类镇静催眠药

巴比妥类镇静催眠药为巴比妥酸的衍生物，难溶于水，常用其钠盐。其取代基团不同，脂溶性及作用维持时间不同。目前临床上主要用于抗惊厥、抗癫痫及麻醉，催眠已基本被BZ药物取代。根据作用出现的快慢、维持时间长短，将巴比妥类镇静催眠药分为长效、中效、短效、超短效四类（表11-2）。

表11-2 巴比妥类镇静催眠药的分类、作用和应用

分类	药物名称	半衰期（h）	显效时间（min）	持续时间（h）	主要用途
长效类	苯巴比妥（phenobarbital）	24~96	30~60	6~8	镇静、催眠、抗惊厥、抗癫痫
中效类	戊巴比妥（pentobarbital）	21~42	15~30	3~6	镇静、催眠、抗惊厥
	异戊巴比妥（amobarbital）	14~42	15~30	3~6	镇静、催眠、抗惊厥
短效类	司可巴比妥（secobarbital）	20~28	15	2~3	催眠、抗惊厥
超短效类	硫喷妥（thiopental）	3~8	静脉注射，立即	0.25	静脉麻醉

【体内过程】巴比妥类镇静催眠药口服、肌内注射都易吸收，吸收后迅速分布于全身，也易通过胎盘屏障分布到胎儿体内。各药进入脑组织的快慢决定了药物起效速度，主要取决于脂溶性高低。脂溶性高的药物，如司可巴比妥主要在肝中代谢而失效，故作用维持时间短；脂溶性低的药物，如苯巴比妥大部分以原型经肾排泄而消除，故作用维持时间较长。尿液pH对苯巴比妥的排泄影响较大。碱化尿液时，解离增多，肾小管重吸收减少，促进药物的排泄，是临床上解救苯巴比妥中毒的重要措施之一。

【药理作用及临床应用】巴比妥类镇静催眠药呈明显的剂量依赖性，剂量增大，中枢抑制程度加强，严重者可致中毒死亡。

1. 镇静、催眠　小剂量时产生镇静作用，可用于麻醉前给药，消除患者手术前的精神紧张；中等剂量产生催眠作用，可缩短REMS时相，延长睡眠时间。

2. 抗惊厥、抗癫痫　大于催眠剂量时有抗惊厥、抗癫痫作用，为广谱抗惊厥药。用于小儿高热、破伤风、子痫、脑膜炎、脑炎及中枢兴奋药中毒引起的惊厥。惊厥急救时可选用异戊巴比妥静脉注射，预防惊厥可选用苯巴比妥。苯巴比妥可用于治疗癫痫大发作及癫痫持续状态。

3. 麻醉　产生麻醉作用的剂量已接近中毒量，因此，临床上仅硫喷妥钠用于静脉复合麻醉。

【不良反应】

1. 后遗作用　又称为宿醉反应。患者服药后次晨可出现"宿醉"现象，表现为头晕、乏力、困倦、嗜睡、恶心、呕吐及定向障碍等。这种不良反应在长效药物中多见。

2. 耐受性、依赖性　长期反复应用巴比妥类药物可产生耐受性，其原因可能是药物可诱导肝药酶，从而加速自身代谢。长期应用巴比妥类药物的患者可产生精神依赖性和躯体依赖性，突然停药易发生反跳现象，使REMS延长，出现多梦，迫使患者继续用药，终致成瘾。成瘾后突然停药可产生严重的戒断症状，表现为兴奋、焦虑、失眠，甚至惊厥，故应避免滥用。

3. 超敏反应　以皮疹多见。

4. 急性中毒　一次性大量使用药物（5~10倍催眠量）或静脉注射速度过快，都可引起急性中毒。主要表现为深度昏迷、呼吸抑制、反射减弱或消失、血压降低，甚至休克。呼吸衰竭是主要的致死原因。解救措施：静脉滴注碳酸氢钠或乳酸钠，以碱化血液和尿液，促使巴比妥类药物由神经组织向血液转移，并减少药物在肾小管的重吸收，加速药物排泄。

二、其他镇静催眠药

水 合 氯 醛

水合氯醛（chloral hydrate）因局部刺激性大，多采用直肠给药，吸收迅速。催眠作用快速而可靠，作用持久，可引起接近正常的生理睡眠，不缩短REMS时相，停药后无反跳现象，无后遗作用，无蓄积中毒。主要用于催眠，特别是顽固性失眠及其他催眠药无效的失眠。有抗惊厥作用，用于对抗破伤风、子痫、小儿高热等造成的惊厥。久用也可产生耐受性、依赖性、成瘾性。心、肝、肾功能不全患者禁用。

自 测 题

一、单项选择题

1. 苯巴比妥急性中毒时，可加速其在尿中排泄的药物是
   A. 氯化铵　　　　　　　B. 碳酸氢钠　　　　　　C. 葡萄糖
   D. 生理盐水　　　　　　E. 硫酸镁

2. 巴比妥类急性中毒时，引起死亡的主要原因是
   A. 心搏骤停　　　　　　B. 肾衰竭　　　　　　　C. 抑制呼吸中枢
   D. 惊厥　　　　　　　　E. 吸入性肺炎

3. 地西泮的中枢抑制作用位点是
   A. 边缘系统多巴胺受体　　　　　　B. 中枢α受体
   C. 直接抑制中枢　　　　　　　　　D. 苯二氮䓬结合位点
   E. 中枢GABA结合位点

4. 患者，女，20岁，因学习压力过大，近2周出现入睡困难，无中途易醒及早醒，该患者适合服用的镇静催眠药物是
   A. 地西泮　　　　　　　B. 异戊巴比妥　　　　　C. 唑吡坦
   D. 水合氯醛　　　　　　E. 丁螺环酮

5. 患儿，男，8岁，因出生时难产导致癫痫，时有发作。今日患儿阵发性大发作已2h，尚未缓解，到急诊科就诊，查体时再次发作，口吐白沫、全身抽搐、意识障碍，诊断为癫痫持续状态。该患儿最宜选用的是
   A. 水合氯醛静脉注射　　　　　　　B. 苯巴比妥静脉注射
   C. 硫喷妥钠静脉注射　　　　　　　D. 地西泮静脉注射
   E. 苯妥英钠静脉注射

6. 苯二氮䓬类不具有的不良反应有
   A. 中枢抑制　　　　　　B. 宿醉现象　　　　　　C. 急性中毒
   D. 依赖性、成瘾性　　　E. 共济失调

7. 苯巴比妥过量中毒时，为了促进其快速排泄，应采取的措施是
   A. 碱化尿液，使解离度增大，增加肾小管再吸收
   B. 碱化尿液，使解离度减少，增加肾小管再吸收
   C. 碱化尿液，使解离度增大，减少肾小管再吸收
   D. 酸化尿液，使解离度增大，减少肾小管再吸收
   E. 以上均不对
8. 地西泮急性中毒的解救药是
   A. 阿托品
   B. 肾上腺素
   C. 氟马西尼
   D. 阿司匹林
   E. 酚妥拉明
9. 地西泮不能用于
   A. 药物中毒惊厥
   B. 诱导麻醉
   C. 小儿高热惊厥
   D. 麻醉前用药
   E. 焦虑症
10. 焦虑紧张引起的失眠宜用
    A. 巴比妥
    B. 苯妥英钠
    C. 水合氯醛
    D. 地西泮
    E. 氯丙嗪

二、简答题

1. 巴比妥类药物急性中毒时用何药加快其排泄？为什么？
2. 简述地西泮的药理作用和临床应用。
3. 苯二氮䓬类药物与巴比妥类相比在镇静催眠方面有何优点？

三、案例分析题

患者，男，30岁，被家人发现使用白酒送服1瓶地西泮（2.5 mg×100片）自杀后及时送医，医生给予了催吐、洗胃及相应的对症支持处理。

请回答：

1. 地西泮属于哪种药物？该类药物的作用机制是什么？
2. 该患者还需给予何种解毒药物？使用依据是什么？

（袁 莉）

第十二章 抗癫痫药及抗惊厥药

第十二章数字资源

学习目标

知识：详述苯妥英钠、硫酸镁的药理作用、临床应用及不良反应，简述卡马西平和丙戊酸钠的抗癫痫特点。

能力：会指导患者合理应用抗癫痫药和抗惊厥药，能对不同类型的癫痫患者进行用药咨询，能对药物不良反应提出防治措施，并能与患者及家属进行有效沟通。

素养：关爱癫痫患者，帮助其克服病耻心理，树立战胜疾病的信心和坚持用药的决心；开展科普宣教，强化民众安全用药意识。

案例导入

李某，女，29岁，2个月来经常感觉头晕、步态不稳，但尚能行走，近7天加重，需要搀扶，伴眩晕及恶心、呕吐，无肢体麻木及瘫痪。既往史：癫痫病史10余年，一直规律服用苯妥英钠，每晚300 mg（100 mg/片）。患者近2个月生活不规律，经常熬夜加班，进食差，体重下降3 kg。查体：神志清楚，语言流利，可见随着凝视方向改变的中、高频率的眼球震颤，指鼻试验差，左侧病理征可疑阳性。

问题与思考：

1. 患者出现这些异常症状的可能原因是什么？
2. 苯妥英钠的不良反应有哪些？

第一节 抗癫痫药

癫痫（epilepsy）是一种由大脑神经元异常放电所引起的以短暂中枢神经系统功能失常为特征的慢性神经系统疾病，其发作特点为突发性、短暂性和反复性，表现为运动、感觉、意识或精神障碍。癫痫的病理学基础是大脑局部病灶神经元群阵发性异常过度放电，并向周围扩散，导致大脑功能短暂失调。根据发作时的临床表现和脑电图的变化，将癫痫分为部分发作和全身发作两大类（表12-1）。

表12-1 癫痫发作的类型及特征

发作类型		发作特征	治疗药物
部分发作	简单部分发作	发作不超过1 min，一般不影响意识，仅表现为局部肢体或肌群的运行或感觉异常	卡马西平、苯妥英钠、苯巴比妥、丙戊酸钠
	复杂部分发作（精神运动性发作）	行为异常，经常影响意识，出现无意识的运动	苯妥英钠、卡马西平、苯巴比妥、丙戊酸钠

续表

发作类型		发作特征	治疗药物
全身发作	强直阵挛发作（大发作）	强烈的惊厥，全身肌肉产生严重的强直阵挛性抽搐，突然意识丧失，面色青紫，口吐白沫，持续数分钟	苯妥英钠、苯巴比妥、卡马西平、丙戊酸钠
	失神发作（小发作）	多见于儿童，突然意识丧失，动作和语言中断，不倒地抽搐，一般持续 5~30 s 后恢复，自身不能回忆	乙琥胺、氯硝西泮、丙戊酸钠
	癫痫持续状态	大发作持续状态，患者大发作频繁，间歇期短或无，持续昏迷	地西泮、苯妥英钠、苯巴比妥
	肌阵挛性发作	根据年龄可分为婴儿、儿童和青春期肌阵挛，部分肌群发生短暂的抽动，约 1 s	丙戊酸钠、氯硝西泮

一、常用抗癫痫药

苯 妥 英 钠

【体内过程】苯妥英钠（phenytoin sodium，大仑丁）刺激性大，不宜肌内注射，可静脉给药，口服吸收慢且不规则，3~12 h 作用达峰值，用药 6~10 天达稳态血药浓度，血浆蛋白质结合率 90%，可分布于全身组织，其脂溶性高，易透过血脑屏障，可在脂肪、肌肉、肝等组织中储存。该药主要经肝药酶代谢，经肾排泄。在常用剂量下个体差异较大，可进行血药浓度监测，并注意药物相互作用。

【药理作用及临床应用】苯妥英钠可降低细胞膜 Na^+ 和 Ca^{2+} 的通透性，产生膜稳定作用；可增强 GABA 的中枢抑制作用，阻止病灶放电向周围组织的扩散，但对癫痫病灶的高频放电抑制作用较轻。

1. 抗癫痫　无明显中枢抑制时的剂量即可产生抗癫痫作用。具有疗效高、无催眠作用等优点，对癫痫大发作、简单部分发作疗效最佳，是首选药物；对癫痫持续状态和精神运动性发作有效；对小发作和肌阵挛发作无效，甚至可使小发作病情恶化。

2. 缓解中枢疼痛综合征　苯妥英钠对三叉神经痛疗效较好，对舌咽神经痛和坐骨神经痛也有一定的疗效。服药 1~2 天可使疼痛减轻、发作次数减少。

3. 抗心律失常　当心肌受损或强心苷类中毒伴低血钾时，本药能促进 K^+ 外流，从而使传导速度加快，可作为强心苷中毒引起的室性心律失常的首选药，对其他室性心律失常也有效（详见第二十一章抗心律失常药）。

【不良反应】长期服用苯妥英钠可引起多种不良反应。

1. 局部刺激　苯妥英钠为强碱性药物，对胃黏膜有刺激性，口服可致食欲缺乏、恶心、呕吐等胃肠反应，甚至引发胃炎，饭后服药可减轻胃肠刺激；静脉注射可引起静脉炎等。

2. 急性毒性　苯妥英钠毒性与血药浓度大致平行，有效控制量为 10 μg/ml，一般 20 μg/ml 即可出现毒性反应，表现为眼球震颤、共济失调、眩晕、复视等，超过 40 μg/ml 时可出现精神错乱，超过 50 μg/ml 时可出现昏睡、昏迷。

3. 慢性毒性　长期服用可引起牙龈增生（发生率为 20%），以儿童、青少年多见，可能与苯妥英钠刺激牙龈成纤维细胞的分裂，导致胶原纤维增多有关，注意口腔卫生、经常按摩牙龈可延缓。抑制二氢叶酸还原酶，久服可致叶酸吸收代谢障碍，导致巨幼细胞贫血。由于苯妥英钠可诱导肝药酶，加速维生素 D 代谢，导致维生素 D 缺乏，可致低钙血症、软骨病及佝偻病，患者自觉骨痛，与苯巴比妥合用更显著。可致女性多毛症、男性乳房增大。早孕妇女使用偶致畸胎，故孕妇慎用。

4. 超敏反应　部分患者可出现皮肤瘙痒伴高热、血小板减少，偶见剥脱性皮炎和系统性红斑狼疮。一旦发现，应立即停药。

掌握苯妥英钠的药理作用、临床应用及不良反应。

丙 戊 酸 钠

【体内过程】丙戊酸钠（sodium valproate）口服吸收完全，生物利用度在80%以上，血药浓度1~4h达峰值，血浆半衰期为13h，3~4天达到稳态血药浓度。主要分布于肝、肾、胃肠及脑组织，脑脊液浓度为血药浓度的10%~20%。在体内代谢后由肾排泄。

【药理作用及临床应用】丙戊酸钠为广谱抗癫痫药，对各型癫痫均有不同程度的疗效。对阵挛发作疗效较好，对大发作也有效，疗效虽不如苯巴比妥与苯妥英钠，但两药无效的患者使用丙戊酸钠仍有效；对失神发作疗效好，优于乙琥胺，但由于肝毒性，临床不及乙琥胺常用；对精神运动性发作疗效与卡马西平类似；对其他药物未能控制的癫痫有时仍可奏效。

【不良反应】不良反应常见，一般较轻，偶有恶心、呕吐、嗜睡、视物模糊、震颤等。严重毒性为肝损害，故应定期检查肝功能。孕妇慎用。

熟悉丙戊酸钠的药理作用及临床应用。

卡 马 西 平

【体内过程】卡马西平（carbamazepine，酰胺咪嗪）口服吸收不规则，一般2~6h血药浓度达峰值，个体差异较大。血浆蛋白质结合率70%~80%，主要分布于肝、肾、脑等器官。代谢产物仍有抗癫痫作用。因有肝药酶诱导作用，可加速自身代谢，多次用药后血浆半衰期缩短。

【药理作用及临床应用】本药具有广谱抗癫痫作用，对精神运动性发作效果最好，为首选药物之一。对癫痫大发作、多种药物治疗无效的顽固性癫痫均有效。对躁狂症也有效。对失神发作效果较差。另外，有抗神经痛作用，对三叉神经引起的疼痛冲动有抑制作用，可用于治疗周围神经痛，效果优于苯妥英钠。

【不良反应】用药早期可出现多种不良反应，常见中枢神经系统症状，如恶心、呕吐、可逆视物模糊、复视，少数患者出现共济失调。也可出现皮疹及心血管反应，但一般较轻。偶见粒细胞缺乏、骨软化及叶酸缺乏。

掌握卡马西平的药理作用及临床应用。

乙 琥 胺

乙琥胺（ethosuximide）的疗效虽不如丙戊酸钠、氯硝西泮，但不良反应少，常作为失神发作的首选药。该药对其他癫痫无效。常见的不良反应有胃肠道反应，如恶心、呕吐、厌食、呃逆。中枢症状表现为焦虑、抑郁、攻击行为、多动、头痛、嗜睡等。

苯 巴 比 妥

苯巴比妥（phenobarbital，luminal，鲁米那）具有起效快、疗效好、毒性低的特点，临床用于治疗全身强直阵挛发作、局限性发作，也可用于治疗癫痫持续状态，但对失神发作无效。常见的不良反应有嗜睡、精神萎靡、共济失调等；偶见血常规改变。

苯二氮䓬类

苯二氮䓬类药有抗惊厥及抗癫痫作用,临床常用的药物有地西泮、硝西泮、氯硝西泮等。静脉注射地西泮是治疗癫痫持续状态的首选药,显效快且较其他药物安全。氯硝西泮是广谱抗癫痫药物,对失神发作疗效优于地西泮,静脉注射也可治疗癫痫持续状态,对肌阵挛发作亦有效。硝西泮主要用于癫痫小发作。

二、抗癫痫药的应用原则

癫痫是一种慢性疾病,除少数患者能针对病因施以手术治疗外,绝大多数患者需要长期甚至终身服药。用药时应遵循以下原则。

1. 合理选药　首先应明确诊断,确定癫痫类型,根据癫痫类型选药。苯妥英钠是癫痫大发作的首选药物,对小发作和肌阵挛性发作无效;苯巴比妥是治疗全身强直阵挛性发作、局限性发作最有效的药物,对失神发作无效;卡马西平是广谱抗癫痫药,主要用于精神运动性发作;乙琥胺对失神发作有效,对其他癫痫无效;丙戊酸钠对各型癫痫均有不同程度的疗效,对失神发作疗效好;静脉注射地西泮是治疗癫痫持续状态的首选药物。单纯型癫痫选用一种有效药即可,单药无效者及混合型癫痫患者,常需合并用药。

2. 个体化给药　不同患者对药物反应的差异较大,用药应从小剂量开始,一般每隔一周调整一次,逐渐增量直至产生较好疗效而无严重不良反应为止。

3. 长期规律用药　指导患者长期规律用药。避免漏服,发作规律者可在发作前服用,一般需持续用药2~3年以上。大发作完全控制2年以上、小发作完全控制1年以上可考虑减量,症状得到控制后以维持量治疗,不可随意停药,以免症状复发。更换药物应有过渡期。

4. 用药注意　定期检查血常规、肝功能等有关指标。联合用药要注意药物相互作用,作用与毒性相似的药物不宜联用。

第二节　抗惊厥药

惊厥是由疾病或药物等多种原因引起的中枢神经过度兴奋而致全身骨骼肌不自主地强直性收缩的现象,多因高热、子痫、破伤风、癫痫强直阵挛发作和中枢兴奋药中毒等引发。苯二氮䓬类、巴比妥类、水合氯醛等药物均有抗惊厥作用,硫酸镁注射给药是临床常用的抗惊厥治疗措施。

硫　酸　镁

【药理作用及临床应用】硫酸镁(magnesium sulfate)因给药途径不同可产生不同的药理作用:①口服吸收少,有导泻和利胆的作用,临床可用于清除肠道内寄生虫、毒物等内容物,也可用于梗阻性黄疸和慢性胆囊炎;②静脉或肌内注射可产生中枢抑制、骨骼肌松弛和扩血管降血压的作用,临床可用于子痫、破伤风等原因引起的各种惊厥,尤其对子痫作用较好,可作为首选,也可用于高血压危象的治疗;③50%硫酸镁外用热敷可以消炎去肿。

【作用机制】硫酸镁注射给药可提高血液内Mg^{2+}的浓度,而Mg^{2+}与Ca^{2+}化学性质相似,可特异性拮抗Ca^{2+}作用,使外周运动神经ACh释放减少、骨骼肌松弛;同时还可作用于血管平滑肌,扩张血管使血压降低

【注意事项】Mg^{2+}浓度过高可抑制延髓呼吸中枢和血管运动中枢,引起呼吸抑制、血压下降、心搏骤停,甚至死亡。如发生急性中毒,应立即进行人工呼吸并缓慢静脉注射钙剂,以对抗治疗。

由于硫酸镁的安全范围较窄,在注射用药时应反复检查肌腱反射,肌腱反射减弱或消失是硫酸镁中毒的先兆症状,因此在注射使用时要严格控制剂量及给药速度。

自 测 题

一、单项选择题

1. 硫酸镁中毒可选用的解救药物是
   A. 肾上腺素　　　　　　B. 去甲肾上腺素　　　　C. 异丙肾上腺素
   D. 葡萄糖　　　　　　　E. 氯化钙

2. 患儿，女，3岁，近来经常在玩耍中突然停顿，两眼直视、面无表情，几秒即止，每天发作几十次，医生诊断为癫痫小发作。该患儿应选用的治疗药物是
   A. 苯妥英钠　　　　　　B. 苯巴比妥　　　　　　C. 氯硝西泮
   D. 奥沙西泮　　　　　　E. 氟西泮

3. 患者，男，40岁，5年前曾患"脑炎"，近2个月来经常出现虚幻感，看到有蛇或鼠等讨厌的动物出现，扑打过程中有时砸坏东西，几分钟后才知道什么也没有，经检查诊断为精神运动性癫痫。该患者可选用的药物是
   A. 氯丙嗪　　　　　　　B. 卡马西平　　　　　　C. 丙米嗪
   D. 碳酸锂　　　　　　　E. 普萘洛尔

4. 患儿，男，5岁，2个月前发热后开始出现无明显诱因的短暂意识丧失，活动停止，双目凝视，面目呆板，呼之不应，持续10~15 s，而后继续活动，对之前的症状无记忆，该情况每天发生数次。该患者最适合使用的药物是
   A. 苯妥英钠　　　　　　B. 卡马西平　　　　　　C. 乙琥胺
   D. 丙戊酸钠　　　　　　E. 地西泮

5. 患者，女，25岁，无明显诱因突然倒地，意识丧失，双眼上翻，牙关紧闭，四肢抽搐，持续2 min后自行缓解，对之前的症状无记忆。该患者最适合使用的药物是
   A. 苯妥英钠　　　　　　B. 丙戊酸钠　　　　　　C. 乙琥胺
   D. 地西泮　　　　　　　E. 拉莫三嗪

6. 患儿，男，4岁，因发热1天出现全身强直性抽搐紧急送医，给予药物治疗后发现肌腱反射消失。该患者应注射的药物是
   A. 苯巴比妥　　　　　　B. 苯妥英钠　　　　　　C. 水合氯醛
   D. 硫酸镁　　　　　　　E. 地西泮

7. 有膜稳定作用的抗癫痫药是
   A. 苯妥英钠　　　　　　B. 苯巴比妥　　　　　　C. 卡马西平
   D. 丙戊酸钠　　　　　　E. 氯硝西泮

8. 患者，男，55岁，20多年前因四肢抽搐、口吐白沫就诊，诊断为癫痫。患者癫痫发作频率大约1个月1次，近期其他药物治疗效果不佳，改用苯妥英钠治疗。苯妥英钠治疗癫痫时首选用于
   A. 肌阵挛性发作　　　　B. 精神运动性发作　　　C. 失神小发作
   D. 癫痫大发作　　　　　E. 癫痫持续状态

9. 王某，男，22岁，应用苯妥英钠出现巨幼细胞贫血，应选用的药物是
   A. 甲酰四氢叶酸　　　　B. 硫酸亚铁　　　　　　C. 维生素 B_{12}
   D. 三氧化二铁　　　　　E. 维生素 D

10. 李某,8岁,女,由于癫痫长期服用苯妥英钠,近期出现软骨病表现。该患者应选用的药物是

  A. 维生素 A   B. 维生素 B   C. 维生素 C
  D. 维生素 D   E. 维生素 E

二、简答题

1. 苯妥英钠的药理作用及主要不良反应有哪些?
2. 阐述抗癫痫药的应用原则。
3. 硫酸镁的药理作用有哪些?其抗惊厥作用机制是什么?

三、案例分析题

患者,男,25岁,20 min 前出现反复意识障碍,呼之不应,眼球上翻,牙关紧闭,双拳紧握,四肢痉挛,一直无缓解,被紧急送医。患者既往有癫痫大发作史10余年,未进行正规治疗。

请回答:

1. 除了常规支持治疗外,需给予何种药物终止癫痫持续状态?
2. 患者症状缓解后,首选何种药物进行维持治疗?该药物的作用机制是什么?
3. 如患者对问题2使用的药物不能耐受,请列举其他两种可以替换的药物。

(袁 莉)

第十三章 抗帕金森病药和抗阿尔茨海默病药

第十三章数字资源

学习目标

知识：简述左旋多巴、卡比多巴的药理作用、临床应用和不良反应；说出抗帕金森病药和抗阿尔茨海默病药的分类及其他抗帕金森病药的作用特点、临床应用。

能力：会运用抗帕金森病药和抗阿尔茨海默病药的用药原则，指导患者合理用药，并能与患者及家属进行有效沟通。

素养：树立治未病理念，开展防治帕金森病和阿尔茨海默病的宣教工作，关心关爱患者。

案例导入

患者，女，62岁，5年前开始出现左侧肢体活动迟缓，乏力，动作不灵活。最近1年，患者肢体运动迟缓明显加重，行走时腰部僵直，起步困难，步履不稳，且出现静止性震颤，活动时症状减轻，写字越来越小，甚至自行扣纽扣都有困难。患者今日到社区卫生服务中心就诊，经检查初步诊断为帕金森病。

问题与思考：

1. 目前最常用的抗帕金森病药是哪一类？该患者应选用哪一类药物治疗？
2. 作为社区医生，针对该患者这种情况，应告知患者及家属用药时可能出现哪些不良反应？

第一节 抗帕金森病药

帕金森病（parkinson disease，PD）又称"震颤麻痹"，是一种中枢神经系统退行性疾病，表现为进行性锥体外系功能障碍，其典型症状为静止性震颤、动作迟缓、肌肉僵直和共济失调，病情呈慢性进行性加重，如不及时、有效地治疗，病程晚期将严重影响患者生活质量。

知识链接

帕金森病与多巴胺学说

帕金森病是因英国人J.Parkinson于1817年首先报道而得名。该病主要病变在锥体外系黑质-纹状体神经通路，正常情况下该通路释放抑制性递质DA和兴奋性递质ACh，两种递质处于平衡状态。帕金森病是由该通路多巴胺能神经元变性功能减弱，胆碱能神经功能占优势，从而出现一系列肌张力增高的临床症状。这就是被广泛公认的关于帕金森病发病机制的"多巴胺学说"。

帕金森病的发病原因及机制尚不清楚。研究发现 PD 患者黑质和纹状体内多巴胺含量极度减少，多巴胺神经功能低下，胆碱能神经功能相对占优势，导致帕金森病的发生。根据作用机制可将药物分为中枢拟多巴胺类药和中枢抗胆碱药两类。治疗基础是恢复多巴胺能和胆碱能神经系统功能的平衡，改善帕金森病症状。

一、中枢拟多巴胺类药

左旋多巴

左旋多巴（levodopa，L-Dopa）是酪氨酸的羟化物，为多巴胺的前体物质。

【体内过程】左旋多巴口服后在小肠经主动转运而迅速吸收，但绝大部分在胃肠黏膜和肝中被外周多巴脱羧酶代谢为多巴胺，多巴胺不易透过血脑屏障。仅有 1% 的左旋多巴原型药物到达中枢。大量的多巴胺在外周组织发挥作用，是左旋多巴产生不良反应的主要原因。在使用左旋多巴的同时使用外周脱羧酶抑制药可增加脑内左旋多巴含量，并可减少不良反应。

【药理作用及临床应用】

1. 帕金森病　左旋多巴具有显著的抗帕金森病作用，药物进入中枢后，经多巴胺脱羧酶催化代谢为多巴胺，可补充纹状体内多巴胺递质的不足，平衡多巴胺能神经与胆碱能神经的功能，改善帕金森病震颤、流涎、肌肉僵直等症状。

作用特点：①进入中枢的左旋多巴经脑内的多巴脱羧酶催化转变为多巴胺后发挥作用，故显效缓慢，作用持久。2～3 周可见体征的改善，1～6 个月获最大疗效；②对肌肉僵直、运动困难的疗效优于肌肉震颤；③对年轻及轻症患者疗效较好；④对吩噻嗪类药物引起的帕金森综合征无效。

2. 肝性脑病　肝衰竭时，肝对血液中酪胺和苯乙胺的解毒功能减弱，导致伪递质在脑内增加，取代正常递质去甲肾上腺素（NA），妨碍神经功能，引起肝性脑病。左旋多巴可在脑内转变成 NA，取代脑内伪递质，恢复神经功能，使病患者暂时意识清醒。该药不能改善肝功能，仅为对症治疗。

【不良反应】左旋多巴在外周代谢为多巴胺，是引起不良反应的主要原因。

1. 胃肠反应　约 80% 的患者治疗初期有恶心、呕吐、食欲减退等，与 DA 刺激延髓催吐化学感受区有关。

2. 心血管反应　由于多巴胺反馈性抑制去甲肾上腺素的释放，激动血管平滑肌的多巴胺受体，从而扩张血管，故约 30% 的患者于治疗早期出现轻度直立性低血压，继续用药可产生耐受性。此外，多巴胺也能激动 β_1 受体，可引起心律失常。

3. 不自主异常活动　长期用药引起不随意运动，主要表现为面舌抽搐（口-舌-颊抽搐）、摇头等，也可累及身体肌群引起摇摆运动，偶可引起不规则喘气或换气过度。

4. "开-关"现象　发生于长期用药情况下，"开"时患者突然多动不安，"关"时出现肌肉僵直、运动不能，两种现象交替出现，严重影响患者的日常活动。

5. 精神症状　10%～15% 的患者出现失眠、焦虑、狂躁、妄想或抑郁等精神症状。可用选择性阻断中脑-边缘系统多巴胺受体的药物缓解。

【药物相互作用】维生素 B_6 是多巴脱羧酶的辅酶，可增加左旋多巴在外周脱羧形成多巴胺；吩噻嗪类等抗精神病药能阻断中枢多巴胺受体，拮抗左旋多巴的中枢作用。

卡比多巴

卡比多巴（carbidopa）是 α-甲基多巴肼的左旋体，是左旋多巴的增效药，具有较强的氨基酸脱羧酶抑制作用，不能通过血脑屏障。单独使用对帕金森病无效，与左旋多巴合用时，可减少左旋多巴在外周组织脱羧，使进入中枢的左旋多巴增加，提高左旋多巴的疗效并减少副作用。它可与左旋多巴组成复方制剂，混合比例为 1∶4 或 1∶10。同类药物还有苄丝肼等。

司来吉兰

司来吉兰（selegiline）是中枢神经系统单胺氧化酶 B（MAO-B）的选择性抑制药，能抑制纹状体中多巴胺的降解，提高中枢内多巴胺浓度。此外，司来吉兰亦是抗氧化药，可阻滞多巴胺氧化应激过程中羟自由基的形成，使黑质中多巴胺神经元免受自由基的破坏，延缓帕金森病症状的发展。司来吉兰的药理作用主要是增强左旋多巴的疗效，减少后者的用量和副作用，并减轻左旋多巴的"开-关"现象。偶见兴奋、失眠、幻觉、恶心、低血压和运动障碍等。

托卡朋、恩他卡朋

托卡朋（tolcapone）、恩他卡朋（entacapone）是选择性甲基转移酶（COMT）抑制药，不易透过血脑屏障，能抑制左旋多巴在外周组织的代谢，使更多的左旋多巴进入中枢。托卡朋能同时抑制外周和中枢 COMT，恩他卡朋仅发挥外周作用，与左旋多巴合用，可减少左旋多巴的用量且延长作用时间。重度帕金森病患者长期使用左旋多巴后药效降低时或出现"开-关"现象后，及早应用托卡朋或恩他卡朋可减少左旋多巴导致的异常运动的发生。由于肝毒性大，两药仅用于其他抗帕金森病药无效的患者。

溴 隐 亭

溴隐亭（bromocriptine）为 D_2 受体激动药，对 D_1 受体具有部分拮抗作用，对 α 受体也有较弱的激动作用。大剂量的溴隐亭明显激动黑质-纹状体通路中的 D_2 受体，疗效与左旋多巴相似，改善肌束震颤效果较好，对重症患者的疗效优于轻症患者；与左旋多巴合用时，能减少症状波动。较小剂量可激动结节-漏斗通路的 D_2 受体，抑制催乳素和生长激素分泌，临床用于高催乳素血症、催乳素瘤、肢端肥大症等。不良反应与左旋多巴相似，精神系统症状比左旋多巴更常见且严重。

金 刚 烷 胺

金刚烷胺（amantadine）与左旋多巴合用产生协同作用。其作用机制可能包括：①促使黑质-纹状体内神经释放多巴胺；②抑制多巴胺的再摄取；③直接激动多巴胺受体；④有较弱的中枢抗胆碱作用。该药对帕金森病的震颤、运动不能、强直等症状都有不同程度的改善作用，效果优于中枢抗胆碱药，缓解震颤的作用弱于中枢抗胆碱药。可与左旋多巴合用，也可单独用于以运动不能及肌肉僵直为主要症状的轻、中度帕金森病患者。长期用药常见下肢皮肤出现网状青斑，可能是促进局部儿茶酚胺释放，引起血管收缩所致。此外，可引起精神不安、失眠和运动失调等。癫痫患者禁用。

二、中枢胆碱受体阻断药

中枢胆碱受体阻断药对轻症、认知情况尚好、以震颤为主的帕金森病患者疗效肯定。与左旋多巴合用，可使半数以上患者的症状得到进一步改善。对抗精神病药引起的帕金森综合征也有效。阿托品、东莨菪碱是最早治疗帕金森病的中枢胆碱受体阻断药，但因外周抗胆碱作用明显，不良反应多，现已少用。

苯 海 索

苯海索（benzhexol，安坦）口服易吸收，易透过血脑屏障。其作用机制为阻断中枢胆碱受体，从而减弱黑质-纹状体通路中 ACh 的作用。苯海索抗震颤效果较好，缓解僵直及运动迟缓效果较差。其外周抗胆碱作用是阿托品的 1/10~1/3，外周不良反应较阿托品轻。但由于中枢抗胆碱作用可导致记忆力损害，且仅对帕金森病的震颤有效，不良反应较多，临床现已少用。

第二节 抗阿尔茨海默病药

阿尔茨海默病（alzheimer's disease，AD）又称原发性老年痴呆症。老年痴呆症可分为原发性痴呆症和血管性痴呆症，前者即阿尔茨海默病，占老年痴呆症患者总数的 70% 左右，是一种与年龄高度相关的、以进行性认知障碍和记忆力损害为主的中枢神经系统退行性疾病。主要病理变化为脑组织萎缩，特别是海马、新皮质和前脑基底部神经元丢失。本病发病机制未明，可能与相应区域胆碱能神经系统损伤、炎症、激素水平降低、氧化应激等相关。目前主要的治疗措施是增加中枢胆碱能神经功能以改善记忆障碍，常采用的制剂为中枢胆碱酯酶抑制药、M 受体激动药和神经细胞生长因子增强剂等。

一、中枢胆碱酯酶抑制药

他 克 林

他克林（tacrine）属第一代可逆性胆碱酯酶（AChE）抑制药。其脂溶性高，易透过血脑屏障，主要在肝代谢失活。其作用是增强胆碱能神经的功能。其作用机制包括：①抑制血浆及组织中的 AChE，使 ACh 的浓度提高；②直接激动胆碱能神经的 M 受体和 N 受体；③促进 ACh 的释放。此外本药可促进脑组织对葡萄糖的摄取利用，改善由药物、缺氧、老化等引起的实验动物学习记忆能力的降低。他克林用于治疗阿尔茨海默病时，可延缓病程 6~12 个月，并提高认知能力和自理能力。由于该药具有严重肝毒性，临床已少用。

多 奈 哌 齐

多奈哌齐（donepezil）为第二代可逆性 AChE 抑制药。与他克林相比，该药对中枢的 AChE 具有更高的选择性。临床主要用于治疗轻、中度阿尔茨海默病。主要不良反应为早期（用药 2~3 周）出现头晕、恶心、呕吐、腹泻等症状，继续用药可消失。肝毒性轻。

石 杉 碱 甲

石杉碱甲（huperzine A）是我国学者从中药千层塔中分离得到的一种生物碱，为高选择性、可逆性 AChE 抑制药。该药能显著改善学习、记忆和认知能力，用于各型阿尔茨海默病的治疗。

卡 巴 拉 汀

卡巴拉汀（rivastigmine，利凡斯的明）为第二代 AChE 抑制药，能选择性作用于大脑皮质和海马区，对纹状体、脑桥及心的选择性低，具有安全性高、耐受性好、无外周活性等优点，对伴有心、肝及肾疾病的阿尔茨海默病患者具有良好的疗效。该药对阿尔茨海默病的治疗效果主要体现在提高认知能力方面。常见不良反应为消化道症状。

二、M 受体激动药

呫 诺 美 林

呫诺美林（xanomeline）是 M_1 受体选择性激动药，口服易吸收，易通过血脑屏障，大脑皮质和纹状体摄取率较高，高剂量口服可明显改善阿尔茨海默病患者的认知功能和行为能力，但易引起胃肠道和心血管方面的不良反应，现改为经皮肤给药。

三、神经细胞生长因子增强剂

丙戊茶碱

丙戊茶碱（propentofylline）是血管和神经保护药，具有确切的改善痴呆症状的作用安全性良好。该药能抑制神经元腺苷重摄取以及抑制 cAMP 分解酶（磷酸二酯酶），对神经起保护作用，从而改善和延缓 AD 的进程。临床试验证实该药不仅对痴呆症状有短期改善作用，且有长期的神经保护作用。常见不良反应有头痛、恶心、腹泻，但持续时间短。

二苯美伦

二苯美伦（bifemelane）具有激活脑能量代谢、改善神经传导和递质合成等作用。该药口服吸收良好，2~6 h 血药浓度达峰值，$t_{1/2}$ 为 3 h。临床用于阿尔茨海默病和脑血管疾病后遗的情绪及智力障碍。

自 测 题

一、单项选择题

1. 左旋多巴对抗精神病药引起的帕金森综合征无效的原因是
   A. 抗精神病药阻断中枢多巴胺受体
   B. 抗精神病药抑制中枢多巴胺的合成
   C. 抗精神病药引起中枢多巴胺受体下调
   D. 抗精神病药促进中枢多巴胺的分解
   E. 抗精神病药抑制左旋多巴进入中枢

2. 患者，男，56 岁，因患帕金森病用左旋多巴治疗，最终每日用到 4 g，2 个月后症状明显好转。患者为加强营养自行服用多种维生素，其中有维生素 B_6，每天 50 mg。2 天后患者病情明显加重，最可能的原因是
   A. 维生素 B_6 加速左旋多巴从肾排出
   B. 维生素 B_6 加速左旋多巴的外周代谢
   C. 维生素 B_6 化学上与左旋多巴拮抗
   D. 维生素 B_6 生理上与左旋多巴拮抗
   E. 维生素 B_6 减少左旋多巴中枢脱羧

3. 患者，男，60 岁，四肢发硬，动作缓慢，行走困难，手及头部静止性震颤 5 年。该患者主要病理改变为黑质变性，在纹状体内
   A. 多巴胺含量显著减少　　　　　　　　B. 多巴胺含量显著增高
   C. 乙酰胆碱含量显著减少　　　　　　　D. 乙酰胆碱含量显著增高
   E. GABA 含量增高

4. 患者，男，66 岁，行动迟缓，双手抖动 6 年。体检：瞬目动作减少，双上肢静止性震颤，慌张步态。该患者应首选的药物治疗是
   A. 苯海索　　　　　　　　　　　　　　B. 金刚烷胺
   C. 左旋多巴或多巴丝肼　　　　　　　　D. 溴隐亭
   E. 氯丙嗪

5. 左旋多巴治疗帕金森病初期最常见的不良反应是
   A. 过敏反应　　　　　　B. 胃肠道反应　　　　　C. 直立性低血压
   D. 运动障碍　　　　　　E. 精神障碍
6. 左旋多巴易产生不良反应的主要原因是
   A. 大部分进入中枢神经系统
   B. 对 M 受体有激动作用
   C. 促进 NE 释放
   D. 大量多巴胺通过血脑屏障
   E. 绝大部分在外周转变为多巴胺
7. 患者，男，69岁，患帕金森病、前列腺增生。下列药物中该患者不宜应用的是
   A. 苯海索　　　　　　　B. 多巴丝肼　　　　　　C. 苯海拉明
   D. 金刚烷胺　　　　　　E. 溴隐亭
8. 患者，男，62岁，最近1年记性差，出门经常忘记回家的路，讲话絮叨，情绪变化快、容易波动。确诊为阿尔茨海默病。对该患者应首先考虑使用的治疗药物是
   A. NMDA 受体阻断药　　　　　　B. 胆碱酯酶抑制药
   C. 胆碱受体阻断药　　　　　　　D. 多巴胺受体激动药
   E. 5-羟色胺再摄取抑制药
9. 下列药物中长期用药可产生"开-关"现象的是
   A. 左旋多巴　　　　　　B. 司来吉兰　　　　　　C. 溴隐亭
   D. 苯海索　　　　　　　E. 卡比多巴
10. 患者，男，66岁，双手抖动伴动作缓慢7年。查体：慌张步态，记忆力减退不明显，拇指与示指呈搓丸样静止性震颤，"铅管样肌强直"，手指扣纽扣、系鞋带等困难，书写时字越写越小。治疗此病最有效的药物是
    A. D-青霉胺　　　　　　B. 复方左旋多巴　　　　C. 普萘洛尔
    D. 抗胆碱酯酶药　　　　E. 抗胆碱药

二、简答题

1. 为什么不可用左旋多巴治疗由氯丙嗪引起的帕金森综合征？
2. 简述左旋多巴和卡比多巴合用的机制。
3. 简述左旋多巴的不良反应。

三、案例分析题

某帕金森病患者，伴有恶心、食欲缺乏，医生开具下列处方：左旋多巴片，0.25 g×100 片，每次 0.5 g，3 次/天；维生素 B_6 片，10 mg×30 片，每次 20 mg，3 次/天。

请回答：
1. 医生用药的合理性及原因有哪些？
2. 治疗帕金森病的药物分类及代表药有哪些？

（袁　莉）

第十四章 抗精神失常药

第十四章数字资源

学习目标

知识：说出抗精神分裂药的药理作用、临床应用及不良反应；解释抗抑郁症的药理作用、临床应用及不良反应；列出抗躁狂药的临床应用及不良反应。

能力：能根据精神病的类型做出正确的药物选择；会辨识氯丙嗪、碳酸锂的不良反应，并能实施初步解决措施。

素养：培养关爱精神障碍患者的意识，树立坚定信念，攻坚克难和服务社会大众健康的职业精神。

精神失常是多种原因引起的一类精神活动障碍性疾病，主要表现为思维、情感、意志及行为等方面的异常。根据临床表现不同，精神失常可分为精神分裂症、躁狂症、抑郁症和焦虑症等。治疗这些疾病的药物统称抗精神失常药，包括抗精神病药、抗躁狂药、抗抑郁药及抗焦虑药等。

> **知识链接**
>
> **脑内多巴胺（DA）能神经通路**
>
> 脑内主要有四条DA能神经通路，分别为：①中脑-皮质通路，主要参与调控认知、感觉、理解和推理能力；②中脑-边缘系统通路，主要调控精神和情绪反应；③黑质-纹状体通路DA含量占全脑的70%以上。黑质-纹状体通路是锥体外系运动功能的高级中枢，主要调控运动协调性；④结节-漏斗通路，主要调控垂体激素分泌。目前认为，精神分裂症主要与中脑-皮质通路和中脑-边缘系统通路的DA功能亢进有关。

第一节 抗精神病药

> **案例导入**
>
> 患者崔某，女，35岁，社区超市收银员，离异后与年幼子女同住。近半年来，同事反映她在工作时频繁走神，多次称有顾客通过扫码支付的提示音传递"跟踪信号"，坚信社区卫生服务中心的王医生对自己有特殊意图，通过调整处方用药的种类和频次来"考验"自己的感情，甚至认为每次复诊时的血压测量都是对其进行"精神迫害"的手段，经转诊至上级医院精神科检查，诊断为精神分裂症。崔某返回社区后，由家庭医生团队负责随访管理，给予氯丙嗪口服治疗。2个月后崔某病情得到控制，能正常参与工作，但某日在社区药店取药后，服药完毕起身离开时，突然出现头晕、肢体无力，随即晕倒在药店门口。

第十四章 抗精神失常药

问题与思考：
患者为何会在用药后出现直立性低血压？作为社区医生，你应告知患者及家属如何防治直立性低血压？

精神病是一类严重的精神障碍，是以精神分裂症、情感性精神病为主的疾病。精神分裂症是一种主要以思维、情感、行为之间不协调，精神活动与现实分离为特征的常见精神疾病。根据临床表现可将其分为两型：Ⅰ型以阳性症状为主，如幻觉、妄想、情感紊乱、攻击行为等；Ⅱ型以阴性症状为主，如情感淡漠、主动性缺乏、行为退缩等。目前精神分裂症的病因不清，可能与脑内多巴胺（DA）和五羟色胺（5-HT）功能亢进有关。抗精神病药多是强效的多巴胺受体阻断药，对Ⅰ型效果好，对其他类型精神病的躁狂症状也有效，但对Ⅱ型效果较差，甚至无效或出现相反效果。抗精神病药的机制主要是阻断中脑-边缘系统通路和中脑-皮质通路多巴胺受体及阻断5-HT受体通路。根据化学结构，抗精神病药可分为吩噻嗪类、硫杂蒽类、丁酰苯类和其他类。

一、吩噻嗪类

氯丙嗪

氯丙嗪（chlorpromazine，冬眠灵）是第一个应用于临床的抗精神病临床用药，目前仍发挥着重要作用。

【体内过程】氯丙嗪口服吸收缓慢而不规则，2~4 h达血药浓度峰值，但食物或药物可延缓其吸收；因个体差异较大，故氯丙嗪给药剂量应注意个体化；肌内注射吸收迅速，但刺激性大，易引起组织坏死，应深部注射；血浆蛋白质结合率90%以上，广泛分布于全身，脂溶性高，易通过血脑屏障，脑内浓度可达血浆浓度的10倍；主要在肝代谢为多种产物，经肾排泄。该药因脂溶性高，易于脂肪组织蓄积，停药后药效可持续数月。氯丙嗪的代谢和排泄随年龄增加而递减，故老年患者须减量。

【药理作用】氯丙嗪对多巴胺受体、α受体、M受体等均有阻断作用，因此其药理作用广泛而复杂。

1. 对中枢神经系统的作用　①抗精神病作用：其机制是阻断中脑-边缘系统和中脑-皮质通路的多巴胺受体。精神分裂症患者服用治疗量后，兴奋、躁动可得到迅速控制。若连续用药6周以上，可消除患者的幻觉、妄想等症状，思维障碍减轻，情绪稳定，理智恢复，生活自理，呈现良好的抗精神病作用。对Ⅰ型疗效显著，但对Ⅱ型疗效差或症状加重。长期用药不易出现耐受性。②镇静、安定作用：正常人口服治疗量氯丙嗪后，可表现为安静、活动减少、情感淡漠、注意力下降、对周围事物不感兴趣、安静状态下易入睡，但易被唤醒，大剂量也不引起麻醉。长期应用易出现耐受性。③镇吐作用：氯丙嗪有强大的镇吐作用。小剂量阻断延髓催吐化学感受区（CTZ）的多巴胺受体，产生镇吐作用，大剂量直接抑制呕吐中枢而发挥作用。但对刺激前庭引起的呕吐无效。此外，还能抑制延髓催吐化学感受区旁的呃逆调节中枢，对顽固性呃逆也有效。④对体温调节的作用：氯丙嗪能抑制下丘脑的体温调节中枢，导致体温调控系统失灵，使体温随环境温度变化而改变，在低温环境下体温降低，而在高温环境下体温则升高。与解热镇痛抗炎药不同，氯丙嗪不但能降低发热者体温，也能降低正常人体温；若配合物理降温，可使体温降至正常水平以下；同时能抑制机体对寒冷刺激的反应，故降温的同时无寒战反应。⑤加强其他中枢抑制药的作用：氯丙嗪对中枢神经系统抑制作用较强，与其他中枢抑制药（如与麻醉药、镇痛药、催眠药）合用时可产生协同作用。

2. 对自主神经系统的作用　氯丙嗪能阻断α受体，翻转肾上腺素的升压作用，故大剂量应用所致的直立性低血压，禁用肾上腺素，而应用去甲肾上腺素。氯丙嗪可抑制血管运动中枢，使血管扩张，血压下降，但因其易产生耐受性，故不做抗高血压药使用。此外，氯丙嗪还有较弱的M受体阻断作用，虽无临床治疗意义，但与不良反应有关。

3. 对内分泌系统的作用　氯丙嗪能阻断结节-漏斗通路的多巴胺受体，干扰内分泌功能，主要表现为：①抑制催乳素释放抑制素的分泌，使催乳素分泌增加；②抑制促性腺激素释放激素的分泌，使卵泡刺激素、黄体生成素减少；③抑制垂体生长激素的分泌；④抑制促肾上腺皮质激素释放，使糖皮质激素分泌减少。

【临床应用】

1. 治疗精神分裂症　氯丙嗪对Ⅰ型精神分裂症疗效显著，对Ⅱ型精神分裂症效果不显著；对急性患者效果显著，对慢性患者疗效差。但不能根治，需长期用药。也可用于躁狂症及伴有躁动、妄想、幻觉等症状的其他精神病患者。

2. 抑制呕吐和顽固性呃逆　氯丙嗪可用于治疗多种原因引起的呕吐，如尿毒症、癌症、妊娠、放射病及某些药物（如洋地黄、吗啡、四环素类）所致的呕吐。也可用于顽固性呃逆。但对刺激前庭所致呕吐（如晕动症）无效。

3. 用于人工冬眠和低温麻醉　氯丙嗪配合物理降温，可降低患者体温至正常以下，与异丙嗪、哌替啶组成冬眠合剂，使患者处于深睡状态，降低机体基础代谢率及组织耗氧量，提高组织对缺氧的耐受力，降低机体对伤害性刺激的反应，有利于机体度过危险期，这种状态称为"人工冬眠"。主要用于严重创伤、感染性休克、高热惊厥及甲状腺危象的辅助治疗，还可用于低温麻醉。

【不良反应】

1. 一般不良反应　氯丙嗪局部刺激性较强，多采取深部肌内注射。静脉注射时可导致血栓性静脉炎，因此应稀释后缓慢注射。常见不良反应包括：中枢抑制症状，如嗜睡、乏力、淡漠等；M受体阻断症状，如视物模糊、眼压升高、口干、便秘等；α受体阻断症状，如直立性低血压、反射性心率过快、心电图异常等。为防止直立性低血压，应叮嘱患者于注射给药后，平卧休息1~2h再缓慢站立。一旦发生直立性低血压，应用去甲肾上腺素进行解救，禁用肾上腺素。

2. 锥体外系反应（EPS）　是氯丙嗪长期大量使用最常见、最严重的不良反应，其主要表现如下。①帕金森综合征：表现为表情呆滞（面具脸）、肌张力增高、肌肉震颤、动作迟缓、流涎等；②静坐不能：患者表现为坐立不安，反复徘徊；③急性肌张力障碍：多出现在用药后1~5天内，表现为舌、面、颈及背部肌肉痉挛所致的强迫性张口、伸舌、斜颈、眼上翻、头后仰、呼吸运动障碍及吞咽困难等。以上三种症状是因氯丙嗪阻断了黑质-纹状体通路的多巴胺受体，使纹状体的多巴胺能神经功能减弱而胆碱能神经功能相对亢进所致，一般减量或停药后即消失，必要时可用中枢抗胆碱药如苯海索、东莨菪碱对抗；④迟发性运动障碍：长期用药后（通常指1年以上），约20%的患者可出现口-面部不自主、有节律的刻板运动如吸吮、舔舌、咀嚼（口、舌、颊三联症）、捻丸动作及广泛性舞蹈样手足徐动症。其机制可能是多巴胺受体向上调节所致，若早期发现，及时停药，部分患者可恢复，但仍有部分患者持久存在甚至恶化，较难治疗，用抗胆碱药反而可使症状加重。

3. 精神异常　可表现为兴奋、躁动、幻觉、妄想、淡漠、抑郁及意识障碍等，应与原发性疾病相鉴别，一旦发生，应立即减量或停药。有癫痫及惊厥病史者等禁用。

4. 超敏反应　常见皮疹、光敏性皮炎，少数患者可出现肝损害，偶见粒细胞缺乏、溶血性贫血及再生障碍性贫血，应立即减量或停药。严重肝功能障碍者禁用。

5. 内分泌系统反应　长期用药可出现男性乳房发育，女性乳房肿大、泌乳、闭经，以及儿童生长迟缓等。故乳腺癌患者禁用。

6. 急性中毒　一次过量使用氯丙嗪后，患者可出现昏睡、血压下降、心动过速、心电图异常，严重者发生休克，甚至猝死。一旦患者发生急性中毒，应立即对症治疗，升压多用去甲肾上腺素，禁用肾上腺素。

掌握氯丙嗪的药理作用、临床应用及不良反应。

其他吩噻嗪类药物包括哌嗪类药物和哌啶类药物。哌嗪类药物如奋乃静（perphenazine）、氟奋乃静（fluphenazine）、三氟拉嗪（trifluoperazine）的共同特点是：①抗精神病作用强；②镇静作用弱；③锥体外系反应明显。哌啶类药物如硫利达嗪（thioridazine，甲硫哒嗪）的特点是：①抗精神病疗效不及氯丙嗪；②镇静作用强；③锥体外系反应是这类药中最轻者，老年人易耐受，故应用较广泛，常作老年人和儿童患者的首选药。

二、硫杂蒽类

与吩噻嗪类相比，本类药有一定的抗焦虑和抗抑郁作用，对伴有焦虑和抑郁的精神活动障碍者可用作首选药。

氯普噻吨

氯普噻吨（chlorprothixene，泰尔登）是硫杂蒽类的代表药物，其特点为：①抗精神分裂症和抗幻觉、妄想作用比氯丙嗪弱；②镇静作用强；③抗肾上腺素作用和抗胆碱作用较弱；④因化学结构与三环类抗抑郁药相似，故有抗抑郁和抗焦虑作用。该药适用于伴有抑郁或焦虑的精神分裂症、更年期抑郁症患者，也可用于改善紧张、睡眠障碍等。锥体外系反应等不良反应与氯丙嗪相似但较轻。

氟哌噻吨

氟哌噻吨（flupenthixol，三氟噻吨）的作用特点为：①抗精神病作用与氯丙嗪相似；②镇静作用弱；③可抑制神经末梢对 NA 和 5-HT 的再摄取，低剂量有一定的抗抑郁和抗焦虑作用，用于抑郁症或伴焦虑的抑郁症；④有特殊的激动作用，故禁用于躁狂症患者。锥体外系反应较常见。

三、丁酰苯类

丁酰苯类药为强效抗精神病、抗焦虑药，代表药物是氟哌啶醇、氟哌利多等。

氟哌啶醇

氟哌啶醇（haloperidol，氟哌丁苯）的作用特点是：①抗精神病、抗焦虑作用强而持久，可显著控制各种精神病的兴奋症状；②镇吐作用较强；③镇静、降温、降压作用较弱；④锥体外系反应常见（80%）且严重，以急性肌张力障碍和静坐不能多见，但心血管系统不良反应少，肝功能影响小，故临床较常用。该药主要用于治疗急、慢性精神分裂症和躁狂症，还可用于呕吐和顽固性呃逆。

氟哌利多

氟哌利多（droperidol，氟哌啶）作用与氟哌啶醇相似。但作用更快、更强、更短，是目前临床麻醉中应用最广的强安定药。临床上常与中枢镇痛药芬太尼合用，组成神经安定镇痛剂，使患者处于一种痛觉消失、精神恍惚，对环境淡漠的特殊麻醉状态。临床用于小手术麻醉，如烧伤清创、内镜检查、造影等，也可用于麻醉前给药及治疗精神分裂症的兴奋状态。

四、其他类

氯氮平

氯氮平（clozapine，氯扎平）是一种广谱神经安定药。特异性阻断中脑-皮质系统和中脑边缘系统的多巴胺受体，也阻断 5-HT$_2$ 受体。其特点为：①抗精神病作用较强，对Ⅰ型和Ⅱ型精神分裂症患者都有治疗作用，特别对其他药物无效的病例仍有效。②突出优点是几乎无锥体外系反应，因其对纹状体多巴胺受体几乎无影响。③严重不良反应为粒细胞减少，需定期检查血常规。临床上主要用于其他抗精神病药无效或锥体外系反应严重的患者，目前已成为治疗精神分裂症的首选药。

利 培 酮

利培酮（risperidone）对5-HT₂受体和多巴胺受体均有阻断作用，但对前者的阻断作用强于后者。其特点为：①对Ⅰ型和Ⅱ型精神分裂症均有效，适用于治疗首发病、慢性患者；②对精神分裂症患者的认知障碍和继发性抑郁也有治疗作用；③因其有效剂量小、用药方便、见效快、锥体外系反应轻、患者依从性较好，故已成为治疗精神分裂症的一线药物。

五 氟 利 多

五氟利多（penfluridol）是一类作用维持时间长且较安全的抗精神病药。五氟利多可产生较强的抗精神病作用，无明显镇静作用。临床用于慢性患者的维持治疗，对幻觉、妄想、退缩等均有较好疗效。锥体外系反应常见。

舒 必 利

舒必利（sulpiride）为非典型抗精神病药，选择性地阻断中脑-边缘系统和中脑-皮层通路的多巴胺受体。其特点为：①适用于治疗急、慢性精神分裂症，对其他药物无效的难治性患者也有疗效；②镇吐作用比氯丙嗪强，可作为强效中枢性止吐药；③无镇静及对α受体、M受体的阻断作用；④兼有一定的抗抑郁作用；⑤因对纹状体通路的多巴胺受体影响小，故锥体外系反应轻。

第二节　抗躁狂药和抗抑郁药

> **知识链接**
>
> **抑郁症和躁狂症**
>
> 抑郁症和躁狂症又称情感性精神障碍，是一种以情感病态变化为主要特征的精神失常，表现为情绪低落、悲观失望或情绪高涨、烦躁不安，若单独反复发作即为单相型，两者交替发作则为双相型。其病因可能与脑内单胺类神经功能失调有关，其共同的生化基础是在缺乏5-HT。在此基础上，NA功能不足表现为抑郁，发作时患者情绪低落、言语减少、精神运动迟缓、睡眠障碍，常自责自罪，甚至企图自伤或自杀；NA功能亢进则表现为躁狂，发作时患者情绪高涨、联想敏捷、活动过度、言语、思维不能自制。

一、抗躁狂药

抗躁狂药又称情绪稳定药，主要用于躁狂症的治疗和预防复发。目前临床上最常用的是碳酸锂，此外，抗癫痫药卡马西平、丙戊酸钠及抗精神病药如氯丙嗪、氟哌啶醇、氯氮平等也均具有抗躁狂作用，疗效确切。

碳 酸 锂

【体内过程】碳酸锂（lithium carbonate）口服吸收快，血药浓度0.5~2 h可达峰值。因脂溶性小，不易通过血脑屏障，故显效较慢。碳酸锂主要经肾排泄，锂离子可在近曲小管与钠离子竞争重吸收，故当体内锂盐中毒时，可增加钠摄入而促进锂盐的排泄。

【药理作用及临床应用】目前碳酸锂的确切作用机制尚不完全清楚。作用机制可能包括：抑制脑内NA、DA的释放；促进突触前膜对NA的再摄取，从而降低突触间隙中NA水平；抑制细胞内第二信使反应等。碳酸锂在治疗量时对正常人的精神活动几乎无影响，但对躁狂症患者疗效显著，可用作治疗躁狂症的首选药。

【不良反应】

1. 一般反应　治疗初期患者可出现多尿、恶心、呕吐、腹痛、腹泻、手指细颤、肌肉无力等，多数患者用药 1～2 周后可耐受。

2. 抗甲状腺作用　碳酸锂可导致可逆性甲状腺功能低下或甲状腺肿，停药后可恢复，多见于长期服药者。

3. 毒性反应　碳酸锂安全范围窄，有效血药浓度为 0.8～1.5 mmol/L，超过 1.5 mmol/L 即出现中毒症状，超过 2.0 mmol/L 出现严重中毒症状，表现为精神错乱、震颤、惊厥、昏迷、血压下降，甚至昏迷、休克而危及生命。碳酸锂中毒后无特殊解毒药，故临床监测血锂浓度至关重要，当血药浓度达到 1.6 mmol/L 时，应立即减量或停药；一旦中毒，可适当补充生理盐水或脱水药以促进锂盐的排泄。

熟悉碳酸锂的临床应用及不良反应。

二、抗抑郁药

抗抑郁药可使患者病情显著改善，长期治疗可减少反复发作次数。目前，抗抑郁药的类型较多，分别是：①三环类抗抑郁药，如丙米嗪（imipramine，米帕明）、多塞平（doxepin）、阿米替林（amitriptyline）；②选择性 NA 再摄取抑制药，如地昔帕明（desipramine，去甲丙米嗪）、马普替林（maprotiline）；③选择性 5-HT 再摄取抑制药，如氟西汀（fluoxetine，百忧解）、帕罗西汀（paroxetine）；④5-HT 受体拮抗及再摄取抑制药，如：曲唑酮（trazodone）；⑤NA 和特异性 5-HT 能抗抑郁药，如米氮平（mirtazapine）；⑥5-HT 和 NA 再摄取抑制药，如文拉法辛（venlafaxine）、度洛西汀（duloxetine）；⑦MAO-A 抑制药，如吗氯贝胺（moclobemide）。

丙 米 嗪

【药理作用】

1. 对中枢神经系统的作用　通过阻断中枢神经末梢对 NA 及 5-HT 的再摄取，使突触间隙中这两种神经递质的浓度增高，促进突触传递，从而发挥抗抑郁作用。丙米嗪具有较强的抗抑郁作用，但少数双相型抑郁症患者用药后可转为躁狂状态，故只用于单向型抑郁症的治疗。

2. 对自主神经系统的作用　丙米嗪具有明显的 M 受体阻断作用，表现为视物模糊、口干、便秘、尿潴留等阿托品样症状。

3. 对心血管系统的作用　治疗量丙米嗪可降低血压，导致以心动过速为主的心律失常。心电图可出现 T 波低平或倒置，可能与抑制心肌 NA 再摄取有关。另外，对心肌有明显抑制作用，故心血管疾病患者慎用。

【临床应用】主要用于治疗各种类型抑郁症，对伴有焦虑的抑郁症疗效显著。但因其起效慢，需连续 2～3 周后，症状才明显改善，故不作为应急药物使用。对精神分裂症的抑郁状态疗效差或无效。对恐惧症也有效。另外，对小儿遗尿症也有效，睡前口服，疗程以 3 个月为限。

【不良反应】常见的不良反应有口干、视物模糊、排尿困难等阿托品样症状，心动过速、直立性低血压等心血管反应，以及乏力、头晕、失眠等中枢神经系统反应，极少数患者可出现超敏反应。前列腺肥大、青光眼患者禁用。

熟悉丙米嗪的药理作用、临床应用及不良反应。

氟 西 汀

氟西汀为强效选择性 5-HT 再摄取抑制药，其抑制 5-HT 再摄取的作用比抑制 NA 再摄取的作用强 200 倍。该药口服吸收良好，不受进食影响，生物利用度 70%。氟西汀通过阻断 5-HT 再摄取，使 5-HT 在突触间隙有足够的浓度，从而改善情绪，发挥抗抑郁的作用。临床上氟西汀常用于抑郁症，但起效慢，约 4 周后才显效，疗效与三环类抗抑郁药相当，耐受性和安全性均优于三环类抗抑郁药；还可用于焦虑症、强迫症和神经性贪食症。不良反应较轻，偶有恶心、呕吐、头痛、乏力及惊厥等。氟西汀禁与单胺氧化酶抑制药合用，以防止"5-HT 综合征"发生；心血管疾病和糖尿病患者慎用。

 熟悉氟西汀的药理作用及临床应用。

知识链接

5-HT 综合征

5-HT 综合征是一种十分少见但可致死的药物相互作用综合征。目前报道的病例均涉及单胺氧化酶抑制药与选择性 5-HT 再摄取抑制药合用。5-HT 综合征初期表现为情绪不安、恶心、呕吐、腹泻，随后出现高热、强直、肌阵挛、自主神经功能紊乱、心动过速、高血压、意识障碍，渐至全身痉挛、昏迷，严重者可致死，应引起重视。

第三节 抗焦虑药

焦虑症是一种缺乏客观原因的内心不安或无根据的恐惧，主要表现为广泛性和持续性焦虑或发作性的惊恐不安，常伴有自主神经紊乱，如口干、胸闷、心悸、出冷汗、厌食、便秘等症状。其病因及发病机制目前尚不明确。治疗焦虑症患者，多采取心理治疗并配以适当的抗焦虑药物，目前临床上常用药物主要有苯二氮䓬类、丁螺环酮（buspirone）、5-HT 再摄取抑制药，如氟西汀、氟伏沙明（fluvoxamine）、帕罗西汀、西酞普兰（citalopram）等。

自 测 题

一、单项选择题

1. 下列不属于氯丙嗪的应用范围的是
   A. 甲状腺危象的辅助治疗　　　　　B. 精神分裂症
   C. 晕动病所致呕吐　　　　　　　　D. 与镇痛药合用以加强作用
   E. 人工冬眠疗法

2. 能加重氯丙嗪所致的迟发性运动障碍的药物是
   A. 抗躁狂药   B. 抗抑郁药   C. 中枢性抗胆碱药
   D. 抗癫痫药   E. 抗焦虑药

3. 下列不属于氯丙嗪不良反应的是
   A. 帕金森综合征   B. 抑制体内催乳素分泌   C. 坐立不安
   D. 急性肌张力障碍   E. 抑制促皮质激素的分泌

4. 下列属于抗抑郁药的是
   A. 氯丙嗪   B. 丙米嗪   C. 异丙嗪
   D. 碳酸锂   E. 奋乃静

5. 患者，女，50岁，近1个月出现头痛、早醒、坐立不安的症状，常常担心家人出事和怀疑自己得了不治之症，悲观失望，经检查诊断为抑郁症。该患者目前治疗宜选用
   A. 氯丙嗪   B. 卡马西平   C. 异丙嗪
   D. 丙米嗪   E. 丙戊酸钠

6. 丙米嗪抗抑郁的作用机制是
   A. 抑制突触前膜 NA 的释放
   B. 促进突触前膜释放 NA
   C. 抑制突触前膜 NA 和 5-HT 再摄取
   D. 使脑内 5-HT 缺乏
   E. 脑内儿茶酚胺耗竭

7. 下列能缓解氯丙嗪引起的急性肌张力障碍的药物是
   A. 左旋多巴   B. 卡比多巴   C. 金刚烷胺
   D. 溴隐亭   E. 苯海索

8. 患者，女，38岁，确诊为躁狂症，宜首选的药物是
   A. 氯丙嗪   B. 氟哌啶醇   C. 碳酸锂
   D. 氟西汀   E. 丙米嗪

(9~11题共用题干)

患者，女，30岁，性格内向腼腆，失恋后出现幻觉、思维破裂、妄想等症状，诊断为精神分裂症。

9. 该患者最宜选用的药物是
   A. 氯丙嗪   B. 碳酸锂   C. 丙米嗪
   D. 多塞平   E. 阿米替林

10. 下列不属于该药的药理作用的是
    A. 镇吐作用   B. 激动多巴胺受体   C. 使体温调节失灵
    D. 抗精神病作用   E. 阻断 α 受体

11. 下列不属于该药的不良反应的是
    A. 口干、便秘   B. 低血压   C. 内分泌紊乱
    D. 成瘾性   E. 锥体外系反应

二、简答题

1. 何谓人工冬眠？其临床适应证有哪些？
2. 长期应用氯丙嗪最主要的不良反应是什么？解释其原因。

三、案例分析题

患者，男，40岁，精神分裂症病史12年，此次为第3次入院。入院后给予氯丙嗪治疗，治疗第20日出现肌肉僵硬、震颤等表现。

请回答：
1. 该患者出现上述情况最可能的原因是什么？
2. 针对该患者的情况，有效的治疗药物是什么？

（王中晓）

第十五章 镇痛药

第十五章数字资源

学习目标

知识：列出常用镇痛药的分类；说出吗啡、哌替啶、纳洛酮的药理作用、临床应用及不良反应。

能力：能对不同情况的疼痛患者做出合理的用药选择；会辨识吗啡、哌替啶的不良反应，并能实施初步解决措施。

素养：重视镇痛药的依赖性，珍爱生命，远离毒品，建立依法用药的意识。

案例导入

患者，男，68岁，右上腹绞痛5小时就诊。患者既往有高血压病史3年，规律服用抗高血压药，血压控制尚可。查体：右上腹有压痛，B超检查发现胆囊壁毛糙。初步诊断为胆绞痛。值班医生询问实习医生应如何处理，实习医生回答：盐酸吗啡注射液10 mg或盐酸哌替啶注射液100 mg立即肌内注射。

问题与思考：

该实习医生给出的答案是否正确？为什么？

疼痛是机体受到伤害刺激后所产生的一种保护性反应，是多种疾病的常见症状。剧烈的疼痛不仅使患者痛苦，还可致生理功能紊乱，甚至休克，严重时会危及生命。疼痛的性质、部位是诊断疾病的重要依据，在未明确疾病诊断前应慎用镇痛药，以免贻误诊断。

镇痛药（analgesic）是一类作用于中枢神经系统，在不影响意识和其他感觉的情况下，选择性减轻或缓解疼痛的药物。大多数镇痛药久用易产生依赖性，因此这类镇痛药又称麻醉性镇痛药（narcotic analgesic）或成瘾性镇痛药（addictive analgesic），属麻醉药品管理范畴，应严格遵照《麻醉药品和精神药品管理条例》的要求管理和使用。

镇痛药可分为三类：①阿片生物碱类镇痛药；②人工合成镇痛药；③其他镇痛药。

第一节　阿片生物碱类镇痛药

阿片（opium）为罂粟科植物罂粟未成熟蒴果浆汁的干燥物，含有20多种生物碱。按化学结构可分为菲类和异喹啉类。前者以吗啡、可待因为代表，具有镇痛、镇咳作用；后者以罂粟碱为代表，具有松弛平滑肌作用。

吗　啡

吗啡（morphine）是阿片中最主要的生物碱，其含量高达10%。

【体内过程】吗啡口服易吸收，但首过消除明显，生物利用度低（约30%），故常采用注射给药；血浆蛋白结合率约30%，脂溶性低，仅有少量通过血脑屏障，但足以发挥中枢性药理作用；可通过胎盘屏障；60%~70%在肝内与葡萄糖醛酸结合，10%在肝内脱甲基变成去甲基吗啡；代谢物及少量游离型药物自肾排泄，少量经乳汁排泄；$t_{1/2}$为2.5~3 h，作用持续时间为4~6 h。

【药理作用】

1. 中枢神经系统　吗啡对中枢既有抑制作用（如抑制大脑皮质，抑制延髓呼吸中枢和咳嗽中枢），也有兴奋作用（兴奋呕吐中枢、第三对脑神经的神经核等），表现如下。

（1）镇痛、镇静、致欣快：①对各种疼痛均有效且作用强大。皮下注射吗啡5~10 mg，在不影响其他感觉的条件下，能显著地减轻或消除各种疼痛。对持续性钝痛的效力强于间断性锐痛及内脏绞痛。②在镇痛的同时，还有明显的镇静作用。能消除由疼痛所引起的焦虑、紧张、恐惧等情绪反应，提高患者对疼痛的耐受力。在安静环境时，易诱导患者入睡，但易被唤醒。吗啡还可使患者产生欣快感，表现为满足感和飘然欲仙等，易致药物滥用、产生成瘾性。

（2）抑制呼吸：吗啡在治疗量时即可抑制呼吸，使呼吸频率变慢，肺通气量和潮气量降低，作用较持久。在急性中毒时，呼吸频率可减至3~4次/分。呼吸抑制是吗啡急性中毒致死的主要原因。这种呼吸抑制作用可被中枢兴奋药拮抗。与麻醉药、镇静催眠药、乙醇等合用，可加重其呼吸抑制。

（3）镇咳：吗啡抑制咳嗽中枢，产生强大的镇咳作用，临床常用成瘾性较小的可待因代之。

（4）其他：吗啡可兴奋动眼神经缩瞳核，使瞳孔缩小，针尖样瞳孔是吗啡急性中毒的特征之一；兴奋延髓催吐化学感受区（CTZ）阿片受体，引起恶心、呕吐；抑制下丘脑释放促性腺激素释放激素（GnRH）和促肾上腺皮质激素释放激素（CRH），从而降低血浆黄体生成素（LH）、卵泡刺激素（FSH）、促肾上腺皮质激素（ACTH）的浓度。

2. 兴奋平滑肌

（1）兴奋胃肠道平滑肌：①吗啡减慢胃蠕动，使胃排空时间延长；提高胃窦部及十二指肠上部的张力，致使食物反流；提高小肠及大肠平滑肌张力，推进性蠕动减弱，延缓肠内容物通过，促使水分吸收增加；②提高回盲瓣及肛门括约肌张力；③抑制消化液的分泌，使食物消化延迟；④抑制中枢，使便意迟钝，可致便秘。

（2）兴奋胆道平滑肌：治疗量吗啡可引起胆道平滑肌和奥狄括约肌痉挛性收缩，胆囊内压升高，导致上腹部不适甚至胆绞痛。故吗啡不宜单独用于胆、肾绞痛，需与M受体阻断药阿托品合用。

（3）其他：吗啡收缩输尿管平滑肌，提高膀胱括约肌张力，引起尿潴留；大剂量时可收缩支气管平滑肌，诱发或加重支气管哮喘；还可对抗缩宫素对子宫的兴奋作用，降低子宫平滑肌张力、收缩频率和幅度，使产程延长。

3. 心血管系统　吗啡可引起直立性低血压；还可因抑制呼吸而引起CO_2潴留，导致脑血管扩张，颅内压升高。

4. 免疫系统　吗啡对免疫系统有抑制作用，长期滥用吗啡可导致机体免疫功能低下，易患感染性疾病。

【作用机制】中枢神经系统存在由阿片肽（如脑啡肽、内啡肽等）和阿片受体组成的"抗痛系统"。痛觉传入神经末梢通过释放谷氨酸、P物质（SP）等递质将痛觉冲动传入中枢，引起疼痛。现已证明，内源性阿片肽（指与阿片类药物作用相似的肽，如脑啡肽、内啡肽等）激动脊髓感觉神经突触前膜、突触后膜上的阿片受体，使突触前膜递质（谷氨酸、SP）释放减少，突触后膜超极化，从而减弱或阻滞痛觉信号的传递，产生镇痛作用。镇痛药的作用是通过激动脊髓胶质、丘脑内侧、脑室和导水管周围灰质等部位的阿片受体，模拟内源性阿片肽对痛觉的调控而产生镇痛作用（图15-1）。

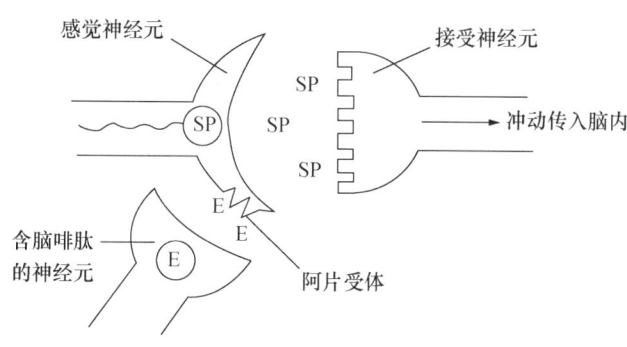

E：脑啡肽；SP：P物质

图15-1　麻醉性镇痛药的镇痛作用机制示意图

【临床应用】

1. 镇痛　吗啡对各种疼痛均有效，但因易成瘾，除癌症疼痛可长期应用外，短期仅用于其他镇痛药无效的急性锐痛，如严重创伤、战伤、烧伤、手术等引起的剧痛。该药可用于血压正常的心绞痛和心肌梗死引起的剧痛，能缓解患者疼痛、消除恐惧、焦虑不安等情绪，同时扩张血管可减轻心脏负担，降低心肌耗氧量。慢性钝痛的患者不宜应用吗啡。

2. 心源性哮喘辅助治疗　急性左心衰竭突发肺水肿所致的呼吸困难称为心源性哮喘。静脉注射吗啡作为综合治疗的辅助措施之一，效果较显著。其机制是：①扩张外周血管，减轻心脏前、后负荷；②镇静作用，有利于消除患者焦虑、恐惧情绪，减少耗氧量；③抑制呼吸，降低呼吸中枢对CO_2的敏感性，缓解急促浅表呼吸。

3. 止泻　常用药物有阿片酊和复方樟脑酊，可用于急、慢性非细菌性腹泻，以减轻症状。

【不良反应】

1. 副作用　治疗量吗啡可引起眩晕、嗜睡、恶心、呕吐、便秘、排尿困难、呼吸抑制、胆绞痛等。

2. 耐受性和依赖性　吗啡连用2~3周即可产生耐受性，剂量越大，给药间隔时间越短，耐受性发生越快越强，与其他阿片类药物有交叉耐受性；连续用药1~2周即可产生生理依赖性，停药后产生戒断症状，表现为烦躁不安、失眠、出汗、流泪、流涕、打哈欠、呕吐、腹痛、腹泻、虚脱、意识丧失等。为减轻戒断症状带来的痛苦，药物依赖者可产生强迫性觅药行为，对社会危害极大，故应严格控制使用。

3. 急性中毒　过量吗啡可致急性中毒，表现为昏迷、呼吸深度抑制、针尖样瞳孔，常伴体温下降、发绀、血压降低甚至休克。吗啡急性中毒致死的主要原因是呼吸麻痹。抢救措施：吸氧、人工呼吸、注射纳洛酮和尼可刹米等。

【禁忌证】伴有昏迷、休克、严重肺部疾患或痰多者禁用，支气管哮喘、颅脑外伤致颅内高压、肝功能严重减退者、分娩镇痛和哺乳期妇女禁用。

可　待　因

可待因（codeine，甲基吗啡）在阿片中含量较低（约0.5%），口服易吸收，在肝代谢，约10%的可待因脱甲基转变为吗啡发挥作用。可待因的镇痛作用为吗啡的1/12~1/10，镇咳作用为吗啡的1/4。临床主要用于剧烈干咳，尤其是咳嗽伴有胸痛者。该药无明显便秘、尿潴留及直立性低血压等副作用，成瘾性弱于吗啡。

掌握吗啡的药理作用、临床应用、不良反应及注意事项。

第二节 人工合成镇痛药

人工合成镇痛药化学结构虽与吗啡不同,但能激动或部分激动阿片受体,产生与吗啡相似的药理作用。

一、阿片受体激动药

哌 替 啶

哌替啶(pethidine,度冷丁)是临床使用最广泛的阿片类人工合成代用品。

【体内过程】哌替啶口服生物利用度低,仅为52%,故常注射给药;血浆蛋白结合率为60%,可通过血脑屏障和胎盘屏障;主要在肝代谢为哌替啶酸及去甲哌替啶,后者有中枢兴奋作用,故反复用药可致肌肉震颤、抽搐甚至惊厥;主要由肾排泄,$t_{1/2}$为3 h。

【药理作用】

1. 中枢神经系统 哌替啶对中枢神经系统的作用与吗啡相似。作用特点为:①镇痛作用持续时间较吗啡短,仅2~4 h,其效价强度为吗啡的1/10~1/7,镇静、欣快作用较吗啡弱;②与吗啡相比,抑制呼吸的程度相等,但维持时间较短;③可引起恶心、呕吐;④无明显镇咳、缩瞳作用;⑤药物依赖性较吗啡轻,发生较慢。

2. 心血管系统 治疗量时可致直立性低血压及颅内压增高。

3. 内脏平滑肌 哌替啶对胃肠道平滑肌、胆道、泌尿道、支气管平滑肌的兴奋作用均较吗啡弱;因对胃肠道平滑肌作用弱且持续时间短,故不引起便秘,无止泻作用;不影响缩宫素对子宫的兴奋作用,故不延长产程。

【临床应用】

1. 镇痛 用于各种剧痛,如创伤、术后、晚期癌症等。缓解内脏绞痛(胆、肾绞痛)需与阿托品合用;鉴于胎儿对哌替啶的抑制呼吸作用极为敏感,故临产前2~4 h内不宜使用;也不宜用于慢性钝痛。

2. 心源性哮喘的辅助治疗 可替代吗啡,其机制与吗啡相同。

3. 麻醉前给药及人工冬眠 利用其镇静作用可消除患者术前的紧张、恐惧情绪,也可减少麻醉药用量。与异丙嗪、氯丙嗪等组成冬眠合剂用于人工冬眠。

【不良反应】

1. 副作用 治疗量时哌替啶不良反应与吗啡相似,可引起恶心、呕吐、口干、眩晕、心悸、直立性低血压等。

2. 依赖性 较吗啡轻,产生缓慢,但久用仍可产生,故需限制使用。

3. 急性中毒 哌替啶过量可致中毒,表现为昏迷,呼吸明显抑制但无瞳孔缩小反应,以及震颤、肌肉痉挛、反射亢进甚至惊厥。纳洛酮可对抗呼吸抑制,但不能消除中枢兴奋症状,需配合抗惊厥药。禁忌证同吗啡。

掌握哌替啶的药理作用、临床应用和不良反应。

芬 太 尼

芬太尼(fentanyl)属强效、短效麻醉性镇痛药,镇痛强度为吗啡的100倍,作用快而短,静脉注射 1 min 起效，5 min 达高峰，维持 10 min；肌内注射 15 min 起效，维持 1~2 h。用于各种剧痛。作为外科、妇科等手术麻醉辅助用药，可减少全身麻醉药的用量，常与氟哌利多合用制成"神经安定镇痛合剂"。现有芬太尼透皮吸收贴膜剂，镇痛疗效可维持 5 日。不良反应主要为呼吸抑制、眩晕、恶心、呕吐等，药物依赖性较轻，但仍应警惕。大剂量可引起肌肉强直。禁用于支气管哮喘、脑部肿瘤、颅脑外伤引起的昏迷患者以及 2 岁以下的小儿。

舒芬太尼（sufentanil）、阿芬太尼（alfentanil）、瑞芬太尼（remifentanil）均为芬太尼的类似物。舒芬太尼为全身麻醉药的辅助镇痛药，阿芬太尼适用于心脏冠状动脉血管旁路术的麻醉，瑞芬太尼用于麻醉诱导和全身麻醉中维持镇痛。

美 沙 酮

美沙酮（methadone，美散痛）的镇痛作用与吗啡相似，镇静、呼吸抑制、缩瞳、致便秘等作用弱于吗啡。优点是口服与注射效果相似，耐受性和依赖性发生较慢，戒断症状较轻且易纠正。适用于各种剧痛，也用于吗啡及海洛因等成瘾的脱毒治疗。

二、阿片受体部分激动药

阿片受体部分激动药小剂量或单独使用时可激动某些阿片受体，产生镇痛等作用；大剂量或与阿片受体激动药合用时，又可阻断阿片受体。

喷 他 佐 辛

喷他佐辛（pentazocine，镇痛新）口服、注射均易吸收，口服后首过消除明显，生物利用度为 20%。口服给药 1~3 h 后镇痛作用最明显，可通过胎盘屏障，但较哌替啶少。

【药理作用及临床应用】喷他佐辛镇痛作用为吗啡的 1/3；呼吸抑制作用为吗啡的 1/2，呼吸抑制程度不随剂量增加而加重，故相对于同类药物较安全；镇静作用、兴奋胃肠道平滑肌作用弱于吗啡。大剂量喷他佐辛可使心率加快、血压升高，此作用可能与其提高血浆中儿茶酚胺含量有关。冠心病患者静脉注射喷他佐辛，可使心脏做功增加。喷他佐辛因有弱的 μ 受体拮抗作用，故药物依赖性小，属非麻醉药品管理范畴。临床用于各种慢性钝痛。

【不良反应】有眩晕、恶心、呕吐、出汗等，大剂量可引起呼吸抑制、血压升高及心动过速等。

丁 丙 诺 啡

丁丙诺啡（buprenorphine，布诺啡）属一类精神药品。其镇痛作用是吗啡的 30 倍。起效慢，维持时间长，为 6~8 h。药物依赖性近似吗啡，但戒断症状轻。对呼吸有抑制作用。主要用于各种术后痛、癌症及心肌梗死等镇痛，亦可用于戒毒。常见不良反应有头晕、嗜睡、恶心、呕吐等。

布 托 啡 诺

布托啡诺（butorphanol）口服首过消除明显，生物利用度低于 17%；肌内注射吸收迅速而完全，10 min 起效，持续时间 4~6 h，$t_{1/2}$ 为 4~5 h；血浆蛋白结合率为 80%，主要经肝代谢，由肾排泄。布托啡诺作用与喷他佐辛相似，其镇痛作用为吗啡的 3.5~7 倍，主要用于缓解急慢性中、重度疼痛，也可用于麻醉前给药。

第三节　其他类镇痛药

其他类镇痛药作用机制与阿片受体无关，镇痛作用较弱，不抑制呼吸，无药物依赖性，故称为非麻醉性镇痛药，属非麻醉药品管理范畴。

四氢帕马丁和罗通定

四氢帕马丁（tetrahydropalmatine，延胡索乙素）为从罂粟科植物延胡索中提取的生物碱；

罗通定（rotundine，颅痛定）是四氢帕马丁的左旋体，现已能人工合成。口服 10~30 min 起效，持续 2~5 h。镇痛作用比哌替啶弱，但强于解热镇痛药，镇痛作用机制与激动阿片受体、抑制前列腺素合成均无关。适用于胃肠及肝胆系统疾病所致的钝痛，以及头痛、痛经及分娩止痛，对胎儿和产程无影响。因有镇静催眠作用，尤其适用于因疼痛而失眠者。久用无耐受性和依赖性是其优点。常见不良反应有眩晕、恶心、呕吐。少数患者可见锥体外系症状。大剂量可抑制呼吸中枢。

第四节　阿片受体阻断药

纳洛酮和纳曲酮

纳洛酮（naloxone）和纳曲酮（naltrexone）为阿片受体阻断药。纳洛酮口服易吸收，但首过消除明显，常采取静脉给药。对吗啡中毒者，注射小剂量能迅速翻转吗啡的效应，可解除呼吸抑制、瞳孔缩小、颅内压升高等；对吗啡依赖者，可迅速诱发戒断症状。临床主要用于：①阿片类药物急性中毒；②阿片类药物依赖者的鉴别诊断；③还用于急性酒精中毒、休克、脑卒中、脑外伤以及脊髓损伤的救治。

纳曲酮拮抗吗啡作用强度为纳洛酮的 2 倍，口服生物利用度较高，作用持续时间长达 24 h，目前仅有口服制剂，主要用于阿片类药物、海洛因和酒精依赖性患者。

知识链接

麻醉药品、毒品与戒毒

1. 麻醉药品　是指对中枢神经有麻醉作用，连续使用或不合理使用易产生生理依赖性和精神依赖性，即能成瘾癖的药品。种类有：①阿片类，如阿片、阿片片剂、阿片酊；②可卡因类，如可卡因、可卡因注射液；③大麻类，如大麻；④合成药类，如哌替啶、美沙酮、芬太尼、二氢埃托啡、布桂嗪。

2. 毒品　我国刑法第357条规定：毒品指鸦片、海洛因、甲基苯丙胺（冰毒）、吗啡、大麻、可卡因以及国家规定管制的其他能够使人形成瘾癖的麻醉药品和精神药品（巴比妥类、苯二氮类、苯丙胺类等）。广义的毒品还包括毒品原植物和毒品直接前体物，如制造鸦片和海洛因的罂粟、提取可卡因的古柯或大麻植物、制造冰毒的麻黄碱等。"摇头丸"是继冰毒之后一种新型苯丙胺类兴奋剂。

管制原则：国家对麻醉药品药用原植物以及麻醉药品和精神药品实行管制；除本条例另有规定的外，任何单位、个人不得进行麻醉药品药用原植物的种植以及麻醉药品和精神药品的实验研究、生产、经营、使用、储存、运输等活动。

3. 戒毒　目前全球吸毒人数已超过 2 亿，每年有 10 万人因吸毒死亡，1000 万人因吸毒丧失劳动能力。戒毒包括脱毒、康复和后续照管三个阶段。对于阿片类药物成瘾的戒断症状，可采用可乐定、莨菪类药物或中药治疗；也可采用成瘾性较轻的美沙酮，实施逐步减量替代的脱毒疗法。成瘾者对阿片的极度渴求心理（心瘾）是戒毒治疗失败的主要原因。戒毒治疗必须在卫生行政部门批准的机构进行。

自 测 题

一、单项选择题

1. 吗啡常用注射给药的原因是
   A. 口服不吸收
   B. 片剂不稳定
   C. 易被肠道破坏
   D. 首过消除明显
   E. 口服刺激性大

2. 人工冬眠合剂的组成是
   A. 哌替啶、芬太尼、异丙嗪
   B. 纳洛酮、丙米嗪、氯丙嗪
   C. 哌替啶、氯丙嗪、异丙嗪
   D. 吗啡、丙米嗪、异丙嗪
   E. 哌替啶、丙米嗪、异丙嗪

3. 在药政管理上已列入非麻醉品的镇痛药是
   A. 哌替啶
   B. 芬太尼
   C. 舒芬太尼
   D. 曲马多
   E. 喷他佐辛

4. 对吗啡所致急性中毒呼吸抑制，有显著疗效的药物是
   A. 纳洛酮
   B. 肾上腺素
   C. 咖啡因
   D. 可待因
   E. 洛贝林

5. 属于阿片受体拮抗药的是
   A. 曲马多
   B. 纳洛酮
   C. 喷他佐辛
   D. 布桂嗪
   E. 美沙酮

6. 患者，女，40岁。1 h 前因左侧腰背部剧烈疼痛，出冷汗，急诊入院。尿常规检查：可见红细胞。B 超检查：肾结石。可选用下列何药缓解
   A. 山莨菪碱
   B. 吗啡
   C. 氯丙嗪 + 阿托品
   D. 哌替啶 + 山莨菪碱
   E. 布洛芬 + 阿托品

7. 患者，男，60岁。1 日前夜间突发剧烈咳嗽，伴发憋气，平卧气急难忍，被迫坐位，咳粉红色泡沫痰。急诊入院，诊断为急性左心衰竭。除了吸氧、利尿、扩血管外，还可以选用
   A. 沙丁胺醇
   B. 地塞米松
   C. 肾上腺素
   D. 异丙肾上腺素
   E. 吗啡

8. 吗啡不用于慢性钝痛的主要原因是
   A. 治疗量抑制呼吸
   B. 易成瘾
   C. 易致恶心、呕吐
   D. 易致体位性低血压
   E. 可致便秘

（9~10 题共用题干）

患者，男，50岁，肝癌晚期，疼痛难忍，连续注射吗啡1周后停药。次日患者出现烦躁不安、精神萎靡、流泪、出汗、腹痛等。

9. 根据患者的症状，考虑为
   A. 急性中毒
   B. 耐受性
   C. 戒断症状
   D. 高敏性
   E. 习惯性

10. 为缓解患者痛苦，下列药物中，最佳替代品为
    A. 可待因
    B. 美沙酮
    C. 罗通定
    D. 喷他佐辛
    E. 哌替啶

二、简答题

1. 试述吗啡的药理作用、临床应用、不良反应及禁忌证。
2. 试述哌替啶的作用特点及临床应用。

三、案例分析题

患者，女，28岁，因口服某毒物后昏迷不醒，急诊入院抢救，但家属不能确认毒物的名称及性质。观察患者双侧瞳孔为 1.5 mm，家属否认患者口服有机磷酸酯类农药。

请回答：

1. 该患者可能服用的毒物是什么？
2. 若为问题1推测的毒物，应如何进行抢救？

（王中晓）

第十六章 解热镇痛抗炎药及抗痛风药

第十六章数字资源

学习目标

知识：列出解热镇痛抗炎药的共性；概述阿司匹林、布洛芬、乙酰氨基酚的药理作用、临床应用及不良反应；解释解热镇痛抗炎药的作用机制。

能力：能辨识阿司匹林的不良反应，指导患者合理选择药物，并能实施初步解决不良反应措施。

素养：树立生命至上的理念，养成关爱患者的职业习惯，能够通过科普宣教，提高民众合理应用常用解热镇痛药的能力。

第一节 解热镇痛抗炎药

案例导入

患者，女，52岁，患类风湿性关节炎多年，健康档案由社区卫生服务中心统一管理。患者长期在家自行服用泼尼松，关节疼痛、肿胀等症状仍未得到有效控制，遂到社区卫生服务中心就诊。接诊医生为其开具处方如下：阿司匹林片，一次0.5g，一日3次口服。

问题与思考：

该处方是否合理？为什么？

解热镇痛抗炎药是一类具有解热、镇痛，且多数具有抗炎、抗风湿作用的药物。因其化学结构与甾体抗炎药糖皮质激素类不同，故又称为非甾体抗炎药（non-steroidal antiinflammatory drug，NSAID）。解热镇痛抗炎药在化学结构上虽属不同类别，但都是抑制环氧合酶（cyclo-oxygenase，COX）的活性，从而减少前列腺素（prostaglandin，PG）的生物合成。

一、解热镇痛抗炎药的共同作用

1. **解热作用** 发热是各种病原体刺激中性粒细胞，使之产生并释放内源性致热原，如白介素-1（IL-1）、肿瘤坏死因子（TNF）、白介素-6（IL-6），这些内源性致热原作用于下丘脑体温调节中枢，促使下丘脑视前区附近PGE_2合成增加，使体温调定点上移，产热增加，体温升高。解热镇痛抗炎药通过抑制下丘脑PG合成而发挥解热作用。解热镇痛抗炎药不同于氯丙嗪的降温作用，仅能降低发热者的体温，但对正常体温几乎无影响。

2. **镇痛作用** 解热镇痛抗炎药的作用部位主要在周围神经系统。在组织损伤或发生炎症时，组织局部产生和释放某些致痛物质（如缓激肽、组胺、5-HT、PG），致痛物质刺激痛觉感受器，从而引起疼痛。致痛物质之一PG除本身有致痛作用外，还能提高痛觉感受器对致痛物质的敏感性。解热镇痛抗炎药通过抑制炎症局部PG合成，减轻PG所致疼痛并降低痛觉感受器对致痛物质的敏感性而发挥镇痛作用。

解热镇痛抗炎药有中等程度的外周性镇痛作用，对慢性钝痛如牙痛、头痛、神经痛、肌肉痛、关节痛、月经痛等均有良好的镇痛效果。对轻度癌性疼痛也有较好的镇痛作用，但对创伤性剧痛和内脏平滑肌绞痛无效。久用无耐受性、成瘾性和欣快感，也不抑制呼吸，故临床广泛应用。

3. 抗炎、抗风湿作用　炎症是机体对外界伤害性刺激产生的一种保护性病理反应复杂过程。PG是参与炎症反应的重要活性物质，与缓激肽等炎症介质有协同作用。解热镇痛抗炎药能抑制PG合成，发挥抗炎、抗风湿作用，能有效缓解炎症引起的红、肿、热、痛等临床症状。但无病因治疗作用，也不能阻止炎症发展及并发症的发生。除对乙酰氨基酚外，其他解热镇痛抗炎药具有较强的抗炎抗风湿作用。

 掌握解热镇痛抗炎药的解热、镇痛、抗炎作用。

二、常用解热镇痛抗炎药

按照对COX的选择性不同，可将解热镇痛抗炎药分为非选择性COX抑制药和选择性COX-2抑制药两类。

（一）非选择性COX抑制药

阿 司 匹 林

【体内过程】阿司匹林（aspirin，乙酰水杨酸）口服吸收快而完全，约2 h达峰值，吸收后迅速被水解成水杨酸和乙酸。因此，阿司匹林的血浆药物浓度低，以具有药理活性的水杨酸盐形式分布到全身组织、关节腔液、脑脊液和乳汁中，也易透过胎盘屏障。水杨酸盐与血浆蛋白结合率为80%~90%。该药主要经肝代谢，由肾排泄。尿液的pH可影响水杨酸盐的排泄，在碱性尿液中可排出85%；而在酸性尿液中仅排出5%。因此，用碳酸氢钠碱化尿液可加速水杨酸排泄。阿司匹林用量决定水杨酸盐的$t_{1/2}$：当口服小剂量阿司匹林时，水解生成的水杨酸量较少，按恒比消除，$t_{1/2}$为2~3 h；剂量较大（≥1 g）时，由于水杨酸生成量大，则以恒量消除，$t_{1/2}$延长至15~30 h。

【药理作用及临床应用】

1. 解热镇痛抗炎抗风湿　阿司匹林解热镇痛作用较强，常用于感冒发热及各种慢性钝痛，如头痛、牙痛、神经痛、月经痛、肌肉痛等。其抗炎抗风湿作用也很强，较大剂量（3~5 g/d）应用时可使急性风湿热的患者于1~2天内关节肿胀缓解，全身症状好转，具有诊断和治疗双重意义。阿司匹林对类风湿性关节炎也能迅速控制症状，目前仍为治疗风湿和类风湿性关节炎的首选药。

2. 影响血栓形成　血栓素A_2（TXA_2）是血小板释放ADP及血小板聚集的诱导剂，作用强大；前列环素（PGI_2）则抑制血小板聚集，是TXA_2的生理对抗剂。小剂量阿司匹林抑制血小板COX，阻碍TXA_2生成，抑制血小板聚集，防止血栓形成；较大剂量阿司匹林抑制血管壁COX，使PGI_2合成减少，促进凝血及血栓形成，但作用短暂。临床常用小剂量阿司匹林（75~150 mg/d）用于防治心肌梗死、动脉血栓、动脉粥样硬化等疾病的血栓形成。

3. 其他作用　阿司匹林因能降低胆管内pH，可用于治疗胆道蛔虫病。

【不良反应】

1. 胃肠道反应　是阿司匹林最常见的不良反应。该药口服易引起上腹部不适、恶心、呕吐等症状；长期大剂量可诱发、加重消化性溃疡或引起无痛性胃出血，与抑制胃黏膜 COX-1、减少 PG 合成有关。餐后服用或同服抗酸药、胃黏膜保护药可减轻或避免上述反应。消化性溃疡患者禁用。

2. 凝血障碍　小剂量阿司匹林可抑制血小板聚集，延长出血时间。大剂量（>5 g/d）或长期服用阿司匹林，还可抑制凝血酶原形成，引起出血，可用维生素 K 防治。严重肝损害、低凝血酶原血症、维生素 K 缺乏和血友病患者禁用。术前 1 周应停用阿司匹林，以防出血。

3. 超敏反应　少数患者可出现皮疹、荨麻疹、血管神经性水肿、过敏性休克。某些哮喘患者服用阿司匹林后可诱发支气管哮喘，称为"阿司匹林哮喘"，此时用 β 受体激动药治疗无效，糖皮质激素类药雾化吸入治疗效果较好。哮喘、鼻息肉及慢性荨麻疹患者禁用阿司匹林。

4. 水杨酸反应　剂量过大（>5 g/d）可致眩晕、头痛、恶心、呕吐、耳鸣、视力和听力减退等中毒反应，称为水杨酸反应。严重者可出现高热、谵妄、大汗淋漓、过度呼吸、酸碱平衡失调、昏迷，甚至危及生命，一旦出现应立即停药，静脉滴注碳酸氢钠溶液以碱化尿液，促进排泄。

5. 瑞氏（Reye）综合征　病毒性感染伴有发热的儿童、青少年服用阿司匹林后，偶可引起瑞氏综合征（又称脑病合并肝脂肪变性综合征），以肝衰竭合并脑病为突出表现。瑞氏综合征虽少见，但可致死，故病毒性感染儿童、青少年禁用，可用对乙酰氨基酚代替。

掌握阿司匹林的药理作用，临床应用及不良反应。

对乙酰氨基酚

对乙酰氨基酚（paracetamol，扑热息痛）的解热镇痛作用与阿司匹林相当，几乎无抗炎、抗风湿作用。临床常用于解热镇痛及对阿司匹林过敏或不能耐受者。

对乙酰氨基酚治疗量短期使用时不良反应较少，对胃肠刺激小；偶见皮疹、药热等过敏反应；过量使用可引起严重肝损伤，口服一日最大量不超过 2 g；极少数患者可能出现致命的、严重的皮肤不良反应。

掌握对乙酰氨基酚的药理作用、临床应用及不良反应。

吲 哚 美 辛

吲哚美辛（indometacin，消炎痛）具有显著的解热及抗炎抗风湿作用，对炎性疼痛有明显镇痛效果，但不良反应多，故仅用于对其他药物不易耐受或疗效差的风湿性关节炎、类风湿性关节炎、骨关节炎、强直性脊椎炎、癌性发热或其他难以控制的发热。

吲哚美辛治疗量时不良反应发生率高达 30%~50%，约 20% 患者须停药。该药可致恶心、呕吐、腹痛、腹泻、胃溃疡（偶伴出血、穿孔）、急性胰腺炎等消化系统反应，前额头痛、眩晕、精神异常等中枢症状，粒细胞减少、再生障碍性贫血等造血系统反应，皮疹和哮喘等过敏反应，故一般不作为常规解热镇痛药使用。

布洛芬、萘普生、酮洛芬

布洛芬（ibuprofen）、萘普生（naproxen）和酮洛芬（ketoprofen）具有较强的解热镇痛和抗炎作用，以抗炎作用突出。在抗炎作用方面，布洛芬与阿司匹林相当，萘普生较阿司匹林强 20 倍。临床上，布洛芬、萘普生和酮洛芬主要用于风湿性及类风湿性关节炎，也可用于解热镇痛。其特点是胃肠道反应轻，耐受性明显优于阿司匹林和吲哚美辛，但长期应用仍应注意消化性溃疡和出血的发生；偶见视物模糊及中毒性弱视，一旦发生应立即停药。

熟悉布洛芬的药理作用及临床应用。

保 泰 松

保泰松（phenylbutazone）具有较强的抗炎作用和较弱的解热镇痛作用，不良反应多且严重，现仅用于风湿性、类风湿性关节炎、强直性脊柱炎的急性期，疗效较好。

非 普 拉 宗

非普拉宗（feprazone）为保泰松的衍生物，对胃黏膜刺激作用较弱。口服后吸收迅速，4～5 h 血药浓度达高峰，$t_{1/2}$ 为 22～30 h。非普拉宗抗炎镇痛作用强，临床用于治疗风湿性、类风湿性关节炎，其疗效优于阿司匹林、保泰松、布洛芬等，对坐骨神经痛、肩周炎等有较好疗效。食欲减退、恶心、呕吐、头痛、面部水肿等不良反应较保泰松少且轻，不影响治疗，停药后自行消失。偶见粒细胞减少、肝功能受损等。

（二）选择性 COX-2 抑制药

尼 美 舒 利

尼美舒利（nimesulide，美舒宁）口服吸收迅速而完全，血浆蛋白结合率高达99%，$t_{1/2}$ 为 2～3 h。尼美舒利不仅对 COX-2 的选择性抑制作用较高，而且能抑制炎症过程中所有炎症介质的释放，因此，抗炎作用强、不良反应少。主要用于类风湿性关节炎、骨关节炎、痛经、牙痛和腰腿痛的治疗。胃肠道反应少且轻微，耐受性良好。但屡有报道，可致中枢神经及肝脏损伤，故尼美舒利口服制剂禁用于 12 岁以下儿童。

塞 来 昔 布

塞来昔布（celecoxib，西乐葆）口服吸收快而完全，与食物（高脂食物）同服可延缓其吸收。血浆蛋白结合率约97%，$t_{1/2}$ 为 10～12 h。该药通过选择性抑制 COX-2，减少 PG 合成而发挥抗炎镇痛作用，临床用于急、慢性骨关节炎和类风湿性关节炎的治疗。常见不良反应为上腹疼痛、腹泻及消化不良。但可抑制 PGI_2 合成，故有血栓倾向者慎用。塞来昔布含有磺胺基团，故磺胺类过敏者禁用。塞来昔布未在 18 岁以下人群中开展过临床研究，故 18 岁以下患者和哺乳期妇女不宜使用。

萘 丁 美 酮

萘丁美酮（nabumetone）经肝代谢活化后选择性抑制 COX-2 而发挥抗炎抗风湿作用，对血小板聚集无影响。临床用于类风湿性关节炎、骨关节炎的治疗。胃肠道反应发生率低。

三、解热镇痛抗炎药的复方制剂及评价

为改善症状、提高疗效、减少不良反应，解热镇痛抗炎药常制成复方制剂应用。目前临床常以对乙酰氨基酚、氯苯那敏、伪麻黄碱、右美沙芬、咖啡因、金刚烷胺等药物组成复方制剂（表 16-1）。其中对乙酰氨基酚具有解热镇痛作用；伪麻黄碱可缓解鼻塞；右美沙芬可缓解干咳；咖啡因可缓解头痛；氯苯那敏、苯海拉明有抗过敏、镇静作用；金刚烷胺具有抗病毒作用。然而，据临床观察，复方制剂疗效并不优于单方，反而增加不良反应，如胃肠道反应、可能对胎儿产生不良影响，孕妇及哺乳期妇女用药时应注意。

表 16-1　常用解热镇痛药复方制剂的成分与含量（mg/片）

名称	对乙酰氨基酚	阿司匹林	咖啡因	氯苯那敏	人工牛黄	伪麻黄碱	金刚烷胺	右美沙芬	苯海拉明
阿酚咖敏片	126	230	30	1					

续表

名称		对乙酰氨基酚	阿司匹林	咖啡因	氯苯那敏	人工牛黄	伪麻黄碱	金刚烷胺	右美沙芬	苯海拉明
氨咖黄敏胶囊		250		15	1	10				
氨酚伪麻美芬片Ⅱ/氨麻苯美片	日用片	325					30		15	
	夜用片	325					30		15	25
酚麻美敏片		325			2		30		15	
复方氨酚烷胺胶囊		250		15	2	10		100		
氨酚伪麻那敏片		325			2		30			

四、解热镇痛抗炎药的用药原则及注意事项

发热是机体的一种防御反应，热型是诊断疾病的重要依据，故不明原因的发热不宜使用解热药。但体温过高或过久，不仅消耗体力，还可引起头痛、谵妄等，小儿高热易致惊厥，应及时用解热镇痛抗炎药缓解症状，但不可过量，否则可因体温骤降及出汗过多可致虚脱。解热镇痛抗炎药仅是对症治疗，因此临床应同时注重对因治疗。

解热镇痛抗炎药主要用于各种原因引起的钝痛，宜小量多次给药，大剂量给药只能延长镇痛时间，不能增加镇痛效果，且不良反应随剂量增加而增多、加重。

多数解热镇痛抗炎药对胃肠道刺激较大，长期用药可致严重胃肠道反应，故除用于风湿及类风湿性关节炎外，不宜长期应用。

用药前应详细询问患者用药史及过敏史，如对某些药物曾有超敏反应，不宜再次使用。支气管哮喘患者慎用或禁用。

选用复方制剂时应注意复方制剂中的成分。苯海拉明、氯苯那敏有中枢抑制作用和抗胆碱作用，高空作业者、驾驶员以及青光眼、前列腺肥大患者应慎用；小儿发热应避免使用含有咖啡因的复方制剂，以免引起惊厥。

五、缓解疼痛药物的合理应用

1. **根据疼痛的性质合理用药**　疼痛可分为慢性钝痛、内脏绞痛及急性锐痛，临床应根据疼痛的性质合理用药：①慢性钝痛，如头痛、牙痛、关节痛等，可选用解热镇痛抗炎药，常用对乙酰氨基酚、布洛芬等；②内脏绞痛，如胃肠绞痛、胆绞痛、肾绞痛等，可选用解痉药，常用阿托品、山莨菪碱，胆、肾绞痛须和哌替啶合用；③其他镇痛药无效的急性锐痛，如严重创伤、术后刀口疼痛，可选用中枢性镇痛药，如吗啡、布桂嗪等，这类药物易产生依赖性，使用时应严格掌握适应证，尽量减少反复用药，推荐使用长效制剂。

2. **癌性疼痛的合理用药**　WHO曾提出，在全世界范围内达到使癌症患者基本不痛的目标，对癌症患者给予充分的止痛治疗。我国推荐开展癌症患者三级止痛阶梯疗法，其重点是：①"按时"给药，不要在疼痛时才给药；②"按量"给药，止痛剂量至患者疼痛消失即可；③"按阶梯"给药，轻度可选用非阿片类镇痛药，如阿司匹林、布洛芬等NSAID；中度以弱阿片类镇痛药为主，如可待因、曲马多等；重度以强阿片类镇痛药为主，如吗啡、芬太尼等。必要时可与NSAID联合应用，可交替给药，多途径给药。

第二节 抗痛风药

痛风是体内嘌呤代谢紊乱引起血尿酸增高的一种代谢性疾病。尿酸盐沉积在关节、肾及结缔组织中，引起局部炎症反应和疼痛，导致痛风性关节炎、痛风肾和痛风石等。抗痛风药通过抑制尿酸生成或促进尿酸排泄而发挥治疗作用。

一、抑制尿酸生成药

别嘌醇

别嘌醇（allopurinol，别嘌呤醇）是次黄嘌呤的异构体，是目前临床唯一的抑制尿酸合成药。口服易吸收。可抑制黄嘌呤氧化酶，使尿酸合成减少。该药主要用于治疗慢性痛风和痛风性肾病。其耐受性好，不良反应较少，可见皮疹、腹痛腹泻、转氨酶升高、白细胞减少等，故应定期查肝功能和血常规。

二、促进尿酸排泄药

丙磺舒

丙磺舒（probenecid，羧苯磺酸）口服吸收完全；在近曲肾小管竞争性抑制尿酸的重吸收，可促进尿酸排泄。临床用于治疗慢性痛风。丙磺舒与青霉素合用可增强青霉素的抗菌作用。该药因无镇痛和抗炎作用，故不适用于治疗急性痛风。在治疗初期可出现痛风加重的情况，可能与尿酸盐从关节中移出有关。不良反应较少，有胃肠道反应、皮疹、发热。

三、抑制痛风炎症药

秋水仙碱

秋水仙碱（colchicine，秋水仙素）抑制痛风急性发作时中性粒细胞的趋化和吞噬功能，减少单核细胞和中性粒细胞释放 PG 和白三烯等炎症介质，从而缓解关节局部症状。该药主要用于急性痛风的治疗，对一般性疼痛及其他类型关节炎无效。因其不影响尿酸盐的生成及排泄，无降低血尿酸作用，故对慢性痛风无效。不良反应较多，与剂量呈明显相关性。常见不良反应为消化道反应，长期服用可见出血性胃肠炎；还可致骨髓和肾损害，须定期监测血常规和肾功能。秋水仙碱是细胞有丝分裂毒素，毒性较大，一旦过量缺乏有效解救措施，因此必须避免药物过量使用。

自 测 题

一、单项选择题

1. 解热镇痛药的解热作用机制是
   A. 抑制中枢 PG 合成　　B. 抑制外周 PG 合成　　C. 抑制外周 PG 降解
   D. 增加外周 PG 合成　　E. 增加外周 PG 降解

2. 治疗类风湿性关节炎的首选药物是
   A. 水杨酸钠　　　　　　B. 阿司匹林　　　　　　C. 保泰松
   D. 吲哚美辛　　　　　　E. 对乙酰氨基酚
3. 可防治脑血栓形成的药物是
   A. 保泰松　　　　　　　B. 阿司匹林　　　　　　C. 布洛芬
   D. 吲哚美辛　　　　　　E. 对乙酰氨基酚
4. 关于对乙酰氨基酚的主要特点，错误的是
   A. 解热镇痛作用强　　　B. 口服易吸收　　　　　C. 抗炎抗风湿作用强
   D. 胃肠道反应轻　　　　E. 属于苯胺类
5. 李某，风湿性关节炎患者，膝关节疼痛已数年，时轻时重，行走不便。患者在用阿司匹林治疗的过程中出现了哮喘，应换用
   A. 对乙酰氨基酚　　　　B. 布洛芬　　　　　　　C. 哌替啶
   D. 美沙酮　　　　　　　E. 阿托品
6. 患者，男，30岁，因发热2h，肌肉酸痛就诊。查体：体温39.5℃。患者自述对阿司匹林过敏，应选用的解热镇痛药是
   A. 布洛芬　　　　　　　B. 萘普生　　　　　　　C. 塞来昔布
   D. 对乙酰氨基酚　　　　E. 吲哚美辛
7. 无抗炎作用的药物是
   A. 水杨酸钠　　　　　　B. 保泰松　　　　　　　C. 布洛芬
   D. 对乙酰氨基酚　　　　E. 吲哚美辛
8. 解热镇痛药的解热作用特点是
   A. 能降低正常人体温　　　　　　　　　　B. 仅能降低发热患者的体温
   C. 能降低正常人和发热患者的体温　　　　D. 解热作用受到环境的影响
   E. 以上都是

（9~10题共用题干）

患者，女，55岁，因患类风湿性关节炎接受阿司匹林治疗，3周后患者出现上腹痛、反酸、呕吐，近日出现牙龈出血和鼻出血，未做处理，后因腹痛、黑便就诊。

9. 患者服用阿司匹林后出现的不良反应属于
   A. 凝血障碍　　　　　　B. 变态反应　　　　　　C. 水钠潴留
   D. 水杨酸反应　　　　　E. 瑞氏综合征
10. 针对上述不良反应可选用的防治药物是
    A. 硫酸镁　　　　　　　B. 糖皮质激素　　　　　C. 维生素K
    D. 碳酸氢钠　　　　　　E. 氢氧化钠

二、简答题

1. 简述解热镇痛抗炎药的共同作用及作用机制。
2. 简述阿司匹林的药理作用、临床应用及不良反应。

三、案例分析题

患者，女，50岁，以踝关节疼痛半月余为主诉就诊入院。检查示：尿蛋白（++），血肌酐166 μmol/L，血尿酸630 μmol/L。诊断：高尿酸血症；慢性肾病。医生给予患者秋水仙碱、碳酸氢钠和中药复方制剂治疗。

请回答：
1. 秋水仙碱为什么可以治疗高尿酸血症？
2. 在该案例中，碳酸氢钠的用途是什么？

（王中晓）

第十七章 中枢兴奋药和促大脑功能恢复药

第十七章数字资源

学习目标

知识：概述咖啡因的作用特点。比较尼可刹米、洛贝林和二甲弗林的作用机制、药理作用、临床应用、不良反应及注意事项。

能力：能理解不同类型呼吸衰竭患者的用药原则，会观察、判断中枢兴奋药过量所致的惊厥，并采取防治措施。

素养：培养风险预判意识，精准把控基层呼吸系统药物的用药尺度，保障患者用药安全，践行救死扶伤的职业担当。

第一节 中枢兴奋药

案例导入

患者，男性，65岁，因神志不清、躁动不安急诊入院，曾于3天前因受凉出现发热、剧烈咳嗽、咳大量黄色脓痰、气急、发绀等症状。患者有吸烟史30余年，慢性咳嗽、咳痰20余年，近5年明显加重。查体：体温39.2℃，心率122次/分，呼吸30次/分，血压160/90 mmHg；半卧位，意识模糊，发绀，球结膜水肿，杵状指，桶状胸，双肺语音震颤减弱，叩诊过清音，双肺闻及哮鸣音及湿啰音，PaO_2 50 mmHg，$PaCO_2$ 60 mmHg。诊断：慢性支气管炎急性发作、Ⅱ型呼吸衰竭。

问题与思考：

1. 该患者的呼吸衰竭可选择何药进行纠正？
2. 该类药物的注意事项有哪些？

中枢兴奋药是一类选择性兴奋中枢神经系统、提高中枢神经系统功能活动的药物。随药物剂量的增加，其作用强度和范围也随之增大，可引起中枢神经系统广泛兴奋，甚至导致惊厥。用于临床的中枢兴奋药主要有大脑皮质兴奋药和呼吸中枢兴奋药两类。

一、大脑皮质兴奋药

咖啡因

咖啡因（caffeine）是从茶叶或咖啡豆中提取的生物碱，现已可人工合成。

【药理作用及临床应用】

1. 对中枢神经系统的影响　咖啡因对中枢神经系统的作用强度和范围与剂量有关：①小剂量

（50~200 mg）可选择性兴奋大脑皮质，使人精神振奋，疲劳减轻，睡意消失，思维敏捷，提高工作效率。因此，咖啡和茶叶得到人们的普遍接受和喜爱。②较大剂量（250~500 mg）可直接兴奋延髓呼吸中枢和血管运动中枢，使呼吸加深、加快，血压升高，在呼吸中枢受抑制时尤为显著，临床用于严重传染病及中枢抑制药过量所致的昏睡、呼吸抑制和循环衰竭。③中毒量可兴奋包括脊髓在内的整个中枢神经系统，引起反射亢进和惊厥。

2. 对心血管系统的影响　咖啡因可兴奋心脏，扩张肺血管、冠状血管和皮肤血管，但该作用可被兴奋迷走神经中枢和血管运动中枢所抵消，无临床意义。咖啡因对脑血管有收缩作用，减小脑血管搏动的幅度，缓解头痛症状。咖啡因常与阿司匹林或对乙酰氨基酚配伍，可治疗一般性头痛；与麦角胺配伍，可治疗偏头痛。

3. 其他　咖啡因具有利尿及刺激胃酸分泌等作用。

【不良反应】治疗量不良反应较少；较大剂量可引起激动、不安、失眠、头痛、心悸；过量（>800 mg）中毒可引起中枢神经系统广泛兴奋，从而导致惊厥，婴幼儿尤易发生，故婴幼儿高热时，不宜选用含咖啡因的解热制剂。因其增加胃酸分泌，故消化性溃疡患者禁用。

哌 甲 酯

哌甲酯（methylphenidate，利他林）治疗量可兴奋大脑皮质，作用温和，能振奋精神，解除中枢神经轻度抑制，消除疲劳。较大剂量能兴奋呼吸中枢，过量可致惊厥。临床用于巴比妥类及其他中枢抑制药过量中毒引起的昏迷和呼吸抑制，也用于轻度抑郁症、小儿遗尿症及儿童注意缺陷多动障碍。哌甲酯为治疗儿童注意缺陷多动障碍的首选药物之一，对70%~80%的患儿有效，可使患儿注意力集中，学习能力提高。治疗量时不良反应较少；大剂量应用时可引起血压升高、眩晕、头痛，甚至惊厥；久用可致耐受性和依赖性，小儿长期应用可影响生长发育。癫痫、高血压患者及6岁以下小儿禁用。

二、呼吸中枢兴奋药

尼 可 刹 米

尼可刹米（nikethamide，可拉明）治疗量可直接兴奋延髓呼吸中枢，也可刺激颈动脉体和主动脉体化学感受器，反射性地引起呼吸中枢兴奋，同时提高呼吸中枢对 CO_2 的敏感性，使呼吸加深、加快，当呼吸处于抑制状态时，作用尤为显著。尼可刹米作用温和，维持时间短，一次用药仅维持5~10 min。临床用于各种原因所致的中枢性呼吸抑制及呼吸衰竭，其中对肺源性心脏病和吗啡中毒引起的呼吸抑制效果较好，对巴比妥类中毒引起的呼吸抑制效果较差，常需多次、间歇给药。

治疗量时不良反应少而轻，安全范围较大；大剂量时可引起血压升高、心动过速、出汗、呕吐、肌束震颤等；中毒时可出现惊厥。

二 甲 弗 林

二甲弗林（dimefline，回苏灵）可直接兴奋延髓呼吸中枢，作用比尼可刹米强100倍，起效迅速，但维持时间短。临床用于严重感染和各种中枢抑制药中毒引起的中枢性呼吸抑制，对肺性脑病有较好的促苏醒作用。二甲弗林安全范围小，过量易致惊厥，小儿尤易发生，在静脉给药时需用葡萄糖溶液稀释后缓慢注射。孕妇禁用。

洛 贝 林

洛贝林（lobeline，山梗菜碱）通过刺激颈动脉体和主动脉体的化学感受器，反射性地兴奋延髓呼吸中枢，作用快、弱、短暂，仅维持数分钟，但安全范围较大，不易引起惊厥。临床常用于新生儿窒息、小儿感染性疾病所致的呼吸衰竭，以及一氧化碳中毒引起的窒息和其他中枢抑制药引起的呼吸抑制。大剂量洛贝林可兴奋迷走神经中枢而致心动过缓、房室传导阻滞。中毒量可兴奋交感神经节及肾上腺髓质而致心动过速，也可引起惊厥。

多沙普仑

多沙普仑（doxapram）为人工合成的新型呼吸中枢兴奋药，其作用机制、维持时间和不良反应与尼可刹米相似。具有起效快、作用强而短、安全范围大、疗效确切等优点，为目前较为理想的呼吸中枢兴奋药。临床用于慢性阻塞性肺疾病患者呼吸衰竭的辅助治疗，以及麻醉药或中枢抑制药引起的呼吸抑制。主要不良反应为心率加快、血压升高及呼吸过快所致的喘鸣，过量可致精神错乱、震颤，甚至惊厥。

第二节 促大脑功能恢复药

在脑损伤或中枢神经系统受到抑制时，可使用促进脑功能恢复药，它们具有保护脑组织、改善脑功能、促进意识恢复等作用。

胞磷胆碱

胞磷胆碱（citicoline，胞二磷胆碱）是核苷酸的衍生物，能增加大脑对氧的摄入和利用，参与磷脂酰胆碱的合成，修复受损的神经细胞膜，从而改善细胞代谢，增加脑组织血流量，可促进脑组织功能的恢复和苏醒，增强学习能力和记忆力。临床主要用于急性脑外伤和脑手术后、脑梗死急性期、药物急性中毒、重症酒精中毒及严重感染所致的意识障碍等。脑出血急性期禁用。

吡拉西坦

吡拉西坦（piracetam，脑复康）为 γ-氨基丁酸的衍生物，是一种促思维记忆药。其作用机制为：降低脑血管阻力，增加脑血流量，保护缺氧引起的脑损伤；直接兴奋大脑皮质，具有激活、保护、修复脑细胞的作用；促进大脑对氨基酸和磷脂的利用，增加脑内蛋白质的合成，提高大脑对葡萄糖的利用率，促进腺苷三磷酸（ATP）的合成；促进大脑半球经胼胝体的信息传递，有利于大脑的整合功能。因此，吡拉西坦能提高记忆力，保护缺氧脑组织。临床用于改善脑动脉硬化、阿尔茨海默病、脑外伤后遗症、药物及一氧化碳中毒所致的记忆、思维障碍及儿童智力低下等。个别患者可出现口干、食欲减退、呕吐等不良反应。

自 测 题

一、单项选择题

1. 以下不属于中枢兴奋药的是
    A. 咖啡因　　　　　　　　B. 洛贝林　　　　　　　　C. 尼可刹米
    D. 二甲弗林　　　　　　　E. 吗啡
2. 发生呼吸衰竭时，应用尼可刹米疗效较差的是
    A. 巴比妥类中毒　　　　　B. 肺心病　　　　　　　　C. 硫酸镁中毒
    D. 吸入麻醉药中毒　　　　E. 吗啡中毒
3. 新生儿窒息的首选药是
    A. 尼可刹米　　　　　　　B. 二甲弗林　　　　　　　C. 咖啡因
    D. 洛贝林　　　　　　　　E. 胞磷胆碱
4. 中枢兴奋药的主要用途是治疗
    A. 中枢性呼吸抑制　　　　B. 循环衰竭　　　　　　　C. 呼吸肌麻痹
    D. 人工冬眠　　　　　　　E. 老年痴呆

5. 对二甲弗林的叙述,错误的是
   A. 直接兴奋呼吸中枢
   B. 作用较尼可刹米、洛贝林强
   C. 对肺性脑病有较好的苏醒作用
   D. 过量不易惊厥
   E. 安全范围小
6. 常与解热镇痛药配伍制成复方制剂的是
   A. 咖啡因
   B. 尼可刹米
   C. 哌替啶
   D. 吲哚美辛
   E. 麦角胺
7. 患者,女,26岁,因酒后吸毒过量,出现昏迷、呼吸抑制,瞳孔为针尖样大小,诊断为吗啡中毒。为解救其呼吸抑制,最宜选用的呼吸中枢兴奋药是
   A. 咖啡因
   B. 尼可刹米
   C. 洛贝林
   D. 胞磷胆碱
   E. 吡拉西坦

(8～11题共用题干)

患者,男,56岁,患恶性肿瘤,因疼痛加重而加大了吗啡的注射量,随即出现发绀、血压下降、瞳孔针尖样大小、呼吸变慢、昏睡。

8. 该患者出现上述表现可能的原因是
   A. 吗啡过量中毒
   B. 吗啡注射速度过快
   C. 吗啡给药途径不妥
   D. 肿瘤本身所致
   E. 吗啡导致的戒断症状
9. 该患者出现呼吸抑制,可选用的药物是
   A. 地西泮
   B. 尼可刹米
   C. 哌甲酯
   D. 胞磷胆碱
   E. 哌甲酯
10. 为了解除上述症状,给患者使用了上述(第9题)的药物治疗,由于静脉注射速度过快,患者可能出现的症状是
    A. 惊厥
    B. 呼吸变慢
    C. 血压升高
    D. 瞳孔扩大
    E. 心率减慢
11. 在使用呼吸中枢兴奋药过程中应注意的问题是
    A. 间歇给药
    B. 交替给药
    C. 大量给药
    D. 快速注射
    E. 间歇给药、交替给药

二、简答题

1. 试述咖啡因的药理作用特点。
2. 试述尼可刹米、山梗菜碱的作用特点、作用机制及临床应用。

三、案例分析题

张某,男,28岁,曾吸食毒品,近1年靠注射哌替啶维持毒瘾,3h前家人发现其倒地、意识丧失,急送其到医院。查体:昏迷,呼吸减慢、表浅而不规则、发绀、皮肤湿冷,肌无力,脉搏减慢,血压下降。

请回答:

1. 该患者出现上述症状的原因是什么?
2. 该患者应如何进行抢救?

(杨 杰)

第十八章 利尿药和脱水药

第十八章数字资源

学习目标

知识：列出利尿药与脱水药的分类及常用药物。概述呋塞米、氢氯噻嗪、螺内酯及甘露醇的药理作用、临床应用、不良反应及用药注意事项。

能力：能够依据患者的临床表现及药物的适应证合理选择利尿药与脱水药；能观察利尿药与脱水药的疗效，及时发现和识别药物不良反应，实施初步解决措施，减轻患者的不适。

素养：怀揣救死扶伤之心，在利尿药与脱水药使用中精准施策，细察疗效与反应，以温情守护患者安康。

第一节 利 尿 药

案例导入

患者，男，52岁，患风湿性心脏瓣膜病10余年，长期接受社区卫生服务中心随访管理。2天前患者因受凉患上感冒，自觉胸闷症状较前加重。今晨患者上述症状明显加剧，出现严重呼吸困难，无法平卧，频繁咳嗽且咳出粉红色泡沫样痰，同时伴有大汗及口唇发绀，到社区卫生服务中心就诊，经检查诊断为风湿性心脏瓣膜病伴急性肺水肿。

问题与思考：
1. 作为社区医生，抢救该患者的首选药物是什么？
2. 从基层门诊诊疗规范及患者安全角度出发，应用这种药物时需要注意什么？

利尿药（diuretics）是一类作用于肾脏，通过抑制肾小管和集合管对水和电解质的重吸收，促进水和电解质排出，使尿量增加的药物。临床主要用于治疗各种原因引起的水肿，也可用于治疗非水肿性疾病，如高血压、尿崩症、高血钙、青光眼等。

一、利尿药作用的生理学基础

尿液的生成过程包括三个环节：肾小球滤过、肾小管和集合管的重吸收与分泌。

（一）肾小球滤过

血液中的成分除蛋白质和血细胞外，均可经肾小球滤过而形成原尿。原尿量的多少取决于肾血流量和有效滤过压。正常人每日原尿量可达180 L，含Na^+约600 g，但排出的终尿仅为1~2 L，含

Na^+ 3~5 g，说明约99%的原尿在肾小管和集合管被重吸收。故目前常用的利尿药不是作用于肾小球，而是直接作用于肾小管和集合管，通过减少对水、电解质的重吸收而发挥利尿作用（图18-1）。

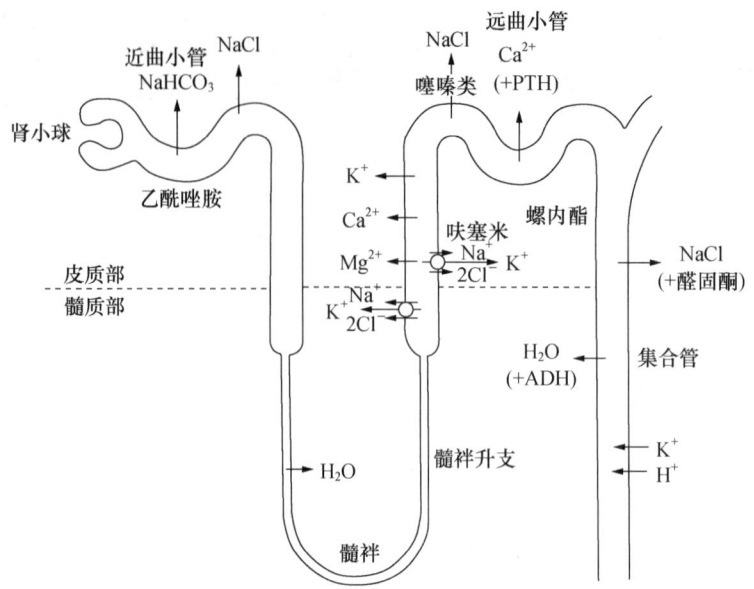

图18-1 尿液生成过程及利尿药作用部位示意图

（二）肾小管和集合管的重吸收与分泌

1. 近曲小管 近曲小管是Na^+重吸收的主要部位，原尿中65%~70%的Na^+在此主动重吸收，主要是通过Na^+-H^+交换体所触发，该转运系统促进管腔内的Na^+进入细胞，交换细胞内的H^+。H^+由细胞内分泌入管腔与HCO_3^-结合形成H_2CO_3；H_2CO_3经碳酸酐酶（CA）催化生成CO_2和H_2O，CO_2迅速进入细胞内，再经CA催化水化为H_2CO_3；H_2CO_3在细胞内解离为H^+和HCO_3^-，HCO_3^-通过基侧膜上的特殊转运体转运入血，H^+则用于Na^+-H^+交换。基底侧细胞膜上的Na^+-K^+-ATP酶将细胞内的Na^+泵出细胞，进入间质。碳酸酐酶抑制药可抑制CA活性，进而抑制Na^+重吸收，产生利尿作用。

2. 髓袢升支粗段 原尿中20%~30%的Na^+在此段被重吸收。此段NaCl的重吸收依赖于管腔膜上的Na^+-K^+-$2Cl^-$同向转运体。高效能利尿药选择性阻断Na^+-K^+-$2Cl^-$同向转运体，减少髓袢升支粗段对NaCl重吸收，不仅增加NaCl的排出，也增加Ca^{2+}和Mg^{2+}的排出。袢利尿剂抑制NaCl重吸收，一方面降低肾的稀释功能，另一方面由于髓质无法维持高渗状态而降低了肾的浓缩功能，排出大量接近等渗的尿液，产生强大的利尿作用。

3. 远曲小管和集合管 原尿中约10%的Na^+在远曲小管近端被重吸收。在远曲小管近端，NaCl的重吸收主要通过Na^+-Cl^-同向转运体完成。中效能利尿药如噻嗪类等，通过选择性阻断Na^+-Cl^-同向转运体而产生作用，使肾的稀释功能降低，不影响肾的浓缩功能，故此类药物的利尿作用较高效能利尿药弱。原尿中2%~5%的Na^+在远曲小管远端和集合管被重吸收。低效能利尿药螺内酯通过拮抗醛固酮受体，氨苯蝶啶直接阻滞Na^+通道，均可抑制Na^+吸收，进而抑制K^+分泌，引起保钾排钠而产生较弱的利尿作用。

二、常用利尿药

根据利尿药的效能和作用部位，可将其分为三类：①高效能利尿药：作用强大，主要作用于髓袢升支粗段髓质部和皮质部，抑制Na^+的重吸收，如呋塞米、布美他尼、托拉塞米等。②中效能利尿药：利尿效能中等，主要作用于远曲小管近端，抑制Na^+的重吸收，如噻嗪类、氯噻酮等。③低效能利尿药：利尿作用弱于上述两类，抑制 Na^+ 的重吸收，如作用于远曲小管远端和集合管的螺内酯、氨苯蝶啶和阿米洛利等，以及作用于近曲小管的碳酸酐酶抑制药乙酰唑胺（acetazolamide）等。

（一）高效能利尿药

高效能利尿药主要作用部位在髓袢升支粗段，故又称袢利尿药。袢利尿药化学结构各不相同，但药理作用相似，利尿作用迅速强大。常用药物有呋塞米、托拉塞米、布美他尼。

呋 塞 米

呋塞米（furosemide，呋喃苯胺酸，速尿）是目前最常用的高效、速效利尿药。口服 30 min 后起效，1~2 h 达峰浓度，维持 6~8 h；静脉注射约 5 min 起效，约 1 h 达峰浓度，维持 4~6 h。

【药理作用】

1. 利尿作用　呋塞米主要作用于髓袢升支粗段髓质部和皮质部，抑制 Na^+-K^+-$2Cl^-$ 同向转运体，从而抑制 NaCl 的重吸收，降低肾对尿液的稀释和浓缩功能，故利尿作用强大而迅速。呋塞米可使尿中 Na^+、Cl^-、K^+、Ca^{2+}、Mg^{2+} 的排出增加。

2. 舒张血管作用　呋塞米可舒张肾血管，增加肾血流，不仅有利于利尿，还可以预防急性肾衰竭。另外，该药还可舒张全身小静脉，迅速增加全身静脉血容量，降低左心室充盈压，减轻肺淤血。

【临床应用】

1. 抢救急性肺水肿和脑水肿　静脉注射呋塞米能迅速扩张容量血管，使静脉回心血量减少，迅速缓解肺水肿症状，可作为急性肺水肿的首选药。由于利尿作用使血液浓缩，血浆渗透压增高，也有利于消除脑水肿，对脑水肿合并心力衰竭者尤为适用。

2. 救治严重水肿　可治疗心、肝、肾等各类水肿。主要用于其他利尿药无效的严重水肿患者。

3. 治疗急、慢性肾衰竭　急性肾衰竭时，静脉注射呋塞米可舒张肾血管，增加肾血流量和肾小球滤过率，对肾衰竭有一定益处。同时，呋塞米具有强大的利尿作用，可使阻塞的肾小管得到冲洗，减少肾小管的萎缩和坏死，但不延缓肾衰竭的进程。用于慢性肾衰竭，可增加尿量，在其他药物无效时仍可发挥作用。

4. 加速某些毒物的排泄　应用呋塞米配合输液，可使尿量显著增加，加速毒物排泄。主要用于某些经肾排泄药物中毒的抢救，如巴比妥类、水杨酸类等。

5. 其他　呋塞米可用于治疗高血压，但不作为常规用药，主要用于急进型高血压、高血压危象等，对伴有肾功能障碍者尤为适用；呋塞米能抑制 Ca^{2+} 的重吸收，降低血钙，可用于治疗高钙血症。

【不良反应】

1. 水与电解质紊乱　呋塞米剂量过大可引起水与电解质平衡失调，表现为低血容量、低钾血症、低血钠症、低氯性碱血症，长期应用还可引起低镁血症、低钙血症。其中，以低钾血症最为常见，主要表现为恶心、腹胀、无力及心律失常等。低钾血症时加重强心苷对心脏的毒性，还可能诱发肝硬化患者的肝性脑病。因此，用药期间应注意及时补充钾盐或加服保钾利尿药，当低钾、低镁同时存在时，还应纠正低镁血症。

2. 高尿酸血症　呋塞米与尿酸在肾小管共同竞争分泌通道，抑制尿酸排泄，可导致高尿酸血症而诱发或加重痛风。

3. 耳毒性　多发生于大剂量静脉推注时，患者表现为耳鸣、听力减退或暂时性耳聋，呈剂量依赖性。耳毒性的发生机制可能与药物引起内耳淋巴液电解质成分改变有关。呋塞米用于肾功能不全患者时或患者同时使用其他耳毒性药物如氨基糖苷类抗生素时，可导致耳毒性增加。

4. 胃肠道反应　可有恶心、呕吐、上腹部不适等症状，大剂量时尚可出现胃肠出血。宜餐后服用。

 掌握呋塞米的药理作用、临床应用及不良反应。

布美他尼

布美他尼（bumetanide，丁苯氧酸）的利尿作用机制、用途均与呋塞米相同，其作用强度为呋塞米的40~60倍，具有用药剂量小、速效、高效、短效、低毒等特点。临床上布美他尼作为呋塞米的代用品，可用于各种顽固性水肿和急性肺水肿，对伴有听力缺陷患者及肾衰竭患者尤为适宜；也可用于某些呋塞米无效的病例。不良反应与呋塞米相似但较轻。

临床上另一高效能利尿药托拉塞米（torasemide）的利尿作用较呋塞米弱，不具有耳毒性和肾毒性。

（二）中效能利尿药

中效能利尿药包括噻嗪类和非噻嗪类。噻嗪类是临床上广泛应用的一类口服利尿药和抗高血压药，代表药物有氢氯噻嗪（hydrochlorothiazide，双氢克尿噻，DHCT）、氢氟噻嗪（hydroflumethiazide）、环戊噻嗪（cyclopenthiazide）等；非噻嗪类，无噻嗪环结构，但作用和用途与噻嗪类相似，代表药物有氯噻酮（chlortalidone）、吲达帕胺（indapamide）、美托拉宗（metolazone）等。

氢氯噻嗪

氢氯噻嗪为噻嗪类利尿药的代表药，也是目前临床应用最广泛的中效能利尿药。

【体内过程】氢氯噻嗪脂溶性高，口服吸收迅速而完全，口服后1~2 h起效，4~6 h血药浓度达高峰。药物以有机酸的形式从肾小管分泌排泄，与尿酸的分泌产生竞争而减少尿酸分泌。该药一般需3~6 h排出体外。

【药理作用】

1. 利尿作用 氢氯噻嗪可增加NaCl和水的排出，产生温和而持久的利尿作用。其作用机制是抑制远曲小管近端Na^+-Cl^-同向转运体，从而减少NaCl的重吸收。由于转运至远曲小管的Na^+增加，促进了Na^+-K^+交换，故K^+的排泄增多，长期服用可引起低钾血症。氢氯噻嗪对碳酸酐酶也有一定的抑制作用，故可略增加HCO_3^-的排泄。此外，氢氯噻嗪还能促进远曲小管对Ca^{2+}的重吸收，减少尿Ca^{2+}含量，从而减少Ca^{2+}在管腔中的沉积。

2. 抗利尿作用 氢氯噻嗪能明显减少尿崩症患者的尿量及口渴症状。其抗利尿作用机制尚不明确，可能因排Na^+使血浆渗透压降低而减轻口渴感，减少患者饮水量，从而使尿量减少。

3. 降压作用 噻嗪类利尿药是常用的抗高血压药，用药早期主要通过利尿作用，使血容量减少而降压，长期用药则通过降低血管平滑肌细胞内的Ca^{2+}浓度，使外周血管扩张而产生降压作用。

【临床应用】

1. 水肿 氢氯噻嗪可用于各种原因引起的水肿。该药对轻、中度心源性水肿疗效较好，是充血性心力衰竭的主要治疗药物之一；对肾性水肿的疗效与肾功能损害程度有关，受损较轻者效果较好；肝性水肿在应用时要注意防止因低钾血症诱发肝性脑病。

2. 高血压 氢氯噻嗪是治疗高血压的基础药物之一，多与其他抗高血压药合用（见第十九章抗高血压药）。

3. 其他 氢氯噻嗪可用于肾性尿崩症及抗利尿激素无效的中枢性尿崩症；也可用于高钙尿症伴有肾结石患者，抑制高钙尿症引起的肾结石形成。

> **知识链接**
>
> ## 尿崩症
>
> 尿崩症是由于抗利尿激素（ADH）缺乏，肾小管重吸收功能障碍，从而引起以烦渴、多饮、多尿及低比重尿为主要特征的一组临床综合征。根据病变部位不同，可将其分为两种类型：一种是中枢性尿崩症，是由下丘脑-神经垂体病变引起抗利尿激素缺乏所致，可能由脑炎、慢性特发性黄瘤病、脑肿瘤、外伤或遗传等因素所引起。另一种是肾性尿崩症，是由肾小管间质

病变、代谢性疾病（低钾血症、高钙血症等）及药物（抗肿瘤药、抗病毒药等）对抗利尿激素不敏感所致。尿崩症常见于青壮年，男女之比约为 2∶1。

【不良反应】

1. 水、电解质紊乱　如低钾血症、低钠血症、低镁血症、低氯性碱血症，其中以低钾血症最为常见，须注意补钾及合用保钾利尿药。

2. 高尿酸血症　氢氯噻嗪干扰尿酸排泄，故痛风患者慎用。

3. 代谢变化　噻嗪类利尿药可使糖尿病患者及糖耐量异常的患者血糖升高，长期应用可使血清胆固醇及低密度脂蛋白（LDL）升高，故糖尿病、高脂血症患者慎用。

4. 其他　噻嗪类利尿药与磺胺类药物有交叉超敏反应，可见皮疹、皮炎等；偶见严重毒性反应，如溶血性贫血、血小板减少、坏死性胰腺炎。

 掌握氢氯噻嗪的药理作用、临床应用及不良反应。

（三）低效能利尿药

低效能利尿药按作用方式不同可分为保钾利尿药和碳酸酐酶抑制药两类。保钾利尿药是在集合管和远曲小管远端通过拮抗醛固酮受体或直接抑制管腔膜上的 Na^+ 通道而起作用；碳酸酐酶抑制药主要有乙酰唑胺，利尿作用弱。

螺 内 酯

螺内酯（spironolactone，安体舒通）是人工合成的甾体化合物，其化学结构与醛固酮相似。口服吸收迅速，利尿作用弱、起效缓慢、持久，服药后 1 天开始起效，药效维持时间长，可达 5～6 天。螺内酯通过与醛固酮竞争远曲小管和集合管的醛固酮受体，对抗醛固酮而产生排钠保钾的作用，促进水、钠的排出。因其仅对远曲小管远端和集合管有作用，故利尿作用较弱。

临床上螺内酯主要用于治疗与醛固酮升高有关的顽固性水肿，如肝硬化、充血性心力衰竭及肾病综合征引起的水肿，常与排钾利尿药合用，以增强利尿效果，预防血钾紊乱。近年来发现，螺内酯通过抑制充血性心力衰竭患者心肌纤维化等作用而改善心功能。

螺内酯久用可引起高钾血症，常以心律失常为首发表现，故用药期间应注意检测血钾和心电图，肾功能不全及血钾偏高者禁用。此外，螺内酯还有干扰雌、孕激素和抗雄激素作用，表现为女性面部多毛、月经紊乱，男性乳房女性化、性功能障碍等。

 熟悉螺内酯的药理作用、临床应用及不良反应。

依 普 利 酮

依普利酮（eplerenone）是选择性醛固酮受体阻断药。依普利酮拮抗醛固酮受体的活性约为螺内酯的 2 倍，对高血压、心力衰竭等疾病具有明显疗效。一方面，依普利酮不良反应少，具有广阔的临床应用前景；另一方面，依普利酮对醛固酮受体具有高度的选择性，而对肾上腺糖皮质激素、黄体酮和雄性激素受体的亲和力较低，从而克服了螺内酯的抗雄性激素等不良反应。

氨苯蝶啶、阿米洛利

氨苯蝶啶（triamterene）和阿米洛利（amiloride）化学结构不同，但药理作用相似，即通过直接抑制远曲小管远端、集合管的 Na^+ 通道，抑制 Na^+ 重吸收及 K^+ 的分泌，促进 Na^+ 的排出而利尿。氨苯蝶啶或阿米洛利单用时利尿作用较弱，且可引起血钾增高，与排钾利尿药合用可治疗顽固性水肿或腹水。两药若长期应用易致高钾血症。肾功能不全及血钾偏高者禁用。

第二节 脱 水 药

案例导入

患者，男，50岁，因车祸头部受伤入院，诊断为左侧硬膜下血肿、脑挫裂伤。入院时患者神志清楚；双侧瞳孔等大、等圆，直径2.5 mm，对光反应灵敏；体温36.7 ℃、心率78次/分、呼吸16次/分、血压110/89 mmHg。次晨，患者头痛加重，出现喷射状呕吐，意识模糊，左侧瞳孔直径5.0 mm，对光反射消失，右侧瞳孔正常，视神经乳头明显水肿，右侧肢体活动障碍。心率58次/分，呼吸12次/分，血压130/80 mmHg。

问题与思考：
1. 抢救该患者的首选药物是什么？
2. 应用这种药物需要注意些什么？

脱水药是通过提高血浆晶体渗透压，使组织脱水，同时在肾产生渗透性利尿作用的药物，故又称渗透性利尿药。此类药物有甘露醇、山梨醇、高渗葡萄糖等。

脱水药的共同特点：①静脉输入后不易从毛细血管扩散进入组织，能提高血浆晶体渗透压；②在体内不易被代谢；③能通过肾小球滤过，但不被肾小管重吸收。

甘 露 醇

甘露醇（mannitol）为己六醇，口服不吸收，临床常用其20%的高渗溶液静脉注射或静脉滴注。

【药理作用】

1. 脱水作用　静脉输入甘露醇后，能迅速升高血浆晶体渗透压，促使细胞内液、组织间液向血浆转移而使组织脱水，可降低颅内压和眼内压。

2. 利尿作用　甘露醇以原型从肾小球滤过，同时不被肾小管重吸收，使管腔液形成高渗状态而呈现渗透性利尿作用。

3. 其他　甘露醇口服可增加肠腔渗透压，产生导泻作用，可用于清除胃肠道毒性物质。

【临床应用】

1. 预防急性肾衰竭　急性肾衰竭早期甘露醇与强效利尿药合用，可维持肾小球有效滤过率，降低肾间质水肿，保持足够的尿量，稀释肾小管内有害物质，从而保护肾小管免于坏死。

2. 治疗脑水肿　甘露醇通过脱水作用使颅内压降低，是治疗脑水肿及各种原因引起的颅内压增高的首选药。

3. 用于急性青光眼　甘露醇通过脱水作用降低眼内压，用于青光眼的急性发作及术前降眼压。

【不良反应】甘露醇不良反应少见。大剂量快速静脉注射时可引起眩晕、头痛、视物模糊等。静脉滴注外漏可导致局部组织肿胀，甚至坏死。低温容易析出结晶，温热（<80 ℃）充分溶解后可使用。禁用于慢性心功能不全、活动性颅内出血患者。

熟悉甘露醇的药理作用及临床应用。

山 梨 醇

山梨醇（sorbitol）是甘露醇的同分异构体，其药理作用、临床应用及不良反应与甘露醇相似。山梨醇水溶性较大，临床常用 25% 的高渗溶液。药物进入体内后一部分在肝内代谢转化为果糖而失效，故其利尿作用较甘露醇弱，且维持时间短。心功能不全患者慎用。

高渗葡萄糖

50% 高渗葡萄糖（hypertonic glucose）溶液静脉注射可产生脱水和渗透性利尿作用。因其可从血管扩散到组织，易被迅速代谢，故作用弱，维持时间短。故高渗葡萄糖常与甘露醇交替使用，治疗脑水肿。停药后，可能出现颅内压升高，产生"反跳"现象，加重病情。

自 测 题

一、单项选择题

1. 呋塞米利尿的作用部位是
   A. 提高肾小管内的渗透压
   B. 拮抗醛固酮
   C. 抑制髓袢升支粗段对 NaCl 的重吸收
   D. 抑制近曲小管对钠的重吸收
   E. 抑制远曲小管和集合管 Na^+-K^+ 交换

2. 急性肺水肿宜首选的利尿药是
   A. 氢氯噻嗪 B. 呋塞米 C. 螺内酯
   D. 氨苯蝶啶 E. 氯噻酮

3. 通过拮抗醛固酮而发挥利尿作用的利尿药是
   A. 呋塞米 B. 依他尼酸 C. 氢氯噻嗪
   D. 螺内酯 E. 氨苯蝶啶

4. 下列药物联合应用时能相互纠正血钾过高或过低的不良反应的是
   A. 呋塞米和氢氯噻嗪 B. 氢氯噻嗪和甘露醇
   C. 螺内酯和山梨醇 D. 氨苯蝶啶和氢氯噻嗪
   E. 呋塞米和高渗葡萄糖

5. 某肝硬化伴大量腹水患者，使用呋塞米利尿后诱发肝性脑病，这是由于
   A. 药物在肝内代谢时会严重损害肝细胞
   B. 药物使血糖剧升
   C. 利尿作用使血容量突然减少
   D. 耳毒性
   E. 电解质紊乱（尤其低钾血症）

6. 患者，男，60 岁，患高血压多年，长期依靠服用硝苯地平等抗高血压药以控制血压。近日来患者药物降血压效果不理想，为提高降压疗效，可添加的利尿药是
   A. 呋塞米 B. 螺内酯 C. 氢氯噻嗪
   D. 氨苯蝶啶 E. 布美他尼

7. 患儿，8 岁，因高热、剧烈头痛、喷射样呕吐、神志不清而急诊，诊断为脑炎。为了降低患儿颅内压，治疗其脑水肿，应立即给予
   A. 肌内注射 20% 甘露醇 20 ml

B. 口服 50% 高渗葡萄糖 40 ml

C. 静脉注射呋塞米 20 mg

D. 皮下注射 25% 山梨醇 20 ml

E. 静脉注射 20% 甘露醇 50 ml

8. 患者，男，40岁，因"流行性乙型脑炎"收入院，经抗感染，降颅内压及对症治疗2天后，症状逐渐减轻。4天后，患者出现烦躁，多饮，多尿，每日饮水量及尿量均在 2500~3000 ml，查血糖 4.5 mmol/L，尿糖（－），尿比重 1.003，限制饮水后尿量仍不减，尿比重仍为 1.003，诊断为尿崩症，对此种继发性疾病选用的药物是

  A. 呋塞米   B. 氢氯噻嗪   C. 格列本脲

  D. 二甲双胍   E. 甘露醇

（9~11题共用题干）

刘某，女，35岁，患肾病多年，以下肢水肿就诊，医生给予呋塞米静脉注射后出现眩晕、耳鸣等反应。

9. 上述患者出现了

  A. 过敏反应   B. 耳毒性   C. 肾毒性

  D. 电解质紊乱   E. 中枢神经系统毒性

10. 呋塞米应避免合用的药物是

  A. 头孢他啶   B. 螺内酯   C. 庆大霉素

  D. 氨苯蝶啶   E. 氢氯噻嗪

11. 呋塞米除了引起上述症状之外，还可引起的不良反应是

  A. 高尿酸血症   B. 高钾血症   C. 高镁血症

  D. 高钙血症   E. 水肿

二、简答题

1. 按利尿药的效能与作用部位，简述利尿药的分类，并列举每一类的代表药。
2. 试比较螺内酯与氨苯蝶啶药理作用的异同。

三、案例分析题

患者，男，45岁，因上消化道大出血来诊，入院诊断为肝硬化门静脉高压症、食管胃静脉曲张破裂出血。立即给予手术治疗，术后持续导尿监测 2 h，尿量不足 20 ml。

请回答：

1. 该患者可选择何种利尿药治疗？
2. 为合理选择利尿药，应注意什么问题？

（杨　杰）

第十九章 抗高血压药

第十九章数字资源

学习目标

知识：详述氨氯地平、卡托普利、氯沙坦的药理作用及临床应用。描述抗高血压药的分类、各类代表药物及抗高血压药的临床应用原则；概述其他抗高血压药的降压特点、临床应用。

能力：能为社区居民开展防治高血压的健康教育；能够进行有效的医患沟通，对不同类型的高血压患者进行合理用药咨询，帮助患者提高生活质量。

素养：关注高血压的危险因素，养成良好的生活习惯，培养重在预防的意识并自觉开展健康宣教。

案例导入

患者，男，63岁，高血压病史10余年，平日接受社区卫生服务中心规律随访。查体：血压160/100 mmHg。社区门诊医生为其开具口服药物：卡托普利25 mg，一日3次；螺内酯20 mg，一日2次。用药2周后，患者至社区卫生服务中心复诊，血压恢复正常，但自述出现四肢软弱无力、疲乏症状，查血钾为6.8 mmol/L（正常值3.50~5.50 mmol/L）。

问题与思考：
1. 作为社区医生，为该患者选用卡托普利降血压的用药依据是什么？
2. 该患者出现高钾血症的原因是什么？应如何进行处理？

知识链接

高血压的定义

根据《中国高血压防治指南（2024年修订版）》，高血压的定义如下：在未使用降压药的情况下，非同日3次测量诊室血压≥140/90 mmHg；或连续5~7 d测量家庭血压≥135/85 mmHg；或24 h动态血压≥130/80 mmHg，白天血压≥135/85 mmHg，夜间血压≥120/70 mmHg。患者既往有高血压史，目前使用降压药，血压虽然低于上述诊断界值，仍应诊断为高血压。基于诊室血压、动态血压和家庭血压的高血压诊断标准可参见表19-1。

表19-1 基于诊室血压、家庭血压和动态血压的高血压诊断标准

血压类型	测量方式	收缩压/舒张压（mmHg）
诊室血压	非同日3次规范化测量诊室血压，3次测量的全部血压值	≥140和/或≥90
家庭血压	连续5~7 d规范化测量家庭血压，所有测量血压读数的平均值	≥135和/或≥85

续表

血压类型	测量方式	收缩压/舒张压（mmHg）
动态血压	24 h 平均值	≥ 130 和/或 ≥ 80
	白天（或清醒状态）的平均值	≥ 135 和/或 ≥ 85
	夜晚（或睡眠状态）的平均值	≥ 120 和/或 ≥ 70

临床用于控制高血压状态，使血压维持在适宜水平的药物称为抗高血压药。对于继发性高血压可通过治疗原发病而治愈；而对于原发性高血压，许多临床研究表明，合理使用抗高血压药，使血压维持在正常水平可明显降低患者脑卒中及心肌梗死等心脑血管事件的发生率和死亡率。血压形成的基本因素为心排血量和外周血管阻力，而已知人体内参与血压调节的系统有许多，以交感神经-肾上腺素系统、肾素-血管紧张素（renin-angiotensin system，RAS）较为重要，其他还有血管缓激肽-激肽-前列腺素系统、血管内皮松弛因子-收缩因子系统等。抗高血压药作用于上述器官或系统的不同环节，使血压下降，实现对心、脑、肾等重要脏器的保护。目前，原发性高血压的病因与发病机制尚不清楚，因此还无法根治。使用抗高血压药的主要目的在于保护靶器官免受高血压的损害。

根据药物主要的作用部位和作用机制，抗高血压药分为以下几类。

1. 利尿药　氢氯噻嗪、吲达帕胺等。
2. 钙通道阻滞药　硝苯地平、尼群地平、氨氯地平、地尔硫䓬、维拉帕米等。
3. 肾素-血管紧张素系统（RAS）抑制药
（1）血管紧张素转换酶抑制药（ACEI）：卡托普利等。
（2）血管紧张素Ⅱ受体阻断药：氯沙坦等。
4. 肾上腺素受体阻断药
（1）β受体阻断药：普萘洛尔、美托洛尔等。
（2）α受体阻断药：哌唑嗪、特拉唑嗪等。
5. 交感神经抑制药
（1）中枢性降压药：可乐定、甲基多巴等。
（2）去甲肾上腺素能神经末梢阻滞药：利血平、胍乙啶等。
6. 血管舒张药
（1）直接舒张血管药：肼屈嗪、硝普钠等。
（2）钾通道开放药：米诺地尔、吡那地尔等。

目前，国内外常用的一线抗高血压药有利尿药、钙通道阻滞药、肾素-血管紧张素系统抑制药和β受体阻断药四类，而其他抗高血压药主要用于中、重度高血压或作为高血压危象时的抢救用药，很少单独应用于轻、中度高血压。

第一节　常用一线抗高血压药

一、利尿药

早期高血压患者限制钠盐摄入是阻止高血压快速发展的手段之一。各类利尿药单用既有降压作用，又可增强其他抗高血压药的作用。噻嗪类利尿药是最常用的利尿降压药，因其安全、有效、价廉，降压作用温和、持久，长期用药无明显耐受性，为高血压治疗的基础药物。用药初期，降压作用可能是通过排钠利尿，减少细胞外液和血容量，导致心排血量降低。长期应用噻嗪类利尿药，虽然血容量和心排血量可以逐渐恢复至用药前水平，但外周血管阻力和血压仍持续降低。大规模临床试验表明，它们可降低高血压并发症（如脑卒中、心力衰竭）的发病率和病死率。但是，也有研究发现，噻嗪类药物可代偿性地提高肾素活性，加快高血压进程，同时对血脂和糖代谢的影响可升高血液黏稠度，从而增加血管意外的危险性。

氢氯噻嗪

【药理作用】

1. 利尿降压　氢氯噻嗪作用于肾远曲小管近端，抑制 Na^+-Cl^- 共同转运体而抑制 Na^+ 重吸收，Na^+ 排泄增加的同时产生利尿作用，使细胞外液量、血容量和心排血量减少而降压。

2. 降低血管平滑肌细胞内 Ca^{2+} 水平　①排钠作用使血管平滑肌细胞内 Na^+ 水平下降，细胞内外 Na^+-Ca^{2+} 交换减少，血管平滑肌细胞内 Ca^{2+} 水平降低，对缩血管物质反应性下降，血管平滑肌松弛。②诱导动脉壁产生扩血管物质，如缓激肽、前列腺素等。

【临床应用】氢氯噻嗪可单独用于早期轻度高血压，也常与其他抗高血压药联合用于各型高血压，β受体阻断药、肾素-血管紧张素-醛固酮系统抑制药可拮抗其升高血浆肾素水平的作用。研究发现，氢氯噻嗪单用时小剂量（12.5~25 mg/d）即可产生良好的降压效果，若超过 25 mg/d 降压作用并不增强，反而使不良反应发生率增加，故建议单用时剂量不超过 25 mg。

【不良反应及相互作用】氢氯噻嗪长期使用可引起电解质紊乱，如低钾血症、低钠血症、低镁血症、低氯血症；可抑制尿酸排泄而使血尿酸浓度升高，诱发或加重痛风；还可使血脂和血糖水平升高。因其引起的低钾血症可提高强心苷对心脏的毒性作用，与强心苷合用时应监测血钾水平；氢氯噻嗪与磺胺类药物的基本结构相似，两者有交叉超敏反应，因此对磺胺类药物有超敏反应者禁用；氢氯噻嗪与糖皮质激素类药合用可增强其降低血钾作用。痛风、高血脂、糖尿病患者慎用。

吲达帕胺

吲达帕胺（indapamide）为非噻嗪类利尿降压药。

【药理作用及临床应用】吲达帕胺的利尿作用与氢氯噻嗪相似；其钙通道阻滞作用能降低血管平滑肌细胞内 Ca^{2+} 水平，使小动脉舒张。吲达帕胺降压作用比氢氯噻嗪较强且持久，不引起直立性低血压和心动过速，对脂代谢和糖代谢无明显不良影响，长期应用还能逆转左心室肥厚。吲达帕胺可单独或与其他抗高血压药联合用于治疗轻、中度高血压，尤其适用于高脂血症患者。

【不良反应】吲达帕胺不良反应较氢氯噻嗪轻，但少数患者用药后可诱发痛风。治疗量对血钾水平影响不大，但较大剂量时可引起低钾血症。严重肝、肾功能不全者慎用。

二、钙通道阻滞药

钙通道阻滞药（calcium channel blockers，CCB）主要通过阻滞细胞膜外 Ca^{2+} 内流、降低细胞内 Ca^{2+} 水平而发挥治疗作用。根据其化学结构分为二氢吡啶类、苯烷胺类和苯并噻氮䓬类三类。各类钙通道阻滞药对心脏和血管的选择性不同，二氢吡啶类药物如硝苯地平、尼群地平、氨氯地平等对血管平滑肌选择性强，较少直接影响心脏，故临床主要用于高血压及脑血管病的治疗；苯烷胺类如维拉帕米和苯并噻氮䓬类如地尔硫䓬对心脏的抑制作用较对血管的作用更明显，故临床主要用于心绞痛和心律失常的治疗。

钙通道阻滞药的降压特点：降压作用可靠；降压时不伴有心、脑、肾等重要器官血流量的降低；不引起脂质代谢紊乱及葡萄糖耐受性的改变；对低肾素型高血压有效。

硝苯地平

硝苯地平（nifedipine）口服易吸收，经肝代谢后 45%~68% 进入体循环，血药浓度个体差异较大，$t_{1/2}$为 3~4 h，药物主要在肝内代谢，少量以原型药经肾排出。

【药理作用】

1. 扩张外周血管　硝苯地平对小动脉和小静脉均有松弛作用，前者可使外周阻力下降，后者可减少静脉回心血量，使心脏负荷与心排血量减少。

2. 反射性兴奋心脏　因血管扩张和心排血量减少，可引起交感神经反射性活动增强，导致心率加快。

【临床应用】硝苯地平可用于各型高血压的治疗，尤其适用于伴心绞痛的患者，可单独用于轻、中度高血压，也用于中、重度高血压的联合治疗。普通制剂血药浓度波动大，且易引起交感神经反射性兴奋，已不常用。现推荐使用其缓释制剂或者控释制剂，可使降压作用起效较慢，维持时间较长，平稳降压，以减轻迅速降压引起的反射性交感神经兴奋，并减轻对靶器官的损伤，适用于高血压的长期治疗。

【不良反应】硝苯地平的不良反应主要为血管过度扩张的表现，如初服者常见心悸、面部潮红、眩晕、头痛、踝部水肿等，发生率约为 10%。长期使用也可引起牙龈增生。因其可反射性兴奋心脏，急性心肌梗死后的高血压患者慎用或禁用。

尼群地平

尼群地平（nitrendipine）的作用与硝苯地平相似，但血管松弛作用比硝苯地平强，降压作用起效快，维持时间较长，可用于各型高血压。尼群地平不良反应与硝苯地平相似，肝功能不全者慎用或减量使用。尼群地平可提高地高辛的血药浓度，合用时宜适当减少地高辛用量。

氨氯地平

氨氯地平（amlodipine）的药理作用与硝苯地平相似，降压作用比尼群地平更为平缓、持久，每日 1 次即可达到 24 h 平稳降压并维持血压在合适水平。氨氯地平对血管平滑肌的选择性更高，因此治疗量时，不影响心脏的传导和收缩力；能逆转心室和血管重构，保护靶器官。氨氯地平单独应用或与其他抗高血压药合用，可用于各种类型高血压。大多数不良反应与血管扩张作用有关，表现为心悸、面红、头痛、踝部水肿等。

掌握氨氯地平的药理作用及临床应用。

非洛地平

非洛地平（felodipine）口服吸收好，但首过消除明显，生物利用度仅 10%~25%，主要经肝代谢。其作用强度与硝苯地平相似，对冠状血管、脑血管和外周血管均有扩张作用，主要适应证为高血压、心绞痛。

尼莫地平

尼莫地平（nimodipine）口服吸收好，但首过消除大，生物利用度约 12%，主要经肝代谢，$t_{1/2}$约 3 h，其代谢产物具有药理活性。尼莫地平对脑血管的选择性强于外周血管，因此对脑供血的改善作用强于降血压作用，长期使用还可保护大脑，促进记忆功能的提升。临床主要用于脑血管痉挛、脑缺血及蛛网膜下腔出血。头痛是其主要不良反应。

三、肾素-血管紧张素系统抑制药

肾素-血管紧张素系统（RAS）是机体血压的重要体液调节系统。低钠和交感神经兴奋激动球旁细胞膜上 $β_1$ 受体可引起球旁细胞肾素分泌增加。血管紧张素原在肾素的作用下转变为血管紧张素Ⅰ，后者再经血管紧张素转换酶（ACE）作用转化为血管紧张素Ⅱ（Ang Ⅱ）。Ang Ⅱ受体有 AT_1

受体和 AT_2 受体两种亚型，分布于心肌、血管平滑肌和肾上腺上皮细胞。AT_1 受体主要有介导血管收缩、促细胞生长、水钠潴留等效应，其中血管收缩和水钠潴留是高血压形成的重要基础，心肌和血管平滑肌细胞增生可导致左心室肥厚（心室重构）和血管壁增厚（血管重构），使心脏顺应性下降和耗氧增加，血管壁弹性下降，促进高血压、缺血性心脏病和慢性心功能不全的病理生理过程，加重病情发展。AT_2 受体的功能与之相反，具有扩张血管、利尿排钠和促进细胞凋亡等作用。

临床常用的 RAS 抑制药有血管紧张素转换酶抑制药（ACEI）和 Ang Ⅱ 受体阻断药两类。ACEI 通过抑制 ACE 的活性而降低血浆 Ang Ⅱ 水平。ACE 还是缓激肽的降解酶，ACEI 使其活性降低，减少缓激肽的分解。Ang Ⅱ 受体阻断药选择性阻断 AT_1 受体。两类药物均可明显抑制 Ang Ⅱ 介导的血管收缩、水钠潴留而发挥降低血压作用，还能抑制心室肌和血管平滑肌细胞增生而逆转心室重构和血管重构（图 19-1）。虽然，两类药物还能代偿性地使血浆肾素水平升高，但是不影响其降压作用和对心肌、血管平滑肌的保护作用。

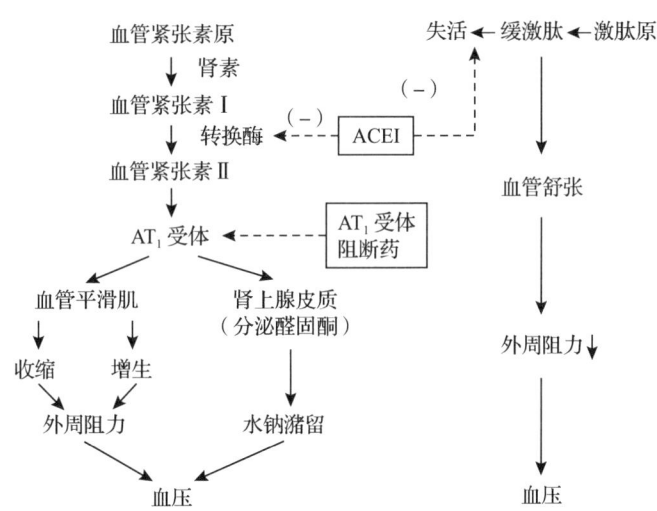

图 19-1　肾素 - 血管紧张素系统抑制药的作用机制示意图

（一）血管紧张素转换酶抑制药

血管紧张素转换酶抑制药已成为高血压、慢性心功能不全等心血管疾病治疗的重要药物。其降压作用特点有：①降压时不伴有反射性心率加快，对心排血量无明显影响；②可防止或逆转高血压患者的心室重构和血管重构；③能增加肾血流量，保护肾脏；④能改善胰岛素抵抗；⑤不引起电解质紊乱和脂质代谢改变；⑥久用不易产生耐受性。

卡 托 普 利

【体内过程】卡托普利（captopril）口服吸收较好，生物利用度约 65%，但食物可减少其吸收，因此宜在进餐前 1 h 服用；口服后 15 ～ 30 min 显效，1 ～ 1.5 h 作用最强，降压作用持续 9 ～ 10 h；部分在肝内代谢，药物及其代谢产物主要由肾排泄；$t_{1/2}$ 为 2 ～ 3 h。

【药理作用】卡托普利具有轻、中度降压作用，同时增加肾血流量，无反射性心率加快。其降压机制与抑制 ACE 有关。ACE 被抑制后，一方面使 Ang Ⅱ 的生成减少，引起血管扩张和醛固酮分泌减少而使血压下降；另一方面还能减少缓激肽降解，增强缓激肽介导的 NO 和 PGI_2 生成而引起血管扩张。卡托普利长期使用能阻止或逆转心室和血管重构。卡托普利对肾出球小动脉有明显的舒张作用，可增加肾血流量，延缓糖尿病肾病进展，保护肾；还可以改善糖耐量异常，增加胰岛素的敏感性。因此，卡托普利对 1 型糖尿病的肾病变有较好的改善作用。

【临床应用】

1. 治疗高血压　卡托普利适用于各型高血压，使收缩压和舒张压均降低，且降低收缩压疗效优于β受体阻断药。单独使用卡托普利的患者有60%～70%可将血压维持在理想水平,加用利尿药则可达95%。卡托普利长期使用无耐受性,停药无反跳现象,尤其适用于高肾素型高血压患者,以及伴有糖尿病、左心室肥厚、心力衰竭、急性心肌梗死后的高血压患者。卡托普利与利尿药、钙通道阻滞药或β受体阻断药合用能增强疗效,用于治疗重度或顽固性高血压,疗效较好。

2. 治疗慢性心功能不全　卡托普利是重要的治疗慢性心功能不全的药物。

【不良反应】卡托普利每日剂量在150 mg以下时不良反应较少。

1. 刺激性干咳　为卡托普利的主要不良反应,发生率为5%～20%,可能与缓激肽在呼吸道聚集有关。

2. 低血压　高肾素水平患者或在使用利尿药的基础上首次使用卡托普利者,可引起血压突降,使用时应先采用小剂量(12.5 mg),同时减少或停用利尿药。

3. 其他　常见皮疹伴发热、瘙痒、嗜酸性粒细胞增多、味觉减退等,但都较短暂,坚持用药可以消失。其原因可能与其化学结构中含有巯基有关。肾功能不全时宜适当延长给药间隔,以免引起高钾血症。卡托普利有致畸作用,妊娠期妇女禁用;双侧肾动脉狭窄者禁用。

依 那 普 利

依那普利(enalapril)口服吸收较好,且不受食物影响,生物利用度约60%。血药浓度在给药后1 h达峰值,$t_{1/2}$约1.3 h。依那普利为前体物质,在肝内代谢后被激活,4 h后作用达到峰值,一次用药降压作用可维持24 h每日只需用药1次。其降压作用机制及临床应用与卡托普利相同,降压作用强而持久。但依那普利因作用强,引起刺激性干咳较多;合用利尿药时易产生低血压,应调整剂量。由于依那普利结构不含巯基,故无典型的皮疹、嗜酸性粒细胞增多、味觉消失等卡托普利所特有的反应。其他不良反应同卡托普利。

掌握卡托普利药理作用及临床应用。

其他ACEI类药物还有雷米普利(ramipril)、赖诺普利(lisinopril)、贝那普利(benazepril)、培哚普利(perindopril)、西拉普利(cilazapril)、福辛普利(fosinopril)等。它们的共同特点是每天只需用药1次,除赖诺普利外,其他均为前体物质。

(二)血管紧张素Ⅱ受体阻断药

血管紧张素Ⅱ受体阻断药有氯沙坦(losartan)、缬沙坦(valsartan)、厄贝沙坦(irbesartan)、坎地沙坦(candesartan)和替米沙坦(telmisartan)等。其中坎地沙坦的作用最强、维持时间较长和降压效果最平稳。阿利沙坦酯(allisartan isoproxil)和沙库巴曲缬沙坦(sacubitril valsartan)是近些年上市的新型AT_1受体阻断药,临床应用日趋广泛。

氯 沙 坦

【体内过程】氯沙坦口服吸收好,生物利用度约33%,其活性代谢产物降压作用可持续24 h。

【药理作用】氯沙坦可选择性阻断AT_1受体,从而抑制AT_1受体介导的血管收缩、水钠潴留、心脏和血管细胞增生,发挥降低血压、阻止和逆转心室和血管重构作用。氯沙坦还有扩张血管、利尿排钠、增加尿酸排泄和保护肾功能的作用。

【临床应用】氯沙坦可用于各型高血压。因其不影响缓激肽降解,无刺激性干咳和血管神经性水肿等不良反应,尤其适应于使用ACEI后出现剧烈干咳而不能耐受的患者;也可代替ACEI用于慢性心功能不全的治疗。

【不良反应】氯沙坦除不引起刺激性干咳外,其他不良反应基本同ACEI。肝功能不全者宜酌情减少剂量。妊娠期和哺乳期妇女、肾动脉狭窄者禁用。

掌握氯沙坦的药理作用及临床应用。

阿利沙坦酯

阿利沙坦酯是我国自主研发的原创药物，通过对氯沙坦（losartan）进行药理学研究及结构改造而研制成功。其阻断 AT_1 受体的活性比氯沙坦强 30 倍，不良反应较少。该药自 2013 年上市以来，已广泛用于治疗各型高血压。

沙库巴曲缬沙坦是血管紧张素受体-脑啡肽酶抑制药（angiotensin receptor neprilysin inhibitor，ARNI），是具有阻断 AT_1 受体和抑制脑啡肽酶（neprilysin，NEP）的双靶标药物。该药适用于老年高血压、盐敏感性高血压、高血压合并心力衰竭、高血压合并左心室肥厚和高血压合并肥胖的患者。

四、β 受体阻断药

β 受体阻断药包括非选择性 β 受体阻断药和选择性 $β_1$ 受体阻断药两类。前者在阻断心肌 $β_1$ 受体同时，还阻断外周血管和支气管平滑肌上的 $β_2$ 受体，并诱发或加重支气管痉挛；后者对 $β_2$ 受体作用弱或几无阻断作用。

β 受体阻断药作用特点：①降压作用强度与噻嗪类利尿药相似；②长期应用，收缩压和舒张压均降低；③长期应用无水钠潴留；④不易产生耐受性；⑤非选择性 β 受体阻断药长期使用可引起血脂异常，增加血浆甘油三酯，降低 HDL-Ch 水平。而选择性 $β_1$ 受体阻断药对血脂几乎无影响。目前用于治疗高血压的 β 受体阻断药有普萘洛尔、美托洛尔、阿替洛尔、拉贝洛尔等。

普 萘 洛 尔

普萘洛尔（propranolol）为非选择性 β 受体阻断药。口服吸收完全，但首过消除明显，生物利用度约 25%，且个体差异大。主要在肝代谢，代谢产物由肾排泄，$t_{1/2}$ 约 4 h。

【药理作用】普萘洛尔具有缓慢、温和而持久的降压作用，一般用药数天后开始降压，1～2 周达高峰，停药后降压作用可维持 1～2 周。降压机制可能与以下因素有关：①阻断心肌 $β_1$ 受体，抑制心肌收缩力和减慢心率，减少心排血量；②阻断肾小球球旁细胞 $β_1$ 受体，降低血浆肾素释放；③阻断中枢 $β_1$ 受体，降低外周交感张力；④阻断去甲肾上腺素能神经末梢突触前膜 $β_2$ 受体，抑制正反馈作用，减少去甲肾上腺素的释放。

【临床应用】普萘洛尔用于各种程度的高血压，可作为首选药单独用于轻度高血压，也可与其他抗高血压药合用于中、重度高血压，尤适用于高肾素型及合并心绞痛、偏头痛、焦虑症的高血压患者。普萘洛尔与利尿药合用可拮抗后者的升高肾素活性作用，与钙通道阻滞药、扩血管药合用可拮抗这些药物加快心率的不良反应。

【不良反应】普萘洛尔长期应用可出现胃肠道反应、心脏抑制、诱发或加重支气管哮喘、反跳现象、血脂及血糖异常等（详见第九章肾上腺素受体阻断药）。

美 托 洛 尔

美托洛尔（metroprolol）属于选择性 $β_1$ 受体阻断药，口服吸收完全，生物利用度为 40%～50%，$t_{1/2}$ 为 3～4 h。美托洛尔缓释剂能有效控制血药浓度 24 h，使血压波动小，每日给药 1 次即可，主要用于高血压和心绞痛。

阿 替 洛 尔

阿替洛尔（atenolol）降压机制与普萘洛尔相似，但对心脏 $β_1$ 受体有较大的选择性，而对外周血管和支气管平滑肌 $β_2$ 受体作用小。口服用于治疗各种程度高血压，降压作用维持时间比普萘洛尔长，每天只需用药 1 次。但较大剂量时对支气管平滑肌 $β_2$ 受体也有作用，故支气管哮喘患者慎用。其他不良反应及用药注意与普萘洛尔相同。

拉贝洛尔

拉贝洛尔（labetalol）为 α 受体、β 受体阻断药。对 $β_1$ 和 $β_2$ 受体的阻断作用相当，对 $α_1$ 受体的作用较弱，对 $α_2$ 受体则无影响。降压作用比普萘洛尔快而强，适用于各种程度的高血压、嗜铬细胞瘤、麻醉或手术时高血压，静脉滴注还可用于高血压急症。大剂量可致直立性低血压，少数患者还可能出现疲乏、眩晕、上腹不适等反应，一般不影响治疗。支气管哮喘患者禁用。

第二节 其他抗高血压药

一、中枢性降压药

中枢性降压药作用于中枢神经系统而产生降压作用，主要有可乐定（clonidine）、莫索尼定（moxonidine）、利美尼定（rilmenidine）和甲基多巴（methyldopa）等。

可 乐 定

可乐定口服吸收良好，生物利用度为 71%~82%。30 min 起效，可持续 6~8 h。

【药理作用及临床应用】可乐定有较强的中枢性降压作用。作用机制主要是通过激动延髓外侧核吻部端的咪唑啉 -I_1 型受体，抑制外周交感神经活性，使去甲肾上腺素释放减少，外周血管扩张而降压。其他作用包括：通过激动中枢阿片受体，激动脑内"抗痛系统"，阻断痛觉传导而镇痛；通过激动中枢 $α_2$ 受体，兴奋抑制性神经元而镇静；还有抑制胃肠分泌和蠕动的作用。

可乐定主要用于中度高血压，因其不影响肾血流量和肾小球滤过率，能抑制胃肠道腺体分泌和平滑肌运动，尤适用于肾性高血压或伴有消化性溃疡的高血压患者；与利尿药合用有协同作用，可用于重度高血压。

【不良反应】可乐定常见的不良反应是口干和便秘。其他有嗜睡、抑郁、眩晕、食欲减退等，不宜用于高空作业或驾驶机动车辆的人员，以免因嗜睡、精力不集中而发生意外。久服可致水钠潴留，长期服用突然停药可致反跳现象，因此不宜突然停药。

莫索尼定

莫索尼定为第二代咪唑啉类中枢降压药，对咪唑啉 -I_1 受体作用强而对 $α_2$ 受体作用弱。降压作用比可乐定弱，但不良反应也少，无中枢镇静作用，也无停药后的反跳现象。长期应用还能逆转心室重构。

二、$α_1$ 受体阻断药

哌 唑 嗪

哌唑嗪（prazosin）是作用较强，选择性较高的 $α_1$ 受体阻断药。

【体内过程】哌唑嗪口服吸收良好，1~2 h 血药浓度达峰，降压作用可维持 7~8 h。生物利用度为 60%，但首过消除明显，主要由肝代谢，由肾排泄。$t_{1/2}$ 为 2~4 h。

【药理作用及临床应用】哌唑嗪可选择性阻断血管平滑肌 $α_1$ 受体，对小动脉作用强于小静脉，因此其作用以降低外周阻力为主；降压时基本不引起反射性心率加快，但可短期内升高肾素活性；长期使用改善脂质代谢，降低血浆甘油三酯、总胆固醇（TC）、低密度脂蛋白（LDL）和极低密度脂蛋白（VLDL）的浓度，升高血中高密度脂蛋白（HDL）水平。临床用于轻、中度高血压，尤适用于伴肾功能不全、高脂血症、前列腺增生的高血压患者。

【不良反应】部分患者首次使用哌唑嗪后0.5~2 h内出现严重直立性低血压，产生心悸、晕厥甚至意识丧失，尤其是低盐饮食或合用β受体阻断药时更易出现，称为首剂现象。首剂现象是哌唑嗪的主要不良反应。首次剂量不超过0.5 mg，或在睡前服用可减轻或预防首剂现象，数次用药后可消失。严重肝疾病者禁用，严重心脏病者、有精神病史者慎用。

特拉唑嗪、多沙唑嗪

特拉唑嗪（terazosin）、多沙唑嗪（doxazosin）的作用、临床应用及不良反应均与哌唑嗪相同，不同的是降压维持时间较哌唑嗪长，每天只需用药1次。

三、血管扩张药

（一）直接松弛血管平滑肌药

肼 屈 嗪

肼屈嗪（hydralazine，肼苯哒嗪）为直接扩张小动脉的口服抗高血压药。降压特点：作用快而强；对肾、冠状动脉及内脏血管的扩张作用强于骨骼肌血管；可反射性兴奋交感神经和增加醛固酮的分泌，引起反射性心率加快和水钠潴留而抵消其一部分降压作用。肼屈嗪不宜单独使用，需与利尿药和β受体阻断药合用，适用于中、重度原发性高血压。

肼屈嗪常见不良反应有头痛、眩晕、乏力、恶心、心悸等。少数女性患者每日以200 mg以上剂量长期使用可引起全身性红斑狼疮样综合征，一旦发生，应停药或给予激素治疗。老年人或伴有冠心病的高血压患者慎用，以免诱发心绞痛及心力衰竭。

硝 普 钠

硝普钠（sodium nitroprusside）为强效、速效、短效的抗高血压药。

【体内过程】硝普钠口服不吸收，需要静脉滴注给药。给药后30 s起效，停药5 min内血压回升。药物在血管内被红细胞迅速代谢，代谢物无扩张血管作用，经肾排泄。

【药理作用】硝普钠的作用机制与硝酸酯类药相似，通过在血管平滑肌内代谢产生NO，激活鸟苷酸环化酶，增加血管平滑肌细胞内cGMP水平，扩张全身小动脉、小静脉，降低外周阻力，减少回心血量，降低左心室充盈量。硝普钠降压时不降低冠状动脉血流量、肾血流量及肾小球滤过率。

【临床应用】

1. 抢救高血压危象　硝普钠降压作用迅速而强大，可用于高血压危象的抢救，是高血压危象的首选药，特别适用于伴有心力衰竭的严重高血压患者。

2. 外科麻醉时控制性降压　可通过调整滴速来维持外科麻醉时所需的血压水平。

3. 治疗难治性心力衰竭　硝普钠能扩张动、静脉，降低心脏的前、后负荷，从而改善心脏功能。

> **知识链接**
>
> 高血压危象
>
> 高血压危象（hypertension crisis）是高血压的一种严重并发症，是在紧张、疲劳、寒冷、嗜铬细胞瘤发作、突然停服降压药等诱因下，小动脉发生强烈痉挛，血压急剧上升，影响重要脏器血液供应而产生的危急情况。高血压危象在高血压早期与晚期均可发生。危象发生时，患者出现头痛、烦躁、眩晕、恶心、呕吐、心悸、气急及视物模糊等表现，以及因伴有动脉痉挛（椎-基底动脉、颈内动脉、视网膜动脉、冠状动脉等）而累及相应的靶器官出现缺血症状。

【不良反应及注意事项】硝普钠化学性质不稳定，遇光或在水溶液中时间过长均易分解释放氰化物，因此应避光贮存与使用，配制时间超过4 h的溶液不宜使用。硝普钠用药过程中可引起恶心、出汗、不安、头痛、心悸等；连续使用24 h以上时，可导致血浆氰化物和硫氰化物浓度升高而中毒，表现为乏力、厌食、定向障碍、精神变态、肌肉痉挛等。因此静脉滴注硝普钠时速度不可超过3 μg/（kg·min）。过量硫氰酸盐还抑制甲状腺摄碘而引起甲状腺功能减退症。

（二）钾通道开放药

钾通道开放药通过开放血管平滑肌细胞膜上的K^+通道，促进K^+外流，使细胞膜超极化，电压依赖性Ca^{2+}通道不易开放，减少Ca^{2+}内流，从而使血管平滑肌扩张，血压下降。钾通道开放药降压作用强，降压时常伴有反射性心动过速，心排血量增加，一般不宜单独使用，常与利尿药和β受体阻断药合用，纠正其反射性心动过速和水钠潴留。

米 诺 地 尔

米诺地尔（minoxidil）口服易吸收，主要在肝内代谢，$t_{1/2}$约4 h，给药后2~3 h出现最大降压作用，一次用药降压时间可维持24 h或更长。米诺地尔主要扩张小动脉，降压作用强而持久，降压时反射性兴奋交感神经，使心率加快，肾素活性升高，水钠潴留。临床与利尿药或β受体阻断药合用于重度高血压、肾性高血压。

不良反应一般有心悸、水肿、体重增加等，每日10 mg以上连用数月可致多毛。嗜铬细胞瘤患者禁用，肺源性心脏病、心绞痛、慢性心功能不全及严重肝功能不全者慎用。

二 氮 嗪

二氮嗪（diazoxide）虽口服易吸收，但血浆$t_{1/2}$为20~60 h，降压作用维持时间差异也较大（4~20 h），因而常静脉注射给药，给药后1 min起效，3~5 min作用达高峰，主要用于治疗高血压危象和高血压脑病。二氮嗪还能抑制B细胞分泌胰岛素而引起高血糖，因此也可用于治疗幼儿特发性低血糖或胰岛细胞引起的严重低血糖。

四、去甲肾上腺素能神经末梢阻滞药

去甲肾上腺素能神经末梢阻滞药主要通过抑制儿茶酚胺类递质的贮存及释放而产生降压作用，如利血平、胍乙啶。因其要待去甲肾上腺素能神经末梢递质耗竭方显降压效应，故降压作用起效缓慢。利血平（reserpine）通过抑制囊泡的摄取功能造成囊泡内递质耗竭而降压，降压作用弱而持久，长期使用停药后降压作用还可维持较长时间。因利血平长期使用可能诱发抑郁症和消化性溃疡，现基本已不单独使用，常与其他药物组成复方制剂，用于轻、中度高血压治疗。胍乙啶（guanethidine）降压作用起效慢，作用强，易产生直立性低血压，男性还可引起射精困难，现仅用于其他抗高血压药不能控制的重度高血压。以上两种药物降压期间往往可产生鼻塞、乏力、心率减慢等不良反应。

第三节　抗高血压药的合理应用

高血压患者不仅表现为血压升高，同时可出现心、脑、肾及血管等靶器官的损害，以及血脂、血糖代谢异常等，因此不仅要有效地控制血压，更要注意逆转靶器官损害、纠正代谢异常，以减少并发症，降低发病率及病死率，延长患者寿命。高血压治疗时应考虑以下几个方面。

（一）综合治疗

已经明确引起高血压的主要危险因素包括年龄、性别、高血脂、吸烟、不平衡膳食、糖尿病、肥胖、缺少运动及精神压力等，因此应将药物治疗与非药物治疗相结合，贯穿高血压治疗的全过程。非药物治疗包括限制钠盐摄入、控制体重、戒烟限酒、合理膳食、愉悦精神，并进行适宜的运动及睡眠管理等，维持和改善患者的生活质量，降低心血管的发病率及病死率。非药物治疗不能有效控制血压时，则应结合药物进行治疗。

（二）个体化治疗

抗高血压药种类众多，应根据患者的年龄、性别、种族、病情轻重、并发症和用药史等制订治疗方案。

1. 依据病情选择及联用药物　病情轻的患者宜在常用药物中选择一种，单独应用。单用一种药物不能有效控制血压或出现不良反应时，应联用2种或3种药物。应将不同作用机制的药物合用，使其产生协同作用，同时可使每一种药物的剂量减少，减轻不良反应。常用抗高血压药中任何两类均可联合应用，其中β受体阻断药加CCB、ACEI加CCB可互相抵消相应的不良反应，联合应用效果较好。

2. 依据并发症选择药物　高血压患者往往有心、脑、肾及代谢等方面的并发症，应依据并发症选择药物，以保护靶器官。

（1）合并心力衰竭时，宜用利尿药、ACEI和长效CCB，不宜用肼屈嗪。

（2）有高血压肾病时，ACEI、AT_1受体阻断药和CCB对肾有保护作用，可延缓高血压肾病的进程；利尿药和β受体阻断药则无肾保护作用，不宜选用。

（3）合并支气管哮喘、慢性阻塞性肺病时，宜用利尿药、CCB，不宜用ACEI和β受体阻断药。

（4）合并糖尿病时，宜用ACEI、CCB，不用噻嗪类利尿药及β受体阻断药。

（5）合并高脂血症时，宜用$α_1$受体阻断药、CCB，避免应用噻嗪类利尿药及β受体阻断药。

3. 剂量个体化　每位患者对药物的敏感性及耐受程度不同，不同患者或同一患者在不同病程阶段，所需药物剂量不同，如普萘洛尔的治疗量可相差数倍，所以应根据"最佳疗效、最少不良反应"的原则选择最佳剂量，并根据患者的临床反应和耐受情况调整剂量。

（三）平稳降压及终生治疗

多数高血压患者需长期服药以控制症状，保持血压平稳可减少靶器官的损伤，显著降低并发症的发生率，药物也应能防止或逆转高血压及其并发症的病理生理过程，以延缓病程发展，最终延长患者生命。平稳降压应注意以下几点：①任何药物均应从最低剂量开始治疗，以免引起血压过低，随后依据血压情况逐渐增加剂量；②尽量选用缓释剂、控释剂或长效药物；③不可突然停药，以免发生反跳现象，引起血压骤升。

自 测 题

一、单项选择题

1. 治疗高血压危象时首选
    A. 利血平　　　　　　　　B. 胍乙啶　　　　　　　　C. 硝普钠
    D. 甲基多巴　　　　　　　E. 氢氯噻嗪

2. 属于β受体阻断药的是
    A. 利血平　　　　　　　　B. 氯沙坦　　　　　　　　C. 普萘洛尔
    D. 硝普钠　　　　　　　　E. 胍乙啶

3. 血管紧张素转换酶抑制药的作用机制不包括
    A. 减少血液缓激肽水平　　　　　　　　B. 减少血液血管紧张素Ⅱ水平
    C. 减少血液儿茶酚胺水平　　　　　　　D. 减少血管升压素水平
    E. 增加细胞内cAMP水平

4. 下列药物可加重糖尿病患者应用胰岛素引起的低血糖反应的是
   A. 肼屈嗪　　　　　B. 哌唑嗪　　　　　C. 普萘洛尔
   D. 硝苯地平　　　　E. 米诺地尔
5. 治疗伴有消化性溃疡的高血压患者首选
   A. 利血平　　　　　B. 可乐定　　　　　C. 甲基多巴
   D. 肼屈嗪　　　　　E. 米诺地尔
6. 选择性阻滞钙通道的长效抗高血压药是
   A. 硝苯地平　　　　B. 氨氯地平　　　　C. 普萘洛尔
   D. 依那普利　　　　E. 肼屈嗪

（7~8题共用备选答案）
   A. 硝苯地平　　　　B. 普萘洛尔　　　　C. 氢氯噻嗪
   D. 利血平　　　　　E. 氯沙坦
7. 通过排钠降压的药物是
8. AT_1 受体阻断药是

二、简答题

1. 一线抗高血压药有几类？各类代表药物有哪些？
2. 临床应用硝普钠有哪些注意事项？

三、案例分析题

患者，男性，54 岁，高血压伴 2 型糖尿病。医嘱硝苯地平缓释片 20 mg，po，bid；卡托普利 25 mg，po，tid；缬沙坦 80 mg，po，qd。

请回答：

该患者高血压用药是否合理？为什么？

（梁　婕）

第二十章 抗心力衰竭药

第二十章数字资源

学习目标

知识：解释血管紧张素转换酶抑制药、利尿药、β受体阻断药、强心苷类的药理作用、临床应用、不良反应与防治。描述血管紧张素Ⅱ受体阻断药、醛固酮受体阻断药、血管扩张药的药理作用、临床应用。归纳其他抗心力衰竭药的作用特点、临床应用及不良反应。

能力：能精心管理慢性疾病患者，关心其心理变化，能指导患者观察抗心力衰竭药的疗效和不良反应，及早发现问题并能够及时处理。

素养：秉持敬佑生命的精神，合理安全使用抗心力衰竭药，关爱患者，做好用药指导与健康科普。

案例导入

患者，男，65岁，反复呼吸困难3年，加重伴双下肢水肿10天入院。患者有高血压史10余年，间断服用降压药治疗，血压波动于160/100 mmHg左右。3年前开始出现轻度活动后心悸、气促，有时踝部水肿，经治疗好转，但常于感冒或劳累后加重。10天前再次因劳累出现咳嗽、咳白色泡沫样痰、心悸，呼吸困难加重，不能平卧。查体：血压170/120 mmHg，心率90次/分，律齐，两肺闻及湿啰音，肝大可触及，双下肢可凹型水肿。胸部X线检查示心脏扩大。诊断：高血压3级，心脏扩大，心功能Ⅳ级。

问题与思考：

1. 医生给予患者卡托普利和呋塞米治疗，是否合理？请解释其原理。
2. 用药期间应监测哪些指标？

抗心力衰竭药是一类能调节神经内分泌系统，减轻心脏负荷或增强心肌收缩力，从而增加心排血量的药物。本章重点介绍慢性心力衰竭（CHF）的治疗药物。慢性心力衰竭发展过程缓慢，一般均有代偿性心脏扩大或肥厚及其他代偿机制的参与，导致心力衰竭发生和加重的两个关键过程是心肌死亡（坏死、凋亡、自噬等）和神经内分泌系统的失衡，其中肾素-血管紧张素-醛固酮系统和交感神经系统过度激活起主要作用，切断这两个关键过程是有效预防和治疗心力衰竭的基础。慢性心力衰竭的治疗目标是缓解心力衰竭症状，预防或逆转心室重构，减轻心肌损伤，延缓疾病进展，提高生活质量，改善长期预后，降低病死率。

根据药物的作用及作用机制，治疗心力衰竭的常用药物分为：

1. 肾素-血管紧张素-醛固酮系统（RAAS）抑制药

（1）血管紧张素转换酶抑制药：卡托普利、依那普利等。

（2）血管紧张素Ⅱ受体（AT_1受体）阻断药：氯沙坦、缬沙坦等。

（3）血管紧张素受体-脑啡肽酶抑制药：沙库巴曲缬沙坦等。
（4）醛固酮受体阻断药：螺内酯、依普利酮等。
2. 利尿药　氢氯噻嗪、呋塞米等。
3. β受体阻断药　普萘洛尔、卡维地洛、美托洛尔等。
4. 正性肌力药
（1）强心苷类：地高辛、去乙酰毛花苷等。
（2）非苷类强心药：多巴酚丁胺、米力农等。
5. 血管扩张药　硝酸酯类、α受体阻断药、肼屈嗪、硝普钠、钙通道阻滞药等。

> **知识链接**
>
> **心 力 衰 竭**
>
> 心力衰竭（heart failure, HF）简称心衰，是各种原因导致心室充盈或射血功能受损的一组临床综合征，以全身组织器官血流灌注不足、肺循环和（或）体循环淤血为特征，主要表现为呼吸困难、乏力（体力活动受限）和水肿。引起心力衰竭最主要的病因是原发性心肌损害和异常，如冠心病、高血压。心力衰竭按发生缓急分为急性心力衰竭和慢性心力衰竭，后者较多见。

第一节　肾素 - 血管紧张素 - 醛固酮系统抑制药

目前肾素 - 血管紧张素 - 醛固酮系统抑制药主要有血管紧张素转换酶抑制药（ACEI）、血管紧张素Ⅱ受体（AT_1 受体）阻断药（ARB）及醛固酮受体阻断药（MRA）三类，这些药物能缓解心力衰竭症状、提高生活质量，长期用药还能防止或逆转心室和血管重构，显著降低病死率，改善预后，已成为治疗慢性心力衰竭的一线药物。

一、血管紧张素转换酶抑制药

常用血管紧张素转换酶抑制药有卡托普利（captopril）、依那普利（enalapril）、培哚普利（perindopril）、赖诺普利（lisinopril）、贝那普利（benazepril）、雷米普利（ramipril）、福辛普利（fosinopril）等。

血管紧张素转换酶抑制药在抗心力衰竭方面有以下作用。

1. 降低心脏前后负荷　ACEI抑制血管紧张素转换酶活性，使血管紧张素Ⅱ（AngⅡ）生成减少，醛固酮分泌减少，导致血管扩张，血容量减少；ACEI还抑制缓激肽降解，使血管扩张。以上作用均可减轻心脏前、后负荷。

2. 抑制心室和血管重构　AngⅡ及醛固酮是促进心肌细胞增生、增加胶原含量、引起心肌间质纤维化，导致心室和血管重构的主要因素。长期应用ACEI可减少心肌和血管壁中AngⅡ、醛固酮的生成，逆转心室和血管重构，改善心肌收缩和舒张功能，改善预后。

3. 降低交感神经活性　ACEI减少AngⅡ的生成、抑制去甲肾上腺素释放，降低交感神经活性，减轻心肌损伤，改善心脏功能。

4. 对血流动力学的影响　ACEI可降低全身血管阻力，使心排血量增加；降低左心室充盈压，改善心脏舒张功能；降低肾血管阻力，增加肾血流量。用药后能使患者心力衰竭症状缓解，运动耐力增加。

【临床应用】ACEI可用于各级心功能的慢性心力衰竭，为治疗慢性心力衰竭的基础药物之一，对收缩性心力衰竭和舒张性心力衰竭均有效。轻度心力衰竭患者可单独应用该药，中度、重度心力衰竭患者可与利尿药、β受体阻断药或地高辛合用。该药宜从小剂量开始使用，逐渐递增，调整至最佳剂量后长期维持，避免突然停药。

用药期间应监测血压、血钾及肾功能。妊娠妇女、双侧肾动脉狭窄及对ACEI过敏者禁用（详见第十九章抗高血压药）。

熟悉卡托普利的药理作用及临床应用。

二、血管紧张素Ⅱ受体阻断药

常用血管紧张素Ⅱ受体阻断药有氯沙坦（losartan）、缬沙坦（valsartan）、厄贝沙坦（irbesartan）、替米沙坦（telmisartan）、坎地沙坦（candesartan）、奥美沙坦（olmesartan）等。

血管紧张素Ⅱ受体阻断药可直接阻断Ang Ⅱ与AT_1受体结合，对抗Ang Ⅱ的作用，故能预防或逆转心室和血管重构、缓解心力衰竭症状。Ang Ⅱ的产生尚有非ACE依赖途径（如糜酶途径），ARB可以从受体水平阻断由两条途径生成的Ang Ⅱ。抗心力衰竭作用与ACEI相似，用于不能耐受ACEI者的替代药物。ACEI与ARB合用不能使心力衰竭患者获益更多，反而增加不良反应，特别是增加低血压、高钾血症和肾功能损害的发生，因此不主张心力衰竭患者两类药物联合应用。

血管紧张素Ⅱ受体阻断药不良反应较少，因不抑制缓激肽降解，故不易引起咳嗽、血管神经性水肿等。禁忌证及注意事项同ACEI。

三、血管紧张素受体-脑啡肽酶抑制药

沙库巴曲缬沙坦是全球首个上市的血管紧张素受体-脑啡肽酶抑制药（angiotensin receptor neprilysin inhibitor，ARNI），于2015年7月批准上市。该药是由AT_1受体阻断药缬沙坦和脑啡肽酶抑制药沙库巴曲按比例组合而成的复合物，口服吸收迅速，分解为沙库巴曲和缬沙坦。沙库巴曲是一种前体药物，在体内代谢为活性产物LBQ657后具有抑制脑啡肽酶作用；缬沙坦则阻断AT_1受体，抑制RAAS系统。CHF的神经内分泌变化主要有RAAS和利尿钠肽系统激活，前者加重CHF的病情，后者具有舒张血管、减少水钠潴留和拮抗RAAS的作用，对缓解CHF有利。

沙库巴曲缬沙坦可替代ACEI或ARB，与β受体阻断药、醛固酮受体阻断药联合使用，适用人群为NYHA（New York Heart Association）心功能分类Ⅱ级、Ⅲ级或Ⅳ级射血分数降低者。与标准治疗药物依那普利相比，沙库巴曲缬沙坦可明显降低CHF患者的住院率和死亡率，表现出更高的安全性，是近10年来CHF治疗的重要进展之一。不良反应主要有低血压、高钾血症、肾功能不全、血管神经性水肿、干咳等，使用时应进行严密的观察。此外，脑啡肽酶抑制药会引起缓激肽的积累，因此ARNI不能与ACEI一起使用，若同时使用或短时间内给药，会增加血管性水肿的风险。

四、醛固酮受体阻断药

慢性心力衰竭患者血中醛固酮浓度为正常人的20倍，是导致左心室肥厚和心力衰竭的重要病理生理机制之一。过多的醛固酮可引起水钠潴留，心脏前负荷增加，尚有明显的促生长作用，使心室和血管重构，加速心力衰竭恶化，此外，还有增加心力衰竭时室性心律失常和猝死的可能性。

螺内酯（spironolactone）、依普利酮（eplerenone）可防止左心室肥厚时心肌间质纤维化，明显

改善血流动力学和临床症状,降低室性心律失常的发生率和病死率。临床用于治疗各种原因引起的心力衰竭,经 ACEI、β 受体阻断药和利尿药等常规治疗仍有严重症状者。螺内酯单用时作用较弱,与 ACEI 合用可同时降低 Ang Ⅱ 及醛固酮水平,能进一步降低病死率、室性心律失常的发生率,疗效更佳。

醛固酮受体阻断药可引起高钾血症,特别是与 ACEI 合用时更易出现,应密切监测血钾浓度和肾功能。妊娠期妇女禁用。

第二节 利 尿 药

利尿药是心力衰竭治疗中改善症状的基础药,也是唯一能够控制体液潴留的药物。药物通过增加肾对钠、水的排出,减少体液量,消除或缓解心力衰竭静脉淤血引起的外周组织水肿和肺水肿;长期用药通过排钠作用,降低血管平滑肌细胞内 Na^+,减少 Na^+-Ca^{2+} 交换,使细胞内 Ca^{2+} 减少,血管扩张,减轻心脏后负荷。但利尿药不能阻止心室重构的形成和发展,并且袢利尿药还可能代偿性增强 RAAS 活性,有可能促进心室重构。

氢 氯 噻 嗪

氢氯噻嗪(hydrochlorothiazide)是治疗心力衰竭最常用的利尿药。该药对轻度心力衰竭疗效好,单独使用即可改善症状;对中度心力衰竭可与强心苷、RAAS 抑制药等合用。适量应用至关重要,宜从小剂量开始,并根据体重变化等调整剂量。长期应用需监测血钾,与强心苷合用时应适当补钾或合用保钾利尿药。注意过度利尿可能发生的低血压、电解质紊乱或诱发心律失常,从而加重心力衰竭等(详见第十八章利尿药和脱水药)。

呋 塞 米

呋塞米(furosemide,速尿)是高效能利尿药,用于严重心力衰竭、有液体潴留的急性心力衰竭,通过静脉注射迅速改善肺水肿等症状,降低猝死率。呋塞米利尿作用强大,易引起代谢性碱中毒和低钾血症,与强心苷合用时根据血钾水平适当补钾或合用保钾利尿药,以免引起强心苷中毒。

第三节 β 受体阻断药

β 受体阻断药虽抑制心肌收缩力,有加重心力衰竭的可能,但 20 世纪 70 年代有研究发现,在心肌状况恶化之前长期应用可减轻慢性心力衰竭症状,提高射血分数,改善预后,降低病死率。目前该药被推荐为治疗慢性心力衰竭的一线药物。β 受体阻断药与 ACEI 合用尚能进一步增强疗效。常用药物有卡维地洛(carvedilol)、美托洛尔(metoprolol)、比索洛尔(bisoprolol)等。

心力衰竭时机体交感神经过度激活,血中去甲肾上腺素水平升高,激动 $β_1$ 受体后使大量 Ca^{2+} 流入心肌细胞内,损伤线粒体功能引起细胞坏死,同时加强心肌细胞氧化应激,使自由基产生增多诱导细胞凋亡;长期过度激活 β 受体使心肌细胞肌质网释放钙过多,导致肌质网钙库耗竭,引起心力衰竭及细胞内钙负荷过重,可致心律失常,还可使心肌细胞发生 β 受体水平下调,β 受体对正性肌力药的反应逐渐减弱。

β 受体阻断药在抗心力衰竭方面有以下作用。

1. 抗交感神经活性 β 受体阻断药通过阻断心脏 $β_1$ 受体,减慢心率,拮抗交感神经兴奋对心脏的不利影响:①阻止去甲肾上腺素对心肌细胞的细胞毒作用与促心肌凋亡作用;②阻止心肌细胞内钙异常释放引起的心力衰竭及心律失常。

2. 上调心肌的 $β_1$ 受体 长期应用 β 受体阻断药可上调心力衰竭的 $β_1$ 受体密度,提高 $β_1$ 受体对儿茶酚胺的敏感性,恢复心肌细胞正性肌力反应。

3. 抗 RAAS 作用与改善心脏血流动力学　β受体阻断药可阻断球旁细胞 $β_1$ 受体,减少肾素释放,降低 Ang Ⅱ 和醛固酮水平,防止和逆转心室重构;减弱 Ang Ⅱ 的缩血管效应和醛固酮的钠水潴留作用,减轻心脏前、后负荷,改善心脏血流动力学,减轻心力衰竭症状。

4. 抗心律失常和抗心肌缺血　β受体阻断药可明显减少慢性心力衰竭患者心律失常的发生,降低病死率和猝死率,抗心肌缺血作用显著(详见第二十二章抗心绞痛药)。

β受体阻断药目前主要用于病情稳定的轻度、中度慢性心力衰竭,尤其适用于扩张型心肌病和缺血性心肌病所致的慢性心力衰竭。

β受体阻断药使用时宜从小剂量开始,逐渐调整到最大耐受剂量并长期应用,久用不宜突然停药。出现心力衰竭恶化、心动过缓(心率<50次/分)、三度房室传导阻滞、低血压(收缩压<85 mmHg)时应停药(详见第九章肾上腺素受体阻断药)。

熟悉普萘洛尔的临床应用及注意事项。

第四节　正性肌力药

一、强心苷类

强心苷类是一类选择性作用于心脏,具有强心作用的苷类化合物,来源于紫花洋地黄或毛花洋地黄等植物,用于治疗心力衰竭已有 200 多年历史。常用药物有地高辛(digoxin)、去乙酰毛花苷(deslanoside,西地兰)、洋地黄毒苷(digitoxin)、毒毛花苷 K(strophanthin K)等,临床常用地高辛。强心苷类药物的药理作用和不良反应相似,但作用强弱和体内过程有所不同。

【体内过程】强心苷类药物之间药动学差异较大。地高辛口服吸收不完全,1~2 h 起效,4~8 h 作用达高峰,血浆蛋白结合率低,体内分布广泛,可通过血脑屏障,主要以原型经肾排泄,也有部分经胆汁排泄形成肝肠循环(7%),肾功能不良时需减量。地高辛生物利用度个体差异较大,同一厂家不同批号的相同制剂也可有较大不同,用药时应注意调整剂量(表 20-1)。

表 20-1　强心苷制剂的体内过程

分类	药物	给药途径	口服生物利用度(%)	血浆蛋白结合率(%)	消除		$t_{1/2}$	肝肠循环(%)
					肝代谢(%)	肾排泄(%)		
慢效	洋地黄毒苷	口服	90~100	97	70	10	7 日	26
中效	地高辛	口服	60~80	25	20	60~90	36 h	7
速效	去乙酰毛花苷	静脉注射	20~30	<20	少	90~100	33 h	少
	毒毛花苷 K	静脉注射	2~5	5	0	100	19 h	少

【药理作用】

1. 正性肌力作用(加强心肌收缩力)　强心苷对心肌有高度选择性,能显著增强心力衰竭患者的心肌收缩力,增加心排血量,缓解组织灌注不足和静脉淤血症状。作用特点:①使心肌收缩敏捷而有力,收缩期缩短,舒张期相对延长,有利于衰竭心脏充分休息,增加静脉血回流及冠状动脉供血，改善心脏泵血功能。②增加衰竭心脏的心排血量（对正常人几乎无影响），改善血流动力学。③降低衰竭心脏的心肌耗氧量，因强心苷减慢心率和降低室壁张力大于增强心肌收缩力效应，对正常人无此作用。这是强心苷有别于儿茶酚胺类强心药的显著特点，是治疗心力衰竭的重要依据。

2. 负性频率作用（减慢心率）　治疗量对正常心率影响较小，但对心力衰竭伴心率加快者，明显减慢心率。强心苷增加心排血量，反射性提高心迷走神经张力而促进 K^+ 外流，使最大舒张电位下移与阈电位距离增大，降低窦房结自律性，减慢心率；还可以增加心肌对迷走神经的敏感性。中毒量强心苷提高浦肯野纤维自律性，与抑制其 Na^+-K^+-ATP 酶有关，易出现室性心律失常。

3. 负性传导作用（减慢房室传导）　心脏的不同部位对强心苷反应不同，房室结最敏感。治疗量时反射性提高心迷走神经张力，减慢房室结传导速度；大剂量直接抑制房室传导。

4. 利尿作用　强心苷通过增加心排血量，使肾血流和肾小球滤过率增加而间接利尿，还可抑制肾小管上皮 Na^+-K^+-ATP 酶，减少肾小管重吸收 Na^+ 而产生直接利尿作用。

5. 对神经内分泌系统的影响　①治疗量时反射性提高迷走神经活性；大剂量时兴奋迷走神经中枢；中毒量时兴奋交感神经中枢，增强外周交感神经活性，易引起快速型心律失常，严重时可致心室颤动；此外，还可兴奋延髓催吐化学感受区，引起呕吐。②治疗量时降低心力衰竭患者肾素活性，降低过度激活的 RAAS 活性，减少血管紧张素 II、醛固酮含量，对心房钠尿肽等也有良好影响。

6. 其他作用　①对心电图（ECG）的影响：治疗量时，早期心电图可出现 T 波低平、倒置、ST 段下移等，ST 段下移呈鱼钩状是其 ECG 特征性表现。中毒量可出现多种心律失常及 ECG 变化。②对血管的作用：可直接收缩血管平滑肌，增加外周阻力。但是，在心力衰竭时，强心苷对交感神经张力的抑制作用超过了其缩血管效应，使总外周阻力下降、心排血量和组织灌注增加。

【作用机制】治疗量的强心苷轻度抑制心肌细胞膜上的强心苷受体即 Na^+-K^+-ATP 酶，使细胞内 Na^+ 增多，K^+ 减少。细胞内 Na^+ 增多，激活 Na^+-Ca^+ 交换机制，Ca^{2+} 内流增加、外流减少，使心肌细胞兴奋收缩偶联过程中可利用的 Ca^{2+} 增多，心肌收缩力加强。中毒量强心苷过度抑制心肌细胞 Na^+-K^+-ATP 酶，使细胞内严重缺 K^+ 并导致 Ca^{2+} 超载，心肌细胞自律性升高，不应期缩短，易发生各种心律失常及其他毒性反应（图 20-1）。

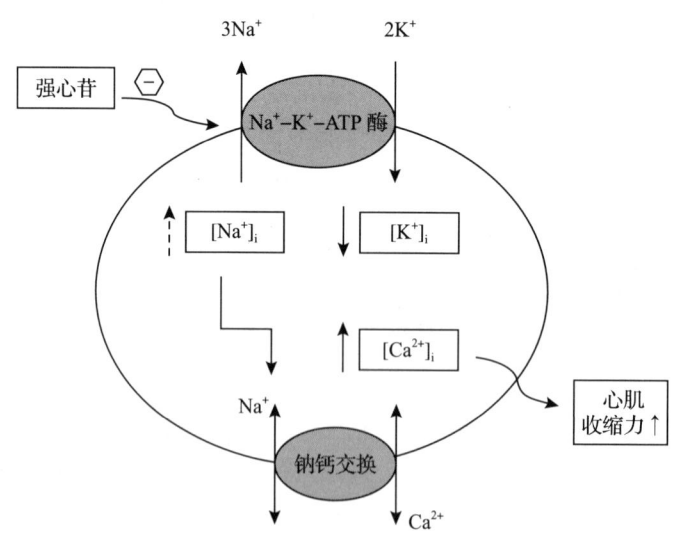

图 20-1　强心苷正性肌力作用机制示意图

【临床应用】

1. 治疗慢性心力衰竭　强心苷能改善心力衰竭症状，但对生存率无明显改变。临床主要用于以收缩功能障碍为主的慢性心力衰竭，对不同病因所致的慢性心力衰竭疗效有差异。对心房颤动伴心室率快的心力衰竭疗效最佳；对高血压、某些心瓣膜病、先天性心脏病等所致的慢性心力衰竭疗效好，在应用利尿药、ACEI（或 ARB）、β 受体阻断药和醛固酮受体阻断药等常规治疗，仍持续有心力衰竭症状者可加用强心苷；对继发于糖尿病、甲状腺功能亢进或低下、严重贫血、维生素 B_1 缺乏等代谢异常引起的慢性心力衰竭疗效差，应积极治疗原发病；对肺源性心脏病、活动性心肌炎、缺血性心肌病等存在低氧或心肌缺血的慢性心力衰竭疗效差且易中毒，应慎用；对缩窄性心包炎、严重二尖瓣狭窄等机械障碍所致心室充盈障碍的慢性心力衰竭无效。

2. 改善某些心律失常

（1）心房颤动：心房颤动的主要危害在于心室率过快，心室充盈不足，心排血量下降。强心苷能减慢房室传导及延长房室结有效不应期，减慢心室率，增加心排血量。

（2）心房扑动：强心苷能缩短心房肌有效不应期，使心房扑动转为心房颤动，继而减慢心室率。当停用强心苷后，相对延长心房肌的有效不应期，可使异位节律更多地落在不应期中而消除折返激动，有可能恢复窦性节律。

（3）阵发性室上性心动过速：强心苷提高心迷走神经张力，可终止阵发性室上性心动过速，现已少用。

【不良反应及注意事项】强心苷的安全范围小，个体差异大，易中毒。

1. 心脏毒性反应　是最严重的毒性反应，也是应用强心苷致死的主要原因。可出现心力衰竭症状加重或各种心律失常。最常见的心律失常是室性期前收缩，可发生二联律、三联律，严重时出现室性心动过速，甚至心室颤动；其次是房室传导阻滞、窦性心动过缓等。快速房性心律失常伴房室传导阻滞是强心苷中毒的特征性表现。

2. 胃肠道反应　厌食、恶心、呕吐、腹泻为中毒早期的常见表现，可能与药物刺激延髓化学感受区有关。需与心力衰竭时胃肠淤血所致的原发症状相鉴别。

3. 中枢神经系统反应　常见淡漠、眩晕、头痛、疲倦、失眠、谵妄等，还可出现视觉障碍如视物模糊、黄视症、绿视症。中枢症状多见于老年患者。黄绿视症具有特异性，为中毒先兆。

强心苷禁用于病态窦房结综合征、严重房室传导阻滞、室性心动过速、心肌梗死急性期、梗阻性肥厚型心肌病、预激综合征、主动脉瓣狭窄等。

【中毒防治】

1. 预防　应严格掌握适应证和控制剂量；严密监测某些诱发因素如低血 K^+、低血 Mg^{2+}、高血 Ca^{2+}、心肌缺血缺氧和肾功能不全等，用药期间定期检测血 K^+、Ca^{2+}、Mg^{2+} 等，预防低血 K^+ 比中毒后补 K^+ 更重要；观察中毒先兆对预防强心苷中毒有重要意义，出现黄绿视症、频发室性期前收缩、窦性心动过缓（心率＜60 次／分）为停药指征。测定强心苷血药浓度、监测心电图有助于中毒的早期诊断。

2. 治疗　一旦发现强心苷中毒应立即停药，并根据中毒症状的类型和严重程度采取相应措施。轻度中毒者，若及时停用强心苷，并避免使用排钾利尿药，中毒症状可自行消失。严重者可采取如下措施。

（1）对于快速型心律失常可给予下列药物：①K^+ 盐，轻者口服给药，重者可缓慢静脉滴注。K^+ 与强心苷竞争心肌细胞膜 Na^+-K^+-ATP 酶，减少强心苷与其结合，减轻毒性。②抗心律失常药，对各种快速型心律失常，宜首选苯妥英钠，因其降低异位节律点的自律性，不抑制甚至还可改善房室传导。苯妥英钠不能控制的室性心律失常如室性心动过速或心室颤动，可改用或加用利多卡因。

（2）对缓慢型心律失常如房室传导阻滞、心动过缓等，不宜补钾，可用 M 受体阻断药阿托品对抗。

（3）对危及生命的重度中毒者静脉注射地高辛抗体 Fab 片段，有明显疗效。

【药物相互作用】糖皮质激素类药和排钾利尿药可引起低血钾，诱发强心苷中毒，合用时应注意补钾。钙剂与强心苷有协同作用，合用毒性增强。拟肾上腺素药可提高心肌细胞自律性，使心肌对强心苷的敏感性增高，应予注意。胺碘酮、维拉帕米、红霉素等也可提高地高辛血药浓度，合用时注意减量。

考点提示 掌握地高辛的药理作用、临床应用、不良反应与防治。

知识链接

强心苷的给药方法

有每日维持量和负荷量加维持量两种给药法，目前常用前者。

1. 每日维持量给药法　每日给予维持量，经 4~5 个 $t_{1/2}$ 能达到稳态血药浓度而发挥满意疗效，此法可降低毒性反应发生率。常用药物为地高辛，每日 0.125~0.25 mg，经 6~7 天可达到稳态血药浓度。

2. 负荷量加维持量给药法　此法分两步给药。第一步：短期内给予足以控制症状的剂量，称负荷量（即洋地黄化量），此步又分为缓给法和速给法。缓给法适用于轻、中度慢性心力衰竭，在 3~4 天内达负荷量；速给法适用于病情危重且 2 周内未用过强心苷者，在 24 h 内给足负荷量。第二步：每日给予小剂量药物补充每日消除的药量以维持疗效，称维持量。此法达到的血药浓度时已接近最大有效浓度，应尽量做到用量个体化以免出现毒性反应。

二、非苷类强心药

非苷类强心药能改善心力衰竭时的血流动力学状况，但长期应用可能增加心力衰竭病死率，临床不作为常规治疗用药，主要有 β 受体激动药、磷酸二酯酶抑制药和钙增效药。

（一）β 受体激动药

β 受体激动药常用药物有多巴胺（dopamine）和多巴酚丁胺（dobutamine），常静脉滴注。多巴胺激动多巴胺受体、$β_1$ 受体等，产生正性肌力和血管扩张作用，多用于急性心力衰竭。多巴酚丁胺是多巴胺的衍生物，对 $β_1$ 受体选择性激动作用较强，对 $β_2$ 受体、α 受体作用弱，扩血管作用不如多巴胺明显，加快心率的效应也比多巴胺小，能增强慢性心力衰竭患者心肌收缩力，增加心排血量，同时降低血管阻力，临床主要用于强心苷疗效差的顽固性心力衰竭、严重左心衰竭、心肌梗死后心力衰竭的短期治疗。

（二）磷酸二酯酶抑制药

磷酸二酯酶抑制药常用药物有米力农（milrinone）、氨力农（amrinone）等。该类药物通过选择性抑制磷酸二酯酶Ⅲ（PDE Ⅲ）活性，减少心肌细胞 cAMP 降解，提高 cAMP 水平，提高心肌细胞内 Ca^{2+} 浓度，从而产生正性肌力作用，同时可松弛血管平滑肌，从而改善心力衰竭症状。磷酸二酯酶抑制药仅短期用于心脏手术后急性收缩性心力衰竭、顽固性心力衰竭及心脏移植前的心力衰竭者。

（三）钙增敏药

钙增敏药是新一代非苷类正性肌力药。该类药物可作用于收缩蛋白，增加肌钙蛋白对 Ca^{2+} 敏感性，在不增加心肌细胞内游离 Ca^{2+} 水平的条件下加强心肌收缩力，同时不伴能量消耗的增加。钙增敏药大多数还同时具有 PDE Ⅲ 的抑制作用。钙增敏药可增加病死率，仅用于传统治疗效果不佳，且需要增加心肌收缩力的急性失代偿心力衰竭的短期治疗。常用药物有左西孟旦（levosimendan）、匹莫苯旦（pimobendan）等。

第五节　血管扩张药

血管扩张药通过扩张静脉和动脉而减轻心脏前后负荷，改善慢性心力衰竭时的血流动力学，缓解症状，提高运动耐力，但不降低病死率，只作为慢性心力衰竭治疗的辅助用药。血管扩张药也可用于治疗急性心力衰竭。

扩张静脉为主的药物有硝酸酯类，可减少回心血量，降低肺楔压，缓解肺淤血症状；扩张小动脉为主的药物有肼屈嗪、哌唑嗪、钙通道阻滞药，可降低外周阻力，增加心排血量；均衡扩张小动脉和静脉的药物有硝普钠。

血管扩张药多用于血压正常的急性心力衰竭、常规药物治疗无效的顽固性心力衰竭。应用血管扩张药时应根据病因、病情选择药物：对伴高血压或（和）心绞痛者，可选用长效钙通道阻滞药如氨氯地平、非洛地平；对伴心绞痛者，可选用硝酸酯类。合用药物时，应注意控制剂量，并根据血压变化进行调整。不宜使动脉压过度下降，否则会因冠状动脉灌注不足而减少心肌供血，对改善心功能不利。

附：抗心力衰竭药临床用药原则

心力衰竭为各种心脏疾病的严重表现或晚期阶段，以慢性心力衰竭较多见，慢性心力衰竭以药物治疗为主，其基本治疗药物包括 ACEI、ARB、醛固酮受体阻断药、β 受体阻断药、利尿药、地高辛，其中后两种药物可缓解症状，前四种药物尚可改善预后。

对于新诊断的慢性收缩性心力衰竭患者，治疗首先应纠正其病因和诱因，在此基础上尽早应用 ACEI（或 ARB）和 β 受体阻断药（有禁忌证或不能耐受者除外），有淤血症状或体征的患者应先使用利尿药以减轻液体潴留。ACEI 是被证实能降低心力衰竭患者病死率的第一类药物，是公认的治疗心力衰竭的基石和首选药，对各阶段心力衰竭患者均有效，一般应终身服用。对于心力衰竭症状较轻或严重心力衰竭患者心功能得到改善后，应尽快使用 β 受体阻断药，一般病情稳定的慢性心力衰竭患者应终身服用。ACEI 和 β 受体阻断药这两类药被誉为慢性心力衰竭治疗中的"黄金搭档"，两药使用的先后顺序并无区别。当患者处于淤血状态时，ACEI 或 ARB 较适宜；若患者无明显水肿而静息心率比较快时，β 受体阻断药更适宜。合用时，为避免发生低血压，均宜从小剂量开始，两药交替和逐步增加剂量，分别达到各自的最佳剂量，并在一天不同的时间段分别给药。ARB 常作为不能耐受 ACEI 患者的替代药物，不主张心力衰竭患者 ACEI 与 ARB 联合应用。醛固酮受体阻断药能改善心力衰竭患者预后，且与 ACEI 合用不仅增强疗效，安全性也好，适用于已使用 ACEI（或 ARB）和 β 受体阻断药仍有持续症状者，通常与排钾利尿药合用，以免发生高钾血症。醛固酮受体阻断药与"黄金搭档"组成"金三角"，成为慢性心力衰竭的基本治疗方案。经上述治疗若疗效仍不理想，则再加用地高辛或血管扩张药肼屈嗪等。优化药物过程中应根据病情及药物特点，合理选择药物及起始剂量，逐渐增至最佳剂量以达最大疗效，注意监测患者症状、体征、肾功能和电解质等。

经上述治疗后病情进展至终末期心力衰竭的患者，根据病情选择心脏移植、姑息治疗、植入左心室辅助装置的治疗。

自 测 题

一、单项选择题

1. 强心苷用于心力衰竭治疗的主要药理学基础是
   A. 正性肌力作用
   B. 负性频率作用
   C. 负性传导作用
   D. 增加心力衰竭肾血流量
   E. 增加心肌收缩力同时降低心肌耗氧

2. 地高辛的最佳适应证是
   A. 活动性心肌炎引起的心力衰竭
   B. 严重贫血引起的心力衰竭
   C. 心房颤动伴心室率快的心力衰竭
   D. 肺源性心脏病引起的心力衰竭
   E. 甲状腺功能亢进引起的心力衰竭

3. 强心苷治疗心房颤动的机制主要是
   A. 缩短心房有效不应期
   B. 减慢房室传导
   C. 抑制窦房结自律性
   D. 直接抑制心房颤动
   E. 加快房室传导

4. 强心苷对下列原因所致的心力衰竭疗效较好的是
   A. 甲状腺功能亢进
   B. 严重二尖瓣狭窄
   C. 维生素 B_1 缺乏
   D. 高血压
   E. 缩窄性心包炎

5. 卡托普利抗心力衰竭的作用机制是
   A. 减少前列腺素合成
   B. 增加去甲肾上腺分泌
   C. 拮抗钙离子的作用
   D. 减少血管紧张素Ⅱ的生成
   E. 增加肾上腺素合成

6. 通过抑制血管紧张素转换酶活性而抗心力衰竭的药物是
   A. 氢氯噻嗪
   B. 普萘洛尔
   C. 利血平
   D. 硝普钠
   E. 卡托普利

7. 强心苷中毒时最常见的心律失常类型是
   A. 房性期前收缩
   B. 室上性期前收缩
   C. 室性期前收缩
   D. 心房颤动
   E. 心室颤动

8. 强心苷中毒出现房室传导阻滞时可选用
   A. 苯妥英钠
   B. 氯化钾
   C. 肾上腺素
   D. 阿托品
   E. 利多卡因

（9~11题共用备选答案）
   A. 地高辛
   B. 卡托普利
   C. 利尿药
   D. β受体阻断药
   E. 硝普钠

9. 心力衰竭的首选药是
10. 能抑制 ACE 引起干咳的药物是
11. 有体液潴留的心力衰竭患者应使用

二、简答题

1. 抗心力衰竭药有哪几类？各类代表药物有哪些？
2. β受体阻断药在抗心力衰竭方面的临床应用及注意事项有哪些？

三、案例分析题

患者，男，57岁，因心悸、气短、水肿和尿少而来医院就诊，诊断为风湿性心脏瓣膜病伴慢性充血性心功能不全。患者遵医嘱口服氢氯噻嗪 50 mg，一日 2 次；地高辛 0.25 mg，每 8 h 1 次，当总量达到 2.25 mg 时，症状好转。此后改为维持量：地高辛 0.25 mg，一日 1 次口服；氢氯噻嗪 25 mg，一日 2 次口服。在改为维持量后第 4 天开始患者出现食欲减退、恶心、头痛、失眠；第 6 天脉搏不规则，心律失常，心电图检查提示室性期前收缩，二联律。诊断：地高辛中毒。

请回答：

1. 地高辛中毒的表现和诱发因素是什么？
2. 地高辛中毒的防治措施有哪些？

（梁　婕）

第二十一章　抗心律失常药

第二十一章数字资源

学习目标

知识：详述利多卡因、胺碘酮的抗心律失常作用、临床应用及主要不良反应；说出抗心律失常药的电生理作用机制，药物的分类及其代表药；简述心律失常的电生理机制。

能力：能够及早发现抗心律失常药的不良反应并及时采取正确的处理措施。

素养：建立辩证思维，正确看待抗心律失常药物的"治病"和"致病"作用。

心律失常（cardiac arrhythmia）是指心脏冲动的频率、节律、起源部位、传导速度或激动次序的异常，病因包括遗传因素和后天获得因素。心律失常按发生机制分为冲动形成异常和冲动传导异常；按发生时心率的快慢，分为快速型和缓慢型心律失常；按发生部位分为室上性（包括窦性、房性、房室交界性）和室性心律失常。心律失常可导致心脏产生过快、过慢或不协调的收缩，使心脏泵血功能障碍，影响全身器官的供血，甚至危及生命，必须及时纠正。

心律失常的治疗有药物治疗和非药物治疗（包括电复律术、安装起搏器、导管消融术和手术等）两类方式。药物治疗是抗心律失常的重要方式，但正确、合理使用药物，需熟悉心律失常电生理学基础、药物的作用机制及其特点，平衡好"治病"（治疗作用）与"致病"（不良反应）的矛盾。

第一节　心律失常的电生理学基础

一、正常心肌电生理

1. 心肌细胞膜电位　静息时心肌细胞处于内负外正的极化状态，电位差较明显，称为静息电位（RP）。当心肌细胞受刺激（阈刺激）兴奋时，细胞膜对离子的通透性发生变化，产生去极化和复极化而形成动作电位（AP）。通常 AP 分为 5 个时相，不同部位的心肌细胞，其 AP 不完全一样。以心室肌细胞为例，其 AP 过程如下。①0 相去极化：静息电位为 –90 mV，阈电位为 –70 mV，当膜内电位升高达阈电位水平时，激活快钠通道，Na^+ 迅速内流导致心肌细胞产生一次可以传导的动作电位。②复极 1 相：当膜内电位上升到 +30 mV 时，钠通道关闭，钾通道开放，随着膜内 K^+ 的迅速外流，膜内电位迅速下降。③复极 2 相：当复极达 0 mV 左右时，K^+ 外流的同时伴有 Ca^{2+} 缓慢内流，使复极速度减慢，形成一个平台。④复极 3 相：随着时间推移，钙通道逐渐失活，当钙通道失活关闭后，Ca^{2+} 内流停止，快速的 K^+ 外流使膜内电位再次迅速下降，直至静息电位水平。0 相去极化开始至 3 相复极末所需的时间，称动作电位时程（APD）。⑤4 相静息期：复极后，经

Na^+-K^+-ATP 酶作用，泵出细胞内 Na^+、摄入 K^+，恢复静息状态的离子分布（图 21-1）。对于自律细胞，动作电位 3 相复极末达到最大极化状态时的电位值称为最大复极电位（MRP），此后的 4 相立即开始自动去极化。窦房结等慢反应细胞 AP 受慢钙通道控制，静息电位和最大去极化电位均小于快反应细胞，去极化速率和复极初始的速度也比快反应细胞慢。

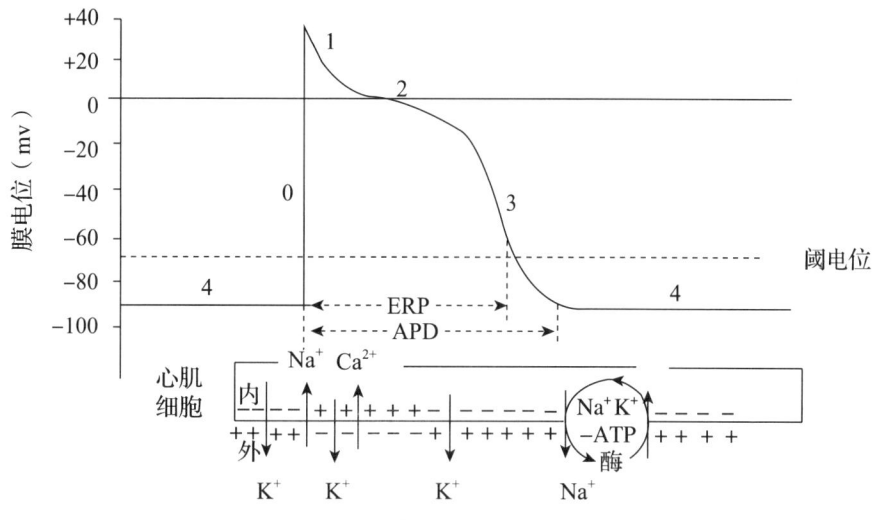

图 21-1 心室肌细胞动作电位示意图
ERP：有效不应期；APD：动作电位时程

> **知识链接**
>
> **心肌细胞的分类与电生理特性**
>
> 　　根据心肌细胞的组织结构及电生理特性分为工作细胞（心房肌、心室肌细胞）和自律细胞（窦房结、房室结和浦肯野纤维）。工作细胞有稳定的 RP，主要执行收缩功能；自律细胞组成心内特殊传导系统，大多没有稳定的 RP。根据心肌细胞 AP 去极化特征，分为快反应细胞（心房肌和心室肌细胞、浦肯野纤维）和慢反应细胞（窦房结和房室结细胞）。快反应细胞的 AP 特点是去极化速率和幅度大，兴奋传导速度快，AP 的 5 个时相较分明；慢反应细胞的 AP 特点与前者相反。

　　2. 兴奋性与有效不应期　　兴奋性是心肌细胞接受刺激后，产生 AP 的能力，主要受 RP 或 MRP、阈电位、0 相去极化离子通道状态的影响。心肌细胞的兴奋性呈周期性变化，以心室肌细胞为例，一次兴奋的周期性变化包括有效不应期（ERP）、相对不应期、超常期。ERP 反映 Na^+ 离子通道恢复开放所需要的最短时间。ERP 越长，心肌细胞恢复兴奋性所需要的时间也越长。有时即使 ERP 不延长，但若 ERP/APD 比值增大，也会使心肌细胞暂时失去兴奋性的时间延长。延长 ERP 能阻止异常冲动的传导。

　　3. 传导性与膜反应性　　心肌细胞的传导性指心肌具有传导兴奋的能力或特性。兴奋在心脏内的传导通过特殊传导系有序进行。膜反应性是心肌细胞受到刺激后的去极化反应，即膜电位水平与去极化时 0 相上升最大速率之间的关系，是决定心肌细胞传导速度的重要因素。0 相上升最大速率越大，则心肌细胞的膜反应性越强，冲动的传导速度越快。去极化幅度也影响膜反应性，去极化幅度越大，膜反应性也越强。对于快反应细胞，钠通道开放迅速，去极化速率快、幅度大，膜反应性强；慢反应细胞膜反应性则较弱。当快钠通道或慢钙通道被阻滞，或复极过程中 K^+ 外流减慢使复极末的膜电位水平上移时，可使 0 相去极化的速率减慢、幅度减小，从而降低心肌细胞的膜反应性。

4. 自律性与4相自动去极化　心肌在无外来刺激的情况下，发生节律性兴奋的特性，称为自律性。具有自律性的心肌细胞在复极完成后，因产生K^+外流衰减和自动而缓慢的Na^+内流或Ca^{2+}内流，使膜内电位水平逐渐升高，达阈电位时能自动触发一次可传导的动作电位，即4相自动去极化，这是自律细胞产生自律性的基础。自律性取决于4相自动去极化速率、MRP和阈电位水平。4相自动去极化速率越快、MRP与阈电位间的差距越小，自律性越高。一般情况下，阈电位变化不大。浦肯野纤维属于快反应细胞，Na^+内流对其4相去极化影响最大；窦房结属于慢反应细胞，4相Ca^{2+}内流对自动去极化有一定影响。

二、心律失常的电生理机制

心律失常可由冲动形成异常或（和）冲动传导异常所引起。快速型心律失常发生的电生理机制见于以下几种情况。

（一）冲动形成异常

1. 自律性增高

（1）窦房结功能异常：心脏特殊传导系中窦房结的自律性最高，主导心脏节律，称为正常起搏点。其他部位的自律组织不表现自身节律性，称为潜在起搏点。窦房结细胞4相Ca^{2+}自动内流加快，会导致自律性增高、冲动发放增加，通过房室结传递到心室肌引起窦性心动过速。

（2）潜在起搏点自律性增高：心房传导细胞、房室结、浦肯野纤维的自律性较低，生理情况下受窦房结控制，为潜在起搏点。某些病理情况下，如窦房结自律性降低、交感神经活性增高、低血钾时，这些潜在起搏点细胞4相Na^+或Ca^{2+}自动内流加快或膜电位水平上移，加快4相自动去极化速率，致自律性增高而引起快速型心律失常。

（3）异常自律性形成：原来无自律性的心肌细胞如心房肌、心室肌细胞，也会在心肌缺血、电解质紊乱等病理状态或药物的影响下出现异常自律性，向周围组织扩布，引起心律失常。

2. 后去极化与触发活动　后去极化是指心肌细胞在一个动作电位中，继0相去极化以后所发生的去极化。其膜电位不稳定、频率快、振幅小，一般不扩布。当这些去极化活动产生叠加时，即可引起可扩布的动作电位，称为触发活动，从而引起心律失常（图21-2）。根据后去极化发生的时间不同，分为早后去极化和迟后去极化。早后去极化发生在AP的2相或3相，是由Ca^{2+}内流增多所致，心率减慢时易于发生，延长动作电位时程的因素如药物、细胞外低钾等可诱发早后去极化。迟后去极化发生在4相，是细胞内Ca^{2+}超载而诱发Na^+短暂内流所致，心率加快、强心苷中毒、心肌缺血等可诱发迟后去极化。

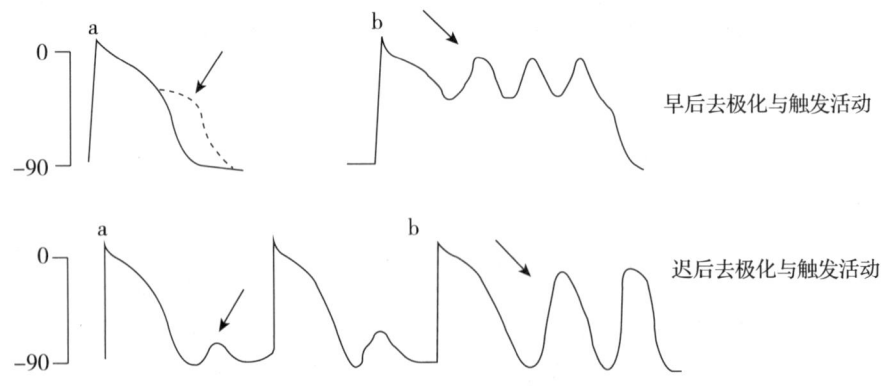

图21-2　后去极化与触发活动
a：后去极化的膜电位变化；b：后去极化引起一连串触发动作电位

（二）冲动传导异常

心肌组织内形成折返是引起心律失常的重要机制。折返是指一个冲动沿着环形通路折返回原处再次激动并反复运行的现象，多见于解剖性折返，其发生有三个决定因素：①存在解剖学环路；②环路中有单向传导阻滞区；③环路中各部位有效不应期不一致（图21-3）。浦肯野纤维是冲动传导的最后一级传导细胞，其末梢有两个分支同时抵达心室肌细胞，并形成一个环状结构。正常时，冲动经两个分支分别传向心室肌，并分别落到对方的不应期而自动消失。在病理状态下，一侧分支形成单向传导阻滞区，冲动在此区不能顺利下传，但另一侧的冲动可顺利下传并经心室肌逆向通过单向阻滞区，此时若正常一侧的有效不应期已过，则会受到折返冲动而再次兴奋，冲动可沿上述通路继续运行，形成折返。单次折返引起一次期前收缩，连续折返则引起阵发性心动过速、扑动或颤动。而功能性折返在无明确的解剖学环路时即可发生，可能与心肌电生理特性的不均一性有关，如急性心肌梗死后，细胞间偶联改变所导致的折返型室性心动过速。

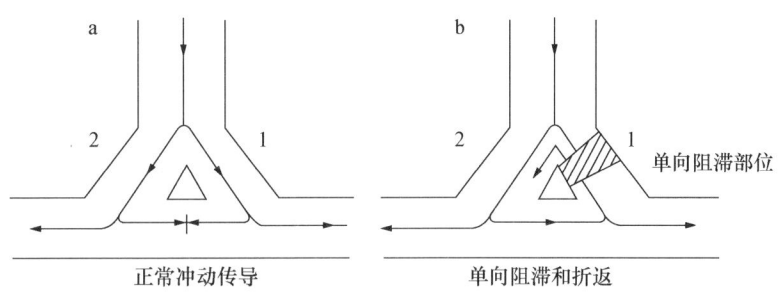

图 21-3 单向传导阻滞与折返形成

第二节 抗心律失常药的电生理作用机制与分类

缓慢型心律失常的治疗药物主要有阿托品、异丙肾上腺素，本章主要讲授抗快速型心律失常药物。

一、抗心律失常药的电生理作用机制

（一）降低自律性

1. 抑制4相自动去极化　抗心律失常药可阻滞4相Na^+（快反应细胞）或Ca^{2+}（慢反应细胞）内流，使4相自动去极化速率减慢，达到阈电位时间延长，降低自律性，如钠通道阻滞药奎尼丁、钙通道阻滞药维拉帕米和β受体阻断药普萘洛尔，前两类药还可分别提高快反应细胞和慢反应细胞的阈电位水平而降低自律性。

2. 增大最大复极电位　抗心律失常药可促进3相K^+外流，使复极过程中K^+外流速率和数量增加，最大复极电位增大，加大了与阈电位间的距离，降低心肌自律性。如利多卡因、苯妥英钠、乙酰胆碱和腺苷。

3. 提高阈电位水平　一般情况下，阈电位变化不大，不是主要影响因素。

（二）消除后去极化与触发活动

细胞内Ca^{2+}超载可诱发钠离子内流，引起迟后去极化。钙通道阻滞药抑制细胞内Ca^{2+}超载而减少迟后去极化，钠通道阻滞药可抑制迟后去极化的0相去极化。β受体阻断药可减少儿茶酚胺所致的迟后去极化。2相钙内流增多或APD过度延长可引起早后去极化，钙通道阻滞药或缩短APD的药物可减少早后去极化。

（三）消除折返

1. **改变传导性** 阻滞 Na^+ 或 Ca^{2+} 通道可使 0 相去极化速率减慢、幅度减小，从而减慢传导，将单向阻滞变为双向阻滞；加速 3 相 K^+ 外流可降低膜电位水平，增加 0 相去极化幅度，加快传导，进而消除单向传导阻滞。二者均可终止折返。钠通道阻滞药抑制快反应细胞的传导而消除折返。钙通道阻滞药和 β 受体阻断药可减慢房室结传导而消除房室结折返所致的室上性心动过速。利多卡因和苯妥英钠可促进 K^+ 外流而加快传导，消除折返。

2. **绝对延长或相对延长 ERP** 均可使折返更多地落在心肌细胞动作电位的 ERP 内，防止或终止折返。

（1）绝对延长 ERP 抑制 0 相 Na^+ 内流或抑制 3 相 K^+ 外流，可使心肌细胞 ERP 和 APD 延长。钠通道阻滞药和钾通道阻滞药胺碘酮可延长快反应细胞的 ERP，钙通道阻滞药和钾通道阻滞药可延长慢反应细胞的 ERP。

（2）相对延长 ERP 促进 3 相 K^+ 外流使复极速度加快，心肌细胞 APD 和 ERP 均缩短，但 ERP 处在复极的前半程，受到的影响比 APD 小，ERP/APD 比值增大，相对延长 ERP，如利多卡因和苯妥英钠等。

3. **相邻心肌 ERP 趋于均一** 当药物延长 ERP 时，对 ERP 较长的心肌 ERP 延长少，而对 ERP 较短的心肌 ERP 延长多；当药物缩短 ERP 时，对 ERP 较长的心肌 ERP 缩短多，而对 ERP 较短的心肌 ERP 缩短少。这些作用使相邻心肌的 ERP 趋于同步化，也可防止折返的发生。

二、抗心律失常药分类

抗心律失常药通常根据药物的电生理作用机制分为以下四类（Vaughan Williams 分类）。

1. **Ⅰ类——钠通道阻滞药** 根据阻滞钠通道的程度不同又分为以下三类。

（1）Ⅰa 类：适度阻滞钠通道，抑制 Na^+ 内流，同时抑制 K^+ 外流和 Ca^{2+} 内流，如奎尼丁、普鲁卡因胺。

（2）Ⅰb 类：轻度阻滞钠通道，抑制 Na^+ 内流、促进 K^+ 外流，如利多卡因、美西律。

（3）Ⅰc 类：重度阻滞钠通道，如普罗帕酮、氟卡尼。

2. **Ⅱ类——β 受体阻断药** 如普萘洛尔、美托洛尔、艾司洛尔。

3. **Ⅲ类——延长动作电位时程药** 又称钾通道阻滞药，显著抑制 K^+ 外流，同时抑制 Na^+ 和 Ca^{2+} 内流，如胺碘酮、索他洛尔、伊布利特。

4. **Ⅳ类——钙通道阻滞药** 如维拉帕米、地尔硫䓬。

第三节 常用抗心律失常药

一、钠通道阻滞药

（一）Ⅰa 类

奎 尼 丁

奎尼丁（quinidine）可适度阻滞 Na^+ 内流，是广谱抗心律失常药，以往主要用于纠正心房颤动及心房扑动，因其安全范围小，临床已很少应用。除胃肠道反应外，其心脏抑制作用明显，还可出现金鸡纳反应、奎尼丁晕厥等特有的不良反应，超敏反应也较常见。

普鲁卡因胺

普鲁卡因胺（procainamide）的抗心律失常作用与奎尼丁相似而较弱，尚有弱的局部麻醉作用。临床主要用于预激综合征合并房颤的转复。普鲁卡因胺作用时间短，不良反应多，不作为慢性心律失常的长期用药。可导致低血压、传导阻滞及心脏停搏，应予注意。普鲁卡因胺禁用于红斑狼疮患者。

（二）Ib类

利多卡因

利多卡因（lidocaine）为局部麻醉药，是钠通道阻滞药中最具临床价值的药物。

【体内过程】利多卡因口服后首过消除明显，生物利用度仅3%。静脉注射后15～30 s见效，作用维持约20 min。血浆蛋白结合率约70%，体内分布广泛，心肌中药物浓度是血药浓度的3倍，主要经肝代谢后由肾排泄，$t_{1/2}$约2 h。因作用维持时间短，抗心律失常时须静脉滴注给药。

【药理作用】利多卡因主要作用于浦肯野纤维和心室肌细胞，轻度阻滞钠通道，同时促进K^+外流，对心房肌、房室结和窦房结细胞几乎无作用，故主要用于室性心律失常。

1. 降低自律性　利多卡因抑制4相Na^+内流而减慢自动去极化斜率，促进K^+外流，增大最大复极电位，加大与阈电位水平间的距离，降低自律性，提高心室颤动阈值。

2. 改变传导性　利多卡因治疗量对浦肯野纤维传导的影响不大。当细胞外高钾、心肌缺血时，抑制0相去极化Na^+内流，可减慢传导；血钾降低时，加快传导速度。高浓度的利多卡因能明显抑制传导。

3. 相对延长ERP　利多卡因通过促进3相K^+外流而缩短APD和ERP，但缩短APD程度超过ERP，使ERP相对延长，有利于消除折返。

【临床应用】利多卡因对各种室性心律失常疗效好，如室性期前收缩、室性心动过速、心室颤动。利多卡因能提高心室颤动阈值，防止室性心动过速及心室颤动等严重心律失常发生，尤其对急性心肌梗死诱发室性心律失常疗效好；对其他器质性心脏病、心导管术、麻醉、强心苷中毒所致的室性心律失常，特别是危急病例有效。

【不良反应及注意事项】利多卡因治疗量时一般无明显不良反应。静脉注射或滴注过快可发生神经系统症状，如头昏、嗜睡、兴奋、语言或吞咽困难，严重者可有短暂视物模糊、肌肉抽搐、呼吸抑制。眼球震颤是利多卡因中毒的早期表现。利多卡因剂量过大时可出现心率减慢、血压下降、房室传导阻滞甚至窦性停搏；超大剂量时可致惊厥和心搏骤停。

利多卡因禁用于严重室内或房室传导阻滞患者；心功能不全、肝功能不全者易蓄积，需减量应用；老年人、儿童亦适当减量。

掌握利多卡因的药理作用及临床应用。

美西律、妥卡尼

美西律（mexiletin）、妥卡尼（tocainide）均为利多卡因的衍生物。口服给药作用维持6～8 h，紧急复律时可静脉给药。两药的作用机制与利多卡因相似，主要用于各种室性心律失常，尤其是对心肌梗死后急性室性心律失常有效。常在治疗量即可出现与剂量相关的不良反应，如眩晕、复视、感觉异常、共济失调、精神错乱等，约有0.5%的患者发生超敏反应。有癫痫史、低血压和肝病者慎用。禁用于房室传导阻滞等缓慢型心律失常患者。

苯妥英钠

苯妥英钠（phenytoin sodium）最早用于癫痫治疗，20世纪50年代起用于抗心律失常。

苯妥英钠与利多卡因作用相似，能抑制浦肯野纤维的自律性、改变传导性，相对延长ERP。此外，苯妥英钠对心肌Na^+-K^+-ATP酶的亲和力高于强心苷，因此能抑制强心苷中毒所致的迟后去极化与触发活动，使受抑制的心肌传导得以恢复。对强心苷中毒所致室性心律失常疗效好，对心肌梗死、心脏手术、麻醉、心导管术、心脏电复律等引起的室性心律失常也有效。

苯妥英钠用于抗心律失常时须缓慢静脉注射，注射过快可引起心律失常，如窦性心动过缓甚至停搏、心室颤动等，也可出现低血压和呼吸抑制。其他不良反应见第十二章抗癫痫药及抗惊厥药。

（三）Ic类

普罗帕酮

普罗帕酮（propafenone，心律平）口服吸收不完全，约30 min起效，2~3 h血药浓度达峰值。肝功能障碍者应用普罗帕酮后，其$t_{1/2}$明显延长。

普罗帕酮为广谱抗心律失常药，能够明显阻滞钠通道，与钠通道的结合与解离均比Ⅰa类和Ⅰb类药物慢。普罗帕酮主要抑制心肌细胞4相和0相Na^+内流，从而明显抑制心肌自律性和传导性，延长APD和ERP，消除折返。该药化学结构与普萘洛尔相似，尚有较弱的β受体阻断作用。普罗帕酮适用于室上性及室性期前收期，房性或室性心动过速、心房颤动。

不良反应常见恶心、呕吐、味觉异常、头痛、眩晕等反应，一般不影响治疗。普罗帕酮与其他抗心律失常药合用时，可引起窦性心动过缓、房室传导阻滞、室性心动过速等心律失常；与β受体阻断合用时还可加重慢性心力衰竭、诱发或加重支气管哮喘；与地高辛合用时可提高地高辛的血药浓度。肝功能障碍者宜减少用量。

氟 卡 尼

氟卡尼（flecainide）口服吸收完全，心肌内药物浓度可达血液的10~12倍，作用与普罗帕酮相似，可用于室上性、室性心律失常。氟卡尼致心律失常作用明显，包括房室传导阻滞、室性心动过速、心室颤动和长Q-T间期综合征等。

二、β受体阻断药

本类药物通过阻断β受体而影响心肌细胞膜两侧的离子转运，纠正心肌细胞异常电生理特性，是目前已明确的可以改善患者长期预后的抗心律失常药。

普 萘 洛 尔

【药理作用】普萘洛尔（propranolol）主要通过阻断心肌细胞的β受体，抑制交感神经过度兴奋引起的窦房结起搏电流，阻滞Na^+和Ca^{2+}内流，从而发挥抗心律失常作用。

1. 降低自律性　普萘洛尔可降低窦房结、心房肌和浦肯野纤维的自律性，也可防止儿茶酚胺类物质所致的迟后去极化和触发活动。

2. 减慢传导　普萘洛尔在阻断β受体的浓度下并不影响心肌传导，当其血药浓度超过100 ng/ml时，由于膜稳定作用而减慢传导，明显降低0相去极化速率，降低房室传导和浦肯野纤维的传导。

3. 影响APD和ERP　普萘洛尔治疗量时可缩短APD和ERP，但相对延长ERP；而高浓度时APD和ERP均延长，对房室结细胞ERP有明显延长作用。

【临床应用】普萘洛尔主要用于室上性心律失常，尤其对交感神经过度兴奋、甲状腺功能亢进等所致的窦性心动过速疗效显著，是此类情况下的首选药物；可作为所有心房颤动患者控制心室率的一线药物，合并心力衰竭时加用强心苷类药；可减少心肌梗死患者室性心律失常的发生，缩小心肌梗死范围，并降低死亡率；对甲状腺功能亢进及嗜铬细胞瘤等儿茶酚胺增高所致室性心律失常有效；还可治疗运动或情绪变化所致室性心律失常，减少肥厚型心肌病所致的心律失常。

【不良反应】普萘洛尔长期用药对脂肪和糖代谢有不良影响，久用不宜突然停药（详见第九章肾上腺素受体阻断药）。

临床使用的β受体阻断药还有美托洛尔（metoprolol）、阿替洛尔（atenolol）、比索洛尔（bisoprolol）、艾司洛尔（esmolol）、卡维地洛（carvedilol）、纳多洛尔（nadolol）等。其中，选择

性 $β_1$ 受体阻断药对血管及支气管平滑肌 $β_2$ 受体影响较小，临床更为常用。

三、延长动作电位时程药

本类药物可明显延长 APD 和 ERP，作用机制目前尚未完全阐明，可能与阻滞多种离子通道有关。

胺 碘 酮

胺碘酮（amiodarone）药理作用广泛，其化学结构与甲状腺素相似，抗心律失常作用及毒性反应与其作用于甲状腺素受体有关。

【体内过程】胺碘酮可口服或静脉注射给药，口服生物利用度为 35%～65%，几乎完全由肝代谢，主要代谢物去乙胺碘酮仍有生物活性。$t_{1/2}$ 为 3～21 h，长期口服 $t_{1/2}$ 明显延长，可达 25～60 天，故停药后药效可维持 1～3 个月。

【药理作用】胺碘酮能阻滞钾通道，延长复极过程，明显延长 APD 和 ERP，也具有阻滞钠通道和钙通道的作用。其对心肌电生理的作用表现为：①降低窦房结和浦肯野纤维的自律性；②减慢房室结和浦肯野纤维的传导性；③显著延长心房肌、心室肌、房室结、浦肯野纤维和房室旁路的 APD 及 ERP。此外，胺碘酮还有非竞争性阻断 α、β 受体的作用，可扩张冠状动脉，降低外周阻力，降低心肌耗氧量，保护缺血心肌细胞。

【临床应用】胺碘酮为强效、广谱抗心律失常药，主要用于室上性和室性快速型心律失常（尤其适用于伴有器质性心脏病者）。该药能终止心房颤动、心房扑动和阵发性室上性心动过速，使之转复为窦性心律，并能维持窦性心律预防复发；尤其对伴有预激综合征的心动过速效果更佳，也是治疗预激综合征的常用药；对室性期前收缩、室性心动过速有效率可达 80%；对心肌梗死患者可降低病死率；不抑制心肌收缩力，可用于合并心力衰竭的心律失常患者。

【不良反应及注意事项】

1. 消化系统反应　可见恶心、呕吐、味觉障碍、便秘，转氨酶增高，偶见黄疸，减少剂量时症状可消失。

2. 心血管反应　常见心动过缓，长期大剂量和伴有低血钾时可引起窦房传导阻滞、房室传导阻滞，应用阿托品治疗无效，偶有 Q-T 间期延长、尖端扭转型室性心动过速。一旦发生应立即停药，给予异丙肾上腺素等药物或起搏器治疗。

3. 眼部反应　服药 3 个月以上者常可引起角膜微粒沉淀等反应，通常局限于瞳孔下面的区域，一般不影响视力，停药后可自行消失；偶有视物模糊、视力减退和眼底视乳头水肿的视神经病变，应停药观察。

4. 甲状腺功能异常　胺碘酮可引起甲状腺功能减退或亢进，发病率约 2%，停药数周至数月可完全消失，少数患者需要治疗。

5. 其他　可有光敏反应及震颤、共济失调、近端肌无力等神经系统症状。长期大量服药者可引起肺间质纤维化，严重者可致死，需立即停药，并用肾上腺皮质激素治疗。

长期使用胺碘酮须监测甲状腺功能、肺功能和肝功能。禁用于严重窦房结功能异常、房室传导阻滞、Q-T 间期延长者、肺间质纤维化者及碘过敏者。

胺碘酮的代谢受肝药酶活性影响较大，同时胺碘酮也抑制其他肝代谢酶，能增加地高辛、华法林等的血药浓度；西咪替丁等肝药酶抑制剂可增加胺碘酮的血药浓度；利福平等肝药酶诱导剂可降低胺碘酮的血药浓度。

 掌握胺碘酮的药理作用及临床应用。

索 他 洛 尔

索他洛尔（sotalol）口服吸收完全，无首过消除，与血浆蛋白结合少，不被代谢，几乎全部以原型经肾排出，$t_{1/2}$ 为 12～15 h，老年人、肾功能不全者 $t_{1/2}$ 明显延长。索他洛尔是非选择性 β 受体阻断药，还能阻滞钾通道，兼有 Ⅱ 类、Ⅲ 类抗心律失常作用。临床用于治疗各种严重室性心律失常，尤其对防止复发疗效好；还可用于维持心房颤动转复后的窦性心律；对小儿室上性和室性心律失常也有效。索他洛尔不良反应较少，少数 Q-T 间期延长者偶可出现尖端扭转型室性心动过速。

伊 布 利 特

伊布利特（ibutilide）静脉注射给药，血浆蛋白结合率为 40%，$t_{1/2}$ 为 6 h。伊布利特可阻滞 K^+ 外流，并有独特的加速平台期 Na^+ 内流作用，从而延长复极过程，尤其可使心房和心室肌细胞的 APD 和 ERP 延长。该药适用于近期发作的心房颤动或心房扑动，可使其转复为窦性心律；但不宜用于预防反复发作者。主要不良反应有心血管反应，如低血压、心力衰竭、诱发或加重室性心律失常，甚至尖端扭转型心动过速等，一旦发生，应立即静脉注射硫酸镁；其他不良反应有肾衰竭、头痛等。该药禁用于低血钾、严重心动过缓、心动过速患者，不宜与延长 Q-T 间期的药物同时应用。

决 奈 达 隆

决奈达隆（dronedarone）是一种新型抗心律失常药，它为胺碘酮的脱碘衍生物，与胺碘酮相比，对甲状腺等器官的毒性明显降低。临床主要用于心房颤动和心房扑动患者转复后维持窦性节律。决奈达隆具有 β 受体阻断作用，可用于稳定性冠心病合并心房颤动，但可能增加严重心力衰竭患者的死亡风险。胺碘酮引起甲状腺功能异常时可换用决奈达隆。

临床使用的同类药物还有多非利特（dofetilide）、尼非卡兰（nifekalant）等。

四、钙通道阻滞药

临床用于抗心律失常的钙通道阻滞药为对心肌选择性高的药物，如维拉帕米、地尔硫䓬，主要作用于慢反应细胞。

维 拉 帕 米

维拉帕米（verapamil，异搏定）口服吸收迅速，但首过消除明显，生物利用度仅约 20%，口服后 30 min 起效，作用维持 5～6 h。静脉注射后 1～2 min 起效，作用维持约 15 min。$t_{1/2}$ 为 6～8 h。

【药理作用】维拉帕米主要阻滞慢反应细胞（如窦房结、房室结细胞）的钙通道，同时也可阻滞钾通道。

1. 降低自律性　主要降低窦房结自律性，以及缺血时心房、心室肌细胞和浦肯野纤维的异常自律性，也可消除后去极化所致的触发活动。

2. 减慢传导　阻滞窦房结和房室结细胞 0 相去极化 Ca^{2+} 内流，降低去极化速率和幅度而减慢传导，可终止房室结折返，减慢心房扑动、心房颤动时加快的心室率。

3. 延长 ERP　阻滞窦房结和房室结细胞的钙通道，延长 ERP，大剂量也可延长浦肯野纤维的 ERP，有利于消除折返。

此外，还有扩张外周血管而降低外周阻力、扩张冠状动脉、增加缺血区心肌供血等作用。

【临床应用】静脉注射维拉帕米对终止阵发性室上性心动过速疗效佳，配合颈动脉窦按摩可提高转复率；口服用于转复后窦性心律的维持。维拉帕米可减慢心房颤动、心房扑动者的心室率，对房性心动过速、缺血再灌注心律失常也有较好疗效。因维拉帕米减慢房室传导，促进心房冲动经由旁路传导抵达心室而加快心室率，甚至引起心室颤动，故不可用于伴有预激综合征的患者。

【不良反应及注意事项】维拉帕米常见不良反应有便秘、胃部不适、恶心、眩晕、头痛、瘙痒等症状；静脉注射可致一过性血压下降，注射速度过快可致心动过缓、房室传导阻滞、低血压或诱发心功能不全；与 β 受体阻断药合用可加重对心肌传导和收缩力的抑制，可减少地高辛的肾排泄而升高其血药浓度。老年人、肾功能不全者慎用，禁用于病态窦房结综合征、预激综合征、房室传导阻滞、心功能不全及心源性休克患者。

地尔硫䓬

地尔硫䓬（diltiazem）的作用与维拉帕米相似，临床用于各种室上性心律失常。口服不良反应小，可见头晕、乏力、胃部不适等，偶见超敏反应。窦房结功能不全、二度及三度房室传导阻滞患者禁用地尔硫䓬，心功能不全者避免将其与β受体阻断药合用。

五、其他类

未列入上述 Vaughan Williams 分类的其他抗心律失常药有腺苷、门冬氨酸钾镁、强心苷类、伊伐布雷定、硫酸镁和中药（如参松养心胶囊、稳心颗粒、心速宁胶囊、天王补心丹、养心定悸胶囊、通脉养心丸）等。

腺 苷

腺苷（adenosine）半衰期仅为数秒，需静脉快速注射给药。腺苷通过激动腺苷受体，激活乙酰胆碱敏感性钾通道，使 K^+ 外流加快，引起 APD 缩短和自律性降低；通过抑制 Ca^{2+} 内流，延长房室结的 ERP，抑制交感神经兴奋所致迟后去极化。腺苷静脉注射后迅速降低窦性频率，减慢房室结传导并延长其有效不应期，能迅速终止折返性室上性心律失常。目前腺苷被推荐为终止室上性心律失常的一线药物。腺苷在治疗剂量时可引起胸闷、呼吸困难，静脉注射速度过快时，可致短暂心脏停搏；无负性肌力作用。该药可用于伴器质性心脏病的患者，禁用于窦房结功能障碍、房室传导阻滞和高反应性气道疾病。

伊伐布雷定

伊伐布雷定（ivabradine，IVA）通过选择性抑制窦房结起搏电流达到减慢心率的作用，对心肌收缩力和血压无影响。该药主要用于窦性心动过速经β受体阻断药治疗效果不佳或不能耐受，且心率仍≥75 次/分的患者，也可与β受体阻断药合用。最常见的不良反应为闪光现象（光幻视）和心动过缓，有剂量依赖性。

自 测 题

一、单项选择题

1. 属于Ⅲ类抗心律失常药的是
   A. 美托洛尔　　　　　　B. 普萘洛尔　　　　　　C. 胺碘酮
   D. 维拉帕米　　　　　　E. 腺苷
2. 胺碘酮延长心肌细胞动作电位时程的主要作用靶点是
   A. Mg^{2+} 通道　　　　　B. Ca^{2+} 通道　　　　　C. Na^+ 通道
   D. Cl^- 通道　　　　　　E. K^+ 通道
3. 下列药物对心房颤动无治疗作用的是
   A. 维拉帕米　　　　　　B. 索他洛尔　　　　　　C. 利多卡因
   D. 强心苷　　　　　　　E. 普萘洛尔
4. 胺碘酮的作用主要是
   A. 延长 APD，阻滞 K^+ 外流　　　　　B. 缩短 APD，阻滞 Na^+ 内流
   C. 延长 ERP，促进 K^+ 外流　　　　　D. 缩短 APD，阻断β受体
   E. 缩短 ERP，阻断α受体

5. 对急性心肌梗死所致的室性心律失常疗效较好的是
   A. 奎尼丁　　　　　　B. 地尔硫䓬　　　　　　C. 苯妥英钠
   D. 利多卡因　　　　　E. 维拉帕米

6. 属于Ⅳ类抗心律失常药的是
   A. 奎尼丁　　　　　　B. 胺碘酮　　　　　　　C. 普罗帕酮
   D. 索他洛尔　　　　　E. 维拉帕米

7. 利多卡因治疗无效的心律失常是
   A. 室上性心动过速
   B. 室性期前收缩
   C. 室性心动过速
   D. 心脏手术中触发的室性心律失常
   E. 地高辛引起的室性心律失常

8. 关于胺碘酮描述错误的是
   A. 为广谱抗心律失常药　　　　　　B. 明显延长 APD 和 ERP
   C. 具有钠通道和钙通道阻滞作用　　D. 显著促进 K^+ 外流
   E. 可用于室上性和室性心律失常

9. 具有麻醉作用的抗心律失常药是
   A. 维拉帕米　　　　　B. 利多卡因　　　　　　C. 普萘洛尔
   D. 胺碘酮　　　　　　E. 伊布利特

10. 利多卡因治疗心律失常的给药途径是
    A. 口服　　　　　　　B. 静脉给药　　　　　　C. 肌内注射
    D. 直肠给药　　　　　E. 舌下含服

11. 关于利多卡因叙述错误的是
    A. 缩短 APD 和 ERP，但以 APD 更显著
    B. 治疗浓度降低浦肯野纤维的自律性
    C. 治疗浓度对传导无明显影响
    D. 抑制 Na^+ 和 K^+ 外流
    E. 仅用于室性心律失常

12. 维拉帕米的抗心律失常作用机制是
    A. 增强心肌收缩力　　　　　　　　B. 阻滞 Ca^{2+} 通道
    C. 抑制血管紧张素转换酶活性　　　D. 加快心率
    E. 抑制远曲小管近端 Na^+-Cl^- 共转运子

13. 窦性心动过速的首选药是
    A. 普萘洛尔　　　　　B. 地尔硫䓬　　　　　　C. 苯妥英钠
    D. 胺碘酮　　　　　　E. 维拉帕米

（14~15题共用备选答案）
    A. 美西律　　　　　　B. 利多卡因　　　　　　C. 苯妥英钠
    D. 胺碘酮　　　　　　E. 维拉帕米

14. 对室上性和室性心律失常均有效的广谱抗心律失常药是
15. 阵发性室上性心动过速首选药是

16. 患者，男，55岁，因突发心悸、气短半小时就诊，心电图检查提示阵发性室上性心动过速，心率200次/分，医生考虑使用一种药物以迅速终止心动过速。下列药物中最适宜选择的是

  A. 奎尼丁   B. 维拉帕米   C. 阿托品
  D. 美西律   E. 洋地黄

17. 患者，女，65岁，患心房颤动2年，今日因家庭琐事生气，出现心悸伴气短，遂到医院就诊。心电图检查提示心房颤动，心室率120次/分，患者患有甲状腺功能亢进症。为了控制心室率，医生宜给予的药物是

  A. 胺碘酮   B. 氟卡尼   C. 普罗帕酮
  D. 索他洛尔   E. 美托洛尔

二、简答题

1. 抗心律失常药分为哪几类？写出各类代表药物。
2. 利多卡因可治疗哪种类型的心律失常？为什么？

三、案例分析题

患者，男，15岁，中等体型，因心悸、胸闷1周就诊。患者平素体健，半个月前曾接触社会不良人员，为寻求刺激多次服用药物，药名不详（自述是精神兴奋性药物）。查体：血压110/80 mmHg，心率90次/分，心脏听诊提示心律失常。心电图检查：窦性心律，频发室性期前收缩。胸部X线检查未见异常。诊断：心律失常，室性期前收缩。医嘱给予利多卡因50 mg缓慢静脉注射，室性期前收缩逐渐减少，5 min后重复注射利多卡因，室性期前收缩全部消失，改为口服美西律100 mg，每日3次维持疗效。

请回答：
1. 试分析医嘱是否合理，为什么？
2. 为什么将利多卡因改为美西律？

（沈华杰）

第二十二章 抗心绞痛药

第二十二章数字资源

学习目标

知识：说出硝酸甘油、普萘洛尔、硝苯地平的抗心绞痛作用、临床应用及不良反应；解释硝酸酯类和β受体阻断药联合用药的意义及注意事项；简述抗心绞痛药的作用机制及常用药物的给药方法。

能力：学会观察抗心绞痛药的疗效和不良反应并具备防治其不良反应的能力，能够根据病情合理选择抗心绞痛药，具备开展防治心绞痛的科普宣教能力。

素养：建立预防为主的理念，开展防治心绞痛及合理使用解救药的科普宣教，减少心血管不良事件的发生，确保药物的安全、有效和合规使用。

心绞痛是由冠状动脉供血不足引起的心肌急剧的、暂时的缺血与缺氧综合征，是冠状动脉粥样硬化性心脏病（coronary atherosclerotic heart disease，CHD，简称冠心病）的常见症状。心绞痛发作时的典型表现为胸骨后或心前区压榨性阵发性疼痛，常向左肩、左上肢放射，疼痛一般持续数分钟，休息或服用硝酸甘油可缓解。心绞痛持续发作如不及时治疗可能发展为心肌梗死，甚至危及生命。

心绞痛发作的病理生理学基础主要是心肌组织供氧与耗氧的失衡。任何引起心肌组织耗氧量增加和（或）供血供氧减少的因素都可导致心绞痛的发生，其中冠状血管病变，尤其是动脉粥样硬化，是心绞痛发生的重要原因。心肌的供氧主要取决于动、静脉的氧分压差及冠状动脉（简称冠脉）的供血流量。通常情况下，动、静脉氧分压差变化不大，心肌细胞摄取血液氧含量的65%~75%，已接近极限，因而增加氧供应主要依靠增加冠状动脉的血流量。冠状动脉的血流量与冠状动脉的阻力、灌注压、侧支循环及心室舒张时间等密切相关。影响心肌耗氧量的主要因素有心室壁张力、心率和心肌收缩力。由此可见，降低心肌耗氧量和扩张冠状动脉以改善冠状动脉供血是防治心绞痛的有效途径。

世界卫生组织制定的"缺血性心脏病的命名及诊断标准"中将心绞痛分为以下三种类型。①劳累性心绞痛：常由劳累、情绪激动或其他增加心肌耗氧量的情况诱发，休息或舌下含服硝酸甘油可缓解，此类包括稳定型心绞痛、初发型心绞痛及恶化型心绞痛；②自发性心绞痛：常无明显诱因，多发生于安静状态，发作时疼痛较重、持续时间长，且不易被硝酸甘油缓解，包括卧位型心绞痛、变异型心绞痛（冠状动脉痉挛所致）、梗死后心绞痛及中间综合征；③混合型心绞痛：上述两种类型合并存在，在心肌耗氧量增加或无明显增加时都可能发生。

知识链接

冠心病的两种综合征

近年来，临床上根据发病特点和治疗原则不同，将冠心病分为急性冠脉综合征（ACS）和慢性冠脉综合征（CCS）。ACS 指冠状动脉粥样硬化斑块破裂或侵蚀，继发完全或不完全闭塞性血栓形成所引起的急性心肌缺血综合征，包括 ST 段抬高型心肌梗死、非 ST 段抬高型心肌梗死及不稳定型心绞痛，前者约占 1/4，后两者约占 3/4。CCS 是指除 ACS 之外冠状动脉疾病的不同发展阶段，涵盖一系列由于冠状动脉血流减少引起的症状和体征，临床常见以下 5 种类型：①疑似冠状动脉疾病和稳定型心绞痛；②缺血性心肌病；③因 ACS 或冠状动脉血运重建住院，病情稳定后出院的患者；④心绞痛疑似血管痉挛或微血管疾病的患者；⑤筛查时发现的无症状性冠状动脉疾病患者。其中稳定型心绞痛是最常见的一种类型。

抗心绞痛药（antianginal drugs）是一类能降低心肌耗氧量、增加心肌供血供氧，恢复心肌氧的供需平衡，缓解心肌缺血症状的药物。常用药物主要有硝酸酯类、β受体阻断药和钙通道阻滞药三类。新型药物如尼可地尔、曲美他嗪、伊伐布雷定临床用于治疗心绞痛，因作用独特，不良反应轻，越来越受到重视。

第一节　硝酸酯类

硝酸酯类药包括硝酸甘油（nitroglycerin）、硝酸异山梨酯（isosorbide dinitrate，消心痛）、单硝酸异山梨酯（isosorbide mononitrate）、戊四硝酯（pentaerithrityl tetranitrate）等。

硝 酸 甘 油

硝酸甘油应用于临床已有百余年历史，因其起效快、疗效确切、经济方便，至今仍是防治心绞痛的最常用药物。

【体内过程】硝酸甘油口服首过消除达 90%，多采用舌下含服，生物利用度达 80%，1~2 min 起效，5 min 作用达高峰，维持 20~30 min，$t_{1/2}$ 为 2~4 min，经肝代谢，从肾排出；也可经皮肤给药如软膏（涂抹于前臂皮肤）、贴膜剂（贴在胸部皮肤），或喷雾给药、静脉滴注给药。

【药理作用】硝酸甘油的基本作用是松弛平滑肌，以松弛血管平滑肌作用最显著。

1. 降低心肌耗氧量　硝酸甘油主要舒张外周静脉血管，对动脉血管舒张作用较弱。小剂量时通过舒张静脉，减少回心血量，减轻心脏前负荷，使心室容积缩小、心室内压力减小、心室壁张力降低，降低心肌耗氧量；稍大剂量时可舒张动脉，降低外周阻力，从而减轻心脏后负荷，降低心肌耗氧量。

2. 增加缺血区心肌的供血　冠状动脉按功能分为输送血管、阻力血管和侧支血管三类，冠状动脉粥样硬化病变部位多见于输送血管。由于缺血区无氧代谢产物堆积，引起该处阻力血管处于高度扩张状态。硝酸甘油能够扩张输送血管和侧支血管，促使血液从阻力较大的非缺血区流向缺血区，从而增加缺血区的血液供应（图 22-1）。

3. 增加心内膜下供血　冠状动脉从心外膜呈直角分支贯穿心室壁，呈网状分布于心内膜下层，因此，心内膜供血易受心室壁张力及心室内压力的影响，心绞痛

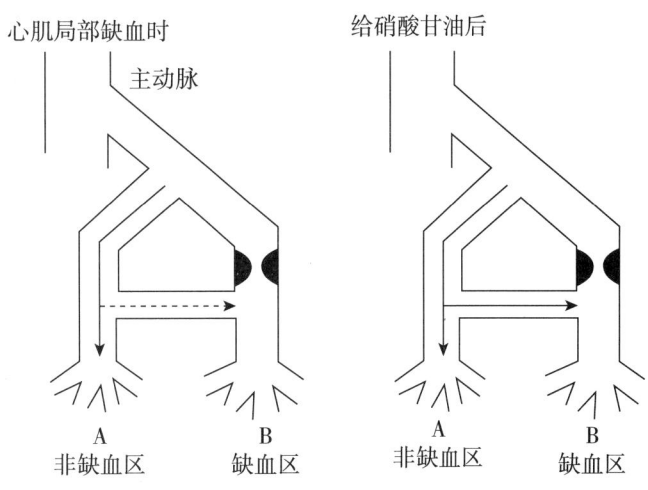

图 22-1　硝酸甘油对冠状动脉血流分布的影响示意图

发作时心内膜下缺血最严重。硝酸甘油扩张静脉,使回心血量减少,降低心室内压;扩张动脉,减轻心脏后负荷,心室收缩末期剩余血量减少,冠状动脉穿壁血管的压力下降,有利于血液从心外膜流向心内膜下缺血区,增加心内膜下缺血区的血液灌注。

4. 保护缺血的心肌细胞　硝酸甘油可释放一氧化氮(NO),促进PGI_2、降钙素基因相关肽等物质的生成和释放,对心肌细胞产生直接保护作用,从而减轻缺血性损伤。

5. 抑制血小板聚集　血小板聚集和血栓形成是不稳定型心绞痛的重要诱发因素。硝酸甘油通过释放 NO 抑制血小板黏附和聚集。

【临床应用】

1. 缓解心绞痛　硝酸甘油舌下含服或喷雾给药能迅速缓解各型心绞痛发作,是控制心绞痛发作的首选药,也可在运动前数分钟预防使用。连续使用硝酸甘油 3 次无效者需警惕心肌梗死的发生。

2. 抢救急性心肌梗死　多采用静脉给药。硝酸甘油不仅能减少心肌耗氧量,还有抑制血小板聚集和黏附作用,以缩小梗死范围,减轻心肌损伤。

3. 辅助治疗心力衰竭　硝酸甘油能舒张血管,降低心脏前、后负荷,辅助治疗重度和难治性心力衰竭。

【不良反应及注意事项】

1. 血管舒张反应　主要有颜面潮红、搏动性头痛、眼压升高、眩晕等;剂量过大可致直立性低血压、晕厥;严重时可因血压下降引起冠状动脉灌注压过低及反射性交感神经兴奋、心率加快、心肌耗氧量增加,从而加重心绞痛。故应用硝酸甘油时应严格掌握剂量,必要时与 β 受体阻断药合用。患者用药时宜采取坐位或半卧位。

2. 高铁血红蛋白血症　硝酸甘油剂量过大或持续用药时可使血中 Fe^{2+} 被氧化为 Fe^{3+},致血氧含量下降,表现为呕吐、发绀等。

3. 耐受性　硝酸甘油连续使用 2~3 周后可出现耐受性,停药 1~2 周后可消失,且不同硝酸酯类之间存在交叉耐受性。若需长期使用硝酸酯类药物,宜保证每天有 10~14 h 的无硝酸酯或低硝酸酯浓度,称作"偏心给药",即给药间隔时间有所偏重,每天给药后留出充分的空白时间,这样能够充分使患者机体再度恢复对药物的敏感性。补充叶酸和富含巯基的食物可延缓其耐受性。

青光眼、低血压、快速型心律失常、颅内压升高、颅内出血等患者禁用硝酸甘油。

掌握硝酸甘油的药理作用及临床应用。

硝酸异山梨酯、单硝酸异山梨酯

硝酸异山梨酯和单硝酸异山梨酯属于长效类抗心绞痛药,其药理作用、临床应用与硝酸甘油基本相似,共同的特点是起效慢、作用弱而持久。其中,硝酸异山梨酯舌下含服 2~3 min 起效,用于心绞痛的治疗;口服后 30 min 起效,作用维持 4 h 以上,用于心绞痛的预防和心肌梗死后持续心绞痛的治疗。单硝酸异山梨酯口服吸收迅速、良好,$t_{1/2}$ 为 5 h,作用可持续 8 h,故常用于冠心病的长期治疗和心绞痛的预防,也用于心肌梗死后持续心绞痛及慢性心力衰竭的治疗。

第二节　β 受体阻断药

β 受体阻断药可减少心绞痛发作的次数,增加患者的运动耐量,改善预后,是防治心绞痛的一线药物。常用药物有普萘洛尔(propranolol)、美托洛尔(metoprolol)、比索洛尔(bisoprolol)、阿替洛尔（atenolol）、阿罗洛尔（arotinolol）、吲哚洛尔（pindolol）、噻吗洛尔（timolol）等。

普 萘 洛 尔

【抗心绞痛作用】

1. 降低心肌耗氧量　心绞痛发作时，心肌局部和血中儿茶酚胺含量均显著增加，心肌耗氧量增加。普萘洛尔通过阻断心脏 β_1 受体，使心肌收缩力减弱、心率减慢，从而降低心肌耗氧量。与此同时，心肌收缩力减弱可增加心室容积、心室射血时间延长，使心肌耗氧量增加，但综合效应是心肌耗氧量降低。此作用也与其阻断肾 β_1 受体，减少肾素分泌，对抗 RAAS 作用，减轻心脏前、后负荷和心室重构有关，长期用药还能够改善预后。

2. 改善缺血区心肌的供血　因冠状动脉的 β 受体被阻断，α 受体相对占优势，易致冠状动脉收缩，尤其在非缺血区表现更为明显，导致非缺血区血管阻力增加，促使血液流向血管已代偿性舒张的缺血区，从而增加缺血区的血液供应；心率减慢，使心脏舒张期延长，冠状动脉灌注时间延长，有利于血液从心外膜血管流向易缺血的心内膜下层，增加缺血区灌注量。

3. 改善心肌代谢　普萘洛尔能提高缺血区心肌对葡萄糖的摄取和利用，保护缺血区心肌细胞线粒体的结构和功能，维持缺血区 ATP 和能量供应；还能促进氧合血红蛋白分离，增加组织供氧；抑制脂肪分解，改善心肌能量代谢。

【临床应用】普萘洛尔可用于稳定型和不稳定型心绞痛，对稳定型心绞痛疗效好，对伴快速型心律失常及高血压者尤为适宜；也可用于心肌梗死，能缩小梗死范围，降低病死率。因其可收缩冠状动脉，不宜用于变异型心绞痛。目前临床多用选择性 β_1 受体阻断药如美托洛尔、比索洛尔，有作用时间长、不良反应少等优点。

普萘洛尔的有效剂量个体差异较大，一般宜从小剂量开始逐渐增加剂量。久用普萘洛尔突然停药时可引起反跳现象，诱发或加重心绞痛，甚至诱发心肌梗死、猝死，故应逐渐减量停药。支气管哮喘、心动过缓、三度房室传导阻滞、严重心功能不全和低血压者禁用。

普萘洛尔与硝酸甘油合用的临床意义及注意事项：根据普萘洛尔与硝酸甘油的药动学和抗心绞痛作用特点，两药合用不仅能协同降低心肌耗氧量，而且普萘洛尔可抵消硝酸甘油引起的反射性心率加快、心肌收缩力增强，硝酸甘油可对抗普萘洛尔所致的心室容积增大、射血时间延长、冠状动脉收缩，故两药合用可取长补短，使疗效增强、不良反应减少。但两类药均可降压，联合用药时应注意适当减少用药量，以免因过度降压，使冠状动脉灌注压降低而加重心绞痛。

 掌握普萘洛尔的药理作用及临床应用。

第三节　钙通道阻滞药

钙通道阻滞药（CCB）是临床防治心绞痛的常用药，尤其对变异型心绞痛疗效佳。治疗心绞痛的常用药物有硝苯地平（nifedipine）、氨氯地平（amlodipine）、非洛地平（felodipine）、维拉帕米（verapamil，异搏定）、地尔硫䓬（diltiazem）等。

【抗心绞痛作用】钙通道阻滞药通过阻滞 Ca^{2+} 通道，抑制 Ca^{2+} 内流而发挥作用。

1. 降低心肌耗氧量　钙通道阻滞药可使心肌收缩力减弱，心率减慢，舒张外周阻力血管，减轻心脏后负荷，从而降低心肌耗氧量。

2. 增加缺血心肌的供血　钙通道阻滞药对冠状动脉的输送血管、阻力血管和侧支血管均有扩张作用，尤其对处于痉挛状态的血管作用显著，从而增加缺血区的血液供应。

3. **保护缺血的心肌细胞** 心肌缺血时，细胞膜对 Ca^{2+} 的通透性增加，使胞内 Ca^{2+} 浓度升高，尤其是线粒体内 Ca^{2+} 超载，引起线粒体肿胀而失去氧化磷酸化的能力，导致细胞死亡。钙通道阻滞药通过阻断 Ca^{2+} 内流，降低缺血对心肌细胞的损害。

4. **抑制血小板聚集** 不稳定型心绞痛与血小板黏附和聚集、冠状动脉血流减少有关。钙通道阻滞药通过阻断 Ca^{2+} 内流，可降低血小板内 Ca^{2+} 浓度，从而抑制血小板聚集，防止血栓形成。

【临床应用】钙通道阻滞药可用于各种类型的心绞痛。与 β 受体阻断药比较，此类药用于临床有如下优点：①可舒张冠状动脉且作用强大，对变异型心绞痛疗效最佳；②可松弛支气管平滑肌，更适合伴支气管哮喘的心肌缺血患者；③可舒张外周血管，适用于伴外周血管痉挛性疾病的心肌缺血患者；④对心肌的抑制作用较弱，较少诱发心力衰竭。

硝苯地平对血管尤其是冠状动脉的舒张作用明显，对变异型心绞痛疗效好，尤其适用于伴高血压者，与 β 受体阻断药合用可增强疗效，减少不良反应；维拉帕米因舒张冠状动脉作用较弱，故常用于稳定型心绞痛；而地尔硫䓬疗效介于上述两药之间，对各型心绞痛均适用。另外，因维拉帕米和地尔硫䓬对心肌收缩和传导系统抑制作用较强，故与 β 受体阻断药合用时，对伴有心力衰竭及传导阻滞的患者应慎用，以免引起严重的心脏抑制。

三种常用抗心绞痛药的作用比较如表 22-1 所列。

表 22-1 三种常用抗心绞痛药的作用比较

药物	外周阻力	心室容量	室壁张力	心率	收缩性	侧支循环	心内膜下血供	血压
硝酸甘油	↓	↓	↓	↑	↑			↓
普萘洛尔	↑	↑	↑	↓	↓	↑	↑	↓
硝苯地平	↓	±	↓	±	±	↑	↑	↓

 掌握硝苯地平的药理作用及临床应用。

第四节 其他抗心绞痛药

尼可地尔

尼可地尔（nicorandil）为烟酰胺的硝酸盐衍生物，属钾通道开放药，兼有 NO 供体和 K^+ 通道开放作用，能够扩张冠状动脉血管，增加冠状动脉血流量，并可减轻 Ca^{2+} 超载所致的心肌损害；长期应用还可稳定冠状动脉斑块。尼可地尔可用于心绞痛的预防和长期治疗，有不易产生耐受性的优点。不良反应有头痛、头晕、发热、肝功能障碍、血小板减少、消化道溃疡等。禁用于严重肝肾功能障碍、严重脑功能障碍、严重低血压或心源性休克、闭角型青光眼和对尼可地尔或烟酸过敏者等。

曲美他嗪

曲美他嗪（trimetazidine，TMZ）是心肌能量代谢调节药，能提高葡萄糖有氧氧化比例，使细胞在缺血时也能获取足够的能量，并维持其代谢活动，保证细胞膜离子泵的正常运作，提高心肌对缺血的耐受性及增强左心功能，从而缓解心绞痛。该药可用于稳定型心绞痛成年患者的对症治疗，并可与 β 受体阻断药等抗心肌缺血药物合用。不良反应主要有胃肠道不适及超敏反应等。对本药过敏者禁用。

伊伐布雷定

伊伐布雷定（ivabradine，IVA）通过选择性抑制窦房结起搏电流而减慢心率，从而延长心脏舒张期，改善冠状动脉灌注，降低心肌耗氧量，对心肌收缩力和血压无影响，不引起房室传导阻滞。该药适用于窦性心动过速且不能耐受 β 受体阻断药或者应用 β 受体阻断药后心率仍＞60 次/分的稳定型心绞痛患者。

卡 托 普 利

卡托普利为血管紧张素转换酶抑制药，通过扩张动、静脉血管减低心脏前、后负荷而降低心肌耗氧量，通过舒张冠状血管而增加心肌供氧量，并具有对抗自由基和减轻心血管重构的作用。该药适用于稳定型心绞痛合并高血压、糖尿病、心力衰竭的高危患者，长期应用也能降低心血管事件的发生率。

血管紧张素转换酶抑制药常用药物还有卡托普利（captopril）、赖诺普利（lisinopril）和雷米普利（ramipril）等。

此外，中药如速效救心丸、通心络、冠心舒通胶囊、复方丹参滴丸、麝香保心丸、参芍片（或胶囊）、丹蒌片等在治疗和改善慢性稳定型心绞痛患者预后方面有一定的疗效。

知识链接

慢性稳定型心绞痛的药物治疗

慢性稳定型心绞痛（CSA）的治疗原则为缓解症状、改善预后、阻止病情进展，包括调整生活方式、控制危险因素、循证药物治疗、血运重建、患者教育等。CSA 的药物治疗以缓解症状及预防心血管事件为目的。心绞痛发作时选用硝酸甘油舌下含服。缓解期在调整生活方式、控制危险因素的基础上，常选用下列药物。

1. 改善缺血、缓解症状的药物 包括一线治疗药物如 β 受体阻断药、CCB、短效硝酸酯类；二线治疗药物如长效硝酸酯类、尼可地尔、伊伐布雷定、曲美他嗪等药物，可根据患者的并发症和耐受性，必要时将二线药物用作一线治疗药物。

2. 预防不良心血管事件，改善预后的药物

（1）抗血小板治疗药物：包括阿司匹林、吲哚布芬、氯吡格雷等，阿司匹林是抗血小板治疗的基石，长期小剂量服用阿司匹林可降低心肌梗死、脑卒中或心血管性死亡的发生风险，有禁忌证患者除外。

（2）降低低密度脂蛋白胆固醇（LDL-C）的药物：只要无禁忌证，CSA 患者应接受降低 LDL-C 治疗。羟甲基戊二酰辅酶 A（HMG-CoA）还原酶抑制药为首选药物，能延缓动脉粥样硬化斑块进展和稳定斑块。

（3）ACEI 或 ARB：所有 CSA 伴高血压、糖尿病、左室射血分数（LVEF）＜40%、合并慢性肾病的患者，如无禁忌，均应接受 ACEI 治疗；不能耐受 ACEI 时改用 ARB。

自 测 题

一、单项选择题

1. 硝酸甘油抗心绞痛最常采用的给药途径是
   A. 软膏涂抹   B. 舌下含服   C. 肌内注射
   D. 贴膜剂经皮给药   E. 口服

2. 硝酸甘油抗心绞痛的作用机制是
   A. 减少心肌供氧量　　　　B. 抑制心肌收缩力　　　　C. 收缩外周血管
   D. 减慢房室传导　　　　　E. 释放 NO
3. 不属于硝酸甘油作用机制的是
   A. 降低室壁张力　　　　　B. 降低心肌氧耗量　　　　C. 扩张心外膜血管
   D. 降低左心室舒张末压　　E. 降低交感神经活性
4. 普萘洛尔与硝酸酯类合用治疗心绞痛的协同作用是
   A. 增加心室容积　　　　　B. 降低心肌耗氧量　　　　C. 加强心肌收缩力
   D. 保护缺血心肌细胞　　　E. 松弛血管平滑肌
5. 最可能加重变异型心绞痛的药物是
   A. 抗血小板药物　　　　　B. 硝酸酯类药物　　　　　C. 钙通道阻滞药
   D. 调血脂药　　　　　　　E. β 受体阻断药
6. 变异型心绞痛患者的首选药物是
   A. 美托洛尔　　　　　　　B. 硝酸异山梨酯　　　　　C. ACEI
   D. 硝苯地平　　　　　　　E. 硝酸甘油
7. 硝苯地平治疗变异型心绞痛的主要药理学依据是
   A. 显著舒张外周阻力血管
   B. 显著舒张冠状动脉，增加心肌供血
   C. 显著减慢心率，降低心肌耗氧量
   D. 显著抑制心肌收缩力，降低心肌耗氧
   E. 抑制或逆转心肌肥厚，降低心肌耗氧量
8. 不具有扩张冠状动脉作用的药物是
   A. 维拉帕米　　　　　　　B. 硝酸甘油　　　　　　　C. 普萘洛尔
   D. 单硝酸异山梨酯　　　　E. 氨氯地平
9. 与硝酸甘油扩张血管作用无关的不良反应是
   A. 心率加快　　　　　　　B. 眼压增高　　　　　　　C. 耐受性
   D. 直立性低血压　　　　　E. 面部潮红
10. 伴有哮喘的心绞痛患者不宜选用
    A. 普萘洛尔　　　　　　　B. 尼可地尔　　　　　　　C. 维拉帕米
    D. 硝酸甘油　　　　　　　E. 地尔硫䓬
11. 稳定型心绞痛合并窦性心动过速的患者宜选用
    A. 硝苯地平　　　　　　　B. 地尔硫䓬　　　　　　　C. 维拉帕米
    D. 硝酸甘油　　　　　　　E. 普萘洛尔

二、简答题

1. 抗心绞痛药包括哪几类？每类各有何代表药？
2. 简述硝酸甘油与普萘洛尔合用的临床意义及注意事项。

三、案例分析题

患者，男，60 岁，患高血压 5 年，一直服用卡托普利治疗，血压控制尚可。近 4 个月来，患者常在劳累、情绪激动时出现胸骨后闷痛，有时放射至左上肢，持续 2~3 min，休息后疼痛缓解，为进一步诊治而到医院就诊。查体：血压 165/105 mmHg，心率 90 次 / 分。发作时心电图：ST 段压低，提示心肌缺血。诊断：冠心病、稳定型心绞痛、原发性高血压（2 级）。为了控制心绞痛和

血压，医生给予琥珀酸美托洛尔 47.5 mg，一日 1 次；单硝酸异山梨酯 20 mg，一日 2 次；依那普利 10 mg，一日 1 次。

请回答：

1. 医生给患者用上述药物治疗是否合理？为什么？
2. 上述三种药物合用时应注意什么？
3. 为了控制心绞痛发作时的症状，应叮嘱患者家中常备哪种药物？

（沈华杰）

第二十三章 调血脂药及抗动脉粥样硬化药

第二十三章数字资源

学习目标

知识：阐述他汀类药物的药理作用、临床应用及主要不良反应，说出他汀类常用药物名称，简述贝特类及其他调血脂药的作用特点及临床应用。

能力：能开展防治动脉粥样硬化和高脂血症的科普宣教，向社区居民宣传合理膳食、适当运动的健康生活理念，并指导患者合理用药。

素养：树立为基层健康服务的理想信念，培植预防为主的理念，养成健康的生活习惯，开展药物合理、安全使用的科普宣教，减少冠脉粥样硬化对民众健康的损害。

动脉粥样硬化是缺血性心脑血管疾病的主要病理学基础，表现为受累动脉内膜脂质积聚、平滑肌细胞增生、单核细胞和淋巴细胞浸润、大量胶原纤维和蛋白多糖等结缔组织基质形成，引起血管壁硬化、管腔狭窄和血栓形成。血脂异常是动脉粥样硬化重要的易患因素之一。

知识链接

血脂与脂蛋白

血脂是血浆中所含脂类的统称，主要包括胆固醇（CH）、甘油三酯（TG）、磷脂（PL）、游离脂肪酸（FFA）等。其中胆固醇又包含胆固醇酯（CE）和游离胆固醇（FC），两者之和称为总胆固醇（TC）。

血脂与载脂蛋白（apo）结合形成脂蛋白，是脂类在血液中存在、转运及代谢的主要形式。采用电泳法、密度法及免疫学方法，可将脂蛋白分为乳糜微粒（CM）、极低密度脂蛋白（VLDL）、中间密度脂蛋白（IDL）、低密度脂蛋白（LDL）、高密度脂蛋白（HDL）和脂蛋白（a）[LP（a）]六种。各种脂蛋白以相对恒定的浓度维持着机体平衡，若比例失调则导致脂代谢异常。血脂异常可进行简易的临床分型，分为：①高胆固醇血症；②高甘油三酯血症；③混合型高脂血症；④低高密度脂蛋白血症。

高脂血症是指血浆中总胆固醇（TC）和（或）甘油三酯（TG）高于正常水平。当血浆中的VLDL、IDL、LDL水平高于正常值时胆固醇易沉积于动脉壁，导致动脉粥样硬化。HDL具有清除动脉壁沉积的胆固醇和抗氧化作用，HDL浓度低于正常也是动脉粥样硬化的重要危险因素。高脂血症可分为原发性和继发性两种。原发性高脂血症多与遗传因素有关，按脂蛋白升高的类型不同分为六型（表23-1）；继发性高脂血症多由代谢紊乱性疾病或其他因素所致，如由肾病综合征、糖尿病、甲状腺功能减退、酒精中毒等引起。

表 23-1　高脂蛋白血症的分型

分型	脂蛋白变化	血脂变化		冠心病风险
		TG	TC	
Ⅰ	CM	↑↑	↑↑↑	正常或↑	低
Ⅱa	LDL	↑	正常	↑↑↑	高
Ⅱb	VLDL 及 LDL	↑	↑↑	↑↑	高
Ⅲ	IDL	↑	↑↑	↑↑	较高
Ⅳ	VLDL	↑	↑↑	正常或↓	中等
Ⅴ	CM 及 VLDL	↑	↑↑↑	正常或↑	低

第一节　调血脂药

调血脂药可通过调整脂质含量或脂蛋白紊乱来纠正脂代谢异常。对血浆脂质代谢紊乱的患者，首先要调节饮食，戒烟酒，并加强体育锻炼。如血脂仍不正常，必须用药物治疗。常用的调血脂药包括：主要降低总胆固醇（TC）和 LDL 的药物、主要降低甘油三酯（TG）和 VLDL 的药物两类。

案例导入

患者，男，50 岁，身高 173 cm，体重 86 kg，患高血压病 5 年，一直在社区卫生服务中心取药治疗，血压维持平稳。近日患者在健康体检时发现血脂异常，经社区门诊进一步检查，诊断为高血压、高胆固醇血症。

问题与思考：

1. 从基层门诊用药实际出发，应给该患者加用哪种调血脂药治疗高胆固醇血症？该药的作用机制是什么？

2. 作为社区医生，需告知该患者用药时应注意什么？在饮食方面应给予哪些指导？

一、主要降低 TC 和 LDL 的药物

（一）他汀类

羟甲基戊二酰辅酶 A（HMG-CoA）还原酶是内源性胆固醇合成的限速酶。他汀类药物是 HMG-CoA 还原酶抑制药，该类药可减少内源性胆固醇的合成，主要降低 LDL 和 TC，是目前治疗高胆固醇血症的一线药物，临床应用广泛。

洛 伐 他 汀

【体内过程】洛伐他汀（lovastatin）口服吸收约 30%，与食物同服可增加吸收；口服后 2~4 h 血药浓度达峰值；血浆蛋白质结合率约 95%。洛伐他汀为无活性的内酯环结构，在肝内被水解成 β-羟基酸而呈现药理作用，主要经肝代谢消除，少量经肾排泄。

【药理作用】

1. 调血脂作用　洛伐他汀能竞争性抑制 HMG-CoA 还原酶的活性，减少内源性胆固醇的合成，代偿性地增加肝细胞膜的 LDL 受体数量并提高其活性，促进肝对 LDL 的摄取，从而使血浆 LDL、TC、VLDL、TG 水平降低，能增加 HDL。主要降低血浆 LDL、TC 水平，作用稳定、可靠，有剂量依赖性，一般用药两周出现效应，4~6 周可达最佳效果。

2. 其他作用　洛伐他汀能抑制动脉平滑肌细胞增殖，延缓内膜增厚；提高血管内皮细胞对扩

血管物质的反应性,逆转心血管重构;抑制血小板聚集,提高纤溶酶活性;稳定和缩小动脉粥样斑块;并能抑制单核巨噬细胞的黏附和分泌功能;减轻肾损害,保护肾功能等,均有助于发挥抗动脉粥样硬化作用。

【临床应用】

1. 治疗高脂血症　作为一线治疗药,用于各种原发性和继发性高胆固醇血症,如2型糖尿病引起的高胆固醇血症。睡前服用效果好。

2. 治疗肾病综合征　除了与调血脂作用有关外,可抑制肾小球细胞的增殖和延缓肾动脉硬化。

3. 预防心脑血管急性事件　可稳定和缩小斑块,降低脑卒中及心肌梗死的发生率。

【不良反应】洛伐他汀不良反应少而轻,常见头痛、倦怠、皮疹、腹胀、腹泻、腹痛、便秘、恶心、消化不良等;偶有白细胞减少、肝功能异常,用药期间应定期检测肝功能;罕见横纹肌溶解症(rhabdomyolysis)。对此药过敏及持续肝功能异常者、孕妇、哺乳期妇女等禁用。

【相互作用】洛伐他汀与胆汁酸结合树脂类药物合用,可增强降低TC及LDL-C的效应;与贝特类药物或烟酸合用,可增强降低TG的效应,但也能增加肌病的发生率;与香豆素类抗凝血药合用,有可能延长凝血酶原时间,应注意检测凝血酶原时间,及时调整抗凝血药的剂量;与红霉素、环孢素合用也能增加肌病的危险性,故禁止合用。

掌握他汀类药物的药理作用、临床应用及不良反应。

知识链接

横纹肌溶解症

横纹肌溶解症是一种罕见疾病,是由一系列影响横纹肌细胞膜、膜通道及其能量供应的多种遗传性或获得性疾病导致的横纹肌损伤,细胞膜完整性改变,细胞内容物(肌红蛋白、肌酸激酶、小分子物质等)漏出,多伴有急性肾衰竭及代谢紊乱。症状及体征可见肌肉酸痛、肿胀、痉挛、水肿、乏力,甚至急性肾衰竭等症状。服用他汀类药物并发的横纹肌溶解症可发生在用药后36 h~24个月,大部分发生于3个月后。脱水、发热、酸中毒等均易诱发横纹肌溶解症。老年人、糖尿病患者、长期饮酒者及慢性肾功能不全者等均为易感人群。患者用药期间如有肌肉不适或无力应立即检测肌酸激酶(creatine kinase,CK),必要时减量或停药。

同类药物还有辛伐他汀(simvastatin)、普伐他汀(pravastatin)、氟伐他汀(fluvastatin)和阿托伐他汀(atorvastatin)、瑞舒伐他汀(rosuvastatin)等,各药物与HMG-CoA还原酶的亲和力不同,调血脂的作用强度各有不同。辛伐他汀也为前体药,其活性产物能有效降低胆固醇;普伐他汀口服吸收快,亲水性较强,不易通过血脑屏障,降低胆固醇作用明显,而对甘油三酯几乎无降低作用;氟伐他汀除调血脂作用外,还具有抑制动脉平滑肌细胞增殖、延缓内膜增厚的功能;阿托伐他汀和瑞舒伐他汀为第三代他汀类药物,主要用于控制饮食无效的高胆固醇血症。

(二)胆汁酸结合树脂类

胆汁酸结合树脂类药物又称胆汁酸螯合剂,临床常用的有考来烯胺(cholestyramine,消胆胺)和考来替泊(colestipol,降胆宁),均为碱性阴离子交换树脂,不溶于水,口服不被吸收。该类药在肠道与胆汁酸形成螯合物从而阻断胆汁酸的肝肠循环,减少了食物中脂类的吸收。肝中胆汁酸减少,加速了胆固醇向胆汁酸转化,胆固醇水平降低则代偿性促使肝细胞表面LDL受体增加或活性增强,促进血浆中LDL向肝中转移,从而使血浆LDL和TC浓度下降。肠腔中胆汁酸的减少,也影响胆固醇吸收。同时该类药可反馈性增强 HMG-CoA 还原酶活性，使肝胆固醇合成增多，故该类药物与他汀类药物联合应用时，降脂作用增强。

胆汁酸结合树脂类药物临床主要用于治疗Ⅱa、Ⅱb型高脂血症。该类药与烟酸合用于混合型高脂血症；与他汀类药物合用治疗严重高胆固醇血症；与抗氧化剂普罗布考合用不仅增强疗效，还可减少便秘等不良反应。

胆汁酸结合树脂类药物有特殊臭味和一定刺激性，由于常用剂量较大，其不良反应较多，主要表现为恶心、腹胀、便秘等胃肠道反应；可干扰镁、铁、锌等金属离子和脂肪的吸收，大剂量会引起脂肪痢，长期应用还可致脂溶性维生素及钙缺乏，故应适当补充维生素 A、D、K 及钙剂；可妨碍噻嗪类、香豆素类、强心苷类等药物的吸收，应避免同时服用，必要时可在服此药 1 h 前或 4 h 后服用上述药物。

二、主要降低 TG 和 VLDL 的药物

（一）贝特类

目前，临床应用的贝特类药物包括吉非贝齐（gemfibrozil）、苯扎贝特（benzafibrate）、非诺贝特（fenofibrate）和环丙贝特（ciprofibrate）等，药效强、毒性低。

【药理作用及临床应用】贝特类药物通过多种方式发挥调血脂作用，能降低血浆 TG、VLDL、TC、LDL，升高 HDL。各药作用强度不一，尤以非诺贝特、苯扎贝特较强。另外，该类药还具有抑制血小板聚集、抗凝血、抗炎、改善胰岛素抵抗、增加纤溶酶活性等作用。

贝特类药物主要用于以 TG 或 VLDL 升高为主的高脂蛋白血症，如Ⅱb、Ⅲ、Ⅳ型高脂血症；还可用于伴有 2 型糖尿病的高脂蛋白血症；对低 HDL 的高胆固醇血症也有效；也可用于消退黄色瘤。

【不良反应及注意事项】常见不良反应有食欲差、恶心、腹胀等消化道反应，饭后服用可减轻；也有乏力、头痛、失眠、皮疹、阳痿等反应；偶有尿素氮增加，肝功能异常，停药后可恢复。肝、肾功能不全者、孕妇、儿童等禁用。该类药可增强口服抗凝血药的抗凝血活性，与他汀类药物联合应用时，可能增加肌病的发生率，故两药合用时应注意。

（二）烟酸类

烟　　酸

烟酸（nicotinic acid，尼古丁酸）属水溶性 B 族维生素，多存在于肝、肉类、酵母、番茄中等，是人体内许多重要代谢过程的必需物质，与烟酰胺统称为"维生素 PP"，现多用人工合成品。

【药理作用】

1. 调血脂作用　大剂量烟酸能有效抑制 TG 的产生和 VLDL 的分泌，从而降低 TG、VLDL 和 LP（a）水平，同时明显升高 HDL 水平，作用程度与用药前体内 VLDL 水平有关。降低 LDL 作用慢而弱，用药 5~7 天生效，与胆汁酸结合树脂及他汀类药物合用作用增强。

2. 抑制血小板聚集和舒张外周血管作用　通过抑制 TXA_2 的生成，增加 PGI_2 的生成而发挥作用。

【临床应用】烟酸为广谱调血脂药，对除Ⅰ型以外的其他类型的高脂血症均有效。目前认为烟酸是少有的降低 Lp（a）的药物，若长期应用治疗量烟酸或联用胆汁酸结合树脂，可稳定和减退动脉粥样硬化，进而降低心血管疾病发病率。

【不良反应及注意事项】用药初期常见颜面潮红、瘙痒等，多与前列腺素致血管扩张有关，如合用阿司匹林，既可明显减轻此反应，延长本药的半衰期，又可防治本药大剂量所致的高血糖、高尿酸；还可见胃肠道反应，表现为恶心、呕吐、腹痛、腹泻，甚至诱发溃疡，饭后给药可减轻上述反应。糖尿病、痛风、肝功能不全、消化道溃疡及孕妇禁用。

同类药物还有阿昔莫司（acipimox），肌醇烟酸酯（inositol nicotinate）等。阿昔莫司为烟酸异构体，其抑制脂肪组织的脂解作用更强、更持久，不良反应较烟酸少见，临床主要用于Ⅱb、Ⅲ、Ⅳ型高脂血症。烟酸肌醇酯多在体内水解成烟酸和肌醇而发挥作用。

第二节　抗氧化剂

氧自由基（oxygen free radical）通过氧化修饰多种脂蛋白（尤其是氧化型LDL）而促进动脉粥样硬化的发生和发展，因此抗氧化剂已成为阻止动脉粥样硬化进程的重要药物。

普罗布考

普罗布考（probucol，丙丁酚）的抗氧化作用强，能掺入各种脂蛋白颗粒中，抑制脂蛋白被氧化修饰，从而减少氧化型LDL（ox-LDL）的生成及由其引起的一系列病变过程，从而降低冠心病的发病率；同时，该药能抑制HMG-CoA还原酶，使胆固醇合成减少，并能增加LDL的清除，降低血浆TC、LDL和HDL水平，对VLDL几无影响。临床用于各型高胆固醇血症。该药与他汀类药、考来烯胺、烟酸合用时作用增强。

普罗布考不良反应较轻，常见恶心、腹胀、腹泻、腹痛等胃肠道反应，偶见嗜酸性粒细胞增多、肝功能异常、感觉异常等，个别患者可致Q-T间期延长，用药期间需注意心电图变化。心肌损害者、孕妇及小儿禁用。

维生素E

维生素E（vitamine E）有很强的抗氧化作用，减轻动脉内皮的损伤，还有抗血小板聚集作用，大剂量能促进毛细血管和小血管再生。该药可作为动脉粥样硬化的辅助治疗药。一般剂量无明显不良反应，大剂量应用可引起胃肠功能紊乱、皮肤皲裂和肌无力等。

第三节　多烯脂肪酸类

多烯脂肪酸类又称多不饱和脂肪酸类，根据不饱和键在脂肪酸链中开始出现的位置，分为$n\text{-}3$（$\omega\text{-}3$）型及$n\text{-}6$（$\omega\text{-}6$）型两大类。

$n\text{-}3$型多烯脂肪酸主要包括二十五碳烯酸（EPA）、二十六碳烯酸（DHA），主要来自海洋生物如海藻、鱼及贝壳类中。EPA和DHA可明显降低TG及VLDL，升高HDL而发挥调血脂作用，DHA还能降低TC和LDL-C；此外，此类药物还能舒张血管、抑制血小板聚集。临床常用于高TG性高脂血症的辅助治疗，长期应用能有效预防动脉粥样硬化形成，并使斑块消退。$n\text{-}6$型多烯脂肪酸主要包括来源于大豆油、玉米油等植物油的亚油酸、γ-亚麻酸等，有较弱的调血脂和抗血小板聚集作用，常制成胶丸或与其他调血脂药、抗氧化药制成复方制剂应用。

第四节　黏多糖和多糖类

肝素（heparin）、硫酸类肝素（heparan sulfate）、硫酸软骨素A（chondroitin sulfate A）、硫酸葡聚糖（dextran sulfate）等是一类硫酸多糖，多由动物脏器或藻类提取或半合成制得。该类药物可结合于血管内皮表面，防止白细胞、血小板及有害因子的黏附，从而保护血管内皮免受损伤，主要用于缺血性心脑血管疾病的预防。

知识链接

肝素和类肝素的抗动脉粥样硬化作用

多种因素（机械、细菌毒素等）可损伤血管内皮，改变其通透性，引起白细胞和血小板黏附，并释放各种活性因子，进一步损伤内皮，最终导致动脉粥样硬化斑块形成。所以保护血管内皮是抗动脉粥样硬化的重要措施。

保护动脉内皮药主要是黏多糖和多糖类。肝素具有以下作用：①主要降低 TG、VLDL 等；②对动脉内皮有较高的亲和性，中和多种血管活性物质，保护动脉内皮；③抑制血小板功能等抗血栓作用；④抑制白细胞向血管内皮黏附及其向内皮下转移的炎性反应；⑤阻滞血管平滑肌细胞的增殖和迁移；⑥加强酸性成纤维细胞生长因子的促微血管生成等，从多方面发挥抗动脉粥样硬化效应。但肝素因其抗凝血作用过强，且口服无效，不便应用。

低分子量肝素（LMWH）是由肝素解聚而成。天然类肝素（natural heparinoids）是存在于生物体内类似肝素结构的一类物质，具有抗凝血作用较弱、抗血栓形成作用强、半衰期长、引起出血并发症少、一般不需检测抗凝血活性等特点。这类药物能结合在血管内皮细胞表面，防止白细胞、血小板及有害因子的黏附，保护血管内皮，阻滞动脉粥样硬化斑块形成；也可抑制平滑肌细胞的增生，产生抗动脉内皮损伤作用和预防血管再造术后再狭窄作用。临床用于缺血性心脑血管疾病及经皮冠状动脉腔内血管成形术（PTCA）后再狭窄者等。

自 测 题

一、单项选择题

1. 能明显降低血浆胆固醇的药是
   A. 烟酸　　　　　　　B. 贝特类　　　　　　C. 多烯脂肪酸
   D. 他汀类　　　　　　E. 硫酸软骨素

2. 关于抗动脉粥样硬化药，下列叙述错误的是
   A. 普罗布考是抗氧化剂，同时具有调血脂作用
   B. 多不饱和脂肪酸可抑制动脉粥样硬化斑块的形成并使之消退
   C. 保护动脉内皮药硫酸多糖不能预防动脉粥样硬化
   D. HMC-CoA 还原酶抑制药能减少胆固醇的合成
   E. 吉非罗齐能激活脂蛋白脂肪酶显著降低血液中的甘油三酯和 VLDL

3. 可对抗动脉粥样硬化的形成血浆脂蛋白是
   A. 高密度脂蛋白（HDL）　　　　　　B. 乳糜微粒（CM）
   C. 极低密度脂蛋白（VLDL）　　　　 D. 低密度脂蛋白（LDL）
   E. 中间密度脂蛋白（IDL）

4. 关于洛伐他汀的叙述，错误的是
   A. 是 HMG-CoA 还原酶抑制药
   B. 用于治疗杂合子家族性高胆固醇血症疗效好
   C. 用于治疗以甘油三酯增高为主的高脂血症疗效好
   D. 可用于治疗 2 型糖尿病引起的高胆固醇血症
   E. 用于治疗原发性高胆固醇血症

5. 长期大量服用辛伐他汀出现双下肢无力及疼痛的最可能原因是
   A. 糖尿病足　　　　B. 主动脉夹层　　　　C. 间歇性跛行
   D. 横纹肌溶解　　　E. 腰椎间盘突出症
6. 下列可阻断肠道胆固醇吸收的药物是
   A. 吉非罗齐　　　　B. 考来替泊　　　　　C. 辛伐他汀
   D. 烟酸　　　　　　E. 普罗布考
7. 能产生抗氧化作用的调血脂药物是
   A. 普罗布考　　　　B. 考来替泊　　　　　C. 吉非罗齐
   D. 硫酸多糖　　　　E. 阿托伐他汀

（8～10题共用题干）

患者，男，50岁，体胖，患高血压5年，一直服用抗高血压药治疗，血压维持平稳，近日健康体检发现血脂异常，诊断为高血压、高胆固醇血症。

8. 治疗原发性高胆固醇血症应首选
   A. 辛伐他汀　　　　B. 烟酸　　　　　　　C. 普罗布考
   D. 吉非罗齐　　　　E. 考来替泊
9. 上述降血脂药物的作用机制是
   A. 抑制HMG-CoA还原酶，减少胆固醇合成
   B. 与胆酸结合，减少肠道内胆固醇吸收
   C. 激活脂蛋白脂肪酶，促进甘油三酯的分解
   D. 抑制甘油三酯的合成
   E. 抗氧化
10. 上述降血脂药物最严重的不良反应是
    A. 横纹肌溶解症　　B. 肝损害　　　　　　C. 溶血性贫血
    D. 超敏反应　　　　E. 胃肠道反应

二、简答题

1. 简述常用调血脂药分类及代表药物。
2. 简述他汀类药物的药理作用及临床应用

三、案例分析题

患者，男，60岁，体重90 kg，身高1.7 m，1个月前体检发现血脂较高，医生诊断为高胆固醇血症（Ⅱa型）。医生给予辛伐他汀片，40 mg，每晚口服；吉非罗齐胶囊，0.3 g，口服，每日3次。患者服药2周后，感觉下肢肌肉开始酸痛、肌无力。近2日，患者突然发现尿液变成了茶色，遂入院就诊。

请回答：
1. 该患者出现此种现象的原因是什么？
2. 该患者在应用降血脂药时有哪些注意事项？

（朱小平）

第二十四章 抗超敏反应药

第二十四章数字资源

学习目标

知识：简述 H_1 受体阻断药的药理作用、临床应用及不良反应。

能力：能够对不同类型的过敏患者选择合适药物，能判断药物的不良反应，并提出防治措施。

素养：充分认识药物的局限性。树立预防为主、防治结合的理念，引导患者尽量避免接触致超敏反应物质。

第一节 H_1 受体激动药及阻断药

案例导入

患者，男，40岁，从事货物运输工作（司机），因全身丘疹伴瘙痒2天到社区卫生服务中心就诊。患者2天前食用螃蟹后，四肢出现成片丘疹及散在小水疱，伴有剧烈瘙痒，遂来就诊。患者既往体健，无药物过敏史。查体：全身各处可见红色丘疹，以四肢居多，部分已破溃，可见水样分泌物。诊断为急性湿疹。

问题与思考：

1. 患者是一名从事货物运输的司机，从基层用药安全及适用性角度，应选择哪些合适的抗超敏反应药？

2. 作为社区医生，应告知患者服用药物时需注意哪些问题？

一、组胺及 H_1 受体激动药

组胺（histamine）是具有多种生理活性的重要自身活性物质，广泛分布在体内各组织中，其中以与外界接触的支气管黏膜、皮肤和胃肠黏膜中含量最高。当组织损伤、炎症、变态反应或神经受刺激时，肥大细胞及嗜碱性粒细胞发生脱颗粒，从而释放出组胺并激活相应靶细胞上的组胺受体，产生多种病理效应。目前发现的组胺受体有 H_1、H_2、H_3 和 H_4 四种亚型（表 24-1）。

表 24-1 组胺受体的分布及效应

受体类型	分布	效应
H_1 受体	支气管	收缩
	胃肠道	收缩
	子宫平滑肌	收缩

续表

受体类型	分布	效应
	皮肤血管	扩张、通透性增强
	心房肌	收缩增强
	房室结	负性传导
H₂受体	胃壁细胞	胃酸分泌增加
	血管	扩张
	心室肌、窦房结	收缩增强、心率加快
H₃受体	中枢与周围神经末梢	负反馈性调节组胺合成与释放
H₄受体	骨髓、肺、脾、小肠和中枢	免疫反应和炎症反应

倍他司汀

倍他司汀（betahistine）是组胺 H₁ 受体激动药，具有扩张血管作用，但不增加毛细血管的通透性，能促进脑干和迷路的血液循环，纠正内耳血管痉挛，减轻迷路积水；尚有抑制血小板聚集及抗血栓形成作用。该药主要用于治疗内耳眩晕症，可增加内耳血流量，消除耳鸣、眩晕、恶心及头痛等症状；也可用于治疗慢性缺血性脑血管疾病、短暂性脑缺血发作等，并对各种原因的头痛有缓解作用。倍他司汀可引起胃部不适、恶心、皮肤瘙痒等不良反应。

二、H₁ 受体阻断药

临床常用 H₁ 受体阻断药包括：第一代 H₁ 受体阻断药，如苯海拉明（diphenhydramine）、异丙嗪（promethazine）；第二代 H₁ 受体阻断药，如西替利嗪（cetirizine）、氯雷他定（loratadine）（表 24-2）。

表 24-2　常用 H₁ 受体阻断药作用的比较

药物	镇静程度	镇吐作用	抗胆碱作用	维持时间（h）
第一代				
苯海拉明（diphenhydramine）	+++	++	+++	4~6
异丙嗪（promethazine）	+++	++	+++	4~6
曲吡那敏（tripelennamine）	++	−	−	4~6
氯苯那敏（chlorpheniramine）	+	−	++	4~6
第二代				
阿司咪唑（astemizole）	−	−	−	>24
西替利嗪（cetirizine）	+	−	−	12~24
氯雷他定（loratadine）	−	−	−	24
阿伐斯汀（acrivastine）	−	−	−	4~6
非索非那定（fexofenadine）	−	−	−	12

【药理作用】

1. H₁ 受体阻断作用　阻断 H₁ 受体，对抗组胺引起的支气管、胃肠和子宫平滑肌的收缩，对抗毛细血管通透性增加，产生抗过敏作用；对组胺所致的胃酸分泌增多无效。

2. 中枢抑制作用　产生不同程度的中枢抑制作用，表现为镇静、催眠和防晕止吐作用。镇静、催眠作用以苯海拉明和异丙嗪最强，氯苯那敏、赛庚啶等为中等强度；防晕止吐作用以苯海拉明和异丙嗪较强。阿司咪唑和氯雷他定等多数第二代 H_1 受体阻断药不易透过血脑屏障，无中枢抑制作用。

3. 其他作用　有较弱的 M 受体阻断作用、局麻作用和奎尼丁样作用。

 熟悉氯苯那敏、氯雷他定的药理作用及临床应用。

【临床应用】

1. 缓解变态反应性疾病　此类药物对以组胺释放所引起的荨麻疹、过敏性鼻炎、花粉病等疗效好，对昆虫咬伤所致的皮肤瘙痒和水肿有良效；对药疹和接触性皮炎也有一定疗效；对支气管哮喘效果较差，对过敏性休克几乎无效；也用于防治输血、输液反应。

2. 防治晕动症及呕吐　苯海拉明和异丙嗪对晕车、晕船、妊娠呕吐有良效。

3. 治疗失眠症　苯海拉明和异丙嗪用于失眠，对变态反应疾病所致失眠效果较好。

4. 其他用途　异丙嗪可与氯丙嗪、哌替啶等组成冬眠合剂，用于人工冬眠。

【不良反应】

1. 中枢神经系统反应　第一代药物常引起镇静、嗜睡、乏力等中枢抑制作用，以苯海拉明和异丙嗪最为明显。用药期间应避免驾驶车船、高空作业。第二代药物大多无中枢抑制作用。

2. 消化道反应　表现为口干、厌食、恶心、呕吐、腹泻等，与食物同服可减轻。

3. 其他　偶见粒细胞减少和溶血性贫血；阿司咪唑和特非那定代谢受抑制时可引起尖端扭转型室性心律失常等心脏毒性反应。

第二节　白三烯受体阻断药

许多超敏反应的症状与白三烯有关，如变应性鼻炎、非甾体抗炎药诱发的阿司匹林哮喘和过敏性哮喘中的支气管痉挛主要由白三烯（leukotriene，LT）所致。白三烯包括 LTA_4、LTB_4、LTC_4、LTD_4 和 LTE_4 等，后三者为半胱氨酰白三烯（CysLTs），与 CysLTs 受体相结合而发挥体内炎症介质作用。白三烯受体阻断药可改善哮喘症状及扩张气道，用于哮喘、鼻炎及风湿性关节炎、银屑病、肠炎等多种炎症性疾病。代表药物有扎鲁司特（zafirlukast）、孟鲁司特（montelukast）和普鲁司特（pranlukast）等。

孟 鲁 司 特

孟鲁司特对气道中的 I 型半胱氨酰白三烯（$CysLT_1$）受体有高度亲和力和选择性，能有效抑制 LTC_4、LTD_4 与呼吸道中的 $CysLT_1$ 受体结合，从而改善哮喘症状。该药主要用于：①成人和儿童慢性哮喘的预防和长期治疗，包括预防白天和夜间哮喘症状，能够改善慢性气道炎症，改善肺功能，控制哮喘症状。②阿司匹林哮喘及过敏性哮喘的预防和维持治疗，也可用于运动性哮喘的预防。③过敏性鼻炎特别是鼻塞严重者。孟鲁司特耐受性较好，但需警惕用药后的言语障碍和强迫症症状等神经系统及精神方面的反应。孕妇及哺乳期妇女慎用。

第三节　钙　剂

正常人体内含钙总量约 1400 g，其中 99% 以上分布在骨骼组织中，其余少量存在于体液中。临床上常用的钙剂有葡萄糖酸钙（calcium gluconate）、氯化钙（calcium chloride）、乳酸钙（calcium lactate）等。

【药理作用及临床应用】

1. 抗超敏反应　钙剂可增加毛细血管的致密度，降低其通透性，使渗出减少，水肿减轻，有抗炎、消肿、抗过敏作用。临床用于辅助治疗皮肤过敏性疾病，如荨麻疹、渗出性水肿及瘙痒性皮肤病。

2. 促进骨骼和牙齿的正常发育　钙是构成骨骼和牙齿的主要成分，以维持骨骼硬度。体内缺钙可导致佝偻病和软骨病，因此钙剂可用于防治佝偻病和骨质疏松。维生素 D 可增加钙的吸收、促进骨骼的正常钙化，故口服钙剂常同时配伍维生素 D。

3. 维持神经肌肉的兴奋性　正常人血清钙含量为 90～110 mg/L。低血钙可导致神经肌肉兴奋性增高，婴幼儿出现低钙惊厥或手足搐搦症，成人容易出现肌肉痉挛、手足抽搐等现象，一旦发生可静脉注射钙剂以缓解症状。

4. 解救镁中毒　钙与镁化学性质相似，在体内可相互竞争结合部位而产生拮抗作用，因此钙剂常用于硫酸镁中毒的急救，一旦发生硫酸镁中毒，可立即静脉注射葡萄糖酸钙或氯化钙解救。

5. 其他作用　钙离子可加强心肌收缩力，还可参与血液凝固过程。

【不良反应及注意事项】

1. 心血管反应　钙剂静脉注射时，可引起全身发热感，如注射过快可引起心律失常甚至心搏骤停（停于收缩期），故应缓慢静脉注射。

2. 刺激性　钙剂刺激性强，不可皮下或肌内注射，静脉注射时必须稀释，避免漏出血管外。漏出血管外可引起剧痛及组织坏死，应立即用 0.5% 普鲁卡因局部封闭。葡萄糖酸钙含钙量较低，对组织刺激性较小，比注射氯化钙安全。

3. 药物相互作用　钙剂可增强强心苷对心脏的毒性，故在用强心苷期间和停药后 2 周内禁止静脉注射钙剂。钙离子与四环素类抗生素合用可生成不溶性络合物而影响吸收，故二者不宜同服。枸橼酸钠与钙离子可结合为不溶性钙盐，降低或完全消除其抗凝血作用，故二者不可同用。

自 测 题

一、单项选择题

1. 组胺受体亚型不包括
    A. H_1 受体　　　　　　　B. H_2 受体　　　　　　　C. H_5 受体
    D. H_3 受体　　　　　　　E. H_4 受体

2. 具有扩张血管作用，但不增加毛细血管通透性，能治疗内耳眩晕症的 H_1 受体激动药是
    A. 苯海拉明　　　　　　　B. 倍他司汀　　　　　　　C. 氯雷他定
    D. 异丙嗪　　　　　　　　E. 阿司咪唑

3. 第一代 H_1 受体阻断药中镇静、催眠作用最强的是
    A. 氯苯那敏　　　　　　　B. 赛庚啶　　　　　　　　C. 苯海拉明
    D. 西替利嗪　　　　　　　E. 阿伐斯汀

4. H_1 受体阻断药对下列疾病效果较差的是
    A. 荨麻疹　　　　　　　　B. 过敏性鼻炎　　　　　　C. 支气管哮喘
    D. 药疹　　　　　　　　　E. 昆虫咬伤所致皮肤痒和水肿

5. 钙剂不能用于
    A. 辅助治疗皮肤过敏性疾病　B. 防治佝偻病　　　　　　C. 解救镁中毒
    D. 治疗缺铁性贫血　　　　　E. 维持神经肌肉的兴奋性

6. 以下关于孟鲁司特的说法错误的是
   A. 对气道的Ⅰ型半胱氨酰白三烯（CysLT$_1$）受体有高度亲和力和选择性
   B. 可用于成人和儿童慢性哮喘的预防和长期治疗
   C. 可用于过敏性鼻炎特别是鼻塞严重者
   D. 用药后不会出现神经系统及精神方面的反应
   E. 孕妇及哺乳期妇女慎用

（7~8题共用题干）

患者，女，25岁，因食用海鲜后出现全身瘙痒、皮疹，诊断为过敏性皮炎。患者既往无药物过敏史。

7. 针对该患者，以下药物最适合选用的是
   A. 苯海拉明   B. 异丙嗪   C. 氯雷他定
   D. 阿司咪唑   E. 特非那定
8. 若该患者服用药物后出现口干、厌食等症状，最可能的不良反应是
   A. 中枢神经系统反应   B. 消化道反应   C. 血液系统反应
   D. 心脏毒性反应   E. 皮肤过敏反应

（9~10题共用题干）

患者，男，65岁，有慢性心力衰竭病史，正在服用强心苷治疗，近日因皮肤瘙痒、皮疹就诊，诊断为皮肤过敏。

9. 该患者在使用钙剂治疗皮肤过敏时，以下说法正确的是
   A. 可快速静脉注射钙剂以缓解症状
   B. 钙剂可皮下注射
   C. 钙剂可增强强心苷对心脏的毒性，故不能使用
   D. 葡萄糖酸钙含钙量高，比氯化钙更适合使用
   E. 钙剂可与四环素类抗生素同服
10. 若该患者需要使用H$_1$受体阻断药，应避免选用
    A. 西替利嗪   B. 氯雷他定   C. 阿伐斯汀
    D. 苯海拉明   E. 非索非那定

二、简答题

1. H$_1$受体阻断药有哪些药理作用？
2. H$_1$受体阻断药临床用于哪些方面？其常见的不良反应及注意事项有哪些？

三、案例分析题

患者，女，30岁，因接触花粉后出现鼻痒、打喷嚏、流鼻涕等症状，诊断为过敏性鼻炎。患者既往有晕车史。

请回答：
1. 为缓解该患者的过敏性鼻炎症状，应选用哪种药物？为什么？
2. 考虑到患者有晕车史，在选用药物时还需注意什么？

（甄昌霖）

第二十五章 作用于消化系统的药物

第二十五章数字资源

学习目标

知识：简述抗消化性溃疡药的分类、药理作用及临床应用。理解泻药、促胃肠动力药的药理作用及临床应用。

能力：具备正确选用抗消化性溃疡药、消化系统功能调节药的能力，以及对常见不良反应开展初步防治的能力。

素养：树立崇尚科学、开拓创新的精神，热心于消化系统疾病防治及抗消化性溃疡药合理使用的卫生宣教工作，增强民众的防病治病意识。

案例导入

患者，男，42岁，近1年来间断性出现上腹部疼痛，伴胃食管反流、嗳气，时有恶心及上腹部烧灼感，在饥饿时和夜间加重，进餐后缓解，发作时自行到药房购买雷尼替丁服用，症状有所缓解，停药后如生活不规律则易复发。患者3天前出差回来，因上述症状加剧，前来社区卫生服务中心就诊。患者无肝炎病史，饮酒史近20年，无抽烟史。此前在上级医院行胃镜检查显示十二指肠球部大弯处有一处0.7 cm×0.8 cm溃疡，周边黏膜充血、肿胀，幽门螺杆菌（+）。结合病史及外院检查结果，诊断为十二指肠球部溃疡。

问题与思考：

1. 针对该十二指肠溃疡患者，在基层医疗机构可选择哪些药物进行治疗？
2. 目前在基层医疗用药中，抑制胃酸分泌最有效的药物是哪一类？请说明其作用机制。

第一节 抗消化性溃疡药

消化性溃疡是一种常见的消化道疾病，包括胃溃疡和十二指肠溃疡。消化性溃疡的形成原因主要有：胃酸过多、黏膜防御力下降、幽门螺杆菌感染。目前，临床常用的抗消化性溃疡药可分为四类：①抗酸药；②胃酸分泌抑制药；③胃黏膜保护药；④抗幽门螺杆菌药。

一、抗酸药

胃酸由胃壁细胞分泌，具有激活胃蛋白酶原、使食物中的蛋白质变性等多种生理作用。胃蛋白酶是由主细胞分泌的蛋白酶原经盐酸激活转变而来，能降解蛋白质分子。消化性溃疡的形成与胃酸-胃蛋白酶的自身消化作用密切相关，由于胃蛋白酶活性受胃酸制约，因此胃酸的存在是溃疡病发生的关键因素。抗酸药是弱碱性化合物,口服后在胃内能直接中和胃酸,降低胃内容物酸度和胃蛋白酶活性,部分制剂还可形成胶状物,覆盖于溃疡表面,起到保护和收敛作用,从而使胃灼热、疼痛等症状得到缓解(表 25-1)。

表 25-1 常用抗酸药的作用特点比较

药物	抗酸强度	起效时间(h)	维持时间(h)	保护溃疡面	产生 CO_2	影响排便
三硅酸镁	较弱	缓慢	持久	+	−	轻泻
氧化镁	强	缓慢	持久	−	−	轻泻
氢氧化铝	较强	缓慢	持久	+	−	便秘
碳酸钙	较强	较快	持久	−	+	便秘
碳酸氢钠	强	快	短	−	+	−

目前临床上常用的抗酸药多采用复方制剂,以取长补短,提高疗效,减少不良反应,如铝碳酸镁(hydrotalcite)、复方铝酸铋(compound bismuth aluminate)、复方氢氧化铝(compound aluminium hydroxide,胃舒平)等。但抗酸药只是对症治疗,不能抑制胃酸分泌,停药后胃酸分泌反而会增加。

二、胃酸分泌抑制药

胃酸由胃壁细胞分泌,组胺、乙酰胆碱、胃泌素可分别激动胃壁细胞膜上的 H_2 受体、M_1 受体和胃泌素(G)受体,通过第二信使的介导,激活胃壁细胞上的 H^+-K^+-ATP 酶(又称 H^+ 泵、质子泵),使胃酸分泌增加。

胃酸分泌抑制药可阻断上述受体或抑制质子泵,从而抑制胃酸分泌。临床常用药物包括 H_2 受体阻断药、质子泵抑制药和 M 受体阻断药(图 25-1)。

(一)H_2 受体阻断药

H_2 受体阻断药是治疗消化性溃疡的重要药物。常用药物有西咪替丁(cimetidine)、雷尼替丁(ranitidine)、法莫替丁(famotidine)、尼扎替丁(nizatidine)、罗沙替丁(roxatidine)等。

【体内过程】H_2 受体阻断药口服吸收迅速,1~3 h 后达到血药浓度峰值;与血浆蛋白结合率较低,作用持续时间 1~3 h;经肝代谢,以代谢产物或原型药物从肾滤过排出。

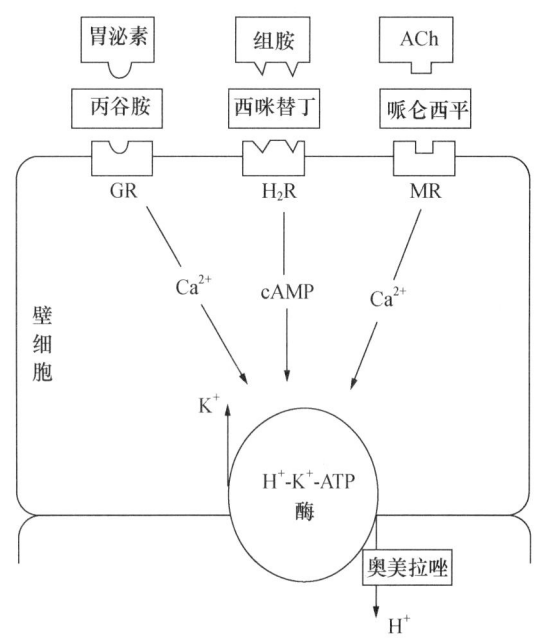

图 25-1 胃酸分泌抑制药物作用示意图
ACh:乙酰胆碱;GR:胃泌素受体;
H_2R:H_2 受体;MR:M 受体

【药理作用】H_2 受体阻断药阻断胃壁细胞 H_2 受体,抑制组胺引起的胃酸分泌,对五肽胃泌素、胆碱受体激动药及迷走神经兴奋等引起的胃酸分泌也有明显的抑制作用。雷尼替丁抑制胃酸分泌的作用比西咪替丁强;法莫替丁的作用强度比雷尼替丁强且作用时间较长;尼扎替丁作用强度与雷尼替丁相似但作用时间较短;罗沙替丁作用强度比雷尼替丁强。

【临床应用】H_2 受体阻断药用于胃和十二指肠溃疡,对十二指肠溃疡的疗效优于胃溃疡,也用于反流性食管炎及其他胃酸分泌过多症。

【不良反应】H_2 受体阻断药可引起恶心、呕吐、腹泻、便秘、头痛、头晕、皮疹等。西咪替丁副作用较多，长期应用有抗雄激素作用，可致男性乳房肿大、阳痿，女性溢乳、性欲减退。雷尼替丁和法莫替丁也有较弱的抗雄激素作用，但少见男性乳房肿大、阳痿和女性溢乳、性欲减退等并发症。西咪替丁可抑制肝药酶，减弱华法林、苯妥英钠、茶碱、苯巴比妥、地西泮、普萘洛尔的代谢，合用时应适当调整剂量。小儿、肝肾功能不全者慎用西咪替丁和雷尼替丁，孕妇禁用。

熟悉 H_2 受体阻断药的代表药物及药理作用、临床应用。

（二）质子泵抑制药

质子泵抑制药疗效显著、确切，不良反应少，是目前最常用的胃酸分泌抑制药。该类药能与胃壁细胞膜顶端 H^+-K^+-ATP 酶结合，使 H^+-K^+-ATP 酶失活，从而抑制胃酸分泌。

奥 美 拉 唑

奥美拉唑（omeprazole）为第一代质子泵抑制药。

【体内过程】奥美拉唑口服吸收迅速，1～3 h 达峰值，单次给药生物利用度低，重复给药后生物利用度可达 60%～70%，食物可延缓其吸收；血浆蛋白质结合率为 95%，主要分布在肝、肾、胃、十二指肠等组织；在肝内代谢后，大部分代谢产物经肾排出；胃内食物充盈时，可减少吸收，故应餐前空腹口服。

【药理作用】

1. 抑制胃酸分泌　奥美拉唑进入胃壁细胞后，在分泌小管内的转化产物可与 H^+-K^+-ATP 酶以共价键结合，对其产生不可逆的抑制作用，使其失活，从而发挥抑制胃酸分泌的作用。该作用强大而持久，且呈剂量相关性。同时，该药还能抑制胃蛋白酶分泌，对胃黏膜产生保护作用。

2. 抗幽门螺杆菌　体外实验证明，该药还能抑制幽门螺杆菌生长。

【临床应用】奥美拉唑可用于胃酸过多引起的胃灼热感和胃食管反流症状的短期缓解，治疗胃、十二指肠溃疡，以及反流性食管炎和卓-艾综合征等。

【不良反应】不良反应较少，主要有头痛、头晕、口干、恶心、腹痛、腹泻等；偶见皮疹、乳腺增生等；长期应用可发生胃黏膜细胞增生和萎缩性胃炎。奥美拉唑作为非处方药时的使用时间不得超过 7 天，作为处方药时的使用时间不得超过 8 周。

知识链接

佐林格-埃利森综合征

胰腺促胃液素瘤（非 B 细胞瘤）可长期分泌超出正常水平的促胃液素，刺激壁细胞增生而分泌大量胃酸，使上消化道处于多酸环境，引起多发性、难治性消化性溃疡。1955 年，Zollinger 和 Ellison 首先报道该病，故命名为佐林格-埃利森综合征（Zollinger-Ellison syndrome）。治疗方法有外科手术切除患病部位或服用胃酸分泌抑制药。

兰索拉唑（lansoprazole）为第二代质子泵抑制药，其抑制胃酸分泌的作用与奥美拉唑相似，但抗幽门螺杆菌的作用较奥美拉唑强。不良反应有低镁血症、骨折、艰难梭菌相关性腹泻等。泮托拉唑（pantoprazole）为第三代质子泵抑制药，作用同奥美拉唑，口服吸收迅速，作用时间长，不良反应少而轻。埃索美拉唑（esomeprazole）是目前抑制胃酸分泌作用最强的质子泵抑制药。

掌握质子泵抑制药的代表药物及药理作用、临床应用。

（三）M 受体阻断药

哌仑西平

哌仑西平（pirenzepine）主要阻断 M_1 受体，同时对 M_2 受体也有阻断作用，可抑制胃酸分泌，主要用于治疗胃、十二指肠溃疡。其疗效与西咪替丁相似。哌仑西平能明显缓解消化性溃疡患者的疼痛症状，降低抗酸药用量。该药与西咪替丁合用可增强抑制胃酸分泌的作用。不良反应主要有轻度口干、腹泻、便秘、恶心、头晕、头痛、视物模糊和心动过速等。

三、胃黏膜保护药

胃黏膜屏障包括细胞屏障和黏液-碳酸氢盐屏障，该屏障被破坏时易导致胃溃疡、十二指肠溃疡的发生。胃黏膜保护药主要通过增强黏液-碳酸氢盐屏障，促进上皮细胞再生，隔离胃酸和胃蛋白酶对胃黏膜的侵蚀，达到保护胃黏膜的作用。

枸橼酸铋钾

枸橼酸铋钾（bismuth potassium citrate）在酸性条件下形成氧化铋胶体，覆盖于溃疡表面或溃疡基底肉芽组织，形成保护膜，从而隔绝胃酸、胃蛋白酶及食物对溃疡面的侵蚀；还能与胃蛋白酶发生螯合而使其失活，促进胃黏液的分泌，抑制幽门螺杆菌的生长。该药适用于胃、十二指肠溃疡的治疗，治愈后复发率较低。

不良反应较少，可见口腔黑染、黑色粪便（注意与消化道出血导致的柏油样便区别），偶见恶心、便秘等症状。肾功能不全者禁用，不宜与抗酸药、牛奶、四环素等同服。

米索前列醇

米索前列醇（misoprostol）为 PGE_1 衍生物，口服吸收迅速，具有强大的细胞保护作用，能与胃壁细胞和胃黏膜表浅细胞基底侧的前列腺素受体结合，抑制胃酸和胃蛋白酶分泌，对基础胃酸分泌、五肽胃泌素及前列腺素合成酶抑制药引起的胃酸分泌均有抑制作用；同时能促进黏液和碳酸氢盐的分泌，增加胃黏膜血流量，促进胃黏膜受损上皮细胞的重建和增殖。该药主要用于胃、十二指肠溃疡及急性胃炎引起的消化道出血。不良反应有恶心、上腹部不适、腹泻、腹痛等。因其能兴奋子宫平滑肌，故孕妇禁用。

硫糖铝

硫糖铝（sucralfate，胃溃宁）是蔗糖和氢氧化铝的复合物，在酸性条件下形成胶体，与溃疡面黏蛋白结合形成一层保护膜，保护溃疡面。该药还可抑制胃蛋白酶活性，促进胃黏膜和血管的增生，使胃黏液和碳酸氢盐分泌增加，促进溃疡愈合和再生。此外，该药还能促进前列腺素的合成，增加黏膜的抵抗力。

硫糖铝主要用于胃、十二指肠溃疡和反流性食管炎的治疗。剂型选择以粉剂为佳，片剂应嚼服。该药长期应用可产生便秘。硫糖铝不宜与抗酸药、胃酸分泌抑制药同用。

熟悉胃黏膜保护药的代表药物及药理作用及临床应用。

四、抗幽门螺杆菌药

> **知识链接**
>
> **幽门螺杆菌与消化系统疾病**
>
> 　　1983年，澳大利亚两位科学家Warren和Marshall，从慢性胃炎的胃黏膜中取样，成功培养出了一种病原菌，这种病原菌常常居住在胃幽门附近，外形呈螺旋状，因此称为幽门螺杆菌（Helicobacter pylori，Hp）。幽门螺杆菌是革兰氏阴性厌氧杆菌，感染人体后，寄生在胃黏膜上，可产生多种酶和细胞毒素，对胃肠黏膜造成损害并促进胃酸分泌增多，诱发溃疡。目前认为，幽门螺杆菌是慢性胃炎、消化性溃疡的主要致病因素。根除幽门螺杆菌可使消化性溃疡的复发率由80%降低到5%，使消化性溃疡成为真正可以治愈的疾病。Hp的发现是20世纪医学领域的重大发现之一，Warren和Marshall因此而共同获得了2005年度诺贝尔生理学或医学奖。

　　目前临床疗效确切的抗幽门螺杆菌药主要有三类。①抗菌药：阿莫西林、克拉霉素、四环素类、甲硝唑等。②铋剂：枸橼酸铋钾等。③质子泵抑制药。这些药物单用疗效较差，而三联疗法是目前公认的最佳根除幽门螺杆菌的方案。国内推荐采用铋剂或质子泵抑制药联合两种抗菌药（克拉霉素、阿莫西林、甲硝唑中任选两种）的三联疗法。在标准的铋剂三联疗法基础上增加质子泵抑制药可明显提高根治率。

第二节　消化系统功能调节药

一、助消化药

　　助消化药能促进食物的消化，增强胃肠消化功能。大多数助消化药本身就是消化液中的主要成分或者能促进消化液的分泌，或者制止肠道过度发酵。临床主要用于消化不良的辅助治疗。

稀 盐 酸

　　稀盐酸（dilute hydrochloric acid）为10%的盐酸溶液，可增加胃中酸度，提高胃蛋白酶活性，促进胰液和胆汁的分泌，也可促进钙、铁的吸收。该药适用于各种胃酸缺乏症及发酵性消化不良，常与胃蛋白酶同用。稀盐酸应稀释后服用，以免刺激胃黏膜，每次0.5~2 ml，饭前或饭时服。

胃蛋白酶

　　胃蛋白酶（pepsin）为一种消化酶，能将胃酸作用后凝固的蛋白质分解，常与稀盐酸合用，禁与碱性药物配伍。该药用于辅助治疗胃酸及消化酶分泌不足引起的消化不良和其他胃肠疾病。因其与硫糖铝的药理作用相拮抗，故两者不宜合用。

胰 酶

　　胰酶（pancreatin）含多种消化酶，主要有胰蛋白酶、胰淀粉酶和胰脂肪酶。该药在中性或弱碱性的环境中活性较强，可促进蛋白质、淀粉、脂肪的消化，主要用于治疗消化不良及肝、胰腺疾病引起的消化障碍。

乳 酶 生

　　乳酶生（lactasin）能分解糖类产生乳酸，增高肠内酸度，抑制病原菌的繁殖，减少发酵和产气，用于肠发酵、消化不良、小儿消化不良性腹泻。乳酶生不宜与抗菌药、吸附剂同时使用，必须合用时，二者应间隔 2~3 h。

二、泻药

泻药是一类能促进肠内容物顺利排出的药物，根据其作用机制的不同，分为容积性泻药、刺激性泻药、润滑性泻药和润湿性泻药四类。

（一）容积性（渗透性）泻药

硫 酸 镁

【药理作用及临床应用】

1. 导泻　硫酸镁（magnesium sulfate）口服不吸收，在肠内形成高渗状态，保留水分，增加肠容积而导泻。服用硫酸镁后配合大量饮水，2~4 h 即可排便。临床用于急性便秘、加速肠内毒物排出和服驱虫药后导泻驱虫。

2. 利胆　口服 33% 的硫酸镁溶液能引起胆总管括约肌松弛、胆囊收缩，从而促进胆囊排空，产生利胆作用。临床用于阻塞性黄疸、胆石症、慢性胆囊炎等。

3. 降压、抗惊厥　静脉给药用于高血压危象、惊厥、子痫。临床多用于治疗破伤风和子痫所导致的惊厥。

4. 消炎去肿　硫酸镁外用可产生消肿和缓解肌肉痉挛作用。

【不良反应】硫酸镁口服可刺激肠壁，引起盆腔充血；静脉注射过量或过快，可致血压急剧下降，呼吸抑制等中毒症状，甚至死亡。一旦出现中毒症状，应立即停药并进行人工呼吸、静脉注射葡萄糖酸钙或氯化钙解救。月经期、妊娠期妇女及肾功能不全者、老年人禁止口服硫酸镁。因硫酸镁极少量吸收后可抑制呼吸，故中枢抑制药中毒时的导泻禁用硫酸镁，可选用无中枢抑制作用的硫酸钠。

（二）刺激性（接触性）泻药

比 沙 可 啶

比沙可啶（bisacodyl）通过与肠黏膜接触，刺激其神经末梢，使直肠反射性蠕动增强而促进排便，主要用于便秘、肠道内镜检查及术前清洁肠道。急腹症患者禁用。

同类药物还有含蒽醌类（大黄、番泻叶等）的中药制剂，用于急、慢性便秘。

（三）润滑性泻药

甘　油

含 50% 的甘油（glycerol）制剂又称为开塞露，可刺激直肠壁引起排便反应，并有局部润滑作用，作用快而温和，临床常用于轻度便秘，尤其适用于老人和小儿。

液 状 石 蜡

液状石蜡（liquid paraffin）为矿物油，可润滑肠壁，抑制水吸收，软化大便，促进大便排出，用于年老体弱、痔疮等便秘患者。因其影响脂溶性维生素的吸收，故不宜长期应用。

（四）润湿性泻药

多 库 酯 钠

多库酯钠（docusate sodium）为表面活性剂，口服后可使水分和脂肪类的物质浸入粪便，使其软化，促进排出，用于排便无力及术后患者。忌与矿物油类药合用。

三、止泻药

腹泻的治疗应以对因治疗为主，但对剧烈、持久的腹泻，应加用止泻药进行对症治疗，以防止患者出现水、电解质紊乱，甚至循环衰竭。

（一）抑制肠蠕动止泻药

地芬诺酯

地芬诺酯（diphenoxylate）是人工合成的哌替啶衍生物，作用与吗啡相似，通过激动阿片μ受体而增强胃肠道平滑肌张力，使其蠕动减弱，利于肠内水分吸收。该药适用于急、慢性功能性腹泻及慢性肠炎等。鉴于地芬诺酯长期应用可致依赖性，其复方制剂于2024年列入第二类精神药品目录，依照《麻醉药品和精神药品管理条例》进行严格管理。

洛哌丁胺

洛哌丁胺（loperamide，易蒙停）的作用与地芬诺酯相似，用于急性腹泻及各种原因引起的慢性腹泻，尤其适合于其他止泻药效果不佳的慢性功能性腹泻。

（二）收敛止泻药

鞣酸蛋白

鞣酸蛋白在肠内分解释放出鞣酸，使肠黏膜表面的蛋白质凝固、沉淀，从而减轻刺激，降低炎性渗出物，发挥收敛止泻作用，用于急性胃肠炎及非细菌性腹泻。

（三）吸附止泻药

蒙脱石

蒙脱石口服后可均匀地吸附在整个肠腔表面，吸附并固定多种病原体，随肠蠕动排出体外，主要用于急、慢性腹泻，尤其是对儿童急性腹泻的疗效较佳。该药可影响其他药物的吸收，必须合用时应在服用本药前1 h服用其他药物。少数患者用药后可出现便秘。

四、胃肠解痉药

胃肠解痉药主要为M受体阻断药，能解除胃肠道平滑肌痉挛或蠕动亢进，缓解痉挛性疼痛。目前常用的药物有颠茄类生物碱和合成解痉药两类。前者有阿托品、山莨菪碱等，其选择性低，副作用较多；后者常用溴丙胺太林、东莨菪碱等，其阻断胃肠道M受体的选择性较高，主要用于解除胃肠道痉挛性腹痛。

五、促胃肠动力药

促胃肠动力药是一类增加胃肠推动性蠕动的药物，能改善胃肠蠕动的协调性，促进胃排空，主要用于治疗胃肠运动功能低下引起的消化道症状。常用药物有甲氧氯普胺、多潘立酮和西沙必利等。

甲氧氯普胺

甲氧氯普胺（metoclopramide，胃复安）口服经胃肠道吸收后起效迅速，生物利用度约为70%，$t_{1/2}$为4~6 h，肝肾功能不全者半衰期延长。该药通过阻断延脑催吐化学感受区（CTZ）的多巴胺受体，产生强大的中枢镇吐作用，用于各种原因引起的呕吐，尤其适用于急性颅脑损伤、脑部肿瘤手术、脑外伤后遗症、肿瘤的放疗或化疗及药物引起的呕吐；也可用于胃肠功能紊乱、海空作业、钡餐检查等所致呕吐，以及糖尿病性胃轻瘫、胃下垂。不良反应较多，主要是锥体外系反应，发生迟发性运动障碍的风险随治疗时间和总累积剂量的增加而增加，目前尚无有效的治疗方法，出现迟发性运动障碍体征或症状的患者应马上停药治疗。应避免长时间使用。

多潘立酮

多潘立酮（domperidone）口服吸收迅速，因有首过消除，生物利用度较低；不能透过血脑屏障，主要经肝代谢。该药可抑制胃肠多巴胺受体，具有促进胃肠蠕动和止吐作用。临床用于治疗慢性功能性消化不良、慢性胃炎、反流性食管炎,以及偏头痛、颅外伤、放射治疗引起的恶心、呕吐。多潘立酮虽无锥体外系反应,但近年来关于其不良反应的报道逐渐增加,需加以注意。12岁以下儿童(尤其是婴儿)、体重小于35 kg的青少年和成人慎用多潘立酮,且用药时需密切监测不良反应。

西沙必利

西沙必利(cisapride)属 5-HT_4 受体激动药,对胃、小肠、大肠均有促进蠕动的作用,因此为全消化道促动力药。该药主要用于治疗各种胃运动减弱、胃轻瘫、胃肠反流性疾病、反流性食管炎、慢性便秘、结肠运动减弱等。西沙必利有引起 Q-T 间期延长和严重或致命的心律失常的潜在风险,临床使用前应权衡利弊。

六、止吐药

止吐药是指通过抑制呕吐反射的不同环节而制止呕吐的药物。虽然,呕吐是机体的一种保护性反射,但是,剧烈而持久的呕吐会给患者带来痛苦,造成水、电解质紊乱和营养物质的丢失,可用止吐药对症治疗。

1. M 受体阻断药 主要有东莨菪碱、苯海索等(详见第七章胆碱受体阻断药)。

2. H_1 受体阻断药 常用药物有苯海拉明、异丙嗪、美克洛嗪等,用于防治晕动病、内耳眩晕病及放射病等引起的呕吐(详见第二十四章抗超敏反应药)。

3. D_2 受体阻断药 氯丙嗪通过阻断延髓催吐化学感受区 D_2 受体,产生镇吐作用。其作用强,不良反应多,对晕动病呕吐无效。其他常用药物有多潘立酮、甲氧氯普胺等,可用于肿瘤化疗、放疗及多种原因引起的呕吐。

4. 5-HT_3 受体阻断药 昂丹司琼(ondansetron)和格拉司琼(granisetron)能选择性阻断中枢及迷走神经传入纤维 5-HT_3 受体,产生迅速而强大的止吐作用。两药对一些强致吐性的化疗药(多柔比星、顺铂、环磷酰胺等)引起的呕吐有迅速强大的抑制作用,但对晕动病和吗啡等引起的呕吐无效。临床主要用于恶性肿瘤化疗和放疗等引起的恶心呕吐,也可用于防治术后呕吐。格拉司琼对抗恶性肿瘤药引起的严重呕吐较昂丹司琼更有效。由于此类药物可减慢消化道运动,故消化道运动障碍者使用时应严密观察。

 熟悉常用消化系统功能调节药的药理作用及临床应用。

第三节 肝胆疾病辅助用药

一、利胆药及胆石溶解药

熊去氧胆酸

熊去氧胆酸(ursodeoxycholic acid)长期服用可增加胆汁酸的分泌,减少胆酸和胆固醇的吸收,抑制胆固醇的合成和分泌,降低胆汁中胆固醇含量,阻止胆石形成,并促进胆结石中的胆固醇溶解,主要用于胆固醇性胆石症、胆囊炎、胆道炎等。

去氢胆酸

去氢胆酸（dehydrocholic acid）促进胆汁的分泌，使胆汁变稀，对脂肪的消化吸收有促进作用，主要用于胆囊及胆道功能失调、胆石症、慢性胆囊炎等。

二、肝炎辅助用药

联苯双酯

联苯双酯（bifendate）是我国创制的治疗肝炎药物，能降低丙氨酸氨基转移酶（ALT），促进肝细胞再生并保护肝细胞，从而改善肝功能，适用于急、慢性肝炎及长期单项ALT异常者。

肝炎辅助用药还有门冬氨酸钾镁（potassium magnesium aspartate）、水飞蓟宾（silibinin）、核糖核酸（ribonucleic）、齐墩果酸（oleanolic acid）、辅酶A（coenzyme A）等。

自 测 题

一、单项选择题

1. 以下属于抗酸药的是
   A. 西咪替丁　　　　B. 氢氧化铝　　　　C. 奥美拉唑
   D. 枸橼酸铋钾　　　E. 阿莫西林

2. H_2受体阻断药中，抑制胃酸分泌作用最强的是
   A. 西咪替丁　　　　B. 雷尼替丁　　　　C. 法莫替丁
   D. 尼扎替丁　　　　E. 罗沙替丁

3. 下列质子泵抑制药中，抑制胃酸分泌作用最强的是
   A. 奥美拉唑　　　　B. 兰索拉唑　　　　C. 泮托拉唑
   D. 埃索美拉唑　　　E. 雷贝拉唑

4. 能促进黏液和碳酸氢盐分泌，增加胃黏膜血流量的胃黏膜保护药是
   A. 枸橼酸铋钾　　　B. 米索前列醇　　　C. 硫糖铝
   D. 铝碳酸镁　　　　E. 替普瑞酮

5. 容积性泻药硫酸镁不具有的作用是
   A. 导泻　　　　　　B. 利胆　　　　　　C. 降压、抗惊厥
   D. 止泻　　　　　　E. 消炎去肿

6. 用于治疗胆固醇性胆石症的药物是
   A. 去氢胆酸　　　　B. 熊去氧胆酸　　　C. 联苯双酯
   D. 门冬氨酸钾镁　　E. 水飞蓟宾

（7~8题共用题干）

患者，女，35岁，近2个月来出现上腹部疼痛，多在空腹时发作，进食后缓解，伴有胃食管反流、嗳气等症状，胃镜检查示十二指肠溃疡。

7. 该患者首选的胃酸分泌抑制药是
   A. 西咪替丁　　　　B. 雷尼替丁　　　　C. 法莫替丁
   D. 奥美拉唑　　　　E. 哌仑西平

8. 若该患者同时合并幽门螺杆菌感染，应采用的治疗方案是
   A. 铋剂 + 阿莫西林
   B. 质子泵抑制药 + 克拉霉素
   C. 铋剂 + 甲硝唑
   D. 质子泵抑制药 + 两种抗菌药（如阿莫西林、克拉霉素）
   E. 铋剂 + 质子泵抑制药 + 阿莫西林

（9~10题共用题干）

患者，男，60岁，因便秘来院就诊，自述大便干结，排便困难，无其他不适症状。

9. 对于该患者，适宜选用的泻药是
   A. 硫酸镁　　　　　B. 比沙可啶　　　　　C. 甘油
   D. 多库酯钠　　　　E. 液状石蜡

10. 若该患者长期使用上述泻药，可能出现的不良反应是
    A. 盆腔充血　　　　B. 呼吸抑制　　　　　C. 影响脂溶性维生素吸收
    D. 依赖性　　　　　E. 便秘

二、简答题

1. 胃酸分泌抑制药分为哪几类？各有何特点？
2. 硫酸镁通过不同途径给药时，其作用和临床应用有何不同？

三、案例分析题

患者，女，45岁，反复上腹部疼痛3年，多于餐后发作，疼痛呈烧灼样，伴有腹胀、恶心、呕吐等症状。近期患者症状加重，胃镜检查示胃溃疡，幽门螺杆菌检测阳性。

请回答：

1. 如何为该患者制定合理的药物治疗方案？请说明理由。
2. 在治疗过程中，需要对患者进行哪些用药指导？

（甄昌霖）

第二十六章 作用于呼吸系统的药物

第二十六章数字资源

学习目标

知识：详述氨茶碱、特布他林的药理作用、作用机制及临床应用；详述异丙托溴铵、噻托溴铵、右美沙芬、氨溴索、乙酰半胱氨酸的药理作用及临床应用；简述可待因的药理作用及临床应用。说出其他平喘药、止咳药、祛痰药的作用特点及临床应用。

能力：能够在上级医生指导下，对患者进行平喘药、镇咳药及祛痰药的用药指导，认真观察患者的不良反应，并采取有效的防治措施。

素养：增强安全、合理使用呼吸系统药物的意识，具备正确应用可待因、右美沙芬等特殊管理药品的法律意识。

案例导入

患者，男，32岁，自幼患有哮喘，日常在家中自行间断服用药物控制病情。近3日，患者自觉喘息症状较前加重，同时伴有心悸不适，遂来社区卫生服务中心就诊。诊断：支气管哮喘、窦性心动过速。社区医生提问其带教的实习医生，后者给出的治疗建议是给予氨茶碱片和普萘洛尔片口服治疗。

问题与思考：

该实习医生给出的用药方案合理吗？为什么？

呼吸系统疾病多为常见病和多发病，常见症状有咳嗽、咳痰、喘息等，这些症状可单独出现或同时存在、相互影响，可使疾病反复发作甚至加重。呼吸系统疾病除对因治疗外，合理使用平喘药、镇咳药和祛痰药，可以缓解症状，减轻患者痛苦，并能有效防治肺气肿等继发性呼吸系统疾病的发生。

第一节 平 喘 药

支气管哮喘是一种以慢性气道炎症和气道高反应性为特征的特异质性疾病。临床表现为反复发作的喘息、气急、胸闷或咳嗽等症状，其发病机制复杂，与炎症、变态反应、遗传、药物、环境等多种因素有关。

平喘药是指能够预防、缓解或消除喘息发作的药物。按作用方式不同，可将平喘药分为支气管扩张药、抗过敏平喘药和抗炎平喘药。

一、支气管扩张药

（一）β₂受体激动药

非选择性β受体激动药如肾上腺素、异丙肾上腺素、麻黄碱等，平喘作用强大，但因其同时激动β₁受体，易引起心悸等不良反应，目前已少用于治疗哮喘。选择性β₂受体激动药对β₁受体的亲和力低，心脏兴奋作用弱，尤其是长效β₂受体激动药，可采用吸入方式给药，已成为缓解哮喘急性发作的首选药。

β₂受体激动药通过激动支气管平滑肌的β₂受体，激活腺苷酸环化酶，增加平滑肌细胞内cAMP浓度，使气道平滑肌松弛；还可抑制肥大细胞、中性粒细胞释放炎症介质和过敏介质（组胺和白三烯等），增强气道纤毛运动，减轻黏膜水肿，有利于预防和控制哮喘发作。但此类药物长期应用，可使β₂受体数目下调，使支气管平滑肌对β₂受体激动药的敏感性下降，产生耐受性。β₂受体激动药可增加肌糖原分解，引起血乳酸及丙酮酸水平升高，并产生酮体，故糖尿病患者用此类药物时应注意。

特布他林

【药理作用及临床应用】特布他林（terbutaline，间羟舒喘灵）为短效β₂受体激动药，松弛支气管平滑肌作用较强。该药气雾吸入5 min内起效，持续4~6 h，可迅速控制哮喘急性发作；口服60~120 min起效，持续4~8 h，可预防哮喘发作。临床用于治疗支气管哮喘、喘息性支气管炎及慢性阻塞性肺疾病等引起的喘息。

【不良反应】特布他林治疗量时心血管不良反应较少，用量过大或长期应用时可出现心悸、头痛、头晕、恶心、肌肉震颤及血糖升高等；长期应用可产生耐受性。高血压、冠心病、心功能不全、糖尿病、甲状腺功能亢进症患者慎用。

 掌握特布他林的药理作用、作用机制及临床应用。

其他常用β₂受体激动药特点及临床应用见表26-1。

表26-1 常用β₂受体激动药特点及临床应用

	药物	作用特点	临床应用
短效β₂受体激动药	沙丁胺醇（salbutamol，舒喘灵）	支气管扩张作用较异丙肾上腺素强约10倍，吸入给药5~15 min起效，作用持续3~6 h，口服给药30 min起效，作用持续6 h	支气管哮喘、喘息性支气管炎、伴有支气管痉挛的呼吸道疾病
	克仑特罗（clenbuterol，氨哮素）	支气管扩张作用较沙丁胺醇强100倍，并有增强纤毛运动、溶解黏液的作用，吸入5 min起效，可维持4 h，口服给药15 min起效，作用持续6~8 h，栓剂直肠给药可维持8~24 h	急、慢性支气管哮喘和喘息性支气管炎
长效β₂受体激动药	福莫特罗（formoterol）	支气管扩张作用较沙丁胺醇强且持久，兼有抗炎作用，气雾吸入2~5 min起效，作用维持12 h，口服给药15 min起效，作用持续24 h	支气管哮喘、慢性阻塞性肺部的维持治疗，预防夜间发作性哮喘、运动性哮喘

续表

	药物	作用特点	临床应用
长效 β_2 受体激动药	沙美特罗（salmeterol）	气雾吸入 15 min 起效，作用维持 12 h	预防支气管哮喘（包括夜间和运动性哮喘）、喘息性支气管炎和可逆性气道阻塞
	班布特罗（bambuterol）	口服吸收后在酶的作用下，代谢为特布他林。2~6 h 达到最高血药浓度，作用可持续 24 h	预防支气管哮喘、慢性喘息性支气管炎和其他伴有支气管痉挛的肺部疾病

（二）茶碱类

茶碱为甲基黄嘌呤类衍生物，具有松弛气道平滑肌的作用，为常用的支气管扩张药。常用药物有氨茶碱、胆茶碱及茶碱缓释剂。

氨 茶 碱

氨茶碱（aminophylline）为茶碱与二乙胺形成的复盐，含茶碱 77%~83%。

【药理作用】

1. 平喘作用　氨茶碱具有较强的松弛支气管平滑肌的作用。其平喘机制与以下因素有关：①抑制磷酸二酯酶，减少 cAMP 的水解，使细胞内 cAMP/cGMP 比值升高，舒张支气管平滑肌。②阻断腺苷受体，拮抗腺苷引起的支气管平滑肌收缩作用；促使肾上腺髓质释放儿茶酚胺，有利于支气管扩张。③影响细胞外 Ca^{2+} 内流，影响平滑肌细胞内质网 Ca^{2+} 释放，降低细胞内 Ca^{2+} 浓度，从而扩张支气管。④增加膈肌收缩力，改善慢性阻塞性肺疾病（COPD）患者呼吸肌功能，缓解支气管痉挛。⑤改善促进纤毛运动，加速黏膜纤毛的清除速度，有利于哮喘治疗。⑥长期应用可抑制炎性细胞功能发挥抗炎作用，减轻气道炎症。

2. 强心利尿作用　氨茶碱可加强心肌收缩力，增加心排血量，使肾血流量和肾小球滤过率增加，产生较弱的利尿作用。

3. 其他作用　松弛胆管平滑肌，解除胆道痉挛；扩张外周血管和兴奋中枢。

【临床应用】

1. 控制支气管哮喘　氨茶碱口服给药用于预防哮喘发作，静脉给药用于重症哮喘或哮喘持续状态，对夜间发作者可用氨茶碱缓释制剂。对于 β_2 受体激动药不能控制的急性哮喘，氨茶碱静脉注射可产生疗效。

2. 治疗慢性阻塞性肺疾病　氨茶碱具有扩张支气管、抗炎、增加纤毛运动、增强膈肌收缩力等作用，可改善患者的气促、喘息症状。

3. 改善睡眠呼吸暂停综合征　对于原发性呼吸中枢病变引起的通气不足，氨茶碱通过兴奋呼吸中枢，明显改善人体或患者通气功能。

4. 其他　应用氨茶碱可用于心性水肿和心源性哮喘的辅助治疗，还可与镇痛药合用治疗胆绞痛。

【不良反应】氨茶碱的安全范围窄，不良反应多，需监测血药浓度。

1. 胃肠道反应　氨茶碱的碱性强，口服刺激胃黏膜可引起恶心、呕吐、胃痛等，餐后服用可减轻。

2. 中枢兴奋作用　氨茶碱治疗量时可引起失眠、烦躁、不安等；过量或静脉注射过快时可引起头痛、头晕、震颤、激动，严重时可导致惊厥。必要时可用镇静催眠药对抗。

3. 心血管系统反应　氨茶碱过量或静脉注射过快时可引起心悸、心率加快、血压降低甚至心搏骤停，故应严格掌握药量，静脉注射时应缓慢注射。心肌梗死、低血压患者禁用。

掌握氨茶碱的药理作用、作用机制及临床应用。

胆茶碱

胆茶碱（choline theophylline）为茶碱和胆碱的复盐，水溶性比氨茶碱大，口服易吸收。该药胃肠道反应轻，对心脏和中枢神经系统的作用不明显。其作用及临床应用同氨茶碱。

二羟丙茶碱

二羟丙茶碱（diprophylline）是茶碱和甘油的缩合物，平喘作用弱于氨茶碱，胃肠刺激性、兴奋心脏等不良反应较轻。临床主要用于支气管哮喘、喘息性支气管炎等伴有心动过速或不能耐受氨茶碱的患者。

多索茶碱

多索茶碱（doxofylline）松弛支气管平滑肌作用强（是氨茶碱的 10~15 倍），同时还有镇咳作用，对心功能无影响，且无中枢和胃肠道不良反应，适用于支气管哮喘、喘息性支气管炎及其他伴支气管痉挛的肺部疾病。

（三）M 受体阻断药

内源性 ACh 释放过多可引起支气管平滑肌收缩、黏液分泌增加和血管扩张，是诱发哮喘的重要因素。M 受体阻断药可拮抗乙酰胆碱的作用，使支气管平滑肌松弛而产生平喘作用。阿托品、东莨菪碱、山莨菪碱等 M 受体阻断药，对哮喘有一定疗效，但全身不良反应多，而且抑制呼吸道腺体分泌，使痰液黏稠而加重呼吸道阻塞，不利于哮喘患者；现常用阿托品衍生物如异丙托溴铵和噻托溴铵等选择性作用于支气管，不良反应少，可气雾吸入。

异丙托溴铵

异丙托溴铵（ipratropium bromide，异丙阿托品）气雾吸入 5 min 起效，维持 4~6 h，产生较强的松弛支气管平滑肌的作用，对腺体、心血管作用较弱，无明显的全身性不良反应。该药适用于不能耐受 β_2 受体激动药或使用 β_2 受体激动药效果不佳者，尤其适用于老年性哮喘及合并心血管疾病的患者，对伴有迷走神经功能亢进的哮喘患者疗效好。少数患者有口干、口苦或咽部痒感。青光眼、前列腺增生者慎用。

噻托溴铵

噻托溴铵（tiotropium bromide，泰乌托品）为一新型长效、强效、低毒的支气管扩张药，对 M 受体的选择性比异丙托溴铵更高，亲和力比其强约 10 倍。气雾吸入 5 min 起效，作用持续 24 h。不良反应较少，老年人可出现便秘、尿潴留。同类吸入性抗胆碱药还有氧托溴铵（oxitropium，氧托品）。

掌握异丙托溴铵、噻托溴铵的药理作用及临床应用。

二、抗过敏平喘药

抗过敏平喘药通过抑制过敏介质释放，产生抗过敏作用和一定的抗炎作用而平喘，作用起效慢，不宜用于哮喘急性发作的治疗，临床主要用于预防哮喘的发作，包括肥大细胞膜稳定药、H_1 受体阻断药、白三烯受体阻断药。

（一）肥大细胞膜稳定药

色甘酸钠

【药理作用】 色甘酸钠（disodium cromoglycate）通过稳定肥大细胞膜，阻止肥大细胞脱颗粒，抑制过敏介质的释放，并降低气道内感受器的兴奋性，有效抑制二氧化硫、缓激肽及运动等引起的支气管痉挛，降低气道高反应性，从而预防哮喘发作。

【临床应用】 色甘酸钠可用于预防各型哮喘的发作，对过敏性哮喘疗效最好，有效预防运动性哮喘发作，对内源性（感染性）哮喘疗效差，对已发作的哮喘无效；也可用于过敏性鼻炎、溃疡性结肠炎的治疗。

【不良反应】 色甘酸钠不良反应少见，粉雾吸入时，少数患者有咽喉干痒、呛咳、口干、胸部紧迫感，甚至诱发哮喘，同时吸入少量异丙肾上腺素可预防。孕妇慎用。

奈多罗米钠

奈多罗米钠（nedocromil sodium）的作用与色甘酸钠相似，可稳定肥大细胞膜释放炎性介质，作用比色甘酸钠强；还有明显的抗炎作用，但比糖皮质激素类药弱。奈多罗米钠吸入给药用于预防各种原因引起的哮喘、喘息性支气管炎等。不良反应为头痛、恶心。儿童、妊娠期妇女慎用。

（二）H_1 受体阻断药

酮替芬

酮替芬（ketotifen）为口服强效过敏介质阻释剂，除有强大的抑制肥大细胞释放过敏介质的作用外，还有强大的 H_1 受体阻断作用和拮抗 5-HT 的作用。该药主要用于预防各型哮喘发作，尤其是对外源性哮喘和儿童哮喘疗效更佳，但对急性哮喘无效；也可用于过敏性鼻炎、结膜炎、慢性荨麻疹及食物过敏的治疗。不良反应有嗜睡、口干、头晕等，连续用药可逐渐消失。驾驶员、精密仪器操作者慎用。

（三）白三烯受体阻断药

白三烯是花生四烯酸经 5-脂氧合酶代谢后的产物，是哮喘发病时的一种重要炎性介质，可引起支气管黏液分泌、支气管收缩、纤毛功能降低、血管通透性增加、嗜酸性粒细胞浸润，从而导致气道水肿。抗白三烯药可拮抗白三烯的作用，减轻哮喘症状。此类药物可与糖皮质激素类药合用，并逐步减少糖皮质激素类药的用量。

扎鲁司特

扎鲁司特（zafirlukast）为白三烯受体阻断药，竞争性抑制白三烯活性，有效预防白三烯所致的气道水肿，减轻气道收缩和炎症，减轻哮喘症状。轻、中度哮喘可单用扎鲁司特，作为糖皮质激素类药的替换药。吸入用糖皮质激素类药及 β_2 受体激动药疗效差的患者，可用此药增强疗效，以减少激素用量。阿司匹林可抑制环氧酶，使前列腺素合成受阻，致使白三烯增多而诱发哮喘，扎鲁司特尤适用于阿司匹林过敏者。注意该药适用于预防哮喘发作，不适用于缓解哮喘急性发作。不良反应可有轻度头痛、咽炎、鼻炎、胃肠道反应及转氨酶升高，停药后可消失。妊娠期、哺乳期妇女慎用。同类药物还有孟鲁司特（montelukast），适用于成人、12 岁以上儿童哮喘的预防和长期治疗，不适用于治疗哮喘急性发作。

三、抗炎平喘药

糖皮质激素类药能够抑制气道炎症反应，不仅能够改善临床症状，还能防止哮喘发作，因此已成为一线平喘药。全身用糖皮质激素类药主要用于治疗重症哮喘和哮喘持续状态，常用地塞米松、泼尼松、氢化可的松等，但全身用药引起的不良反应较多。吸入用糖皮质激素类药在气道内药物浓度较高，可发挥局部抗炎作用，减少全身用药的不良反应。

【药理作用】糖皮质激素类药是目前治疗支气管哮喘、气道炎症最有效的抗炎药物，抑制多种参与哮喘发病的炎性细胞因子，抑制炎症反应的多个环节，减少组胺、5-HT、缓激肽、白三烯等过敏介质的释放，抑制哮喘患者的气道高反应性，增强支气管及血管平滑肌对儿茶酚胺类的敏感性，有利于缓解支气管痉挛和黏膜肿胀。

【临床应用】吸入用糖皮质激素类药主要用于支气管扩张药不能有效控制病情的慢性哮喘患者，长期应用可以减少或终止发作。因其起效慢且吸入量少，对急性发作和哮喘持续状态患者疗效不佳。气雾吸入可减少口服激素用量，或逐步代替口服激素。

【不良反应】

1. 局部反应　长期应用吸入用糖皮质激素类药，药物沉积在咽部可引起声音嘶哑、声带萎缩变形、诱发口咽部真菌感染。吸入后需立即漱口，可减少局部副作用。

2. 全身反应　大剂量应用时对下丘脑-垂体-肾上腺轴有抑制作用。吸入用糖皮质激素类药比口服制剂全身反应轻。

丙酸倍氯米松

丙酸倍氯米松（beclomethasone dipropionate，BDP）为地塞米松的衍生物，在呼吸道内浓度高，抗炎作用强，是哮喘的一线治疗药物。气雾剂吸入给药，在呼吸道发挥强大的抗炎平喘作用，疗效好，吸收少，无明显全身不良反应，长期应用也不抑制肾上腺皮质功能。临床主要用于长期依赖糖皮质激素类药的慢性哮喘患者和慢性哮喘发作间歇期患者，控制哮喘的反复发作。因该药吸入给药起效慢，不用于哮喘急性发作和哮喘持续状态。

布地奈德

布地奈德（budesonide，BUD，布地缩松）为不含卤素的吸入用糖皮质激素类药，其脂溶性比倍氯米松高，故局部抗炎作用更强，是倍氯米松的2倍，是地塞米松的600倍。布地奈德临床应用同倍氯米松，因其在肝内代谢比倍氯米松快，故其对下丘脑-垂体-肾上腺轴的抑制作用比倍氯米松小。

氟替卡松

氟替卡松（fluticasone propionate，FP）具有较强的局部抗炎作用与抗过敏作用。其脂溶性更高，易于穿透细胞膜与细胞内糖皮质激素受体结合，故局部抗炎活性更强。该药主要用于预防和治疗季节性过敏性鼻炎。

第二节　镇咳药

案例导入

患者，女，26岁，因"感冒"出现干咳；外出吃海鲜后，面部、颈部和耳后出现很多小红疹，且奇痒难忍，遂到社区医院就诊。经检查初步诊断为急性上呼吸道感染、过敏性皮炎。社区医生开具枸橼酸喷托维林片和异丙嗪片，嘱其口服。

问题与思考：

该社区医生开具的用药方案是否合理？为什么？

咳嗽是呼吸系统疾病的主要症状，也是呼吸道受到刺激产生的一种保护性反射。咳嗽能促进痰液和异物的排出，保持呼吸道的通畅和清洁。轻度咳嗽一般无需镇咳，但剧烈的咳嗽，可能影响患者休息，加重原发病的发展，引起并发症。因此，在对因治疗的同时，可适当应用镇咳药减轻病情。若痰多所致的咳嗽，则使用祛痰药（也能达到一定镇咳的作用，如果患者咳嗽伴咳痰，优选祛痰药），慎用镇咳药，否则痰液不能排出，易导致继发感染，或阻塞呼吸道，引起窒息。

镇咳药是一类能缓解或消除咳嗽症状的药物，按作用机制不同分为两类：中枢性镇咳药和外周性镇咳药。有些药物兼有中枢和外周作用。

一、中枢性镇咳药

中枢性镇咳药通过直接抑制咳嗽中枢而产生镇咳作用，作用强而迅速。

可 待 因

可待因（codeine，甲基吗啡）口服易吸收，$t_{1/2}$ 为 3～4 h，作用持续 4～7 h；约 15% 原型脱去甲基而成为吗啡，大部分在肝内与葡萄糖醛酸结合为无活性的代谢产物由尿排出。

【药理作用】可待因直接抑制延髓咳嗽中枢而镇咳，作用强度为吗啡的 1/4，镇咳作用迅速而强大；镇痛作用为吗啡的 1/10～1/7；抑制呼吸、引起便秘、耐受性及依赖性等均比吗啡弱。

【临床应用】用于多种原因引起的剧烈干咳，尤适用于伴有胸痛的干咳（如胸膜炎时）。

【不良反应】治疗量时不良反应较少，偶有恶心、呕吐、便秘及眩晕；剂量过大时可抑制呼吸，并引起兴奋、烦躁不安，小儿可致惊厥。连续应用可产生耐受性及依赖性。痰多患者禁用，呼吸不畅者、妊娠期、哺乳期妇女慎用。

 熟悉可待因的药理作用及临床应用。

福 尔 可 定

福尔可定（pholcodine）具有中枢性镇咳作用，兼有镇静、镇痛作用，但成瘾性较可待因弱，用于剧烈干咳和中度疼痛。新生儿和儿童易于耐受此药，不引起便秘，偶见恶心、嗜睡等不良反应，长期服用可致依赖性。

右 美 沙 芬

右美沙芬（dextromethorphan）为人工合成的吗啡衍生物，口服 15～30 min 起效，维持 3～6 h。其镇咳作用与可待因相似或较强，无镇痛作用，治疗量不抑制呼吸。该药主要用于各种原因引起的干咳，也可作为抗感冒复方制剂中的成分，用于感冒咳嗽。不良反应偶有头晕、轻度嗜睡、口干、便秘和食欲缺乏，大量服用时有成瘾性。痰多患者慎用，妊娠 3 个月内妇女禁用。

喷 托 维 林

喷托维林（pentoxyverine，咳必清）为人工合成的镇咳药，兼有中枢和外周镇咳作用。该药对咳嗽中枢有直接抑制作用，镇咳作用约为可待因的 1/3；兼有阿托品样作用和局部麻醉作用，能轻度抑制呼吸道黏膜感受器及传入神经末梢，松弛痉挛的支气管平滑肌，减轻气道阻力，因而具有外周镇咳作用。喷托维林可用于各种原因引起的干咳，也可用于小儿百日咳。不良反应偶有轻度头痛、头晕、口干、恶心、腹泻等。青光眼、前列腺肥大、心功能不全者慎用，痰多者禁用。

二、外周性镇咳药

外周性镇咳药通过抑制咳嗽反射弧中的末梢感受器、抑制传入神经或传出神经的传导而产生镇咳作用。常用外周性镇咳药见表 26-2。

表 26-2　常用外周性镇咳药

药物	作用及临床应用	不良反应
苯佐那酯（benzonatate，退嗽）	具有较强的局部麻醉作用。用于治疗急性上呼吸道感染引起的干咳、阵咳，也可用于支气管镜、喉镜检查或支气管造影前预防咳嗽	轻度嗜睡、头晕、恶心、皮疹等。服药时勿将药丸咬碎，以免出现口腔麻木
苯丙哌林（benproperine，咳快好）	具有中枢和外周镇咳作用，且有松弛支气管平滑肌作用，不抑制呼吸。用于治疗各种原因引起的干咳、阵咳	偶见轻度口干、头晕、乏力、食欲缺乏和皮疹等。服药时需整片吞服，切勿嚼碎，以免引起口腔麻木
那可丁（noscapine）	抑制肺牵张反射和解除支气管平滑肌痉挛，产生外周性镇咳作用。适用于阵发性无痰干咳	偶有恶心、嗜睡和头痛等
二氧丙嗪（dioxopromethazine）	镇咳作用较强，具有抗组胺、抗炎、平喘、局麻作用。适用于慢性支气管炎	常见困倦、乏力等不良反应，部分患者可有嗜睡

第三节　祛痰药

案例导入

患者，女，38岁，近1周出现咳嗽、发热症状，近2日咳嗽频次增加，痰液黏稠难以咳出，遂到社区卫生服务中心就诊。经社区医生检查诊断为支气管炎，给予羧甲司坦片和罗红霉素分散片口服治疗。

问题与思考：
1. 该社区医生给予患者的治疗方案合理吗？为什么？
2. 使用羧甲司坦治疗的目的是什么？

祛痰药是指能使痰液变稀或黏滞性降低而易于排出的药物。痰液咳出后可减少对呼吸道黏膜的刺激和对小气道的阻塞作用，有利于缓解咳嗽和减轻喘息症状。按照祛痰药作用机制的不同，可将祛痰药可分为痰液稀释药和黏痰溶解药。

一、痰液稀释药

氯 化 铵

氯化铵（ammonium chloride）口服后刺激胃黏膜引起轻度恶心，反射性促进呼吸道腺体分泌，使痰液变稀，易于咳出。同时，氯化铵吸收后，部分药物从呼吸道排出，由于渗透压作用使呼吸道水分增加，也可使痰液稀释。另外，氯化铵吸收后能酸化体液及尿液。该药适用于呼吸道炎症痰多、痰黏稠不易咳出者，常与镇咳祛痰药配成复方制剂使用；还用于纠正代谢性碱中毒。不良反应有恶心、呕吐、胃痛等，宜餐后服用。消化性溃疡及肝、肾功能不良者慎用。

愈创甘油醚

愈创甘油醚（glyceryl guaiacolate）具有恶心性祛痰作用，兼有轻度镇咳、防腐作用。该药多配成复方制剂用于慢性支气管炎的多痰、咳嗽。常见不良反应有头晕、恶心、嗜睡、胃肠道不适及过敏等。

二、黏痰溶解药

痰液难于排出主要是由于痰液黏度过高，痰液黏性主要来自分泌物中的黏蛋白和DNA，不同的化学键（二硫键、氢键等）交叉连接成网状而使痰液黏度增加。有些药物如乙酰半胱氨酸可破坏黏蛋白中的二硫键（—S—S—），使痰液黏度下降。呼吸道感染时，大量被破坏的炎症细胞释放的DNA与黏蛋白结合，形成网状结构，进一步增加了痰液的黏度，从而形成脓痰，导致痰液很难排出，因此，降解痰液中的DNA的药物如脱氧核糖核酸酶也能溶解脓性黏痰。

乙酰半胱氨酸

乙酰半胱氨酸（acetylcysteine，痰易净）含巯基，能使黏痰中连接黏蛋白肽链的二硫键断裂，从而降低痰的黏度，易于咳出。

雾化吸入用于治疗黏痰阻塞气道、痰液难以咳出者。紧急时气管内滴入，可迅速使痰液变稀，便于排痰。

因有特殊气味，可引起恶心、呕吐。对呼吸道有刺激性，可致支气管痉挛，加用选择性β_2受体激动药可以避免，支气管哮喘患者慎用。滴入气管可产生大量分泌液，故应及时吸引排痰。不宜与青霉素类、头孢菌素、四环素等合并使用，以免降低抗生素活性。

氨 溴 索

氨溴索（ambroxol，沐舒坦）能够促进呼吸道表面活性物质的形成，调节浆液性与黏液性物质的分泌，增加中性黏多糖分泌，减少酸性黏多糖的合成，并促进代谢，使呼吸道黏液的理化性质趋于正常，从而利于痰液的排出。临床用于各种原因引起痰液黏稠不易咳出者，如急性或慢性支气管炎、支气管扩张、支气管哮喘、肺结核、术后咳痰困难。不良反应较少，少数患者可出现轻度的胃肠道反应，偶见皮疹。

 掌握氨溴索、乙酰半胱氨酸的药理作用及临床应用。

其他黏痰溶解药的作用特点见表26-3。

表26-3 常用黏痰溶解药的作用特点

药物	作用及临床应用	不良反应
羧甲司坦（carbocisteine）	促进支气管腺体分泌，使低黏度的蛋白质分泌增加，高黏度的蛋白分泌减少，使黏蛋白中的二硫键断裂，降低痰液的黏稠度。用于慢性支气管炎、支气管哮喘等疾病引起的痰液黏稠、咳痰困难等	可见轻度恶心、头晕、腹泻、胃肠出血、皮疹
脱氧核糖核酸酶（deoxyribonuclease，DNase）	使脓痰中的DNA迅速水解，并使原来与DNA结合的黏蛋白失去保护作用，产生继发性蛋白质溶解，降低痰液黏度，易于咳出。雾化吸入，用于有大量脓痰的呼吸道感染者	可有咽部疼痛，用药后需及时漱口，长期用药可有发热、皮疹等反应。急性化脓性蜂窝组织炎及有支气管胸腔瘘管的活动性结核患者禁用
溴己新（bromhexine，必嗽平）	裂解痰液中的酸性黏多糖，降低痰液黏稠度，口服刺激胃黏膜反射性促进呼吸道腺体分泌，使痰液变稀。适用于急慢性支气管炎、支气管哮喘、支气管扩张等痰液黏稠不易咳出者	可见恶心、胃部不适，偶见血清转氨酶升高。消化性溃疡、肝功能不良者慎用

续表

药物	作用及临床应用	不良反应
桉柠蒎（eucalyptol）	为黏液溶解性祛痰药。适用于急慢性支气管炎、肺炎、支气管扩张和肺脓肿等呼吸道疾病患者的止咳化痰，慢性阻塞性肺部疾患、肺部真菌感染、肺结核等的痰液排出	偶有胃肠道不适及过敏反应，如皮疹、面部水肿、呼吸困难和循环障碍
厄多司坦（erdosteine）	属黏液溶解剂，通过含游离巯基的代谢产物使支气管分泌物的黏蛋白的二硫键断裂，改变其组成成分和流变学性质（降低痰液黏度），从而有利于痰液排出。用于急性和慢性支气管炎痰液黏稠所致的呼吸道阻塞	较常见的不良反应为消化不良、恶心、呕吐、胃痛等胃肠道反应

自 测 题

一、单项选择题

1. 患者，男，64岁，反复咳嗽气喘30年，加重4天入院，确诊为慢性阻塞性肺气肿，医生给予氨茶碱静脉滴注，其作用机制是
   A. 阻断M受体　　　　　B. 激动β_2受体　　　　　C. 抑制磷酸二酯酶
   D. 抑制组胺　　　　　　E. 抑制磷脂酶

2. 对β_2受体有选择性激动作用的平喘药是
   A. 茶碱　　　　　　　　B. 肾上腺素　　　　　　　C. 特布他林
   D. 色甘酸钠　　　　　　E. 异丙肾上腺素

3. 色甘酸钠的平喘机制是
   A. 激动β_2受体　　　　　　　　　　B. 对抗组胺及慢反应物质
   C. 阻断H_2受体　　　　　　　　　　D. 抑制磷酸二酯酶
   E. 抑制过敏介质释放

4. 支气管哮喘轻度急性发作时的治疗，不正确的是
   A. 吸氧　　　　　　　　　　　　　　B. 吸入异丙托溴铵
   C. 吸入特布他林　　　　　　　　　　D. 吸入特布他林
   E. 吸入糖皮质激素

5. 下列主要用于预防支气管哮喘的药物是
   A. 氨茶碱　　　　　　　B. 肾上腺素　　　　　　　C. 特布他林
   D. 色甘酸钠　　　　　　E. 异丙肾上腺素

6. 主要用于预防Ⅰ型超敏反应所致哮喘的药物是
   A. 氨茶碱　　　　　　　B. 肾上腺素　　　　　　　C. 特布他林
   D. 色甘酸钠　　　　　　E. 异丙肾上腺素

7. 依赖性小的中枢性镇咳药是
   A. 氨溴索　　　　　　　B. 可待因　　　　　　　　C. 二氧丙嗪
   D. 苯丙哌林　　　　　　E. 右美沙芬

8. 治疗哮喘持续状态应选用
   A. 气雾吸入色甘酸钠　　　　　　　　B. 口服沙丁胺醇

C. 静脉滴注氢化可的松 D. 口服氨茶碱
E. 气雾吸入丙酸倍氯米松

9. 对急性哮喘发作无效的药物是
   A. 特布他林 B. 异丙托溴铵
   C. 色甘酸钠 D. 地塞米松
   E. 氨茶碱

10. 对心源性哮喘和支气管哮喘均有效的药物是
    A. 特布他林 B. 色甘酸钠
    C. 氢化可的松 D. 氨茶碱
    E. 肾上腺素

11. 治疗支气管哮喘急性发作迅速有效的是
    A. 倍氯米松吸入 B. 麻黄碱口服
    C. 特布他林吸入 D. 氨茶碱口服
    E. 色甘酸钠吸入

12. 可待因主要用于
    A. 长期慢性咳嗽 B. 少痰剧咳
    C. 多痰多咳 D. 支气管哮喘
    E. 痰多不易咳出

13. 关于氨茶碱，以下错误的是
    A. 为控制哮喘急性发作应快速静脉注射 B. 有一定的利尿作用
    C. 可兴奋心脏 D. 可兴奋中枢
    E. 可松弛支气管平滑肌

14. 心血管系统不良反应较少的平喘药是
    A. 茶碱 B. 异丙肾上腺素
    C. 沙丁胺醇 D. 麻黄碱
    E. 肾上腺素

（15~16题共用题干）

患者，女，6岁，过敏体质，既往有哮喘病史，1h前因吸入油漆的挥发性气体而出现哮喘急性发作。

15. 该患者哮喘急性发作时应选用
    A. 吸入倍氯米松 B. 吸入色甘酸钠
    C. 吸入特布他林 D. 口服麻黄碱
    E. 口服氨茶碱

16. 为控制哮喘的反复发作，该患者应选用
    A. 吸入倍氯米松 B. 吸入色甘酸钠
    C. 吸入特布他林 D. 口服麻黄碱
    E. 口服氨茶碱

二、简答题

1. 简述平喘药的分类及各代表药。
2. 使用镇咳药应注意哪些事项？

三、案例分析题

患者,男,56岁,有长期吸烟史,既往有支气管哮喘病史20余年,2天前因感冒引起哮喘再发且加重,伴有咳嗽、咳痰,临床诊断为支气管哮喘急性发作。

请回答:

1. 该患者可以选择哪些药物治疗?
2. 经过治疗,患者病情稳定,为预防哮喘复发,医生可指导患者服用什么药物?

(陈淑瑜)

第二十七章 作用于血液和造血系统的药物

第二十七章数字资源

学习目标

知识：详述铁剂的药理作用、临床应用、不良反应及注意事项；详述叶酸、维生素K、肝素的药理作用及临床应用；简述维生素B_{12}、阿司匹林的药理作用及临床应用。说出其他血液和造血系统药的作用特点及临床应用。

能力：能够在上级医生指导下，根据适应证合理选用血液和造血系统的药物，学会观察各类药物的疗效及不良反应，会与患者及家属进行有效沟通，正确指导患者合理用药。能对居民进行合理营养膳食、预防营养性贫血的科普宣教，助力居民健康。

素养：运用血液和造血系统药知识，在基层合理选药，严守安全准则，以专业践行合理用药，彰显敬佑生命的职业担当。

第一节 抗贫血药

案例导入

患者，女，25岁，患有缺铁性贫血，近期出现尿频、尿急、尿痛等症状，在社区门诊检查后诊断为尿路感染。医生为其开具处方，药物包括多西环素、硫酸亚铁和维生素C片，口服。

问题与思考：
1. 该用药是否合理？为什么？
2. 作为社区医生，需告诉患者在使用铁剂时注意哪些事项？

血液循环中的血红蛋白量、红细胞数低于正常值，不能输送足够的氧及营养物质至组织，因而产生一系列症状，称为贫血。根据病因及发病机制不同，可将贫血分为缺铁性贫血、巨幼细胞贫血和再生障碍性贫血。缺铁性贫血由铁缺乏所致，需补充铁剂；巨幼细胞贫血由叶酸和（或）维生素B_{12}缺乏所致，需补充叶酸和（或）维生素B_{12}治疗；再生障碍性贫血是骨髓造血功能抑制所致，药物治疗比较困难，需采取综合治疗措施。

铁 剂

常用的口服铁剂有硫酸亚铁（ferrous sulfate）、富马酸亚铁（ferrous fumarate）；注射用铁剂有右旋糖酐铁（iron dextran）。

【体内过程】铁是红细胞合成血红蛋白的原料，铁剂主要以Fe^{2+}的形式在十二指肠和空肠上段吸收，吸收入血后氧化成Fe^{3+}，与血浆中的转铁蛋白结合成血浆铁，转运到肝、脾、骨髓等组织中贮存。铁剂的吸收受多种因素影响，胃酸、维生素C、果糖、半胱氨酸等可促进Fe^{3+}转化为Fe^{2+}，促进铁的吸收。吸收到骨髓的铁与原卟啉结合形成血红素，后者再与珠蛋白结合形成血红蛋白。胃酸缺乏、服用抗酸药或四环素类等药物、摄入鞣酸或高磷高钙食物等均可妨碍铁的吸收。铁的排泄主要通过肠黏膜细胞脱落或随胆汁、尿液、汗液等排出体外。正常成人每日需补充铁约 1 mg，这部分铁可从食物中获取。

【药理作用及临床应用】铁剂通常用于多种原因导致铁缺乏所引起的缺铁性贫血，应在病因治疗的基础上补铁，网织红细胞数于治疗后 10～14 天达高峰，血红蛋白于治疗后 4～8 周接近正常。待血红蛋白正常后需减半量继续服药 2～3 个月，以使体内铁贮存恢复正常。铁剂用于以下几种情况。

1. 慢性失血　月经过多、钩虫病、消化性溃疡、痔疮、子宫肌瘤等由于慢性失血而造成铁丢失过多。
2. 铁需要量增加　妊娠期、哺乳期、儿童生长发育期、营养不良等对铁的需求量增加。
3. 铁吸收障碍　萎缩性胃炎或慢性腹泻患者铁吸收减少。
4. 红细胞大量破坏　如疟疾、溶血。

【不良反应及注意事项】

1. 胃肠道反应　口服铁剂刺激胃肠道引起恶心、呕吐、上腹部不适、腹泻等，宜餐后服用。服用枸橼酸铁铵糖浆剂时，宜用吸管服药，以防牙齿变黑，服药后立即漱口、刷牙。铁剂能与肠腔内的硫化氢结合成黑色的硫化铁而导致便秘、大便呈黑色，注意与血便区别，应事先告知患者，以免引起患者惊慌。
2. 急性中毒　小儿误服 1 g 以上铁剂可引起急性中毒，表现为坏死性胃肠炎症状，如呕吐、腹痛、血性腹泻，甚至休克、呼吸困难，超过 2 g 可致死亡，可用磷酸盐或碳酸盐溶液洗胃，并用特殊解毒剂去铁胺注入胃内以结合残存的铁。
3. 超敏反应　轻者出现头痛、头晕、荨麻疹，偶见过敏性休克。
4. 局部刺激反应　注射右旋糖酐铁时，可出现局部组织肿痛。

掌握铁剂的药理作用、临床应用、不良反应及注意事项。

叶　酸

叶酸（folic acid）广泛存在于动植物性食物中，以酵母、绿叶蔬菜中含量较多。人体所需叶酸必须从食物中摄取。WHO 推荐正常成人叶酸需要量每天 200 μg，孕妇或乳母每天 400 μg。

【药理作用】叶酸是机体细胞生长和代谢所必需的物质。叶酸在体内经叶酸还原酶和二氢叶酸还原酶作用生成四氢叶酸（FH_4），四氢叶酸能够与一碳单位结合生成甲基化产物，如 5-甲基四氢叶酸，起到传递一碳单位的作用，参与 DNA 合成。当叶酸缺乏时，导致 DNA 合成障碍，细胞增殖过程受阻，红细胞发育停止在幼稚阶段，出现巨幼细胞贫血。

【临床应用】

1. 治疗巨幼细胞贫血　妊娠期、婴幼儿期对叶酸需要量增多及营养不良时，导致叶酸缺乏，引起巨幼细胞贫血。此类患者在补充叶酸的同时，需要补充维生素 B_{12}。对于长期应用叶酸对抗剂如苯妥英钠、甲氨蝶呤、乙胺嘧啶等所致的巨幼细胞贫血，因二氢叶酸还原酶已被抑制，应用叶酸治疗无效，需用亚叶酸钙（甲酰四氢叶酸钙）治疗。
2. 其他应用　叶酸还可用于恶性贫血的辅助治疗。妊娠期妇女补充叶酸可预防胎儿神经管缺陷。

【不良反应及用药注意】叶酸不良反应较少，罕见过敏反应；长期用药可引起厌食、恶心、腹胀等胃肠道反应。大量服用叶酸时，可使尿呈黄色。

考点提示　掌握叶酸的药理作用及临床应用。

维 生 素 B_{12}

维生素 B_{12}（vitamin B_{12}）为含钴的水溶性维生素，广泛存在于动物内脏、蛋黄、牛奶中。维生素 B_{12} 必须与胃黏膜壁细胞分泌的糖蛋白即"内因子"结合，才能免受胃液消化而进入空肠吸收。"内因子"缺乏可影响维生素 B_{12} 吸收，从而导致恶性贫血。

【药理作用】维生素 B_{12} 为细胞分裂和维持神经组织髓鞘完整所必需的物质，其作用如下。

1. 促进叶酸循环利用　维生素 B_{12} 在同型半胱氨酸转变为甲硫氨酸的过程中，促进5-甲基四氢叶酸转变为四氢叶酸，同时促使四氢叶酸循环利用。当维生素 B_{12} 缺乏时，叶酸代谢循环受阻，出现叶酸缺乏症，导致巨幼细胞贫血。

2. 维持有髓鞘神经功能　维生素 B_{12} 作为辅酶，参与甲基丙二酰辅酶A转变为琥珀酰辅酶A的过程，再进入三羧酸循环。当维生素 B_{12} 缺乏时，甲基丙二酰辅酶A大量积聚，导致异常脂肪酸合成，影响神经髓鞘脂质的合成，引起神经功能障碍。

【临床应用】维生素 B_{12} 主要用于治疗恶性贫血，需注射给药，并辅以叶酸；也可与叶酸合用治疗巨幼细胞贫血；还用于神经炎、神经萎缩等疾病的辅助治疗。

【不良反应及注意事项】维生素 B_{12} 不良反应较少，偶见超敏反应，极少数患者出现过敏性休克。

考点提示　熟悉维生素 B_{12} 的药理作用及临床应用。

红细胞生成素

红细胞生成素（erythropoietin，EPO）是由肾皮质近曲小管分泌的一种糖蛋白，由166个氨基酸组成，药用EPO是采用基因重组技术生产的。EPO与红系祖细胞表面的受体结合，刺激红系祖细胞增殖、分化和成熟，并促使网织红细胞从骨髓中释放入血，增加红细胞数量，提高血红蛋白含量。EPO的适应证为慢性肾衰竭所致的贫血，也可用于骨髓造血功能低下、肿瘤化疗、抗艾滋病药物等引起的贫血。主要不良反应有注射部位血栓形成、血压升高、流感样症状等，偶可诱发脑血管意外或癫痫发作。

第二节　止 血 药

案例导入

患儿，男，1月26天龄，因面色苍白、精神萎靡2天，呕吐、抽搐1天入院治疗。查体：神志清楚，面色苍白，皮肤黏膜无黄染及出血点；头颅无畸形，前囟膨隆张力高；眼睑无水肿，结膜无充血，瞳孔等圆等大，对光反应迟钝；新生儿生理反射均减弱，刺激后哭声尖直。临床诊断：维生素K缺乏性颅内出血。给予维生素K治疗。

问题与思考：

1. 新生儿维生素K缺乏的原因是什么？还有哪些原因可导致维生素K缺乏？
2. 临床常用的止血药有哪几类？

血液能够保持正常的生理功能，在血管中持续流动，主要依赖于体内的凝血系统与抗凝血系统、纤维蛋白溶解系统与抗纤维蛋白溶解系统维持相对稳定的动态平衡状态，这种平衡一旦被破坏，则会引起出血或血栓形成，此时需要用止血药或抗血栓药进行治疗。

血液凝固是由凝血因子及多种酶类参与的、复杂的蛋白质水解活化的连锁反应，通过内源性、外源性激活通路启动凝血过程，最终由纤维蛋白网罗血细胞而形成血凝块，从而发生血液凝固（图27-1）。

止血药是指能加速血液凝固，抑制纤维蛋白溶解或增强血小板功能而使出血停止的药物。

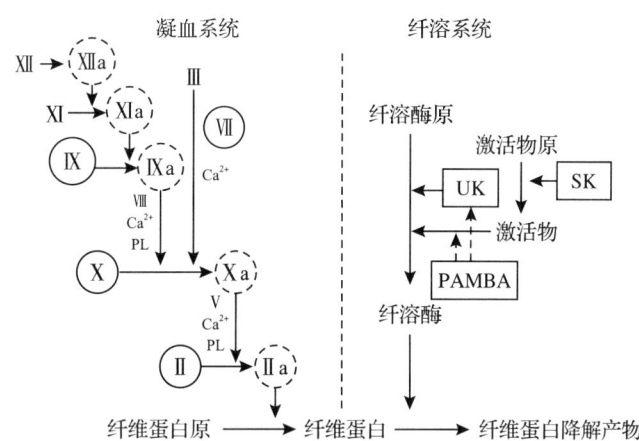

图 27-1　凝血过程、纤溶过程及药物作用环节示意图
○ 内为维生素 K 促进生成的凝血因子　　◌ 内为肝素促进灭活的凝血因子
⟶ 表示促进　　┈┈▸ 表示抑制
PL：血小板磷脂；PAMBA：氨甲苯酸；UK：尿激酶；SK：链激酶

一、促进凝血因子生成药

维 生 素 K

维生素 K（vitamin K）包括维生素 K_1、维生素 K_2、维生素 K_3 及维生素 K_4。维生素 K_1 主要来自绿色蔬菜，维生素 K_2 主要来自肠道细菌及腐败鱼粉。二者均为天然维生素，为脂溶性，需胆汁协助吸收。维生素 K_3、维生素 K_4 为人工合成品，均为水溶性，无需胆汁协助即可吸收。

【药理作用】

1. 促凝血作用　维生素 K 作为辅酶参与肝脏合成凝血因子 Ⅱ、Ⅶ、Ⅸ、Ⅹ，使这些凝血因子的谷氨酸残基羧化为 γ- 羧基谷氨酸，羧化的凝血因子才有活性，能够与 Ca^{2+} 结合，完成血液凝固。当维生素 K 缺乏时，上述凝血因子不能活化，造成凝血障碍，导致出血。

2. 缓解平滑肌痉挛　维生素 K_1、维生素 K_3 肌内注射有解痉止痛作用。

【临床应用】

1. 治疗维生素 K 缺乏所致的出血　如梗阻性黄疸、胆瘘、慢性腹泻患者，因肠道内缺乏胆汁，致使维生素 K 吸收减少，凝血因子合成受阻而导致出血；早产儿、新生儿及长期应用抗菌药者，因肠道内缺乏产生维生素 K 的大肠埃希菌而引起出血。

2. 治疗低凝血酶原所致的出血　长期使用香豆素类、水杨酸类等对抗维生素 K 作用的药物，可使凝血酶原合成减少而引起出血。

3. 其他　肌内注射维生素 K_1、维生素 K_3 可缓解胆石症、胆道蛔虫引起的胆绞痛；大剂量维生素 K 可解救抗凝血类灭鼠药中毒。

【不良反应】维生素 K_1 静脉注射过快时可产生面部潮红、出汗、胸闷、血压下降,甚至虚脱,所以维生素 K_1 应以肌内注射为宜。维生素 K_3、维生素 K_4 口服给药时,因其刺激性强,易引起恶心、呕吐等胃肠道反应。维生素 K 较大剂量可引起新生儿、早产儿溶血性贫血、高胆红素血症及黄疸。葡萄糖 -6- 磷酸脱氢酶缺乏者应用维生素 K 可诱发急性溶血性贫血。维生素 K 过量时可诱发血栓栓塞并发症,一旦发生,可用香豆素类抗凝血药解救。

掌握维生素 K 的药理作用及临床应用。

二、抗纤维蛋白溶解药

氨甲苯酸

氨甲苯酸(aminomethylbenzoic acid,PAMBA,对羧基苄胺)能竞争性抑制纤溶酶原激活因子,使纤溶酶原不能转变为纤溶酶,高浓度时也直接抑制纤溶酶,从而抑制纤维蛋白降解,产生止血作用(图 27-1)。

氨甲苯酸主要用于纤维蛋白溶解系统亢进所致的出血,如肝、脾、肺、前列腺、甲状腺、肾上腺等脏器外伤或手术时出血过多,以及产后出血等,因为这些部位存在大量纤溶酶原激活因子;还可用于治疗链激酶、尿激酶过量所致的出血。

氨甲苯酸不良反应少,过量可致血栓形成,可能诱发心肌梗死。肾功能不良者慎用,有血栓形成倾向或血管栓塞病史的患者慎用。

氨甲环酸(tranexamic acid,AMCHA,凝血酸)的药理作用、临床应用与氨甲苯酸相似,但作用较强,不良反应较多。

三、促进血小板生成药

酚磺乙胺

酚磺乙胺(etamsylate,止血敏)能促进血小板增生并增强血小板黏附性和聚集性;促进血小板释放凝血活性物质,有利于血液凝固;降低毛细血管通透性,减少血浆渗出。临床用于防治手术后出血过多、内脏出血、皮肤出血、血小板减少性紫癜及过敏性紫癜。不良反应偶见恶心、头痛、皮疹等。有血栓病史者慎用。

四、收缩血管止血药

垂体后叶素

垂体后叶素(pituitrin)由血管升压素和缩宫素组成。其中,血管升压素可直接作用于血管平滑肌,使小动脉、小静脉及毛细血管收缩,血流速度减慢,在血管破损处形成血凝块,产生止血作用,尤其对肺、肠系膜小动脉作用明显,使肺、门静脉血流量减少,门静脉压力降低。垂体后叶素适用于肺咯血、门脉高压引起的上消化道出血,也可用于尿崩症的治疗。该药静脉滴注给药时效果迅速、强大,但需要注意,静脉注射速度过快时,患者可出现面色苍白、胸闷、心悸、血压升高、胸痛等;偶见超敏反应。禁用于高血压、冠心病、心功能不全及肺源性心脏病患者。

五、凝血因子制剂

凝血酶

凝血酶（thrombin）又称纤维蛋白酶，是一种速效的局部止血药，可作用于血液中的纤维蛋白原，使其转化成纤维蛋白，发挥止血作用。该药适用于结扎止血困难的小血管、毛细血管及实质性脏器出血的止血，也可用于创面、口腔、消化道及泌尿道等部位的止血。该药仅可局部使用，不可注射给药，否则可导致血栓、局部坏死而危及生命。如果出现超敏反应，应立即停药。使用凝血酶时要避免高温、酸、碱或重金属盐类，否则可使凝血酶活力下降而失效。

凝血酶原复合物

凝血酶原复合物（thrombogen）是从健康人静脉血中分离而得的含有凝血因子Ⅱ、Ⅶ、Ⅸ、Ⅹ的混合制剂，临床用于预防和治疗因凝血因子Ⅱ、Ⅶ、Ⅸ及Ⅹ缺乏导致的出血，如乙型血友病（先天性凝血因子Ⅸ缺乏症）、严重肝脏疾病、香豆素类抗凝血药过量和维生素K依赖性凝血因子缺乏所致的出血。凝血酶原复合物仅供静脉使用；除肝出血外，须在明确患者缺乏的凝血因子后方可使用；用药期间应密切监测患者是否有血管内凝血或血栓形成的情况。

抗血友病球蛋白

抗血友病球蛋白（antihemophilic globulin）含凝血因子Ⅷ及少量纤维蛋白原，临床主要用于治疗甲型血友病（先天性因子Ⅷ缺乏症）、溶血性血友病、抗因子Ⅷc抗体所致的严重出血。该药静脉滴注过快时可能引起头痛、发热、荨麻疹等症状。

纤维蛋白原

纤维蛋白原（fibrinogen）是从健康人血浆中提制而得，静脉滴注后可迅速提高血中纤维蛋白原浓度，在凝血酶作用下转变为纤维蛋白，达到促进血凝和止血的目的。该药适用于原发性低纤维蛋白原血症，也可用于由于严重肝损害、产科并发症、外伤、大手术、内脏出血所致的继发性纤维蛋白原缺乏症。

第三节 抗血栓药

抗血栓药是一类阻止血液凝固的药物，临床主要用于血栓栓塞性疾病的预防和治疗。

一、抗凝血药

肝素

肝素（heparin）因最初来源于肝而得名，主要存储于肥大细胞和嗜碱性粒细胞中。为黏多糖硫酸酯，是大分子、强极性化合物，带大量负电荷，不易通过生物膜，故口服不吸收，常静脉注射给药，注射后抗凝血作用立即发生，大部分在肝内分解代谢，代谢物随尿液排出。

【药理作用及临床应用】肝素主要是通过增强抗凝血酶Ⅲ（ATⅢ）活性而发挥抗凝血作用。ATⅢ是血浆中的一种生理性抗凝血物质，可与含丝氨酸残基的凝血因子Ⅱa、Ⅸa、Ⅹa、Ⅺa、Ⅻa结合成复合物，使上述凝血因子活性丧失，血液无法凝固。因此肝素在体内、外均有迅速而强大的抗凝血作用。

1. 预防血栓栓塞性疾病　临床主要用于防止血栓形成和扩大，如深静脉血栓、肺栓塞、脑栓塞及急性心肌梗死等，但对已经形成的血栓无溶解作用。

2. 防治弥散性血管内凝血　对于各种原因引起的弥散性血管内凝血，早期应用肝素可防治微血栓形成，从而避免纤维蛋白原及凝血因子耗竭所致的继发性出血。

3. 用于体外抗凝血　肝素还可用于心血管手术、心导管检查、体外循环、血液透析等体外抗凝血，以防止血液凝固。

【不良反应】

1. 自发性出血　肝素用药量过大可引起自发性出血，表现为黏膜出血、关节腔积血和伤口出血等。用药期间应检测部分凝血酶时间（PTT）或国际标准化比率（INR）。发生轻度出血者停药即可；出血严重者应缓慢静脉注射特异性解毒药硫酸鱼精蛋白，因鱼精蛋白带有正电荷，可与肝素结合而灭活肝素。

2. 血小板减少症　发生率达5%，多数发生在用药后7~10天，与免疫反应有关。

3. 其他　偶见皮疹、哮喘、结膜炎和发热等超敏反应；长期应用可引起骨质疏松，甚至骨折；孕妇应用可引起早产及胎儿死亡。

肝肾功能不全、出血倾向、血小板功能不全、血小板减少症、消化性溃疡、外伤及手术后、严重高血压、孕妇及产妇分娩后禁用。

低分子量肝素

低分子量肝素（low molecular weight heparin，LMWH）是肝素分子经化学或酶降解的片段，与肝素相比，其分子量小，具有以下特点：①$t_{1/2}$较长；②选择性抑制凝血因子Xa，对凝血因子Ⅱa作用弱；③抗栓作用强，抗凝血作用弱；④出血不良反应较少。常用的低分子量肝素有依诺肝素（enoxaparin）、替地肝素（tedelparin）等。

知识链接

国际标准化比率

国际标准化比率（international normalized ratio，INR）是由凝血酶原时间（PT）和测定试剂的国际敏感指数（ISI）推算出来的。INR使不同的凝血活酶试剂测得的结果具有可比性。健康成年人的INR值约为1.0。静脉血栓、心房颤动患者的INR值应保持在2.0~3.0；INR＜2.0则抗凝血无效；而当INR值＞4.0时，可能引起无法控制的出血，甚至死亡。使用华法林期间，应规律监测INR，以随时调整剂量。达比加群酯（dabigatran etexilate）等新一代口服抗凝血药是直接凝血酶抑制药，抗凝血作用明确、稳定，较少发生药物、食物间的相互作用，无需进行常规的INR监测或剂量调整。

【药物相互作用】肝素为酸性药物，与碱性药物合用会失活；与阿司匹林、非甾体抗炎药、右旋糖酐、双嘧达莫合用可增加出血危险；与糖皮质激素类药合用可导致胃肠出血；与胰岛素、磺酰脲类药合用可导致低血糖；与血管紧张素转换酶抑制药合用可引起高钾血症。

掌握肝素的药理作用及临床应用。

香豆素类

香豆素类（coumarins）抗凝血药口服给药后须在体内参与生化反应才能发挥抗凝血作用，故又称口服抗凝血药。常用药物有双香豆素（dicoumarol）、华法林（warfarin，苄丙酮香豆素）和醋硝香豆素（acenocoumarol，新抗凝）等。

【体内过程】华法林口服吸收快而完全，生物利用度接近100%，可通过胎盘屏障，主要经肝代谢，代谢物由肾排出。双香豆素口服吸收慢而不规则，并且受食物影响，血浆蛋白结合率为

90%~99%，因此与其他血浆蛋白结合率高的药物同服时，可增加双香豆素的游离药物浓度，使抗凝血作用增强，甚至诱发出血。醋硝香豆素作用较双香豆素强而快，口服吸收也快，主要经肾排出。

【药理作用】香豆素类是维生素K的竞争性拮抗药，使凝血因子Ⅱ、Ⅶ、Ⅸ、Ⅹ的谷氨酸残基羧化过程受阻，从而影响凝血过程；但其对已合成的凝血因子Ⅱ、Ⅶ、Ⅸ、Ⅹ无效，因此体外无抗凝血作用。香豆素类口服后12~24 h才出现作用，停药后作用可维持3~4天。

【临床应用】香豆素类药主要用于防治血栓栓塞性疾病，如预防心房颤动和心脏瓣膜病所致的血栓栓塞，心瓣膜修复术后的血栓形成以及髋关节手术后的静脉血栓等。香豆素类药作用缓慢，剂量不易控制，一般先与肝素合用，用药1~3天香豆素类药物发挥作用后停用肝素，继续使用香豆素类药以维持疗效。

【不良反应】过量应用香豆素类可引起自发性出血，如鼻出血、牙龈出血、皮肤瘀斑及内脏出血等，严重者可引起颅内出血，应立即停药并注射维生素K或输新鲜血，用药期间应测定凝血酶原时间，控制在25~30 s；偶见皮肤和软组织坏死，一般发生在用药后2~7天。香豆素类药有致畸作用，禁忌证同肝素。

【药物相互作用】阿司匹林、保泰松与血浆蛋白结合率高，使血浆中游离香豆素浓度升高，阿司匹林亦可抑制血小板聚集，合用使香豆素类抗凝血作用增强，甚至诱发出血；口服抗菌药可抑制肠道产生维生素K的菌群，减少维生素K的生成，增强香豆素类药的作用；肝病时凝血因子合成减少，也会增强香豆素类药的作用；肝药酶诱导剂苯巴比妥、苯妥英钠、利福平等能加速香豆素类药的代谢，降低其抗凝血作用。

重组水蛭素

水蛭素是强效的凝血酶特异性抑制药，能与凝血酶以1∶1的摩尔比结合成复合物，从而使凝血酶灭活，其不仅能阻断纤维蛋白原转化为纤维蛋白凝块，还对凝血因子Ⅴ、Ⅷ、Ⅻ及凝血酶诱导的血小板聚集有抑制作用，最终产生强大而持久的抗血栓作用。

基因重组水蛭素（lepirudin）是由水蛭的有效成分水蛭素经基因重组技术制备而成。重组水蛭素口服不吸收，静脉注射后进入细胞间隙。临床用于预防血栓形成、经皮冠状动脉成形术后再狭窄、不稳定型心绞痛、急性心肌梗死后溶栓的辅助治疗、弥散性血管内凝血、血液透析及体外循环等。在用药期间，患者体内可形成抗重组水蛭素的抗体，从而延长活化部分凝血活酶时间（APTT），因此建议每日监测APTT水平。目前尚无有效的水蛭素解毒药。

阿加曲班

阿加曲班（argatroban）是一种凝血酶抑制药，能可逆地与凝血酶活性位点结合，抑制凝血酶所催化或诱导的反应，妨碍纤维蛋白的形成，并且抑制凝血酶诱导的血小板聚集作用，从而抑制纤维蛋白的交联，促使纤维蛋白溶解。临床上阿加曲班与阿司匹林联合还可局部应用于移植物表面，以预防血栓形成。

枸橼酸钠

枸橼酸钠（sodium citrate）中的枸橼酸根离子，能与血浆中的Ca^{2+}形成难解离的可溶性络合物，使血浆中的Ca^{2+}浓度降低，血液凝固受阻。该药仅用于体外血液保存，每100 ml全血中加入2.5%枸橼酸钠溶液10 ml，以防止血液凝固。因枸橼酸根离子在体内很快被氧化，失去络合Ca^{2+}的作用，故体内无抗凝血作用。大量输血或输血速度过快时，机体来不及氧化枸橼酸根离子而消耗过多Ca^{2+}，从而引起低钙血症，导致手足抽搐、心功能不全、血压降低，新生儿及幼儿输血时更容易发生，必要时可用钙盐对抗。

二、纤维蛋白溶解药

纤维蛋白溶解药是指可使纤溶酶原转变为纤溶酶，进而降解纤维蛋白使血栓溶解的药物，又称溶栓药。临床常用药物有链激酶、尿激酶、阿替普酶等。

链 激 酶

链激酶（streptokinase，SK，溶栓酶）为第一代天然的溶栓药，是从乙型溶血性链球菌培养液中提取的一种蛋白质，现在可用基因工程技术制备。链激酶口服无效，需静脉注射。

【药理作用】链激酶与内源性纤溶酶原结合形成复合物，促使纤溶酶原转变为纤溶酶，继而迅速水解血栓中的纤维蛋白，导致血栓溶解（图 27-1）。

【临床应用】链激酶静脉注射用于治疗动静脉内新鲜血栓形成和栓塞，如急性肺栓塞、急性心肌梗死、深部静脉血栓等，需早期用药（血栓形成不超过 6 h）。

【不良反应】链激酶不良反应主要表现为出血，多为皮肤、黏膜出血，注射局部可出现血肿，偶发颅内出血，严重出血可用氨甲苯酸对抗；还可见皮疹、药热等超敏反应；静脉注射过快可致低血压。禁用于出血性疾病、新近创伤、消化性溃疡、伤口愈合中、严重高血压、产妇分娩前后等。

尿 激 酶

尿激酶（urokinase，UK）是从健康人尿中分离的，或从人肾组织培养中获得的一种糖蛋白，能直接激活纤溶酶原转变为纤溶酶，发挥溶解血栓的作用。该药可静脉注射和眼科的局部注射，临床应用、不良反应和禁忌证同链激酶。尿激酶无抗原性，不引起过敏，适用于对链激酶过敏的患者。

重组葡激酶

葡激酶是从金黄色葡萄球菌中分离出来的一种能够特异性溶解血栓的酶类物质，现已可采用基因重组技术制备重组葡激酶（recombinant staphylokinase，r-Sak）。重组葡激酶与血栓中的纤溶酶原有较高的亲和力，能特异性与纤溶酶原结合，激活纤溶酶原转变为纤溶酶，从而溶解血栓，对纤维蛋白的溶解作用强于链激酶。重组葡激酶通过血管内给药，用于急性心肌梗死的溶栓治疗。其不良反应与链激酶相似，但抗原性比链激酶强。

组织型纤溶酶原激活药

组织型纤溶酶原激活药（tissue plasminogen activator，t-PA）是用基因重组技术合成的第二代溶栓药，即阿替普酶（alteplase），同类药物还有阿尼普酶（anistreplase）、西替普酶（silteplase）、那替普酶（nateplase）等，瑞替普酶（reteplase）为第三代溶栓药。此类药物特点见表 27-1。

表 27-1 组织型纤溶酶原激活药的作用特点及临床应用

药物	作用特点	临床应用
阿尼普酶（anistreplase）	为纤溶酶原和链激酶激活药复合物的乙酰化物，促进纤维蛋白表面的纤溶酶原变为纤溶酶，溶解血栓。可静脉注射，出血少	防治急性心肌梗死及其他血栓性疾病
阿替普酶（alteplase）	选择性激活结合在纤维蛋白上的纤溶酶原，使之转化为纤溶酶产生溶栓作用，对循环血液中的纤溶酶原作用很弱，出血副作用较小，对人无抗原性	防治急性心肌梗死、肺栓塞、脑栓塞
瑞替普酶（reteplase）	通过基因重组技术改良天然溶栓药的结构，提高其溶栓选择性，具有溶栓疗效高、起效快、用药方法简便，无需按体重调整剂量	主要治疗急性心肌梗死

三、抗血小板药

血小板在血栓栓塞性疾病中具有重要的作用，抗血小板药是指能够抑制血小板的激活、聚集及释放，抑制血栓形成，用于防治血栓栓塞性疾病的药物。根据作用机制不同，可将抗血小板药分为：①抑制血小板花生四烯酸代谢的药物；②增加血小板内 cAMP 的药物；③抑制腺苷二磷酸（ADP）活化血小板的药物；④血小板膜糖蛋白Ⅱb/Ⅲa受体阻断药；⑤凝血酶抑制药。

（一）抑制血小板花生四烯酸代谢的药物

1. 环氧合酶抑制药

阿司匹林

每日口服 75～100 mg 阿司匹林（aspirin）可抑制环氧合酶（COX-1），使血栓素 A_2（TXA_2）的生成减少，抑制血小板的聚集，防止血栓形成，而对血管内皮前列环素（PGI_2）无明显影响。临床用于预防心肌梗死、脑血栓、肺栓塞形成；还可用于暂时性脑缺血发作，可减少脑卒中的发生率。

 熟悉阿司匹林药理作用及临床应用。

2. TXA_2 合成酶抑制药和 TXA_2 受体阻断药

利多格雷

利多格雷（ridogrel）为强大的 TXA_2 合成酶抑制药，并具有中度的 TXA_2 受体拮抗作用。由于使 TXA_2 合成减少，导致血管内过氧化物（PGG_2、PGH_2）蓄积，从而促进 PGI_2 生成，因此利多格雷也可抑制血栓形成。临床用于急性心肌梗死、反复发作心绞痛、缺血性卒中等疾病预防血栓形成。主要不良反应有轻度胃肠道反应，患者易耐受。

同类药物尚有奥扎格雷（ozagrel）、匹可托安（picotamide），其作用弱于利多格雷，不良反应轻。

（二）增加血小板内 cAMP 的药物

双嘧达莫

双嘧达莫（dipyridamole，潘生丁）对胶原、ADP、肾上腺素及低浓度凝血酶诱导的血小板聚集均有抑制作用。其作用机制包括：①抑制血小板磷酸二酯酶，使 cAMP 降解减少；②激活腺苷酸环化酶，使 cAMP 增多，进而抑制血小板聚集；③轻度抑制 TXA_2 合成酶，使 TXA_2 合成减少。临床用于防治血栓栓塞性疾病、人工心脏瓣膜置换术后。因其作用较弱，常与阿司匹林合用，可增强阿司匹林的抗血小板聚集作用；也可与华法林合用。不良反应有胃部不适、恶心等；由于血管扩张引起血压下降，可出现头痛、眩晕、潮红、晕厥等。

（三）抑制 ADP 活化血小板的药物

氯吡格雷

氯吡格雷（clopidogrel）属 $P2Y_{12}$ 受体（一种在血小板激活过程中起关键作用的受体）阻断药，能选择性及特异性地干扰 ADP 与血小板 $P2Y_{12}$ 受体结合，抑制 ADP 介导的血小板膜糖蛋白 GPⅡb/Ⅲa 受体复合物的活化，不可逆地抑制血小板聚集和黏附。氯吡格雷体外无效，需要经过肝脏转化为活性产物才能发挥药效，由于 CYP2C19 基因指导合成的 CYP2C19 酶具有不同核苷酸多态性，在使用药物之前需进行基因检测。在阿司匹林基础上加用 $P2Y_{12}$ 受体阻断药已被证实对于接受经皮冠状动脉介入治疗的患者有明确获益，该方案被称为双联抗血小板治疗（DAPT），简称"双抗"。常见的不良反应为消化道出血、中性粒细胞减少、腹痛、食欲减退、胃炎、便秘、皮疹等，偶见血小板减少性紫癜。

$P2Y_{12}$ 受体阻断药普拉格雷（prasugrel）与氯吡格雷相似，起效更快、作用更强、个体反应性差异更小，但出血的不良反应发生率也更多。同类药物替格瑞洛（ticagrelor）起效快，与受体可逆性结合，半衰期短，停药后血小板功能恢复快。

（四）血小板膜糖蛋白Ⅱb/Ⅲa受体阻断药

ADP、凝血酶、TXA_2等诱导的血小板聚集，均是通过暴露血小板膜表面的糖蛋白Ⅱb/Ⅲa受体，使纤维蛋白原与此受体结合，引发血小板之间交叉连接和聚集，进而形成血栓。阿昔单抗（abciximab）是血小板糖蛋白Ⅱb/Ⅲa受体阻断药，它能阻断配体与受体结合，明显抑制血小板聚集，对防治血栓形成、血管再闭塞有明显作用。同类药物还有拉米非班（lamifiban）、替罗非班（tirofiban）、西拉非班（sibrafiban）等。

（五）凝血酶抑制药

凝血酶是强效血小板激活物，凝血酶抑制药如水蛭素、阿加曲班等具有强大的抗血小板作用。

第四节 促白细胞生成药

非 格 司 亭

非格司亭（filgrastim）又名重组人粒细胞集落刺激因子（recombinant human granulocyte colony stimulating factor，rhG-CSF），可刺激粒细胞增殖，促进中性粒细胞成熟，刺激成熟的粒细胞从骨髓释放，增强粒细胞的趋化及吞噬功能。临床用于防治肿瘤放疗或化疗后引起的中性粒细胞缺乏症、自体骨髓移植时促进中性粒细胞数增加。大剂量长期应用可引起轻、中度骨痛，皮下注射可有局部反应。

沙 格 司 亭

沙格司亭（sargramostim）又名重组人粒细胞-巨噬细胞集落刺激因子（recombinant human granulocyte macrophage colony stimulating factor，rhGM-CSF），可刺激中性粒细胞、单核细胞、巨噬细胞等多种白细胞的分化、活化及生成，增强中性粒细胞的吞噬功能。其临床应用与非格司亭一致。不良反应较少，偶见发热、骨痛、腹泻、皮疹及注射部位红斑等，停药后可消失；首次静脉注射可出现颜面潮红、低血压、呼吸困难等，应立即给予对症处理。

其他促进白细胞生成的药物还有维生素B_4（vitamin B_4）、利可君（leucogen）、肌苷（inosine）、鲨肝醇（batilol）、氨肽素（amino-polypeptide）等。

第五节 血容量扩充药

血容量扩充药是一类能提高血浆胶体渗透压，增加血容量，改善微循环的高分子物质。大量失血或失血浆（如烧伤）可引起血容量降低，严重者可导致休克，迅速扩充血容量是其基本治疗方法，除补充全血或血浆外，也可用人工合成的血容量扩充药。理想的血容量扩充药应能维持血浆胶体渗透压，作用持久，无毒性，无抗原性。

右 旋 糖 酐

右旋糖酐（dextran）为高分子葡萄糖聚合物，根据聚合的葡萄糖分子数目不同，分为不同分子量的产品。临床常用的有中分子右旋糖酐（右旋糖酐70）、低分子右旋糖酐（右旋糖酐40）和小分子右旋糖酐（右旋糖酐10）。

【药理作用及临床应用】

1. 扩充血容量　静脉滴注右旋糖酐后能提高血浆胶体渗透压，从而扩充血容量。作用强度、维持时间随分子量减小而降低。该类药可用于失血、创伤、烧伤等引起的低血容量性休克，其中以中分子量右旋糖酐为常用。

2. 抗凝血及改善微循环　低分子和小分子右旋糖酐能抑制血小板和红细胞聚集，抑制纤维蛋白聚合，降低血液黏滞性，并对凝血酶有抑制作用，因此能防止血栓形成。因其增加血容量，从而改善微循环，能防止休克后期弥散性血管内凝血。该药可用于血栓栓塞性疾病，如急性心肌梗死、脑血栓形成、心绞痛、血栓闭塞性脉管炎和视网膜动静脉血栓等疾病，也用于弥散性血管内凝血。

3. 渗透性利尿　低分子和小分子右旋糖酐从肾排泄时，提高肾小管内渗透压，水的重吸收减少而尿量增加。该药可用于预防急性肾衰竭。

【不良反应】偶见超敏反应，表现为发热、荨麻疹等，少见血压下降、呼吸困难等。连续使用可出现凝血障碍。心功能不全、肺水肿及肾功能不佳者慎用，血小板减少症及出血性疾病禁用。

自 测 题

一、单项选择题

1. 肝素抗凝血作用的主要机制是
   A. 阻碍凝血因子Ⅱ、Ⅶ、Ⅸ、Ⅹ的合成　　B. 抑制血小板聚集
   C. 增强 AT Ⅲ对凝血因子的灭活作用　　D. 降低血中钙离子浓度
   E. 促进纤维蛋白溶解

2. 具有体内、外抗凝血作用的药物是
   A. 肝素　　B. 阿司匹林
   C. 香豆素类　　D. 链激酶
   E. 右旋糖酐

3. 叶酸主要用于治疗
   A. 地中海贫血　　B. 缺铁性贫血
   C. 巨幼细胞贫血　　D. 溶血性贫血
   E. 出血

4. 对链激酶过量引起的出血，应选择的拮抗药物是
   A. 维生素 K　　B. 肝素　　C. 鱼精蛋白
   D. 华法林　　E. 氨甲苯酸

5. 华法林抗凝血作用的机制是
   A. 激活抗凝血酶Ⅲ　　B. 竞争性拮抗维生素 K 的作用
   C. 抑制纤维蛋白酶原的激活因子　　D. 释放血小板因子 3
   E. 改善微循环

6. 新生儿低凝血酶原血症出血宜选用
   A. 氨甲苯酸　　B. 酚磺乙胺
   C. 维生素 K_3　　D. 鱼精蛋白
   E. 华法林

7. 下列对肝素的描述，错误的是
   A. 只延长凝血时间，不延长凝血酶时间　　B. 其抗凝血作用依赖于抗凝血酶Ⅲ
   C. 过量引起出血可用鱼精蛋白对抗　　D. 口服无效，需注射给药
   E. 体内产生降血脂作用

8. 已表现神经损害的巨幼细胞贫血患者最应使用的药物是
   A. 硫酸亚铁
   B. 叶酸
   C. 维生素 B_{12}
   D. 甲酰四氢叶酸
   E. 红细胞生成素

9. 长期口服广谱抗生素所致出血宜选用
   A. 氨甲苯酸
   B. 垂体后叶素
   C. 维生素 K
   D. 阿昔单抗
   E. 红细胞生成素

（10～11 题共用题干）

患者，男，18 岁，上呼吸道感染服药治疗 2 周后，出现巨幼细胞贫血。

10. 最有可能引起该患者发生巨幼细胞贫血的药物是
    A. 青霉素 G
    B. 头孢氨苄
    C. 红霉素
    D. 复方新诺明
    E. 左氧氟沙星

11. 此种原因所致巨幼细胞贫血应选择的治疗药物是
    A. 硫酸亚铁
    B. 叶酸
    C. 维生素 B_{12}
    D. 甲酰四氢叶酸
    E. 红细胞生成素

二、简答题

1. 维生素 K 适用于哪些因素引起的出血？
2. 影响铁剂吸收的因素有哪些？

三、案例分析题

患者，男，50 岁，因右下肢疼痛不适入院。患者 3 天前无明显诱因出现右下肢疼痛，伴行走困难。入院查体见患者右下肢呈轻度非凹陷性水肿。双下肢彩超示：右下肢胫后静脉血栓形成，未探及血流信号；左下肢静脉未见静脉腔内血栓；双下肢动脉未见明显异常。诊断：右下肢深静脉血栓形成。

请回答：

1. 该患者可以选择哪类药物治疗？
2. 使用此类药物应注意哪些问题？

（陈淑瑜）

第二十八章 子宫平滑肌收缩药和舒张药

第二十八章数字资源

> **学习目标**
>
> 知识：详述缩宫素及麦角生物碱类药物的药理作用、临床应用、不良反应，简述其他子宫平滑肌收缩药和子宫平滑肌舒张药的作用及应用。
>
> 能力：能根据适应证合理选择子宫平滑肌收缩药，会合理应用子宫平滑肌舒张药。
>
> 素养：重视围生期用药，夯实知识储备，为临床合理用药奠定良好基础。

案例导入

患者，女，25岁，初次妊娠，孕40周，生产过程中出现难产。产科检查：胎方位左枕前（LOA），宫缩时间 10～15 s，间隔时间 9～11 min，强度较弱。诊断：足月妊娠、宫缩乏力。

问题与思考：
1. 该产妇可选用哪种药物催产？为什么？
2. 在用药过程中应注意哪些问题？

第一节 子宫平滑肌收缩药

子宫平滑肌收缩药是一类选择性兴奋子宫平滑肌的药物，临床常用的有缩宫素、麦角生物碱类和前列腺素类药。它们的作用可因子宫生理状态及药物种类、用药剂量的不同而有差异：小剂量引起子宫产生规律性收缩，适用于催产和引产；大剂量可引起子宫强直性收缩，适用于产后子宫复原或产后止血，禁用于催产和引产。若使用不当，则可能造成子宫破裂或胎儿窒息。

缩 宫 素

缩宫素（oxytocin）又称催产素，是由神经垂体所分泌的一种激素，目前临床使用的缩宫素可从猪、牛、羊等动物的神经垂体中提取分离，也可人工合成。缩宫素口服易被消化液破坏，肌内注射吸收良好。

【药理作用】

1. 兴奋子宫平滑肌　缩宫素能激动子宫平滑肌细胞膜上的缩宫素受体，加强子宫的收缩强度和收缩频率。其作用特点如下。①作用与剂量有关：小剂量缩宫素（2～5 U）使子宫底部产生规律性收缩，而子宫颈松弛，与正常分娩的子宫收缩相似，有利于胎儿娩出。大剂量缩宫素（5～10 U）则引起子宫强直性收缩，不利于胎儿的娩出。②作用受体内性激素的影响：雌激素可提高子宫对缩宫素的敏感性，孕激素则降低子宫对缩宫素的敏感性。在妊娠早期，孕激素的水平较高，子宫对缩宫素的敏感性低，可以保证胎儿的正常发育；在妊娠后期，雌激素的水平较高，特别是在临产时子宫对缩宫素的反应更加敏感，这样有利于胎儿的娩出，故此时只需小剂量的缩宫素即可达到引产和催产的目的。③作用出现快，维持时间短：肌内注射 3～5 min 起效，作用维持时间 20～30 min。静脉注射起效快，维持时间更短。如因病情需要，可静脉滴注维持疗效。

2. 促进排乳　缩宫素能使乳腺小叶周围的肌上皮细胞收缩，促进排乳。

3. 舒张血管平滑肌　大剂量缩宫素还能短暂而显著地舒张血管平滑肌，使动脉压明显下降，尤其是在麻醉状态下。

4. 抗利尿作用　缩宫素在化学结构上类似于血管升压素，具有抗利尿作用，特别是在大剂量使用时。

【临床应用】

1. 催产和引产　对于胎位及产道正常而宫缩无力的难产患者，可用小剂量缩宫素（2～5 U）催产，以加强子宫规律性收缩，促进分娩。对于死胎、过期妊娠及妊娠合并严重疾病需提前终止妊娠的患者，可用小剂量缩宫素引产。

2. 防治产后出血和子宫出血　缩宫素较大剂量（5～10 U）肌内注射可使子宫产生强直性收缩，以压迫子宫肌层内血管而止血，临床上用于防治产后出血和子宫出血。因其作用时间短，需加用麦角新碱以维持疗效。

3. 其他应用　在哺乳前应用缩宫素鼻腔喷雾吸入或以滴鼻剂滴鼻给药，可用于催乳。

知识链接

产后出血

胎儿娩出后 24 h 内阴道出血量超过 500 ml 者称为产后出血，80% 发生在产后 2 h 内。晚期产后出血是指分娩 24 h 以后，在产褥期内发生的子宫大量出血，多见于产后 1～2 周。产后出血是分娩期严重的并发症，也是导致产妇死亡的主要原因之一。产后出血的原因包括宫缩乏力、软产道裂伤、胎盘因素及凝血功能障碍。临床表现为阴道流血、失血性休克、继发性贫血，若失血过多可并发弥散性血管内凝血。处理原则是针对病因迅速止血，补充血容量，纠正失血性休克，以及防止感染。加强产前检查、正确处理产程、加强产后观察等措施能有效预防产后出血。

【不良反应及禁忌证】偶见恶心、呕吐；静脉注射过快，可引起血压下降、心率加快；用量过大可使子宫强直性收缩，导致胎儿窒息或子宫破裂。大量使用缩宫素时可产生抗利尿作用，输液过快时可产生水钠潴留或低钠血症。用药时应严格控制剂量、滴速，密切监测产妇呼吸、心率、血压，并注意胎心、胎位、宫缩情况等。

缩宫素禁用于产道异常、胎位不正、头盆不称、前置胎盘、三次妊娠以上的经产妇，或有剖宫产史者。

　掌握缩宫素的药理作用、临床应用、不良反应及注意事项。

麦角生物碱类

麦角（ergot）是寄生在黑麦及其他禾本科植物上的一种麦角菌的干燥菌核，含有多种生物碱，按化学结构不同可分为两类。①氨基麦角碱：代表药有麦角新碱（ergometrine）和甲基麦角新碱（methylergometrine），易溶于水，口服易吸收，对子宫的兴奋作用迅速而强大，但作用维持时间较短。②氨基酸麦角碱：代表药有麦角胺（ergotamine）和麦角毒碱（ergotoxine），难溶于水，口服吸收不规则，对血管作用明显，起效慢，作用维持时间较久。

【药理作用】

1. 兴奋子宫平滑肌　麦角新碱能选择性兴奋子宫平滑肌，加强子宫收缩，与缩宫素相比，作用强大而持久，稍大剂量即可引起子宫强直性收缩，对宫体和宫颈的兴奋作用无明显差异，不利于胎儿的娩出，因此，只可用于产后止血和子宫复原而禁用于催产和引产。

2. 收缩血管　麦角胺及麦角毒碱对末梢血管有收缩作用，大剂量还会损害血管内皮细胞，导致血栓形成或肢端干性坏疽。麦角胺能收缩脑血管，减少脑动脉搏动幅度，从而减轻偏头痛。

3. 阻断α受体　氨基酸麦角碱可阻断α受体，翻转肾上腺素的升压作用，还具有中枢抑制作用，从而导致血压下降。

【临床应用】

1. 防治子宫出血　此类药物可用于产后子宫出血或其他原因引起（如刮宫术、月经过多等）的子宫出血，常选用麦角新碱，其机制是引起子宫平滑肌的强直性收缩，机械性地压迫子宫肌层血管而止血，常采用肌内注射给药。

2. 促进产后子宫复原　产后10天内子宫逐渐复原，如果产后子宫复原缓慢易引起子宫出血或宫腔内感染，可用麦角新碱（如麦角浸膏）促进子宫收缩，加速子宫复原。

3. 缓解偏头痛　麦角胺可缓解偏头痛，有效率可达90%。由于咖啡因也能收缩脑血管并促进麦角胺的吸收，产生协同作用，故麦角胺常与咖啡因合用。

4. 人工冬眠　双氢麦角碱具有阻断α受体及中枢抑制作用，可与异丙嗪、哌替啶组成冬眠合剂，用于临床危重患者，帮助其度过危险期。

【不良反应】常见不良反应有恶心、呕吐、头晕、血压升高等，妊娠毒血症者产后慎用。长期应用麦角胺或麦角毒碱可损伤血管内皮细胞而形成血栓，导致肢端坏死，故用药时间不能过长，以2~4天为限，动脉硬化、冠心病患者禁用。偶见超敏反应，严重者可致呼吸困难、血压下降等。此外，麦角制剂禁用于催产、引产，以免发生子宫强直性收缩而引起胎儿窒息或子宫破裂。

掌握麦角新碱的药理作用、临床应用、不良反应及注意事项。

知识链接

妊娠高血压综合征

妊娠高血压综合征（pregnancy induced hypertension）指妊娠20周后出现的蛋白尿、水肿及抽搐等与高血压有关的临床综合征，又称妊娠毒血症。一般认为，妊娠高血压综合征是由血管活性物质增加引起全身小血管痉挛所致，伴随高血压、纤维蛋白在血管内沉积，可累及全身脏器，造成肾、脑、心、肝等器官的损伤。临床表现有高血压、蛋白尿、水肿、头痛、呕吐、眼底动脉痉挛；部分患者还可出现肝大、肝包膜下血肿破裂、右上腹持续性疼痛及压痛进行性加重，引起大量血性腹水、休克或失血性贫血。

前列腺素类药

前列腺素（prostaglandin，PG）是一类存在于全身各组织器官中的自体活性物质，具有广泛的生理作用和药理作用，现已可人工合成。前列腺素类药能刺激子宫平滑肌产生规律性收缩，对妊娠各期子宫均有兴奋作用，分娩前子宫对其尤为敏感，对妊娠早期和中期的子宫兴奋作用强于缩宫素。用于足月引产和产后止血，可静脉滴注，也可阴道内、羊膜腔内或宫腔内给药。还能促进黄体萎缩、溶解，从而妨碍受精卵着床。用于各期妊娠流产，尤其对中期妊娠流产效果好，安全可靠。

停经 49 天以内的早期妊娠妇女，可应用卡前列素阴道内给药，以终止妊娠。

前列腺素类药可引起恶心、呕吐、腹痛、腹泻等。能收缩支气管平滑肌而诱发哮喘，不宜用于支气管哮喘患者。

第二节　子宫平滑肌舒张药

子宫平滑肌舒张药又称抗分娩药，该类药物能抑制子宫平滑肌收缩，减少子宫活动，主要用于治疗痛经和早产。常用药物有 $β_2$ 受体激动药、硫酸镁、钙通道阻滞药、前列腺素合成酶抑制药、缩宫素受体阻断药等。

利 托 君

利托君（ritodrine）能选择性兴奋子宫平滑肌上的 $β_2$ 受体，降低子宫的收缩强度和频率，使子宫平滑肌舒张，减少子宫的活动，对妊娠子宫和非妊娠子宫均有抑制作用。临床主要用于防治早产，使分娩延缓，适用于妊娠 28~37 周内的早产孕妇。

利托君口服用药不良反应少，但静脉给药不良反应较重，可出现心悸、血糖升高、血钾降低，偶尔引起肺水肿。糖尿病和使用排钾利尿药的患者慎用。凡妊娠不足 20 周及分娩进行期（宫口开大 4 cm 以上）者或伴有子痫、出血、心血管疾病者禁用。

其他可用于舒张子宫平滑肌的选择性 $β_2$ 受体有沙丁胺醇、特布他林等，其作用、临床应用及不良反应均与利托君相似。

硫 酸 镁

硫酸镁（magnesium sulfate）通过拮抗 Ca^{2+} 可明显抑制子宫平滑肌收缩。妊娠期间应用硫酸镁可以防治早产、妊娠高血压综合征及子痫发作，还可用于对 $β_2$ 受体激动药有禁忌证的产妇。

硝 苯 地 平

硝苯地平（nifedipine）为钙通道阻滞药，通过抑制子宫平滑肌细胞的 Ca^{2+} 内流而松弛子宫平滑肌，使子宫收缩力减弱，用于治疗早产。

吲 哚 美 辛

吲哚美辛（indometacin）为前列腺素合成酶抑制药，因能引起胎儿动脉导管过早关闭，导致肺动脉高压、肾损害，使羊水减少，故仅在 $β_2$ 受体激动药、硫酸镁等药物无效或使用受限时应用，且在妊娠 34 周之内使用。

缩宫素受体阻断药

缩宫素受体阻断药可分为肽类和非肽类。已经上市的药物有阿托西班（atosiban），是一种较为理想的新型抗早产药物，可竞争性地阻断缩宫素受体，拮抗内源性缩宫素的作用，达到抑制产前子宫收缩、延缓分娩的作用。

自 测 题

一、单项选择题

1. 大剂量缩宫素禁用于催产的原因是
   A. 使子宫底部规律性收缩　　　　　　B. 使子宫无收缩
   C. 使子宫强直性收缩　　　　　　　　D. 使患者血压升高
   E. 使患者冠状动脉收缩

第二十八章 子宫平滑肌收缩药和舒张药

2. 关于缩宫素，下列叙述不正确的是
   A. 临产时子宫对缩宫素最敏感
   B. 大剂量缩宫素可降低血压
   C. 催产时滴速最快不超过 40 滴／分
   D. 催产时应监测胎儿胎心
   E. 宫缩无力时可大量应用缩宫素

3. 对宫口已开全、无产道障碍而宫缩乏力的产妇应选用
   A. 小剂量缩宫素静脉滴注
   B. 大剂量缩宫素静脉滴注
   C. 小剂量麦角新碱静脉滴注
   D. 大剂量麦角新碱静脉滴注
   E. 大剂量麦角胺静脉滴注

4. 患者，女，28岁，患高血压4个月，妊娠足月后自然分娩，产后3h突然阴道大出血。该患者宜选用
   A. 小剂量缩宫素静脉滴注
   B. 麦角新碱
   C. 大剂量缩宫素静脉滴注
   D. 麦角胺
   E. 垂体后叶素

5. 缩宫素用于催产和引产的重要依据是
   A. 对子宫兴奋作用强大
   B. 临产时子宫对缩宫素最敏感
   C. 使子宫体产生规律性收缩，又能使子宫颈松弛
   D. 作用时间短，不影响胎儿呼吸
   E. 作用强度与剂量大小无关

6. 患者，女，29岁，妊娠期间因患急性粟粒性肺结核，使用了耳毒性较大的氨基糖苷类药物治疗。该患者若终止妊娠可用以引产的药物是
   A. 麦角胺
   B. 麦角新碱
   C. 雌激素
   D. 前列腺素
   E. 大剂量缩宫素

7. 麦角新碱不宜用于催产和引产的原因是
   A. 抑制呼吸
   B. 易导致血压下降
   C. 易致子宫强直性收缩
   D. 对子宫体的兴奋作用大于子宫颈
   E. 对妊娠子宫比未孕子宫敏感

8. 麦角新碱治疗产后出血的机制是
   A. 收缩血管
   B. 引起子宫强直性收缩
   C. 促进凝血过程
   D. 促进血管修复
   E. 对宫体和宫颈的作用无差异

9. 下列治疗偏头痛最有效药物是
   A. 阿司匹林
   B. 吗啡
   C. 麦角新碱
   D. 麦角胺＋咖啡因
   E. 哌替啶

10. 下列药物可抑制子宫平滑肌收缩的是
    A. 缩宫素
    B. 麦角新碱
    C. 前列腺素
    D. 利托君
    E. 麦角胺

11. 能降低子宫平滑肌对缩宫素的敏感性的药物是
    A. 雌激素
    B. 孕激素
    C. 糖皮质激素
    D. 维生素
    E. 抗生素

二、简答题

1. 缩宫素和麦角新碱对子宫的作用有何不同？
2. 缩宫素兴奋子宫平滑肌的作用特点有哪些？临床用药有哪些禁忌证？

三、案例分析题

患者李某，女，30岁，孕39周，因规律宫缩入院待产。患者既往体健，无妊娠合并症，产前检查均正常。产程进展顺利，宫口开全后，患者出现继发性宫缩乏力，宫缩间隔时间长，持续时间短，胎头下降缓慢，胎心监护显示胎儿窘迫迹象。医生决定使用子宫平滑肌收缩药以增强宫缩，缩短产程。胎儿娩出后，患者出现产后出血，出血量约800 ml，医生考虑子宫收缩乏力仍是主要原因，继续使用子宫平滑肌收缩药控制出血。产后第3天，患者出现下腹部阵发性疼痛，伴恶露增多，医生考虑产后宫缩痛，给予子宫平滑肌舒张药缓解疼痛。

请回答：

1. 在产程中，患者出现继发性宫缩乏力，医生给其使用子宫平滑肌收缩药的目的是什么？在使用这类药物时，需密切监测哪些指标以避免不良反应的发生？

2. 在患者出现产后出血时，医生继续给其使用子宫平滑肌收缩药的理由是什么？此时使用这类药物需注意哪些问题？

3. 在患者出现产后宫缩痛时，医生给其使用子宫平滑肌舒张药的目的是什么？这类药物可能有哪些不良反应？

（李 玲）

第二十九章 肾上腺皮质激素类药

第二十九章数字资源

学习目标

知识：概述糖皮质激素类药物的药理作用、临床应用、不良反应及禁忌证；区分常用药物氢化可的松、泼尼松、地塞米松的作用特点；列出糖皮质激素类药物的分类、常用代表药、用法及疗程。

能力：能合理使用糖皮质激素类药；能辨识糖皮质激素类药的不良反应，并能实施初步解决措施。

素养：重视糖皮质激素类药的两面性，运用辩证思维，权衡利弊，合理使用；关心患者，细致观察，进行药物合理使用及不良反应防治方面的健康宣教。

案例导入

患者，女，21岁，患类风湿性关节炎2年，使用泼尼松治疗1年，近期常感疲乏无力、头晕、头痛、恶心，多次出现上呼吸道感染。体检：面部、躯干部皮下脂肪明显增加，面部痤疮，体毛增多，面部略有水肿，上腹部有轻压痛，咽红，扁桃体红肿，血压130/85 mmHg，空腹血糖7.1 mmol/L。采取对症治疗后，上述症状有所减轻。后因原疾病基本控制，患者自行停用泼尼松，几天后出现明显全身不适、乏力、头昏，晕厥1次，类风湿性关节炎症状复发并加重。

问题与思考：
1. 患者使用泼尼松1年后为何出现上述症状和体征？
2. 患者自行停用泼尼松后为什么发生上述现象？应如何处理？
3. 使用糖皮质激素类药的注意事项有哪些？如何选择用药方法？

肾上腺皮质激素（adrenocortical hormones）是肾上腺皮质分泌的激素的总称，属甾体类化合物。肾上腺皮质分三层：外层为球状带，分泌调节水盐代谢的盐皮质激素，包括醛固酮（aldosterone）和去氧皮质酮（desoxycorticosterone）等；中层为束状带，分泌调节糖、蛋白质及脂肪代谢的糖皮质激素（glucocorticoids，GC），包括氢化可的松（hydrocortisone）和可的松（cortisone）；内层为网状带，分泌微量的性激素。肾上腺皮质激素的分泌受促肾上腺皮质激素释放激素（corticotropin releasing hormone，CRH）及促肾上腺皮质激素（adrenocorticotropic hormone，ACTH）的调节。临床常用的肾上腺皮质激素类药主要是指糖皮质激素类药。

第一节 糖皮质激素类药

【体内过程】糖皮质激素类药脂溶性大,口服、注射均可吸收。口服可的松或氢化可的松后 1~2 h 血药浓度可达高峰。氢化可的松入血后约有 90% 与血浆蛋白可逆性结合,其中 80% 与皮质类固醇结合球蛋白(corticosteroid binding globulin,CBG)结合,10% 与白蛋白结合后,失去活性;10% 的游离型药物具有生物活性。CBG 在肝中合成,肝、肾疾病时合成减少,可使游离型药物增多,作用增强。糖皮质激素类药主要在肝内代谢,后由肾排出。可的松和泼尼松在肝内分别转化为氢化可的松和泼尼松龙而生效,故严重肝功能不全的患者只宜应用氢化可的松或泼尼松龙。常用糖皮质激素类药的分类及特点见表 29-1。

表 29-1 常用糖皮质激素类药的分类及特点

分类	药物	水盐代谢（比值）	糖代谢（比值）	抗炎作用（比值）	等效剂量（mg）	半衰期（min）	维持时间（h）
短效	氢化可的松(hydrocortisone)	1.0	1.0	1.0	20.00	90	8~12
	可的松(cortisone)	0.8	0.8	0.8	25.00	30	8~12
中效	泼尼松(prednisone)	0.8	4.0	3.5	5.00	60	12~36
	泼尼松龙(prednisolone)	0.8	4.0	4.0	5.00	200	12~36
	甲泼尼龙(methylprednisolone)	0.5	5.0	5.0	4.00	180	12~36
	曲安西龙(triamcinolone)	0	5.0	5.0	4.00	>200	12~36
长效	地塞米松(dexamethasone)	0	20~30	30	0.75	100~300	36~54
	倍他米松(betamethasone)	0	20~30	25~35	0.60	100~300	36~54
外用	氟氢可的松(fludrocortisone)	125	—	12	—	—	—
	氟轻松(fluocinolone acetonide)	—	—	40	—	—	—

糖皮质激素的作用广泛而复杂。生理剂量下的糖皮质激素主要影响机体正常物质代谢过程。超生理剂量(药理剂量)的糖皮质激素除了参与代谢作用外,还具有广泛药理作用。

【生理效应】

1. **糖代谢** 糖皮质激素能增加肝糖原、肌糖原含量并升高血糖,其机制为:促进糖原异生;减慢葡萄糖分解为 CO_2 的氧化过程;减少机体组织对葡萄糖的利用。

2. **蛋白质代谢** 糖皮质激素促进皮肤、肌肉、胸腺、淋巴、骨骼等组织的蛋白质分解,导致负氮平衡;大剂量还能抑制蛋白质的合成,故久用可致生长减慢、肌肉消瘦、皮肤变薄、骨质疏松、淋巴和胸腺组织萎缩以及伤口愈合延缓等。

3. **脂肪代谢** 糖皮质激素促进脂肪分解,抑制其合成。短期使用对脂肪代谢无明显影响;大剂量长期使用能升高血中胆固醇含量,激活四肢皮下脂肪酶,使四肢皮下脂肪分解,使其重新分布于面部、胸、背及臀部,形成向心性肥胖的特殊体型,表现为"满月脸""水牛背"等症状体征,呈现面圆、背厚、躯干部发胖而四肢消瘦。

4. **水和电解质代谢** 糖皮质激素有较弱的盐皮质激素样作用,产生保钠排钾作用。还能增加肾小球滤过率、拮抗抗利尿激素的作用,产生利尿作用。长期应用可致骨质脱钙,可能与其减少小肠对钙的吸收、抑制肾小管对钙的重吸收和促进尿钙排泄有关。

5. **允许作用** 糖皮质激素对某些组织细胞无直接作用,但可为其他激素的发挥作用创造有利条件，称为允许作用。如糖皮质激素可增强儿茶酚胺的收缩血管作用和胰高血糖素的升高血糖作用等。

【药理作用】

1. 抗炎作用　糖皮质激素对多种原因（如物理、化学、生理、免疫等）引起的炎症及炎症发展的不同阶段，均有强大的非特异性抗炎作用。在炎症早期通过扩张毛细血管、抑制白细胞浸润及吞噬反应，减轻渗出、水肿，改善红、肿、热、痛等症状；在炎症后期可抑制毛细血管和成纤维细胞的增生，延缓肉芽组织生成，防止粘连及瘢痕形成，减轻炎症后遗症。但须注意：炎症反应是机体的一种防御功能，炎症的后期反应更是组织修复的重要过程。因此，糖皮质激素在抑制炎症、减轻症状的同时，也降低机体的防御功能，加之只抗炎而不抗菌，可致感染扩散及创面愈合延迟。

2. 抗免疫作用　糖皮质激素对免疫过程的许多环节均有抑制作用：①抑制巨噬细胞对抗原的吞噬和处理，干扰淋巴组织在抗原作用下的分裂、增殖；②加速淋巴细胞的破坏和解体，使淋巴细胞移行至血液以外的组织，导致血中淋巴细胞迅速减少；③小剂量糖皮质激素主要抑制细胞免疫，大剂量抑制B细胞转化成浆细胞，减少抗体生成，干扰体液免疫。糖皮质激素还可抑制过敏性介质的产生，减轻过敏症状；同时，可消除免疫反应所致的炎症反应，降低机体抵抗力。

3. 抗内毒素作用　细菌内毒素可致人体高热、乏力、食欲缺乏。糖皮质激素能提高机体对内毒素的耐受力，具有迅速而良好的退热作用。其机制可能与其能稳定溶酶体膜、减少内源性致热原的释放、抑制下丘脑体温调节中枢对致热原的反应有关。但该类药对细菌外毒素无对抗作用。

4. 抗休克作用　超大剂量的糖皮质激素对各种严重休克有一定的对抗作用，特别是感染中毒性休克的治疗，作用机制除与抗炎、抗免疫、抗毒作用相关之外，还与下列因素有关：①扩张痉挛收缩的血管；②抑制某些炎症因子产生，减轻全身炎症反应；③降低血管对某些缩血管活性物质的敏感性，使微循环血流动力学恢复正常，改善休克状态；④稳定溶酶体膜，减少心肌抑制因子（myocardial depressant factor，MDF）的形成，增强心肌收缩力；⑤提高机体对细菌内毒素的耐受力。

5. 其他作用

（1）血液与造血系统：糖皮质激素能刺激骨髓造血功能，促进红细胞与血小板数量增多，增加血液中血红蛋白含量和纤维蛋白原浓度，缩短凝血酶原时间；促使血液中性粒细胞数量增多，但降低其游走、吞噬、消化等功能。糖皮质激素可使血液中淋巴细胞和嗜酸性粒细胞数量减少。

（2）中枢神经系统：糖皮质激素可提高中枢神经系统的兴奋性，出现欣快、激动、失眠等，偶可诱发精神失常。儿童大剂量应用可致惊厥。

（3）消化系统：糖皮质激素能使胃酸和胃蛋白酶分泌增多，提高食欲，促进消化，同时使胃黏膜的自我保护与修复能力减弱，故大剂量或长期应用可诱发或加重消化性溃疡。

【临床应用】

1. 替代疗法　糖皮质激素类药可用于急、慢性肾上腺皮质功能减退症，垂体功能减退和肾上腺次全切除术后，以补充生理剂量。

2. 用于严重感染或防止炎症后遗症

（1）严重感染：主要用于治疗中毒性感染或同时伴有休克者，如中毒性菌痢、暴发型流行性脑膜炎、中毒性肺炎、重症伤寒、急性粟粒性肺结核及败血症等，在应用足量有效抗菌药治疗感染的同时，可用糖皮质激素类药辅助治疗。因其能增加机体对有害刺激的耐受性，减轻中毒症状，故可帮助患者度过危险期。对无特效治疗药的病毒感染，原则上不用糖皮质激素类药，因其降低机体防御能力，反而使感染扩散而加剧病情；但对重症病毒感染，糖皮质激素类药有缓解症状的作用，多主张短期大量应用。

（2）防止某些炎症后遗症：某些组织器官炎症后期的粘连及瘢痕形成，严重影响器官功能，如结核性脑膜炎、心包炎、风湿性心瓣膜炎、损伤性关节炎、睾丸炎以及烧伤后瘢痕挛缩等，早期应用糖皮质激素类药可防止炎症后遗症发生。对虹膜炎、角膜炎、视网膜炎和视神经炎等非特异性炎症，应用糖皮质激素类药可消炎止痛，防止角膜混浊和瘢痕粘连的发生。但角膜溃疡禁用。

3. 治疗自身免疫病、器官移植排斥反应和超敏反应性疾病

（1）自身免疫病：如类风湿性关节炎、系统性红斑狼疮、结节性动脉炎、皮肌炎、溃疡性结肠炎、重症肌无力和肾病综合征，常采用综合治疗，可明显缓解症状，但不能根治，停药后易复发。

（2）异体器官移植：如肾移植、骨髓移植、肝移植，常与其他免疫抑制药联合应用、抑制术后排斥反应。

（3）超敏反应性疾病：如荨麻疹、血清热、血管神经性水肿、过敏性鼻炎、支气管哮喘，治疗方面以肾上腺受体激动药或抗组胺药为主，病情严重或其他抗过敏药物无效时，可应用糖皮质激素类药，目的是抑制抗原抗体反应所引起的组织损害和炎症过程。

4. 抗休克　糖皮质激素类药在用于感染中毒性休克治疗时，需与足量有效的抗菌药合用，可及早、短期、大剂量突击使用糖皮质激素类药，脱离休克后即停药。糖皮质激素类药在抗菌药应用之后使用，在撤抗菌药之前停药。对过敏性休克，可将糖皮质激素类药与首选药肾上腺素合用；对心源性休克，需结合病因治疗；对低血容量性休克，在补液、补电解质或输血后效果不佳者，可合用糖皮质激素类药。

5. 血液病的辅助治疗　糖皮质激素类药可用于急性淋巴细胞白血病、再生障碍性贫血、粒细胞减少症、血小板减少症和过敏性紫癜等血液病的治疗，但作用不持久，停药后易复发。

6. 局部应用　糖皮质激素类药对接触性皮炎、湿疹、肛门瘙痒、银屑病等疾病有疗效，宜用氢化可的松、泼尼松龙或氟轻松等软膏、霜剂或洗剂局部用药；肌肉韧带或关节劳损时，将醋酸氢化可的松或醋酸泼尼松龙混悬液加入1%普鲁卡因注射液肌内注射，也可注入韧带压痛点或关节腔内以消炎止痛；应用滴眼剂及呼吸道吸入制剂，可用于眼部或呼吸道炎症。

掌握糖皮质激素类药的药理作用及临床应用。

知识链接

肾上腺皮质功能减退症

肾上腺皮质功能减退症按病因可分为原发性和继发性，按病程可分为急性和慢性。原发性慢性肾上腺皮质功能减退症又称艾迪生（Addison）病，临床比较少见，常见病因有肾上腺结核或自身免疫性肾上腺炎，少见病因包括深部真菌感染、免疫缺陷、病毒感染、恶性肿瘤、肾上腺广泛出血、手术切除肾上腺、脑白质营养不良等。继发性肾上腺皮质功能减退症，常见于长期应用超生理剂量的糖皮质激素，也可继发于下丘脑-垂体疾病，如鞍区肿瘤、自身免疫性垂体炎外伤、手术切除、产后大出血引起垂体大面积缺血性坏死，即席汉（Sheehan）综合征等。

【不良反应】

1. 长期大剂量应用所致不良反应

（1）医源性肾上腺皮质功能亢进：长期大剂量应用糖皮质激素类药，可导致物质代谢和水盐代谢紊乱，表现为满月脸、水牛背、皮肤变薄、痤疮、多毛、水肿、低血钾、高血脂、高血压、糖尿病等。停药后可自行消退，必要时采取对症治疗，如应用抗高血压药、降血糖药、氯化钾等，用药期间应采用低盐、低糖、低脂、高蛋白质饮食及摄入富含钾离子的食物。

（2）诱发或加重某些疾病：①诱发或加重感染，或使潜在的病灶扩散；②诱发或加重消化性溃疡，甚至造成出血或穿孔；③诱发或加重高血压、动脉粥样硬化等；④诱发或加重糖尿病；⑤诱发或加重癫痫、精神失常等。

（3）其他：长期应用糖皮质激素类药还可导致肌肉萎缩、伤口愈合迟缓、骨质疏松、自发性骨折、股骨头坏死等；影响儿童生长发育；孕妇可引起畸胎。

2. 停药反应

（1）医源性肾上腺皮质功能不全：长期大剂量使用糖皮质激素类药，可负反馈性抑制下丘脑-垂体-肾上腺皮质轴功能，如果突然停药或减药过快，可导致体内糖皮质激素水平突然降低，当遇到应激情况如感染、创伤、手术时，可发生肾上腺危象，表现为呕吐、乏力、低血压甚至休克，需及时抢救。故停药时应逐渐减量，不可骤然停药；或停药前7天左右应用ACTH以促进肾上腺皮质功能恢复；停药后1年内遇应激情况时，应及时给予足量的糖皮质激素类药。

（2）反跳现象及停药症状：减量过快或突然停药时，出现肌痛、关节痛、肌强直、发热等原有疾病没有的症状，称为停药症状；突然停药后，会使原有疾病复发或恶化，称为反跳现象。其原因是患者对激素产生了依赖或病情尚未完全控制所致，需加大剂量继续治疗，待症状缓解后再逐渐减量、停药。

【禁忌证】严重精神病和癫痫、活动性消化性溃疡病、骨折和创伤修复期、肾上腺皮质功能亢进症、严重高血压、糖尿病、妊娠期、抗菌药不能控制的感染（如水痘、真菌感染等）。

糖皮质激素类药的不良反应及禁忌证。

【用法及疗程】宜根据患者的病情、药物的作用特点和不良反应等确定剂型、剂量、用法及疗程。

1. 小剂量替代疗法 用于急、慢性肾上腺皮质功能不全、垂体功能减退和肾上腺次全切除术后。一般维持量为可的松12.5～25 mg/d或氢化可的松10～20 mg/d。

2. 大剂量突击疗法 用于严重感染及抗休克的治疗，常用氢化可的松静脉滴注，首次用量为200～300 mg，一日量可超过1 g，以后逐渐减量，疗程不超过3～5日。宜合用黏膜保护药，以防止急性消化道出血。

3. 一般剂量长期疗法 用于结缔组织病、肾病综合征等慢性疾病的治疗。常用泼尼松口服，每次10～20 mg，每日3次，显效后，每3～5日减量一次，逐渐减至最小维持量，持续数月至1年以上。

知识链接

糖皮质激素的分泌与调节

正常人糖皮质激素的分泌具有昼夜节律性，早晨6～8时分泌最旺盛，血液中含量最高，午夜时含量最低，昼夜间血浆糖皮质激素浓度相差4倍以上。机体在应激状态下，糖皮质激素的分泌量可达基础量的10倍左右。肾上腺皮质激素的分泌受下丘脑和腺垂体调控，下丘脑合成促肾上腺皮质激素释放激素（CRH），促进腺垂体分泌促肾上腺皮质激素（ACTH），ACTH促进肾上腺皮质分泌糖皮质激素。糖皮质激素水平升高时，负反馈抑制下丘脑分泌CRH和腺垂体分泌ACTH。

4. 隔日疗法　对某些慢性病长程疗法中，采用将一日或两日的总药量在隔日清晨一次给予，使外源性糖皮质激素血浆药物浓度与内源性糖皮质激素分泌昼夜节律重合，以减少药物对内源性糖皮质激素分泌功能的抑制，进而减少肾上腺皮质分泌功能抑制所致的不良反应。常用中效制剂泼尼松和泼尼松龙。

在长期使用糖皮质激素类药治疗过程中，遇有下列情况之一者，应撤去或停用糖皮质激素类药：①维持量已减至正常基础需要量，经过长期观察，病情已稳定且无活动性症状者；②因治疗效果差，需要换药者；③因严重副作用或并发症，难以继续用药者。

第二节　盐皮质激素类药

盐皮质激素（mineralocorticoid）主要有醛固酮（aldosterone）和去氧皮质酮（desoxycorticosterone）两种。以醛固酮为主的盐皮质激素分泌主要受肾素 - 血管紧张素系统调节。当失血、失水、血 K^+ 升高或血 Na^+ 降低时，可通过肾小球旁压力感受器和钠敏感受器促进肾小球旁细胞释放肾素，进而激活肾素 - 血管紧张素 - 醛固酮系统，以维持机体的水及电解质平衡。

【药理作用】盐皮质激素可促进肾远曲小管和集合管对 Na^+ 的主动重吸收，伴有 Cl^- 和水的重吸收，同时使 K^+ 和 H^+ 排出增加。

【临床应用】去氧皮质酮与糖皮质激素类药作为慢性肾上腺皮质功能减退的替代疗法，以纠正患者失 Na^+、失水和 K^+ 潴留等，恢复水和电解质平衡。替代疗法时，每日须补食盐 6～10 g。

【不良反应】盐皮质激素类药过量或长期使用易引起水、钠潴留以及高血压、心脏扩大、低钾血症。

第三节　促肾上腺皮质激素及皮质激素抑制药

一、促肾上腺皮质激素

促肾上腺皮质素（ACTH）是腺垂体分泌的多肽类激素，其作用是促进肾上腺皮质合成和分泌皮质激素，维持肾上腺正常形态和功能。促肾上腺皮质激素口服无效，需注射给药。一般 ACTH 给予 2 h 后，肾上腺皮质分泌氢化可的松。临床用于：①检测长期应用糖皮质激素类药停药前后皮质功能水平；② ACTH 兴奋试验，诊断肾上腺皮质贮存功能。

二、皮质激素抑制药

皮质激素抑制药可替代肾上腺皮质切除术，临床常用的有美替拉酮、米托坦、氨鲁米特等。

美 替 拉 酮

美替拉酮（metyrapone）能抑制 11-β- 羟化反应，降低皮质酮及氢化可的松的血浆药物浓度水平；又能反馈性地促进 ACTH 分泌，导致 11- 去氧皮质酮和 11- 去氧氢化可的松代偿性增加，故尿中 17- 羟类固醇排泄也相应增加。临床用于肾上腺皮质肿瘤和产生 ACTH 的肿瘤所引起的氢化可的松过多症和皮质癌；还可用于垂体释放 ACTH 功能试验。不良反应少，可有消化道反应、眩晕等症状。

米 托 坦

米托坦（mitotane）选择性作用于肾上腺皮质束状带及网状带细胞，使其萎缩和坏死，可使体内氢化可的松及其代谢产物迅速减少；但其对球状带无影响，故不影响醛固酮分泌。临床用于无法切除的肾上腺皮质癌、切除后复发癌及皮质癌术后辅助治疗。不良反应有胃肠道反应、中枢抑制及运动失调等，减量后可使症状消失。

氨鲁米特

氨鲁米特（aminoglutethimide）可抑制胆固醇转化为20α-羟胆固醇，这是阻断类固醇生物合成的第一步反应，进而抑制氢化可的松和醛固酮的合成。氨鲁米特能有效减少肾上腺肿瘤和ACTH过度分泌时氢化可的松的增多。该药可与美替拉酮合用，治疗垂体ACTH过度分泌所导致的库欣综合征。为预防肾上腺皮质功能不全，可给予生理剂量的氢化可的松。

自 测 题

一、单项选择题

1. 糖皮质激素类药的药理作用不包括
   A. 抗炎　　　　　　　　　　　　　　B. 抗免疫
   C. 抗病毒　　　　　　　　　　　　　D. 抗休克
   E. 抗过敏

2. 糖皮质激素类药的小剂量替代疗法用于
   A. 再生障碍性贫血　　　　　　　　　B. 粒细胞减少症
   C. 血小板减少症　　　　　　　　　　D. 肾上腺皮质功能减退症
   E. 结缔组织病

3. 关于糖皮质激素类药诱发或加重胃溃疡的错误论述是
   A. 促进胃酸分泌　　　　　　　　　　B. 促进胃蛋白酶分泌
   C. 减少胃黏液生成　　　　　　　　　D. 直接损伤胃黏膜
   E. 减弱前列腺素对胃黏膜的保护作用

4. 长期大剂量应用糖皮质激素类药会引起
   A. 向心性肥胖，高血压，糖尿，低钙血症，低钾血症
   B. 向心性肥胖，高血压，低血糖，低钙血症，高钾血症
   C. 向心性肥胖，低血压，糖尿，高钙血症，低钾血症
   D. 向心性肥胖，高血压，糖尿，高钙血症，高钾血症
   E. 向心性肥胖，高血压，糖尿，低钙血症，高钾血症

5. 患者呈现圆脸、水牛背、躯干发胖而四肢消瘦的"向心性肥胖"的特殊体形，说明
   A. 甲状腺激素分泌过多　　　　　　　B. 胰岛素分泌不足
   C. 肾上腺糖皮质激素分泌过多　　　　D. 肾上腺素分泌过多
   E. 肾上腺糖皮质激素分泌过少

6. 下列不属于地塞米松药理作用的是
   A. 刺激骨髓造血功能　　　　　　　　B. 抑制体内环氧化酶
   C. 稳定溶酶体膜　　　　　　　　　　D. 提高机体对细菌内毒素的耐受力
   E. 抑制毛细血管和成纤维细胞增生

7. 下列不属于糖皮质激素类药抗休克作用机制的是
   A. 稳定溶酶体膜　　　　　　　　　　B. 扩张痉挛的血管
   C. 抑制炎性细胞因子释放　　　　　　D. 增强心肌收缩力

E. 中和细菌外毒素

8. 患者，男，5岁，突发高热、呕吐、惊厥，随后出现面色苍白、四肢湿冷、脉搏细速。经检查诊断为暴发性流行性脑脊髓膜炎所致中毒性休克。该患者应选用的抗休克药物为
   A. 右旋糖酐　　　　　　　　　　B. 肾上腺素
   C. 糖皮质激素类药　　　　　　　D. 多巴胺
   E. 酚妥拉明

9. 患者，男，50岁，患大叶性肺炎，并发感染性休克。该患者药物治疗应选
   A. 静脉滴注头孢拉定 + 口服泼尼松
   B. 静脉滴注头孢拉定 + 口服可的松
   C. 静脉滴注头孢拉定 + 口服泼尼松龙
   D. 静脉滴注头孢拉定 + 肌内注射可的松
   E. 静脉滴注头孢拉定 + 静脉滴注氢化可的松

（10~12题共用题干）

患者，女，35岁，诊断为系统性红斑狼疮。用药过程中，患者出现体重增加、满月脸、水牛背、低血钾、高血压、糖尿病等症状。

10. 引起该患者出现以上不良反应的药物是
    A. 环磷酰胺　　　　　　　　　　B. 硫唑嘌呤
    C. 吲哚美辛　　　　　　　　　　D. 泼尼松
    E. 阿司匹林

11. 患者在用药过程中的饮食应为
    A. 低钠、低糖、低蛋白　　　　　B. 低钠、高糖、低蛋白
    C. 低钠、高糖、高蛋白　　　　　D. 低钠、低糖、高蛋白
    E. 高钠、高糖、高蛋白

12. 如果停药，停药前1周应给予
    A. 甲状腺激素　　　　　　　　　B. 糖皮质激素
    C. 胰岛素　　　　　　　　　　　D. 促肾上腺皮质激素
    E. 肾上腺素

二、简答题

1. 简述糖皮质激素类药的药理作用及临床应用。
2. 简述糖皮质激素类药的不良反应及禁忌证。
3. 为什么糖皮质激素类药用于重症感染性疾病时必须同时使用足量且有效的抗生素？

三、案例分析题

患者，男，30岁，发热、咳嗽、咳痰，血压80/50 mmHg，诊断为中毒性肺炎。
请回答：
1. 针对该患者首选的处理方式是什么？
2. 如果该患者症状未见好转，应及早使用什么药物？
3. 如果该患者病情缓解，应首先停用什么药物？

（王中晓）

第三十章 甲状腺激素及抗甲状腺药

第三十章数字资源

学习目标

知识：详述硫脲类、碘及碘化物的药理作用、临床应用及不良反应；明确甲状腺激素的药理作用及临床应用；简述放射性碘的作用、临床应用及不良反应。

能力：能够在上级医生指导下，为患者选择甲状腺功能亢进症、减退症的治疗药物，并对患者做基本的用药指导；能够观察患者的用药不良反应，并及时采取有效的处置措施。

素养：在甲状腺疾病用药中坚守安全合理原则，秉持敬佑生命精神，关爱患者，做好用药宣教，确保用药安全。

第一节 甲状腺激素

甲状腺激素是维持机体正常代谢、促进生长发育必需的激素，包括甲状腺素（thyroxine，T_4，又称四碘甲状腺原氨酸）和三碘甲状腺原氨酸（triiodothyronine，T_3）。正常人每日释放 T_4 与 T_3 的量分别约为 75 μg 及 25 μg。其中，T_3 是主要的生理活性物质，其生物活性约为 T_4 的 4 倍。部分患者总甲状腺激素水平正常，但 T_3 占比增高，也会出现甲状腺功能异常。甲状腺激素合成、分泌过少，引起甲状腺功能减退症（简称甲减），需用甲状腺激素类药物治疗；反之，甲状腺激素合成、分泌过多，则引起甲状腺功能亢进症（简称甲亢），需用抗甲状腺药物治疗。

【甲状腺激素的合成、贮存、分泌和调节】

1. 合成 ①碘的摄取 甲状腺滤泡细胞通过碘泵主动摄取血中的碘化物（I^-）。其摄碘能力受食物中含碘量的影响，缺碘时摄碘能力增强，反之则减弱。②碘的活化和酪氨酸碘化：在过氧化物酶的作用下，I^- 被氧化成活性碘（I^+）。I^+ 与甲状腺球蛋白（TG）上的酪氨酸残基结合，生成一碘酪氨酸（MIT）和二碘酪氨酸（DIT）。③偶联：在过氧化物酶的作用下，MIT 和 DIT 偶联生成 T_3、T_4。

2. 贮存与分泌 合成的 T_3、T_4 与甲状腺球蛋白（TG）结合贮存于滤泡腔内的胶质中，在蛋白酶的作用下，T_3、T_4 从 TG 分离并释放入血。

3. 调节 下丘脑分泌的促甲状腺素释放激素（TRH）可促进腺垂体分泌促甲状腺激素（TSH），TSH 促进甲状腺细胞增生及 T_3、T_4 的合成与释放。同时，血中较高浓度的 T_3 和 T_4 对 TRH 及 TSH 的释放有负反馈调节作用。

甲状腺激素的合成、分泌、调节及抗甲状腺药作用环节如图 30-1 所示。

【体内过程】甲状腺激素口服易吸收。其中 T_3 作用快、强而短；T_4 作用弱而慢，维持时间较长。部分 T_4 转化为 T_3 发挥作用。T_3、T_4 可通过胎盘屏障，也可进入乳汁。

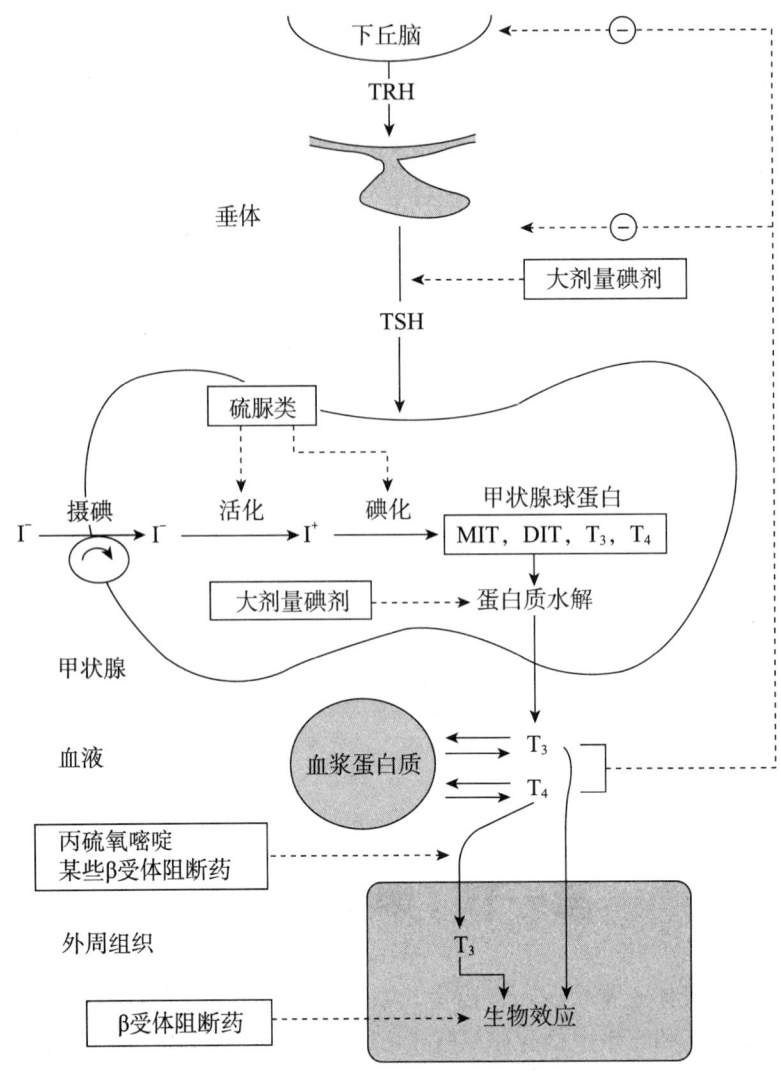

图 30-1 甲状腺激素的合成、分泌、调节及抗甲状腺药作用环节示意图

【药理作用】

1. 维持正常生长发育　甲状腺激素能促进蛋白质合成，促进骨骼及中枢神经系统的生长发育。小儿甲状腺激素不足时，可出现身体矮小、肢体粗短、智力低下，称为呆小病（克汀病）。

2. 促进代谢　甲状腺激素能促进蛋白质、糖及脂质代谢，促进物质氧化分解，增加组织耗氧量，增加产热量，提高基础代谢率。

3. 对神经系统及心血管系统的影响　甲状腺激素能提高机体对儿茶酚胺类物质的敏感性，使中枢神经系统兴奋性提高，心率加快，心肌收缩力增强。

> **知识链接**
>
> **黏液性水肿、呆小病及单纯性甲状腺肿**
>
> 黏液性水肿：为甲状腺功能低下时出现的症状。成人甲状腺功能低下时，甲状腺激素分泌减少，基础代谢率降低，产热减少，表现为乏力、畏寒、情绪低落、行动迟缓等症状；病理表现为黏多糖在组织和皮肤堆积，出现黏液性水肿。
>
> 呆小病：甲状腺功能先天不足或在脑发育期间缺碘时，可引起神经系统发育障碍，表现为

智力低下，身材矮小的呆小病（克汀病）。

单纯性甲状腺肿：是由于合成甲状腺激素的原料碘缺乏，通过激素合成反馈调节机制，引起甲状腺组织代偿性增生、肥大。

【临床应用】

1. 替代疗法 甲状腺激素主要用于防治甲状腺功能减退。①呆小病：应早发现早治疗，若治疗过晚，则智力发育可能仍然低下。治疗应从小剂量开始，逐渐增加剂量，待症状好转后改用维持量，且须终身治疗。②黏液性水肿：从小剂量开始，逐渐增至足量，基础代谢率正常后改为维持量。老年及心血管疾病患者增量宜缓慢，以防过量诱发或加重心脏病变。

2. 治疗单纯性甲状腺肿 因缺碘导致的单纯性甲状腺肿应补碘，原因不明者给予适量甲状腺素，以补充内源性激素的不足，并可抑制TSH过多分泌，缓解甲状腺代偿性增生肥大。

3. 检测甲状腺功能 T_3抑制试验用于摄碘率高者的鉴别诊断。服用T_3后，摄碘率比用药前下降50%以上者为单纯性甲状腺肿；摄碘率下降低于50%者为甲状腺功能亢进。

【不良反应】甲状腺激素过量可引起手震颤、多汗、兴奋、心悸、失眠、体重减轻等，严重者出现呕吐、腹泻、发热、心律失常，甚至心绞痛、心力衰竭。一旦出现，须立即停药，用β受体阻断药对抗，停药1周后再从小剂量开始重新使用甲状腺激素。由于T_3、T_4均能透过胎盘屏障和血乳屏障，故妊娠期和哺乳期妇女慎用。

掌握甲状腺激素的药理作用、临床应用及不良反应。

第二节 抗甲状腺药

案例导入

患者，女，26岁，近3个月来出现多食易饥、怕热多汗，体重较前减轻约4 kg，伴有双手细微震颤，症状逐渐明显，遂前往医院就诊。医院结合患者临床症状与检查结果，确诊为甲状腺功能亢进症，给予丙硫氧嘧啶治疗，初始剂量为每次100 mg，每日3次，并嘱患者定期到医院复查。患者按医嘱服药2个月后，昨日起突然出现高热，体温最高达39.2 ℃，伴有明显咽痛、吞咽困难，同时有轻微咳嗽，无咳痰，今日早晨到社区医院就诊。

问题与思考：

1. 患者服用丙硫氧嘧啶后出现高热、咽痛、咳嗽，其可能的原因是什么？
2. 基层医生应告知患者及家属在服用丙硫氧嘧啶期间可能出现的哪些不良反应？
3. 作为基层医生，在患者出现该案例中的症状时应如何处置？

抗甲状腺药是指能干扰甲状腺激素的合成与释放，用于治疗甲状腺功能亢进的药物。目前常用的药物包括硫脲类、碘和碘化物、放射性碘和β肾上腺素受体阻断药。抗甲状腺药作用环节如图30-1所示。

> **知识链接**
>
> **甲状腺功能亢进症**
>
> 甲状腺功能亢进症简称甲亢，是由于甲状腺激素分泌增多，或激素灭活减少而导致的基础代谢率升高为主要特征的综合征，表现有多食易饥、怕热多汗、乏力消瘦、情绪激动、焦躁易怒、失眠、心率加快和体重明显下降等症状。严重时可发生心律失常、手指震颤，甚至心绞痛、心力衰竭等。
>
> 甲状腺功能亢进属于自身免疫病，有显著的遗传倾向。目前治疗方法主要有：药物治疗（内科治疗）、放射治疗、手术治疗（外科治疗）等。

一、硫脲类

硫脲类是最常用的抗甲状腺药物，分为两类：①硫氧嘧啶类，包括甲硫氧嘧啶（methylthiouracil，MTU）、丙硫氧嘧啶（propylthiouracil，PTU）；②咪唑类，包括甲巯咪唑（methimazole，MMI）、卡比马唑（carbimazole，CBZ）。

【体内过程】硫氧嘧啶类药物口服后吸收迅速，生物利用度为50%~80%，能透过胎盘，并能进入乳汁，主要在肝内代谢灭活。丙硫氧嘧啶 $t_{1/2}$ 为2h，作用快而短；甲巯咪唑 $t_{1/2}$ 约为6h，作用慢而长，但在甲状腺组织中药物浓度可维持16~24h。卡比马唑在体内转化为甲巯咪唑后发挥作用，起效较慢，不宜用于甲状腺危象。

【药理作用】

1. 抑制甲状腺激素的合成　硫脲类的基本作用是抑制甲状腺过氧化物酶，减少甲状腺激素的合成。药物对已合成的甲状腺激素无影响，需待已合成的激素消耗后才能显效。一般用药后2~3周才能使甲状腺功能亢进症状减轻，1~3个月基础代谢率可恢复正常。

2. 抑制外周组织中的 T_4 转化为 T_3　丙硫氧嘧啶能抑制外周组织中的 T_4 转化为 T_3，迅速降低血清中生物活性较强的 T_3 水平。因此，在严重甲状腺功能亢进症、甲状腺危象时，该药可作为首选。

3. 免疫抑制作用　硫脲类能轻度抑制免疫球蛋白的生成，使血循环中甲状腺刺激性免疫球蛋白（thyroid stimulating immunoglobulin，TSI）下降，对甲状腺功能亢进症有一定的病因治疗作用。

【临床应用】

1. 甲状腺功能亢进症的内科治疗　硫脲类适用于轻症、不适宜手术或放射性碘治疗的中重度患者，如儿童、青少年、术后复发、中重度患者且年老体弱或兼有心、肝、肾及出血性疾病等患者。开始治疗应给予大剂量，以对甲状腺激素合成产生最大抑制作用，经1~3个月后症状明显减轻，当基础代谢率接近正常时，即可缓慢减少药量，直至维持量，疗程1~2年。

2. 甲状腺功能亢进症手术前准备　手术前先服用硫脲类药物，使甲状腺功能接近或恢复正常，以减少患者在麻醉和手术后的并发症，防止术后发生甲状腺危象。由于应用硫脲类药物后TSH分泌增多，使甲状腺腺体增生、充血，不利于进行手术，需在术前2周左右加服大剂量碘剂，以使腺体缩小、变硬，减少充血，便于进行手术。

3. 甲状腺危象的辅助治疗　甲状腺危象是甲状腺功能亢进症最严重的并发症，多发生在甲状腺功能亢进症未治疗或控制不良时，患者在感染、手术、创伤或突然停药后，可出现以高热、大汗、心动过速、心律失常、严重呕吐、腹泻、意识障碍等为特征的临床综合征，严重时可致死亡。甲状腺危象一旦发生，除消除病因、对症治疗外，须立即给予大剂量碘剂，阻止甲状腺激素释放，同时使用大剂量硫脲类阻止甲状腺激素的合成，疗程一般不超过1周。丙硫氧嘧啶可抑制 T_4 转化为 T_3，故常选用。

【不良反应】
1. 消化道反应 常见恶心、呕吐、厌食、腹痛、腹泻等症状，停药后可自行消失。
2. 超敏反应 是硫脲类最常见的不良反应，多表现为皮疹、发热、荨麻疹等，应密切观察，一般不需停药也可消失。少数患者可发生剥脱性皮炎等严重反应，常需用糖皮质激素类药处理。
3. 粒细胞缺乏症 是硫脲类最严重的不良反应，发生率为0.1%~0.5%，老年人较易发生，一般发生在治疗后的2~3个月内。用药期间应严密观察患者，定期检查血常规。若用药期间出现咽痛、肌痛、发热等症状，应立即停药。
4. 甲状腺肿及甲状腺功能减退 长期大量用药后，血清甲状腺激素水平显著下降，反馈性增加TSH分泌而引起腺体肿大，还可诱导甲状腺功能减退。但这些症状一般不严重，及时停药后可自愈。
5. 肝功能损伤 有报道丙硫氧嘧啶可致重度肝损伤和急性肝衰竭。
6. 致畸风险 甲巯咪唑妊娠期用药等级为D级，在妊娠期6~10周是抗甲状腺药物致畸的窗口期，药物成分可通过母体胎盘屏障。据报道，妊娠期用药可能导致新生儿头皮和颅骨缺陷。

掌握硫脲类的药理作用、临床应用及不良反应。

二、碘和碘化物

此类药物临床常用的有复方碘溶液（compound iodine solution，卢戈液）、碘化钾（potassium iodide）和碘酸钾（potassium iodate）。

【药理作用】不同剂量碘制剂对甲状腺作用不同。
1. 小剂量碘 作为合成甲状腺激素的原料，促进甲状腺激素的合成。
2. 大剂量碘和碘化物 有抗甲状腺作用，主要通过抑制蛋白水解酶而抑制甲状腺激素的释放；此外，可抑制过氧化物酶，减少甲状腺激素合成。大剂量碘还可对抗TSH的促腺体增生作用，使腺体缩小、变硬、血管收缩。作用快而强，用药2~7 d起效，10~15 d达高峰。此时若继续用药，甲状腺的碘摄取能力反而受抑制，抑制甲状腺激素合成的作用消失，可导致甲状腺功能亢进症状复发，因此，大剂量碘和碘化物不能单独用于甲状腺功能亢进症的内科治疗。

【临床应用】
1. 用于甲状腺功能亢进症手术前准备 在硫脲类药物控制症状的基础上，术前2周给予复方碘溶液，使腺体缩小变韧，有利于进行手术并减少术中出血。
2. 抢救甲状腺危象 应用大剂量碘可抑制甲状腺激素的释放。将碘化物加入10%葡萄糖溶液中静脉滴注，也可服用复方碘溶液，需同时配合服用硫脲类药物。

【不良反应】碘的不良反应较少，大多数停药后可以恢复。
1. 一般反应 表现为咽喉烧灼感、口内金属味、呼吸道刺激、鼻窦炎和眼结膜炎等，停药后可消退。
2. 超敏反应 多于用药后立即或几小时内发生，表现为发热、皮疹、血管神经性水肿，严重者可出现上呼吸道水肿及喉头水肿，一般停药可消退，必要时给予抗超敏反应药治疗。
3. 诱发甲状腺功能紊乱 长期大量服用碘化物可诱发甲状腺功能亢进，也可诱发甲状腺功能减退和甲状腺肿。碘可进入乳汁并通过胎盘，引起新生儿和婴儿甲状腺功能异常或甲状腺肿，严重者可压迫气管而致命，故孕妇及乳母慎用。

考点提示：熟悉碘及碘化物的药理作用、临床应用及不良反应。

三、β受体阻断药

β受体阻断药能阻断β受体，抑制甲状腺功能亢进症患者因交感神经系统兴奋所致的心率加快、心肌收缩力增强等症状，还能抑制外周T_4脱碘成为T_3。常选用普萘洛尔、美托洛尔、阿替洛尔等作为甲状腺功能亢进症及甲状腺危象的辅助治疗药物。此类药物适用于不宜用抗甲状腺药、不宜手术及^{131}I放射治疗的甲状腺功能亢进症患者；甲状腺危象时，静脉注射β受体阻断药能帮助患者度过危险期。应用大剂量β受体阻断药做甲状腺术前准备，不会致腺体增大变脆，2周后即可进行手术，与硫脲类药物合用做术前准备。

四、放射性碘

常用的放射性碘为^{131}I，$t_{1/2}$为8 d，用药后1个月放射性可消除90%，2个月其放射性消除99%以上。

【药理作用】甲状腺有很强的摄碘能力，^{131}I可被其摄取并浓集在甲状腺组织内，释放β和γ射线。β射线（占99%）射程仅0.5~2 mm，其辐射损伤只限于甲状腺内，破坏甲状腺实质，使甲状腺激素合成减少，起到类似手术切除的作用。γ射线（占1%）射程远，辐射损伤小，可在体外测得，可用于甲状腺摄碘功能的测定。

【临床应用】

1. 甲状腺功能测定　通过体表γ射线的测定，了解甲状腺摄碘功能。甲状腺功能亢进时，摄碘率较高，摄碘高峰前移；甲状腺功能减退时，摄碘率较低，摄碘高峰后延。

2. 甲状腺功能亢进症的治疗　^{131}I适用于不宜手术、术后复发、硫脲类治疗无效或发生超敏反应的甲状腺功能亢进症患者。一般用药后1个月见效，3~4个月后甲状腺功能恢复正常。

【不良反应】β受体阻断药易致甲状腺功能减退，故应严格掌握剂量，密切观察甲状腺激素分泌水平。一旦发生，可补充甲状腺激素治疗。由于儿童甲状腺组织处于生长期，对辐射效应较敏感，卵巢也可浓集放射性碘，可能影响生殖系统，因此，20岁以下患者、妊娠或哺乳期妇女禁用，严重肝肾功能不全者、白细胞减少患者和重度甲状腺功能亢进症患者等也不宜使用。

自　测　题

一、单项选择题

1. 硫脲类抗甲状腺药的主要作用机制是
   A. 破坏甲状腺组织
   B. 抑制过氧化物酶，使甲状腺激素合成减少
   C. 阻止甲状腺细胞对碘的摄入
   D. 抑制甲状腺球蛋白酶
   E. 抑制下丘脑-垂体-甲状腺轴，使甲状腺激素合成减少

2. 下列药物可治疗黏液性水肿的是
   A. 卡比马唑　　　　　　　　　　B. 甲硫氧嘧啶
   C. 丙硫氧嘧啶　　　　　　　　　D. 碘化钾
   E. 甲状腺激素
3. 硫脲类抗甲状腺药物的严重不良反应主要是
   A. 高血压　　　　　　　　　　　B. 粒细胞缺乏症
   C. 肝损害　　　　　　　　　　　D. 超敏反应
   E. 骨质疏松
4. 小剂量碘剂可用于治疗
   A. 甲状腺功能亢进症的术前准备　　B. 单纯性甲状腺肿
   C. 甲状腺危象　　　　　　　　　D. 甲状腺功能亢进症
   E. 以上都不是
5. 甲状腺功能亢进症手术前给予复方碘溶液的目的是
   A. 降低血压
   B. 使甲状腺腺体变大，便于手术操作
   C. 使甲状腺腺体变小、变韧，血管网减少，利于手术进行
   D. 抑制呼吸道腺体分泌
   E. 增强患者对手术的耐受性
6. 大剂量碘产生抗甲状腺作用的主要机制是
   A. 抑制碘泵　　　　　　　　　　B. 抑制甲状腺激素的合成
   C. 抑制免疫球蛋白的生成　　　　D. 抑制甲状腺激素的释放
   E. 使腺泡上皮破坏、萎缩
7. 不属于硫脲类的药物是
   A. 甲硫氧嘧啶　　　　　　　　　B. 丙硫氧嘧啶
   C. 甲巯咪唑　　　　　　　　　　D. 卡比马唑
   E. 格列齐特

（8~9题共用备选答案）
   A. 呆小病　　　　　　　　　　　B. 黏液性水肿
   C. 甲状腺危象　　　　　　　　　D. 甲状腺功能检查
   E. 单纯性甲状腺肿
8. 大剂量碘主要用于治疗
9. 放射性 ^{131}I 可用于

（10~11题共用备选答案）
   A. 放射性碘　　　　B. 左甲状腺素钠　　　C. 甲巯咪唑
   D. 丙硫氧嘧啶　　　E. 溴隐亭
10. 属于阻断激素合成的药物是
11. 属于治疗甲状腺功能减退的药物是

二、简答题

1. 抗甲状腺药有哪几类？举出各类代表药物。其各类药物主要的作用机制是什么？
2. 甲状腺功能亢进症患者术前应用硫脲类药物和碘剂的目的各是什么？

三、案例分析题

患者，女，35岁，1年前诊断出甲状腺功能亢进症，随后服用甲巯咪唑进行治疗。由于工作繁忙，患者常常加班到深夜，对于医生的定期复查医嘱渐渐抛诸脑后。最近，患者感觉身体越来越虚弱，经常感到乏力、发热，甚至有时候还会莫名其妙地出虚汗，但并未重视。直到有一天，她在公司突然晕倒，被同事紧急送往医院，被诊断出白细胞数量严重偏低，达到危险值。

请回答：

1. 该患者为什么会出现白细胞数量严重偏低的情况？
2. 出现这种情况应如何进行处置？

（黄　鑫）

第三十一章　降血糖药

第三十一章数字资源

学习目标

知识：详述胰岛素的生理及药理作用、临床应用及不良反应；明确磺酰脲类、双胍类的药理作用、临床应用及不良反应；说出 α-葡萄糖苷酶抑制药、胰岛素增敏剂的作用特点、临床应用及胰岛素制剂的分类、用法。

能力：能够在上级医生指导下，根据患者的个体差异，选择治疗糖尿病的药物，并观察患者的用药不良反应；能在患者出现低血糖时及时进行救治。

素养：积极开展糖尿病的自我防护和科普宣教，树立基层安全合理用药理念，在糖尿病药物应用中关爱患者，审慎细心。

知识链接

糖 尿 病

糖尿病（diabetes mellitus）是由于胰岛素绝对或相对不足，抑或是拮抗胰岛素的胰高血糖素过多所致的代谢紊乱性疾病。其发病率持续上升，已成为全世界发病率和死亡率居高不下的疾病之一。糖尿病可分为：①1型糖尿病（胰岛素依赖型糖尿病），多见于青少年，多为自身免疫性损伤导致胰岛B细胞破坏，引起胰岛素绝对缺乏，必须使用胰岛素治疗；②2型糖尿病（非胰岛素依赖型糖尿病），多见于成年肥胖者，与遗传因素有关。患者有胰岛素抵抗和胰岛素分泌缺陷，血中胰岛素水平可正常或升高。2型糖尿病占患者总数的90%以上，多数患者采取控制饮食、加强运动、应用口服降血糖药等措施，可控制病情；少数患者采取上述措施无效，需要使用胰岛素治疗。

降血糖药包括胰岛素制剂和口服降血糖药。

第一节　胰 岛 素

案例导入

患者，女，58岁，患2型糖尿病10余年，长期接受社区卫生服务中心随访管理。目前在规律服用二甲双胍片的基础上，每日早餐前皮下注射精蛋白生物合成人胰岛素注射液（预混30R）。某日清晨，患者未进食便到社区广场进行广场舞锻炼，活动20分钟后突然出现心悸、出冷汗、双手震颤，随后因意识模糊而倒地。家属送患者至社区卫生服务中心急诊，测其指尖血糖为 3.2 mmol/L，血压为 90/60 mmHg，心率为 110 次/分。

问题与思考:
1. 该患者长期使用胰岛素治疗糖尿病,此次出现上述症状的原因是什么?
2. 作为社区门诊医生,面对患者出现的上述情况,应立即采取哪些处理措施?

胰岛素(insulin)是胰岛 B 细胞分泌的一种酸性蛋白质。药用胰岛素多由猪、牛的胰腺中提取。1965 年我国科学家在全世界率先合成了结晶牛胰岛素,为 20 世纪中国医学界的标志性成果之一。目前已可通过重组 DNA 技术合成胰岛素,还可将猪胰岛素 B 链第 30 位的丙氨酸用苏氨酸代替而获得人胰岛素。

【体内过程】胰岛素口服易被肠道消化酶破坏,且蛋白质难以在胃肠道吸收,必须注射给药;皮下注射吸收快,较常用。$t_{1/2}$ 为 9~10 min,作用可维持数小时。为延长胰岛素的作用时间,用碱性蛋白质(珠蛋白、精蛋白)与胰岛素结合,再加入微量锌降低其溶解度,提高稳定性,可制成中效及长效制剂,使其作用时间延长。所有中、长效制剂均为混悬剂,不可静脉注射。临床上常用胰岛素制剂的分类及其特点见表 31-1。

表 31-1 常用胰岛素制剂的分类及其特点

分类	药物	给药方式	开始	高峰	维持	给药时间
短效	正规胰岛素	静脉注射	立即	0.5	2	酮症酸中毒昏迷急救时
		皮下注射	0.5~1	2~4	6~8	用餐前 30 min
中效	低精蛋白锌胰岛素	皮下注射	2~4	8~12	18~24	早餐或晚餐前 60 min
	珠蛋白锌胰岛素	皮下注射	3~4	6~10	12~18	早餐或晚餐前 30~60 min
长效	精蛋白锌胰岛素	皮下注射	3~6	16~18	24~36	早餐或晚餐前 60 min

【药理作用】

1. 促进糖代谢 胰岛素能抑制糖原分解及糖异生,促进糖原合成和储存,促进葡萄糖的转运,加速葡萄糖的无氧酵解和有氧氧化,从而降低血糖。

2. 促进脂肪代谢 胰岛素可促进脂肪合成,抑制脂肪分解,减少游离脂肪酸和酮体的生成。

3. 促进蛋白质代谢 胰岛素能促进氨基酸转运到细胞内,促进蛋白质的合成,抑制蛋白质分解。

4. 促进钾离子转运 胰岛素能激活细胞膜 Na^+-K^+-ATP 酶,促进钾离子向细胞内转运,增加细胞内钾离子浓度。

5. 提升心功能 胰岛素可加快心率,增强心肌收缩力,减少肾血流,在伴发相应疾病时应予充分注意。

【临床应用】

1. 治疗糖尿病 胰岛素对各型糖尿病均有效,主要用于:①1 型糖尿病,胰岛素是最主要的治疗药物,需终身用药。②2 型糖尿病经饮食疗法或口服降血糖药未能控制者。③糖尿病发生各种急性或严重并发症者,如酮症酸中毒、非酮症性高渗性昏迷。④合并重度感染、消耗性疾病、高热、妊娠、创伤及手术的各型糖尿病。⑤新诊断的 2 型糖尿病患者,如有明显的高血糖症状和(或)血糖及糖化血红蛋白水平明显升高,一开始即采用胰岛素治疗。

2. 纠正细胞内缺钾 将葡萄糖、胰岛素、氯化钾三者合用(称为极化液),可促使钾内流,纠正细胞内缺钾,并提供能量,用于防治心肌梗死心肌内缺钾引起心律失常。

【不良反应】

1. 低血糖症　是胰岛素最常见的不良反应，大多由于用药过量、摄食过少、未按时按量进食或剧烈运动等引起。早期出现饥饿感、出汗、心悸、焦虑、震颤等症状，严重者可出现昏迷、惊厥、休克，甚至死亡。应告知患者低血糖的早期症状，及早发现。轻者可饮用糖水或摄食，严重者应立即静脉注射50%葡萄糖。

2. 超敏反应　较多见，一般反应轻微，如注射部位瘙痒、荨麻疹、血管神经性水肿，偶见过敏性休克。应用高纯度制剂或人胰岛素制剂可减轻或避免。

3. 胰岛素抵抗　机体对胰岛素的敏感性降低称为胰岛素抵抗，分为急性和慢性两种类型。①急性抵抗：当并发感染、创伤、手术、情绪激动等应激状态时，因血中抗胰岛素物质增多所致。需在短时间内增加胰岛素剂量，每日胰岛素可达数百至数千单位，同时正确处理诱因，诱因消除后胰岛素抵抗即可消失。②慢性抵抗：指每日需用胰岛素200 U以上，且无并发症者。其诱因较多，可能与机体产生了胰岛素抗体、胰岛素受体数目下调、靶细胞膜上葡萄糖转运系统失常等有关。此时，可改用高纯度胰岛素或人胰岛素制剂，适当调整剂量或加用口服降血糖药。

4. 其他　注射部位可出现皮肤红肿、皮下硬结或脂肪萎缩，应经常更换注射部位。目前应用高纯度制剂后已较少见。

掌握胰岛素的药理作用及临床应用。

第二节　口服降血糖药

口服降血糖药具有口服有效、使用方便的特点。目前常用的口服降血糖药有磺酰脲类、双胍类、α-葡萄糖苷酶抑制药、胰岛素增敏药和餐时血糖调节药等，胰高血糖素样肽-1受体激动药、二肽基肽酶-4抑制药、SGLT-2抑制药、醛糖还原酶抑制药等新型降血糖药在临床上的应用与日俱增。

一、磺酰脲类

第一代磺酰脲类有甲苯磺丁脲（tolbutamide）、氯磺丙脲（chlorpropamide）。第二代磺酰脲类有格列本脲（glibenclamide，优降糖）、格列吡嗪（glipizide）、格列喹酮（gliquidone，糖适平）、格列波脲（glibornuride）、格列齐特（gliclazide，达美康）和格列美脲（glimepiride）等，第二代药物降血糖作用较第一代药物强数十倍至数百倍。由于甲苯磺丁脲增加2型糖尿病患者心血管事件发生的风险，氯磺丙脲作用时间过长易导致低血糖等原因，临床上已基本淘汰。

【体内过程】磺酰脲类药物口服吸收迅速而完全，血浆蛋白质结合率高，如与其他血浆蛋白结合率高的药物合用则游离浓度高，药效增强。多数药物经肝代谢成无活性的代谢产物，并迅速从肾排出。磺酰脲类药物的药动学和药效学特点如表31-2所列。

表31-2　磺酰脲类药物的药动学和药效学特点

药物	达峰时间（h）	$t_{1/2}$（h）	维持时间（h）	血浆蛋白质结合率（%）	消除方式	降血糖作用
格列本脲	2～6	10～16	10～24	90～95	肝代谢	++++
格列吡嗪	1～2	3～7	10～24	＞90	肝代谢	++++

续表

药物	达峰时间（h）	$t_{1/2}$（h）	维持时间（h）	血浆蛋白质结合率（%）	消除方式	降血糖作用
格列喹酮	2~3	1.5	8~24	>90	肝代谢	++++
格列波脲	2~4	6~10	12~24	95	肝代谢	++++
格列齐特	2~6	10~12	24	95	肝代谢	++++
格列美脲	2~3	2.7~72	4	99.5	肝代谢	++++

【药理作用】

1. 降血糖　磺酰脲类对正常人和胰岛功能尚存的糖尿病患者均有降血糖作用，但对 1 型糖尿病患者及胰腺切除者无效。其作用机制：①刺激胰岛 B 细胞释放胰岛素；②增加靶细胞对胰岛素的敏感性，增强胰岛素与其受体的亲和力；③减少胰高血糖素分泌。

2. 抗利尿　氯磺丙脲能促进抗利尿激素分泌并增强其作用而产生抗利尿作用，可用于尿崩症的治疗。

3. 影响凝血功能　格列齐特能减弱血小板黏附力，刺激纤溶酶原合成，恢复纤溶酶活力，具有抗凝血、改善微循环的作用，对预防或减轻糖尿病患者微血管并发症有一定的作用。

【临床应用】

1. 治疗糖尿病　磺酰脲类可用于胰岛功能尚存且单用饮食控制无效的 2 型糖尿病患者。对胰岛素耐受的患者加用此类药物可减少胰岛素的用量。

2. 治疗尿崩症　氯磺丙脲可明显减少尿崩症患者的尿量，与噻嗪类合用能提高疗效。

【不良反应】

1. 胃肠道反应　较常见，表现为恶心、呕吐、腹痛、腹泻等。饭后服用可减轻，减少剂量或继续服药可消失。

2. 低血糖症　磺酰脲类用量过大可致低血糖症，该类药物引起的低血糖持续时间较长，可达数日，需反复注射葡萄糖解救。新型磺酰脲类较少引起低血糖。

3. 其他　少数患者可出现皮疹、粒细胞减少、血小板减少、溶血性贫血、再生障碍性贫血，偶见肝损害和胆汁淤积性黄疸。长期应用需定期检查血常规和肝功能。

【药物相互作用】磺酰脲类的血浆蛋白质结合率高，与其他血浆蛋白质结合率高的药物如保泰松、水杨酸钠、吲哚美辛、双香豆素等发生竞争，合用时使游离药物浓度升高而诱发低血糖症。肝药酶抑制剂、大量饮酒能增强磺酰脲类的低血糖反应。相反，氯丙嗪、糖皮质激素类药、噻嗪类利尿药、口服避孕药等可调节体内糖类代谢，降低磺酰脲类的降血糖作用。

熟悉磺酰脲类药物的药理作用及临床应用。

二、双胍类

二 甲 双 胍

二甲双胍（metformin，甲福明）是临床常用的双胍类口服降血糖药。同类药物苯乙双胍（phenformin）因可导致乳酸酸中毒，且发生率较高，故其临床价值有限，使用风险大于效益，在我国已停止使用。

【体内过程】二甲双胍口服易吸收，经肝内代谢少，主要以原型经尿排出，$t_{1/2}$ 约 1.5 h。

【药理作用】二甲双胍可明显降低糖尿病患者的血糖，当胰岛功能完全丧失时仍有降血糖作用，对正常人的血糖无影响。其作用机制可能与促进组织对葡萄糖的摄取、增加肌肉组织的无氧糖酵解、增强胰岛素与其受体的结合、降低血中胰高血糖素水平、抑制肝内糖异生及减少葡萄糖在肠道的吸收等有关。此外，二甲双胍还能降低脂代谢异常患者的低密度脂蛋白、极低密度脂蛋白、甘油三酯及胆固醇浓度，能延缓糖尿病患者血管并发症的发生。

【临床应用】二甲双胍多用于单用饮食控制无效的轻、中度 2 型糖尿病患者，尤其是伴有胰岛素抵抗的肥胖患者；单用磺酰脲类无效者，加用该类药物常有效；也可与胰岛素合用，以增强疗效，减少胰岛素用量。

【不良反应】

1. 胃肠道反应 常见有厌食、口苦、口腔金属味、胃肠刺激等，进餐时或餐后服用可减轻，减量或停药后可消失。

2. 低血糖症 初期用药剂量过大时可出现低血糖反应，因此宜从小剂量开始逐渐加到大剂量。

3. 高乳酸血症 二甲双胍引起高乳酸血症的可能性相对较小，肝肾功能不全、充血性心力衰竭、尿酮体阳性者及孕妇禁用。

熟悉双胍类药物的药理作用及临床应用。

三、α- 葡萄糖苷酶抑制药

目前临床常用的 α- 葡萄糖苷酶抑制药有阿卡波糖（acarbose）及伏格列波糖（voglibose）。其降血糖的机制是：竞争性抑制小肠上皮刷状缘 α- 葡萄糖苷酶，使淀粉等大分子碳水化合物水解产生葡萄糖的速度减慢，从而延缓葡萄糖的吸收，降低餐后血糖。临床主要用于轻、中度 2 型糖尿病患者，也可与磺酰脲类或双胍类配合用于餐后血糖控制不理想的 2 型糖尿病患者。主要不良反应是胃肠道反应，因碳水化合物在肠道滞留和酵解产气，故可出现腹胀、嗳气、肛门排气增多、腹泻等症状，溃疡病、肠道炎症患者不宜应用。此类药物单独应用不易引起低血糖，但可增加胰岛素或其他口服降血糖药的低血糖反应，合用时需调整剂量。

熟悉 α- 葡萄糖苷酶抑制药的药理作用及临床应用。

四、胰岛素增敏药

噻唑烷酮类化合物是一类胰岛素增敏药，主要包括罗格列酮（rosiglitazone）、吡格列酮（pioglitazone）、曲格列酮（troglitazone）、环格列酮（ciglitazone）和恩格列酮（englitazone）等，其中罗格列酮、吡格列酮已在国内上市。此类药物能改善胰岛 B 细胞功能，显著改善胰岛素抵抗，纠正相关糖、脂代谢紊乱，对 2 型糖尿病及其心血管并发症均有明显疗效。

噻唑烷酮类通过增加肌肉和脂肪组织对胰岛素的敏感性而发挥降血糖作用，其作用机制是竞争性激活过氧化物酶增殖活化受体，调节胰岛素反应性基因的转录，增强内源性胰岛素的作用，主要用于伴有胰岛素抵抗的 2 型糖尿病患者。此类药物不良反应主要有嗜睡、肌肉和骨骼痛、头痛、水肿、肝功能异常等，应监测转氨酶。曲格列酮有严重的肝毒性，已停用。对于使用罗格列酮及其复方制剂的患者，应评估心血管疾病风险，有心功能不全尤其是老年患者应慎用，以免加重心脏负担引发心力衰竭。

五、餐时血糖调节药

瑞格列奈（repaglinide）是一种胰岛素促分泌剂，能有效地刺激胰岛素的分泌，降低空腹和餐后血糖水平，主要用于治疗胰岛 B 细胞功能尚存的 2 型糖尿病，与二甲双胍合用协同作用更好。不良反应少，可有低血糖、腹痛、腹泻、恶心、呕吐等；偶见瘙痒、荨麻疹等超敏反应；少数患者有血清氨基转移酶轻度和暂时性升高。严重肝或肾功能不全的患者、12 岁以下儿童、孕妇及哺乳期妇女禁用。

六、新型降血糖药

胰高血糖素样肽 -1（GLP-1）受体激动药是一种近年来应用较多的新型降血糖药物。该药物通过模拟人体肠道 L 细胞分泌的 GLP-1 激素激动受体，能在餐后血糖升高时刺激胰岛素分泌，并减少胰高血糖素释放，进而有效降低血糖；同时能延缓胃排空，减缓食物进入小肠的速度，减慢吸收，避免血糖快速升高。该药还能通过中枢神经系统作用，抑制食欲，减少食物摄入，有助于控制体重。研究表明，该药能较好地避免低血糖风险。此外，部分 GLP-1 受体激动药，如利拉鲁肽（liraglutide）、司美格鲁肽（semaglutide），能降低血压、调节血脂、减轻炎症，已被证实具有心血管保护作用，可降低心血管事件发生的风险。该类药物常用于 2 型糖尿病。GLP-1 受体激动药主要不良反应为消化道反应，但多为一过性，集中于用药最初几周。另外，司美格鲁肽治疗的患者在停药后可能出现体重反弹。

二肽基肽酶 -4（DPP-4）抑制药通过抑制 DPP-4 活性，延长能调节胰岛素分泌和血糖稳态的 GLP-1 及葡萄糖依赖性促胰岛素多肽（GIP）的半衰期，增强其效应。该类药能增加胰岛素分泌、抑制胰高血糖素分泌而降低血糖。DPP-4 抑制药还能通过增强肠促胰岛素效应，有效控制空腹和餐后血糖，多用于 2 型糖尿病。部分 DPP-4 抑制药能够减少炎症反应和斑块形成，降低心血管事件发生风险；还可改善糖尿病肾病患者的肾功能。常见的 DPP-4 抑制药有西格列汀（sitagliptin）、沙格列汀（saxagliptin）、利格列汀（linagliptin）、阿格列汀（alogliptin）和维格列汀（vildagliptin）。DPP-4 的主要不良反应也为消化道反应，但一般短暂且轻微，不需要进行药物更换处理；偶见皮疹或超敏反应。

钠 - 葡萄糖共转运蛋白 2（SGLT-2）抑制药是近年来新研发的药物，通过抑制肾对葡萄糖的重吸收，降低肾糖阈，促进葡萄糖从尿液中排出，进而降低血糖。该类药物还能通过增加糖排泄，减少体内能量积累，减轻体重；能渗透性利尿，减少血容量，降低血压。对心脏、肾均具有一定保护作用。SGLT-2 抑制药代表药物有达格列净（dapagliflozin）、恩格列净（empagliflozin）、卡格列净（canagliflozin）、艾托格列净（ertugliflozin），可单药或联合应用于 2 型糖尿病，适用于合并冠心病、慢性肾病心力衰竭患者。该类药物不良反应包括尿糖增加导致的泌尿生殖道感染，血容量不足导致的低血压、乏力、头晕等，酮症酸中毒。

醛糖还原酶抑制药也是上市不久的新药，通过抑制醛糖还原酶活性，减少高糖状态下葡萄糖向山梨醇的转化，抑制山梨醇和果糖在组织中的积累，可减轻神经、肾、视网膜等处的氧化应激，减少糖尿病并发症，保护脏器。该类药物主要用于糖尿病引发神经病变的防治，尤适用于血糖控制好且微血管病变较轻患者；还可用于改善糖尿病所致自主神经病变、胃轻瘫、视网膜病变和糖尿病肾病等并发症。目前临床上应用最广泛的醛糖还原酶抑制药是依帕司他（epalrestat）。其不良反应少，耐受性好,主要不良反应为皮疹、皮肤瘙痒、消化道不适及褐红色尿等,通常在停药后可自行消失。

自 测 题

一、单项选择题

1. 下列属于长效胰岛素的药物是
   A. 精蛋白锌胰岛素
   B. 珠蛋白锌胰岛素
   C. 低精蛋白锌胰岛素
   D. 胰岛素
   E. 普通胰岛素

2. 治疗尿崩症的降血糖药是
   A. 格列美脲
   B. 氯磺丙脲
   C. 格列吡嗪
   D. 格列齐特
   E. 甲苯磺丁脲

3. 糖尿病患者高渗性昏迷抢救宜选用
   A. 胰岛素静脉注射
   B. 胰岛素皮下注射
   C. 格列齐特口服
   D. 罗格列酮口服
   E. 瑞格列奈口服

4. 磺酰脲类药物过量引起的较严重的不良反应是
   A. 嗜睡
   B. 粒细胞减少
   C. 胃肠道反应
   D. 持久性的低血糖反应
   E. 过敏反应

5. 具有胰岛素抵抗的患者宜选用
   A. 胰岛素
   B. 双胍类药物
   C. 胰岛素增敏药
   D. 硫脲类药
   E. α-葡萄糖苷酶抑制药

6. 下列药物对胰岛功能丧失的糖尿病患者无效的是
   A. 格列齐特
   B. 瑞格列奈
   C. 阿卡波糖
   D. 胰岛素
   E. 二甲双胍

（7~8题共用备选答案）
   A. 胰岛素
   B. 二甲双胍
   C. 瑞格列奈
   D. 葡萄糖
   E. 甲巯咪唑

7. 单用饮食无法控制的肥胖糖尿病患者应选用
8. 酮症酸中毒患者应选用

（9~10题共用备选答案）
   A. 有抗利尿作用
   B. 促进脂肪组织摄取葡萄糖,降低葡萄糖的吸收
   C. 改善胰岛素抵抗

D. 刺激胰岛素分泌

E. 在小肠上皮刷状缘与糖类竞争 α-葡萄糖苷酶，延缓葡萄糖的吸收

9. 阿卡波糖的主要作用机制是

10. 格列齐特的主要作用机制是

二、简答题

1. 试述胰岛素的临床应用及主要不良反应。
2. 口服降血糖药有哪些类型？
3. 试述磺酰脲类、双胍类药物的临床应用及主要不良反应。

三、案例分析题

患者，男，68岁，既往患高脂血症10余年，长期自行服用苯扎贝特（400 mg/d）治疗，前日又诊断为糖尿病。患者自行购买格列本脲（6.5 mg/d），并与苯扎贝特联合应用。今晨患者出冷汗、有空腹感。

请回答：

1. 患者为什么会出现上述症状？
2. 应如何进行临床处置？

（黄　鑫）

第三十二章 性激素类药及避孕药

第三十二章数字资源

学习目标

知识：简述避孕药的药理作用、临床应用及不良反应。说出性激素的药理作用、临床用途及不良反应。

能力：根据适应证合理选用性激素类药物，学会观察各类药物的疗效及不良反应，会与患者及家属进行有效沟通，正确指导患者合理用药。

素养：具有精益求精、求实探索的职业精神；树立安全合理用药意识；关注生殖健康，尊重患者个人隐私。

案例导入

患者，女，51岁，近期无明显诱因出现月经周期紊乱（周期20～45天不等）、经量减少，同时伴随每日数次潮热、夜间盗汗，偶发心悸、入睡困难、多梦等症状，症状持续约3个月，对日常生活造成一定影响。该患者1个月前曾前往医院妇科门诊就诊，结合临床症状及检查结果，诊断为围绝经期综合征。医生建议其可在基层医疗机构进行后续用药管理及健康指导。

问题与思考：

1. 针对该患者的围绝经期综合征，基层门诊可选用哪类药物进行治疗？
2. 在为该患者开具相关药物时，有哪些用药注意事项需要向患者强调？

性激素（sex hormone）是由性腺分泌的甾体激素，包括雌激素、孕激素、雄激素等。临床常用制剂多为人工合成品及其衍生物，除用于妇科疾病和抗肿瘤治疗外，目前主要用于避孕。常用的避孕药多为雌激素和孕激素的复合制剂。

第一节 性激素类药

一、雌激素类药和抗雌激素类药

（一）雌激素类药

天然的雌激素活性较低，主要包括雌二醇、雌酮和雌三醇。目前临床应用的雌激素类药多为人工合成的高效长效甾体衍生物，主要有戊酸雌二醇（estradiol valerate）、炔雌醇（ethinylestradiol）、炔雌醚（quinestrol）等；此外还有非甾体药物，如己烯雌酚（diethylstilbestrol，乙菧酚）。

【生理和药理作用】

1. 促进与维持女性第二性征 雌激素能促进未成年女性的性器官发育和成熟,维持女性第二性征,参与月经周期的形成,提高子宫平滑肌对缩宫素的敏感性。

2. 内分泌功能调节 小剂量雌激素在孕激素的配合下,促进腺垂体分泌促性腺激素而促进排卵,并能刺激乳腺导管和腺泡的发育增生。大剂量则可反馈性抑制下丘脑-垂体系统,抑制排卵及减少乳汁分泌。雌激素可使雄性激素分泌减少,具有抗雄激素的作用。

3. 影响代谢 雌激素能增加骨骼钙盐沉积,加速骨骺闭合;有轻度水钠潴留作用;大剂量可升高甘油三酯和磷脂,降低胆固醇,降低糖耐量,另有促进凝血作用。

4. 心血管系统 雌激素能扩张血管、抑制血管平滑肌细胞异常增殖、减轻心肌缺血、抗心律失常等,呈现心脏保护作用。

5. 神经系统 雌激素能促进神经细胞的生长、分化与再生,促进乙酰胆碱、多巴胺等神经递质的合成。

【临床应用】

1. 治疗围绝经期综合征 雌激素替代疗法可抑制垂体促性腺激素的分泌,从而减轻症状;也可用于老年性骨质疏松的治疗;局部用药可用于老年性阴道炎及女性阴道干燥等。

知识链接

女性围绝经期综合征

女性围绝经期又称更年期,是因雌激素分泌减少,垂体促性腺激素分泌增多,导致内分泌平衡失调。女性进入绝经前后所引发的一系列体征和心理症状称为围绝经期综合征。典型的症状有:月经紊乱,表现为月经周期不规律、经期持续时间长及经量的增多或减少;神经心理症状,如注意力不集中、情绪波动、失眠、记忆力减退等;血管舒缩症状,如阵发性潮热、出汗、头晕;自主神经失调症状,表现为心悸、头痛、头晕、失眠、耳鸣等症状;关节肌肉痛,如关节和腰背痛;此外,还有骨质疏松、性欲减退、阴道干燥、皮肤干燥、瘙痒、弹性减退、光泽消失、皱纹增多、眼睛干涩、水肿、脱发等。绝经后妇女易发生动脉粥样硬化、高血压、心肌缺血、心肌梗死、脑缺血和脑出血。

2. 治疗卵巢功能不全和闭经 原发性或继发性卵巢功能低下者应用雌激素替代治疗,可促进外生殖器、子宫及第二性征的发育;与孕激素合用,可促进产生人工月经周期,用于治疗闭经。

3. 治疗功能性子宫出血 雌激素可促进子宫内膜增生,修复出血创面,也可配伍孕激素用于调整月经周期。

4. 减轻乳房胀痛及退乳 部分停止哺乳的妇女,如乳汁继续分泌,可发生乳房胀痛。大剂量雌激素能抑制乳汁分泌,消除胀痛。

5. 治疗生殖器肿瘤 绝经5年以上的晚期乳腺癌患者如选用雌激素治疗,其缓解率可达40%左右。但需注意,对于绝经期前患者,雌激素可能促进肿瘤生长,故此类患者禁用。大剂量雌激素可用于治疗前列腺癌。

6. 避孕 雌激素与孕激素组成的复方制剂可用于避孕。

7. 其他 青春期痤疮是雄激素分泌过多所致,故可用雌激素治疗。小剂量雌激素有神经保护作用,可改善老年人的学习能力和记忆力,对阿尔茨海默病有一定的辅助治疗作用。

【不良反应】

1. 胃肠道反应 常见恶心、呕吐、头晕等症状。用药时从小剂量开始,逐渐增加剂量可减轻此反应。

2. 子宫出血　大剂量长期应用雌激素可致子宫内膜过度增生，从而引起子宫出血。子宫出血倾向者及子宫内膜炎患者慎用。

3. 肝损害　雌激素主要在肝灭活，并且可能引起胆汁淤积性黄疸，故肝功能不良者慎用。

4. 其他　雌激素可导致儿童骨骺提前闭合、身材矮小，大剂量应用可导致水钠潴留，引起水肿、高血压，故高血压、心功能不全者慎用；雌激素可致胚胎发育异常，故孕妇禁用。应用雌激素替代治疗可明显增加子宫内膜癌的危险性，除用于前列腺癌和绝经后乳腺癌患者外，其他癌症患者禁用。

（二）抗雌激素类药

抗雌激素类药可竞争性拮抗雌激素受体，抑制或减弱雌激素的作用。临床常用药物有氯米芬（clomiphene，克罗米芬）、他莫昔芬（tamoxifen）、雷洛昔芬（raloxifene）等。

氯米芬

氯米芬的化学结构与己烯雌酚相似，有较弱的雌激素活性和中等程度的抗雌激素作用，可促进促性腺激素分泌增多，诱发排卵。临床上主要用于功能性不孕症、功能性子宫出血、闭经、乳房纤维囊性疾病、晚期乳腺癌的治疗。长期大剂量应用可致卵巢肥大，故卵巢囊肿患者禁用。

他莫昔芬

他莫昔芬是非甾体激素的抗雌激素药物，可竞争性地抑制雌激素与雌激素受体的结合，具有很强的抗雌激素作用。临床上主要用于雌激素受体阳性乳腺癌患者的术后辅助治疗；对于晚期乳腺癌或治疗后复发者，该药对皮肤、淋巴结及软组织转移病灶疗效较好；该药也可以用于治疗子宫内膜癌。不良反应主要有胃肠道反应，如食欲减退、恶心、呕吐、腹泻等；神经精神症状，如头痛、眩晕、抑郁等；大剂量长期应用可导致视力障碍，如白内障。其他不良反应有骨髓抑制、皮疹、脱发、体重增加、肝功能异常等。

二、孕激素类药和抗孕激素类药

（一）孕激素类药

孕激素主要指由卵巢黄体分泌的黄体酮（progesterone，孕酮），口服无效。临床应用均为人工合成品或其衍生物，如甲羟孕酮（medroxyprogesterone，安宫黄体酮）、甲地孕酮（megestrol），炔孕酮（ethisterone）衍生而得，如炔诺酮（norethisterone）、双醋炔诺醇（etynodiol diacetate）、炔诺孕酮（norgestrel，高诺酮）等。

【生理及药理作用】

1. 对生殖系统的作用　①月经后期，在雌性激素作用的基础上，促使子宫内膜增厚、充血、腺体增生并分泌，由增殖期转为分泌期，有利于孕卵着床和胚胎发育；②妊娠期，孕激素能降低子宫对缩宫素的敏感性，抑制子宫收缩，有利于胎儿发育；③大剂量抑制腺垂体前叶分泌黄体生成素（LH），抑制排卵；④抑制子宫颈管腺体分泌黏液，减少精子进入子宫，呈现避孕作用；⑤促进乳腺腺泡发育，为哺乳做准备。

2. 对代谢的影响　孕激素竞争性地对抗醛固酮，促进 Na^+、Cl^- 的排泄而呈现利尿作用；还可促进蛋白质分解和尿素氮排出，以及增加血中低密度脂蛋白。

3. 升高体温　孕激素可影响体温调节中枢的散热过程，使月经周期的黄体相基础体温轻度升高。

【临床应用】

1. 治疗功能性子宫出血　黄体酮分泌不足可引起子宫内膜不规则成熟与脱落而致子宫持续性出血。孕激素可使子宫内膜一致地转为分泌期，维持正常的月经周期，与雌激素合用效果更佳。

2. 治疗痛经和子宫内膜异位症　雌激素和孕激素复合制剂可抑制排卵并减轻子宫痉挛性收缩，

从而治疗痛经;大剂量长疗程应用孕激素可使异位的子宫内膜萎缩退化,用于子宫内膜异位症的治疗。

3. 治疗先兆流产与习惯性流产　大剂量孕激素有保胎作用,可用于黄体功能不足所致流产,但对习惯性流产疗效不确切。

4. 避孕　孕激素可单用或与雌激素组成复合制剂用于避孕。

5. 其他　孕激素对子宫内膜腺癌、前列腺肥大或前列腺癌等有一定的治疗作用。

【不良反应】孕激素不良反应较少,偶见恶心、呕吐、头痛、腹痛及乳房胀痛等;长期使用可引起子宫内膜萎缩、月经量减少、阴道真菌感染;大剂量使用可致肝功能障碍、胎儿生殖器畸形。

(二)抗孕激素类药

抗孕激素类药可干扰孕酮的合成和代谢,主要药物包括:①孕酮受体阻断药,如米非司酮(mifepristone);② 3β-羟甾脱氢酶抑制药,如曲洛司坦(trilostane)。

米 非 司 酮

米非司酮为强效孕酮受体阻断药,具有抗孕激素和抗皮质激素作用,还具有较弱的雄激素作用;能对抗黄体酮对子宫内膜的作用,抗孕卵着床。米非司酮可单独用于紧急避孕;也可终止早期妊娠,与前列腺素类药物合用能提高完全流产率,降低不良反应发生率。主要不良反应为延长子宫出血时间,一般无需特殊处理。

三、雄激素类药和抗雄激素类药

(一)雄激素类

天然雄激素主要是睾丸间质细胞分泌的睾酮(testosterone,睾丸素),临床多用人工合成的睾酮衍生物,如甲睾酮(methyltestosterone,甲基睾丸素)、丙酸睾酮(testosterone propionate,丙酸睾丸素)和苯乙酸睾酮(testosterone phenylacetate,苯乙酸睾丸素)。

【生理及药理作用】

1. 对生殖系统的作用　促进男性第二性征和生殖器官发育,并保持其成熟状态。大剂量抑制垂体前叶分泌促性腺激素,减少女性雌激素的分泌,有抗雌激素作用。

2. 同化作用　能明显促进蛋白质合成(同化作用),减少其分解(异化作用),造成正氮平衡,促进肌肉增长,体重增加,同时出现水、钠、钙、磷潴留现象。

3. 影响骨髓造血功能　在骨髓造血功能低下时,大剂量雄激素可通过促进肾分泌红细胞生成素,直接刺激骨髓造血功能,使红细胞数量增加。

4. 促进免疫球蛋白合成　增强机体免疫功能和抗感染能力,呈现与糖皮质激素类似的抗炎作用。

【临床应用】

1. 替代疗法　用于无睾症或类无睾症(睾丸功能不全)、男性性功能低患者的治疗。

2. 治疗功能性子宫出血　利用其抗雌激素作用使子宫平滑肌及血管收缩,子宫内膜萎缩而止血,更年期患者较适用。严重出血患者,可用己烯雌酚、黄体酮、丙酸睾酮三种混合物作注射,产生止血作用。停药后可出现撤退性出血。

3. 治疗晚期乳腺癌　雄激素具有抗雌激素和抑制垂体促性腺激素分泌作用,并可对抗催乳素对癌组织的刺激作用,对晚期乳腺癌、卵巢癌有缓解作用。

4. 纠正贫血　甲睾酮或丙酸睾酮能改善骨髓造血功能,用于再生障碍性贫血及其他贫血的治疗。

5. 其他　小剂量雄激素能使患者食欲增加,加快体质恢复,用于消耗性疾病、长期卧床、放疗等导致的体质虚弱者。

【不良反应】

1. 女性男性化　女性患者长期应用可引起多毛、痤疮、声音变粗、闭经、乳腺退化、性欲改变等现象，一旦出现应立即停药。

2. 胆汁淤积性黄疸　多数雄激素能干扰肝内毛细胆管的排泄功能，引起胆汁淤积性黄疸，一旦出现应立即停药。

3. 水钠潴留　长期应用可致水肿。

【禁忌证】肾炎、肾病综合征、高血压、肝功能不良及心力衰竭患者应慎用；孕妇及前列腺癌患者禁用。

（二）同化激素类药

同化激素（anabolic steroids）类药是人工合成的蛋白质同化作用较强、雄激素作用较弱的睾酮衍生物。常用药有苯丙酸诺龙（nandrolone phenylpropionate）、司坦唑醇（stanozolol，康力龙）及美雄酮（methandienone，去氢甲基睾丸素）等。同化激素类药属于体育竞赛的违禁药。

同化激素类药主要用于蛋白质合成或吸收不良，蛋白质分解亢进或消耗过多等情况，如严重烧伤、手术恢复期、慢性消耗性疾病、营养不良、老年性骨质疏松及恶性肿瘤晚期等。服药同时应增加食物中的蛋白质成分的摄入。

同化激素类药长期应用可引起水钠潴留、女性轻微男性化现象，偶见胆汁淤积性黄疸。肾炎、心力衰竭、肝功能不良者慎用，孕妇、前列腺癌患者禁用。

（三）抗雄激素类

环 丙 孕 酮

环丙孕酮（cyproterone）为雄激素受体阻断药，有较强的孕激素样作用，抑制睾酮的分泌和内源性雄激素作用。该药可用于男性性功能亢进、前列腺癌、前列腺肥大、女性痤疮和多毛症的治疗。环丙孕酮能影响肝功能、糖代谢、血常规和肾上腺皮质功能，用药期间需严密观察；因其能抑制性功能和性发育，故未成年人禁用。

非 那 雄 胺

非那雄胺（finasteride）抑制外周睾酮转化为二氢睾酮，降低血液和前列腺、皮肤等组织中二氢睾酮水平，抑制前列腺增生、改善良性前列腺增生的相关临床症状。临床上用于治疗前列腺增生。非那雄胺可能会引起性功能减退症状，也可能引起乳房增大、乳腺疼痛不良反应。非那雄胺主要在肝内代谢，所以肝功能不全的患者禁用。

第二节　避　孕　药

避孕药是指能够阻碍受孕和终止妊娠的药物，临床常用甾体类女性避孕药。

一、女性避孕药

（一）主要抑制排卵药

主要抑制排卵药多为雌激素和孕激素配伍组成的复方制剂，目前临床最常用的是短效口服的复方甾体避孕药（表 32-1）。

表 32-1 常用甾体类避孕制剂的成分

制剂名称	成分	
	孕激素（mg）	雌激素（mg）
短效口服避孕药		
复方炔诺酮片（口服避孕药片Ⅰ号）	炔诺酮 0.625	炔雌醇 0.035
复方甲地孕酮片（口服避孕药片Ⅱ号）	甲地孕酮 1.0	炔雌醇 0.035
复方炔诺酮甲片	炔诺酮 0.3	炔雌醇 0.03
长效口服避孕药		
复方炔诺孕酮乙片（长效避孕片）	炔诺孕酮 12.0	炔雌醚 3.0
复方氯地孕酮片	氯地孕酮 12.0	炔雌醚 3.0
复方次甲氯地孕酮片	16-次甲氯地孕酮 12.0	炔雌醚 3.0
长效注射避孕药		
复方己酸孕酮注射液（避孕针1号）	己酸孕酮 250.0	戊酸雌二醇 5.0
复方甲地孕酮注射液	甲地孕酮 25.0	雌二醇 3.5
探亲避孕药		
甲地孕酮片（探亲避孕1号片）	甲地孕酮 2.0	—
炔诺酮片（探亲避孕片）	炔诺酮 5.0	—
双炔失碳酯片（53号避孕片）	双炔失碳酯 7.5	—

【药理作用及临床应用】

1. 抑制排卵　大剂量的雌激素通过负反馈机制，抑制下丘脑促性腺激素释放激素（GnRH）的释放，从而减少促卵泡素（FSH）分泌，抑制卵泡的生长成熟过程，同时孕激素抑制 LH 释放，两者协同抑制排卵。若按规定用药避孕，效果可达 99% 以上，停药后，FSH 和 LH 的释放恢复正常，卵巢排卵功能可以很快恢复。

2. 干扰孕卵着床　可抑制子宫内膜的正常增殖，使其萎缩，影响受精卵着床。

3. 影响输卵管功能　影响子宫和输卵管的正常活动，改变受精卵在输卵管内的运行速度，使之不能适时到达子宫。

4. 增加宫颈黏液黏稠度　使精子不易进入子宫腔，影响卵子受精。

【不良反应】

1. 类早孕反应　少数患者可出现较轻微的类早孕反应，如恶心、呕吐、乳房胀痛等。

2. 子宫不规则出血　常见于用药最初几个周期中，可加服炔雌醇。

3. 闭经　有月经不正常病史者较易发生。如连续 2 个月闭经，应停药。

4. 乳汁减少　少数哺乳期妇女可能出现乳汁减少，尤其以长效口服避孕药较常见，可通过乳汁影响乳儿，使其乳房肿大。

5. 凝血功能亢进　可引发血栓性静脉炎、肺栓塞或脑血管栓塞等。

6. 其他　可出现痤疮、皮肤色素沉着、血压升高等。

（二）干扰孕卵着床药

干扰孕卵着床药能使子宫内膜功能和形态发生变化，阻碍孕卵着床，临床常用炔诺酮、甲地孕酮等。

干扰孕卵着床药的主要优点是其不受月经周期的限制，使用灵活方便，起效迅速、效果良好。一般于同居当晚或事后服用此类药物，作为紧急避孕措施。这类避孕药是适用于两地分居的夫妇短期探亲时服用，故又称探亲避孕药。其具体用法为同居当晚或事后服用，同居14天以内必须连服14片，如超过14天，应接着服用短效口服避孕药。

（三）抗早孕药

抗早孕药是指在妊娠12周内能产生完全流产而终止妊娠的药物。米非司酮和米索前列醇配伍应用于临床，成功率可达90%以上，适用于49天内的宫内孕，主要用于抗早孕、房事后紧急避孕，也能用于诱导分娩。

二、男性避孕药

棉酚（gossypol）是从棉花的根、茎和种子中提取的一种酚类物质，作用于睾丸细精管的生精上皮细胞，使精子数量减少，直至完全无精子生成，停药后可逐渐恢复。不良反应有胃肠道不适、乏力、肝功能改变、低钾等。若发生低钾血症、肌无力症状，应及时处理。因为棉酚可引起不可逆性精子生成障碍，从而限制了其作为常规避孕药的使用。

三、外用避孕药

孟苯醇醚（menfegol）、烷苯醇醚（alfenoxynol）等具有较强的杀精作用。其药膜、栓剂置于阴道内能迅速溶解并发挥杀精作用，同时可形成黏液，阻碍精子运动。有少数妇女对外用避孕药膜有过敏反应，应用时可出现外阴局部瘙痒、烧灼感、红肿等不良反应，应停止使用。

自 测 题

一、单项选择题

1. 雌激素的临床应用不包括
   A. 功能性子宫出血　　B. 水肿　　C. 痤疮
   D. 绝经期综合征　　E. 前列腺癌
2. 哺乳期妇女退乳宜选用
   A. 甲睾酮　　B. 黄体酮　　C. 己烯雌酚
   D. 苯丙酸诺龙　　E. 甲地孕酮
3. 孕激素可用于
   A. 晚期乳腺癌　　B. 退乳　　C. 先兆流产
   D. 绝经期综合征　　E. 卵巢功能不全
4. 卵巢功能不全和闭经宜选用
   A. 黄体酮　　B. 甲睾酮　　C. 己烯雌酚
   D. 甲地孕酮　　E. 苯丙酸诺龙
5. 雌激素和孕激素均可用于
   A. 绝经期综合征　　B. 晚期乳腺癌　　C. 前列腺癌
   D. 乳房胀痛　　E. 痤疮
6. 围绝经期综合征可选用
   A. 甲睾酮　　B. 炔诺酮　　C. 黄体酮
   D. 甲地孕酮　　E. 炔雌醇

7. 睾丸功能不全者可选用
   A. 雌激素　　　　　　B. 孕激素　　　　　　C. 雄激素
   D. 甲状腺激素　　　　E. 糖皮质激素
8. 先兆流产患者宜选用
   A. 己烯雌酚　　　　　B. 丙酸睾酮　　　　　C. 苯丙酸诺龙
   D. 黄体酮　　　　　　E. 炔雌醇
9. 主要抑制排卵的避孕药是
   A. 己烯雌酚　　　　　　　　　　　　　　　B. 前列腺素
   C. 大剂量炔诺酮　　　　　　　　　　　　　D. 复方双炔失碳酯
   E. 雌激素与孕激素的复方制剂

（10～11题共用题干）

患者，女，18岁，学生，高考前3个月出现停经，伴有头晕、耳鸣、心烦失眠，妇科检查无异常，诊断为继发性闭经。

10. 该患者可以选择的药物是
    A. 雌激素　　　　　　　　　　　　　　　　B. 孕激素
    C. 雄激素　　　　　　　　　　　　　　　　D. 甲状腺激素
    E. 雌激素＋孕激素序贯疗法
11. 下列用药目的正确的是
    A. 雌激素与孕激素合用，产生人工月经周期
    B. 小剂量雌激素合用孕激素，促进腺垂体分泌促性腺激素而促进排卵
    C. 孕激素使子宫内膜一致地转为分泌期，维持正常的月经周期
    D. 多囊卵巢综合征患者经常有雄激素水平升高，应用大剂量雌激素对抗雄激素的作用
    E. 雌激素能促进未成年女性的性器官发育和成熟，维持女性第二性征，参与月经周期的形成

二、简答题

1. 雌激素、孕激素及雄激素类药各有哪些临床用途？
2. 说出常用避孕药的分类及代表药物。

三、案例分析题

患者，女，36岁，结婚6年育有一子，一直服用长效避孕药进行避孕，最近因经常失眠服用苯巴比妥治疗。

请回答：
1. 这两种药物合用是否合理？为什么？
2. 该患者可以选用哪些镇静催眠药治疗？

（陈淑瑜）

第三十三章　抗菌药概论

第三十三章数字资源

学习目标

知识：说出化疗指数、抗菌药、抗菌谱、抗菌活性、抗生素后效应、耐药性的基本含义。

能力：理解熟悉抗菌药、病原体、机体三者间的相互关系，能够解释临床意义及抗菌药的合理应用原则。

素养：建立辩证思维，在临床工作中遵循抗菌药的应用原则，依法依规用药。

案例导入

患儿，4岁，因流涕、咳嗽、体温38.8℃来医院就诊，诊断为上呼吸道感染。用药：复方氨基比林注射液1 ml，肌内注射；0.9%氯化钠注射液100 ml+头孢拉定粉针剂9 g，5%葡萄糖注射液100 ml+鱼腥草注射液20 ml，0.9%氯化钠注射液100 ml+氨苄西林钠粉针剂2 g，均静脉滴注。抗菌治疗12天后，做血常规加细菌培养，诊断为病毒性上呼吸道感染。

问题与思考：
1. 为什么患儿用抗菌药治疗无效？
2. 如何看待抗生素滥用问题？

第一节　抗菌药常用术语

自然界常见的病原微生物包括细菌、真菌、病毒、寄生虫和其他微生物。抗菌药（antibacterial drug）是一类对细菌有抑制或杀灭作用的药物，包括抗生素和人工合成化合物。本类药物在有效预防和治疗感染性疾病中起着巨大的作用，是临床应用最广泛的一类药物。理想的抗菌药应具有对细菌有较高的选择性，对人体无毒或毒性较小，细菌对其不易产生耐药性等特点。

在应用抗菌药治疗感染性疾病时，应该注意机体、病原体和抗菌药三者之间的相互关系（图33-1）。抗菌药对病原体有抑制或杀灭作用，且抗菌药只有和病原体接触才能够起效，所以我们不仅要考虑到病原体的种类、感染部位，也需要知道抗菌药在体内的作用特点，选择能够在感染部位富集的抗菌药，才能起到更好的预防或治疗效果，病原体则可能在接触抗菌药的过程中产生耐

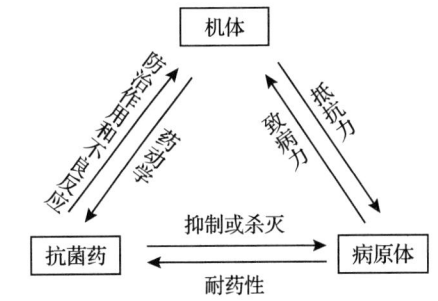

图33-1　机体、病原体、抗菌药三者之间关系

药性,这就要求我们熟悉或掌握病原体耐药性的产生机制,通过掌握合理的用药时机和用量,避免因使用不当导致的耐药菌产生;药物既可对机体产生防治作用,也可产生不良反应;病原体对机体有致病作用,机体对病原体有防御作用。因此,在应用有效抗菌药的同时,应考虑机体、病原体、抗菌药三者之间的关系,以达到防治疾病、减少不良反应和延缓耐药性产生的目的。

1. 抗生素(antibiotic) 是指某些微生物(包括细菌、真菌、放线菌属等)产生的具有抑制或杀灭其他微生物的物质。分为天然抗生素和人工半合成抗生素两类,前者由微生物产生,后者是对天然抗生素进行结构改造获得的半合成产品。

2. 抗菌谱(antibacterial spectrum) 指抗菌药的抗菌范围。抗菌范围小的称为窄谱抗菌药,如异烟肼仅对结核分枝杆菌有效,青霉素主要对革兰氏阳性菌有效。对多数病原微生物均有效的药物称为广谱抗菌药,如四环素类,第三、四代氟喹诺酮类。抗菌药的抗菌谱是临床选药的基础。

3. 抗菌活性(antibacterial activity) 抗菌药抑制或杀灭病原微生物的能力称为抗菌活性。可用体外和体内两种试验方法测定。体内试验方法是以人工方法使实验动物感染微生物,然后给药治疗,观察微生物数目改变或动物死亡数量及死亡时间的变化,以判断药物的作用与疗效。体外试验方法是将活的微生物接种于含有培养基的容器内,加入适当浓度的药物,观察其对微生物繁殖的抑制和杀灭作用。凡能抑制病原菌生长的最低药物浓度称为最低抑菌浓度(minimum inhibitory concentration,MIC),凡能杀灭病原菌的最低药物浓度称为最低杀菌浓度(minimum bactericidal concentration,MBC)。抗菌活性的大小可供临床用药参考。

4. 抑菌药(bacteriostatic drug) 指仅能抑制细菌生长和繁殖,但不能将之杀灭的药物,需要机体免疫系统配合以清除细菌,如四环素类、磺胺类等。

5. 杀菌药(bactericidal drug) 指对细菌具有杀灭作用的药物,如青霉素类、头孢菌素类及氨基糖苷等抗生素。对机体免疫功能降低尤其是免疫功能丧失的患者,应选用此类药物。

6. 化学治疗(chemotherapy) 广义的化学治疗是指对微生物感染性疾病(包括细菌、真菌、病毒等)、寄生虫病及恶性肿瘤的药物治疗,简称化疗。狭义的化疗则专指对肿瘤的药物治疗。化疗过程中所用药物称化疗药物,包括抗病原微生物药、抗寄生虫药和抗肿瘤药。

7. 化疗指数(chemotherapeutic index,CI) 是评价化疗药物有效性与安全性的重要参数。一般用化疗药物的半数致死量(LD_{50})与半数有效量(ED_{50})的比值表示:LD_{50}/ED_{50};或者用5%致死量(LD_5)与95%有效量(ED_{95})的比值表示:LD_5/ED_{95}。化疗指数越大,表明药物的毒性越小,临床应用的价值越高。但应注意,有时化疗指数不能作为安全性评价的唯一依据,如青霉素的化疗指数很大,几乎对机体无毒性,但可能引起过敏性休克等严重不良反应。

8. 抗生素后效应(post antibiotic effect,PAE) 是指细菌与高于MIC的某种抗菌药短暂接触,当抗菌药浓度低于最低抑菌浓度或被消除后,细菌生长仍受到持续抑制的效应。PAE对于合理制订抗生素的给药方案具有重要意义,PAE较长的药物,可适当延长给药间隔时间,减少给药次数,疗效却不降低。

9. 首次接触效应(first expose effect) 抗菌药首次与细菌接触时有较强的抗菌效应,再次接触或连续接触后抗菌效应有所下降,需间隔相当时间后,才会再起作用,如氨基糖苷类抗生素。

第二节 抗菌药的作用机制

抗菌药的作用机制主要通过特异性干扰细菌的代谢过程,影响其结构和功能,使其失去正常生长繁殖的能力而达到抑制或杀灭细菌的作用(图33-2)。主要作用机制包括五种:抑制细菌细胞壁的合成、改变细菌细胞膜的通透性、抑制菌体蛋白质的合成、影响细菌核酸代谢和影响细菌叶酸代谢。

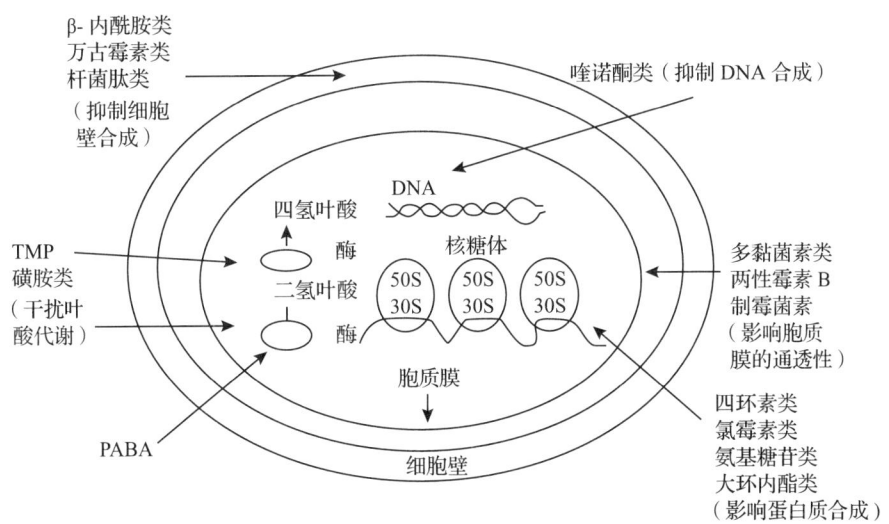

图 33-2　抗菌药作用机制示意图

1. 抑制细菌细胞壁的生物合成　细菌细胞壁位于细胞膜外，革兰氏阳性菌的细胞壁不但能维持细菌外形完整的坚韧结构，还能抵御菌体内强大的渗透压差，并能适应多样的环境变化，具有保护和维持细菌正常形态的功能，其主要成分为肽聚糖，又称黏肽。革兰氏阳性菌肽聚糖层次较多，交联程度较高，网状结构紧密。而革兰氏阴性菌细胞壁的肽聚糖层次较少，交联程度较低，网状结构疏松。

青霉素类、头孢菌素类、万古霉素、杆菌肽等抗生素通过抑制细胞壁的生物合成而发挥作用。青霉素类及头孢菌素类通过与青霉素结合蛋白（penicillin binding protein，PBP）结合，抑制转肽酶，阻碍肽聚糖的交叉联结，导致细菌细胞壁缺损，丧失屏障功能，由于菌体内的渗透压高，细菌外水分不断渗入细菌体内，加上自溶酶的作用，造成菌体膨胀、变形、最终破裂溶解而死亡。此外，杆菌肽、万古霉素等分别作用于细胞壁合成的不同阶段，抑制细菌细胞壁的合成而产生抗菌作用。人体细胞无细胞壁，因此，抑制细菌细胞壁合成的抗菌药对人体细胞几乎无毒。

2. 改变细菌细胞膜的通透性　细菌的细胞膜是由类脂质和蛋白质分子构成的一种半透膜，具有渗透屏障和运输物质等功能。革兰氏阴性菌外膜含有丰富的脂多糖/内毒素。带正电荷的多黏菌素类抗生素如多黏菌素E，能与带负电荷的脂多糖结合，导致细菌外膜的通透性增加；抗真菌药物制霉菌素和两性霉素B能选择性地与真菌细胞膜中的麦角固醇结合，使膜通透性增加，细菌内的蛋白质、氨基酸、核苷酸等外漏，造成细菌死亡。

3. 抑制菌体蛋白质合成　核糖体为蛋白质的合成场所。细菌的核糖体为70S复合物，由30S和50S亚基组成，哺乳动物的核糖体为80S复合物，由40S和60S亚基组成。大环内酯类、四环素类、氯霉素类、氨基糖苷类等抗生素，均通过抑制细菌蛋白质合成而发挥抗菌作用，但不影响人体细胞的功能。它们在不同部位、不同环节、以不同形式抑制细菌蛋白质合成，从而抑制细菌生长繁殖或杀灭细菌。其中，仅有氨基糖苷类产生杀菌效应。

4. 影响细菌核酸代谢　喹诺酮类抑制DNA回旋酶（拓扑异构酶Ⅱ，影响革兰氏阴性菌的主要靶位）和拓扑异构酶Ⅳ（影响革兰氏阳性菌的主要靶位）的作用，从而抑制细菌的DNA复制和mRNA的转录；利福平特异性地抑制细菌DNA依赖的RNA聚合酶，阻碍mRNA的合成。

5. 影响细菌叶酸代谢　叶酸是细菌合成嘌呤、嘧啶的前体，磺胺类及甲氧苄啶分别通过抑制细菌二氢叶酸合成酶和二氢叶酸还原酶而阻碍细菌叶酸代谢，阻碍了嘌呤、嘧啶的生物合成，导致核酸代谢障碍而抑制细菌的生长繁殖。

第三节 细菌耐药性及产生机制

耐药性（resistance，抗药性）是指细菌与抗菌药多次接触后，细菌对药物的敏感性降低乃至消失，导致药物对耐药菌的疗效降低或无效。由于抗菌药的不合理应用，近年来耐药菌株已非常普遍，特别是一些超级耐药菌株的出现，已成为现代社会公共卫生问题的焦点，引起人们的高度关注。

多重耐药菌又称超级细菌（superbug），泛指对许多抗菌药都耐药的细菌，如对大多数抗菌药都耐药的耐甲氧西林金黄色葡萄球菌（methicillin-resistant Staphylococcus aureus，MRSA）和产金属 β- 内酰胺酶的大肠埃希菌和肺炎克雷伯菌。

一、细菌耐药性分类

1. 天然耐药性（固有耐药性） 是细菌遗传基因 DNA 发生变异的结果，产生率很低，临床意义较小。如链球菌对氨基糖苷类天然耐药，肠道革兰氏阴性杆菌对青霉素 G 天然耐药，铜绿假单胞菌对多数抗生素均不敏感。

2. 获得耐药性 细菌与药物多次接触后改变了自身的代谢途径，对药物的敏感性下降或消失，使其不被抗菌药杀灭。这种耐药基因也可以在细菌间进行传播，导致耐药性的播散。

二、细菌耐药性产生机制

1. 产生灭活酶 是最常见的细菌耐药机制。灭活酶是指细菌产生的破坏抗菌药化学结构的酶，这些酶主要有水解酶和钝化酶两种。如 β- 内酰胺酶可水解青霉素类和头孢菌素类的 β- 内酰胺环，使其失效。对氨基糖苷类抗生素耐药的革兰氏阴性杆菌能产生钝化酶，使药物化学结构发生改变，使其不易与菌体的核糖体结合，从而使其抗菌作用下降。

2. 细菌改变胞膜通透性及主动流出机制 细菌可通过改变细胞膜通透性而阻碍抗菌药进入菌体，如铜绿假单胞菌对氨苄西林耐药；或者增强主动流出系统，把已进入菌体的药物泵出体外，如金黄色葡萄球菌对大环内酯类耐药。

3. 细菌体内靶位结构改变 细菌体内靶位结构发生改变，不利于抗菌药结合而使药物疗效下降。如金黄色葡萄球菌对甲氧西林耐药、多数细菌对磺胺类耐药。

4. 细菌改变自身代谢途径 细菌可通过改变自身代谢途径而改变对营养物质的需求，如对磺胺类耐药的细菌，不再利用对氨基苯甲酸及二氢蝶啶合成自身需要的叶酸，而是直接利用叶酸。

> **知识链接**
>
> **多重耐药菌**
>
> 多重耐药菌是指有多重耐药性的病原菌，指一种微生物对三类（如氨基糖苷类、红霉素、β- 内酰胺类）或三类以上抗菌药同时耐药，而不是对同一类药物中的三种药物耐药。常见多重耐药菌包括耐甲氧西林的金黄色葡萄球菌、耐万古霉素肠球菌、产生超广谱 β- 内酰胺酶的细菌、对碳青霉烯类抗菌药耐药的肠杆菌科细菌、碳青霉烯类耐药的不动杆菌、多重耐药的铜绿假单胞菌和多重耐药结核分枝杆菌等。细菌的多重耐药问题已成为全球关注的热点。近年来，我国陆续出台多项法规政策，国家卫生健康委员会等 13 部门联合制定《遏制微生物耐药国家行动计划》，积极应对微生物耐药带来的挑战，采取遏制耐药综合治理策略并取得了积极成效。

第四节 抗菌药的合理应用

随着抗菌药的广泛使用，不合理使用现象的频繁发生，使不良反应的发生率增高，同时耐药菌株不断增加，给感染性疾病的治疗带来严重困难。因此，必须重视抗菌药的合理应用，以提高药物疗效，减少不良反应及延缓耐药性产生。

抗菌药的临床应用包括治疗性和预防性应用两种。

一、抗菌药治疗性应用的基本原则

1. **诊断为细菌性感染者方有指征应用抗菌药** 根据患者的症状、体征、实验室检查或放射、超声等影像学结果，诊断为细菌、真菌感染者方有指征应用抗菌药；由结核分枝杆菌、非结核分枝杆菌、支原体、衣原体、螺旋体、立克次体及部分原虫等病原微生物所致的感染亦有指征应用抗菌药。缺乏细菌及上述病原微生物感染的临床或实验室证据，诊断不能成立者，以及病毒性感染者，均无应用抗菌药指征。

2. **根据病原菌种类及药物敏感试验结果选用抗菌药** 应尽早查明病原菌，抗菌药品种的选用，原则上应根据病原菌种类及病原菌对抗菌药敏感性，即细菌药物敏感试验（简称药敏试验）的结果而定。因此有条件的医疗机构，对临床诊断为细菌性感染的患者应在开始抗菌药治疗前，及时留取相应合格标本（尤其是血液等无菌部位标本）送病原学检测，以尽早明确病原菌和药敏结果，并据此调整抗菌药治疗方案。

3. **抗菌药的经验治疗** 对于临床诊断为细菌性感染的患者，在未获知细菌培养及药敏结果前，或无法获取培养标本时，可根据患者的感染部位、基础疾病、发病情况、发病场所、既往抗菌药用药史及其治疗反应等推测可能的病原体，并结合当地细菌耐药性监测数据，先给予抗菌药经验治疗。待获知病原学检测及药敏结果后，结合先前的治疗反应调整用药方案；对培养结果阴性的患者，应根据经验治疗的效果和患者情况采取进一步诊疗措施。

4. **按照药物的抗菌作用及其体内过程特点选择用药** 各种抗菌药的药效学和人体药动学特点不同，因此各有不同的临床适应证。临床医师应根据各种抗菌药的药学特点，按临床适应证正确选用抗菌药。

5. **综合患者病情、病原菌种类及抗菌药特点制订治疗方案**

（1）品种选择：根据病原菌种类及药敏试验结果尽可能选择针对性强、窄谱、安全、价格适当的抗菌药。进行经验治疗者可根据可能的病原菌及当地耐药状况选用抗菌药。

（2）给药剂量：按各种抗菌药的治疗剂量范围给药。治疗重症感染和抗菌药不易达到的部位的感染，如中枢神经系统感染等，抗菌药剂量宜较大；而治疗单纯性下尿路感染时，由于多数药物尿药浓度远高于血药浓度，则可应用较小剂量。

（3）给药途径：轻症感染可接受口服给药者，应选用口服吸收完全的抗菌药，不必采用静脉或肌内注射给药。重症感染、全身性感染患者初始治疗应予静脉给药，以确保药效；病情好转能口服时应及早转为口服给药。

（4）给药次数：根据药动学和药效学相结合的原则给药。青霉素类、头孢菌素类和其他 β- 内酰胺类、红霉素、克林霉素等半衰期较短的药物，应一日多次给药。氟喹诺酮类、氨基糖苷类等可一日给药一次（重症感染者例外）。

（5）疗程：抗菌药疗程因感染不同而异，一般宜用至体温正常、症状消退后 72~96 h 再停药，特殊情况，需妥善处理。

6. 联合用药要有明确指征 联合用药的目的在于发挥药物的协同抗菌作用以提高疗效,对混合感染或未作细菌学诊断的病例,联合用药可扩大抗菌范围、减少药物的不良反应、延缓或减少细菌耐药性的发生。联合用药的指征有:①病因未明的严重细菌性感染。当病情危重不宜等待时,可在采取有关标本进行细菌培养后立即给予抗菌药联合应用,选用药物的抗菌谱宜广,以后根据培养与药敏结果进行调整。②单一抗菌药不能有效控制的严重感染或混合感染。如化脓性脑膜炎、感染性心内膜炎及败血症,宜采用杀菌剂联合治疗;如肠穿孔所致的腹膜炎及胸、腹严重创伤后,致病菌常有需氧菌(大肠埃希菌、产气荚膜梭菌、肠球菌属等)和厌氧菌(脆弱拟杆菌、消化球菌、消化链球菌等),可联合应用 β- 内酰胺类与克林霉素或甲硝唑加氨基糖苷类等药。③长期用药易产生耐药性的细菌感染,如结核病。④降低药物毒性反应。如两性霉素 B 与氟胞嘧啶合用治疗深部真菌感染,可减少前者的用量,从而减轻毒性反应。

二、抗菌药预防性应用的基本原则

抗菌药预防性应用应根据预防用药的目的而不同。

1. 手术患者抗菌药预防性应用的基本原则 强调"精准时机、短程覆盖、避免广谱"。
2. 非手术患者抗菌药预防性应用的基本原则 聚焦"高危人群、目标病原体、个体化方案"。

共同原则:遵循指南,如世界卫生组织(WHO)、美国感染病学会(IDSA)等发布的最新指南,减少滥用、定期评估疗效与安全性。

> **知识链接**
>
> **滥用抗菌药的危害**
>
> 滥用抗菌药的危害主要有:①诱发细菌耐药。病原微生物为躲避药物,在不断地变异,耐药菌株也随之产生。目前几乎没有一种抗菌药不存在细菌耐药现象。如果耐药持续发展,最后可能造成无药可治的后果。②损害人体组织器官。抗菌药在杀菌同时,也会造成人体损害,如喹诺酮类可引起关节痛和炎症,四环素、利福平、红霉素可引起肝损害。③导致二重感染。在正常情况下,人体的口腔、呼吸道、肠道都有细菌寄生,寄生菌群互相拮抗下维持平衡状态。如果长期应用广谱抗菌药,敏感菌群被杀灭,而不敏感菌群则乘机繁殖,诱发感染。④浪费医药资源。目前滥用抗菌药造成的资源浪费和治疗费用居高不下。

 掌握抗菌药合理应用的基本原则。

自 测 题

一、单项选择题

1. 抗菌药抑制或杀灭的微生物是
   A. 细菌　　　　　　　B. 真菌　　　　　　　C. 病毒
   D. 寄生虫　　　　　　E. 以上都是

2. 下列属于天然抗生素的是
   A. 阿莫西林　　　　　　　　　　B. 氯霉素
   C. 头孢克洛　　　　　　　　　　D. 阿奇霉素
   E. 亚胺培南
3. 抗菌药抑制或杀灭病原微生物的能力称为
   A. 抗菌谱　　　　　　　　　　　B. 化疗指数
   C. 抗菌活性　　　　　　　　　　D. 抗生素后效应
   E. 首次接触效应
4. 最低抑菌浓度的英文缩写是
   A. MBC　　　　B. MIC　　　　C. LD_{50}
   D. ED_{50}　　　E. CI
5. 化疗指数一般用表示为
   A. LD_{50}/ED_{95}　　　　　　　　B. LD_5/ED_{50}
   C. LD_{50}/ED_{50}　　　　　　　　D. LD_{95}/ED_5
   E. LD_5/ED_{95}
6. 细菌与高于 MIC 的某种抗菌药短暂接触，当抗菌药浓度低于最低抑菌浓度或被消除后，细菌生长仍受到持续抑制的效应称为
   A. 首次接触效应　　　　　　　　B. 耐药性
   C. 抗菌活性　　　　　　　　　　D. 抗生素后效应
   E. 化疗指数

（7~8题共用题干）

患儿，男，4岁，诊断为上呼吸道感染，给予多种抗菌药治疗12天后，诊断为病毒性上呼吸道感染。

7. 该患儿用抗菌药治疗无效的原因是
   A. 抗菌药剂量不足　　　　　　　B. 用药疗程过短
   C. 未联合用药　　　　　　　　　D. 感染病原体为病毒
   E. 药物选择错误
8. 关于抗菌药滥用问题，以下说法错误的是
   A. 会诱发细菌耐药　　　　　　　B. 不会损害人体组织器官
   C. 可能导致二重感染　　　　　　D. 会浪费医药资源
   E. 可能造成无药可治的后果

（9~10题共用题干）

患者，男，48岁，因发热、咳嗽入院，临床诊断为细菌性肺炎。

9. 在未获知细菌培养及药敏试验结果前应采取的治疗措施是
   A. 等待细菌培养及药敏结果后再用药　　B. 根据经验给予抗菌药治疗
   C. 直接使用广谱抗菌药　　　　　　　　D. 联合使用多种抗菌药
   E. 使用抗病毒药物
10. 获知病原学检测及药敏结果后应采取的措施是
    A. 继续使用原抗菌药　　　　　　B. 根据结果调整用药方案
    C. 加大原抗菌药剂量　　　　　　D. 更换为更高级别的抗菌药
    E. 停止使用抗菌药

二、简答题

1. 什么是化疗指数、抗菌药、抗菌谱、抗菌活性、抗生素后效应、耐药性?
2. 细菌对药物产生耐药性的机制有哪些?怎样预防细菌产生耐药性?
3. 试述抗菌药的合理应用。

(卢立军)

第三十四章 抗生素

第三十四章数字资源

> **学习目标**
>
> 知识：详述青霉素 G 的抗菌作用、临床应用、不良反应及半合成青霉素、头孢菌素类的特点；说出红霉素、氨基糖苷类抗生素的抗菌作用、临床应用、不良反应及庆大霉素、链霉素、阿米卡星的特点；简述其他抗生素的抗菌作用、临床应用、不良反应。
>
> 能力：能根据适应证合理选择各类抗生素，辨识其不良反应及防治；能开展医患沟通，并正确实施各类抗生素的用药宣教、用药咨询和用药指导服务。
>
> 素养：养成良好医德医风，坚持抗生素合理用药原则，谨慎用药，坚决杜绝滥用抗生素。

第一节 β-内酰胺类抗生素

案例导入

患儿，男，10 岁，高热、头痛、呕吐 1 天，出现昏迷来医院急诊。经体检及实验室检查，诊断为流行性脑脊髓膜炎。

问题与思考：
1. 该患儿应首选何药治疗？
2. 在药物应用过程中应注意什么？

β-内酰胺类抗生素是指化学结构中含有 β-内酰胺环的一类抗生素，抗菌活性强、抗菌谱广、毒性低，是临床应用最广泛的抗生素之一。本类药物包括青霉素类、头孢菌素类及新型 β-内酰胺类（图 34-1），其抗菌作用机制基本相同，即与细菌细胞膜上的青霉素结合蛋白结合，从而抑制转肽酶的活性，阻止细菌细胞壁黏肽的合成，致菌体细胞壁损坏，由于菌体内渗透压高，使水分不断内渗，以致菌体膨胀、变形，同时激发细菌细胞自溶酶活化，使细菌裂解、死亡。β-内酰胺类抗生素为繁殖期杀菌药，对革兰氏阳性菌作用强。

一、青霉素类抗生素

青霉素类抗生素为 6-氨基青霉烷酸（6-aminopenicillanic acid，6-APA）的衍生物（图 34-1A），分为天然青霉素和半合成青霉素两类。

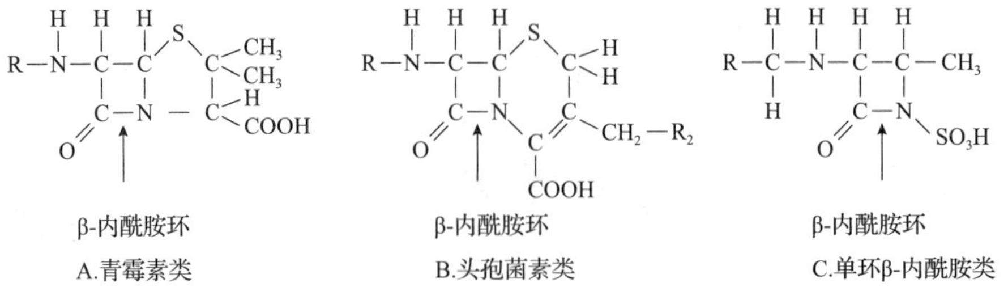

β-内酰胺环　　　　　　　　β-内酰胺环　　　　　　　　β-内酰胺环
A.青霉素类　　　　　　　　B.头孢菌素类　　　　　　　C.单环β-内酰胺类

图 34-1　β-内酰胺类抗生素结构图

（一）天然青霉素

青霉素 G

天然青霉素是从青霉菌培养液中提取的，有青霉素 G、K、X、F 和双氢 F 等，其中青霉素 G（penicillin G，又称苄青霉素，benzylpenicillin）具有抗菌作用强、产量高、价格低廉等特性，迄今仍是临床常用、疗效较好的抗生素。青霉素 G 是一种不稳定的有机酸，能与碱金属结合成盐，常用其钾盐、钠盐，其干燥粉末在室温中保存数年仍有抗菌活性，水溶液性质不稳定，易被酸、碱、醇、氧化剂、金属离子分解破坏，不耐热，在室温中放置 24 h，抗菌活性迅速下降，且产生有抗原性的致敏产物青霉噻唑蛋白和青霉烯酸，故必须临用前配制。

知识链接

青霉素的发现

人类发现的第一种抗生素——青霉素（又称盘尼西林），是英国微生物学家亚历山大·弗莱明（Alexander Fleming）于 1928 年偶然发现的。他从被霉菌污染的葡萄球菌培养皿中，观察到霉菌附近的细菌都无法生长，推测霉菌中可能有杀菌的物质。1929 年，弗莱明将这个发现发表在《英国实验病理学杂志》，但没有得到重视。直到 1939 年，牛津大学的霍华德·弗洛里（Howard W Florey）和恩斯特·钱恩（Ernst B Chain）计划开发治疗细菌感染的药物，才在联络弗莱明并取得菌株后，成功提纯出青霉素。由此，弗莱明、弗洛里与钱恩于 1945 年共同获得诺贝尔生理学或医学奖。

【体内过程】青霉素 G 不耐酸，口服后大部分被胃酸破坏，故不宜口服给药，常作静脉滴注或肌内注射。该药肌内注射吸收迅速、完全，可随血液迅速分布到全身各组织，广泛分布于细胞外液，不易透过血脑屏障，也不易进入骨组织和脓液腔中。青霉素 G 在脑脊液中的浓度不恒定，脑脊膜正常时脑脊液药物浓度不到血浆药物浓度的 1%，而脑脊膜发炎时脑脊液药物浓度可达血浆药物浓度的 5%。青霉素 G 主要以原型经肾排泄（约 90% 经肾小管主动分泌，10% 经肾小球滤过），$t_{1/2}$ 为 0.5~1 h，但有效作用时间可维持 4~6 h。对于一般感染，青霉素 G 肌内注射每日 2 次，可获得显著疗效。长效制剂吸收缓慢，有效浓度维持较久，但血药浓度低，只适用于轻症感染或预防感染，如普鲁卡因青霉素、苄星青霉素（benzathine benzylpenicillin，长效西林）。

【抗菌作用】青霉素 G 的浓度不同对繁殖期的细菌作用也不同，低浓度时有抑菌作用，较高浓度时则有杀菌作用。青霉素 G 对以下细菌均有强大的抗菌作用：①革兰氏阳性球菌，如溶血性链球菌、草绿色链球菌、肺炎链球菌、敏感金黄色葡萄球菌和表皮葡萄球菌；②革兰氏阳性杆菌，如破伤风梭菌、白喉棒状杆菌、炭疽杆菌、产气荚膜梭菌；③革兰氏阴性球菌，如脑膜炎球菌、敏感的淋病奈瑟菌；④螺旋体：如梅毒螺旋体、钩端螺旋体、回归热螺旋体；⑤放线菌等。但青霉素 G 对大多数的革兰氏阴性杆菌作用较弱。绝大部分金黄色葡萄球菌对青霉素 G 耐药，淋病奈瑟菌对其敏感性也明显下降，肠球菌对其敏感性极差。青霉素 G 对阿米巴原虫、立克次体、真菌、病毒无效。

【临床应用】青霉素 G 为治疗敏感菌所致感染的首选药。

1. 革兰氏阳性球菌感染

（1）链球菌感染：咽炎、扁桃体炎、中耳炎、蜂窝织炎、败血症心内膜炎（草绿色链球菌）、猩红热等，首选青霉素 G 治疗。

（2）肺炎链球菌感染：大叶性肺炎，中耳炎，急、慢性气管炎，脓胸等呼吸系统感染。

（3）敏感葡萄球菌感染：疖、痈、脓肿、骨髓炎、败血症等葡萄球菌感染，多已耐药，药敏试验有效者方可使用。

2. 革兰氏阳性杆菌感染 如破伤风、白喉、气性坏疽等，但青霉素 G 不能对抗外毒素，须合用相应的抗毒素。

3. 革兰氏阴性球菌感染 脑膜炎奈瑟菌引起的流行性脑脊髓膜炎可首选青霉素 G，需大剂量应用。由淋病奈瑟菌引起的生殖道淋病，耐药菌株逐年增多，应根据药敏试验确定是否应用。

4. 螺旋体感染 青霉素 G 是梅毒、钩端螺旋体病治疗的首选药。

5. 放线菌感染 宜大剂量、长疗程用药。

【不良反应】青霉素类抗生素的毒性很小，化疗指数大，不良反应少。

1. 超敏反应 为青霉素类抗生素最常见的不良反应，表现为药疹、接触性皮炎、溶血性贫血、哮喘、间质性肾炎、关节肿痛等；最严重的是过敏性休克，临床表现主要为循环衰竭（冷汗、脸色苍白、发绀、烦躁不安、血压下降）、支气管痉挛所致的呼吸衰竭和中枢抑制（意识丧失、昏迷、尿失禁、大便失禁）。

超敏反应的主要防治措施：①用药前详细询问过敏史，对青霉素过敏者禁用，有其他药物或食物过敏者慎用；②凡初次使用、用药间隔 72 h 以上或更换批号者必须做青霉素皮肤过敏试验（简称皮试），皮试阳性者禁用；③不在没有急救药物（如肾上腺素）和抢救设备的条件下使用；④避免在饥饿时注射，避免局部用药；⑤注射液需现配现用；⑥注射后密切观察 30 min，无反应者方可离去；⑦一旦出现过敏性休克，立即就地抢救，首先皮下或肌内注射肾上腺素 0.5~1.0 mg，严重者稀释后缓慢静脉注射或滴注，必要时给予糖皮质激素类药和抗组胺药，同时采取其他急救措施。

知识链接

青霉素皮试方法

用含 0.02~0.05 ml 青霉素 G 的生理盐水溶液（每毫升含青霉素 G 钠盐 500 U）注入前臂掌侧皮内，于 20 min 后观察结果，若注射处隆起无变化，周围无红晕的为阴性，可以用药；丘疹不大，周围红晕直径在 1 cm 以内的为弱阳性，最好不用；丘疹变大，有红肿，肿块直径超过 1 cm 者不能用药。

2. 赫氏反应 青霉素 G 治疗梅毒、钩端螺旋体病、炭疽等疾病时，可有症状加剧现象，称赫氏反应，一般发生于治疗后的 6~8 h，于 12~24 h 消失，表现为全身不适、寒战、发热、咽痛、心率加快等，可能是大量病原体被杀死后释放的物质所致。

3. 其他不良反应 肌内注射青霉素 G 可产生局部疼痛、红肿或硬结。青霉素 G 静脉给药过快或剂量过大时可出现"青霉素脑病"，表现为腱反射增高、肌肉痉挛、抽搐、昏迷等。大剂量静脉给予青霉素 G 钾盐有可能引起高钾血症，肾功能不全患者宜用青霉素 G 钠盐。

 掌握青霉素 G 的抗菌作用、临床应用、不良反应。

（二）半合成青霉素

青霉素 G 虽然高效、低毒，但抗菌谱窄，不耐酸（胃酸），口服无效，不耐酶（β-内酰胺酶），易被水解。为弥补其不足，在其母核（6-APA）引入不同侧链，分别得到具有耐酸、耐酶（抗葡萄球菌）、广谱（抗铜绿假单胞菌、抗革兰氏阴性菌）等特性的半合成青霉素。其抗菌机制、不良反应与青霉素 G 相似，并存在交叉超敏反应，用药前要做皮肤过敏试验（口服制剂同样需要）。常用的半合成青霉素按其抗菌谱和其他特性分为五类（表 34-1）。

表 34-1 半合成青霉素的分类及特点

分类与常用药物	耐酸、耐酶及抗菌特点
1. 耐酸青霉素 青霉素 V（penicillin V） 丙匹西林（propicillin） 非奈西林（phenethicillin）	①耐酸不耐酶，口服吸收好；②抗菌谱与青霉素 G 相似但抗菌活性低于青霉素 G；③主要用于革兰氏阳性球菌引起的轻度感染
2. 耐酶青霉素 苯唑西林（oxacillin，新青霉素Ⅱ） 双氯西林（cloxacillin） 氟氯西林（flucloxacillin）	①耐酸、耐酶，可口服；②抗菌谱与青霉素 G 相似但抗菌活性低于青霉素 G；③主要用于耐青霉素的金黄色葡萄球菌感染
3. 广谱青霉素 氨苄西林（ampicillin） 阿莫西林（amoxicillin）	①耐酸不耐酶，可口服；②对革兰氏阳性菌作用弱于青霉素 G，但对肠球菌作用强，对革兰氏阴性菌有效，对耐药金黄色葡萄球菌和铜绿假单胞菌无效；③主要用于敏感菌所致的尿路感染和呼吸道感染的治疗，也可用于治疗伤寒、副伤寒、消化性溃疡、胃炎等
4. 抗铜绿假单胞菌青霉素 羧苄西林（carbenicillin） 替卡西林（ticarcillin） 哌拉西林（piperacillin） 美洛西林（mezlocillin） 呋布西林（furbucillin）	①不耐酸，不耐酶，只能静脉给药；②对革兰氏阳性菌作用与青霉素 G 近似，对肠球菌作用较弱；对革兰氏阴性菌作用强，对铜绿假单胞菌感染有效；③羧苄西林：对铜绿假单胞菌和变形杆菌作用强，常与庆大霉素联合用于治疗铜绿假单胞菌感染；④替卡西林：抗铜绿假单胞菌比羧苄西林强 2~3 倍；⑤呋布西林：抗铜绿假单胞菌比羧苄西林强 6~10 倍，对金黄色葡萄球菌、链球菌、痢疾志贺菌作用较强；⑥哌拉西林：广谱，抗菌作用强，对各种厌氧菌也有作用
5. 抗革兰氏阴性杆菌青霉素 匹美西林（pivmecillinam） 美西林（mecillinam） 替莫西林（temocillin）	①对革兰氏阴性菌抗菌谱广，作用强，对铜绿假单胞菌无效，对革兰氏阳性作用甚微；②美西林：用于尿路感染，对大肠埃希菌感染者疗效甚佳；③匹美西林（口服）：美西林双酯衍生物，体内迅速水解为美西林而发挥作用

 熟悉氨苄西林的抗菌作用及临床应用；掌握阿莫西林的抗菌作用及临床应用。

二、头孢菌素类抗生素

头孢菌素类抗生素是以 7-氨基头孢烷酸（7-amino-cephalosporanic acid，7-ACA）为母核，接上不同侧链而成的一系列半合成抗生素（图 34-1B）。其化学结构中含有与青霉素类相同的 β-内酰胺环，与青霉素类在理化性质、生物活性、抗菌机制、耐药机制及临床应用方面相似，具有抗菌谱广、杀菌力强、对 β-内酰胺酶稳定、超敏反应发生率低等优点，是临床常用的抗生素。根据其在抗菌作用、对 β-内酰胺酶的稳定性及对肾毒性等方面的不同特点，可分为五代（表 34-2）。

表 34-2　头孢菌素类抗生素的作用特点及临床应用比较

名称	作用特点及临床应用
第一代 头孢噻吩（cefalotin，先锋霉素Ⅰ） 头孢氨苄（cefalexin，先锋霉素Ⅳ） 头孢唑林（cefazolin，先锋霉素Ⅴ） 头孢拉定（cefradine，先锋霉素Ⅵ） 头孢羟氨苄（cefadroxil）	①对革兰氏阳性菌（包括耐青霉素 G 的金黄色葡萄球菌）作用强，对革兰氏阴性菌作用弱，对铜绿假单胞菌无效；②对 β-内酰胺酶较稳定，但不及其他代；③肾毒性较其他代大；④主要用于革兰氏阳性菌及耐青霉素的金黄色葡萄球菌引起的呼吸道、泌尿道及皮肤软组织感染
第二代 头孢孟多（cefamandole） 头孢呋辛（cefuroxime） 头孢克洛（cefaclor） 头孢替安（cefotiam） 头孢尼西（cefonicid） 头孢雷特（ceforanide）	①对革兰氏阳性菌作用较第一代稍差，对革兰氏阴性菌作用较第一代强，部分药物对厌氧菌有效，对铜绿假单胞菌无效；②对 β-内酰胺酶较第一代稳定，但不及其他代；③肾毒性较第一代小，但大于其他代；④主要用于敏感菌所致的呼吸道、胆道、皮肤软组织感染、菌血症、腹膜炎、泌尿道及其他组织器官感染等
第三代 头孢噻肟（cefotaxime） 头孢曲松（ceftriaxone） 头孢他啶（ceftazidime） 头孢哌酮（cefoperazone） 头孢唑肟（ceftizoxime）	①对厌氧菌及革兰氏阴性菌作用较强（包括铜绿假单胞菌），对革兰氏阳性菌作用不及第一、二代；②对 β-内酰胺酶更稳定；③基本无肾毒性；④可用于严重的败血症、脑膜炎、肺炎、骨髓炎、尿路感染等
第四代 头孢匹罗（cefpirome） 头孢吡肟（cefepime） 头孢利定（cefalorne）	①抗菌谱和抗菌活性与第三代相似，但对葡萄球菌属等革兰氏阳性球菌的作用增强；②对 β-内酰胺酶（尤其是超广谱酶和染色体介导的Ⅰ型酶）稳定；③无肾毒性；④药物 $t_{1/2}$ 趋向延长；⑤可用于对第三代耐药的细菌感染
第五代 头孢洛林（ceftaroline） 头孢吡普（ceftobiprole）	①对 G^+ 菌的作用强于前四代，能抗耐甲氧西林金黄色葡萄球菌感染（MRSA）、耐甲氧西林凝固酶阴性葡萄球菌（MRCNS）、青霉素耐药肺炎链球菌（PRSP），但对肠球菌作用差；②对部分阴性菌仍具有良好的抗菌活性；③对大部分 β-内酰胺酶高度稳定，但对超广谱 β-内酰胺酶（ESBLs）和大多数金属 β-内酰胺酶不耐受，对铜绿假单胞菌、鲍曼不动杆菌活性差

【体内过程】头孢菌素类能口服的均耐酸，胃肠吸收好。经口服或注射给药后，能迅速入血，且易通过胎盘屏障，在滑囊液和心包积液中有较高浓度。第三代头孢菌素类可通过血脑屏障，在脑脊液中能达到有效浓度。头孢菌素类一般经肾排泄，头孢哌酮、头孢曲松经肝胆系统排泄。头孢菌素类的 $t_{1/2}$ 多数为 0.5~2.0 h，有的可达 3 h，头孢曲松可达 8 h。

【抗菌作用临床应用】

1. 第一代头孢菌素　抗菌范围与青霉素 G 相似，对革兰氏阳性菌抗菌作用比第二、三代强，但对革兰氏阴性菌的作用较弱。主要用于耐青霉素 G 的金黄色葡萄球菌及其他敏感菌（主要是革兰氏阳性细菌）所致的呼吸道感染、软组织感染、败血症等。注射常用的有头孢噻吩、头孢唑林等，口服常用的有头孢氨苄、头孢羟氨苄等，供口服和注射可用头孢拉定。

2. 第二代头孢菌素　对革兰氏阳性菌作用较第一代稍差，对革兰氏阴性菌作用较第一代强，部分药物对厌氧菌有效，对铜绿假单胞菌无效。主要用于大肠埃希菌、克雷伯菌、吲哚变形杆菌所致的呼吸道、泌尿道和皮肤、软组织感染等。供注射用的是头孢呋辛、头孢孟多、头孢尼西等，供口服的有头孢呋辛酯、头孢克洛等。

3. 第三代头孢菌素　是目前应用最广泛的一类头孢菌素。对厌氧菌及革兰氏阴性菌作用较强

（包括铜绿假单胞菌），对革兰氏阳性菌作用不及第一、二代。主要用于治疗危及生命的败血症、脑膜炎、肺炎、骨髓炎及尿路严重感染，能有效控制严重的铜绿假单胞菌感染。供注射用的有头孢噻肟、头孢唑肟、头孢曲松、头孢哌酮、头孢他啶等，供口服的有头孢克肟、头孢特仑酯、头孢他美酯等。

4. 第四代头孢菌素　对革兰氏阳性菌和革兰氏阴性菌作用均较强，目前仅用于对第三代头孢菌素耐药的严重感染。供注射用的有头孢匹罗、头孢利定等。

5. 第五代头孢菌素　主要用于敏感菌引起的急性细菌性皮肤软组织感染、敏感菌包括 MRSA 所致社区获得性肺炎和医院获得性肺炎等，还可以治疗 G^- 菌引起的糖尿病足感染。

【不良反应】头孢菌素类抗生素毒性较低，不良反应较少。

1. 超敏反应　较常见，多为药疹、药热等，偶见过敏性休克。头孢菌素类与青霉素类抗生素有部分交叉超敏反应，青霉素皮试阳性或有青霉素过敏史者慎用，青霉素过敏性休克者禁用。关于头孢菌素类用药前是否做皮试的问题，目前尚无统一规定。但有药物过敏史者或过敏体质者，用药前应做皮试，皮试液浓度为 0.5 mg/ml，每次用 0.05～0.1 ml 注入皮内，观察方法及结果判断与青霉素皮试相同。

2. 肾损害　第一代头孢菌素大剂量使用时，可损害近曲小管细胞而出现肾毒性，肾功能不全者禁用；第二代头孢菌素肾毒性较第一代轻；第三、四、五代头孢菌素对肾基本无毒。

3. 其他　可有胃肠道反应；静脉给药可发生静脉炎；口服第三代、第四代头孢菌素偶见二重感染；头孢孟多、头孢哌酮大剂量可引起低凝血酶原血症或血小板减少，可用维生素 K 预防；与乙醇合用，可产生"双硫仑样"反应，用药期间及停药 3 日内，应劝导患者禁酒。

　熟悉头孢噻肟的抗菌作用及临床应用。

三、新型 β- 内酰胺类抗生素

新型 β- 内酰胺类抗生素的化学结构中虽有 β- 内酰胺环，但无青霉素类与头孢菌素类的基本结构，包括碳青霉烯类、头霉素类、氧头孢烯类、单环 β- 内酰胺类抗生素。

（一）碳青霉烯类抗生素

碳青霉烯类抗生素的基本结构与 6-APA 相似，因 1 位上的硫原子被碳原子取代而得名。目前临床应用的有亚胺培南（imipenem）、帕尼培南（panipenem）、美罗培南（meropenem）等。碳青霉烯类抗生素抗菌作用强，尤其对铜绿假单胞菌作用显著，耐酶且稳定，与其他 β- 内酰胺类抗生素无交叉耐药性，对革兰氏阳性菌、革兰氏阴性菌及厌氧菌均有良好抗菌效果，临床主要用于革兰氏阳性、革兰氏阴性需氧菌和厌氧菌所致的各种严重感染，对其他常用药物疗效欠佳者也有效。碳青霉烯类对肾有一定毒性。

亚 胺 培 南

亚胺培南能通过特殊的外膜通道快速进入靶位，故有强大的杀菌作用，抗菌机制同青霉素。亚胺培南不仅对多数需氧菌有效，且对临床常见的厌氧菌亦有效。亚胺培南在体内可被肾脱氢肽酶灭活而失效，故需与抑制肾脱氢肽酶的西司他丁（cilastatin）联合应用才能发挥作用。临床主要用于严重的细菌混合感染、厌氧菌感染。亚胺培南仅供静脉给药。常见不良反应有胃肠道反应及药疹、瘙痒等超敏反应，未见过敏性休克的报道。

（二）头霉素类抗生素

头 孢 西 丁

头孢西丁（cefoxitin）的抗菌谱和抗菌活性与第二代头孢菌素相似，对革兰氏阳性菌和革兰氏阴性菌均有较强的杀菌作用，可用于敏感菌所致的下呼吸道、泌尿道、胆道、腹腔及软组织感染。头孢西丁还对厌氧菌有高效，适用于腹腔、盆腔等需氧菌与厌氧菌的混合感染。不良反应与头孢菌素类抗生素相似。其他头霉素类药还有头孢美唑（cefmetazole）、头孢替坦（cefotetan）、头孢拉宗（cefbuperazone）等。

（三）氧头孢烯类抗生素

氧头孢烯类抗生素的主要药物有拉氧头孢（latamoxef）、氟氧头孢（flomoxef）等，均为广谱抗生素，具有与第三代头孢菌素类相似的抗菌谱和抗菌特点，对革兰氏阳性球菌、革兰氏阴性杆菌和厌氧菌均有强大的抗菌活性，主要用于敏感菌所致呼吸系统感染、泌尿系统感染、胆道感染、胸膜炎、腹膜炎、子宫附件炎、败血症等。对青霉素类过敏者慎用。

（四）单环 β-内酰胺类抗生素

单环 β-内酰胺类抗生素仅有 β-内酰胺单环（图 34-1C），对 β-内酰胺酶稳定，对革兰氏阴性菌作用强，对铜绿假单胞菌的作用与头孢哌酮相似，对革兰氏阳性菌及厌氧菌无效。单环 β-内酰胺类与青霉素类之间不存在交叉超敏反应，毒性小。

氨 曲 南

氨曲南（aztreonam）对革兰氏阴性菌细胞膜有良好的穿透力，主要用于革兰氏阴性菌感染。由于氨曲南有较好的耐酶性能，因此，当微生物对青霉素类、头孢菌素类、氨基糖苷类抗生素不敏感时可试用氨曲南。主要不良反应有静脉注射部位疼痛和静脉炎，其次是胃肠道反应。

【附】β-内酰胺酶抑制药

产生 β-内酰胺酶是某些细菌对 β-内酰胺类抗生素耐药的主要原因，β-内酰胺酶抑制药通过与 β-内酰胺酶结合而抑制 β-内酰胺酶，拮抗细菌的耐药性。β-内酰胺酶抑制药中常用的有克拉维酸（clavulanic acid，棒酸）及舒巴坦（sulbactam，青霉烷砜）。此类药物常与 β-内酰胺类抗生素合用，以增强抗菌效果。常用制剂有阿莫西林-克拉维酸片，替卡西林-克拉维酸注射液，以及舒他西林（sultamicillin，为舒巴坦与氨苄西林 1∶2 的混合物）、舒巴哌酮（sulperazone，为舒巴坦和头孢哌酮的 1∶2 的混合物），可用于呼吸道、泌尿道及皮肤和软组织感染。

第二节　大环内酯类、林可霉素类及多肽类抗生素

案例导入

患者，女，68 岁，退休职工，患慢性支气管炎 10 余年。因"咳嗽、咳痰伴胸闷 3 天"到社区卫生服务中心就诊。查体：体温 36.8 ℃，呼吸 20 次 / 分，双肺可闻及散在湿啰音。初步诊断为慢性支气管炎急性发作。社区医生开具治疗方案如下：0.9% 氯化钠注射液 250 ml + 克林霉素 0.9 g，一日 1 次，静脉滴注；同时口服阿奇霉素 0.5 g，一日 1 次。

问题与思考：

该治疗方案是否合理，为什么？

一、大环内酯类抗生素

大环内酯类抗生素是一类具有 14~16 元大内酯环结构的抗生素，有天然和半合成两种来源。临床常用的天然大环内酯类抗生素主要有红霉素、麦迪霉素、麦白霉素、螺旋霉素等，人工半合成大环内酯类抗生素主要有罗红霉素、克拉霉素、阿奇霉素、乙酰螺旋霉素等。

（一）天然大环内酯类抗生素

天然大环内酯类抗生素是由链霉菌产生的一类碱性抗生素，其特点有：对胃酸不稳定，pH < 4 时几乎无抗菌活性；在碱性环境中抗菌活性增强，治疗尿路感染时需碱化尿液；血药浓度较低，组织中浓度相对较高；不易通过血脑屏障，主要经胆汁排泄；抗菌谱窄，主要作用于革兰氏阳性球菌，以及某些厌氧菌、支原体、衣原体和军团菌等。

红 霉 素

红霉素（erythromycin）是大环内酯类抗生素的代表药物。

【体内过程】红霉素口服后易被胃酸破坏，常用其肠溶片。该药吸收后可广泛分布于各组织和体液中，尤以肝、胆、脾中浓度较高，但不易通过血脑屏障，可通过胎盘进入胎儿体内，也可通过乳汁分泌。红霉素主要在肝代谢，经胆汁排泄，存在肝肠循环，10%～15%以原型药物经尿排出。

【抗菌作用】红霉素的抗菌谱与青霉素G相似而稍广：对革兰氏阳性菌如金黄色葡萄球菌、化脓性链球菌、白喉棒状杆菌、梭状芽孢杆菌等，具有强大抗菌活性；对革兰氏阴性菌如脑膜炎奈瑟菌、淋病奈瑟菌、流感嗜血杆菌、百日咳鲍特菌等有效；对军团菌、弯曲杆菌、支原体、衣原体、立克次体、厌氧菌有抑制作用。

红霉素的抗菌机制为抑制细菌蛋白质合成。红霉素能与细菌核糖体的50S亚基不可逆结合，抑制转肽酶，阻止肽链延长，从而终止菌体蛋白质合成，对哺乳动物核糖体几乎无影响。红霉素为快速抑菌药，高浓度时可杀菌，应避免与繁殖期杀菌药合用，以免发生拮抗作用。细菌可通过改变核糖体上的结合靶位、染色体突变或获得耐药质粒而导致对红霉素耐药。细菌对红霉素易产生耐药性，但不持久，停药数月可恢复对药物的敏感性，因此用药疗程不宜超过1周。大环内酯类抗生素之间存在交叉耐药性。

【临床应用】临床主要用于对青霉素G耐药的革兰氏阳性球菌（尤其是金黄色葡萄球菌）感染和对青霉素类过敏患者。对军团菌肺炎、支原体肺炎、白喉带菌者、沙眼衣原体所致的新生儿结膜炎、弯曲杆菌所致的败血症或肠炎等可作为首选；也可用于厌氧菌引起的口腔感染，肺炎衣原体等非典型病原体所致的呼吸道、泌尿生殖系统感染；可替代青霉素G治疗其他敏感细菌所致的感染，但抗菌效力不及青霉素G。

【不良反应】

1. 胃肠道反应　红霉素口服和静脉注射给药均可引起胃肠道反应，如恶心、呕吐、腹痛、厌食等。

2. 局部刺激　红霉素不宜肌内注射，静脉滴注浓度不应超过1 mg/ml，滴注速度宜缓慢，以防发生血栓性静脉炎。

3. 肝毒性　大剂量或长期应用红霉素可致胆汁淤积和氨基转移酶升高，也可发生肝实质性损伤，尤其在应用酯化红霉素时。孕妇及慢性肝病患者不宜应用，婴幼儿慎用。

4. 其他　红霉素每日剂量高于4 g时容易发生神经性耳聋，常在用药1～2周内出现，老年人及肾功能不良者更易发生；偶见超敏反应。乳糖酸红霉素静脉滴注时应用5%葡萄糖溶液稀释后缓慢滴注，不可用生理盐水稀释，以免析出结晶。

 熟悉红霉素的抗菌作用、临床应用。

（二）半合成大环内酯类抗生素

半合成大环内酯类抗生素的特点：①对胃酸稳定，口服生物利用度高；②血药浓度高，组织渗透性好；③半衰期长，每天用药次数少；④抗菌谱更广，对革兰氏阴性菌和某些衣原体的抗菌活性强；⑤对金黄色葡萄球菌、化脓性链球菌具有良好的抗生素后效应；⑥不良反应较天然品少，易于耐受。

克 拉 霉 素

克拉霉素（clarithromycin）口服吸收迅速而完全，对酸稳定，不受进食的影响，首过消除明显，分布于各组织且浓度高于血中浓度。

克拉霉素对革兰氏阴性菌、军团菌、肺炎支原体及幽门螺杆菌的作用是大环内酯类中作用最强者，对沙眼衣原体、流感嗜血杆菌、厌氧菌等的作用强于红霉素。临床主要用于敏感菌所致的呼吸系统、泌尿生殖系统和皮肤软组织感染的治疗。

克拉霉素不良反应较少，有轻度胃肠道反应，个别患者有氨基转移酶升高等。

罗 红 霉 素

罗红霉素（roxithromycin）空腹吸收好，血药浓度、组织浓度高于红霉素，$t_{1/2}$ 长达 8.4～15.5 h。其分布较广，肺、扁桃体等组织内浓度较高，消除较慢，主要以原型药物从粪便中排出。

罗红霉素抗菌谱与红霉素相近且略广，主要作用于革兰氏阳性菌、厌氧菌、衣原体和支原体等。其体外抗菌作用与红霉素相类似，体内抗菌作用比红霉素强 1～4 倍。临床主要用于敏感菌所致的呼吸道、泌尿道、皮肤和软组织、耳、鼻、咽喉等部位感染。

罗红霉素不良反应发生率约为 4.1%。常见不良反应为恶心、腹痛、腹泻等胃肠道症状，需停药的病例仅占 1.9%。婴幼儿、儿童和老年人应用罗红霉素较安全。其他不良反应可有皮疹等超敏反应，还可见胃肠道反应、皮疹、ALT、AST 升高。

阿 奇 霉 素

阿奇霉素（azithromycin）口服后迅速吸收，生物利用度为 37%。药物在体内分布广泛，在各组织内浓度可达同期血浓度的 10～100 倍，在巨噬细胞及成纤维细胞内浓度高，前者能将阿奇霉素转运至炎症部位。$t_{1/2}$ 为 35～48 h，每日仅需给药 1 次。大部分药物以原型经胆道排出，少量经尿排出。血浆蛋白结合率随血药浓度的增加而减低。

阿奇霉素抗菌谱较红霉素广，抗菌作用较红霉素强，尤其对流感嗜血杆菌、淋病奈瑟菌、军团菌、梭状芽孢杆菌的作用强；对金黄色葡萄球菌、肺炎链球菌、链球菌的抗菌作用弱于红霉素。

阿奇霉素主要用于：①化脓性链球菌引起的急性咽炎、急性扁桃体炎。②敏感细菌引起的鼻窦炎、中耳炎、急性支气管炎、慢性支气管炎急性发作。③肺炎链球菌、流感嗜血杆菌及肺炎支原体所致的肺炎。④沙眼衣原体及非耐药淋病奈瑟菌所致的尿道炎和宫颈炎。⑤敏感细菌引起的皮肤软组织感染。

阿奇霉素常见不良反应有：①胃肠道反应，如腹泻、恶心、腹痛、稀便、呕吐等；②皮肤反应，如皮疹、瘙痒等；③其他反应，如厌食、阴道炎、头晕或呼吸困难等。

 掌握阿奇霉素的抗菌作用及临床应用。

二、林可霉素类抗生素

林可霉素类抗生素包括林可霉素（lincomycin，洁霉素）、克林霉素（clindamycin，氯洁霉素）。两药抗菌谱和抗菌机制相同，但克林霉素较林可霉素口服吸收好，抗菌作用强，毒性低，故临床常用。

【体内过程】克林霉素口服吸收迅速而完全，生物利用度为 87%，且不受进食影响，$t_{1/2}$ 约 2.5 h；而林可霉素吸收仅为给药量的 20%～35%，$t_{1/2}$ 为 4～4.5 h。林可霉素吸收后能广泛分布到全身组织和体液，并达到有效治疗水平，骨组织浓度高，可通过胎盘但不易通过血脑屏障，但炎症时脑组织可达有效治疗浓度。此类药物主要在肝内代谢，经胆汁排泄，小部分由肾排泄。

【抗菌作用】林可霉素类的抗菌谱与红霉素类似，克林霉素的抗菌活性比林可霉素强 4~8 倍。两药最主要的特点是对各类厌氧菌均有强大的抗菌作用，对革兰氏阳性需氧菌有显著的活性，对部分需氧革兰氏阴性球菌、支原体和沙眼衣原体也有抑制作用，对肠球菌、革兰氏阴性杆菌、耐甲氧西林金黄色葡萄球菌、肺炎支原体不敏感。作用机制与大环内酯类相同，通过作用于敏感菌核糖体 50S 亚基，阻止肽链延长，使蛋白质合成受阻而呈现抑菌作用。两药存在完全交叉耐药性，与红霉素有部分交叉耐药性。

【临床应用】林可霉素类主要用于厌氧菌引起的口腔、腹腔和妇科感染；治疗需氧革兰氏阳性球菌引起的呼吸道、骨和软组织、胆道感染及败血症、心内膜炎等；对金黄色葡萄球菌引起的骨髓炎为首选药。

【不良反应】

1. 胃肠道反应　口服易出现，表现为恶心、呕吐、腹泻等。

2. 假膜性肠炎　长期用药可引起二重感染，使难辨梭状芽孢杆菌大量繁殖并产生外毒素，导致假膜性肠炎，会造成严重后果甚至死亡。故长期使用此类药若出现严重的水样或血样便时应考虑假膜性肠炎，需及时停药，除对症治疗外，需口服万古霉素或甲硝唑。

3. 其他反应　可出现超敏反应及一过性中性粒细胞减少和血小板减少，偶见肝损害。林可霉素类不宜直接静脉注射，因为速度过快可致心搏骤停和低血压。静脉滴注给药时，每克药物需用 200 ml 液体稀释，滴注时间不少于 1 h。

熟悉克林霉素的抗菌作用及临床应用。

三、多肽类抗生素

多肽类抗生素包括万古霉素类、多黏菌素类（多黏菌素 B、多黏菌素 E）、杆菌肽类（杆菌肽、短杆菌肽）和环脂肽类等。

（一）万古霉素类

万古霉素类常用药物有万古霉素（vancomycin）、去甲万古霉素（norvancomycin）、替考拉宁（teicoplanin）。

【体内过程】万古霉素类口服难以吸收，不宜肌内注射，因可致局部剧痛和组织坏死，全身用药只宜缓慢静脉滴注。药物吸收后可迅速分布至各组织和体液，可通过胎盘，但不易通过血脑屏障，炎症时通过增多，可达有效浓度。90% 以上的药物经肾排泄。万古霉素及去甲万古霉素 $t_{1/2}$ 约 6 h，替考拉宁 $t_{1/2}$ 长达 45~70 h。

【抗菌作用】此类药对 G^+ 菌产生强大杀菌作用，尤其是对耐甲氧西林金黄色葡萄球菌（MRSA）、耐药表皮葡萄球菌（MRSE）、耐青霉素肺炎链球菌（PRSP）、肠球菌具有良好抗菌活性。其中替考拉宁对肠球菌作用略优。抗菌作用机制是抑制细菌细胞壁的合成，主要与细菌细胞壁前体肽结合，阻断肽聚糖合成，造成细胞壁缺陷而杀灭细菌。

【临床应用】万古霉素类仅用于严重 G^+ 菌感染，特别是 MRSA、MRSE、耐青霉素肺炎链球菌和肠球菌属所致感染，如呼吸道感染、败血症、心内膜炎、骨髓炎、脑膜炎等，也可用于对 β- 内酰胺类过敏的患者。

【不良反应】

万古霉素和去甲万古霉素毒性较大,替考拉宁毒性较小。

1. 耳毒性　血药浓度超过 80 mg/L 且持续数天即可引起耳鸣、听力减退,甚至耳聋,及早停药可恢复正常,少数患者停药后仍有致聋危险。应避免同服有耳毒性的药物。

2. 肾毒性　主要损伤肾小管,表现为蛋白尿和管型尿、少尿、血尿、氮质血症,甚至肾衰竭。多发生于与氨基糖苷类抗生素合用,或患者肾功能不全时。

3. 超敏反应　偶可引起药物热、皮疹和过敏性休克。快速静脉注射万古霉素时,出现皮肤潮红、红斑、荨麻疹、心动过速和低血压等特征性症状,称为"红人综合征"(red man syndrome)。去甲万古霉素和替考拉宁很少出现"红人综合征",但仍存在交叉超敏反应风险。

4. 其他　口服时可引起恶心、呕吐、金属异味感,静脉注射时偶发疼痛和血栓性静脉炎。

(二)多黏菌素类

多黏菌素类抗生素用于临床的有多黏菌素 B(polymyxin B)和多黏菌素 E(polymyxin E)。

多黏菌素类抗生素口服不易吸收,肌内注射 2 h 达血药浓度高峰。由于多黏菌素类分子量较大,不易进入胸腔、腹腔、关节腔,也不易通过血脑屏障。其体内代谢缓慢,主要经肾缓慢排出,连续给药可出现体内蓄积。$t_{1/2}$ 为 6 h。多黏菌素 B 可全身给药,多黏菌素 E 只宜局部给药。

多黏菌素类抗生素属于窄谱、慢效杀菌药,只能杀灭某些革兰氏阴性杆菌。其作用机制是能与革兰氏阴性杆菌细胞膜的磷脂结合,使细菌细胞膜通透性增加,胞内物质外漏而呈现杀菌作用。因其毒性大,临床主要用于对其他抗生素耐药但仍对多黏菌素类敏感的铜绿假单胞菌感染。口服用于治疗肠炎和肠道手术前准备,局部用于敏感铜绿假单胞菌所致烧伤感染。

【不良反应】多黏菌素类抗生素对肾及神经系统毒性较大,因此,肾功能不全者,宜减量或间歇用药。多黏菌素类抗生素静脉滴注过快时,可因神经肌肉阻滞而导致呼吸抑制。

第三节　氨基糖苷类抗生素

> **案例导入**
>
> 患者,女,65 岁,因寒战、高热、恶心、尿频、尿急、尿痛来社区卫生服务中心就诊。此前上级医院实验室检查结果显示尿培养大肠埃希菌阳性,诊断为急性肾盂肾炎,建议回社区后继续治疗。医嘱肌内注射庆大霉素注射液。
>
> 问题与思考:
> 1. 该患者用药后症状如无好转,可考虑加用何药以产生协同作用?
> 2. 用庆大霉素治疗期间,如该患者出现尿量减少,应考虑发生了什么情况?

一、氨基糖苷类抗生素的共性

氨基糖苷类抗生素因其化学结构中含有氨基醇环和氨基糖分子,并由配糖键连接成苷而得名。氨基糖苷类抗生素主要包括两大类:一类为天然品,由链霉菌培养液中提取的链霉素、新霉素、卡那霉素、妥布霉素、大观霉素,从小单胞菌培养液中提取的庆大霉素、西索米星、小诺米星;另一类为人工半合成品,如阿米卡星、奈替米星等。氨基糖苷类抗生素因化学结构基本相似,具有下列共同性质。

1. 体内过程相似　氨基糖苷类抗生素是强极性化合物,口服难吸收,故口服仅用于肠道感染;

全身感染需注射给药，肌内注射吸收迅速而完全。药物主要分布于细胞外液，不易通过血脑屏障，但可通过胎盘屏障，故妊娠期妇女慎用；在肾皮质及内耳淋巴液浓度很高，与其肾毒性及耳毒性直接相关。药物主要以原型经肾排泄，尿药浓度高，有利于尿路感染的治疗，碱化尿液可增强抗菌效果。

2. 抗菌作用相似　氨基糖苷类抗生素对各种需氧革兰氏阴性杆菌，如大肠埃希菌、克雷伯菌属、肠杆菌属、变形杆菌属、铜绿假单胞菌属及志贺菌属等有强大的抗菌作用；对枸橼酸菌属、沙雷菌属、沙门菌属、产碱杆菌属、不动杆菌属也有一定的抗菌活性；链霉素、卡那霉素、阿米卡星对结核分枝杆菌有效；对耐药金黄色葡萄球菌也有较好的抗菌活性；对革兰氏阴性球菌如淋病奈瑟菌、脑膜炎奈瑟菌作用较差；对各组链球菌作用较弱；对肠球菌和厌氧菌不敏感。

3. 作用机制相似　氨基糖苷类抗生素能进入菌体细胞内与核糖体30S亚基结合，通过阻碍蛋白质合成的启动及干扰mRNA的"翻译"与"核对"过程，而抑制细菌蛋白质合成；同时通过抑制细菌蛋白质合成及离子吸附作用附着于菌体表面，造成细菌细胞膜缺损，细胞膜通透性增加，使菌体内重要物质外漏。氨基糖苷类抗生素属静止期快速杀菌药。

4. 耐药性相似　氨基糖苷类抗生素各药物之间存在部分或完全交叉耐药性。耐药机制包括：细菌产生修饰氨基糖苷类的钝化酶，使药物不能与核糖体结合而失效、灭活；细菌降低细胞膜通透性，使菌体内药物浓度下降；细菌发生基因突变使菌株核蛋白体靶位蛋白改变，致使其对氨基糖苷类的亲和力降低。

5. 临床应用相似　氨基糖苷类抗生素主要用于敏感需氧革兰氏阴性杆菌所致的全身感染，如呼吸道、泌尿道、脑膜、皮肤软组织、胃肠道、烧伤及骨关节感染等，严重革兰氏阴性杆菌感染，常需合用其他抗菌药，如广谱半合成青霉素、第三代头孢菌素和氟喹诺酮类药等；也可口服用于治疗消化道感染、肠道术前准备、肝性脑病用药；此外，链霉素、阿米卡星可作为结核的治疗药物。

6. 不良反应相似

（1）耳毒性：包括前庭神经和耳蜗听神经损伤。前庭神经损伤表现为眩晕、恶心、呕吐、眼球震颤和平衡失调等，发生率依次为：新霉素＞卡那霉素＞链霉素＞西索米星＞阿米卡星＞庆大霉素＞妥布霉素＞奈替米星。耳蜗听神经损伤表现为耳鸣及不同程度的听力减退，严重者可致永久性耳聋，发生率依次为：新霉素＞卡那霉素＞阿米卡星＞西索米星＞庆大霉素＞妥布霉素＞奈替米星＞链霉素。此毒性对胎儿有影响，值得警惕。耳毒性的发生是由于药物在内耳淋巴液中的浓度较高，影响了内耳科尔蒂器内、外毛细胞的能量产生和利用，最终导致毛细胞的变性或坏死。为了防止或减少耳毒性的发生，应用氨基糖苷类抗生素时应注意患者是否有耳鸣、眩晕等早期症状，并进行听力监测，避免与其他有耳毒性的药物合用。儿童和老年人用药要谨慎。

（2）肾毒性：氨基糖苷类抗生素是诱发药源性肾衰竭的最常见因素。其肾毒性是由于药物在肾皮质部蓄积及对肾近曲小管细胞高亲和力所致。临床可见蛋白尿、血尿，严重者可致氮质血症、少尿及无尿等。肾毒性一般是可逆的，连续用药较间歇给药发生率高，发生率依次为：新霉素＞卡那霉素＞庆大霉素＞妥布霉素＞阿米卡星＞奈替米星＞链霉素。肾毒性易发生于老年、休克、脱水、原有肾病的患者，以及合用多黏菌素、呋塞米等肾毒性药物的患者，同时与用药剂量、疗程密切相关。

（3）神经肌肉阻断作用：氨基糖苷类抗生素大剂量静脉滴注或腹腔给药可阻断神经肌肉接头，患者出现四肢无力、血压下降、呼吸困难，甚至呼吸停止。链霉素较易引起此反应。这是氨基糖苷类阻止钙离子参与乙酰胆碱释放所致。其发生率依次为：新霉素＞链霉素＞卡那霉素＞阿米卡星＞庆大霉素＞妥布霉素。一旦发生可用钙剂或新斯的明抢救。

（4）超敏反应：常见皮疹、发热、血管神经性水肿、口周发麻等。其中，链霉素可引起过敏性休克，发生率仅次于青霉素G，症状较青霉素G更重，死亡率更高，防治措施同青霉素G，抢救时除立即应用肾上腺素外，还需缓慢静脉注射钙剂。

7. 用药注意事项相似

（1）此类药物间禁止合用，用药期间，应定期检测听力和肾功能。

（2）不能与高效能利尿药等合用，因为可加重耳毒性，产生严重暂时性或永久性耳聋。

（3）不能与多黏菌素、头孢噻吩、头孢噻啶、林可霉素、二性霉素B等合用，因为可加重肾损害，甚至引起急性肾小管坏死。

二、常用氨基糖苷类抗生素

庆 大 霉 素

庆大霉素（gentamycin）抗菌谱广，抗菌活性高，是临床最为常用的氨基糖苷类抗生素。临床主要用于：①严重革兰氏阴性杆菌的感染，如败血症、骨髓炎、肺炎、脑膜炎等为首选；②铜绿假单胞菌感染，常与羧苄西林等广谱半合成青霉素或头孢菌素类联合应用，可提高疗效，但合用时不可同时混合静脉滴注；③与青霉素联合治疗肠球菌引起的心内膜炎，与羧苄西林联合治疗革兰氏阴性杆菌引起的心内膜炎；④口服用作肠道术前准备或治疗肠道感染；⑤局部用于皮肤、黏膜表面和眼、耳、鼻部感染。庆大霉素不良反应以肾毒性较多见，听神经损害较重，偶见超敏反应，甚至可引起过敏性休克。

链 霉 素

链霉素（streptomycin）是1944年从链丝菌培养液提取获得的第一个氨基糖苷类抗生素，也是第一个对结核病有效的药物。链霉素对革兰氏阴性菌作用强大，但因毒性大且易耐药限制了它的应用，目前主要用于治疗某些不常见的感染：①治疗鼠疫（常与磺胺嘧啶合用）、兔热病的首选药；②与青霉素合用治疗草绿色链球菌、肠球菌引起的感染性心内膜炎，已被庆大霉素替代；③结核病；④与四环素合用治疗布鲁氏菌病。

链霉素最常见且严重的不良反应是耳毒性，甚至可致永久性耳聋；大剂量可致神经肌肉阻断。其过敏性休克发生率虽较青霉素G少，但死亡率却很高，故注射前应先进行皮试。皮试可能出现假阴性，一旦发生过敏性休克，立即皮下或肌内注射肾上腺素并缓慢静脉注射葡萄糖酸钙进行抢救。

其他氨基糖苷类抗生素的作用特点及临床应用如表34-3所列。

表34-3 其他氨基糖苷类抗生素的作用特点及临床应用

药物	作用特点及临床应用
阿米卡星（amikacin）	为此类抗生素中抗菌谱最广的药物。突出优点是对许多肠道革兰氏阴性菌和铜绿假单胞菌所产生的钝化酶稳定，主要用于治疗对其他氨基糖苷类耐药菌株，尤其是铜绿假单胞菌所致感染。不良反应与庆大霉素类似。长期用药可致二重感染
依替米星（etimicin）	为一种新的半合成水溶性氨基糖苷类抗生素。抗菌谱广、抗菌活性强、毒性低。对大部分G^+及G^-菌有良好抗菌作用，尤其对大肠埃希菌、肺炎克雷伯菌、沙雷菌属、奇异变形杆菌、沙门菌属、流感嗜血杆菌及葡萄球菌属等有较高的抗菌活性，对部分耐庆大霉素、小诺霉素和头孢唑林的金黄色葡萄球菌、大肠埃希菌和肺炎克雷伯菌，其体外最小抑菌浓度（MIC）值仍在其治疗剂量的血药浓度范围内。对产生β-内酰胺酶的部分葡萄球菌和部分MRSA也有一定抗菌活性。依替米星发生耳毒性、肾毒性和神经肌肉麻痹的程度均较奈替米星、阿米卡星轻，是目前氨基糖苷类药物中不良反应发生率最低的药物
大观霉素（spectinomycin）	仅对淋病奈瑟菌有高度抗菌活性，对其他细菌无效。临床上只用于淋病奈瑟菌感染。因耐药菌株越来越多，已不作为淋病奈瑟菌感染的首选药
妥布霉素（tobramycin）	抗菌作用与庆大霉素相似，抗铜绿假单胞菌活性比庆大霉素强，主要用于铜绿假单胞菌严重感染及各种革兰氏阴性菌严重感染。不良反应与庆大霉素类似但轻

药物	作用特点及临床应用
卡那霉素（kanamycin）	耳毒性、肾毒性仅次于新霉素。由于其耳毒性和耐药性多见，目前临床很少应用
新霉素（neomycin）	是氨基糖苷类抗生素中耳毒性、肾毒性最强的一种，仅限外用，不能注射给药。口服不易吸收，毒性较小，用于肠道手术消毒

 掌握庆大霉素、阿米卡星的抗菌作用及临床应用；熟悉妥布霉素的抗菌作用及临床应用。

第四节　四环素类抗生素和氯霉素

四环素类抗生素和氯霉素不但对大多数革兰氏阳性菌和革兰氏阴性菌有作用，对支原体、衣原体、立克次体、螺旋体和阿米巴原虫也有较强的抑制作用，因此它们属于广谱抗生素，但因对其耐药的菌株增多或因其不良反应多见，临床应用受到限制。

一、四环素类抗生素

四环素类抗生素分为天然四环素类和半合成四环素类。天然四环素类抗生素包括四环素、土霉素、金霉素、地美环素；半合成四环素类抗生素包括美他环素、多西环素、米诺环素等。此类药物只有抑菌作用，属快速抑菌药。

（一）天然四环素类

四　环　素

【抗菌作用及耐药性】四环素（tetracycline）抗菌谱广，对革兰氏阳性菌的作用强于革兰氏阴性菌，对肺炎支原体、立克次体、衣原体、螺旋体、放线菌和某些厌氧菌都有抑制作用，并能间接抑制阿米巴原虫，但对铜绿假单胞菌、结核分枝杆菌、伤寒沙门菌、病毒和真菌无效。其抗菌机制是特异地与敏感菌核糖体30S亚基结合，阻止肽链的延伸，抑制蛋白质合成，属快速抑菌剂，高浓度对某些细菌也有杀菌作用。细菌对四环素的耐药性普遍，天然四环素类之间存在交叉耐药性。

【临床应用】四环素因耐药性普遍且不良反应多见，现已少用。

【不良反应】

1. 局部刺激症状　四环素口服后易引起恶心、呕吐、上腹不适、腹胀等胃肠刺激症状，餐后服用可减轻胃肠道反应，但影响药物吸收。

2. 二重感染　长期大量应用四环素类等广谱抗生素，敏感菌被抑制，使体内正常菌群的生态平衡被打破，致使耐药菌和真菌趁机繁殖，造成新的感染，称为二重感染，又称菌群失调症。老年人、幼儿及抵抗力差的患者，尤其在应用肾上腺皮质激素、抗肿瘤药、免疫抑制药等造成机体免疫功能下降时更易发生。常见的二重感染有白念珠菌引起的鹅口疮及葡萄球菌引起的肠炎（假膜性肠炎），一旦发生应立即停用四环素类等广谱抗生素。

3. 影响骨、牙生长　四环素可致牙齿黄染及牙釉质发育不全，造成恒齿永久性棕色色素沉着（俗称"四环素牙"），并可抑制婴幼儿骨骼生长。四环素影响骨、牙生长较土霉素明显。四环素可通过胎盘进入胎儿体内，影响胎儿生长发育；还可经乳汁分泌，故妊娠期、哺乳期妇女及8岁以下的儿童禁用。

4. 其他反应　四环素大剂量长期口服可引起肝、肾损害，尤其对孕妇可引起脂肪性肝坏死；偶见皮疹、药热、血管神经性水肿等超敏反应。肝、肾功能不全者禁用。

（二）半合成四环素类抗生素

多西环素、米诺环素

多西环素（doxycycline）、米诺环素（minocycline）脂溶性高，口服吸收快而完全，受食物影响较小，但易受金属离子（如 Ca^{2+}、Mg^{2+}、Al^{3+}、Fe^{2+} 等）的干扰，应与含金属离子的药物分开服用；与血浆蛋白结合率高，分布广泛，易通过血脑屏障，脑脊液能达有效浓度；主要经胆道排泄，有肝肠循环，$t_{1/2}$ 较长，有效血药浓度可维持 24 h，每日服药 1 次即可。

【抗菌作用及临床应用】两药的抗菌机制同四环素，抗菌作用较四环素强，耐药菌株少，与四环素之间无明显交叉耐药性。多西环素多用于治疗呼吸道感染，也可用于合并肾功能不全的患者。米诺环素作用强于多西环素，主要用于敏感菌、衣原体、支原体、螺旋体、立克次体等引起的泌尿道、呼吸道、胆道、乳腺及皮肤软组织感染。

【不良反应】多西环素常见胃肠道反应及皮疹，但较少引起二重感染。米诺环素易引起光敏性皮炎，也可引起可逆性前庭反应。

> **知识链接**
>
> **四环素牙**
>
> 牙齿发育时，牙釉质和牙本质在一层基底膜的两侧同时形成，若此时服用了四环素类药物，则四环素分子可与牙组织形成稳固的四环素正磷酸盐沉积在牙齿内部，在牙本质和牙釉质中形成永久的黄色层。黄色层呈波浪形，似帽状，大致与牙的外形一致。早期牙齿呈黄色，在阳光照射下呈现明亮的黄色荧光，以后逐渐由黄色变成棕褐色或深灰色，颜色转变缓慢进行，阳光对它有促进作用。一般前牙比后牙着色明显，乳牙着色又比恒牙明显；着色程度与四环素的种类、剂量和给药次数有关，地美环素、四环素引起的着色比土霉素、金霉素明显，用药疗程与着色程度呈一定正比关系。

> **考点提示**　熟悉多西环素、米诺环素的抗菌作用及临床应用。

二、氯霉素

氯霉素

氯霉素（chloramphenicol）口服吸收快而完全；广泛分布于全身各组织和体液中，在脑脊液中浓度较高；主要在肝内与葡萄糖醛酸结合后经肾排泄。$t_{1/2}$ 为 1.5～3.5 h。

【抗菌作用】氯霉素属广谱抗生素，对革兰氏阴性菌作用强，特别是对伤寒沙门菌、流感嗜血杆菌作用强，但对铜绿假单胞菌无作用；对脆弱拟杆菌、百日咳鲍特菌、布鲁氏菌作用也较强；对革兰氏阳性球菌作用不如青霉素G和四环素；对立克次体、沙眼衣原体、肺炎衣原体、螺旋体等有效；对病毒、真菌和原虫等无作用。氯霉素抗菌机制是与细菌核糖体50S亚基结合，阻止肽链延伸，使蛋白质合成受阻。氯霉素为快速抑菌药，大剂量时有杀菌作用。

细菌对氯霉素可通过耐药质粒的结合、转移等途径，产生特异的乙酰转移酶或降低对药物的通透性而耐药。其中以大肠埃希菌、志贺菌属和变形杆菌等对氯霉素耐药较多见。

【临床应用】氯霉素抗菌谱广，但因可引起致死性的再生障碍性贫血，故临床应用受到极大限制。

1. 全身应用　可用于敏感菌所致伤寒、副伤寒；立克次体和其他敏感菌引起的败血症、肺部感染等严重感染；对其他药物耐药或疗效不佳的脑膜炎；厌氧菌感染，尤其病变累及中枢神经系统的严重感染。

2. 局部应用　可用于大肠埃希菌、流感嗜血杆菌、金黄色葡萄球菌、溶血性链球菌等敏感菌所致的结肠炎、中耳炎等，但对铜绿假单胞菌和沙雷菌所致感染无效。

【不良反应】

1. 抑制骨髓造血功能　是限制氯霉素使用的主要原因，有两种表现形式：其一是与剂量和疗程相关的可逆性骨髓抑制，表现为白细胞和血小板减少，并可伴贫血，如及时发现并立即停药，可以恢复；其二是与剂量和疗程无关的再生障碍性贫血，发生率虽低，但发生后难逆转，病死率高。

2. 灰婴综合征　主要发生在早产儿和新生儿，氯霉素日用量超过 25 mg/kg 时，表现为腹胀、呕吐、呼吸不规则、面色灰紫、循环衰竭等症状。发生原因主要是肝葡萄糖醛酸转移酶活性不足及肾排泄能力低下造成氯霉素蓄积中毒。类似表现也可发生在成人，尤其是老年人使用剂量每日超过 100 mg/kg 时。因此，妊娠末期或分娩期的孕妇、老年人慎用，早产儿、新生儿禁用。

3. 其他反应　氯霉素长期或大量用药可致二重感染；还能引起视神经炎、周围神经炎和中毒性脑病等，老年人及妇女发生率较高；可见胃肠道反应；少数患者可见药疹及血管神经性水肿等超敏反应。

自 测 题

一、单项选择题

1. 青霉素类抗生素属杀菌药是因为
   A. 影响细菌蛋白质合成　　　　　　　B. 抑制核酸合成
   C. 抑制细菌细胞壁黏肽合成　　　　　D. 改变细胞膜通透性
   E. 影响细菌叶酸代谢

2. 细菌对青霉素 G 产生耐药性的机制之一是
   A. 核糖体靶位结构改变　　　　　　　B. RNA 聚合酶改变
   C. 产生钝化酶　　　　　　　　　　　D. 改变代谢途径
   E. 产生 β- 内酰胺酶

3. 青霉素 G 所致过敏性休克首选解救药是
   A. 肾上腺素　　　　　　　　　　　　B. 糖皮质激素类药
   C. 苯巴比妥　　　　　　　　　　　　D. 多巴胺
   E. 阿托品

4. 青霉素类药物中，对铜绿假单胞菌无效的药物是
   A. 阿莫西林　　　　　　　　　　　　B. 羧苄西林
   C. 呋布西林　　　　　　　　　　　　D. 替卡西林
   E. 哌拉西林

5. 第三代头孢菌素的特点是
   A. 主要用于轻、中度呼吸道和尿路感染
   B. 对革兰氏阴性菌有较强的作用

C. 对β内酰胺酶的稳定性较第一、二代头孢菌素低

D. 对肾毒性较第一、二代头孢菌素大

E. 对组织穿透力弱

6. 抗铜绿假单胞菌作用最强的抗生素是
   A. 头孢他啶　　　　　　　　　　B. 头孢拉定
   C. 头孢孟多　　　　　　　　　　D. 磺苄西林
   E. 羧苄西林

7. 为了保护亚胺培南，防止其在肾中破坏，应与其配伍的药物是
   A. 克拉维酸　　　　　　　　　　B. 舒巴坦
   C. 他唑巴坦　　　　　　　　　　D. 西司他丁
   E. 苯甲酰氨基丙酸

8. 治疗骨及关节感染应首选
   A. 红霉素　　　　　　　　　　　B. 克林霉素
   C. 麦迪霉素　　　　　　　　　　D. 万古霉素
   E. 阿奇霉素

9. 与呋塞米合用增强耳毒性的药物是
   A. 青霉素　　　　　　　　　　　B. 多西环素
   C. 红霉素　　　　　　　　　　　D. 庆大霉素
   E. 氯霉素

10. 庆大霉素对下列感染无效的是
    A. 大肠埃希菌所致尿路感染　　　B. 结核性脑膜炎
    C. 革兰氏阴性杆菌引起的败血症　D. 口服用于肠道感染
    E. 铜绿假单胞菌感染

11. 立克次体感染引起的斑疹伤寒宜选
    A. 庆大霉素　　　　　　　　　　B. 麦迪霉素
    C. 头孢他啶　　　　　　　　　　D. 多西环素
    E. 阿米卡星

12. 四环素的抗菌谱中不包括
    A. 真菌　　　　　　　　　　　　B. 支原体
    C. 衣原体　　　　　　　　　　　D. 立克次体
    E. 肺炎链球菌

13. 患者，女，26岁，大面积烧伤并铜绿假单胞菌感染，选用羧苄西林治疗，应注意不能与其混合注射的药物是
    A. 头孢他啶　　　　　　　　　　B. 庆大霉素
    C. 磺胺嘧啶　　　　　　　　　　D. 青霉素G
    E. 红霉素

14. 患者，男，18岁，确诊为金黄色葡萄球菌引起的急性骨髓炎，最佳选药应是
    A. 红霉素　　　　　　　　　　　B. 庆大霉素
    C. 青霉素G　　　　　　　　　　 D. 四环素
    E. 林可霉素

15. 患者，女，18岁，上呼吸道感染、高热，青霉素皮试阳性。该患者宜选用的药物是
    A. 红霉素　　　　　　　　　　　B. 羧苄西林
    C. 阿莫西林　　　　　　　　　　D. 卡那霉素

E. 头孢氨苄

16. 患者，男，60岁，确诊为耐药金黄色葡萄球菌心内膜炎，实验室检查提示肾功能不全，青霉素皮试阴性。该患者应选用的药物是

  A. 青霉素G   B. 头孢氨苄   C. 苯唑西林

  D. 庆大霉素   E. 头孢唑林

17. 患者，男，21岁，诊断为支原体肺炎。该患者应选用的药物是

  A. 氨苄西林   B. 头孢氨苄

  C. 阿奇霉素   D. 庆大霉素

  E. 青霉素G

二、简答题

1. 试述青霉素G的抗菌谱、临床应用、主要不良反应及其防治措施。
2. 氨基糖苷类抗生素共同的不良反应有哪些？应如何防治？

三、案例分析题

1. 患者，女，25岁，1周前出现发热、呼吸急促，两肺湿啰音，心尖区可闻及双期杂音，肝界扩大，双下肢水肿，诊断为亚急性感染性心内膜炎。

请回答：

（1）治疗亚急性感染性心内膜炎首选的抗菌药是什么？解释其原因。

（2）治疗亚急性感染性心内膜炎应用抗菌药的原则有哪些？

2. 患者，男，13岁，因恶寒、发热、咽痛2天由其母陪同就医，诊断为急性扁桃体炎。

治疗过程：给予青霉素治疗，青霉素皮试阴性。注射青霉素后，患儿刚走出医院约10 min，顿觉心悸不适，面色苍白，大汗淋漓，其母立即抱其返回医院。测量血压：6.67/4 kPa（50/30 mmHg）。

请回答：

（1）青霉素导致过敏性休克的原因是什么？

（2）青霉素过敏性休克首选何种药物抢救？为什么？

（李森浩）

第三十五章 人工合成抗菌药

第三十五章数字资源

学习目标

知识：详述环丙沙星、左氧氟沙星等的抗菌作用、临床应用及不良反应；简述磺胺嘧啶、磺胺甲噁唑及复方新诺明的临床应用及不良反应；说出甲氧苄啶的临床应用及不良反应。

能力：能根据人工合成抗菌药的抗菌谱及药动学特点合理选用药物；能及时发现药物的不良反应并正确处理；能利用所学知识进行医患沟通及用药咨询，指导患者正确使用喹诺酮类药、磺胺类药。

素养：精准选用人工合成抗菌药，及时处置不良反应，耐心宣教用药知识，践行安全用药理念与关爱患者的职业操守。

第一节 喹诺酮类药

案例导入

患儿，女，8岁，因呕吐、腹痛、腹泻1天就诊。患儿3天前曾因急性胃肠炎在上级医院就诊，给予补液及对症治疗后症状缓解，今日症状复发，经社区门诊检查诊断为急性胃肠炎。医生开具处方：双歧杆菌乳杆菌三联活菌片，每次2g，一日2次；蒙脱石散，每次3g，一日3次。患儿家长为提高治疗效果，要求社区医生加用"沙星"类抗菌药物。

问题与思考：
1. 该患儿家长提出的要求是否合理？
2. 喹诺酮类抗菌药使用时应注意哪些事项？

一、喹诺酮类药的共同特点

喹诺酮类药是一类含有4-喹诺酮基本结构的人工合成抗菌药。喹诺酮类药按发明先后及抗菌性能分为以下四代：

第一代的代表药物是萘啶酸（nalidixic acid），于1962年问世，仅对大肠埃希菌等少数革兰氏阴性杆菌有效，因毒性大、抗菌作用弱，现已被淘汰。

第二代药物吡哌酸（pipemidic acid）于1974年问世，抗菌谱较第一代有所扩大，对大部分革兰氏阴性杆菌有效，临床主要用于革兰氏阴性杆菌引起的急、慢性泌尿道和肠道感染。

第三代药物是引入氟原子的衍生物，自1979年合成第一个氟喹诺酮类药物以来，相继上市了多种药物，常用药物有诺氟沙星（norfloxacin）、环丙沙星（ciprofloxacin）、氧氟沙星（ofloxacin）、左氧氟沙星（levofloxacin）、依诺沙星（enoxacin）等。

第四代药物是20世纪90年代之后合成的氟喹诺酮类药，其抗菌谱更广，且对厌氧菌有效，有莫西沙星（moxifloxacin）、吉米沙星（gemifloxacin）、加替沙星（gatifloxacin）等。

第三、四代统称为氟喹诺酮类（fluoroquinolones），本节主要介绍这类药物的特点。

【体内过程】氟喹诺酮类药口服吸收完全，生物利用度较高，但与含有Fe^{2+}、Ca^{2+}、Mg^{2+}的食物同服可降低其生物利用度。多数药物血浆蛋白结合率较低，很少超过40%，药物在组织和体液中分布广泛，肺、肾、前列腺、尿液、胆汁、粪便、巨噬细胞和中性粒细胞中的药物浓度均高于血药浓度。该药可经肝代谢，部分药物以原型从肾排泄，氧氟沙星、左氧氟沙星和洛美沙星70%以上以原型经肾排出。

【抗菌作用及机制】氟喹诺酮类药为广谱杀菌药，抗菌活性强。该药对革兰氏阴性菌（大肠埃希菌、痢疾志贺菌、铜绿假单胞菌、伤寒沙门菌、流感嗜血杆菌及淋病奈瑟菌等）均有强大的抗菌作用；对革兰氏阳性菌（金黄色葡萄球菌、肺炎链球菌等）也有良好的抗菌作用。第四代药物进一步增强了对革兰氏阳性菌的作用，对结核分枝杆菌、嗜肺军团菌、支原体及衣原体的杀灭作用也进一步增强，特别是提高了对厌氧菌的抗菌活性。

喹诺酮类药的抗菌作用机制包括以下两方面：①抑制DNA回旋酶。此酶是药物抗革兰氏阴性菌的重要靶点，细菌的DNA以高度紧密卷曲的螺旋状存在于细菌体内，细菌在DNA复制或转录过程中，需DNA回旋酶对其进行解旋，形成负超螺旋结构而使DNA顺利复制。喹诺酮类药通过抑制革兰氏阴性菌DNA回旋酶，阻碍DNA的复制而产生杀菌作用。②抑制拓扑异构酶Ⅳ。拓扑异构酶是药物抗革兰氏阳性菌的重要靶点，通过抑制革兰氏阳性菌的拓扑异构酶Ⅳ，可抑制DNA的复制而产生抗菌作用，如图35-1所示。因治疗量时喹诺酮类药对人体细胞DNA回旋酶的影响较小，故其对人体细胞的生长代谢几乎无影响。

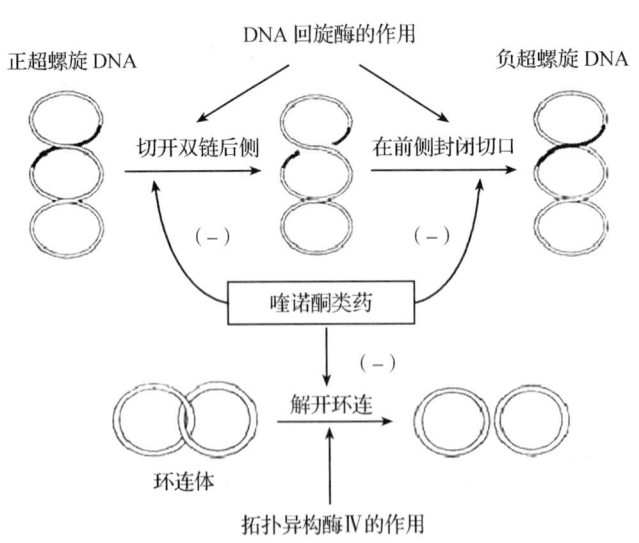

图35-1　喹诺酮类药抗菌作用机制

【耐药性】由于氟喹诺酮类药的广泛应用，细菌产生耐药的菌株逐渐增加。常见耐药菌有金黄色葡萄球菌、肠球菌、大肠埃希菌和铜绿假单胞菌等。氟喹诺酮类药之间有交叉耐药性，但与其他抗菌药无交叉耐药性。细菌对喹诺酮类耐药机制包括：①耐药菌株DNA回旋酶与药物的亲和力下降，使药物失去作用靶点；②膜通道关闭，药物难以进入菌体；③金黄色葡萄球菌可将药物从菌体内泵出。

【临床应用】

氟喹诺酮类药用于治疗以下多种系统的感染。

1. 泌尿生殖系统感染　环丙沙星、氧氟沙星、左氧氟沙星与β-内酰胺类同为首选药，用于治疗单纯性淋菌性尿道炎或宫颈炎，但对非特异性尿道炎或宫颈炎疗效差。环丙沙星是严重铜绿假单胞菌性尿道炎的首选药。氟喹诺酮类药对敏感菌所致的急、慢性前列腺炎及复杂性前列腺炎均有较好的疗效。

2. 呼吸系统感染　左氧氟沙星或莫西沙星与万古霉素合用，是治疗对青霉素高度耐药的肺炎链球菌感染的首选药。氟喹诺酮类药（除诺氟沙星）可替代大环内酯类，用于支原体肺炎、衣原体肺炎、嗜肺军团菌引起的军团菌病。

3. 肠道感染与伤寒　氟喹诺酮类药是治疗志贺菌引起的急、慢性菌痢和中毒性菌痢，以及鼠伤寒沙门菌、猪霍乱沙门菌、肠炎沙门菌引起的胃肠炎（食物中毒）的首选药。对严重沙门菌引起的伤寒或副伤寒，应首选氟喹诺酮类药或头孢曲松。氟喹诺酮类药也可以用于治疗旅行性腹泻。

4. 骨骼系统感染　用于革兰氏阴性杆菌所致的骨髓炎和骨关节感染。

5. 皮肤软组织感染　用于革兰氏阴性杆菌所致的五官科和外科伤口感染。

6. 其他　培氟沙星（pefloxacin）治疗化脓性脑膜炎和由克雷伯菌属、肠杆菌属、沙雷菌属所致的败血症，也可作为β-内酰胺类治疗全身感染的替代药。氟喹诺酮类药对脑膜炎奈瑟菌具有强大的杀菌作用，且其在鼻咽分泌物中浓度高，可用于鼻咽部带菌者的根除治疗。

【不良反应】随着氟喹诺酮类药的广泛应用，不良反应也相继被发现，其常见不良反应如下。

1. 消化道反应　可表现为恶心、呕吐、食欲缺乏等。有胃溃疡史者慎用。避免与抗酸药（如碱性药、抗胆碱药、H_2受体阻断药等）及含金属离子的药物同服，必须同服时，应间隔2~3 h服用。

2. 中枢神经系统反应　表现为焦虑、头痛、失眠、眩晕等，并可导致精神症状。有精神病或癫痫病史者应避免使用。避免与茶碱或非甾体抗炎药合用，以免加重中枢兴奋作用。

3. 软骨损伤　可引起关节痛、关节肿胀等症状，也可影响软骨发育，故孕妇和18岁以下患者禁用。用药4周以上者，应注意观察是否出现关节病样症状，如关节肿胀等。

4. 光敏反应（光毒性）　少数患者用药后在光照部位出现瘙痒性红斑，严重者可见皮肤糜烂、脱落。洛美沙星、司帕沙星、氟罗沙星等的光敏反应发生率较高，严重者需住院治疗，用药期间应避免阳光和紫外线照射。此外，有的患者还可出现药热、血管神经性水肿等超敏反应症状，对此类药物过敏者禁用。

5. 其他　氟喹诺酮类药大剂量或长期应用易致肝损害；静脉注射给药可引起局部刺激性脉管炎等。部分药物可引起跟腱炎、心脏毒性、血糖紊乱等。因可经乳汁排泄，哺乳期妇女禁用。因此类药物主要经肾排泄，肾功能不全者应适当减少用量。

知识链接

光敏反应及防治措施

药物的光敏反应是患者在服用或局部使用某些药物之后，暴露于阳光中的皮肤因光线作用而产生的异常反应，表现为皮肤发红、发痒、发热，甚至出现灼痛、水疱、破溃等，类似于日光性皮炎，又称光敏性药疹。光敏反应易发生在小儿、老年人、女性及免疫缺陷者、过敏体质者。可引起光敏反应的药物有四环素类、喹诺酮类、磺胺类、磺酰脲类、噻嗪类利尿药、非甾体类抗炎药和灰黄霉素、异丙嗪、氯丙嗪、复方卡托普利、复方罗布麻片等。

防治光敏反应的措施：①有光敏反应史者慎用光敏性药物。②易感人群在使用光敏性药物期间，外出应特别注意皮肤防护，可戴宽檐帽或撑遮阳伞，并涂防晒霜。③使用光敏性药物期间及停药后5日内，应避免接触阳光或紫外线。④如出现光敏反应或皮肤损伤，应立即停用药物，用冷水湿敷红肿部位并及时就诊。⑤症状较轻者，应处于阴暗处，避免阳光照射，给予抗组胺类进行治疗；重症患者，局部或全身使用糖皮质激素类药或口服抗组胺药以缓解症状。

二、常用喹诺酮类药

诺氟沙星

诺氟沙星（氟哌酸）口服吸收迅速但不完全，生物利用度为35%~45%，食物可影响其吸收，空腹服药比饭后服药的血药浓度高2~3倍，体内分布广泛。诺氟沙星抗菌谱较广，抗菌活性较强，对革兰氏阴性菌（如铜绿假单胞菌、大肠埃希菌、肺炎克雷伯菌、奇异变形杆菌、沙门菌属、淋病奈瑟菌等）抗菌活性较强；对革兰氏阳性菌（如金黄色葡萄球菌、肺炎链球菌、溶血性链球菌等）也有效；对支原体、衣原体及军团菌感染无效。诺氟沙星主要用于敏感菌所致的泌尿道、肠道感染及淋病等。

依诺沙星

依诺沙星（氟啶酸）的体内抗菌活性较诺氟沙星略强，主要用于治疗由敏感菌引起的泌尿生殖系统、呼吸道、胃肠道、骨和关节、皮肤软组织等感染。

环丙沙星

环丙沙星（环丙氟哌酸）为抗菌谱较广的氟喹诺酮类药之一，体外抗菌活性较强，口服吸收不完全，生物利用度略高于诺氟沙星，约为50%。药物广泛分布于各种组织和体液中，血药浓度较低，必要时可采用静脉滴注以提高血药浓度。环丙沙星抗菌谱广，对革兰氏阳性菌和阴性菌均有作用，对产酶金黄色葡萄球菌、铜绿假单胞菌、流感嗜血杆菌、淋病奈瑟菌、肺炎军团菌、弯曲杆菌、支原体、衣原体的作用强于其他多数氟喹诺酮类药，对氨基糖苷类或第三代头孢菌素类耐药的革兰氏阴性及革兰氏阳性菌仍敏感，但对多数厌氧菌无效。临床主要用于治疗对其他抗菌药耐药的敏感菌所致的多部位感染。静脉滴注时局部有血管刺激反应；可诱发跟腱炎和跟腱撕裂，老年人和运动员慎用。

氧氟沙星

氧氟沙星（氟嗪酸）口服吸收快而完全，血药浓度高而持久，分布广泛，痰液、胆汁及尿液中药物浓度高，约80%以原型由尿液排泄。其抗菌谱进一步扩大，抗菌活性增强，对革兰氏阳性菌和阴性菌如铜绿假单胞菌、耐药金黄色葡萄球菌、奈瑟菌属有效，尚对结核分枝杆菌、沙眼衣原体和部分厌氧菌有较强的抗菌作用。对多数耐药菌株如MRSA、耐氨苄西林的淋病奈瑟菌、耐庆大霉素的铜绿假单胞菌仍敏感。氧氟沙星主要用于敏感菌所致的泌尿生殖道、呼吸道、肠道、胆道、皮肤软组织、盆腔和耳、鼻、咽喉等部位的感染，也可与异烟肼、利福平合用于结核病。静脉滴注时局部有血管刺激反应；可诱发跟腱炎和跟腱断裂。肾功能减退或老年患者使用时应减量。

左氧氟沙星

左氧氟沙星口服生物利用度接近100%，$t_{1/2}$为4~6h，85%的药物以原型由尿液排泄。其抗菌活性是氧氟沙星的2倍。抗菌谱广，对葡萄球菌属、链球菌和肠球菌的抗菌活性强于环丙沙星；对厌氧菌、支原体、衣原体及军团菌也有较强的杀灭作用。临床上用于敏感菌引起的各种急、慢性感染及难治性感染，均有良好效果。左氧氟沙星不良反应发生率低于多数氟喹诺酮类药（除第四代以外的氟喹诺酮类中最低），主要不良反应是胃肠道反应。

 掌握环丙沙星、左氧氟沙星的抗菌作用及临床应用。

莫西沙星

莫西沙星为第四代氟喹诺酮类药。其抗菌谱广，对多数革兰氏阳性菌和阴性菌、厌氧菌、结核分枝杆菌、衣原体及支原体均具有较强的抗菌活性。临床主要用于上述敏感菌引起的急、慢性支气管炎、上呼吸道感染、泌尿生殖系统和皮肤软组织感染。其不良反应发生率低，至今未见光敏反应。

加替沙星

加替沙星口服生物利用度高，对大多数革兰氏阳性菌、厌氧菌、结核分枝杆菌、衣原体及支原体的抗菌活性与莫西沙星相近，对大多数革兰氏阴性菌的作用强于莫西沙星。其临床应用同莫西沙星。不良反应发生率低，几乎无光敏反应。

第二节 磺胺类药

案例导入

患者，女，65岁，退休职工，3天前出现发热、咽喉疼痛、咳嗽，自测体温37.8℃，到社区门诊就诊。患者既往无药物过敏史，否认肝肾功能不全。经检查初步诊断为急性上呼吸道感染。社区医生开具如下处方：复方磺胺甲噁唑片，每次0.48 g，一日2次，首剂0.96 g；碳酸氢钠片，每次0.5 g，一日2次，首剂1 g。

问题与思考：
1. 针对该患者的用药是否合理？
2. 作为社区医生，应向患者告知磺胺类药在使用时会出现哪些不良反应？

磺胺类药（sulfonamides）是最早用于治疗感染性疾病的人工合成抗菌药。其优点是对某些感染性疾病（如流行性脑脊髓膜炎、鼠疫）具有良好的疗效、使用方便、性质稳定、价格低廉等；缺点是抗菌作用较弱、易产生耐药性、不良反应较多等。磺胺增效剂甲氧苄啶的出现使磺胺类药的抗菌作用增强，降低了细菌的耐药性，故磺胺类药在临床上仍有一定的应用价值。

一、磺胺类药的共同特性

【体内过程】用于全身感染的磺胺类药口服吸收快而完全，体内分布广泛，血浆蛋白结合率差异大，在25%~95%之间，血浆蛋白结合率低的药物（如磺胺嘧啶）易通过血脑屏障。磺胺类药主要经肝乙酰化代谢或与葡萄糖醛酸结合后失活，主要从肾排泄，原型药、乙酰化代谢物及葡萄糖醛酸结合物在酸性或中性尿液中溶解度低，易析出结晶，造成肾损害。肠道难吸收类药物必须在肠腔内水解后发挥作用。

【抗菌作用】磺胺类药抗菌谱较广，对多数致病菌均有抑制作用，其中，对溶血性链球菌、肺炎链球菌、脑膜炎奈瑟菌、鼠疫耶尔森菌最为敏感；对葡萄球菌、大肠埃希菌、痢疾志贺菌、流感嗜血杆菌、沙眼衣原体及放线菌也有效；磺胺嘧啶银和磺胺米隆对铜绿假单胞菌有效；对病毒、支原体、螺旋体、立克次体无效。细菌对磺胺类药物极易产生耐药性，奈瑟菌属和革兰氏阳性菌更易产生。磺胺类药物之间也存在交叉耐药性。

【抗菌机制】磺胺类药属慢效抑菌药，通过抑制二氢叶酸合成酶，干扰细菌的叶酸代谢而抑制细菌的生长繁殖。对磺胺类药敏感的细菌在生长繁殖时需要叶酸，细菌不能直接利用外源性叶酸，必须以对氨苯甲酸（PABA）和二氢蝶啶为原料，在二氢叶酸合成酶的催化下合成二氢叶酸（FH_2）。

在二氢叶酸还原酶催化下，FH_2 被还原为四氢叶酸（FH_4）。FH_4 活化后，可作为一碳基团载体的辅酶参与嘧啶核苷酸和嘌呤的合成。磺胺类药的结构与 PABA 相似，能与 PABA 竞争二氢叶酸合成酶，妨碍 FH_2 的合成，最终导致细菌核酸合成障碍，从而抑制细菌的生长繁殖（图 35-2）。人和哺乳动物能直接利用外源性叶酸，故不受此类药物影响。

应用注意事项：由于 PABA 与二氢叶酸合成酶的亲和力高于磺胺类药，使用磺胺类药时应首剂加倍；脓液或坏死组织中含有大量的 PABA，局部使用磺胺类药时应注意清创排脓；普鲁卡因在体内也能水解产生 PABA，可减弱磺胺类药的抗菌作用，两者不宜合用。

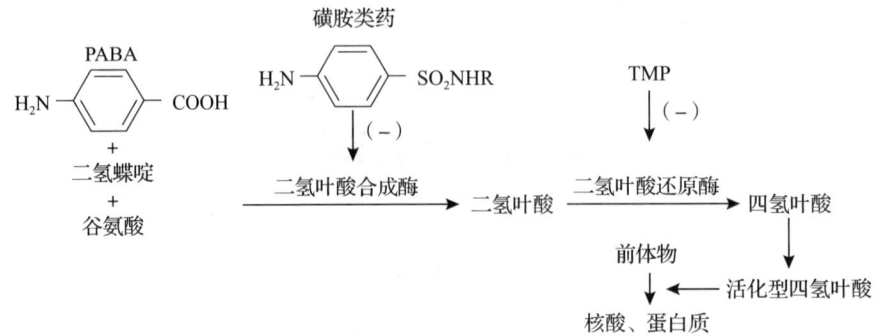

图 35-2　磺胺类药和 TMP 的抗菌作用机制示意图

【临床应用】全身用磺胺类药能治疗多种细菌感染，如流行性脑脊髓膜炎、尿路感染、呼吸道感染等，与甲氧苄啶合用可增强疗效，也可治疗伤寒、鼠疫、疟疾和布鲁氏菌病等。肠道用磺胺类药仅用于肠道感染或作为肠道手术前的消毒用药。外用磺胺类药可用于烧伤或创伤感染。

【不良反应】

1. 肾损害　用于全身感染的磺胺类药及其代谢产物，在尿中溶解度较低（尤其在偏酸性尿中），易析出结晶，损伤肾脏，可出现结晶尿、血尿、尿痛、尿路阻塞和尿闭等症状。可采取以下防治措施：①同服等量碳酸氢钠以碱化尿液，提高磺胺类药及其代谢产物在尿中的溶解度，并多饮水以稀释尿液；②用药期间定期检查尿常规，避免长期用药；③老年人及肝、肾功能不全者慎用或禁用。

2. 超敏反应　较多见，可出现药热、皮疹等，严重者可出现剥脱性皮炎。用药前应询问有无药物过敏史，用药期间若发现反应须立即停药，并给予抗超敏反应治疗。

3. 对血液系统和造血系统的影响　磺胺类药可引起白细胞减少，偶见粒细胞缺乏、再生障碍性贫血及血小板减少症，用药期间应定期检查血常规，对葡萄糖-6-磷酸脱氢酶缺乏的患者可致溶血反应，应禁用。

4. 神经系统反应　少数患者可见头晕、头痛、乏力、精神不振等，服药期间不宜驾驶车、船等或高空作业。

5. 其他　磺胺类药可引起恶心、呕吐等消化道反应，餐后服或同服碳酸氢钠可减轻；还可致肝损害，甚至肝坏死，肝功能受损者避免使用；新生儿可引起胆红素脑病和溶血，药物可透入乳汁中，故新生儿、临产妇女及哺乳期妇女禁用。

二、常用磺胺类药物

常用磺胺药的分类、作用特点及临床应用见表 35-1。

表 35-1　常用磺胺药的分类、作用特点及临床应用

分类	药物	作用特点	临床应用
治疗全身感染的磺胺药	磺胺甲噁唑（sulfamethoxazole，SMZ，新诺明）	中效类磺胺药，血浆蛋白结合率较高，$t_{1/2}$与甲氧苄啶相近	预防流行性脑脊髓膜炎；常与甲氧苄啶联合用于治疗泌尿道、呼吸道、消化道感染
	磺胺嘧啶（sulfadiazine，SD）	中效类磺胺药，血浆蛋白结合率低，脑脊液中浓度高	首选预防和治疗流行性脑脊髓膜炎；首选治疗诺卡菌病，与乙胺嘧啶合用治疗弓形虫病
治疗肠道感染的磺胺药	柳氮磺吡啶（sulfasalazine，SASP）	口服吸收少，肠道中药物浓度高，在肠内水解释放出磺胺吡啶和5-氨基水杨酸，发挥抗炎、抗菌、抗免疫作用	治疗溃疡性结肠炎、细菌性痢疾或用于肠道术前准备
外用磺胺药	磺胺醋酰（sulfacetamide，SA）	抗菌活性强，穿透力强，可透入眼部组织	治疗沙眼、结膜炎和角膜炎等
	磺胺嘧啶银（sulfadiazine silver，SD-Ag，烧伤宁）	抗菌谱广，对铜绿假单胞菌作用强，具有一定的收敛作用	预防和治疗Ⅱ、Ⅲ度烧伤继发的创面感染
	磺胺米隆（sulfamylon，SML，甲磺灭脓）	抗菌谱广，对铜绿假单胞菌和破伤风梭菌有效，不受脓液和坏死组织影响，能迅速渗入创面及焦痂中	治疗烧伤和创伤后感染

第三节　其他合成抗菌药

一、甲氧苄啶及其复方制剂

甲氧苄啶

甲氧苄啶（trimethoprim，TMP）又称磺胺增效剂，对某些其他抗菌药（如四环素和庆大霉素）也有增效作用，故又称抗菌增效剂。

【药理作用及临床应用】甲氧苄啶抗菌谱与磺胺类药相似，抗菌作用强，抗菌机制是抑制二氢叶酸还原酶，使二氢叶酸不能被还原为四氢叶酸，从而阻止细菌核酸的合成（图35-2）。甲氧苄啶单独使用易产生耐药性，与磺胺类药合用，可使细菌叶酸代谢受到双重阻断，使磺胺类药的抗菌作用增强数倍至数十倍，甚至呈现杀菌作用，且可延缓细菌耐药性的产生。

【不良反应】甲氧苄啶毒性较小，长期大剂量应用，可影响人体叶酸代谢，导致巨幼细胞贫血、白细胞减少及血小板减少等，故用药期间应注意检查血常规，必要时可用四氢叶酸钙治疗。甲氧苄啶可能致畸，故孕妇禁用，早产儿、新生儿、哺乳期妇女、骨髓造血功能不全及严重肝、肾功能不全者禁用。

复方磺胺甲噁唑

复方磺胺甲噁唑（cotrimoxazole，又称复方新诺明）是SMZ和TMP按5∶1比例制成的复方制剂。两药合用依据有：①SMZ抑制二氢叶酸合成酶，TMP抑制二氢叶酸还原酶，二药合用后对细菌叶酸的合成起双重阻断作用，协同阻断细菌四氢叶酸合成，合用后扩大抗菌谱，抗菌活性明显增强，甚至呈现杀菌作用；②两药的药动学参数相近，峰值血药浓度相似，合用后各自的消除$t_{1/2}$不变；③合用后可减少耐药性的产生，对已耐药的菌株也有抑制作用。

熟悉磺胺嘧啶、磺胺甲噁唑及复方磺胺甲噁唑的临床应用及不良反应。

二、硝基咪唑类药

硝基咪唑类药包括甲硝唑（metronidazole）、替硝唑（tinidazole）、奥硝唑（ornidazole）等（详见第三十八章抗寄生虫病药）。

自 测 题

一、单项选择题

1. 喹诺酮类药的抗菌机制是抑制细菌的
   A. 蛋白质合成　　　　　　　　　　B. 细胞壁合成
   C. DNA 回旋酶　　　　　　　　　　D. 二氢叶酸还原酶
   E. 二氢叶酸合成酶
2. 下列不属于喹诺酮类药的药理学特性的是
   A. 抗菌谱较广　　　　　　　　　　B. 与其他抗菌药无交叉耐药性
   C. 口服吸收好　　　　　　　　　　D. 可引起光敏反应
   E. 可能影响骨骼发育
3. 小儿禁用喹诺酮类药的原因是该类药物易引起
   A. 关节病变　　　　B. 胃肠道反应　　　　C. 过敏反应
   D. 肝损害　　　　　E. 肾损害
4. 孕妇，25 岁，孕 37 周，检查发现小阴唇内侧小菜花状赘生物，同时合并肺部感染。针对该患者抗感染治疗不能使用的药物是
   A. 红霉素　　　　　　　　　　　　B. 喹诺酮类
   C. 头孢菌素类　　　　　　　　　　D. β- 内酰胺类
   E. 青霉素类
5. 治疗流行性脑脊髓膜炎首选
   A. 磺胺甲噁唑　　　　　　　　　　B. 磺胺嘧啶 + 青霉素
   C. 磺胺异噁唑　　　　　　　　　　D. 甲氧苄啶
   E. 磺胺米隆
6. 磺胺药与甲氧苄啶合用的目的是
   A. 提高抗菌效果，延缓抗药性产生　　B. 增加磺胺药在尿中浓度
   C. 减少结晶尿形成　　　　　　　　D. 增加磺胺药血中浓度
   E. 扩大抗菌谱
7. 磺胺类药物的抗菌机制主要是抑制
   A. 二氢叶酸合成酶　　　　　　　　B. 二氢叶酸还原酶
   C. 四氢叶酸合成酶　　　　　　　　D. DNA 回旋酶
   E. 二氢叶酸合成酶 + 二氢叶酸还原酶

8. 甲氧苄啶的抗菌机制主要是抑制
   A. 二氢叶酸合成酶
   B. 二氢叶酸还原酶
   C. 四氢叶酸合成酶
   D. DNA 回旋酶
   E. 二氢叶酸合成酶 + 二氢叶酸还原酶

(9～10 题共用题干)

患者，男，28 岁，3 个月前去外地，近 3 天来排尿疼痛难忍，排尿时尿道口有较多黄绿色脓性分泌物，查出淋病奈瑟菌，诊断为淋病。

9. 该患者可以选择的治疗药物是
   A. 红霉素
   B. 环丙沙星
   C. 青霉素
   D. 四环素
   E. 链霉素

10. 患者有青霉素过敏史，该患者宜选用的药物是
    A. 红霉素
    B. 环丙沙星
    C. 青霉素
    D. 四环素
    E. 链霉素

二、简答题

1. 喹诺酮类药的临床用途和不良反应有哪些？
2. 简述复方磺胺甲噁唑的组成及药理学依据。

三、案例分析题

患者，女，52 岁，因尿频、尿急、尿痛 3 天就诊，经血常规、尿常规检查，诊断为急性尿道炎，医生给予左氧氟沙星治疗。

请回答：
1. 该患者用左氧氟沙星治疗的依据有哪些？
2. 应用左氧氟沙星应该注意哪些事项？

(陈淑瑜)

第三十六章 抗结核药

第三十六章数字资源

学习目标

知识：详述异烟肼和利福平的药理作用、临床应用和药物相互作用；说出乙胺丁醇的药理作用和临床应用。

能力：能根据结核病的治疗原则，结合患者病情制订早期、联合、适量规律的用药方案，能对患者用药进行全程督导管理。

素养：通过对患者及家属进行国家防治结核病政策的宣传教育，进一步认识结核病防治的重要性，树立坚持不懈战胜结核病的信心。

案例导入

患者，男，32岁，近2个月出现午后低热、咳嗽、痰中带血及消瘦，自行服药未缓解，转诊至传染病医院，经胸部X线检查、痰液检查确诊为肺结核，给予"异烟肼+利福平+乙胺丁醇"抗结核治疗，医生嘱其回社区卫生服务中心接受随访管理。患者服药第2天发现尿液变红，到社区卫生服务中心咨询。

问题与思考：
1. 根据抗结核治疗原则，该患者用药方案是否适宜？
2. 从基层用药指导角度如何解释该患者尿液变红的原因？

第一节 常用抗结核药

合理的化学药物治疗是控制结核病（tuberculosis）发展、复发及抑制结核分枝杆菌耐药性产生的关键。多年来，临床上将抗结核药分为一线抗结核药和二线抗结核药。一线抗结核药包括异烟肼、利福平、乙胺丁醇、吡嗪酰胺和链霉素等，其特点是疗效高、不良反应较少，患者较易耐受等。二线抗结核药包括对氨基水杨酸、乙硫异烟胺、环丝氨酸、阿米卡星等，由于它们的毒性较大或疗效较差，主要用于对一线抗结核药耐药或不能耐受的患者，或复治时作为替代药，或与其他抗结核药配伍使用以增强疗效。近年来，一些疗效较好、不良反应相对较少的新一代抗结核药如利福定、利福喷汀、左氧氟沙星、莫西沙星、德拉马尼及贝达喹啉等相继研发成功并应用于临床。

> **知识链接**
>
> ## 结 核 病
>
> 结核病是由结核分枝杆菌引起的慢性传染病，可侵及全身多个脏器，如肺、脑、骨骼、关节、消化道及泌尿系统等，以肺部受累多见。结核分枝杆菌主要通过呼吸道传播，其感染和发病的生物学过程可分为起始期、T细胞反应期、共生期及细胞外繁殖传播期。结核病合理的化学药物治疗是控制疾病发展、复发及抑制结核分枝杆菌耐药性产生的关键。结核分枝杆菌耐药性机制尚未完全阐明，以对异烟肼耐药为例，目前认为是由于过氧化氢酶-过氧化物酶基因突变导致酶活性下降，抑制异烟肼由其活性代谢产物的转化；另有人认为是由参与分枝菌酸生物合成的基因发生突变所致。WHO《2023年全球结核病报告》显示，2022年全球约有130万人死于结核病，我国结核病估算新发病例为74.8万。我国结核病的医疗负担依然较重。

一、一线抗结核药

异 烟 肼

异烟肼（isoniazid，INH）又称雷米封（rimifon），为人工合成药物，口服或注射均易吸收，口服后1~2 h血药浓度达峰值，并迅速分布于全身体液和组织中，以脑脊液、胸腔积液、腹腔积液、干酪样病灶及淋巴结等组织中含量较高。INH在肝内乙酰转移酶的作用下发生乙酰化，代谢为无效的乙酰异烟肼和异烟酸，代谢物与少量原型药由尿排出。肝脏对异烟肼乙酰化的速度有明显的种族和个体差异，根据代谢速度不同可将人群分为快代谢型和慢代谢型两种类型。中国人中快代谢型约占50%，$t_{1/2}$约为70 min；慢代谢型约占26%，$t_{1/2}$约为3 h；其余为中间型。

【药理作用】异烟肼对结核分枝杆菌有高度选择性，对细胞内、外的结核分枝杆菌均有作用，对生长旺盛的活动期结核分枝杆菌有强大的杀灭作用，对静止期结核分枝杆菌仅有抑菌作用。其作用强度与渗入病灶部位的药物浓度有关，低浓度抑菌，高浓度杀菌，最低抑菌浓度为0.025~0.05 μg/ml。

异烟肼抗菌作用机制尚未完全阐明，可能是抑制分枝杆菌细胞壁特有的主要成分分枝菌酸的合成。细菌对异烟肼易产生耐药性，同时其病力也降低，但停药一段时间后可恢复对药物的敏感性。异烟肼与其他抗结核药之间无交叉耐药性，临床上常联合用药以增加疗效、延缓耐药性的产生。

【临床应用】异烟肼是防治各种类型结核病的首选药，除早期轻症肺结核或预防用药时可单独使用外，常与其他抗结核药联合应用，以防耐药性的产生；对急性血行播散型肺结核和结核性脑膜炎，应增大剂量，延长疗程，必要时注射给药。

【不良反应】异烟肼治疗量时不良反应少见。

1. 神经系统反应　常见周围神经炎，多见于用药剂量过大、过久及慢代谢型患者，表现为手足麻木、肌力减退、反射减弱、肌痛，严重者可出现肌肉萎缩和共济失调。中枢兴奋作用表现为失眠、精神失常或惊厥等，原因是异烟肼与维生素B_6结构相似，竞争性拮抗维生素B_6的代谢过程，还可使维生素B_6排泄增多而致缺乏，缺少维生素B_6会减少γ-氨基丁酸的合成，引起中枢兴奋。因此，使用异烟肼时应注意及时补充维生素B_6，以防止不良反应产生。嗜酒者、癫痫及精神病患者应慎用。

2. 肝毒性　10%~20%应用异烟肼的患者可出现肝细胞损伤，氨基转移酶升高以及黄疸等症状，严重者出现肝小叶坏死，甚至死亡。异烟肼与利福平合用时及快代谢型患者的肝损伤发生率增加，应定期检查肝功能。

3. 其他　可见发热、皮疹等超敏反应，还可有粒细胞减少、溶血性贫血、脉管炎等。

【药物相互作用】异烟肼为肝药酶抑制剂，可抑制香豆素类抗凝血药、苯妥英钠、茶碱、卡马西平、丙戊酸钠等的代谢，慢代谢型患者更易发生，合用时应适当调整给药剂量。

 掌握异烟肼的药理作用、临床应用和药物相互作用。

利 福 平

利福平（rifampicin，RFP）又称甲哌利福霉素，是利福霉素的半人工合成衍生物，为橘红色结晶粉末。利福平口服吸收迅速而完全，吸收以后，进入肠肝循环，药物穿透力强，广泛分布于全身组织和体液，易渗入细胞内、病变组织、结核空洞内、痰液和脑脊液中。利福平与食物或对氨基水杨酸同服可导致吸收减少，故宜空腹服药。该药主要在肝内代谢为去乙酰基利福平，抗菌能力为利福平的 1/10。其代谢物和原型药由尿液、粪便、痰液、唾液、泪液和汗液排出。

【药理作用】利福平为广谱抗菌药，对结核分枝杆菌、麻风分枝杆菌和多数 G^+ 球菌，尤其是耐药金黄色葡萄球菌，均有强大的抗菌作用，对某些 G^- 菌如大肠埃希菌、变形杆菌、流感嗜血杆菌、沙眼衣原体及某些病毒也有效。

利福平对繁殖期及活动期细菌都有抗菌作用，其作用机制为抑制 DNA 依赖的 RNA 聚合酶，阻碍细菌 mRNA 合成，不影响人体的 RNA 聚合酶。利福平单独使用易产生耐药性，与其他抗菌药无交叉耐药性，联合用药既增强疗效，又能延缓耐药性的产生。

【临床应用】利福平主要用于治疗各型结核病及其重症患者，常与异烟肼联合应用；利福平对耐药金黄色葡萄球菌、肺炎链球菌和其他敏感细菌所致感染均有明显疗效；利福平外用可治疗沙眼、结膜炎、角膜炎等；利福平也是治疗麻风病的主要药物。

【不良反应】

1. 胃肠道反应　常见不良反应有恶心、呕吐、腹痛和腹泻等胃肠道症状。

2. 肝毒性　少数患者可出现肝损害症状如氨基转移酶升高、黄疸、肝大等，与有肝毒性的药物如异烟肼等合用时或原有肝病时较易发生，故用药期间需定期检查肝功能。

3. "流感样综合征"　大剂量间隔使用时，少数患者可诱发发热、寒战、头痛、肌肉酸痛等类似感冒的症状。间歇给药现已不用。

4. 其他　因利福平分布广泛，代谢物和原型药均为橘红色，服药后尿液、粪便、痰液、唾液、泪液和汗液可呈橘红色。少数患者有药热和皮疹等超敏反应。动物实验证实利福平有致畸作用，故孕妇禁用。

【药物相互作用】利福平有肝药酶诱导作用，可加速自身及其他药物的代谢。

 掌握利福平的药理作用、临床应用和药物相互作用。

乙 胺 丁 醇

乙胺丁醇（ethambutol，EMB）为人工合成抗结核药，口服吸收迅速，分布于全身组织和体液，主要以原型经肾排泄，少部分在肝内转化。乙胺丁醇对繁殖期结核分枝杆菌有较强的抑制作用，对其他细菌无效。该药可与菌体内 Mg^{2+} 结合，干扰细菌 RNA 的合成，也可破坏细菌细胞壁，促进其他抗结核药进入菌体，增强抗菌作用。乙胺丁醇单用易产生耐药性，与其他抗结核药之间无交叉耐药性，常与利福平或异烟肼等合用治疗各种结核病。乙胺丁醇有效浓度为 1~5 μg/ml，其不良反应的发生率与剂量呈正相关。每日大剂量（> 15 mg/kg）连续用药 2~6 个月可引起球后神经炎，表现为弱视、视野缩小、红绿色盲等，需及时停药并给予大剂量维生素 B_6 治疗；偶见胃肠道反应、超敏反应、高尿酸血症，有一定的肾损害及肝损害。痛风患者、老年人、孕妇及儿童慎用。

考点提示 熟悉乙胺丁醇的药理作用及临床应用。

链 霉 素

链霉素（streptomycin，SM）是从链霉菌培养液中分离获得的，为第一个有效的抗结核药。链霉素在体内有抑制结核分枝杆菌的作用，但穿透力弱，不易进入细胞及干酪化、纤维化病灶，也不易透过血脑屏障，单用时易产生耐药性，耳毒性发生率高。链霉素在临床上常与其他抗结核药联用，其抗菌机制、不良反应详见第三十四章。

吡 嗪 酰 胺

吡嗪酰胺（pyrazinamide，PZA）口服易吸收，体内分布广泛，且能进入细胞内转化为吡嗪酸发挥抗菌作用，干扰细菌的代谢。吡嗪酰胺在酸性环境下对结核分枝杆菌有抑制和杀灭作用，单独应用易产生耐药性，与利福平和异烟肼合用有明显的协同作用，是短程、联合用药的一个重要成分。吡嗪酰胺不良反应较多，较严重的为肝损害，如肝大、黄疸、肝功能异常；此外，因其可减少尿酸的排泄，可能会诱发痛风的急性发作。

二、二线抗结核药

对氨基水杨酸钠

对氨基水杨酸钠（sodium aminosalicylate，PAS）口服易吸收，广泛分布于全身体液和组织，但在脑脊液中浓度较低。药物主要在肝内代谢，大部分转变为无活性的乙酰化物，部分以原型迅速由肾排出。对氨基水杨酸钠对结核分枝杆菌仅有抑菌作用，单用疗效差，但耐药性产生缓慢，可以延缓其他抗结核药耐药性的产生，临床主要与异烟肼和链霉素等合用以增强疗效，延缓耐药性的产生。对氨基水杨酸钠毒性小，但不良反应发生率高达30%，主要为胃肠刺激症状及其乙酰化物对肾的损害；偶见超敏反应，如皮疹、药热、关节痛等。

乙硫异烟胺

乙硫异烟胺（ethionamide）是异烟酸的衍生物，其抗结核作用比链霉素强，比异烟肼弱，单用时易产生耐药性。该药不良反应较多且发生率高，以胃肠道反应常见，患者常难以耐受，故仅用于一线抗结核药治疗无效的患者，并且需联合使用其他抗结核药。

环 丝 氨 酸

环丝氨酸（cycloserine）通过阻碍细菌细胞壁的合成，对G^+菌和G^-菌产生抗菌作用，其抗结核作用弱于异烟肼和链霉素，不易产生耐药性和交叉耐药性。环丝氨酸在临床上主要与其他抗结核药联合用于复治的耐药结核病患者。主要不良反应是神经系统毒性反应、胃肠道反应及发热。

三、其他抗结核药

利福定和利福喷汀

利福定（rifandin）、利福喷汀（rifapentine）为利福平的半合成衍生物，其抗菌活性比利福平高，不良反应较少。该药临床应用与利福平相同，与利福平有交叉耐药性。利福喷汀半衰期长达26 h，每周只需用药2次，同时还有一定的抗艾滋病作用，应用前景较好。

氟喹诺酮类

此类药物可以抑制细菌DNA回旋酶，干扰细菌DNA复制。高剂量左氧氟沙星（≥ 750 mg/d）、莫西沙星及加替沙星等药物为治疗耐药结核病**核心方案组成部分**。

德 拉 马 尼

德拉马尼（delamanid）于 2018 年在我国上市，可通过抑制分枝杆菌细胞壁合成而发挥抗菌作用，主要用于治疗成人耐药结核病。因其副作用较多，且易引起 Q-T 间期延长，应在医生指导下用药。

贝 达 喹 啉

贝达喹啉（bedaquiline）是近年来唯一上市的具有全新作用靶位的抗结核药，通过抑制结核分枝杆菌 ATP 合成酶的活性，影响 ATP 合成而发挥抗菌及杀菌作用。该药与传统的抗结核药之间无交叉耐药性，可提高对耐药结核病患者的疗效。适用于成人耐多药肺结核的治疗。

第二节　抗结核药的应用原则

药物治疗是结核病治疗的主要手段，旨在缩短结核病传染期、降低死亡率、感染率和患病率，必须坚持早期、联合、适量、规律和全程督导的用药原则。

1. 早期用药　早期结核病灶处于渗出阶段，此时结核分枝杆菌生长代谢旺盛，对抗结核药敏感，且因病灶局部血管丰富，药物浓度高，可以发挥最大的杀菌或抑菌作用，并可促进炎症吸收、空洞缩小或关闭、痰菌阴转。所以，早期合理治疗可以获得满意效果。

2. 联合用药　为了增强疗效、降低毒性、延缓耐药性的产生，临床常采用联合用药方案。对于初治病例，大多采用异烟肼与利福平联用；如果患者病情严重、病灶广泛，则采用三联或四联用药。

3. 适量、规律用药　足够的疗程和剂量是保证疗效和防止复发的关键。轻度患者可采用 6 个月短期强化疗法，即前 2 个月给予异烟肼、利福平与吡嗪酰胺三联治疗，较严重的患者则可四联（加用乙胺丁醇或链霉素），以迅速控制病情，后 4 个月给予 2 种抗结核药如异烟肼和利福平等联合应用以巩固治疗。

4. 全程督导治疗　WHO 提出全程督导是控制结核病的首要策略，即患者的病情、用药、复查等都应在医务人员的监督之下，在全程化疗期间（一般为 6~12 个月，耐药结核病疗程更长）均有医务人员指导，确保规范治疗。

自 测 题

一、单项选择题

1. 患者，男，30 岁，有癫痫病史，现确诊为肺结核，选用抗结核药时应慎用的药物是
   A. 利福平　　　　　　　　　　　B. 吡嗪酰胺
   C. 乙胺丁醇　　　　　　　　　　D. 异烟肼
   E. 对氨水杨酸

2. 患者，女，35 岁，患肺结核，选用链霉素和乙胺丁醇合用治疗，其目的是
   A. 减轻注射时疼痛　　　　　　　B. 有利于药物进入结核病灶
   C. 延缓耐药性产生　　　　　　　D. 减慢链霉素排泄
   E. 延长链霉素作用

3. 患者，女，45 岁，患有糖尿病合并肺浸润性肺结核，以甲苯磺丁脲控制血糖，以利福平、链霉素控制结核病。服用抗结核药物 2 个月后，发现糖尿病加重，而且出现肝功能损害，其原因是

A. 患者感染了肝炎 B. 链霉素损害了肝脏
C. 甲苯磺丁脲有毒性 D. 利福平诱导肝药酶
E. 出现了耐药性

4. 患者，女，62 岁，患结核病，抗结核治疗数月后，突然在深夜出现关节刺痛而惊醒，疼痛进行性加剧，经检查为血浆尿酸增高，与之有关的抗结核药是

A. 异烟肼 B. 吡嗪酰胺
C. 利福平 D. 链霉素
E. 对氨基水杨酸

5. 患者，女，48 岁，诊断为结核病，服用利福平和乙胺丁醇后 5 天出现弱视、红绿色盲。该患者出现上述症状的原因是

A. 结核病加重，侵犯眼部
B. 利福平所致的肝毒性累及神经系统
C. 利福平所致周围神经炎
D. 乙胺丁醇所致球后视神经炎
E. 利福平与乙胺丁醇相互作用所产生的不良反应

6. 患者，女，23 岁，罹患哮喘，因与活动性肺结核患者接触，需进行结核的预防性治疗。该患者最适合选用的药物是

A. 异烟肼 B. 异烟肼 + 吡嗪酰胺
C. 异烟肼 + 利福平 D. 利福平
E. 乙胺丁醇

7. 患者，男，52 岁，患有结核性腹膜炎，在抗结核治疗中，出现精神错乱，产生这种不良反应的药物可能是

A. 利福平 B. 异烟肼
C. 乙胺丁醇 D. 吡嗪酰胺
E. 对氨基水杨酸

8. 患者，女，32 岁，诊断为结核病，使用异烟肼治疗，医生又同时给予维生素 B_6。给予该患者维生素 B_6 的原因是

A. 促进异烟肼排泄，减轻毒性
B. 抑制异烟肼代谢，增加异烟肼血浆浓度
C. 是异烟肼起作用的辅助因子
D. 增强异烟肼的作用
E. 减轻异烟肼毒性反应

9. 患者，女，65 岁，因心力衰竭长期服用地高辛，后发现罹患结核病而进行抗结核治疗，治疗 1 个月后出现心力衰竭症状加重，与之有关的抗结核药是

A. 异烟肼 B. 吡嗪酰胺
C. 利福平 D. 链霉素
E. 对氨基水杨酸

10. 患者，男，30 岁，5 年前因低热、咳嗽、咳痰半年就诊，检查后确诊为肺结核，即行 4 个月异烟肼、链霉素，利福平治疗而病情好转。5 年来患者每次出现咯血时便采用异烟肼、链霉素或异烟肼、利福平，乙胺丁醇治疗，近 2 个月每日发热，体温 38.5 ℃ 左右，咳嗽、咳痰增多，X 线检查提示两肺病变增多，出现空洞。患者虽经 5 年抗结核治疗，但病情不断恶化，分析其最主要的原因是

A. 未遵循"早期、联合、适量、规律、全程督导"化疗原则予以治疗

B. 间断治疗
C. 方案不合理
D. 方案中未包括吡嗪酰胺
E. 疗程不足

二、简答题

简述一线抗结核药的名称及其作用机制。

三、案例分析题

患者，女，28岁，因持续咳痰、咳嗽20天，伴有低热就诊，胸部CT提示右下肺斑片状影，中间有小空洞，痰涂片显示抗酸杆菌阳性，诊断为肺结核。医生给予异烟肼和利福平进行治疗。患者用药后病情好转，用药3个月后自行停药。

请回答：

1. 患者用药一段时间后擅自停药会有什么危害？
2. 异烟肼在用药过程中可能出现哪些不良反应？有哪些注意事项？

（陈绚丽）

第三十七章 抗真菌药和抗病毒药

第三十七章数字资源

学习目标

知识：简述抗真菌药和抗病毒药的药理作用和临床应用，了解抗真菌药和抗病毒药的不良反应。

能力：能对不同类型的感染患者进行用药咨询，会观察、判断抗真菌药和抗病毒药的不良反应，并提出防治措施。

素养：充分认识药物治疗的局限性，向群众宣传防治真菌和病毒感染知识，树立科学防病、维护健康的理念。

第一节 抗真菌药

真菌感染一般分为浅部真菌感染和深部真菌感染两类。浅部真菌感染常由各种癣菌引起，主要侵犯皮肤、毛发、指（趾）甲等，发病率较高；深部真菌感染多由白念珠菌、荚膜组织胞浆菌、新型隐球菌等引起，主要侵犯全身黏膜、内脏、深部组织，发病率较低，但病情严重者可危及生命。近年来，深部真菌感染的发病率呈持续上升趋势，这与长期不合理应用广谱抗菌药、免疫抑制药、肾上腺皮质激素和细胞毒类抗恶性肿瘤药等有关。

抗真菌药（antifungal agents）是指具有杀灭或抑制真菌生长、繁殖的药物。

两性霉素 B

两性霉素 B（amphotericin B）因口服、肌内注射吸收较差，临床多采用静脉滴注给药；因不易透过血脑屏障，脑膜炎时需鞘内注射给药。

【药理作用及临床应用】两性霉素 B 对浅部真菌无效；对球孢子菌、荚膜组织胞浆菌、新型隐球菌、白念珠菌、孢子丝菌、芽生菌等有较强的抑菌作用，高浓度可以杀菌。该药是治疗深部真菌感染的首选药，用于治疗各种真菌性肺炎、心内膜炎、脑膜炎、败血症及尿道感染等；局部应用可治疗眼科、皮肤科及妇科真菌病。

【不良反应】两性霉素毒性较大，静脉滴注时可引起寒战、高热、头痛、恶心和呕吐，有时可导致血压下降、眩晕等，滴注过快可出现心室颤动和心搏骤停，尚有肾损害、低钾血症，偶见超敏反应。两性霉素 B 禁用生理盐水配制，应用 5% 葡萄糖注射液稀释，宜临用时配制。滴注前加用解热镇痛药、抗组胺药、氢化可的松或地塞米松，并需加强监护，进行血常规、尿常规及肝肾功能的检查，以防严重不良反应的发生。

制霉菌素

制霉菌素（nystatin）的体内过程和抗真菌作用与两性霉素 B 基本相同，但毒性更大。该药不能注射给药，局部给药可治疗黏膜、皮肤等浅表部位的真菌感染，阴道用药可导致白带增多。

克 霉 唑

克霉唑（clotrimazole）对皮肤真菌作用较强，但对头癣无效，对深部真菌作用不及两性霉素B。因其毒性较大，仅局部外用以治疗体癣、手足癣和耳道、阴道真菌感染。

咪 康 唑

咪康唑（miconazole）具有广谱抗真菌活性，隐球菌属、念珠菌属、球孢子菌属对其均敏感。该药口服难吸收，静脉注射给药不良反应较多。目前临床主要局部用于治疗阴道、皮肤或指甲的真菌感染。常见不良反应为血栓性静脉炎、恶心、呕吐及超敏反应等。

氟 康 唑

氟康唑（fluconazole）口服易吸收，体内分布较广，可通过血脑屏障，主要以原型经肾排泄，肾功能减退者需调整剂量。该药具有广谱抗真菌作用，对浅部、深部真菌均有抗菌作用，尤其对白念珠菌、新型隐球菌具有较高的抗菌活性，主要用于：①白念珠菌感染、球孢子菌感染和新型隐球菌性脑膜炎；②各种皮肤癣及甲癣的治疗；③预防器官移植、白血病、白细胞减少患者发生真菌感染。其不良反应在同类药物中最低，可见轻度消化道反应、皮疹及无症状的氨基转移酶升高。过敏者禁用，孕妇慎用，肾功能不全者减量。

 掌握氟康唑的药理作用和临床应用。

伊 曲 康 唑

伊曲康唑（itraconazole）是广谱抗真菌药，口服吸收较好，分布较广，但不易透过血脑屏障。该药体内外抗真菌活性高，可有效治疗浅表、皮下及深部真菌感染，是治疗罕见真菌如组织胞浆菌、芽生菌感染等感染的首选药。不良反应主要为胃肠道反应、头痛、头晕、低血钾、胚胎毒性等；有一定的肝毒性。

氟 胞 嘧 啶

氟胞嘧啶（flucytosine）低浓度有抑制真菌作用，高浓度有杀灭真菌作用，主要用于治疗隐球菌、念珠菌等真菌感染，但其疗效不如两性霉素B；由于易透过血脑屏障，对隐球菌性脑膜炎有较好疗效。因其易产生耐药性，故不主张单独使用，常与两性霉素B合用。不良反应较少，剂量过大时可致肝损害及骨髓抑制，并引起脱发。孕妇慎用。

特 比 萘 芬

特比萘芬（terbinafine）口服吸收好，分布广，在皮肤角质层、毛囊、甲板等处能长时间维持较高浓度，对各种浅部真菌有杀菌作用，对白假丝酵母菌等深部真菌有较弱的抑菌作用。该药可外用或口服治疗体癣、手癣、足癣、甲癣等。不良反应轻，可见胃肠道反应，偶有皮疹及肝毒性。

第二节　抗病毒药

病毒包括DNA病毒和RNA病毒，是一类最简单的微生物，没有完整的细胞结构。病毒首先吸附并穿入宿主细胞内，脱壳以后利用宿主细胞自身的代谢系统进行增殖复制，根据基因组提供的遗传信息，进行病毒的生物合成，病毒颗粒经组装成熟以后从宿主细胞内释放。如果阻止病毒增殖过程中任一环节，皆可起到防治病毒感染性疾病的作用。抗病毒药（antiviral agents）可通过干扰病毒吸附、阻止病毒穿入和脱壳、阻碍病毒在细胞内复制、抑制病毒释放或增强宿主细胞抗病毒免疫应答等方式呈现作用。根据抗病毒谱，将抗病毒药分为广谱抗病毒药、抗人类免疫缺陷病毒药、抗疱疹病毒药、抗流感病毒药和抗肝炎病毒药。

第三十七章 抗真菌药和抗病毒药

一、广谱抗病毒药

利 巴 韦 林

利巴韦林（ribavirin，病毒唑）为人工合成的广谱抗病毒药。对流感病毒、呼吸道合胞病毒、腺病毒、疱疹病毒和肝炎病毒等均有抑制作用。临床用于甲型流感、乙型流感、呼吸道合胞病毒性肺炎、支气管炎、疱疹、腺病毒肺炎及甲型、丙型肝炎等，有一定疗效。常见不良反应有头痛、乏力、贫血等。有致畸作用，孕妇禁用。因其有较强的致畸作用，妊娠期女性及计划妊娠的女性和其男性伴侣禁用利巴韦林。

 掌握利巴韦林的药理作用和临床应用。

干 扰 素

干扰素（interferon，IFN）是机体细胞在病毒感染或其他诱导剂的刺激下产生的一类生物活性糖蛋白质，主要包括 IFN-α、IFN-β 和 IFN-γ 三种类型。干扰素具有广谱抗病毒及免疫调节作用。干扰素本身并不具备直接抗病毒活性，而是通过诱导未受感染的细胞产生抗病毒蛋白质来干扰病毒的复制和增殖过程，此作用对 RNA 和 DNA 病毒均有效；此外，干扰素还有免疫调节和抗恶性肿瘤作用。主要用于治疗急性病毒感染性疾病，如流感及其他呼吸道病毒感染、病毒性心肌炎、流行性腮腺炎、乙型脑炎，以及慢性病毒感染，如慢性活动性肝炎、巨细胞性感染。临床常用的是通过基因重组技术获取的 IFN-α，有短效型和长效型。后者是干扰素与聚乙二醇结合而成，只需 1 周给药 1 次，用药方便，提高了患者的依从性。

干扰素的常见不良反应倦怠、头痛、肌痛、全身不适等，少见白细胞和血小板减少，停药后可恢复；大剂量可出现共济失调、精神失常等。孕妇禁用。

二、抗人类免疫缺陷病毒药

人类免疫缺陷病毒（HIV）属反转录病毒。临床使用的抗 HIV 药主要为核苷类反转录酶抑制药、非核苷类反转录酶抑制药和 HIV 蛋白酶抑制药 3 类。

齐 多 夫 定

齐多夫定（zidovudine）为核苷类反转录酶抑制药，是经美国 FDA 批准的首个用于抗 HIV 的药物，能竞争性抑制 HIV 反转录酶，终止 DNA 链的延长，阻止病毒复制，是治疗艾滋病的首选药。常见不良反应为骨髓抑制、贫血、中性粒细胞减少、胃肠道反应等，剂量过大可出现焦虑、精神错乱等神经系统症状。

拉 米 夫 定

拉米夫定（lamivudine）为核苷类反转录酶抑制药，其作用与齐多夫定相似，与其他核苷类反转录酶抑制药有协同作用。临床主要与齐多夫定等合用治疗艾滋病；也常用于乙肝的治疗，能减轻或阻止肝纤维化。常见不良反应有头痛、失眠、疲劳和腹泻等。

司 他 夫 定

司他夫定（stavudine）为核苷类反转录酶抑制药，常用于不能耐受齐多夫定或齐多夫定治疗无效的患者，但不能与齐多夫定合用。主要不良反应为周围神经炎，也可见胰腺炎、关节痛和氨基转移酶升高等。

奈 韦 拉 平

奈韦拉平（nevirapine）为非核苷类反转录酶抑制药，与HIV反转录酶的活性中心结合，阻断反转录酶活性，从而抑制HIV的复制。临床上奈韦拉平常与核苷类反转录酶抑制药联合用于治疗HIV感染；也常与其他反转录酶抑制药合用于治疗HIV-1成人和儿童患者。该药可致严重皮肤损害（如中毒型表皮坏死）、超敏反应、肝坏死、抑郁，甚至器官衰竭。

拉 替 拉 韦

拉替拉韦（raltegravir）是整合酶抑制药，口服给药后迅速吸收。拉替拉韦通过抑制整合酶，防止感染早期HIV基因组共价插入或整合到宿主细胞基因组中，可预防病毒感染的传播。临床上拉替拉韦常与其他反转录酶抑制药联合用于治疗人类免疫缺陷病毒1型（HIV-1）感染；与其他活性药物联合使用时产生治疗应答的可能性更大。不良反应包括血小板减少症，潜在肝疾病和（或）合并用药患者的肝衰竭、横纹肌溶解症、小脑性共济失调、抑郁（尤其是在原先存在精神疾病史的患者中较易出现，包括自杀倾向和行为）、Stevens-Johnson综合征（一种严重多型性红斑症候群）及伴有嗜酸性粒细胞增多和全身症状的药物性皮炎。

> **知识链接**
>
> **鸡尾酒疗法**
>
> 鸡尾酒疗法是由美籍华裔科学家何大一于1996年提出的，因为药物的配制方法与调制鸡尾酒很相似，故得名。该疗法将蛋白酶抑制药与多种抗病毒药联合使用，分别作用于HIV复制周期中的不同阶段、不同细胞群和细胞部位，以减少耐药病毒株的出现，并降低各协同药物的剂量和毒性。单独使用任何一种反转录酶抑制药，均易产生耐药性，并且毒性很大，往往不能达到满意效果，目前，已经不再推荐单一药物治疗；相反，积极鼓励选用没有重叠毒性作用而又有抗病毒协同作用的药物联合治疗，是目前艾滋病治疗领域公认的有效方法。"鸡尾酒"疗法也有一些缺点，如可能引起强烈的消化道反应，部分患者甚至因为无法忍受而拒绝服药。

三、抗疱疹病毒药

阿 昔 洛 韦

阿昔洛韦（aciclovir，无环鸟苷）口服吸收差，但体内分布广，易透过血脑屏障，在体内转化为无环鸟苷三磷酸，抑制DNA聚合酶，阻止病毒DNA复制。该药对单纯疱疹病毒作用最强，对水痘-带状疱疹病毒、EB病毒的作用稍弱，对巨细胞病毒作用差，对乙型肝炎病毒也有抑制作用。阿昔洛韦是临床治疗单纯疱疹病毒感染、水痘-带状疱疹病毒感染的首选药。常见不良反应为胃肠功能紊乱、药疹，静脉给药可引起静脉炎。严重不良反应为急性肾衰竭有致死报道，应用时应充分补水，防止药物沉积于肾小管内，需仔细观测肾衰竭征兆和症状，并监测尿常规和肾功能变化，一旦出现异常应立即停药；应严格掌握适应证和给药剂量，避免过量应用。老年人、孕妇及儿童慎用。

掌握阿昔洛韦的药理作用和临床应用。

伐 昔 洛 韦

伐昔洛韦（valaciclovir）口服吸收迅速并完全转化为阿昔洛韦发挥作用，克服了阿昔洛韦口服生物利用低的缺点。不良反应较阿昔洛韦轻。

更昔洛韦

更昔洛韦（ganciclovir）对单纯疱疹病毒及水痘-带状疱疹病毒的作用与阿昔洛韦相似，但对巨细胞病毒作用强。该药因骨髓抑制等不良反应发生率高，临床只用于巨细胞病毒引起的严重感染，如肺炎、肠炎、视网膜炎。

阿糖腺苷

阿糖腺苷（vidarabine）为腺嘌呤核苷衍生物，通过抑制 DNA 聚合酶而抑制病毒 DNA 合成。该药对单纯疱疹病毒、水痘-带状疱疹病毒、乙型肝炎病毒等皆有抑制作用，对巨细胞病毒无效。阿糖腺苷静脉滴注用于治疗单纯疱疹病毒性脑炎，也用于水痘-带状疱疹等疾病的治疗。常见不良反应为胃肠道反应，剂量过大可引起骨髓抑制、肝和肾功能损害；有致畸作用，故孕妇禁用。

碘 苷

碘苷（idoxuridine）又称疱疹净，可竞争性抑制胸苷酸合成酶，使 DNA 合成受阻，故能抑制 DNA 病毒如单纯疱疹病毒和牛痘病毒的生长，对 RNA 病毒无效。该药因全身应用毒性大，临床仅限于局部用药，治疗眼部或皮肤疱疹病毒和牛痘病毒的感染。长期应用碘苷的患者可出现角膜混浊或染色小点，局部有眼睑瘙痒、疼痛、水肿甚至睫毛脱落等症状。孕妇、肝病或造血功能不良者禁用或慎用。

四、抗流感病毒药

奥司他韦

奥司他韦（oseltamivir）对流感病毒神经氨酸酶具有抑制作用，能有效抑制病毒颗粒释放，阻止甲、乙型流感病毒传播，是目前流行性感冒常用的药物之一，也是公认的抗禽流感、甲型 H1N1 流感的有效药物之一。临床主要用于成人、1岁及以上未成年人的甲型和乙型流行性感冒的治疗，也可用于成人、13岁及以上青少年甲型和乙型流行性感冒的预防。常见不良反应有恶心、呕吐、失眠、头痛、腹痛等，常在首次用药时发生；也可见鼻塞、咽痛、咳嗽等；偶见血尿、嗜酸粒细胞减少、皮肤多形性红斑及肝损害。孕妇及哺乳期妇女不主张使用。

金刚烷胺及金刚乙胺

金刚烷胺（amantadine）口服易吸收，分布广，主要以原型经肾排泄。该药对甲型流感病毒有较强的抑制作用，大剂量也抑制乙型流感病毒、风疹病毒。金刚烷胺能干扰病毒的吸附、穿入和脱壳过程。临床主要用于防治甲型流感病毒感染。金刚烷胺尚有抗帕金森病的作用。不良反应有恶心、头晕、焦虑、失眠、幻觉及共济失调等。

金刚乙胺（rimantadine）为金刚烷胺的衍生物，抗甲型流感病毒的作用优于金刚烷胺。因其不易透过血脑屏障，中枢神经系统副作用较少，临床用于流行性感冒的预防和早期治疗。

五、抗肝炎病毒药

临床常用的抗肝炎病毒药有干扰素、阿德福韦、利巴韦林、拉米夫定等。

阿德福韦

阿德福韦（adefovir dipivoxil）能抑制乙肝病毒 DNA 复制，改善肝组织炎症。该药可与拉米夫定联合用于慢性乙肝患者的治疗，特别适用于乙肝表面抗原（HBsAg）和乙肝病毒脱氧核糖核酸（HBV DNA）阳性、丙氨酸转氨酶（ALT）增高的慢性乙肝患者。乙肝病毒对阿德福韦不易产生耐药。

自 测 题

一、单项选择题

1. 治疗深部真菌感染的首选药是
   A. 制霉菌素 B. 克霉唑
   C. 两性霉素 B D. 氟康唑
   E. 伊曲康唑

2. 氟康唑的临床应用不包括
   A. 白念珠菌感染 B. 球孢子菌感染
   C. 预防器官移植患者真菌感染 D. 深部真菌感染
   E. 头癣的治疗

3. 具有致畸作用，孕妇禁用的抗病毒药是
   A. 干扰素 B. 齐多夫定
   C. 利巴韦林 D. 阿昔洛韦
   E. 奥司他韦

4. 阿昔洛韦主要用于治疗
   A. 甲型流感 B. 艾滋病
   C. 单纯疱疹病毒感染 D. 巨细胞病毒感染
   E. 乙型肝炎

5. 金刚烷胺除了抗流感病毒外，还可用于治疗
   A. 帕金森病 B. 癫痫
   C. 失眠 D. 抑郁症
   E. 焦虑症

6. 治疗隐球菌性脑膜炎，疗效较好且易透过血脑屏障的药物是
   A. 氟胞嘧啶 B. 特比萘芬
   C. 咪康唑 D. 伊曲康唑
   E. 克霉唑

（7~8题共用题干）
患者，女，32岁，因持续发热、头痛、乏力入院，经检查确诊为新型隐球菌性脑膜炎。

7. 针对该患者，首选的抗真菌药物是
   A. 制霉菌素 B. 氟康唑
   C. 克霉唑 D. 咪康唑
   E. 特比萘芬

8. 若该患者在治疗过程中出现恶心、呕吐、乏力等症状，可产生这些不良反应的药物是
   A. 制霉菌素 B. 氟康唑
   C. 克霉唑 D. 咪康唑
   E. 特比萘芬

（9~10题共用题干）

患者，男，25岁，近期出现发热、咳嗽、咽痛等症状，经检查诊断为甲型流感。

9. 治疗该患者的甲型流感，最常用的药物是
    A. 干扰素
    B. 利巴韦林
    C. 奥司他韦
    D. 金刚烷胺
    E. 阿昔洛韦

10. 若该患者在用药后出现恶心、呕吐、失眠等症状，产生这些不良反应的药物是
    A. 干扰素
    B. 利巴韦林
    C. 奥司他韦
    D. 金刚烷胺
    E. 阿昔洛韦

二、简答题

1. 简述抗真菌药的分类及各类代表药物。
2. 简述抗病毒药的作用机制。

三、案例分析题

患者，女，45岁，因患有系统性红斑狼疮长期服用免疫抑制药。近1个月来，患者出现口腔黏膜白斑，伴有疼痛，影响进食，经检查，确诊为白念珠菌感染引起的口腔炎。

请回答：

1. 针对该患者的病情，应选用哪种抗真菌药进行治疗？请说明理由。
2. 在使用该药治疗过程中，可能会出现哪些不良反应？应如何监测和防治？

（甄昌霖　李　玲）

第三十八章 抗寄生虫病药

第三十八章数字资源

学习目标

知识：列出抗寄生虫药的分类及常见药物；概述氯喹、青蒿素、伯氨喹、乙胺嘧啶、阿苯达唑、噻嘧啶和吡喹酮的药理作用及临床应用。

能力：能根据患者寄生虫感染病情合理选用抗寄生虫药；指导社区人群养成卫生健康习惯，对疟疾、肠道寄生虫感染等开展防控知识宣教；利用抗寄生虫药知识开展用药咨询及用药指导。

素养：通过青蒿素发现史、新中国血吸虫病防控成就等事例，增强爱国主义意识，树立实事求是、探索未知、追求真理的科学精神。

案例导入

张某，女，38岁，因外阴瘙痒1个月余到社区卫生服务中心就诊。查体：白带量多，呈黄绿色泡沫状，有腥臭味。白带常规检查见阴道毛滴虫。诊断：滴虫性阴道炎。社区医生开具处方：甲硝唑片，一次200 mg，一日3次，口服。患者用药第4天时，饮用约100 ml米酒，随后出现心悸、头晕、面色发红、恶心、乏力，自测血压较平日偏低。

问题与思考：
1. 患者饮用含乙醇饮品后出现上述症状的原因是什么？
2. 针对该患者，开具甲硝唑时应如何进行用药指导？

第一节 抗 疟 药

疟疾是由疟原虫引起的、通过雌性按蚊叮咬传播的一种寄生虫感染性传染病，其临床特点为间歇性寒战、高热继之大汗后缓解。寄生于人体内的疟原虫主要有间日疟原虫、三日疟原虫、恶性疟原虫和卵形疟原虫，它们分别引起间日疟、三日疟、恶性疟和卵形疟。恶性疟病情通常较严重，甚至可危及患者生命。在我国，疟疾的病原体主要有间日疟原虫和恶性疟原虫，三日疟原虫少见，卵形疟原虫罕见。

一、疟原虫的生活史和抗疟药的作用环节

四种疟原虫的生活史基本相同，分为在人体内的无性发育阶段和在雌性按蚊体内的有性发育阶段。抗疟药是用于预防和治疗疟疾的药物，通过作用于疟原虫生活史的不同阶段，既可以防治疟

疾，又能阻止其传播和消灭传染源（图 38-1）。

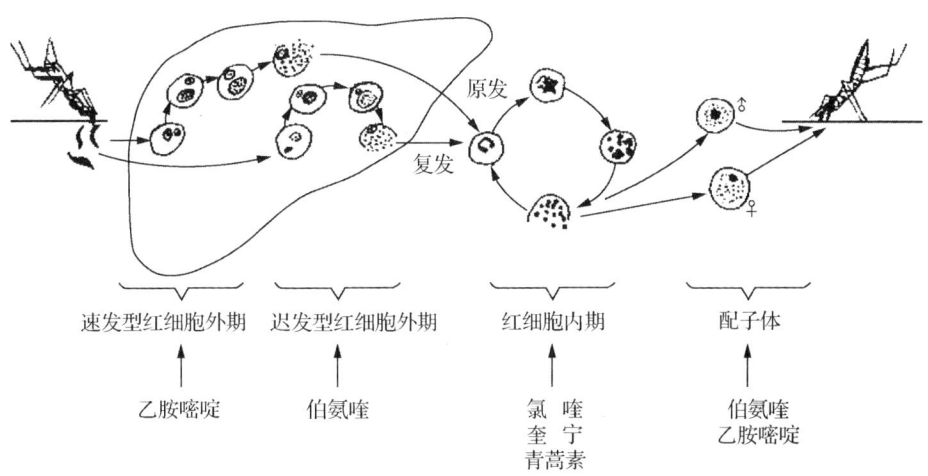

图 38-1 疟原虫生活史与抗疟药的作用

（一）人体内的无性发育阶段

疟原虫在人体内的无性发育阶段分为红细胞外期（肝细胞内期）和红细胞内期。

1. 红细胞外期（肝细胞内期） 当受感染的雌性按蚊刺吸人体时，子孢子随蚊的唾液进入人体，约经 30 min 由血液循环侵入肝细胞，摄取肝细胞营养并进行裂体增殖，经 10～14 天发育为成熟裂殖体。此期发生在进入红细胞之前，无临床症状。乙胺嘧啶能杀灭此期的裂殖体，有病因性预防作用。

间日疟原虫和卵形疟原虫的子孢子有速发型和迟发型两种类型。速发型子孢子在肝细胞内能迅速发育、繁殖，产生大量的裂殖体。迟发型子孢子侵入肝细胞后需要经过数个月或 1 年余的休眠期后才能发育、繁殖成裂殖体。迟发型子孢子成为疟疾复发的根源。恶性疟原虫和三日疟原虫无迟发型子孢子，不引起疟疾复发。伯氨喹能杀灭迟发型子孢子，有阻止疟疾复发的作用。

2. 红细胞内期 红细胞外期形成的裂殖子，破坏肝细胞进入血液，侵入红细胞，发育为成熟裂殖体，破坏红细胞后，释放出大量裂殖子、疟色素及其他代谢产物，刺激机体，引起高热、寒战等症状，即疟疾症状发作。释放出的裂殖子再侵入其他正常红细胞而重复裂殖体增殖，引起疟疾症状反复发作。疟疾的一次典型发作表现为寒战、高热和出汗退热三个连续阶段。氯喹、奎宁、青蒿素等能杀灭红细胞内期的裂殖体，故有控制症状的作用。

（二）雌性按蚊体内有性发育阶段

在雌性按蚊刺吸疟原虫感染者的血液时，红细胞内发育的疟原虫随血液进入蚊胃，雌、雄配子体能继续发育，两者结合成合子，进一步发育为子孢子，移行至蚊唾液腺内，成为疟疾传播的根源。伯氨喹能杀灭各种疟原虫的配子体，乙胺嘧啶能抑制配子体在蚊胃内的发育，两者均有控制疟疾传播和流行的作用。

二、常用抗疟药

根据对疟原虫生活史不同环节的作用，将抗疟药分为三类。

（一）主要用于控制症状的抗疟药

氯　喹

氯喹（chloroquine）是人工合成的 4-氨基喹啉类衍生物。

【体内过程】氯喹口服吸收快而完全，生物利用度约为 90%，$t_{1/2}$ 一般为 3～5 天，可随用药剂量增大而延长。药物分布于全身组织,在肝、脾、肾和肺组织中的浓度是血浆浓度的 200～700 倍,红细胞内药物浓度是血药浓度的 10～20 倍,被疟原虫侵入的红细胞内浓度又比正常红细胞内浓度高约 25 倍。氯喹主要在肝代谢,代谢产物及小部分原型药经肾排出体外。因氯喹在体内消除缓慢,药效可持续数天至数周,酸化尿液可加速其排泄。

【药理作用及临床应用】

1. 抗疟作用　氯喹对红细胞内期的裂殖体有较强的杀灭作用,能迅速有效地控制疟疾症状的临床发作,其特点是起效快、疗效高、作用持久,是控制疟疾症状的首选药。通常用药后 24～48 h 发热、寒战和头痛等症状消退,48～72 h 血中疟原虫消失。该药也可用于预防疟疾的发生,在进入疫区前 1 周和离开疫区后 4 周期间,每周服药一次即可;因其对红细胞外期疟原虫无效,所以不能用于病因性预防以及控制疟疾复发和传播。

2. 抗肠外阿米巴病作用　氯喹可杀灭肠外阿米巴滋养体,用于阿米巴肝脓肿的治疗。

3. 免疫抑制作用　大剂量氯喹能抑制免疫反应,用于治疗类风湿性关节炎、系统性红斑狼疮和肾病综合征等自身免疫病。

【不良反应】氯喹在治疗剂量时不良反应较轻,主要有胃肠道反应、头痛、头晕、耳鸣、皮疹等,停药后这些症状通常可消失;长期大剂量使用可出现视物模糊、心律失常、惊厥、昏迷等,急性中毒时可因呼吸衰竭而死亡。

 熟悉氯喹的药理作用和临床应用。

奎　宁

奎宁(quinine)是从金鸡纳树皮中提取的一种生物碱。

【药理作用及临床应用】奎宁对各种疟原虫的红细胞内期裂殖体有抑制作用,控制临床症状,对红细胞外期疟原虫无影响。其抗疟作用弱、维持时间短、易复发,且毒性较大,一般不作为治疗疟疾的首选药。临床主要用于耐氯喹或耐多种药物的恶性疟原虫感染,特别是脑型疟疾。奎宁尚有解热镇痛、心肌抑制、兴奋子宫平滑肌等作用。

【不良反应】

1. 金鸡纳反应　轻者出现恶心、呕吐、耳鸣、视力减退等症状,严重者出现暂时性耳聋。

2. 心血管系统反应　大剂量或静脉滴注速度过快时,可导致心脏抑制、严重低血压和心律失常等。

3. 特异质反应　少数葡萄糖-6-磷酸脱氢酶缺乏患者小剂量用药可出现急性溶血,表现为寒战、高热、贫血等症状。

甲　氟　喹

甲氟喹(mefloquine)口服吸收较快,24 h 内血药浓度达峰值,主要在肝代谢,消除速度慢,15～30 天才能从体内完全消除。

【药理作用及临床应用】甲氟喹能有效杀死红细胞内期的裂殖体,对红细胞外期的配子体和疟原虫没有疗效。其抗疟作用与氯喹相似,但起效较慢。甲氟喹与氯喹和奎宁之间无交叉耐药性。甲氟喹主要用于耐氯喹或对多种药物耐药的恶性疟原虫感染,与乙胺嘧啶合用可增强疗效、延缓耐药性的产生。此外,甲氟喹半衰期较长,可每 2 周服药一次,用于预防、控制疟疾症状发作。

【不良反应】甲氟喹不良反应与药物剂量相关,女性多见。常见不良反应为胃肠道反应,少数患者出现眩晕、头痛等症状,偶见心动过缓及窦性心律失常。

青　蒿　素

青蒿素(artemisinin)是我国学者从菊科植物黄花蒿中提取的一种抗疟药,因高效、速效且毒性较低，被世界卫生组织推荐为有效抗疟药。青蒿素口服吸收快，1 h 血药浓度达峰值。药物广泛分布于各组织，在肝、肠、肾等组织中含量高，易透过血脑屏障。代谢途径主要为肝代谢，代谢产物经肾排出。

【药理作用及临床应用】青蒿素可快速杀灭各种疟原虫的红细胞内期滋养体及裂殖体，对红细胞外期疟原虫无效。临床主要用于恶性疟的症状控制，尤其对脑型疟疾有良好的抢救效果，也可用于治疗耐氯喹或对多种药物耐药的疟原虫感染。由于青蒿素代谢快，有效血药浓度维持时间短，杀死疟原虫不彻底，故停药后复发率高，与伯氨喹合用能降低复发率。

【不良反应】青蒿素不良反应少，偶见恶心、呕吐等胃肠道反应以及白细胞减少、心脏传导阻滞、发热等；有致畸作用，孕妇禁用。

青蒿素的脂溶性衍生物蒿甲醚（artemether）为注射用油针剂，水溶性衍生物青蒿琥酯（artesunate）可经口服、静脉注射、肌内注射、直肠给药等多种途径给药。两药抗疟效果强于青蒿素，可用于治疗耐氯喹的恶性疟及危急病例的抢救。双氢青蒿素（dihydroartemisinin）为青蒿素及其衍生物的有效代谢产物，治疗疟疾有效率为 100%，复发率约为 2%。不良反应较少。

熟悉青蒿素的药理作用和临床应用。

咯萘啶

咯萘啶（malaridine）是我国研制的一种抗疟药，可杀灭红细胞内期裂殖体，主要用于治疗耐氯喹的恶性疟疾及脑型疟疾，不良反应较少。

（二）主要用于控制复发和传播的抗疟药

伯氨喹

【体内过程】伯氨喹（primaquine）口服吸收迅速而完全，1~2 h 血药浓度达峰值，体内代谢快，代谢产物经肾排泄。半衰期较短，血中有效浓度维持时间短，需每日用药。

【药理作用及临床应用】伯氨喹对间日疟和卵形疟肝脏中的迟发型子孢子有较强的杀灭作用，是防治疟疾远期复发的主要药物，与氯喹等红细胞内期的抗疟药合用，可根治间日疟和卵形疟，并减少耐药虫株的产生。伯氨喹对各种疟原虫的配子体都有杀灭作用，可用于控制各种疟疾的传播。

【不良反应】伯氨喹毒性较大，治疗剂量可有头晕、恶心、呕吐、腹痛、粒细胞减少等；大剂量可引起高铁血红蛋白血症。少数患者因红细胞内缺乏葡萄糖-6-磷酸脱氢酶，用药后可发生急性溶血。

熟悉伯氨喹的药理作用和临床应用。

（三）主要用于病因性预防的抗疟药

乙胺嘧啶

乙胺嘧啶（pyrimethamine）是人工合成的抗疟药，其化学结构与甲氧苄啶相似。乙胺嘧啶口服吸收慢而完全，4~6 h 血药浓度达峰值；主要分布于肝、肺、脾、肾等器官；部分药物通过肝代谢，原型药物和代谢产物通过肾排出体外。由于排泄缓慢，一次给药作用可持续 1 周以上。

【药理作用及临床应用】乙胺嘧啶为二氢叶酸还原酶抑制药，能阻止二氢叶酸转变为四氢叶酸，阻碍核酸的合成，从而抑制各种疟原虫的繁殖。乙胺嘧啶对疟原虫红细胞外期子孢子的杀灭作用持久，是病因性预防的首选药。因其仅对红细胞内期未成熟裂殖体有效，对发育成熟的裂殖体无效，必须在用药后第二个无性增殖周期发挥作用，故控制症状起效缓慢。含药血液被按蚊吸食后，可抑制配子体在蚊体内发育，能阻断疟疾的传播。乙胺嘧啶与磺胺类药或砜类药（二氢叶酸合酶抑制药，仅抑制红细胞内期疟原虫的发育增殖）合用时，可通过双重阻断疟原虫的叶酸代谢途径而产生协同作用，因此有协同作用。

【不良反应】治疗剂量的乙胺嘧啶不良反应轻。长期大剂量服用可干扰人体叶酸代谢，引起巨幼细胞贫血、粒细胞减少等；过量可导致急性中毒，表现为恶心、呕吐、发热、惊厥，甚至死亡。

熟悉乙胺嘧啶的药理作用和临床应用。

第二节　抗阿米巴病、抗滴虫病药

案例导入

张某，女，42岁，因会阴部瘙痒2个月就诊。查体：白带呈脓性泡沫状，有臭味。白带检验有阴道毛滴虫。诊断：滴虫性阴道炎。用药：甲硝唑片，一次250 mg，一日3次，口服。患者在用药至第5天时，饮用了50 ml含乙醇饮料后，出现心率增快、血压下降、四肢乏力、面部潮红、头痛、恶心、呕吐等。

问题与思考：
1. 为什么患者饮用含乙醇饮料后会出现上述表现？
2. 如何做好甲硝唑的用药指导？

一、抗阿米巴病药

阿米巴病是由阿米巴的包囊引起的肠道内和肠道外感染。阿米巴包囊感染者多为无症状的病原携带者，包囊在肠腔内发育成滋养体，当肠道环境合适时，滋养体侵入肠黏膜，吞噬红细胞，破坏正常组织，使肠壁发生溃疡，引起阿米巴痢疾。滋养体也可随血流进入肝、肺、脑等组织，引起肝脓肿、肺脓肿、脑脓肿等肠外阿米巴病。当肠道环境改变后，滋养体转为包囊，随粪便排出体外，感染新宿主。常用抗阿米巴病药主要有甲硝唑、二氯尼特等。

甲　硝　唑

甲硝唑（metronidazole，灭滴灵）最早用于治疗阴道滴虫病，后用于治疗阿米巴病。1960年后，发现其对多种病原体有很强的作用，特别是对厌氧菌高度敏感，现广泛用于防治厌氧菌感染。甲硝唑的抗菌机制是在细菌内无氧环境中，药物的硝基被还原成氨基，生成具有抑制细菌DNA合成、促进DNA降解的细胞毒性物质，从而产生抗菌作用。

【药动学特点】甲硝唑口服易吸收，生物利用度达96%以上，血浆蛋白质结合率约20%，给药1 h后即可生效。药物分布广泛，可进入全身组织和体液中，也能通过血脑屏障。$t_{1/2}$为8～12 h，主要在肝内代谢，经肾排泄，也可经乳腺、唾液、精液及阴道分泌物排泄。其代谢产物可使尿液呈现棕红色。

【药理作用及临床应用】

1. 抗阿米巴原虫病　甲硝唑对阿米巴滋养体有强大杀灭作用。甲硝唑是治疗急性阿米巴痢疾和肠外阿米巴病的首选药。因其在肠腔内浓度偏低，对肠内滋养体及包囊无明显影响，对无症状的包囊携带者无治疗作用。

2. 抗厌氧菌病　甲硝唑对大多数厌氧菌有强大的作用,临床主要用于治疗厌氧菌感染所致败血症、菌血症、盆腔炎、骨髓炎、产后脓毒症、腹膜炎、中耳炎、口腔炎和牙周炎等,也可治疗消化性溃疡者的幽门螺杆菌感染。

3. 抗阴道滴虫病　甲硝唑是防治阴道滴虫病的首选药。甲硝唑口服给药可杀灭泌尿生殖道滴虫,局部给药可治疗生殖道滴虫感染。已婚患者在用甲硝唑治疗阴道滴虫病时,配偶双方应同时使用。

4. 抗贾第鞭毛虫病　甲硝唑治疗贾第鞭毛虫感染的有效率在90%以上。

【不良反应】

1. 胃肠反应　口服或注射甲硝唑时均可产生胃肠道反应,用药后患者出现恶心、呕吐、食欲缺乏、腹痛、腹泻或口腔内有金属异味感。

2. 神经系统反应　剂量过大时可出现头痛、头晕、共济失调、肢体麻木及感觉异常等反应。

3. 其他　少数患者可出现超敏反应、轻度白细胞减少等。动物试验显示甲硝唑有致癌、致畸作用,故孕妇、哺乳妇女禁用;中枢神经系统器质性疾病患者禁用。应用甲硝唑的患者在饮酒后可能出现"双硫仑样"作用,故用药期间及停药1周内禁止饮酒。

替 硝 唑

替硝唑(tinidazole)抗菌作用与甲硝唑相似,口服吸收好,作用维持时间更长,$t_{1/2}$为12~24 h,临床用于治疗厌氧菌感染、滴虫病、阿米巴病等。其不良反应较甲硝唑少见。

二 氯 尼 特

二氯尼特(diloxanide)是目前最有效的杀灭阿米巴原虫包囊的药物。二氯尼特在肠道内可直接杀死阿米巴滋养体,急性阿米巴痢疾患者使用甲硝唑控制症状后,再用二氯尼特可肃清肠腔内包囊,有效防止复发;二氯尼特对肠外阿米巴病无效。二氯尼特有轻微的不良反应,常见胃肠胀气,有时出现恶心、腹痛等。动物实验证明大剂量给予二氯尼特可导致流产。

二、抗滴虫病药

抗滴虫病药是一类用于治疗阴道毛滴虫所引起的阴道炎、尿道炎和前列腺炎的药物。主要药物有甲硝唑、替硝唑等。对于耐甲硝唑虫株感染,可选用乙酰胂胺(acetarsol)进行治疗,该药能杀灭阴道毛滴虫,但由于其毒性较大,通常采用局部给药的方式。乙酰胂胺有轻度的局部刺激作用,可使阴道分泌物增多。

三、抗丝虫病药

乙 胺 嗪

乙胺嗪(diethylcarbamazine)对班氏丝虫和马来丝虫的微丝蚴均具有杀灭作用,对淋巴系统中的成虫也有杀灭作用。乙胺嗪是临床抗丝虫病的首选药。

乙胺嗪毒性较低而短暂,常见不良反应表现为厌食、恶心、呕吐、头痛、乏力等;可因成虫或微丝幼虫死亡释放出大量异体蛋白质而引起皮疹、淋巴结肿大、血管神经性水肿、畏寒、发热、哮喘等超敏反应症状;也可引起心率加快、胃肠道功能紊乱等症状。

第三节　抗肠蠕虫病药

蠕虫病是一种常见肠道传染病,在人体内寄生的蠕虫包括线虫类(如蛔虫、蛲虫、钩虫、鞭虫）、绦虫类和吸虫类。我国肠蠕虫病以线虫类感染最普遍。抗肠蠕虫病药是驱除或杀灭肠道蠕虫的药物。

一、抗线虫药

甲苯咪唑

甲苯咪唑（mebendazole，甲苯达唑）为广谱驱肠虫药，不仅能杀灭各种线虫和绦虫的成虫，对蛔虫、钩虫、鞭虫的虫卵及幼虫也有杀灭和抑制发育的作用。甲苯咪唑能选择性抑制虫体对葡萄糖的摄取，导致其糖原耗竭，ATP 生成减少，从而使虫体死亡。临床主要用于治疗蛔虫、钩虫、蛲虫、鞭虫、绦虫及粪类圆线虫的单独或混合感染。

甲苯咪唑口服吸收少，不良反应轻。少数患者出现短暂的腹痛、腹泻、皮肤瘙痒；大剂量偶见粒细胞减少、脱发等。动物实验显示其有致畸作用，故孕妇禁用。

阿苯达唑

阿苯达唑（albendazole，肠虫清）是甲苯咪唑的同类物，具有高效、低毒、广谱的特点。能杀灭多种肠道线虫、绦虫、吸虫的成虫及虫卵。临床主要用于鞭虫、蛲虫、蛔虫、钩虫等线虫和绦虫感染，对钩虫病的疗效优于甲苯咪唑。由于阿苯达唑口服吸收缓慢，吸收后分布于肝、肾、肺等组织，并能通过血脑屏障，故对肠道外寄生虫病，如对脑囊虫病也有较好疗效。

阿苯达唑不良反应较少，偶见腹痛、腹泻、恶心、头晕、血清氨基转移酶升高等；治疗脑囊虫病时可引起癫痫发作、颅内压升高甚至脑疝。

熟悉阿苯达唑的药理作用和临床应用。

左旋咪唑

左旋咪唑（levamisole）为广谱驱虫药，能选择性抑制虫体琥珀酸脱氢酶，减少能量生成，使虫体肌肉麻痹，随肠蠕动排出体外。临床主要用于驱蛔虫、钩虫、蛲虫，对丝虫病也有一定疗效。左旋咪唑尚能增强细胞免疫，可用于免疫功能低下患者的治疗。不良反应有恶心、呕吐、皮疹等。

噻嘧啶

噻嘧啶（pyrantel，抗虫灵）为去极化神经肌肉阻滞药。临床用于钩虫、蛲虫、蛔虫的单独或混合感染。不良反应有轻微发热、头痛、腹部不适等。噻嘧啶不宜与哌嗪合用。

熟悉噻嘧啶的药理作用和临床应用。

哌嗪

哌嗪（piperazine，驱蛔灵）对蛔虫、蛲虫有较强的驱虫作用，能引起虫体肌细胞膜超极化，阻断神经-肌肉冲动的传递。临床主要用于驱肠道蛔虫；也可用于驱蛲虫，但需用药 7~10 天。大剂量应用时患者可出现恶心、呕吐、腹泻，甚至有眩晕、共济失调、肌束震颤等神经系统症状。

二、抗绦虫药

氯硝柳胺

氯硝柳胺（niclosamide，灭绦灵）口服不吸收，肠内浓度高，能杀灭多种绦虫的成虫，主要杀死虫体头节和近端节片，对虫卵无效。其抗虫机制为抑制虫体细胞内线粒体氧化磷酸化过程，阻碍ATP生成，妨碍虫体的发育。临床用于牛肉绦虫、猪肉绦虫、阔节裂头绦虫、短膜壳绦虫感染。因氯硝柳胺对钉螺和日本血吸虫尾蚴也有杀灭作用，故可用于防止血吸虫传播。氯硝柳胺能引起轻微的胃肠道反应、皮肤瘙痒等，杀灭绦虫时，死亡节片释放出虫卵，有致囊虫病的危险。

三、抗血吸虫病药

血吸虫病主要由血吸虫寄生于人体引起。常见的血吸虫有日本血吸虫、曼氏血吸虫和埃及血吸虫，我国流行的血吸虫病主要是由日本血吸虫所引起。

吡 喹 酮

吡喹酮（praziquantel）口服吸收迅速，在肝、肾、脂肪等组织中的分布浓度较高，可通过血脑屏障。吡喹酮对各种类型的血吸虫有快速杀灭作用，对成虫作用较强，对幼虫作用弱；对其他吸虫如肺吸虫、华支睾吸虫、姜片虫及各种绦虫也有显著杀灭作用。吡喹酮是临床上治疗血吸虫病的首选药，也可用于其他吸虫病及各种绦虫病的治疗。不良反应可见腹痛、恶心、头痛、头晕、肌震颤等；少数患者有心电图改变，心脏病患者慎用。

 熟悉吡喹酮的药理作用和临床应用。

自 测 题

一、单项选择题

1. 关于氯喹的描述，错误的是
   A. 起效快　　　　　　　　　　　　B. 可致耳鸣
   C. 作用强　　　　　　　　　　　　D. 可致视网膜病变
   E. 直接杀灭配子体

2. 对急、慢性和肠、内外阿米巴病都有效的药是
   A. 氯喹　　　　　　B. 甲硝唑　　　　　　C. 喹碘方
   D. 卡巴肿　　　　　E. 巴龙霉素

3. 关于替硝唑的描述，错误的是
   A. 为治疗阴道滴虫的首选药　　　　B. 毒性比甲硝唑略大
   C. 可治疗肠内、外阿米巴病　　　　D. 与甲硝唑结构相似
   E. 半衰期长，一次口服疗效可维持3天

4. 治疗血吸虫病的首选药是
   A. 吡喹酮　　　　　B. 呋喃丙胺　　　　　C. 酒石酸锑钾
   D. 氯硝柳胺　　　　E. 喹诺酮

5. 既可驱肠虫又可调节免疫的药物是
   A. 哌嗪　　　　　　　　　　　　　B. 噻嘧啶
   C. 左旋咪唑　　　　　　　　　　　D. 甲苯咪唑
   E. 阿苯达唑

6. 乙胺嗪可用于治疗
   A. 钩虫病   B. 丝虫病   C. 血吸虫病
   D. 鞭虫病   E. 绦虫病

7. 患者，男，27岁，在我国南方某地打工2年余，8月份曾出现寒战、高热症状，10月回乡后症状再现，查血疟原虫阳性，诊断为疟疾。为控制疟疾症状并防止疟疾的复发，该患者应选用
   A. 乙胺嘧啶＋伯氨喹   B. 乙胺嘧啶＋复方磺胺甲噁唑
   C. 氯喹＋伯氨喹   D. 乙胺嘧啶＋氯喹
   E. 青蒿素＋伯氨喹

（8～10题共用题干）

患者，女，28岁，近一段时间时感阴道瘙痒、分泌物增多，经检查诊断为阴道滴虫病。

8. 该患者的首选治疗药物是
   A. 甲硝唑   B. 利福平   C. 红霉素
   D. 呋喃旦啶   E. 诺氟沙星

9. 该患者服用药物期间，因饮酒出现面部潮红、恶心、呕吐、腹痛、腹泻和头痛等症状。引起此症状的原因是
   A. 胃肠道反应   B. 扩血管反应
   C. 药物抑制乙醇代谢   D. 中枢神经系统反应
   E. 药物代谢所引起

10. 在治疗阴道滴虫病期间，患者服用药物后表现为明显的胃肠道反应症状，难以忍受，此时宜选用的替代药物是
    A. 青霉素   B. 红霉素   C. 替考拉宁
    D. 替硝唑   E. 甲氧苄啶

二、简答题

1. 控制疟疾症状发作首选何药？为什么？
2. 简述甲硝唑的不良反应及注意事项。

三、案例分析题

患儿，男，1岁，因发热、四肢发凉、咳嗽、吐奶、烦躁不安就诊。查体：体温38.5 ℃，脉率138次/分，脉搏细弱，痛苦面容；双肺闻及湿啰音，伴腹胀。B超检查提示：脾长12.16 cm，厚4.01 cm，脾包膜光滑，实质回声均匀，脾静脉内径0.6 cm。末梢血涂片检查到疟原虫，确诊为疟疾。给予复方双氢青蒿素片，每天2 mg，连用5天，口服。1周后随访：B超检查显示脾长10.1 cm，厚3.3 cm。患儿痊愈。

请回答：
1. 抗疟药分为哪几类？每类包括哪些药物？
2. 双氢青蒿素与青蒿素相比有何异同？

（杨　杰）

第三十九章 抗恶性肿瘤药

第三十九章数字资源

学习目标

知识：说出抗恶性肿瘤药的分类及作用机制；说明常用抗恶性肿瘤药的临床应用和不良反应。

能力：能理解抗恶性肿瘤药的临床应用原则，开展癌症防控宣教。

素养：通过开展肿瘤预防的科普宣教工作，引导患者珍视生命，鼓励患者树立战胜疾病的信心。关心患者，具有同理心，采取多种措施减轻患者应用抗恶性肿瘤药后的不适或痛苦。

案例导入

患者，男，63岁，退休工人，癫痫病史5年。半年前患者自觉有阴囊下坠感，背部、腹部出现压迫感，伴间断疼痛，由社区医院转诊至上级医院后，经上级医院检查确诊为睾丸癌。现回社区医院门诊规律用药：硫酸长春新碱，每次2 mg，以氯化钠注射液溶解后静脉注射；卡马西平片口服，每次100 mg，每天2次。

问题与思考：
1. 上述两种药物联合应用是否合理？
2. 两种药物在使用过程中会产生哪些药物相互作用？

第一节 抗恶性肿瘤药的分类和不良反应

肿瘤（tumor）是指由于细胞增殖失去正常调控，从而导致细胞异常增殖所形成的细胞群。肿瘤可分为良性肿瘤和恶性肿瘤。恶性肿瘤又称癌症，是目前世界上死亡率较高、危害性较大的常见病，其病因及发病机制尚不完全清楚，临床上多采用手术治疗、放疗和化疗等综合措施以缓解病情和延长生命。抗恶性肿瘤药是用于抑制和杀伤肿瘤细胞的化学治疗药物。

知识链接

肿瘤的细胞周期和耐药性

肿瘤细胞群包括增殖细胞群、静止细胞群（G_0期）和无增殖力细胞群。肿瘤增殖细胞群与全部肿瘤细胞群之比称为生长比率（growth fraction，GF）。肿瘤细胞从一次分裂结束到下一次分裂结束的时间称为细胞周期（增殖周期），包括4个时相：DNA合成前期（G_1期）、DNA合成期（S 期）、DNA 合成后期（G_2 期）和有丝分裂期（M 期）。不在增殖周期的 G_0 期又称静止期或者休眠期。当增殖细胞群被大量杀灭后，处于 G_0 期的细胞可进入细胞增殖周期，这是肿瘤复发的重要根源。

此外，肿瘤细胞易产生耐药性是肿瘤化疗失败的重要原因。处于非增殖状态的 G_0 期肿瘤细胞一般对多数抗肿瘤药不敏感，称为固有耐药性。某些肿瘤细胞在治疗一段时间后才对药物产生不敏感现象，称为获得性耐药。肿瘤细胞耐药机制较复杂，主要与肿瘤细胞膜表面的 P 糖蛋白表达和肿瘤干细胞特性等有关。

一、抗恶性肿瘤药的分类

（一）按细胞增殖周期分类

1. 细胞周期特异性药（cell cycle specific agent，CCSA） 指仅对增殖期某一期细胞有杀灭作用的药物，如抗代谢药、拓扑异构酶抑制药等主要作用于 S 期细胞，属于 S 期特异性药；长春碱类、紫杉醇类等主要作用于 M 期细胞，属于 M 期特异性药；博来霉素等主要作用于 G_2 期细胞，属于 G_2 期特异性药。

2. 细胞周期非特异性药（cell cycle non-specific agent，CCNSA） 是指对增殖期细胞、非增殖期细胞均有杀灭作用的药物，如烷化剂、铂类化合物、丝裂霉素 C 和放线菌素 D。

（二）按作用性质和机制分类

1. 细胞毒药物

（1）影响核酸生物合成药 可通过不同环节阻止核酸合成，影响细胞分裂增殖。根据其影响生化步骤的不同，又分为以下五类：

1）二氢叶酸还原酶抑制药，如甲氨蝶呤；

2）胸苷酸合成酶抑制药，如氟尿嘧啶；

3）嘌呤核苷酸互变抑制药，如巯嘌呤；

4）核苷酸还原酶抑制药，如羟基脲；

5）DNA 聚合酶抑制药，如阿糖胞苷。

（2）影响 DNA 结构与功能药 如烷化剂、丝裂霉素 C、博来霉素、顺铂。

（3）干扰转录过程和阻止 RNA 合成药 如放线菌素 D、柔红霉素、多柔比星。

（4）干扰蛋白质合成与功能药 这类药物又可分为以下三类：

1）微管蛋白抑制药，如长春新碱；

2）干扰核糖体功能药，如三尖杉酯；

3）阻止氨基酸供应药，如 L- 门冬酰胺酶。

2. 调节激素平衡的药物 如肾上腺皮质激素、雌激素、雄激素。

（三）按化学结构与来源分类

按化学结构与来源不同，常用的抗恶性肿瘤药可分为烷化剂（如环磷酰胺）、抗代谢药（如氟尿嘧啶）、铂类化合物（如顺铂）、抗生素类（如多柔比星）、植物提取药（如长春新碱）及激素类药物等。

近 20 年来，分子生物学的发展极大地推动了新的抗恶性肿瘤药的出现，如生物反应调节药、细胞分化诱导药、单克隆抗体靶向药、免疫治疗药和基因治疗药等。

二、抗恶性肿瘤药的不良反应

大多数抗恶性肿瘤药的治疗指数小，且选择性低，在杀伤肿瘤细胞的同时，对正常组织细胞也产生不同程度的损伤作用，毒性反应成为肿瘤化疗时药物用量受限的关键因素。毒性反应可分为近期毒性和远期毒性。

（一）近期毒性

1. 共有毒性反应

（1）骨髓抑制：表现为白细胞、血小板明显减少，继而红细胞乃至全血细胞减少。除甾体激素类、博来霉素、L-门冬酰胺酶外，大多数抗肿瘤药均可产生不同程度的骨髓抑制。

（2）消化道黏膜损害：用药后可出现食欲减退、恶心、呕吐等胃肠道反应，严重者可引起消化道黏膜广泛溃疡、胃肠道出血，尤其是以烷化剂、抗代谢药多见。

（3）脱发：多数抗肿瘤药能损伤毛囊上皮细胞，引起不同程度的脱发，常出现于给药后1~2周，停药后毛发可再生。

2. 特有毒性反应

（1）神经系统反应：周围神经系统反应包括肢体麻木和感觉异常、可逆性末梢神经炎、腱反射消失、下肢无力。中枢神经系统反应包括短暂语言障碍、意识混乱、昏睡，罕见惊厥和意识丧失。自主神经系统症状包括小肠麻痹引起的便秘、腹胀，如长春新碱。听神经反应包括耳鸣、耳聋、头晕，严重者有高频听力丧失，如顺铂。

（2）心血管系统：表现为心电图改变、心律失常、非特异性ST-T异常，少数患者可出现延迟性进行性心肌病变，如多柔比星、柔红霉素、顺铂。

（3）呼吸系统：主要表现为肺毒性，包括间质性肺炎、肺水肿、肺纤维化、急性呼吸衰竭等，如环磷酰胺、博来霉素。

（4）泌尿系统：肾损害包括肾功能异常，血清肌酐升高或蛋白尿，甚至少尿、无尿，急性肾衰竭。化学性膀胱炎表现为尿频、尿急、尿痛及血尿，还可引起膀胱纤维化，如环磷酰胺、顺铂。

（5）局部组织刺激反应：可引起给药部位静脉炎。静脉滴注时漏出血管外可造成疼痛，引起局部皮肤组织溃疡，甚至坏死，如长春碱类、氟尿嘧啶。

（二）远期毒性

远期毒性主要见于长期生存的患者，如引起第二原发恶性肿瘤、不育和畸形等。因此，在应用抗恶性肿瘤药时，应注意尽量避免或减少毒性反应的发生。

第二节　常用抗恶性肿瘤药

一、细胞毒药物

（一）影响核酸生物合成药

这类药物与体内生理代谢物的结构类似，可干扰正常代谢物的功能，影响核酸合成，缺点是在抑制癌细胞生长的同时，对生长旺盛的正常细胞也有较强的毒性，且易产生抗药性而失去疗效。

1. 二氢叶酸还原酶抑制药

甲 氨 蝶 呤

【药理作用】甲氨蝶呤（methotrexate，MTX）的化学结构与叶酸相似，通过竞争性抑制二氢叶酸还原酶，阻断二氢叶酸还原成四氢叶酸，从而使四氢叶酸减少。四氢叶酸是体内的重要辅酶形式，起着传递一碳单位的作用。四氢叶酸减少，可使 DNA、RNA 和蛋白质的生物合成受阻，从而导致细胞死亡。

【临床应用】甲氨蝶呤主要与其他化疗药物联合用于治疗急性淋巴细胞白血病、淋巴瘤、绒毛膜上皮癌、乳腺癌、头颈部癌和膀胱癌；此外，甲氨蝶呤还可用于银屑病、类风湿性关节炎、骨髓移植和器官移植等。

【不良反应】甲氨蝶呤常见不良反应有骨髓抑制（白细胞和血小板减少）、胃肠道毒性（口腔炎、胃炎、腹泻等）、脱发、皮疹和红斑等。多数不良反应可以用甲酰四氢叶酸预防。甲氨蝶呤还可产生肾毒性和肝毒性。大剂量应用甲氨蝶呤时应注意碱化尿液，同时监测血药浓度以避免严重的肾损害。大多数患者出现肝毒性，表现为可逆的血清氨基转移酶升高。少数患者由于小剂量长期应用，可能引起肝纤维化和肝硬化。用药期间应注意监测肝功能。此外，甲氨蝶呤还有一定肺毒性，应用甲氨蝶呤的儿童可能出现咳嗽、呼吸困难、发热及发绀，停药后可逆转。

2. 胸苷酸合成酶抑制药

氟 尿 嘧 啶

【药理作用】氟尿嘧啶（fluorouracil，又称 5-氟尿嘧啶，5-FU）本身无抗肿瘤活性，需在体内转化为 5-氟尿嘧啶脱氧核苷酸（5F-dUMP），进而抑制脱氧胸苷酸合成酶，使脱氧尿苷酸（dUMP）不能生成脱氧胸苷酸（dTMP），从而影响 DNA 的合成。此外，5F-dUMP 可以作为伪代谢物掺入 RNA 分子中，影响 RNA 及蛋白质的合成及功能，最终使细胞死亡。

【临床应用】氟尿嘧啶主要用于治疗实体瘤，如结直肠癌、乳腺癌、卵巢癌、胰腺癌、胃癌及头颈部癌等；局部应用可治疗皮肤过度角化症和表皮基底细胞癌。

【不良反应】氟尿嘧啶常见不良反应有恶心、呕吐、腹泻、厌食、胃肠道及口腔黏膜溃疡、脱发、骨髓抑制（冲击性给药时）；长期全身给药可见"手足综合征"，表现为手掌和足底部红斑及脱屑；肝动脉内注射给药的不良反应是短暂的肝毒性，偶尔引起胆管硬化。

3. 嘌呤核苷酸互变抑制药

巯 嘌 呤

巯嘌呤（mercaptopurine，6-MP）为腺嘌呤衍生物，为嘌呤核苷酸互变抑制药。巯嘌呤在细胞内转变成硫代肌苷酸，阻止肌苷酸转变为腺苷酸或鸟苷酸，干扰嘌呤代谢，抑制 DNA 合成，主要作用于 S 期细胞；巯嘌呤还有较强的免疫抑制作用。临床主要用于儿童急性淋巴细胞白血病和绒毛膜上皮癌；也可用于恶性葡萄胎、恶性淋巴瘤、多发性骨髓瘤及自身免疫病。主要不良反应有胃肠道反应及骨髓抑制，偶见肝、肾损害。巯嘌呤可能致畸，孕妇禁用。

氟 达 拉 滨

氟达拉滨（fludarabine，FDB）是腺苷类似物，其作用机制是掺入 DNA 和 RNA 分子中，干扰它们的合成与功能。该药可治疗慢性淋巴细胞白血病。由于氟达拉滨可被肠道菌群分解为毒性代谢产物，故不能口服，应静脉给药。不良反应除了恶心、呕吐、脱发及骨髓抑制外，尚有发热、水肿和严重的神经毒性。

4. 核苷酸还原酶抑制药

羟 基 脲

羟基脲（hydroxyurea，HU）口服吸收完全，主要以原型经肾排泄。其作用机制是抑制核苷酸还原酶，使核苷二磷酸（NDP）不能转化为脱氧核苷二磷酸（dNDP），从而抑制 DNA 合成。临床用于治疗慢性粒细胞白血病、真性红细胞增多症、原发性血小板增多症等骨髓增殖性疾病，也可用于黑色素瘤等。主要不良反应为骨髓抑制，其他不良反应较少发生。

5. DNA 聚合酶抑制药

阿 糖 胞 苷

【药理作用】阿糖胞苷（cytosine arabinoside，Ara-C）在细胞内经脱氧胞苷激酶作用转化为阿糖胞苷三磷酸（Ara-CTP）。阿糖胞苷三磷酸可以抑制 DNA 聚合酶，也可直接以伪代谢物形式掺入 DNA 分子，终止核苷酸链的延长；还可抑制胞嘧啶核苷酸还原成脱氧胞嘧啶核苷酸。

【临床应用】阿糖胞苷主要用于治疗急性非淋巴细胞白血病，对成人的急性非淋巴细胞白血病疗效显著。

【不良反应】主要不良反应为恶心、呕吐、腹泻和严重的骨髓抑制；偶见肝功能障碍；大剂量应用或鞘内注射时可引起癫痫。

（二）影响 DNA 结构与功能药

1. 烷化剂　烷化剂是一类可与多种有机物质的亲核基团结合的化合物，以烷基取代这些基团的氢原子，其所含烷基可与细胞内 DNA、RNA、蛋白质分子上的亲核基团发生烷化反应，阻碍 DNA 的复制，并使细胞的有丝分裂受到破坏，也可引起碱基配对错误，导致细胞死亡。烷化剂为细胞周期非特异性药物，能与多种细胞成分起作用，可杀伤多种类型细胞，尤其是增殖较快的细胞。这类药物很少产生耐药性。烷化剂的共同缺点是选择性不强，对骨髓造血细胞、消化道上皮及生殖细胞有较强的毒性。

氮 芥

氮芥（chlormethine）是最早用于恶性肿瘤治疗的药物。氮芥局部刺激性强，必须静脉注射，作用迅速而短暂（数分钟），但对骨髓等抑制的后果却较久。氮芥主要用于治疗霍奇金病、非霍奇金淋巴瘤等。目前主要利用其速效的特点，用于纵隔压迫症状明显的恶性淋巴瘤的化疗。不良反应可有恶心、呕吐、眩晕、视力减退、脱发、黄疸、月经失调和皮疹等。

环 磷 酰 胺

环磷酰胺（cyclophosphamide，CTX）为氮芥与磷酰胺基结合而成的化合物。

【药理作用】环磷酰胺在体外无活性，在体内经肝细胞色素 P-450 氧化、裂环生成中间产物醛磷酰胺，醛磷酰胺在肿瘤细胞内分解出有强效的磷酰胺氮芥，进而与 DNA 发生烷化反应，形成交叉联结，从而抑制肿瘤细胞的生长繁殖。环磷酰胺抗瘤谱较广，对恶性淋巴瘤疗效显著，对多发性骨髓瘤、急性淋巴细胞白血病、卵巢癌、乳腺癌等也有效。

【不良反应】环磷酰胺引起的恶心、呕吐反应较轻，静脉注射大剂量时多见；脱发发生率较其他烷化剂高 30%~60%，多发生于服药 3~4 周后；可抑制骨髓，对粒细胞的影响更明显；对膀胱的黏膜刺激性可致血尿、蛋白尿；偶可影响肝功能，导致黄疸；还可致凝血酶原减少；久用可致闭经或精子减少。

塞 替 派

塞替派（thiotepa，TSPA）影响肿瘤细胞的分裂。其选择性较高，抗瘤谱较广，主要用于乳腺癌、卵巢癌、肝癌和恶性黑色素瘤等。塞替派对骨髓有抑制作用，可引起白细胞和血小板减少，但较氮芥轻；胃肠道反应少见，局部刺激小，可静脉注射、肌内注射及动脉内给药或胸（腹）腔内给药。

卡 莫 司 汀

卡莫司汀（carmustine，BCNU）是高脂溶性抗肿瘤药物，口服给药吸收较好，易通过血脑屏障，迅速进入脑脊液，其浓度与血浆中浓度相平行。卡莫司汀可用于脑部原发肿瘤（星形胶质细胞瘤和室管膜瘤等）、脑转移瘤和脑膜白血病，也可与其他药物合用治疗淋巴瘤和某些实体瘤。不良反应有迟发性骨髓抑制、消化道反应和肝、肾毒性。

白 消 安

白消安（busulfan，马利兰）口服给药，吸收较完全，经肝代谢，肾排泄。白消安对骨髓有选择性抑制作用，明显抑制粒细胞生成，而对淋巴系统的抑制作用较弱，故适用于慢性粒细胞白血病，可以减轻白细胞的增多和脾大。主要不良反应是骨髓抑制，长期应用可致肺纤维化、闭经、睾丸萎缩等。

2. 铂类化合物

顺 铂

顺铂（cisplatin，DDP）为第一代铂类重金属化合物。静脉给药后，药物迅速与血浆蛋白结合，广泛分布于肝、肾、膀胱等组织器官中，只有20%~40%的药物随尿液缓慢排出体外。顺铂在血浆高氯离子环境中保持无活性状态，进入细胞内将氯解离后，Pt^{2+}与DNA分子上的碱基结合，可形成DNA分子链内或链间的交叉联结，也可使蛋白质与DNA分子联结，破坏DNA的结构和功能。顺铂抗瘤谱较广，对多种实体瘤（卵巢癌、睾丸癌、乳腺癌、肺癌、膀胱癌、宫颈癌和头颈部癌等）有较好疗效。不良反应有：严重的恶心和呕吐；神经毒性，表现为周围神经障碍和耳毒性，特别是高频听力丧失；骨髓抑制，长期应用多表现为贫血。

卡 铂

卡铂（carboplatin，CBP）为第二代铂类化合物，作用与顺铂相似，两者之间有交叉耐药性。临床用于顽固性卵巢癌、肺癌、睾丸癌、膀胱癌和头颈部癌等。不良反应主要是骨髓抑制，少有肾毒性，消化道毒性和耳毒性较低。

奥沙利铂

奥沙利铂（oxaliplatin）为第三代铂类化合物，其抗癌活性高，抗瘤谱广，与顺铂无交叉耐药性，可抑制某些对顺铂耐药的肿瘤细胞。该药静脉注射可用于卵巢癌、胃癌、结肠癌和黑色素瘤等。奥沙利铂骨髓抑制轻微，无肾毒性，恶心、呕吐的发生率比顺铂小，无严重听力损害；突出的不良反应是周围感觉神经异常，随累积剂量增加而增加，停药后可恢复。

3. 破坏DNA的抗生素

博 来 霉 素

博来霉素（bleomycin，BLM）又称争光霉素，能攻击DNA分子的磷酸二酯键，使DNA双链或单链断裂，对G_2期细胞杀伤作用最强，属于细胞周期特异性药物。博来霉素可通过静脉、肌内、皮下和腔内注射多种途径给药，主要用于鳞状上皮癌，也可与其他药物联用于霍奇金病、非霍奇金淋巴瘤和睾丸癌。皮肤反应有红斑、角化过度和溃疡，以皮肤受压区域先受影响，连续应用可发生指甲改变和脱发；发热、寒战等超敏反应也较常见；肺毒性是最严重的不良反应，可致肺纤维化。

丝 裂 霉 素 C

丝裂霉素C（mitomycin C，MMC）又称丝裂霉素或自力霉素，在体内转化生成的活性分子具有烷化作用，能使DNA双链交叉联结，也能使部分DNA链断裂，属于细胞周期非特异性药物。丝裂霉素C可用于肝癌、肺癌、胃癌、直肠癌和头颈部癌等。常见不良反应有恶心、呕吐和明显的骨髓抑制，以及肝功能障碍、间质性肺炎和肾毒性（血尿、蛋白尿等）；偶见心脏毒性；注射时需防止药物外渗引起严重的组织损伤。

4. 拓扑异构酶抑制药　DNA拓扑异构酶广泛存在于原核及真核生物中，至少分为Ⅰ型和Ⅱ型两种，对DNA分子的作用是能解链和水解，还能连接磷酸二酯键，保证DNA分子一边解链，一边复制，其作用贯穿在DNA复制的全过程中。拓扑异构酶抑制药可干扰拓扑酶的作用，破坏DNA结构，并抑制DNA的生物合成，属于S期特异性药物。

喜树碱和羟喜树碱

喜树碱（camptothecin）和羟喜树碱（hydroxycamptothecin）均能特异性地与拓扑异构酶Ⅰ结合，使DNA双链合成中断，产生细胞毒性作用。喜树碱用于胃癌、肠癌、绒毛膜上皮癌和急慢性粒细胞白血病等。羟喜树碱用于原发性肝癌、食管癌、胃癌、头颈部癌、膀胱癌和白血病等。喜树碱不良反应有泌尿系统刺激症状（尿急、尿频和血尿）、胃肠道反应、骨髓抑制，少数患者会出现脱发。羟喜树碱不良反应较轻，其泌尿系统不良反应明显轻于喜树碱。

鬼臼毒素衍生物

依托泊苷（etoposide，VP-16，鬼臼乙叉苷）和替尼泊苷（teniposide，VM-26，鬼臼甲叉苷）是鬼臼毒素（podophyllotoxin）的半合成衍生物。依托泊苷可口服，也可静脉注射给药。两药与血浆蛋白结合率很高，广泛分布于各组织，但很少进入中枢神经系统。经肝代谢，代谢物从尿和粪便排出。其作用机制是通过与拓扑异构酶Ⅱ结合，使断裂的DNA双链不可重新连接。两药可与其他抗癌药联合用于治疗小细胞肺癌、睾丸癌、霍奇金病、非霍奇金淋巴瘤和白血病，具有较显著的抗肿瘤活性。替尼泊苷可用于儿童白血病等。不良反应有骨髓抑制、超敏反应、恶心和呕吐，注射过快可引起低血压。

（三）干扰转录过程和阻止RNA合成药

放线菌素D

放线菌素D（dactinomycin D）又称更生霉素。一次静脉注射给药后，药物很快从血浆消除，多数药物以原型经胆汁和尿液排出。其作用机制是两个等位的环状肽链与DNA分子的脱氧鸟嘌呤发挥特异性相互作用，使放线菌素D嵌入DNA双螺旋的小沟中，与DNA形成复合体，阻碍RNA聚合酶的功能，抑制RNA的合成，特别是mRNA的合成，属于细胞周期非特异性药物。放线菌素D抗瘤谱较窄，可用于肾母细胞瘤、绒毛膜上皮癌、横纹肌肉瘤和神经母细胞瘤等。常见不良反应有恶心、呕吐、口腔炎和胃炎等，骨髓抑制较明显，偶见脱发和严重的皮肤毒性，注射时药物外渗可引起蜂窝织炎和疼痛。

多柔比星

多柔比星（doxorubicin）又称阿霉素，能直接嵌入DNA分子中，破坏DNA的模板功能，从而阻止转录过程，抑制DNA复制和RNA合成，属细胞周期非特异性药物，对S期细胞作用最强。多柔比星为广谱抗恶性肿瘤药，疗效高，主要用于对常用抗恶性肿瘤药耐药的急性淋巴细胞白血病或粒细胞白血病、恶性淋巴肉瘤及多种实体瘤如乳腺癌、肺癌、肝癌等。最严重的不良反应为心肌退行性病变和心肌间质水肿，其他不良反应有骨髓抑制、消化道反应、脱发、皮肤色素沉着等。

柔红霉素

柔红霉素（daunorubicin）又称正定霉素，抗恶性肿瘤作用和机制与多柔比星相同，主要用于耐药的急性淋巴细胞白血病或急性粒细胞白血病，但缓解期短。主要不良反应同多柔比星，但心脏毒性较重。

（四）干扰蛋白质合成与功能药

1. 微管蛋白抑制药 微管是存在于所有真核细胞的细胞质中，由微管蛋白装配成的长管状细胞器结构，是细胞质骨架体系的成分之一，对于维持细胞正常形态和有丝分裂期染色体的形成具有非常重要的作用。微管蛋白抑制药通过干扰微管聚合与解聚间的平衡，阻碍细胞的有丝分裂，从而起到影响细胞增殖的作用。

长春碱和长春新碱

长春碱（vinblastine，VLB）和长春新碱（vincristine，VCR）可与微管蛋白结合，抑制微管蛋白装配成纺锤体，使细胞停滞于有丝分裂中期，无法进行复制，从而发挥其细胞毒作用。长春碱用于治疗睾丸癌、膀胱癌、霍奇金病和非霍奇金淋巴瘤。长春新碱用于治疗儿童急性淋巴细胞白血病、肾母细胞瘤、尤因肉瘤、霍奇金病、非霍奇金淋巴瘤及其他快速增殖的肿瘤。两药的不良反应有骨髓抑制、神经毒性、胃肠道反应、脱发及注射的局部刺激作用。

紫杉醇

紫杉醇（paclitaxel）可与β-微管蛋白结合，稳定微管结构而抑制其解聚过程，持续阻滞细胞从有丝分裂中期转向后期，使细胞停滞于G_2/M期。临床可用于治疗乳腺癌、卵巢癌、头颈部癌、非小细胞肺癌、小细胞肺癌、食管癌等上皮性肿瘤。不良反应有骨髓抑制、神经毒性、心脏毒性和超敏反应。

多西他赛

多西他赛（docetaxel）又称紫杉特尔（taxotere），易溶于水，作用与紫杉醇相似，作为一线药物治疗转移性乳腺癌，有较好疗效，也可用于治疗卵巢癌、头颈部癌和非小细胞肺癌。紫杉特尔较少发生超敏反应，可引起周围神经感觉障碍及恶心、呕吐等胃肠道反应。

2. 干扰核糖体功能药

三尖杉生物碱类

三尖杉酯碱（harringtonine，HRT）和高三尖杉酯碱（homoharringtonine，HHRT）是从三尖杉属植物的枝、叶和树皮中提取的三尖杉生物碱类药，可抑制真核细胞蛋白质合成的起始阶段，使核糖体分解，释出新生肽链。临床主要用于治疗急性粒细胞白血病，对单核细胞白血病也有效。不良反应为骨髓抑制和胃肠道反应，偶有脱发；大剂量应用可引起血压下降、心悸；部分病例有心肌损害。应缓慢静脉滴注，不能静脉注射和肌内注射。

3. 阻止氨基酸供应药

L-门冬酰胺酶

淋巴细胞、白血病细胞等肿瘤细胞，自身不能合成生长必需的门冬酰胺，必须依赖于摄取人体血液中的门冬酰胺。L-门冬酰胺酶（L-asparaginase，L-ASP）可催化门冬酰胺水解为门冬氨酸和氨，使肿瘤细胞缺乏门冬酰胺而生长受到抑制。正常细胞能自身合成门冬酰胺，故受影响较小。L-门冬酰胺酶用于治疗淋巴系统的恶性肿瘤，尤其是急性淋巴细胞白血病和T细胞性淋巴瘤。主要不良反应是超敏反应，多见于第二次给药后，表现为荨麻疹、低血压、喉痉挛、心搏停止等。由于L-门冬酰胺酶可短暂抑制正常组织的蛋白质合成，如白蛋白和凝血因子的合成，可出现低蛋白血症和出血等。

二、调节激素平衡的药物

某些肿瘤如乳腺癌、前列腺癌、甲状腺癌、宫颈癌、卵巢癌及睾丸肿瘤等均与相应的激素失调有关。

大多数甾体激素类药物和激素拮抗药是通过抑制肿瘤细胞生长而不是杀灭肿瘤细胞而发挥抗肿瘤作用，通常需要长期给药，无骨髓抑制等不良反应。然而，由于激素作用广泛，如使用不当，可发生其他不良反应。

糖皮质激素类药能抑制淋巴组织，使淋巴细胞溶解、萎缩，对急性淋巴细胞白血病及恶性淋巴瘤的疗效较好，起效快但维持时间短暂，且易产生耐药性；对慢性淋巴细胞白血病除减少淋巴细胞数目外，还可缓解伴发的自身免疫性贫血；对其他恶性肿瘤无效。因此，糖皮质激素类药仅在恶性肿瘤引起发热不退、毒血症状明显时短期少量应用以改善症状。常用药物有泼尼松、泼尼松龙、地塞米松等。

性激素可以通过调节体内激素水平而影响肿瘤的发生和发展，用于治疗生殖系统肿瘤。

常用的激素类抗恶性肿瘤药见表39-1。

表39-1 常用的激素类抗恶性肿瘤药

类别	代表药	作用	用途
雌激素类	己烯雌酚	减少雄激素分泌	前列腺癌
雄激素类	丙酸睾酮	抑制雌激素分泌	晚期乳腺癌
黄体酮衍生物	甲羟孕酮酯	与黄体酮类似	肾癌、乳腺癌、子宫内膜癌

续表

类别	代表药	作用	用途
抗雌激素类	他莫昔芬	雌激素受体部分激动药	乳腺癌
糖皮质激素类	泼尼松龙	抑制淋巴细胞	淋巴细胞白血病
格鲁米特衍生物	氨鲁米特	抑制芳香化酶，阻止雄激素转变为雌激素	绝经后晚期乳腺癌
促性腺激素释放激素类似物	亮丙瑞林	占据垂体的激素受体，抑制垂体激素分泌	前列腺癌和乳腺癌

三、靶向药物

靶向药物选择性高，按化学结构可分为单克隆抗体类、小分子化合物类及抗体偶联药物。

单克隆抗体类如利妥昔单抗（rituximab）是针对 B 细胞分化抗原 CD20 的人鼠嵌合型单克隆抗体，可与 CD20 特异性结合，介导 B 细胞溶解，从而抑制 B 细胞增殖，诱导成熟 B 细胞凋亡，临床用于治疗非霍奇金淋巴瘤。曲妥珠单抗（trastuzumab）为重组人源化单克隆抗体，通过选择性结合人表皮生长因子受体（HER_2）阻止肿瘤细胞的增殖。

小分子化合物类主要针对蛋白酪氨酸激酶、蛋白酶等靶点。如慢性粒细胞白血病（CML）患者存在 BCR-ABL 融合基因，蛋白产物为持续激活的 BCR-ABL 酪氨酸激酶，引起细胞异常增殖。伊马替尼（imatinib）为蛋白 BCR-ABL 酪氨酸激酶抑制药，可用于治疗慢性粒细胞白血病。

抗体偶联药物（ADC）由三个关键组分构成，即细胞毒性药物（有效载荷）、特异性结合肿瘤细胞表面抗原的单克隆抗体，以及将二者偶联的连接子（linker）。维布妥昔单抗（brentuximab vedotin，BV）由靶向 CD30 的单克隆抗体通过中国仓鼠卵巢细胞重组 DNA 技术生产的重组嵌合免疫球蛋白 G_1 共价连接微管蛋白抑制药甲基澳瑞他汀 E 组成，临床用于复发或难治性经典型霍奇金淋巴瘤。

四、其他药物

在恶性肿瘤的免疫治疗方面，目前临床应用的药物主要包括免疫检查点抑制药和免疫细胞治疗药。免疫检查点抑制药主要包括细胞毒性 T 细胞抗原 4（CTLA-4）抑制药、程序性死亡受体-1（PD-1）抑制药及程序性死亡受体配体-1（PD-L1）抑制药。免疫细胞治疗药主要为表达嵌合抗原受体 T 细胞（CAR-T 细胞）。

此外，我国学者首次将三氧化二砷（亚砷酸）和全反式维 A 酸用于急性早幼粒细胞白血病治疗取得成功。某些中药如华蟾素、消癌平等也可应用于肿瘤治疗。

第三节 抗恶性肿瘤药的应用原则

常用的抗恶性肿瘤药一般选择性较差，毒性反应较大，单独应用易产生耐药性。为了进一步增强疗效、降低毒性、延缓耐药性的产生，临床上常根据药物特性和肿瘤类型设计联合化疗方案。其一般原则如下。

一、从细胞增殖动力学考虑

根据细胞增殖动力学规律制定序贯给药方法。

1. 对生长比率较低的肿瘤　如增长缓慢的实体瘤，其 G_0 期细胞较多，可先用细胞周期非特异性药物杀灭增殖期细胞，促进 G_0 期细胞进入增殖期，继而用细胞周期特异性药物杀灭进入增殖周期的癌细胞。

2. 对生长比率较高的肿瘤　如急性白血病，先用细胞周期特异性药物杀灭 S 期或 M 期细胞，控制肿瘤细胞的繁殖，再用细胞周期非特异性药物杀灭残存的其他各期细胞，待 G_0 期细胞进入细胞周期时，再重复此疗法。

3. 同步化疗法　即先用细胞周期特异性药物（如羟基脲）将肿瘤细胞阻滞于某一时相（如 G_1 期），待药物作用消失后，肿瘤细胞同步进入下一时相，再用作用于后一时相的药物。

二、从药物的作用机制考虑

将作用于不同生化环节的抗恶性肿瘤药物联合应用，可使疗效明显提高。如联合应用甲氨蝶呤和巯嘌呤两种药物，同时作用于一个线性代谢过程前后的两种不同靶点，产生序贯抑制，以增强疗效。

三、从药物的抗瘤谱考虑

根据恶性肿瘤细胞对药物的敏感性选用药物。例如，肉瘤宜用环磷酰胺、多柔比星、顺铂等；骨肉瘤可用多柔比星与大剂量甲氨蝶呤加亚叶酸钙；胃肠道癌宜用氟尿嘧啶、环磷酰胺、丝裂霉素 C、羟基脲等；脑瘤首选卡莫司汀。

四、从药物的毒性考虑

将毒性反应不同的药物联合应用可以降低毒性，延长患者的生存时间。如大多数抗恶性肿瘤药有骨髓抑制作用，而糖皮质激素类药和博来霉素无明显骨髓抑制，两者联合应用既可增强疗效又可降低骨髓毒性。

五、大剂量间歇疗法

大剂量间歇疗法比每日小剂量连续给药的疗效好，特别是对于发病早期、身体状况较好的肿瘤患者，通常采用机体能耐受的最大剂量。此方法杀灭的肿瘤细胞数量远远超过同等剂量分次用药所能杀灭的肿瘤细胞数量之和，并能诱导 G_0 期细胞进入增殖期，增加肿瘤细胞对药物的敏感性。间歇用药有利于骨髓造血系统和免疫系统的恢复。此外，停用抗肿瘤药治疗期间，宜用生物反应调节药或免疫功能调节药，以利于提高机体免疫功能、恢复骨髓造血功能。

自　测　题

一、单项选择题

1. 患者，女，47 岁，诊断为绒毛膜上皮癌，采用大剂量甲氨蝶呤（MTX）治疗。下列能减轻甲氨蝶呤对正常组织尤其是骨髓毒性作用的药物是

　　A. 去铁胺　　　　　　　　B. 亚叶酸钙　　　　　　　　C. N-乙酰半胱氨酸

D. 青霉胺 E. 维生素K

2. 患者，男，85岁，诊断为前列腺癌，拟采取内分泌治疗。该患者宜选用的药物是
   A. 炔雌醇　　　　　　　　　B. 丙酸睾酮　　　　　　　　C. 黄体酮
   D. 苯丙酸诺龙　　　　　　　E. 氯米芬

3. 患者，女，49岁，因发现右侧乳房肿块2个月就诊。检查发现右侧乳房皮肤出现橘皮样改变，触诊可触及一质地硬且表面不光滑的肿块，与周围组织分界不清，活动性差，无压痛。活检病理检查报告为乳腺癌。行乳腺癌根治术后给予化疗药物联合治疗。术后化疗方案中使用的药物有抗雄激素作用，其主要临床应用为治疗乳腺癌和卵巢癌。以下最符合此案例描述的药物是
   A. 紫杉醇　　　　　　　　　　　　　B. 氟尿嘧啶
   C. 多柔比星　　　　　　　　　　　　D. 他莫昔芬
   E. 阿糖胞苷

4. 患者，男，65岁，诊断为睾丸癌，为精原细胞癌，对化疗药物敏感，遂接受顺铂、长春碱和博来霉素的联合化疗。以下不良反应一般不常发生的是
   A. 肾毒性　　　　　　　　　　　　　B. 骨髓抑制
   C. 耳毒性　　　　　　　　　　　　　D. 脱发
   E. 心肌退行性变

5. 患者，男，32岁，诊断为急性淋巴细胞白血病（ALL），出现头痛，恶心，呕吐，脑脊液压力增高，蛋白质增多，细胞大多为白血病细胞。鞘内注射首选药物为
   A. 甲氨蝶呤　　　　　　　　　　　　B. 三尖杉酯碱
   C. 长春新碱　　　　　　　　　　　　D. 环磷酰胺
   E. 6-巯基嘌呤

6. 患者，男性，50岁，因肺癌接受化疗。医生开具的抗肿瘤药物中，可能导致心脏毒性，需要密切监测心电图的是
   A. 顺铂　　　　　　　　　B. 环磷酰胺　　　　　　　C. 多柔比星
   D. 吉西他滨　　　　　　　E. 甲氨蝶呤

7. 患者，女，29岁，诊断为乳腺癌，正在进行化疗，所使用的抗肿瘤药物主要作用机制是抑制DNA复制。该药物最可能是
   A. 紫杉醇　　　　　　　　　　　　　B. 顺铂
   C. 阿糖胞苷　　　　　　　　　　　　D. 伊马替尼
   E. L-门冬酰胺酶

8. 患者，男，41岁，诊断为急性白血病，使用长春新碱后，肿瘤细胞多处于
   A. G_2期　　　　　　　　B. M期　　　　　　　　　C. G_1期
   D. G_0期　　　　　　　　E. S期

9. 患者李先生，65岁，因肺癌入院治疗，医生开具了吉非替尼作为抗肿瘤药物。吉非替尼的主要作用机制是
   A. 干扰DNA合成　　　　　　　　　　B. 阻断肿瘤血管生成
   C. 抑制DNA拓扑异构酶　　　　　　　D. 增强免疫系统对肿瘤细胞的识别
   E. 抑制EGFR酪氨酸激酶活性

10. 患者，女，55岁，诊断为卵巢癌，采用紫杉醇、顺铂和环磷酰胺的联合治疗。以下药物可以联合使用以减轻环磷酰胺带来的不良反应的是
    A. 红细胞生成素　　　　　　　　　　B. 四氢叶酸
    C. 泼尼松　　　　　　　　　　　　　D. 美司钠
    E. 维生素K

二、简答题

抗恶性肿瘤药常见的不良反应有哪些？请列举至少三种。

三、案例分析题

患者，女，57岁，主诉上腹部隐痛，伴反酸、嗳气3个月，进食后加重1个月。胃镜活检病理提示：胃腺癌。既往有慢性萎缩性胃炎病史，近期体重减轻3 kg。腹部CT检查提示：贲门下胃体小弯侧胃壁增厚，肝内多发低密度影。肿瘤标志物检查：癌胚抗原（CEA）106 ng/ml。诊断为胃癌Ⅳ期，伴肝转移。拟采取全身化疗为主的姑息性治疗方案（紫杉醇+顺铂+氟尿嘧啶或博来霉素）。

请回答：

1. 以上药物抗肿瘤的作用机制是什么？
2. 铂类化疗药物的主要不良反应有哪些？

（陈绚丽）

第四十章　免疫功能调节药

第四十章数字资源

学习目标

知识：说出环孢素、硫唑嘌呤、环磷酰胺、左旋咪唑、白介素-2、干扰素的药理作用及临床应用，说明其他免疫调节药的作用特点及临床应用。

能力：能指导患者合理、安全使用免疫抑制药和免疫增强药，能判断药物的不良反应，并提出防治措施。

素养：树立辩证思维和科学的健康理念，引导患者正确看待防病和治病的关系，充分调动身体的免疫功能，增强机体的防病能力。

案例导入

患者，男，26岁，学生，暑假期间与同学去海南旅游，未采取适当防晒措施，返回后出现面部对称性红斑，伴双膝、腕、手关节酸痛1个月。1天前，患者突然出现全身抽搐、神志不清，测血压180/120 mmHg，心率128次/分，听诊双肺可闻及湿啰音，合并双侧胸腔积液、心包积液和肾功能不全。实验室检查提示抗核小体、抗组蛋白、抗Sm等抗体强阳性。初步诊断为重型系统性红斑狼疮。

问题与思考：
1. 该患者首选的治疗药物是什么？
2. 该类药物的主要临床应用是什么？

机体的免疫系统由参与免疫反应的各种细胞、组织和器官，如胸腺、骨髓、淋巴结、脾、扁桃体及分布于全身组织中的淋巴细胞和浆细胞等构成。免疫系统功能异常时，可出现变态反应（超敏反应）、自身免疫病（因免疫功能异常造成对自身组织的损伤）、免疫缺陷病（免疫功能低下）和免疫增殖病（免疫球蛋白过度产生）等，表现为机体的免疫功能低下或免疫功能过度增强，严重时可致机体死亡。影响免疫功能的药物通过影响机体免疫过程的一个或多个环节发挥免疫抑制或免疫增强作用。

知识链接

免疫反应

免疫反应可分为非特异性免疫反应和特异性免疫反应。非特异性免疫反应由吞噬细胞和补体等吞噬异物，构成机体第一道防线，并协同和参与特异性免疫反应。特异性免疫反应又可分为T细胞介导的细胞免疫反应和抗体介导的体液免疫反应。机体免疫系统在抗原刺激下所发生的一系列变化，称为免疫应答反应，包括三个时期：感应期，巨噬细胞和免疫活性细胞处理和识别抗原；增殖分化期，免疫活性细胞被抗原激活后分化增殖并产生免疫活性物质；效应期，致敏淋巴细胞或抗体与相应靶细胞或抗原接触，产生细胞免疫或体液免疫效应。正常的免疫应答反应在抗感染、抗肿瘤和抗器官移植排斥方面有重要意义。影响免疫功能的药物可以调节免疫功能，用于某些免疫性疾病的防治及肿瘤等疾病的辅助用药。

第一节 免疫抑制药

免疫抑制药是一类具有免疫抑制作用的药物，主要用于治疗自身免疫病和防治器官移植的排斥反应。多数药物缺乏特异性，对正常和异常的免疫反应均有抑制作用，长期用药可降低机体的抵抗力而诱发感染，还可使肿瘤发生率增加及影响生殖系统功能。

环孢素

环孢素（cyclosporin）又称环孢素A，是从真菌的代谢产物中提取的环状多肽，也可通过人工合成获得。环孢素可口服或静脉注射给药，口服吸收慢而不完全，生物利用度为20%~50%；在血液中约50%被红细胞摄取，30%与血浆蛋白结合，4%~9%与淋巴细胞结合，血浆中游离型药物仅5%；$t_{1/2}$为24 h，主要经肝代谢，自胆汁排泄，有明显的肝肠循环。该药的体内过程有明显的个体差异。

【药理作用及临床应用】环孢素能抑制T细胞介导的细胞免疫反应，选择性抑制辅助性T细胞产生细胞因子如白介素-2，从而阻断T细胞对抗原的分化增殖性反应，抑制自然杀伤细胞的杀伤能力，还可抑制T细胞产生干扰素。由于环孢素仅抑制T细胞介导的细胞免疫，而不显著影响机体的一般防御能力，临床广泛用于防治异体器官或骨髓移植时的排斥反应，也可用于治疗系统性红斑狼疮、银屑病等自身免疫病。

【不良反应】环孢素不良反应发生率较高，常见为肾毒性，表现为肾小球滤过率下降、血肌酐升高，停药后可恢复；其次为肝毒性，可见血清氨基转移酶升高、黄疸等；还可继发病毒感染；此外，还有胃肠道反应、感觉异常及多毛等。

他克莫司

他克莫司（tacrolimus，FK-506）口服后吸收缓慢，生物利用度为25%，在体内分布广泛，主要经肝代谢，$t_{1/2}$为9 h。FK-506的药理作用与环孢素相似，但药效更强，是高效低毒的新型免疫抑制药。该药主要用于肝、肾移植后的排斥反应及顽固性自身免疫病。

肾上腺皮质激素类药

常用的肾上腺皮质激素类药有泼尼松、泼尼松龙和地塞米松。三者对免疫反应的许多环节均有影响：可抑制巨噬细胞对抗原的吞噬和处理、阻止淋巴细胞增殖、破坏淋巴细胞、抑制淋巴因子产生、减少抗体生成等。临床上主要用于变态反应性疾病、器官移植的排斥反应、自身免疫病及肿瘤的治疗。

烷化剂

环磷酰胺、白消安和塞替派均属于烷化剂，能选择性地杀伤增殖期淋巴细胞，并抑制其转化为淋巴母细胞。三者主要对B淋巴细胞抑制作用强，大剂量也能抑制T淋巴细胞，对自然杀伤细胞也有抑制作用。临床主要用于类风湿性关节炎、肾小球肾炎等自身免疫病及器官移植的排斥反应。

抗代谢药

硫唑嘌呤、甲氨蝶呤均属抗代谢药，通过干扰嘌呤代谢进而抑制DNA、RNA和蛋白质合成，对 T 淋巴细胞的抑制作用较明显，并可抑制 T、B 免疫母细胞，故对细胞免疫和体液免疫均有抑制作用，但不抑制巨噬细胞的功能。临床主要用于肾移植的排斥反应和自身免疫病如类风湿性关节炎、系统性红斑狼疮。

抗淋巴细胞球蛋白

抗淋巴细胞球蛋白（antilymphocyte globulin，ALG）属于强免疫抑制药，是用人的淋巴细胞静脉注射于马、兔等动物后，从动物血清中分离纯化而得到的抗人淋巴细胞免疫球蛋白。ALG 主要作用于 T 细胞，对细胞免疫有较强的抑制作用。其特点是无骨髓毒性，主要用于器官移植的排斥反应，因其过敏反应发生率高，多在其他免疫抑制药无效时应用。

第二节 免疫增强药

免疫增强药能激活一种或多种免疫活性细胞，增强机体免疫应答反应，使低下的免疫功能恢复并提高，临床上主要用于免疫缺陷性疾病、慢性感染及恶性肿瘤的免疫治疗。

干 扰 素

干扰素（interferon，IFN）是病毒侵入机体后诱导宿主细胞产生的反应物，除具有抗病毒、抗肿瘤和调节细胞生长分化的作用外，还具有免疫调节作用。其中，致敏前或大剂量给药可抑制体液免疫和细胞免疫功能；相反，致敏后或小剂量给药可增强体液免疫和细胞免疫功能。干扰素主要用于控制免疫功能低下或免疫缺陷所致的复发性或慢性感染，也可用于肿瘤化疗、放疗、手术后的辅助用药，还可用于治疗自身免疫病如类风湿性关节炎、系统性红斑狼疮等。不良反应表现为治疗初期可有发热、畏寒、头痛、乏力等流感样症状，大剂量可致白细胞减少、血小板减少等。

卡 介 苗

卡介苗（bacillus calmette guerin，BCG）是牛结核分枝杆菌的减毒活疫苗，能刺激多种免疫活性细胞，增强机体的非特异性免疫功能，也能提高机体的体液免疫和细胞免疫功能，临床上除用于预防结核病外，还可用于白血病、黑色素瘤等多种肿瘤的免疫治疗，其中膀胱癌术后，用卡介苗灌注防止肿瘤复发。卡介苗不良反应较多，可见注射部位红斑、硬结或溃疡，也可出现寒战、发热和全身不适等，瘤内注射偶见过敏性休克。

左 旋 咪 唑

左旋咪唑（levamisole）原为一种驱虫药，后发现其对免疫功能有影响，是一种口服有效的免疫调节药。对免疫功能低下者，可促进抗体生成，使低下的细胞免疫功能恢复正常，还能增强巨噬细胞的趋化和吞噬功能，但对免疫功能正常的人或动物的抗体生成无影响。临床上主要用于免疫功能低下者以恢复免疫功能，增强机体抗病能力；还用于肺癌、乳腺癌等恶性肿瘤术后或化疗后的辅助治疗，以巩固疗效；也可用于自身免疫病如类风湿性关节炎、系统性红斑狼疮的治疗。不良反应主要有头晕、恶心、腹痛、食欲缺乏等，偶见白细胞减少、血小板减少和肝功能异常等。

白介素 -2

白介素 -2（interleukin-2，IL-2）由 T 细胞和自然杀伤细胞（NK 细胞）产生，又称 T 细胞生长因子（TCGF），在激活与调控 T 细胞和 B 细胞免疫应答中发挥关键作用，具有广泛的免疫增强和调节功能。IL-2 主要用于慢性肝炎、免疫缺陷病及恶性肿瘤的辅助治疗。多数患者出现"流感"样症状、胃肠道反应、神经系统症状、肾功能减退、水肿、血压升高等不良反应，剂量减少可减轻。

自 测 题

一、单项选择题

1. 患者，45岁，行肾移植术后使用他克莫司抑制移植排斥反应。以下细胞中是该药物的主要抑制靶点的是
   A. 巨噬细胞　　　　　　　　　　B. T细胞
   C. 自然杀伤细胞　　　　　　　　D. 树突状细胞
   E. B细胞

2. 患者，男，36岁，因类风湿性关节炎接受治疗，医生考虑使用免疫调节药物，下列药物中最常用的是
   A. 青霉素　　　　　　　　　　　B. 胰岛素
   C. 对乙酰氨基酚　　　　　　　　D. 环磷酰胺
   E. 紫杉醇

3. 患者，50岁，行肝移植术后长期使用免疫抑制药抑制移植排斥反应，近期出现血尿，血清肌酐、转氨酶、乳酸脱氢酶均升高，且偶有惊厥、震颤发生。以下免疫抑制药中最可能发生上述不良反应的是
   A. 泼尼松　　　　　　　　　　　B. 吗替麦考酚酯
   C. 巴利昔单抗　　　　　　　　　D. 环磷酰胺
   E. 环孢素

4. 患者，女，58岁，因肺癌接受化疗，医生考虑使用免疫调节药以增强治疗效果。下列药物中最可能被选用的是
   A. 环磷酰胺　　　　　　　　　　B. 重组人白介素-2
   C. 地塞米松　　　　　　　　　　D. 环孢素
   E. 甲氨蝶呤

5. 患者，男，60岁，因免疫力下降导致反复感染，医生建议使用免疫调节药。下列药物中最可能被选用的是
   A. 环磷酰胺　　　　　　　　　　B. 白消安
   C. 甲泼尼龙　　　　　　　　　　D. 氨基葡萄糖
   E. 干扰素

6. 患者，女性，55岁，因类风湿性关节炎长期使用免疫抑制药治疗，近期出现反复发热、乏力，实验室检查发现白细胞计数降低。该患者出现这些症状最可能的原因是
   A. 类风湿性关节炎病情加重　　　B. 免疫抑制药导致的免疫增强
   C. 机会性感染　　　　　　　　　D. 药物不良反应引起的贫血
   E. 应激反应

7. 患者，女，56岁，因自身免疫病接受免疫调节药物治疗，医生为其开具的药物可能导致的副作用中，最符合该药常见不良反应的是
   A. 血小板减少　　　　　　　　　B. 白细胞增多
   C. 免疫反应增强　　　　　　　　D. 胃肠道功能增强
   E. 超敏反应

二、简答题

举例说明免疫功能调节药物的临床应用。

三、案例分析题

患者，男，50岁，因肝硬化导致肝衰竭，2周前接受肝移植手术，术后1周出现不明原因发热，体温最高达39℃，伴寒战、全身乏力及轻度黄疸，腹部有不适感，但无明显疼痛。实验室检查示血细胞计数和中性粒细胞比例均升高，氨基转移酶和胆红素水平升高，抗排斥反应抗体检测阳性，肝脏超声和CT检查未见明显移植肝血管栓塞或胆道梗阻征象，但显示移植肝周边有轻度炎性渗出，初步诊断为肝移植术后急性排斥反应。

请回答：

1. 针对患者肝移植术后的急性排斥反应，常用的免疫调节药物有哪些？
2. 免疫抑制药如果长期应用容易导致哪些不良反应？

（陈绚丽）

第四十一章　解毒药

第四十一章数字资源

> **学习目标**
>
> 知识：简述有机磷酸酯类的中毒机制以及解毒药阿托品、解磷定的药理作用及临床应用。
>
> 能力：能对不同类型中毒患者选择合适药物，会判断药物的不良反应并提出防治措施。
>
> 素养：珍爱生命、预防中毒，为百姓科普宣教有机磷酸酯类农药及其他毒物中毒的预防知识。能够发扬救死扶伤精神，及时抢救中毒患者。

解毒药是指能解除毒物对机体的毒害作用或直接对抗毒物的一类药物。急性中毒的处理原则是排除毒物、给予特效解毒药并进行对症治疗。特效解毒药是一类具有高度专一性的药物，在中毒的抢救中占重要地位。

第一节　有机磷酸酯类中毒及其解毒药

> **案例导入**
>
> 患者，女，29岁，因家庭矛盾自服农药50 ml，服药5分钟后出现腹痛、恶心、呕吐，呕吐物有大蒜味，逐渐神志不清，伴尿失禁、大便失禁、多汗，家属急送其至镇卫生院。查体：体温36.5 ℃，脉搏52次/分，血压110/80 mmHg，平卧位，呼之不应，皮肤湿冷，压眶有反应，肌肉颤动，对光反射弱，瞳孔呈针尖样，口腔可见白色泡沫样分泌物，双肺闻及哮鸣音和湿啰音，心率52次/分，病理反射（-）。诊断为有机磷酸酯类农药中毒。
>
> 问题与思考：
> 1. 有机磷酸酯类农药中毒按照临床表现如何分度？
> 2. 急性有机磷酸酯类农药中毒如何选择解毒药？其救治原则是什么？

有机磷酸酯类（简称有机磷）主要包括如内吸磷、对硫磷、敌百虫（美曲膦酯）、乐果、敌敌畏等农林业杀虫剂，以及沙林、塔崩、梭曼等化学战争毒气。有机磷酸酯类对人体和牲畜均有剧烈毒性，极易引起中毒。

一、有机磷酸酯类中毒机制及临床表现

（一）中毒机制

有机磷酸酯类多易挥发，脂溶性高，可通过消化道、呼吸道、皮肤及黏膜等多种途径进入机体，与胆碱酯酶结合，形成难于水解的磷酰化胆碱酯酶，从而使胆碱酯酶失去活性，导致乙酰胆碱不能被水解而堆积，激动胆碱受体，引起一系列胆碱能神经系统功能亢进的中毒症状。若不及时使用胆碱酯酶复活药，胆碱酯酶则难以复活，形成酶的"老化"现象。此时，即使再用胆碱酯酶复活药，也不能使胆碱酯酶恢复活性，需等待胆碱酯酶重新生成，才能恢复水解乙酰胆碱的能力。

掌握有机磷酸酯类的中毒机制及中毒解救。

（二）中毒表现

1. 急性中毒　急性中毒可分为轻度、中度、重度三级。轻度中毒以 M 样症状为主；中度中毒同时出现明显的 M 样及 N 样症状；重度中毒时除 M 样和 N 样症状加重外，还有明显的中枢症状。急性中毒致死的原因主要为呼吸道阻塞、肺水肿和呼吸肌麻痹。

（1）M 样症状：表现为恶心、呕吐、腹痛、腹泻、尿失禁、大便失禁、呼吸困难、瞳孔缩小、视物模糊、心动过缓、血压下降、出汗、流涎、呼吸道分泌物增加、肺部湿啰音等。

（2）N 样症状：激动 N_M 受体引起肌束震颤、抽搐，严重时导致肌无力，甚至呼吸肌麻痹；激动 N_N 受体引起心动过速、血压升高。

（3）中枢症状：先兴奋后抑制，表现为躁动不安、失眠、谵语、惊厥、昏迷、窒息、血压下降、呼吸抑制等。

2. 慢性中毒　多发生于长期从事有机磷酸酯类农药生产的工人或长期接触者中。显著表现是血浆胆碱酯酶活性持续下降，而临床症状不明显。主要症状有头痛、头晕、视物模糊、记忆力减退、思想不集中、多汗、失眠、乏力等，偶见肌束颤动和瞳孔缩小等。主要采取对症治疗和预防措施，如避免与有机磷酸酯类长期接触、加强劳动防护等。

3. 迟发性神经损害　部分急性有机磷酸酯类中毒患者症状消失后数周乃至数月，由于神经轴突的脱髓鞘变性，可出现进行性上肢或下肢麻痹，其产生机制未明，目前认为可能与胆碱酯酶抑制作用无直接联系。

二、常用解毒药

（一）M 受体阻断药

阿 托 品

【药理作用】阿托品（atropine）可阻断 M 受体，使乙酰胆碱不能与 M 受体结合，导致瞳孔括约肌和睫状肌松弛、腺体分泌减少、呼吸道及胃肠道平滑肌舒张、心脏兴奋性增强等，从而迅速解除 M 样症状。同时又能通过血脑屏障进入脑内消除部分中枢症状。通过兴奋呼吸中枢，还可以对抗有机磷酸酯类中毒引起的呼吸抑制。

【临床应用】对有机磷酸酯类中毒者，阿托品的用量常不受药典规定的极量限制，使用量视中毒程度而定。使用原则为及早、足量、反复给药直至"阿托品化"，然后改用维持量。阿托品不能改善 N 样症状，对肌束颤动无效，也不能使胆碱酯酶复活，故对中度和重度中毒者，必须与胆碱酯酶复活药合用。

（二）胆碱酯酶复活药

氯解磷定

氯解磷定（pralidoxime chloride）溶解度大，水溶液较稳定，可进行静脉给药或肌内注射，使用方便，且价格低廉。

【药理作用】氯解磷定进入机体后，既可与磷酰化胆碱酯酶中的磷酰基结合使胆碱酯酶游离复活，恢复水解乙酰胆碱的活性，又可直接与游离的有机磷酸酯类结合，形成无毒的磷酰化氯解磷定，由肾排出，阻止毒物继续抑制胆碱酯酶。其恢复胆碱酯酶活性的作用在神经肌肉接头处最明显，因此能迅速解除肌束颤动。

【临床应用】用于各种急性有机磷酸酯类中毒，能迅速解除肌束颤动，但对M样症状缓解效果差，因此应与阿托品同时应用。氯解磷定应尽早给药，首剂足量，重复应用，应在各种中毒症状消失、病情稳定48 h后停药。

【不良反应】肌内注射时局部有轻微疼痛；静脉注射过快可出现头晕、恶心、呕吐、视物模糊等症状；用量过大可导致呼吸抑制。

碘解磷定

碘解磷定（pralidoxime iodide，PAM，派姆）的药理作用及临床应用与氯解磷定相似，但作用弱，主要用于中度和重度急性有机磷酸酯类中毒。不良反应多，只静脉给药，不能肌内注射。

第二节 金属和类金属中毒及其解毒药

一、金属和类金属中毒机制

金属和类金属如铜、铅、锑、汞、铬、银、砷、锑、铋、磷等，其毒性源于金属离子能与机体细胞的某些活性基团结合，导致某些生物活性物质功能障碍，引起人体中毒。临床上常用的金属和类金属中毒的解毒药大多是络合剂，它们能与金属离子络合形成可溶、无毒或低毒的化合物并随尿液排出体外。

二、常用解毒药

二巯丁二钠

二巯丁二钠（sodium dimercaptosuccinate）是我国首创的解毒药，水溶液不稳定，易分解，必须新鲜配制。肌内注射给药，血药浓度很快达峰值，并迅速由血液转移，由肾排泄，无蓄积作用。

【药理作用】二巯丁二钠化学结构中含有两个活泼的巯基，与金属离子有较大的亲和力，能结合成不易解离的无毒性环状化合物，最后由尿排出；及早用药，能使巯基酶恢复活性故用该药治疗金属中毒时，应强调早期用药、反复用药。

【临床应用】二巯丁二钠主要用于酒石酸锑钾中毒，效果明显；对汞、砷、铅中毒也有明显的解毒和促排作用；对铜、钴、镍等中毒也有疗效；还可用于肝豆状核变性疾病。

【不良反应】二巯丁二钠毒性较小，注射后可有口臭、头痛、头晕、恶心、乏力及四肢酸痛等症状，减慢注射速度，症状会减轻；有时会出现超敏反应。

二巯丙磺钠

二巯丙磺钠（sodium dimercaptopropanesulfonate）可溶于水，水溶液稳定，吸收后迅速分布于全身各组织器官，主要存在于血液和细胞外液。其作用机制与二巯丁二钠相似，是治疗汞、砷中毒的首选解毒药,对铬、铋、铅、铜及锑中毒有一定疗效。二巯丙磺钠可用于灭鼠药毒鼠强中毒及农药杀虫双、杀虫单中毒的特效解毒药。该药常用量肌内注射无明显不良反应;静脉注射过快,可引起恶心、头晕、口唇发麻、面色苍白及心悸等;少数人可发生皮疹、发热等超敏反应,甚至出现过敏性休克。

依地酸钙钠

依地酸钙钠(calcium disodium edetate,解铅乐)极性大,口服吸收少;肌内注射可导致局部疼痛;药物主要分布于细胞外液,几乎不被代谢;能与多种金属离子和放射性物质络合形成可溶性络合物,迅速由尿中排出,从而发挥其解毒作用。该药主要用于急、慢性铅中毒,也可用于铜、锰、铬、镉等中毒和放射性物质的中毒。不良反应少,部分患者可出现短暂的头晕、恶心、关节痛、乏力等反应;大剂量时会对肾有损害,用药期间应进行尿常规检查,如有血尿或管型尿,应及时停药。肾病患者禁用。

青 霉 胺

青霉胺(penicillamine)为青霉素的代谢产物,为含巯基的氨基酸,可与金属离子络合成可溶的络合物,由尿液迅速排出。青霉胺是治疗肝豆状核变性病(铜代谢障碍)的首选药,对铅、汞、锌中毒也有效。不良反应较多,可引起头痛、乏力、胃肠道反应,也可引起发热、皮疹、关节痛、白细胞及血小板减少等青霉胺样反应。该药与青霉素有交叉超敏反应,故用前必须做青霉素皮肤过敏试验,对青霉素过敏者禁用。

> **知识链接**
>
> **螯合反应与金属螯合剂**
>
> 螯合反应是指生成螯合物的化学反应。"螯"指螃蟹的大钳,此名称比喻多齿配体像螃蟹一样用两只大钳紧紧夹住中心体。螯合物是配合物的一种,在螯合物的结构中,一定有一个或多个多齿配体提供多对电子与中心体形成配位键。螯合物通常比一般配合物要稳定,其结构中常具有的五元或六元环结构进一步增强了其稳定性。
>
> 金属螯合剂可以通过螯合剂分子与金属离子的强结合作用,将金属离子包合到螯合剂内部,形成稳定的、分子量更大的化合物,从而阻止金属离子产生作用,可用于解毒、印染、阻垢等方面。螯合剂的最早应用始于第一次世界大战期间,当时采用二巯丙醇作为毒气的解毒剂。二巯丙醇的硫原子可与毒气的砷离子结合,生成水溶性化合物,经肾和肝消除,但其副作用严重。第二次世界大战之后,乙二胺四乙酸(EDTA)作为螯合剂被用于临床治疗铅中毒。20世纪60年代,二巯基丁二酸(DMSA)迅速取代二巯丙醇和EDTA用于铅、砷和汞中毒并沿用至今;DMSA的酯化物对汞和镉中毒更有效。

第三节 氰化物中毒及其解毒药

一、氰化物的中毒及解毒机制

氰化物是毒性极强、作用迅速的剧毒物质。常见的氰化物有氢氰酸、氰化钾和氰化钠。桃仁、杏仁、枇杷、梅、樱桃仁、核仁、木薯、高粱秆等植物中也含有氰苷,水解后产生氢氰酸,人畜误食后均可引起中毒。此外,硝普钠过量也可引起氰化物中毒。其中毒机制是氰化物进入体内后,解离出氰离子（CN^-），与细胞色素氧化酶结合，形成氰化细胞色素氧化酶，使该酶失去传递电子的能力，进而使组织不能利用氧，引起细胞内缺氧窒息。由于中枢神经对缺氧最为敏感，因此，患者可出现呼吸中枢麻痹，严重者可迅速死亡。

氰化物中毒解救的关键是迅速恢复细胞色素氧化酶的活性，并促进氰化物转变成无毒或低毒的物质。氰化物中毒的解救方法：首先给予高铁血红蛋白形成剂，将血液中的部分血红蛋白氧化成高铁血红蛋白，高铁血红蛋白可夺取已与细胞色素氧化酶结合的氰离子或与游离的氰离子结合，形成氰化高铁血红蛋白，从而使细胞色素氧化酶复活；然后给予供硫剂硫代硫酸钠，与体内游离的或已结合的氰离子相结合，形成稳定性强、无毒的硫氰酸盐，最后经尿排出，达到彻底解毒的目的。

二、常用解毒药

（一）高铁血红蛋白形成剂

亚硝酸钠

亚硝酸钠属于氧化剂，在体内能使亚铁血红蛋白氧化为高铁血红蛋白，后者与氰离子结合力较强，故能清除血液中游离的氰离子，并能夺取已经与氧化型细胞色素氧化酶结合的氰离子，可有效解救氰化物中毒。常见不良反应为恶心、呕吐、头痛和低血压；大剂量可引起高铁血红蛋白血症，表现为发绀、呼吸困难、晕厥和循环衰竭，甚至死亡。孕妇禁用。

亚甲蓝

亚甲蓝（methylthioninium chloride，美蓝）为氧化还原剂，其作用与剂量大小密切相关，对血红蛋白有双重作用：低浓度时，能将高铁血红蛋白还原成血红蛋白，可用于伯氨喹、亚硝酸盐、苯胺及硝酸甘油等引起的高铁血红蛋白血症；高浓度时，能直接将血红蛋白氧化成高铁血红蛋白，可用于氰化物中毒，但其作用不如亚硝酸钠强。亚甲蓝静脉注射速度过快或剂量过大时，可引起恶心、腹痛、多汗、眩晕、头痛等。亚甲蓝禁止皮下和肌内注射，以免引起组织坏死。

（二）供硫剂

硫代硫酸钠

硫代硫酸钠（sodium thiosulfate）具有活泼的硫原子，在转硫酶的作用下，可与游离的及结合的 CN^- 结合，形成无毒的硫氰酸盐，从而解救氰化物中毒。该药与亚硝酸钠合用可显著提高疗效，但应注意不宜混合注射，以免引起血压过度下降。此外，硫代硫酸钠还是钡盐中毒的特效解毒药。不良反应偶见头晕、乏力、恶心、呕吐等。

第四节 灭鼠药中毒及其解毒药

灭鼠药的种类很多，发生灭鼠药中毒后，首先要确认中毒的灭鼠药的种类，然后应用相应的解毒药物并对症治疗。

一、抗凝血类灭鼠药中毒及其解毒药

抗凝血类灭鼠药常用的有敌鼠钠、杀鼠灵、鼠得克、大隆等，其毒性机制在于破坏机体的凝血功能并损伤小血管，从而引发出血等症状。人误服此类灭鼠药后，中毒症状出现缓慢，一般在误食后第三日开始出现胃肠道反应及精神不振，随后可出现凝血功能下降症状，如鼻出血、齿龈出血、皮肤紫癜、咯血、便血、尿血，以及凝血时间和凝血酶原时间延长。严重者可发生休克。患者可有贫血，出凝血时间及凝血酶原时间延长。其特效解毒药是维生素 K_1。

维生素 K_1

维生素 K_1（vitamin K_1）与抗凝血类灭鼠药化学结构相似，可对抗并解除这类药物对凝血酶原活性的抑制，使凝血过程恢复正常。可同时给予足量维生素 C 及糖皮质激素类药辅助治疗。

二、磷类灭鼠药中毒有其解毒药

（一）磷化锌中毒及其解毒药

磷化锌主要作用于神经系统，轻度中毒时有头痛、头晕、乏力、恶心、呕吐、腹痛及腹泻等消化道症状，并有胸闷、咳嗽、心动过缓等症状；中度中毒时，除上述症状外，可有意识障碍、抽搐、呼吸困难、轻度心肌损害、心电图 ST 段降低、T 波低平、传导阻滞；重度中毒时，还会产生昏迷、惊厥、肺水肿、呼吸衰竭、明显的心肌损害及肝损害等。磷化锌口服中毒者应立即催吐、洗胃，洗胃用 0.5% 硫酸铜溶液，每次 200~500 ml 口服，使磷化锌转变为无毒的磷化铜沉淀，直至洗出液无磷臭味为止；再用 0.3% 过氧化氢溶液或 0.05% 高锰酸钾溶液持续洗胃，直至洗出液澄清为止；然后口服硫酸钠 15~30 g 导泻。此解毒过程中禁用油类泻药，禁食鸡蛋、牛奶、动物或植物油类，因磷能溶于脂肪中而被吸收。如患者出现呼吸困难、休克、急性肾衰竭及肺水肿，应及时对症治疗。

（二）毒鼠磷中毒及其解毒药

毒鼠磷的毒理主要是抑制胆碱酯酶活性，使突触间隙乙酰胆碱过量积聚，胆碱能神经节后纤维支配的效应器出现功能亢进，如平滑肌兴奋、腺体分泌增加、瞳孔缩小、骨骼肌兴奋等。毒鼠磷是有机磷酸酯类化合物，其中毒症状主要由于抑制胆碱酯酶所致，故毒鼠磷的解救与有机磷酸酯类农药中毒的解救基本相同，主要应用阿托品及胆碱酯酶复活药如氯解磷定等解救。

三、其他灭鼠药中毒及其解毒药

（一）有机氟灭鼠药中毒及其解毒药

有机氟灭鼠药包括氟乙酸钠、氟乙酰胺、甘氟等。有机氟中毒后，经 0.5~6 h 的潜伏期出现症状，主要表现为中枢神经系统及心脏受累。轻者出现恶心、呕吐、头痛、头晕，重者出现焦躁不安、心律失常等。由于其毒性强，无特效解毒剂，很容易引起人、畜中毒死亡，国家已明令禁用。中毒解救药主要用乙酰胺（acetamide，解氟灵），其对氟乙酰胺、甘氟中毒的救治效果较好，能延长氟乙酰胺中毒的潜伏期，解除氟乙酰胺中毒症状而挽救患者的生命。

（二）毒鼠强中毒及其解毒药

毒鼠强（tetramine）是国家禁止使用的灭鼠药。人口服的致死量约为 12 mg。其对中枢神经系统尤其是脑干有兴奋作用，能引起头痛、头晕、乏力、恶心、呕吐，发作时全身抽搐、口吐白沫、意识丧失。毒鼠强中毒的解救措施包括：①清除胃内毒物，可采取催吐、洗胃、灌肠、导泻等方法。②对症处理，抗惊厥药苯巴比妥的疗效优于地西泮；呕吐、腹痛时，可用山莨菪碱；心率低于 40 次/分者，考虑植入体外临时起搏器，当发生"阿-斯综合征"时进行人工起搏等。③中毒较重者采用药用活性炭血液灌流。④应用特异性解毒药二巯丙磺钠进行解救。

自 测 题

一、单项选择题

1. 有机磷酸酯类中毒的机制是
   A. 抑制磷酸二酯酶
   B. 激活磷酸二酯酶
   C. 抑制胆碱酯酶
   D. 激活胆碱酯酶
   E. 抑制腺苷酸环化酶

2. 有机磷酸酯类急性中毒时，下列不属于 M 样症状的是
   A. 腹痛、腹泻
   B. 肌束震颤
   C. 瞳孔缩小
   D. 呼吸困难
   E. 多汗

3. 阿托品治疗有机磷酸酯类中毒时，不能缓解的症状是
   A. M 样症状
   B. 中枢症状
   C. N 样症状
   D. 呼吸抑制
   E. 瞳孔缩小

4. 氯解磷定解救有机磷酸酯类中毒的主要机制是
   A. 与磷酰化胆碱酯酶结合，使酶复活
   B. 与胆碱酯酶结合，使酶功能增强
   C. 与胆碱受体结合，使受体不能激动
   D. 与游离的有机磷酸酯类结合，阻止其继续抑制胆碱酯酶
   E. 与乙酰胆碱结合，阻止其激动受体

5. 金属和类金属中毒常用的解毒药大多是
   A. 氧化剂
   B. 还原剂
   C. 络合剂
   D. 酶抑制药
   E. 酶激活药

6. 二巯丁二钠治疗金属中毒的机制是
   A. 与金属离子结合形成稳定的络合物排出体外
   B. 抑制金属离子在体内的吸收
   C. 促进金属离子在体内的代谢
   D. 与金属离子竞争受体
   E. 激活体内的解毒酶

7. 患者，男，35 岁，因误服敌百虫后出现腹痛、恶心、呕吐，吐出物有大蒜味，多汗，瞳孔针尖样缩小，诊断为有机磷酸酯类农药中毒。该患者中毒属于
   A. 轻度中毒
   B. 中度中毒
   C. 重度中毒
   D. 慢性中毒
   E. 迟发性神经损害

8. 针对该患者，下列治疗措施正确的是
   A. 单用阿托品
   B. 单用氯解磷定
   C. 阿托品与氯解磷定合用
   D. 先使用氯解磷定，后使用阿托品
   E. 先使用阿托品，后使用氯解磷定

9. 患者，女，28岁，因食用被污染的贝类后出现头痛、头昏、乏力、齿龈红肿酸痛、糜烂出血，口腔有臭味，恶心、呕吐等症状。该患者可能是
   A. 铅中毒　　　　　　　　　　　B. 汞中毒
   C. 砷中毒　　　　　　　　　　　D. 铜中毒
   E. 铝中毒
10. 针对该患者，首选的解毒药是
    A. 二巯丁二钠　　　　　　　　　B. 二巯丙磺钠
    C. 依地酸钙钠　　　　　　　　　D. 青霉胺
    E. 硫代硫酸钠

二、简答题

1. 有机磷酸酯类中毒的机制是什么？中毒后可出现哪些症状？
2. 为什么有机磷酸酯类中毒时，不但要应用阿托品，还需要使用解磷定？

三、案例分析题

患者，男，45岁，在农田喷洒有机磷酸酯类农药时，未做好防护措施，数小时后出现恶心、呕吐、腹痛、腹泻，伴多汗、流涎，视物模糊，瞳孔缩小，呼吸困难，肺部可闻及湿啰音，急诊入院后诊断为有机磷酸酯类农药中毒。

请回答：

1. 该患者目前出现的症状中，哪些属于M样症状？哪些属于N样症状？
2. 针对该患者，应如何进行药物治疗？请简述治疗方案及理由。

（甄昌霖）

第四十二章 药品管理及处方基本知识

第四十二章数字资源

学习目标

知识：说出药品的概念、处方的书写规则；知晓国家基本药物、处方药和非处方药、特殊管理药品的定义和特点；简述药品的保管方法及注意事项，以及处方的含义、性质、分类定义和组成结构。

能力：能辨认药品的剂型、规格、批号、有效期；能规范书写处方，并判断不合格处方。

素养：树立安全、合理用药意识和特殊管理药品使用的法律意识，具有精益求精、求实探索的职业精神。

第一节 药品管理的基本知识

药品（medicine）是指用于预防、治疗、诊断疾病，有目的地调节人的生理机能并规定有适应证、用法和用量的物质，包括中药、化学药和生物制品等。

一、药品名称

药品名称的规范性和统一性是合理用药的前提。同药异名、同名异药、一药多名会造成混乱和用药差错，最终影响用药安全。目前，药品名称通常分为三类：通用名（common name）、商品名（trade name）、化学名（chemical name）。

1. 通用名 我国药典委员会按照《中国药品通用名称命名原则》制定的药品名称为通用名。中国药典或药品标准采用的通用名作为法定名称。通用名的特点是具有通用性，不论何处生产的同种药品都可使用该药品的通用名，如阿司匹林、青霉素等。通用名为每一种在市场上销售的原料药或活性成分的唯一名称，不可以用作商标注册。国际上一般使用国际非专有药名（International Nonproprietary Names，INN）作为通用名。INN目前已被世界各国广泛采用。它是开发者在新药申请时向政府主管部门提出的正式名称，不能取得专利及行政保护，是任何该产品的生产者都可使用的名称，也是文献、教材、资料及在药品说明书中标明有效成分的名称。我国处方管理办法规定：医师开具处方应当使用经药品监督管理部门批准并公布的药品通用名称、新活性化合物的专利药品名称和复方制剂药品名称。

2. 商品名 又称专用名、商标名，是厂商为药品流通所起的专用名称，具备专利性。其他厂商的同一制品不可使用此名称。而同一通用名的药品可能因生产厂商不同可能有多个商品名，如氯吡格雷，就有波立维、泰嘉等多个商品名。商品名如通过注册即成为注册药名，如拜新同、络活喜。我国现大部分医院使用电子处方，同时使用通用名和商品名，方便处方审核以及调剂。

另外，针对"一药多名"现象，原国家食品药品监督管理局（SFDA）颁布《关于进一步规范药品名称管理的通知》，要求只有新注册药品才能使用商品名；通知中还明确规定，除新的化学结构、新活性成分药物以及特有化合物专利药品外，其他品种一律不得使用商品名称。同一生产企业生产的同一药品，成分相同但剂型或规格不同的应当使用同一商品名称。同时，原国家食品药品监督管理总局（CFDA）还颁布了《药品说明书和标签管理规定》，对已批准商品名称的使用，做出严格规定：药品包装上的通用名必须显著标示，单字面积必须是商品名的两倍大，在横版标签上，通用名必须在上三分之一范围内显著位置标出（竖版为右三分之一范围内），字体颜色应当使用黑色或者白色。

3. 化学名　即该药物的化学结构名称。例如，氨苄西林的化学名为（2S,5R,6R）-3,3-二甲基-6-[（R）-2-氨基-2-苯乙酰氨基]-7-氧代-4-硫杂-1-氮杂双环［3.2.0］庚烷-2-甲酸三水化合物。化学名一般用于化学结构或合成研究，使用不便，不会出现在处方上。

二、国家基本药物与国家医保目录

我国的基本药物是指由国家政府制定的《国家基本药物目录》中的药品。国家基本药物的遴选原则为：防治必需、安全有效、价格合理、使用方便、中西药并重、基本保障、临床首选和基层能够配备。国家基本药物的遴选是一个系统性的过程，旨在确保人民群众能够获得安全、有效、可负担的基本药物。这些原则共同确保了基本药物的质量、可及性和可负担性，体现了以公众健康为中心的药物政策。

《国家医保目录》现一般指国家医保局发布的《国家基本医疗保险和工伤保险药品目录》。建立国家医保目录的主要目的是保障参保人员的基本医疗需求，合理控制医疗费用，并提高医疗服务的质量。该目录实行动态调整。

《国家医保目录》与《国家基本药物目录》虽然有大量共有的药物，但两者制定的主要目的和目录内容均有一定区别。《国家基本药物目录》主要用于指导医疗卫生机构和医师、临床药师合理选择用药品种，同时引导药品研发机构研发种类的选择以及药品生产企业生产种类的选择，以期保证基本药物的市场供应，尽可能保障患者的需求。而《基本医疗保险药品目录》确定了基本医疗保险支付药品费用的范围，是社会保险经办机构支付参保人员药品费用的依据。其目的是保障参保人员的基本医疗需求，保证医疗保险基金的收支平衡。

三、处方药和非处方药

处方药（prescription medicine）是指需凭医师处方才能从医疗卫生机构药房或社会药店得到并需在医生指导下使用的药品。国际通用的处方药的英文缩写是 Rx。

处方药一般包括：①国际管制的特殊药品（麻醉药品、精神药品、医疗用毒性药品和放射性药品，一般统一简称"麻精毒放"）；②新上市的新药（对其活性、副作用还要进一步观察）；③本身毒性较大的药品（如抗癌药物等）；④诊断用药；⑤专属性强、用于病情严重时而又需要医护人员监督指导使用的药品（如心血管疾病用药等）；⑥非肠道给药的制剂（主要是粉针剂、大输液及各类注射剂）。

非处方药（non-prescribed medicine）是指不需凭执业医师或执业助理医师的处方，消费者可以自行判断、购买和使用的药品，国际通用的非处方药的英文缩写是 OTC，意即"可在柜台上购买的药物"（over the counter）。在非处方药的包装上，必须印有国家指定的非处方药专有标识"OTC"。其遴选原则是：应用安全、疗效确切、质量稳定、使用方便。非处方药的品种主要为维生素类、滋补剂、微量元素补充剂、感冒咳嗽用药（部分）、支气管扩张剂、抗酸剂、消胀剂、轻泻剂、足部保健制剂、口腔清洁用品及其他外用药等。

> **知识链接**
>
> **非处方药的标识**
>
> 非处方药专有标识图案为椭圆形背景下的 OTC 三个英文字母的组合。我国的非处方药分为甲、乙两类。"甲类目录"由国家统一制定，各地不得调整，其标识为红色椭圆形底阴文；"乙类目录"由国家制定，各地（省级）可适当调整，其标识为绿色椭圆形底阴文。

处方药与非处方药是按照药品安全有效、使用方便的原则，依其品种、规格、适应证、剂量及给药途径的不同，对药品分别实施监督管理。处方药和非处方药不是药品本质的属性，而是管理上的界定。处方药和非处方药是可以互相转化的。无论是处方药还是非处方药，都是经过国家药品监督管理部门批准，其安全性和有效性都是有保障的。

四、特殊管理药品

1. 麻醉药品（narcotics）《麻醉药品管理办法》规定，麻醉药品是指连续使用后易产生生理依赖性，能成瘾癖的药品。可分为：①阿片类（opioids），包括阿片粗制品、吗啡（morphine）、可待因（codeine）等天然产物，以及海洛因（heroin）、哌替啶（pethidine）、美沙酮（methadone）等人工合成的麻醉性镇痛药。②可卡因类（cocaines），包括可卡因碱（cocaine base）、盐酸可卡因（cocaine Hydrochloride）等。③大麻类（cannabis），主要指印度大麻。

2. 精神药品（psychotropic substances）　我国《麻醉药品和精神药品管理条例》规定，精神药品是指作用于中枢神经系统，能使之兴奋或抑制，反复应用能产生精神依赖性的药品。包括：①中枢抑制药，如巴比妥类（barbiturates）、苯二氮䓬类（benzodiazepines）及水合氯醛（chloral hydrate）等。②中枢兴奋药，如苯丙胺类（amphetamines），如苯丙胺（amphetamine）、甲基苯丙胺（methamphetamine，即"冰毒"）、亚甲二氧基甲基苯丙胺（MDMA，摇头丸）及哌甲酯（methylphenidate）等。③致幻剂，包括麦角酸二乙胺（LSD）、苯环利定（phencyclidine）、氯胺酮（ketamine，即"K粉"）等。④其他，包括乙醇（ethanol）、烟草（tobacco）等。

3. 医疗用毒性药品　是指毒性剧烈，治疗剂量与中毒剂量相接近，使用不当会使人中毒或死亡的药品。如砒霜（arsenic）、阿托品（atropine）、洋地黄毒苷（digitoxin）等。

4. 放射性药品（radiopharmaceuticals）　是指用于临床诊断或者治疗的放射性核素制剂及其标记药物。包括放射性同位素、放射免疫测定盒等，如 ^{131}I。

5. 药品类易制毒化学品　是指《易制毒化学品管理条例》中所确定的麦角酸、麻黄碱等物质。包括麦角酸、麦角胺、麦角新碱、麻黄碱、伪麻黄碱、消旋麻黄碱、去甲麻黄碱（苯丙醇胺）、甲基麻黄碱、麻黄浸膏、麻黄浸膏粉等麻黄碱类物质。

五、相关药物管理规定与办法

与临床医师关系较为密切的药品管理法律法规有《中华人民共和国药品管理法》、原卫生部发布的《处方管理办法》等，另有原国家卫生计生委发布的《抗菌药物临床应用指导原则》等诊疗指南。临床医师和其他的医务工作者，应严格按照相关管理规定、遵循临床指南使用药物，如需超说明书用药，需提供循证医学证据。

六、药品的常用标识

药品包装、标签和说明书必须按照国家药品监督管理局（NMPA）规定的要求印制。药品包装内不得夹带任何未经批准的资料，必须注明药品的批号、有效期及批准文号。

1. 批号（batch number） 是指在规定限度内具有同一性质和质量，并在同一周期中生产出来的一定数量的药品。一般采用8位数字表示批号，前4位表示年，第5~6位表示月，末2位表示批次，如2025年8月25日生产的药品批号一般写为20250825。值得注意的是，药品生产企业可能每天有多批次药品制备完成，故最后两位不一定是当天的日期，需进行甄别。

2. 有效期（valid date） 系指药品在一定贮存条件下，能够保持质量的期限。药品都规定有有效期，一般在包装标签上注明。一般以药效下降至标识的90%作为有效期长短确定的标准。过期药品由于药效下降且其安全性、稳定性难以保障，故禁止使用。有些稳定性差的药品，若未按照说明书提示进行避光、隔湿等方式储存与养护，容易变质，变质的药品即使在有效期内也不可再用。各级医疗卫生机构，尤其是乡镇卫生院和村卫生室，要高度重视药品的储存与养护工作，保障患者使用药品的安全性、有效性、稳定性。如因保存不当导致药品损耗或患者出现不良事件，相关医师或药师需负法律责任。

药品标签中的有效期应当按照年、月、日的顺序标注，年份用四位数字表示，月、日用两位数表示。其具体标注格式为"有效期至××××年××月"或者"有效期至××××年××月××日"；也可以用数字和其他符号表示为"有效期至××××.××."或者"有效期至××××/××/××"等。

有效期的标识方法有三种：①直接标明有效期，如某药标明的有效期为2027年6月，即表示该药可使用到2027年6月30日。②标明有效年限，如药品批号20251218的药品，标明有效期为2年，则推算该药可用至2027年12月17日。③直接标明失效期（expiration date），失效期指药品在规定的贮存条件下，质量开始下降，达不到原质量标准的时间。国外进口药品多采用EXP，Date或Use before标明失效期。如某药标明EXP，Date：April 2027，即表示该药可使用到2027年4月30日。

3. 药品批准文号 国家药监局核发的药品生产批准文号，相当于药品的身份证。药品批准文号的表示方法为：国药准字+1位字母+8位数字（如：国药准字H20190618），其中前四位数字为批准年份，后四位数字为当年批文顺序号；化学药品使用字母"H"，中药使用字母"Z"，生物制品使用字母"S"，进口分包装药品使用字母"J"等。

七、药品的保管常识

药品应按其不同性质及剂型特点，严格按照药品说明书规定的贮存条件和要求进行贮藏保管。如果保管不当或贮存条件不好，往往会使药品变质失效，甚至产生有毒物质，这不仅给国家财产造成损失，而且可能危害患者的生命健康。

（一）影响药品稳定性的因素

在保管药品的过程中，影响药品质量的因素主要有环境因素、人为因素、药品因素等。

1. 环境因素

（1）日光：日光中所含有的紫外线，对药品变化常起着催化作用，能加速药品的氧化、分解等。对光敏感的药品有硝普钠注射液、氯丙嗪、硝苯地平等。

（2）空气：对药品质量影响较大的是空气中的氧气和二氧化碳。氧气易使某些药品发生氧化作用而变质，如维生素C、肾上腺素等；空气中的二氧化碳被药品吸收，发生碳酸化而使药品变质，如氧化锌、氨茶碱等。

（3）湿度：湿度太大能使药品潮解、液化或变质、霉败。易引湿的药品如胃蛋白酶、阿司匹林等；如湿度太小，也容易使某些药品风化，风化后的药品，其化学性质一般并未改变，但在使用时剂量难以掌握。特别是剧毒药品，可能因超过用量而造成事故。

（4）温度：温度对药品的质量影响很大，尤其是生物制品、抗生素类对温度的要求更高。温度过高或过低都能使药品变质。温度过高易致药品挥发，加速其氧化、水解、分解，剂型破坏等。温度过低又易引起冻结，加速其聚合或析出沉淀。因此，药品在贮存时要根据其不同性质选择适宜的温度。

（5）时间：有些药品因其性质或效价不稳定，即便贮存条件适宜，时间过久，外观看不出变化，但效价也会逐渐降低或消失，如抗生素类、生物制品等。

（6）其他：电离辐射、激光、药品的酸碱性等对药品的质量亦有影响。

2. 人为因素　人为因素对药品的保管和养护很重要，对药品质量的优劣起着决定性的影响。影响因素包括：①人员配置；②药品质量监督管理情况，如规章制度的建立、实施及监督管理状况等；③药品保管养护技能以及对药品质量的重视程度、责任心、身体条件、精神状态等。

3. 药品因素　药品的稳定性取决于药品的理化性质。

（1）化学性质与稳定性的关系：化学结构不同的药品，其理化性质不一样，稳定性也有很大差别。药品化学降解的主要途径有：水解、氧化和异构化。一些药品经过化学降解后其效用明显降低。

（2）物理性质与稳定性的关系：药品的形态、颜色、气味、熔点、溶解度、吸湿性、风化性、挥发性等物理性状的改变导致药品稳定性下降，或者伴随着化学变化，影响药品的疗效和使用。如青霉素、阿司匹林等吸湿后发生水解反应使药效下降。

（3）生物学变化：由于微生物的滋生，引起药品生霉、发酵、腐败或分解。如胃蛋白酶及某些生物制剂等易滋生霉菌，造成发霉变质。

（二）药品的外观检查

通过人的视觉、嗅觉、触觉等感官测试，对药品的外观形状进行检查。检查时将包装容器打开，对药品的剂型、颜色、味道、气味（即中药中所说的"嗅"）、形态、重量等情况进行重点检查。

（三）药品的保管方法

临床上禁止使用过期变质的药品，所以根据药品的性状，对药品进行正确的保管和养护，是保证合理用药的重要工作之一。

1. 一般药品的保管方法

（1）易受光线影响而变质的药品：本类药品有生物制品、维生素类、平喘药、肾上腺皮质激素、抗结核药、止血药、抗休克药、利尿药、镇痛药、外用消毒防腐药、滴眼剂等。需要避光保存，防止紫外线照射。

（2）易受湿度影响而变质的药品：本类药品有助消化药、维生素类、抗贫血药、解热镇痛药、镇咳平喘药、电解质及微量元素、消毒防腐药、含水溶性基质的栓剂等。保管方法：①可用玻璃瓶软木塞塞紧、蜡封、外加螺旋盖盖紧，置于阴凉干燥处；②控制药库内的湿度，如设置除湿机、排风扇或使用吸湿剂等。

（3）易受温度影响而变质的药品：不同药品储存环境定义如下：室温是指 10～30 ℃；阴凉处是指不超过 20 ℃；凉暗处是指遮光并且温度不超过 20 ℃；冷处是指 2～10 ℃。一般药品贮存于室温即可；一般情况下，对多数药品贮藏温度在 2 ℃以上时，温度愈低，对保管愈有利。①需在阴凉处贮存的常用药品有：头孢拉啶、硝苯地平片等；②需在凉暗处贮存的常用药品有：透明质酸酶、溶菌酶片等；③需在冷处贮存的药品有：胰岛素、精制破伤风抗毒素等；④不宜冷冻的药品有：胰岛素、胎盘球蛋白、氨基酸注射液等。

2. 易燃、易爆、危险品的保管方法　本类药品包括：①易爆炸品，如硝酸甘油、戊四硝酯等；②自燃及遇火燃烧品，如硫磺等；③易于挥发和燃烧的液体，如乙醇、松节油等；④剧毒药品，氰化物（钾盐、钠盐）、亚砷酸及其盐类等；⑤腐蚀性药品，如盐酸、氨水等。

上述药品保管方法为：①贮存于危险品库内；②分类堆放；③严禁烟火，并应有消防安全设备；④包装和封口必须坚实、牢固、密封，并应经常检查是否完整无损，如有渗漏，必须立即进行安全处理；⑤如少量危险品必须与其他药品同库短期贮存时，也应保持一定的安全距离，隔离存放；⑥氧化剂保管应防高热、日晒，与酸类、还原剂隔离，防止冲击、摩擦；⑦易燃品、自燃品应与热隔绝，并远离火源，存放于避光阴凉处。

第二节　处方知识

案例导入

某社区医生为一位慢性胃炎患者开具了如下处方：奥美拉唑肠溶胶囊20 mg×28粒。用法：每次20 mg，每日1次，口服。

问题与思考：
此处方是否符合处方管理制度？为什么？

一、处方的含义、性质与分类

（一）处方的含义

处方是指由注册的执业医师和执业助理医师（以下简称医师）在诊疗活动中为患者开具的、由取得药学专业技术职务任职资格的药学专业技术人员（以下简称药师）审核、调配、核对，并作为患者用药凭证的医疗文书。处方包括医疗机构病区用药医嘱单。处方是医师对患者用药的书面文件，是药剂人员调配药品的依据。

（二）处方的性质

处方具有法律性、技术性和经济性。

1. **法律性**　因开具处方或调配处方所造成的医疗差错或事故，医师和药师分别负有相应的法律责任。医师具有诊断权和开具处方权，但无调配处方权；药师具有审核、调配处方权，但无诊断权和开具处方权。

2. **技术性**　开具或调配处方者都必须由经过医药相关专业系统学习，并经资格认定的医药卫生技术人员担任。医师对患者做出明确的诊断后，写明药品名称、配制方法、剂量、规格、用法用量等，为安全有效用药起到技术指导作用。药师应对处方进行审核，并按医师处方准确、快捷地调配，将药发给患者。

3. **经济性**　处方是药品消耗及药品经济收入结账的凭证和原始依据，也是患者在治疗疾病，包括门诊、急诊、住院全过程中用药报销的真实凭证。

（三）处方的分类

处方按其性质可以分为以下几种类型：

1. **法定处方**　主要指国家药品标准如《中国药典》、国家药品监督管理局颁布标准收载的处方，它具有法律约束力。医师开写法定制剂时，需遵照法定处方的规定。

2. **医师处方**　医师对患者进行诊断后，治疗和预防用药所开具的处方。

3. 协定处方　通常是由医院药学部门或某一地区根据日常需要，与医师协商制定的处方。协定处方适用于大量配制与储备，便于控制药品种类与质量，提高工作效率。每个医院的协定处方仅限于在本单位使用。

二、处方的结构

各地各医院药房的处方结构略有不同，主要包含以下几项内容。

1. 前记　记载医院名称、科别、门诊或住院病历号、患者姓名、性别、年龄（婴幼儿写日龄或月龄）以及开写处方日期等。可添加特殊要求的项目。麻醉药品和第一类精神药品处方还应当包括患者身份证明编号，如非本人到院，需提供代办人姓名、身份证明编号。

2. 正文　以 Rp 或 R（拉丁文 recipe，"请取"的缩写）标示，分列药品名称、剂型、规格、数量、用法用量等。

> **知识链接**
>
> ### 处方中的缩写
>
> 为方便处方的开具和使用，一般采用拉丁文缩写进行用法用量的标识。常用的处方中的缩写如下：
>
> | 给药方式 | 给药频次 | 剂型 | 其他 |
> | --- | --- | --- | --- |
> | ivgtt：静滴 | qd：每日1次 | zng：注射液 | dc：停止 |
> | po：口服 | bid：每日2次 | ing：针剂 | sos：必要时 |
> | im：肌内注射 | tid：每日3次 | | gtt：滴 |
> | iv：静注 | qid：每日4次 | | Sig：请取 |
> | prn：需要时 | biw：每周2次 | | |
> | ID：皮内注射 | qn：每晚 | | |
> | H：皮下注射 | | | |

3. 后记　医师、药师、核对发药人签字等。

> **知识链接**
>
> ### 处方的颜色
>
> 普通处方的印刷用纸为白色；急诊处方印刷用纸为淡黄色，右上角标注"急诊"；儿科处方印刷用纸为淡绿色，右上角标注"儿科"；麻醉药品和第一类精神药品处方印刷用纸为淡红色，右上角标注"麻""精一"；第二类精神药品处方印刷用纸为白色，右上角标注"精二"。

三、处方的书写

1. 处方书写方法

（1）单量法　单量法是按单个剂量开写处方的方法。在开写处方时首先写出药物及剂型，后面标出规格量或一次量，再写出剂型规格的总数或总次数，然后再另起一行写出其用法，包括每次用量、给药时间、次数、给药途径或部位等。适用于可数剂型的处方，如片剂、丸剂、注射剂等。

（2）总量法　总量法是按总剂量开写处方的方法。在开写处方时，首先写出药物及剂型，后面标出总量，然后再另起一行写出其用法，包括每次用量、给药次数或时间、给药途径或给药部位等。适用于不可数剂型的处方，如合剂、糖浆剂、溶液剂等。

2. 处方书写规则　按照《中华人民共和国处方管理办法》规定，处方书写规则如下：

（1）处方记载的患者一般情况及临床诊断应清晰、完整，并与病历记载相一致。为便于审核处方，医师开具处方时，除特殊情况外，须注明临床诊断。

（2）处方字迹应当清晰，不得随意涂改。如确需修改，必须在修改处签名并注明修改日期。处方一律用规范的中文或英文名称书写。书写药品名称、剂量、规格、用法、用量要准确规范，药品用法可用规范的中文、英文、拉丁文或者缩写体书写，不得使用"遵医嘱""自用"等含糊不清的语句。年龄必须准确填写实足年龄，新生儿、婴幼儿须写日龄或月龄，必要时注明体重。

（3）一般应按照药品说明书中的剂量使用，如必需超剂量使用时，应注明原因并再次签名。药品剂量与数量一律用阿拉伯数字书写，剂量应当使用法定剂量单位。处方一般不得超过7日用量；急诊处方一般不得超过3日用量；对于某些慢性病、老年病或特殊情况，处方用量可适当延长，但医师必须注明理由。

（4）每张处方只限于1名患者的用药。西药、中成药可以分别开具处方，也可以开具一张处方。化学药、中成药处方，每一种药品须另起一行。每张处方不得超过5种药品。中药饮片应单独开具处方。

（5）处方中的药名应当使用经药品监督管理部门批准并公布的药品通用名、新活性化合物的专利药品名称和复方制剂药品名称，可以使用由原卫生部公布的药品习惯名。

（6）麻醉药品、精神药品、医疗用毒性药品、放射性药品的处方用量应当严格执行国家有关的规定。开具麻醉药品处方时，应有病历记录。

（7）开具处方后的空白处应画一斜线，以示处方完毕。处方医师的签名式样和专用签章必须与在药学部门留样备查的一致，不得任意改动，否则应重新登记留样备案。

自　测　题

一、单项选择题

1. 世界卫生组织推荐使用的国际非专有药名的英文缩写是
   A. NNI　　　　　　　　　　　B. IN
   C. INN　　　　　　　　　　　D. MIN
   E. IMM

2. 非处方药的特点不包括
   A. 应用安全　　　　　　　　　B. 价格便宜
   C. 质量稳定　　　　　　　　　D. 疗效确切
   E. 使用方便

3. 不需要凭医师处方使用的药品是
   A. 医院自配制剂　　　　　　　B. OTC
   C. 处方药　　　　　　　　　　D. 麻醉药品
   E. 精神药品

4. 一般门诊处方应开
   A. 不超过 3 日量
   B. 不超过 7 日量
   C. 1 周量
   D. 2 周量
   E. 1 月量
5. 急诊处方为
   A. 淡黄色
   B. 白色
   C. 粉红色
   D. 绿色
   E. 蓝色
6. 法定处方是指
   A. 医院药剂科与临床医师根据日常医疗用药的需要，共同协商制定的处方
   B. 医师为患者诊断、治疗和预防用药所开具的处方
   C. 《中国药典》、国家药品监督管理局颁布收载的处方
   D. 仅限于在本单位使用的处方
   E. 长期应用的单方
7. 张某是某市中医院的一名注册执业医师，具有处方权，现在他开具了以下处方，其中符合《处方管理办法》规定的是
   A. 在一张处方上开具了两名患者的用药
   B. 处方上药品用法上写的是自用
   C. 将中药饮片和中成药开具在一张处方上
   D. 在一张处方上开具了六种中成药
   E. 患者年龄填写的是实足年龄

二、简答题

1. 什么是处方药？什么是非处方药？
2. 特殊管理药品包括哪几类？请各举一例。
3. 处方的结构由哪几部分组成？处方的书写应遵循哪些原则？

三、案例分析题

患者，男，60 岁，确诊为肝癌，由于疼痛难忍，门诊医师为其开具氨酚羟考酮 14 天用量。
请回答：
1. 在该案例中，医师开具的处方是否存在问题？
2. 阿片类镇痛药在门诊、急诊开具的限量分别为多少？

（黄　鑫）

主要参考文献

[1] 陈忠，杜俊蓉.药理学.9版.北京：人民卫生出版社，2022.
[2] 葛均波，徐永健，王辰.内科学.9版.北京：人民卫生出版社，2018.
[3] 姜国贤.护理药理学.3版.北京：人民卫生出版社，2018.
[4] 李红月，黄幼霞，沈华杰.药理学.北京：高等教育出版社，2022.
[5] 李俊.临床药理学.6版.北京：人民卫生出版社，2018.
[6] 李玲，阮耀，马瑜红.临床药物应用.郑州：郑州大学出版社，2018.
[7] 罗跃娥，樊一桥.药理学.3版.北京：人民卫生出版社，2018.
[8] 秦红兵，邓庆华，张郴.药理学.北京：高等教育出版社，2023.
[9] 秦红兵，姚伟.护用药理学.4版.北京：人民卫生出版社，2021.
[10] 汝燕峰，张珏，李宏力.药理学.北京：中国协和医科大学出版社，2019.
[11] 王开贞，李卫平.药理学.8版.北京：人民卫生出版社，2019.
[12] 徐红，张悦，包辉英.用药护理.2版.北京：高等教育出版社，2019.
[13] 杨宝峰，陈建国.药理学.10版.北京：人民卫生出版社，2024.
[14] 中国高血压防治指南修订委员会，高血压联盟（中国），中国医疗保健国际交流促进会高血压病学分会，等.中国高血压防治指南（2024年修订版）.中华高血压杂志，2024，32（7）：603-693.
[15] 中国医师协会外科医师分会甲状腺外科医师委员会，中国研究型医院学会甲状腺疾病专业委员会，中国医疗保健国际交流促进会临床实用技术分会.甲状腺功能亢进症外科治疗中国专家共识（2020版）.中国实用外科杂志，2020，40（11）：1229-1233.
[16] 中华医学会，中华医学会临床药学分会，中华医学会杂志社，等.支气管哮喘基层合理用药指南.中华全科医师杂志，2020，19（7）：572-581.
[17] 中华医学会，中华医学会临床药学分会，中华医学会杂志社，等.甲状腺功能亢进症基层合理用药指南.中华全科医师杂志，2021，20（5）：515-519.
[18] 中华医学会，中华医学会杂志社，中华医学会全科医学分会，等.中国咳嗽基层诊疗与管理指南（2024年）.中华全科医师杂志，2024，23（8）：793-812.
[19] 中华医学会糖尿病学分会，国家基层糖尿病防治管理办公室.国家基层糖尿病防治管理指南（2022）.中华内科杂志，2022，61（3）：249-262.

中英文专业词汇索引

6-氨基青霉烷酸（6-aminopenicillanic acid, 6-APA） 261
7-氨基头孢烷酸（7-amino-cephalosporanic acid, 7-ACA） 264
L-门冬酰胺酶（L-asparaginase, L-ASP） 318

A

阿苯达唑（albendazole） 308
阿德福韦（adefovir dipivoxil） 299
阿尔茨海默病（alzheimer's disease, AD） 85
阿芬太尼（alfentanil） 101
阿格列汀（alogliptin） 242
阿加曲班（argatroban） 209
阿卡波糖（acarbose） 241
阿利沙坦酯（allisartan isoproxil） 130
阿罗洛尔（arotinolol） 60，163
阿米卡星（amikacin） 273
阿米洛利（amiloride） 121
阿米替林（amitriptyline） 93
阿尼普酶（anistreplase） 210
阿片（opium） 97
阿普唑仑（alprazolam） 70
阿奇霉素（azithromycin） 269
阿司匹林（aspirin） 106，211
阿糖胞苷（cytosine arabinoside, Ara-C） 315
阿糖腺苷（vidarabine） 299
阿替洛尔（atenolol） 60，131，154，163
阿替普酶（alteplase） 210
阿托伐他汀（atorvastatin） 170
阿托品（atropine） 42，329，338
阿托西班（atosiban） 218
阿昔单抗（abciximab） 212
阿昔洛韦（aciclovir） 298
阿昔莫司（acipimox） 172
埃索美拉唑（esomeprazole） 182
艾司洛尔（esmolol） 60，154

艾司唑仑（estazolam） 70
艾托格列净（ertugliflozin） 242
安贝氯铵（ambenonium） 39
安慰剂（placebo） 27
桉柠蒎（eucalyptol） 199
氨苯蝶啶（triamterene） 121
氨茶碱（aminophylline） 192
氨甲苯酸（aminomethylbenzoic acid, PAMBA） 206
氨甲环酸（tranexamic acid, AMCHA） 206
氨力农（amrinone） 144
氨鲁米特（aminoglutethimide） 227
氨氯地平（amlodipine） 128，163
氨曲南（aztreonam） 267
氨肽素（amino-polypeptide） 212
氨溴索（ambroxol） 198
胺碘酮（amiodarone） 155
昂丹司琼（ondansetron） 187
奥美拉唑（omeprazole） 182
奥美沙坦（olmesartan） 139
奥沙利铂（oxaliplatin） 316
奥沙西泮（oxazepam） 70
奥司他韦（oseltamivir） 299
奥硝唑（ornidazole） 286
奥扎格雷（ozagrel） 211

B

巴比妥类（barbiturates） 338
白介素-2（interleukin-2, IL-2） 325
白三烯（leukotriene, LT） 177
白消安（busulfan） 315
班布特罗（bambuterol） 192
胞磷胆碱（citicoline） 115
保泰松（phenylbutazone） 108
贝达喹啉（bedaquiline） 292
贝那普利（benazepril） 130，138
贝那替秦（benactyzine） 45

倍他司汀（betahistine） 176
苯巴比妥（phenobarbital） 73，78
苯丙胺（amphetamine） 338
苯丙胺类（amphetamines） 338
苯丙哌林（benproperine） 197
苯丙酸诺龙（nandrolone phenylpropionate） 249
苯二氮䓬类（benzodiazepines） 69，338
苯海拉明（diphenhydramine） 176
苯海索（benzhexol） 84
苯环利定（phencyclidine） 338
苯妥英钠（phenytoin sodium） 77，153
苯乙双胍（phenformin） 240
苯乙酸睾酮（testosterone phenylacetate） 248
苯扎贝特（benzafibrate） 171
苯佐那酯（benzonatate） 197
比沙可啶（bisacodyl） 185
比索洛尔（bisoprolol） 60，140，154，162
吡格列酮（pioglitazone） 241
吡喹酮（praziquantel） 309
吡拉西坦（piracetam） 115
吡哌酸（pipemidic acid） 279
吡嗪酰胺（pyrazinamide，PZA） 291
吡斯的明（pyridostigmine） 39
苄青霉素（benzylpenicillin） 262
苄星青霉素（benzathine benzylpenicillin） 262
别嘌醇（allopurinol） 110
丙磺舒（probenecid） 110
丙硫氧嘧啶（propylthiouracil，PTU） 232
丙米嗪（imipramine） 93
丙匹西林（propicillin） 264
丙酸倍氯米松（beclomethasone dipropionate，BDP） 195
丙酸睾酮（testosterone propionate） 248
丙戊茶碱（propentofylline） 86
丙戊酸钠（sodium valproate） 78
伯氨喹（primaquine） 305
博来霉素（bleomycin，BLM） 316
不良反应（adverse drug reaction） 7
布比卡因（bupivacaine） 66
布地奈德（budesonide，BUD） 195
布洛芬（ibuprofen） 107
布美他尼（bumetanide） 120
布托啡诺（butorphanol） 101

C

超级细菌（superbug） 256
超敏反应（hypersensitive reaction） 8
长春碱（vinblastine，VLB） 317
长春新碱（vincristine，VCR） 317
重组葡激酶（recombinant staphylokinase，r-Sak） 210
重组人粒细胞集落刺激因子（recombinant human granulocyte colony stimulating factor，rhG-CSF） 212
重组人粒细胞-巨噬细胞集落刺激因子（recombinant human granulocyte macrophage colony stimulating factor，rhGM-CSF） 212
成瘾性镇痛药（addictive analgesic） 97
处方药（prescription medicine） 337
垂体后叶素（pituitrin） 206
促肾上腺皮质激素（adrenocorticotropic hormone，ACTH） 221
促肾上腺皮质激素释放激素（corticotropin releasing hormone，CRH） 221
醋硝香豆素（acenocoumarol） 208

D

达比加群酯（dabigatran etexilate） 208
达格列净（dapagliflozin） 242
大观霉素（spectinomycin） 273
单胺氧化酶（mono-amine oxidase，MAO） 32
单硝酸异山梨酯（isosorbide mononitrate） 161
胆茶碱（choline theophylline） 193
氮芥（chlormethine） 315
德拉马尼（delamanid） 292
地尔硫䓬（diltiazem） 157，163
地芬诺酯（diphenoxylate） 186
地高辛（digoxin） 141
地西泮（diazepam） 70
地昔帕明（desipramine） 93
低分子量肝素（low molecular weight heparin，LMWH） 208
癫痫（epilepsy） 76
碘苷（idoxuridine） 299
碘化钾（potassium iodide） 233
碘解磷定（pralidoxime iodide，PAM） 330
碘酸钾（potassium iodate） 233
丁丙诺啡（buprenorphine） 101
丁卡因（tetracaine，dicaine） 66
丁螺环酮（buspirone） 72，94
东莨菪碱（dcopolamine） 44
毒扁豆碱（physostigmine） 39
毒毛花苷K（strophanthin K） 141
毒鼠强（tetramine） 333
毒性反应（toxic reaction） 7
毒蕈碱（muscarine） 32
度洛西汀（duloxetine） 93
对氨基水杨酸钠（sodium aminosalicylate，PAS） 291

对乙酰氨基酚（paracetamol） 107
对因治疗（etiological treatment） 7
对症治疗（symptomatic treatment） 7
多巴胺（dopamine, DA） 31, 51
多巴酚丁胺（dobutamine） 54, 144
多非利特（dofetilide） 156
多库酯钠（docusate sodium） 185
多奈哌齐（donepezil） 85
多黏菌素 B（polymyxin B） 271
多黏菌素 E（polymyxin E） 271
多潘立酮（domperidone） 186
多柔比星（doxorubicin） 317
多塞平（doxepin） 93
多沙普仑（doxapram） 115
多沙唑嗪（doxazosin） 58, 133
多索茶碱（doxofylline） 193
多西环素（doxycycline） 275
多西他赛（docetaxel） 318

E

厄贝沙坦（irbesartan） 130, 139
厄多司坦（erdosteine） 199
恩格列净（empagliflozin） 242
恩格列酮（englitazone） 241
恩他卡朋（entacapone） 84
儿茶酚氧位甲基转移酶（catechol-O-methyltransferase, COMT） 32
二苯美伦（bifemelane） 86
二氮嗪（diazoxide） 134
二甲弗林（dimefline） 114
二甲双胍（metformin） 240
二羟丙茶碱（diprophylline） 193
二巯丙磺钠（sodium dimercaptopropanesulfonate） 330
二巯丁二钠（sodium dimercaptosuccinate） 330
二氧丙嗪（dioxopromethazine） 197

F

伐昔洛韦（valaciclovir） 298
法莫替丁（famotidine） 181
反跳现象（rebound reaction） 8
放线菌素 D（dactinomycin D） 317
非处方药（non-prescribed medicine） 337
非格司亭（filgrastim） 212
非洛地平（felodipine） 128, 163
非那雄胺（finasteride） 249
非奈西林（phenethicillin） 264
非诺贝特（fenofibrate） 171
非普拉宗（feprazone） 108
非甾体抗炎药（non-steroidal antiinflammatory drug, NSAID） 105
芬太尼（fentanyl） 100
酚苄明（phenoxybenzamine） 57
酚磺乙胺（etamsylate） 206
酚妥拉明（phentolamine） 56
奋乃静（perphenazine） 91
呋塞米（furosemide） 119, 140
伏格列波糖（voglibose） 241
氟胞嘧啶（flucytosine） 296
氟达拉滨（fludarabine, FDB） 314
氟伐他汀（fluvastatin） 170
氟奋乃静（fluphenazine） 91
氟伏沙明（fluvoxamine） 94
氟卡尼（flecainide） 154
氟康唑（fluconazole） 296
氟喹诺酮类（fluoroquinolones） 280
氟尿嘧啶（fluorouracil） 314
氟哌啶醇（haloperidol） 91
氟哌利多（droperidol） 91
氟哌噻吨（flupenthixol） 91
氟替卡松（fluticasone propionate, FP） 195
氟西泮（flurazepam） 70
氟西汀（fluoxetine） 93
氟硝西泮（flunitrazepam） 70
氟氧头孢（flomoxef） 267
福尔可定（pholcodine） 196
福莫特罗（formoterol） 191
福辛普利（fosinopril） 130, 138
辅酶 A（coenzyme A） 188
复方碘溶液（compound iodine solution） 233
复方磺胺甲噁唑（cotrimoxazole） 285
复方铝酸铋（compound bismuth aluminate） 181
复方氢氧化铝（compound aluminium hydroxide） 181
副作用（side effect） 7
富马酸亚铁（ferrous fumarate） 202

G

钙通道阻滞药（calcium channel blockers, CCB） 127
甘油（glycerol） 185
肝素（heparin） 172, 207
干扰素（interferon, IFN） 297, 325
高三尖杉酯碱（homoharringtonine, HHRT） 318
高渗葡萄糖（hypertonic glucose） 123
高血压危象（hypertension crisis） 133
睾酮（testosterone） 248
格拉司琼（granisetron） 187
格列本脲（glibenclamide） 239

格列吡嗪（glipizide） 239
格列波脲（glibornuride） 239
格列喹酮（gliquidone） 239
格列美脲（glimepiride） 239
格列齐特（gliclazide） 239
更昔洛韦（ganciclovir） 299
枸橼酸铋钾（bismuth potassium citrate） 183
枸橼酸钠（sodium citrate） 209
胍乙啶（guanethidine） 134
冠状动脉粥样硬化性心脏病（coronary atherosclerotic heart disease，CHD） 160
鬼臼毒素（podophyllotoxin） 317
国际标准化比率（international normalized ratio，INR） 208
国际非专有药名（International Nonproprietary Names，INN） 336

H

蒿甲醚（artemether） 305
核糖核酸（ribonucleic） 188
横纹肌溶解症（rhabdomyolysis） 170
红霉素（erythromycin） 268
红人综合征（red man syndrome） 271
红细胞生成素（erythropoietin，EPO） 204
后马托品（homatropine） 44
后遗效应（residual effect） 8
琥珀胆碱（suxamethonium） 45
华法林（warfarin） 208
化疗指数（chemotherapeutic index，CI） 254
化学名（chemical name） 336
化学治疗（chemotherapy） 254
环孢素（cyclosporin） 324
环丙贝特（ciprofibrate） 171
环丙沙星（ciprofloxacin） 280
环丙孕酮（cyproterone） 249
环格列酮（ciglitazone） 241
环磷酰胺（cyclophosphamide，CTX） 315
环丝氨酸（cycloserine） 291
环戊噻嗪（cyclopenthiazide） 120
环氧合酶（cyclo-oxygenase，COX） 105
黄体酮（progesterone） 247
磺胺醋酰（sulfacetamide，SA） 285
磺胺甲噁唑（sulfamethoxazole，SMZ） 285
磺胺类药（sulfonamides） 283
磺胺米隆（sulfamylon，SML） 285
磺胺嘧啶（sulfadiazine，SD） 285
磺胺嘧啶银（sulfadiazine silver，SD-Ag） 285

J

肌醇烟酸酯（inositol nicotinate） 172
肌苷（inosine） 212
肌酸激酶（creatine kinase，CK） 170
基因重组水蛭素（lepirudin） 209
激动药（agonist） 12
吉非贝齐（gemfibrozil） 171
吉米沙星（gemifloxacin） 280
己烯雌酚（diethylstilbestrol） 245
加兰他敏（galanthamine） 39
加替沙星（gatifloxacin） 280
甲氨蝶呤（methotrexate，MTX） 313
甲苯咪唑（mebendazole） 308
甲苯磺丁脲（tolbutamide） 239
甲地孕酮（megestrol） 247
甲氟喹（mefloquine） 304
甲睾酮（methyltestosterone） 248
甲基苯丙胺（methamphetamine） 338
甲基多巴（methyldopa） 132
甲基麦角新碱（methylergometrine） 216
甲硫氧嘧啶（methylthiouracil，MTU） 232
甲羟孕酮（medroxyprogesterone） 247
甲巯咪唑（methimazole，MMI） 232
甲硝唑（metronidazole） 286，306
甲氧苄啶（trimethoprim，TMP） 285
甲氧氯普胺（metoclopramide） 186
甲状腺刺激性免疫球蛋白（thyroid stimulating immunoglobulin，TSI） 232
甲状腺素（thyroxine，T_4） 229
间羟胺（metaraminol） 53
拮抗药（antagonist） 12
结核病（tuberculosis） 288
金刚烷胺（amantadine） 84，299
金刚乙胺（rimantadine） 299
精神药品（psychotropic substances） 338
肼屈嗪（hydralazine） 133
局部麻醉药（local anesthetic） 63
决奈达隆（dronedarone） 156

K

咖啡因（caffeine） 113
卡巴拉汀（rivastigmine） 85
卡比多巴（carbidopa） 83
卡比马唑（carbimazole，CBZ） 232
卡铂（carboplatin，CBP） 316
卡格列净（canagliflozin） 242
卡介苗（bacillus calmette guerin，BCG） 325

卡马西平（carbamazepine）78
卡莫司汀（carmustine，BCNU）315
卡那霉素（kanamycin）274
卡托普利（captopril）129，138，165
卡维地洛（carvedilol）60，140，154
坎地沙坦（candesartan）130，139
抗病毒药（antiviral agents）296
抗菌活性（antibacterial activity）254
抗菌谱（antibacterial spectrum）254
抗菌药（antibacterial drug）253
抗淋巴细胞球蛋白（antilymphocyte globulin，ALG）325
抗生素（antibiotic）254
抗生素后效应（post antibiotic effect，PAE）254
抗心绞痛药（antianginal drugs）161
抗血友病球蛋白（antihemophilic globulin）207
抗真菌药（antifungal agents）295
考来替泊（colestipol）170
考来烯胺（cholestyramine）170
可待因（codeine）99，196
可的松（cortisone）221
可乐定（clonidine）132
克拉霉素（clarithromycin）269
克拉维酸（clavulanic acid）267
克林霉素（clindamycin）269
克仑特罗（clenbuterol）54，191
克霉唑（clotrimazole）296
奎尼丁（quinidine）152
奎宁（quinine）304

L

拉贝洛尔（labetalol）60，132
拉米非班（lamifiban）212
拉米夫定（lamivudine）297
拉替拉韦（raltegravir）298
拉氧头孢（latamoxef）267
赖诺普利（lisinopril）130，138，165
兰索拉唑（lansoprazole）182
劳拉西泮（lorazepam）70
雷洛昔芬（raloxifene）247
雷米封（rimifon）289
雷米普利（ramipril）130，138，165
雷尼替丁（ranitidine）181
利巴韦林（ribavirin）297
利多格雷（ridogrel）211
利多卡因（lidocaine，xylocaine）66
利福定（rifandin）291
利福喷汀（rifapentine）291

利福平（rifampicin，RFP）290
利格列汀（linagliptin）242
利可君（leucogen）212
利拉鲁肽（liraglutide）242
利美尼定（rilmenidine）132
利尿药（diuretics）117
利培酮（risperidone）92
利托君（ritodrine）218
利妥昔单抗（rituximab）319
利血平（reserpine）134
连接子（linker）319
联苯双酯（bifendate）188
链激酶（streptokinase，SK）210
链霉素（streptomycin）273
两性霉素 B（amphotericin B）295
林可霉素（lincomycin）269
硫代硫酸钠（sodium thiosulfate）332
硫利达嗪（thioridazine）91
硫喷妥（thiopental）73
硫酸类肝素（heparan sulfate）172
硫酸镁（magnesium sulfate）79，185，218
硫酸葡聚糖（dextran sulfate）172
硫酸软骨素 A（chondroitin sulfate A）172
硫酸亚铁（ferrous sulfate）202
硫糖铝（sucralfate）183
柳氮磺吡啶（sulfasalazine，SASP）285
罗格列酮（rosiglitazone）241
罗红霉素（roxithromycin）269
罗哌卡因（ropivacaine）67
罗沙替丁（roxatidine）181
罗通定（rotundine）102
螺内酯（spironolactone）121，139
咯萘啶（malaridine）305
洛贝林（lobeline）114
洛伐他汀（lovastatin）169
洛哌丁胺（loperamide）186
铝碳酸镁（hydrotalcite）181
氯胺酮（ketamine）338
氯丙嗪（chlorpromazine）89
氯氮平（clozapine）91
氯氮䓬（chlordiazepoxide）70
氯化铵（ammonium chloride）197
氯化钙（calcium chloride）177
氯磺丙脲（chlorpropamide）239
氯解磷定（pralidoxime chloride）330
氯喹（chloroquine）303
氯雷他定（loratadine）176
氯霉素（chloramphenicol）275

氯米芬（clomiphene） 247
氯普噻吨（chlorprothixene） 91
氯噻酮（chlortalidone） 120
氯沙坦（losartan） 130，139
氯硝柳胺（niclosamide，灭绦灵） 308
氯硝西泮（clonazepam） 70

M

麻黄碱（ephedrine） 52
麻醉性镇痛药（narcotic analgesic） 97
麻醉药品（narcotics） 338
马普替林（maprotiline） 93
吗啡（morphine） 97
吗氯贝胺（moclobemide） 93
麦角（ergot） 216
麦角胺（ergotamine） 216
麦角毒碱（ergotoxine） 216
麦角新碱（ergometrine） 216
毛果芸香碱（pilocarpine） 36
美卡拉明（mecamylamine） 45
美罗培南（meropenem） 266
美沙酮（methadone） 101
美替拉酮（metyrapone） 226
美托拉宗（metolazone） 120
美托洛尔（metoprolol） 60，131，140，154，162
美西律（mexiletin） 153
美雄酮（methandienone） 249
门冬氨酸钾镁（potassium magnesium aspartate） 188
孟苯醇醚（menfegol） 251
孟鲁司特（montelukast） 177，194
咪达唑仑（midazolam） 70
咪康唑（miconazole） 296
米氮平（mirtazapine） 93
米非司酮（mifepristone） 248
米力农（milrinone） 144
米诺地尔（minoxidil） 134
米诺环素（minocycline） 275
米索前列醇（misoprostol） 183
米托坦（mitotane） 226
棉酚（gossypol） 251
莫索尼定（moxonidine） 132
莫西沙星（moxifloxacin） 280

N

那可丁（noscapine） 197
那替普酶（nateplase） 210
纳多洛尔（nadolol） 60，154
纳洛酮（naloxone） 102

纳曲酮（naltrexone） 102
奈多罗米钠（nedocromil sodium） 194
奈韦拉平（nevirapine） 298
耐甲氧西林金黄色葡萄球菌（methicillin-resistant Staphylococcus aureus，MRSA） 256
耐药性（resistance） 256
萘丁美酮（nabumetone） 108
萘啶酸（nalidixic acid） 279
萘普生（naproxen） 107
尼非卡兰（nifekalant） 156
尼可地尔（nicorandil） 164
尼可刹米（nikethamide） 114
尼美舒利（nimesulide） 108
尼莫地平（nimodipine） 128
尼群地平（nitrendipine） 128
尼扎替丁（nizatidine） 181
尿激酶（urokinase，UK） 210
凝血酶（thrombin） 207
凝血酶原复合物（thrombogen） 207
诺氟沙星（norfloxacin） 280

P

帕金森病（parkinson disease，PD） 82
帕罗西汀（paroxetine） 93
帕尼培南（panipenem） 266
哌甲酯（methylphenidate） 114，338
哌仑西平（pirenzepine） 45，183
哌嗪（piperazine） 308
哌替啶（pethidine） 100
哌唑嗪（prazosin） 58，132
泮库溴铵（pancuronium Bromide） 46
泮托拉唑（pantoprazole） 182
培哚普利（perindopril） 130，138
培氟沙星（pefloxacin） 281
配体（ligand） 12
喷他佐辛（pentazocine） 101
喷托维林（pentoxyverine） 196
批号（batch number） 339
砒霜（arsenic） 338
皮质类固醇结合球蛋白（corticosteroid binding globulin，CBG） 222
匹可托安（picotamide） 211
匹莫苯旦（pimobendan） 144
葡萄糖酸钙（calcium gluconate） 177
普伐他汀（pravastatin） 170
普鲁卡因（procaine，novocaine） 65
普鲁卡因胺（procainamide） 153
普鲁司特（pranlukast） 177

普罗布考（probucol）172
普罗帕酮（propafenone）154
普萘洛尔（propranolol）60，131，154，162

Q

齐墩果酸（oleanolic acid）188
齐多夫定（zidovudine）297
前列腺素（prostaglandin，PG）105，217
羟基脲（hydroxyurea，HU）314
羟喜树碱（hydroxycamptothecin）316
青蒿琥酯（artesunate）305
青蒿素（artemisinin）304
青霉胺（Penicillamine）331
青霉素G（penicillin G）262
青霉素V（penicillin V）264
青霉素结合蛋白（penicillin binding protein，PBP）255
氢氟噻嗪（hydroflumethiazide）120
氢化可的松（hydrocortisone）221
氢氯噻嗪（hydrochlorothiazide）120，140
庆大霉素（gentamycin）273
秋水仙碱（colchicine）110
巯嘌呤（mercaptopurine，6-MP）314
曲格列酮（troglitazone）241
曲洛司坦（trilostane）248
曲美他嗪（trimetazidine，TMZ）164
曲妥珠单抗（trastuzumab）319
曲线下面积（area under curve，AUC）20
曲唑酮（trazodone）93
去甲肾上腺素（noradrenaline，NA）31，52
去甲万古霉素（norvancomycin）270
去氢胆酸（dehydrocholic acid）188
去氧皮质酮（desoxycorticosterone）221，226
去乙酰毛花苷（deslanoside）141
醛固酮（aldosterone）221，226
炔雌醇（ethinylestradiol）245
炔雌醚（quinestrol）245
炔诺酮（norethisterone）247
炔诺孕酮（norgestrel）247
炔孕酮（ethisterone）247

R

妊娠高血压综合征（pregnancy induced hypertension）217
柔红霉素（daunorubicin）317
乳酶生（lactasin）184
乳酸钙（calcium lactate）177
瑞芬太尼（remifentanil）101
瑞格列奈（repaglinide）242
瑞舒伐他汀（rosuvastatin）170
瑞替普酶（reteplase）210

S

塞来昔布（celecoxib）108
塞替派（thiotepa，TSPA）315
噻吗洛尔（timolol）60，163
噻嘧啶（pyrantel）308
噻托溴铵（tiotropium bromide）193
三碘甲状腺原氨酸（triiodothyronine，T_3）229
三氟拉嗪（trifluoperazine）91
三尖杉酯碱（harringtonine，HRT）318
三唑仑（triazolam）70
色甘酸钠（disodium cromoglycate）194
杀菌药（bactericidal drug）254
沙丁胺醇（salbutamol）54，191
沙格列汀（saxagliptin）242
沙格司亭（sargramostim）212
沙库巴曲缬沙坦（sacubitril valsartan）130
沙美特罗（salmeterol）192
鲨肝醇（batilol）212
山莨菪碱（anisodamine）44
山梨醇（sorbitol）123
商品名（trade name）336
肾上腺皮质激素（adrenocortical hormones）221
肾上腺素（adrenaline，AD）49
肾素-血管紧张素（renin-angiotensin system，RAS）126
生物利用度（bioavailability，F）20
生长比率（growth fraction，GF）311
失效期（expiration date）339
石杉碱甲（huperzine A）85
首次接触效应（first expose effect）254
首过消除（first pass elimination）16
受体（receptor）12
舒巴哌酮（sulperazone）267
舒巴坦（sulbactam）267
舒必利（sulpiride）92
舒芬太尼（sufentanil）101
舒他西林（sultamicillin）267
双醋炔诺醇（etynodiol diacetate）247
双嘧达莫（dipyridamole）211
双氢青蒿素（dihydroartemisinin）305
双香豆素（dicoumarol）208
水飞蓟宾（silibinin）188
水合氯醛（chloral hydrate）74，338
顺铂（cisplatin，DDP）316
司可巴比妥（secobarbital）73
司来吉兰（selegiline）84

中英文专业词汇索引

司美格鲁肽（semaglutide） 242
司他夫定（stavudine） 297
司坦唑醇（stanozolol） 249
丝裂霉素 C（mitomycin C，MMC） 316
四环素（tetracycline） 274
四氢帕马丁（tetrahydropalmatine） 101
羧甲司坦（carbocisteine） 198
缩宫素（oxytocin） 215
索他洛尔（sotalol） 156

T

他克林（tacrine） 85
他克莫司（tacrolimus，FK-506） 324
他莫昔芬（tamoxifen） 247
坦洛新（tamsulosin） 58
碳酸锂（lithium carbonate） 92
糖尿病（diabetes mellitus） 237
糖皮质激素（glucocorticoids，GC） 221
特比萘芬（terbinafine） 296
特布他林（terbutaline） 191
特拉唑嗪（terazosin） 58，133
特异质反应（idiosyncratic reaction） 8
替地肝素（tedelparin） 208
替格瑞洛（ticagrelor） 212
替考拉宁（teicoplanin） 270
替罗非班（tirofiban） 212
替米沙坦（telmisartan） 130，139
替尼泊苷（teniposide，VM-26） 317
替硝唑（tinidazole） 286
天然类肝素（natural heparinoids） 173
呫诺美林（xanomeline） 85
停药反应（withdrawal reaction） 8
通用名（common name） 336
同化激素（anabolic steroids） 249
酮洛芬（ketoprofen） 107
酮替芬（ketotifen） 194
筒箭毒碱（D-tubocurarine） 46
头孢氨苄（cefalexin） 265
头孢吡普（ceftobiprole） 265
头孢吡肟（cefepime） 265
头孢呋辛（cefuroxime） 265
头孢克洛（cefaclor） 265
头孢拉定（cefradine） 265
头孢拉宗（cefbuperazone） 267
头孢雷特（ceforanide） 265
头孢利定（cefelorne） 265
头孢洛林（ceftaroline） 265
头孢美唑（cefmetazole） 267

头孢孟多（cefamandole） 265
头孢尼西（cefonicid） 265
头孢哌酮（cefoperazone） 265
头孢匹罗（cefpirome） 265
头孢羟氨苄（cefadroxil） 265
头孢曲松（ceftriaxone） 265
头孢噻吩（cefalotin） 265
头孢噻肟（cefotaxime） 265
头孢他啶（ceftazidime） 265
头孢替安（cefotiam） 265
头孢替坦（cefotetan） 267
头孢西丁（cefoxitin） 267
头孢唑林（cefazolin） 265
头孢唑肟（ceftizoxime） 265
托吡卡胺（tropicamide） 45
托卡朋（tolcapone） 84
脱氧核糖核酸酶（deoxyribonuclease，DNase） 198
妥布霉素（tobramycin） 273
妥卡尼（tocainide） 153
妥拉唑林（tolazoline） 57

W

烷苯醇醚（alfenoxynol） 251
万古霉素（vancomycin） 270
维布妥昔单抗（brentuximab vedotin，BV） 319
维格列汀（vildagliptin） 242
维拉帕米（verapamil） 156，163
维生素 B_{12}（vitamin B_{12}） 204
维生素 B_4（vitamin B_4） 212
维生素 E（vitamin E） 172
维生素 K（vitamin K） 205
维生素 K_1（vitamin K_1） 333
胃蛋白酶（pepsin） 184
文拉法辛（venlafaxine） 93
稳态血药浓度（steady state concentration，C_{ss}） 21
五氟利多（penfluridol） 92
戊巴比妥（pentobarbital） 73
戊四硝酯（pentaerithrityl tetranitrate） 161
戊酸雌二醇（estradiol valerate） 245

X

西格列汀（sitagliptin） 242
西拉非班（sibrafiban） 212
西拉普利（cilazapril） 130
西咪替丁（cimetidine） 181
西沙必利（cisapride） 187
西司他丁（cilastatin） 266
西酞普兰（citalopram） 94

西替利嗪（cetirizine） 176
西替普酶（silteplase） 210
稀盐酸（dilute hydrochloric acid） 184
细胞周期非特异性药（cell cycle non-specific agent, CCNSA） 312
细胞周期特异性药（cell cycle specific agent, CCSA） 312
喜树碱（camptothecin） 316
纤维蛋白原（fibrinogen） 207
腺苷（adenosine） 157
香豆素类（coumarins） 208
硝苯地平（nifedipine） 127，163，218
硝普钠（sodium nitroprusside） 133
硝酸甘油（nitroglycerin） 161
硝酸异山梨酯（isosorbide dinitrate） 161
硝西泮（nitrazepam） 70
效价强度（potency） 9
效能（efficacy） 9
缬沙坦（valsartan） 130，139
心肌抑制因子（myocardial depressant factor, MDF） 223
心力衰竭（heart failure, HF） 138
心律失常（cardiac arrhythmia） 148
辛伐他汀（simvastatin） 170
新斯的明（neostigmine） 38
性激素（sex hormone） 245
熊去氧胆酸（ursodeoxycholic acid） 187
溴丙胺太林（Propantheline） 45
溴己新（bromhexine） 198
溴隐亭（bromocriptine） 84
血管紧张素受体-脑啡肽酶抑制药（angiotensin receptor neprilysin inhibitor, ARNI） 131，139

Y

亚胺培南（imipenem） 266
亚甲蓝（methylthioninium chloride） 332
烟草（tobacco） 338
烟碱（nicotine） 32
烟酸（nicotinic acid） 171
盐皮质激素（mineralocorticoid） 226
洋地黄毒苷（digitoxin） 141，338
氧氟沙星（ofloxacin） 280
氧托溴铵（oxitropium） 193
氧自由基（oxygen free radical） 172
药理效应（pharmacological effect） 6
药理学（pharmacology） 1
药物（drug） 1
药物代谢动力学（pharmacokinetics） 1，15
药物效应动力学（pharmacodynamics） 1，6

药物作用（drug action） 6
叶酸（folic acid） 203
液状石蜡（liquid paraffin） 185
伊布利特（ibutilide） 156
伊伐布雷定（ivabradine, IVA） 157，165
伊马替尼（imatinib） 319
伊曲康唑（itraconazole） 296
依地酸钙钠（calcium disodium edetate） 331
依赖性（dependence） 8
依那普利（enalapril） 130，138
依诺肝素（enoxaparin） 208
依诺沙星（enoxacin） 280
依帕司他（epalrestat） 242
依普利酮（eplerenone） 121，139
依替米星（etimicin） 273
依托泊苷（etoposide, VP-16） 317
胰酶（pancreatin） 184
乙胺丁醇（ethambutol, EMB） 290
乙胺嘧啶（pyrimethamine） 305
乙胺嗪（diethylcarbamazine） 307
乙醇（ethanol） 338
乙琥胺（ethosuximide） 78
乙硫异烟胺（ethionamide） 291
乙酰胺（acetamide） 333
乙酰半胱氨酸（acetylcysteine） 198
乙酰胆碱酯酶（acetylcholinesterase, AChE） 31
乙酰胂胺（acetarsol） 307
乙酰唑胺（acetazolamide） 119
异丙嗪（promethazine） 176
异丙肾上腺素（isoprenaline） 53
异丙托溴铵（ipratropium bromide） 193
异戊巴比妥（amobarbital） 73
异烟肼（isoniazid, INH） 289
抑菌药（bacteriostatic drug） 254
吲达帕胺（indapamide） 120，127
吲哚洛尔（pindolol） 60，163
吲哚美辛（indometacin） 107，218
幽门螺杆菌（Helicobacter pylori, Hp） 184
有效期（valid date） 339
右美沙芬（dextromethorphan） 196
右旋糖酐（dextran） 212
右旋糖酐铁（iron dextran） 202
右佐匹克隆（eszopiclone） 72
愈创甘油醚（glyceryl guaiacolate） 197

Z

扎来普隆（zaleplon） 72
扎鲁司特（zafirlukast） 177，194

樟磺咪芬（trimetaphan） 45
镇痛药（analgesic） 97
制霉菌素（nystatin） 295
治疗指数（therapeutic index，TI） 11
治疗作用（therapeutic action） 7
肿瘤（tumor） 311
紫杉醇（paclitaxel） 317
紫杉特尔（taxotere） 318
组胺（histamine） 175
组织型纤溶酶原激活药（tissue plasminogen activator，t-PA） 210

最低杀菌浓度（minimum bactericidal concentration，MBC） 254
最低抑菌浓度（minimum inhibitory concentration，MIC） 254
左西孟旦（levosimendan） 144
左旋多巴（levodopa，L-Dopa） 83
左旋咪唑（levamisole） 308，325
左氧氟沙星（levofloxacin） 28
佐匹克隆（zopiclone） 72
唑吡坦（zolpidem） 72